국제평가기준(IVS)과 IFRS에 따른 특허권,
상표권, 로열티, 영업권 평가실무 가이드

지식재산
무형자산 평가실무

Intellectual Property &
Intangible Asset Valuation

개정판

나무미디어

머리말

이 책의 초판을 펴낸 지 벌써 3년이 흘렀다. 그간 독자들의 과분한 관심과 성원 덕분으로 개정판을 출간하게 되니 깊이 감사할 따름이다. 감정평가 실무 중에서 가장 까다롭고 도전적인 '무형자산 평가실무' 연구에 전념할 수 있었던 것은 '정말 중요한 것은 보이지 않는다'는 신념으로 무에서 유를 창조하고, 자유와 이상을 지켜낸 영웅들에게 올리는 기꺼운 존경심의 발로이다. 그러나 일신무형자산연구회 회원들과의 꾸준한 연구와 토론이 뒷받침되지 않았다면 이 책의 출간은 애초에 불가능하였을 것이다.

최근 정보통신기술과 생산기술의 융합을 중심으로 하는 4차산업혁명의 전개로 무형자산 가치의 경제적 비중이 날로 증대되고 있다. 이에 발맞추어 국제평가기준위원회 International Valuation Standards Council에서는 최근 국제감정평가기준 'IVS 2017'을 개정 공포하였다. 우리나라와 같은 대외의존 개방경제 체제에서는 국제경쟁력을 얻지 못하면 국가의 생존 번영이 불가능하므로 경쟁력이야말로 경제운영의 핵심요소이다. 감정평가 전문직 역시 연구개발과 혁신을 통한 국제경쟁력 유지가 이미 선택이 아니라 생존을 위한 당위이다.

최근 특허권, 상표권, 영업권 등 지식재산과 관련한 소송 및 분쟁, 라이선스, 조인트 벤처, M&A 등에서 가치평가 및 로열티 평가 수요가 날로 늘어나고 있다. 그러나 국제회계기준 IFRS나 국제평가기준 IVS에 부합하면서 국제적으로 통용될 수 있는 지식재산 및 로열티 평가모형은 아직도 지극히 미흡한 실정이다. 이러한 배경에서 이 책은 특히 다음과 같은 점에 유의하여 집필되었다.

첫째, 최신 IFRS나 IVS에 부합하는 표준화된 지식재산 가치 평가모형을 제시하기 위하여 'IVS 2017'을 기준으로 특허권, 상표권 · 브랜드, 영업권, 로열티 등에 대한 평가기준과 실무사례를 전면 개정하였다.

둘째, 지식재산 로열티 평가이론과 사례를 별도의 장을 신설하여 자세히 설명하였다(11 장 지식재산 로열티의 평가). 왜냐하면 상표권 등의 라이선스나 거래에서 지식재산 가치평가 못지않게 중요한 것이 그 사용대가의 평가이기 때문이다.

셋째, 금융기관의 담보가치 산정, 일반기업의 라이선스 거래 시 시장 로열티율 산정, 그리고 산업재산권 침해액 산정 등의 기초가 되는 무형자산가치 평가모형을 수정 보완하였다. 이를 통하여 M&A 및 라이선스, 소송 및 분쟁 조정, 무형자산 및 기술가치 평가 전문 교육에도 도움이 되도록 노력하였다.

이번 개정판에서는 조금이라도 시대흐름에 맞지 않는다고 생각되면, 마치 초판을 펴내는 자세로 임하였으나 미흡한 점도 많고 여기서 제시하는 방법이 완벽한 것이라 할 수도 없다. 앞으로 지속적 연구를 통하여 보완하여 나아갈 것을 다짐한다. 저자는 이 책을 쓰면서 환희와 고통을 함께 겪었다. "나는 모든 글 가운데서 피로 쓴 것만을 사랑한다. 피로 써라. 그러면 그대는 피가 곧 정신임을 알게 되리라" 고 말했던 프리드리히 니체는 저자에게 큰 용기와 힘을 주었다.

> 더 높은 곳을 향한 꿈과 이상은
> 오래 전에 잊었다며 그리운 듯 말하지 말라.
> 나는 그대가 희망과 사랑을 영원히 버리지 않기를
> 그대 영혼 속에 깃들어 있는 영웅을 결코 버리지 말기를
> 그대가 희망하는 삶의 이상을 계속 성스러운 것으로 여기며
> 똑바로 응시하기를 바란다.
> 새겨두어라 형제들이여, 평가하는 것이야말로 창조하는 것이다.
>
> – 〈차라투스트라는 이렇게 말했다〉

저자는 사랑하는 가족과 많은 분들의 큰 은혜를 입었다. 늘 감정평가업계와 무형자산 평가실무 발전을 위해 노심초사 하시는 감정평가사협회 김순구 회장님, 혁신정신과 꿈을 현실로 엮어가고 있는 지렉스 I&D와 일신감정평가법인 한명수 이사님, 정준우 부장, 이해승 · 이창수 · 이승찬 감정평가사 등 임직원 여러분, 오랜 세월 제자를 늘 격려해 주시는 한병희 교수님, 남정희 · 양덕배 은사님, 사랑하는 아내와 가족들, 바쁜 일정 가운데 교정을 도맡아 수고하신 박석주 인형, 좋은 책을 내기 위하여 애써주신 박재린 나무미디어 사장님께도 깊은 존경과 감사를 드린다.

2019년 6월

청계산자락 우거에서 저자 씀

차례

5장 무형자산 평가의 원리와 기법

PART 3 각종 무형자산 평가의 실제

6장 특허권 평가방법과 사례

7장 상표권의 평가방법과 사례

8장 영업권의 평가방법과 사례

9장 사업결합과 무형자산의 평가

10장 지식재산 금융과 가치평가

11장 지식재산 로열티의 평가

Part 1

지식재산과 무형자산 평가의 기초

FUNDAMENTALS OF INTELLECTUAL PROPERTY &
INTANGIBLE ASSET VALUATION

"It is only with one's heart that one can see clearly. What is essential is invisible to the eyes."(마음으로 보아야만 분명히 볼 수 있다. 정말 중요한 것은 눈에 보이지 않는 법이다.)

— 생떽쥐베리(*Antoine de Saint-Exupéry*)

1장

무형자산과 지식재산

Intangible Asset and Intellectual Property

Ⅰ 현대경제와 무형자산

Ⅱ 무형자산의 요건과 구성

Ⅲ 무형자산의 특성

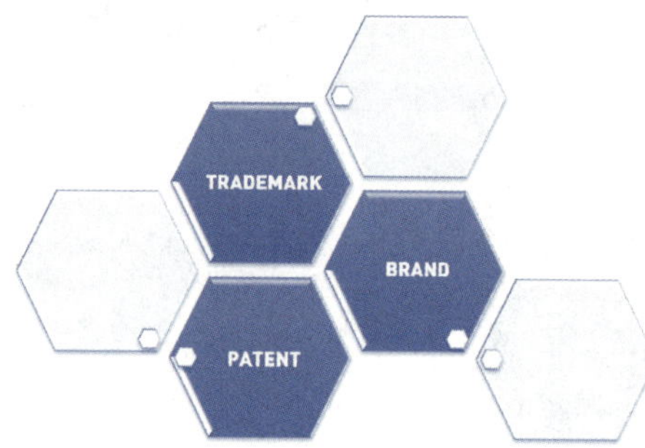

지식재산 등 무형자산이 현대 기업경영에서 차지하는 비중은 날로 증대되고 있다. S&P 500 기업의 시가총액 대비 무형자산 가치비율은 이미 2005년에 약 80%까지 폭발적으로 성장했다. 이러한 무형자산가치의 성장추세는 인터넷기반의 지식정보사회 발전과 더불어 더욱 가속화되고 있다. 문제는 이러한 무형자산의 가치분석은 재무제표상의 분석으로는 이루어질 수 없기 때문에 특허권이나 상표권, 영업권 등 무형자산의 가치평가가 더욱 중요시되고 있는 것이다.

기업회계기준에 의하면 무형자산은 유상취득된 것만 재무상태표에 표시된다. 정작 기업의 경제적 가치에 큰 영향을 주지만 자가창설된 무형자산의 경우 재무상태표에 표시되지 않는다. 그러므로 무형자산을 인식하고 측정, 평가하는 과정은 대단히 중요하다. 전체 기업가치는 재무상태표에 표시되든 아니되든, 수익창출력과 배당지급능력을 가지고 있는 기업의 유 · 무형자산들의 가치로 평가되기 때문이다.

I 현대경제와 무형자산

1 지식재산과 무형자산의 정의

무형자산 intangibles이란, 형체가 없는 자산으로서 소유자에게 어떤 경제적 이익을 가져오는 권리를 의미한다. 즉 보이지 않는 자산으로서, 회계이론에서는 무형자산을 '물리적 실체는 없지만 그 소유자에게 권리나 우선권을 주는 자산으로서 경영과는 불가분의 관계에 있는 것'으로 정의하고 있다. 무형자산은 지식재산 intellectual property, 지적자본intellectual capital, 또는 지식자산knowledge assets 등과 혼용되고 있다. 그러나 지식재산을 창출하고 보호하기 위하여 2011년 제정된 지식재산기본법(제3조 1호)에서는 '지식재산'으로 용어를 통일하여 다음과 같이 정의하고 있다.

1. '지식재산'이란, 인간의 창조적 활동 또는 경험 등에 의하여 창출되거나 발견된 지식 · 정보 · 기술, 사상이나 감정의 표현, 영업이나 물건의 표시, 생물의 품종이나 유전자원 遺傳資源, 그 밖에 무형적인 것으로서 재산적 가치가 실현될 수 있는 것을 말한다.
2. '신지식재산'이란, 경제 · 사회 또는 문화의 변화나 과학기술의 발전에 따라 새로운 분야에서 출현하는 지식재산을 말한다.
3. '지식재산권'이란, 법령 또는 조약 등에 따라 인정되거나 보호되는 지식재산에 관한 권리를 말한다.

여기서 지식재산과 지식재산권intellectual property rights을 구분하는 기준을 법령 또는 조약 등에 따라 인정되거나 보호되는지 여부로 삼고 있다. 즉 법령에 의하여 보호되는 지식재산을 '지식재산권'이라 부른다. 한편 지식자산knowledge assets 이란, 일반적으로 인간의 지적 활동의 성과로 얻어진 정신적 산물로서 재산적 가치가 있는 것을 말한다. 한편 국제감정평가기준International Valuation Standards에서는 다음과 같이 무형자산intangible asset을 정의하고 있다.

> "무형자산이란, 그 자체가 경제적 특성에서 우러나오는 비화폐성자산이다. 물리적 실체는 없으나 그 소유자에게 어떤 권리나 경제적 이익economic benefits을 부여하는 것이 무형자산이다." [1]

그리고 『기업회계기준』 제11장에서는 무형자산을 "재화의 생산이나 용역의 제공, 타인에 대한 임대 또는 관리에 사용할 목적으로 기업이 보유하고 있으며, 물리적 형체가 없지만 식별가능하고, 기업이 통제하고 있으며, 미래 경제적이익이 있는 비화폐성 자산"으로 정의하고 있다. 이와 같이 무형자산은 지식재산을 포괄하는 개념으로서 상호 대체적으로도 사용되지만, 특히 법적보호 대상인 무형자산을 일컫는 경우에 지식재산이라는 용어를 사용하게 된다. 이 책에서는 용어상의 혼란을 피하기 위하여 되도록 법률용어인 '지식재산'을 사용하되, 필요할 경우에는 '무형자산intangibles', '지식자산', 또는 '지적자본intellectual capital' 등의 용어를 서로 바꾸어 가면서 사용할 것이다.

2 무형자산의 중요성

인류 역사상 가장 번영한 현대 자유주의 시장경제 체제는 기술과 산업의 발달에 따라 더욱 지속적으로 성장 발전하고 있다. 특히 최근 지식정보사회의 급속한 전개에 따라 기업의 보유자산 가운데 가장 중요한 것은 유형자산이 아니라 지식재산으로 대표되는 무형자산이 되고 있다. 지식재산은 자본 및 노동력 등과 함께 독립되고 단절되어 있던 지역사회를 하나의 통합된 글로벌 경제사회로 변화시키고 있다. 또한 산업사회가 지식사회로 변화하면서 무형의 기술가치가 가지는 중요성이 더욱 부각되고 있다. 유형자산 중심의 기업경영에서 이제 기

1. IVSC, *International Valuation standards 2017*, IVS 210 par 20.1, International Valuation Standards Council, 2017.

술, 특허, 상표 등과 같은 무형자산 중심의 경영으로 급속히 바뀌면서 지식재산은 기업경쟁력의 핵심이 되고 있다.

이와 함께 최근 많은 기업들이 구조조정을 거치고 인수, 합병 등이 이루어지는 과정에서 기업가치의 정확한 추계가 필수적이 되고 있다. 기술개발의 다변화로 기술거래도 활발해지는 추세에 따라 기술지분이나 기술이전 등의 가치평가도 날로 증대되고 있다. 그러나 우리나라에는 기업의 핵심역량이라 할 수 있는 무형자산이나 지식재산 가치에 대한 정확한 평가를 위한 방법론이 아직도 정립되지 못한 것이 사실이다. 기업의 가치는 유형자산보다는 무형자산이나 지식재산의 가치에 대한 정확한 평가가 전제될 때 그 객관성과 신뢰성을 가질 수 있는 것이나, 우리나라는 아직도 재무회계적 방법에 의존하여 지식재산 및 무형자산 가치를 추산하는데 그치고 있다.

따라서 기업 전체의 가치를 파악할 수 있는 종합적이고 체계적인 평가체계를 구축하지 못하고 있는 실정에서 그간 유형자산에 대한 감정평가에 치우쳐 왔다. 이 책에서는 이러한 무형자산과 지식재산이 갖는 자산적 속성과 경제적 가치를 먼저 설명하고, 이를 바탕으로 무형자산 특히 지식재산의 가치를 평가하는 방법을 실제 사례분석을 통하여 제시하고자 한다.

무형자산의 현대 기업경영에서 차지하는 비중은 날로 증대되고 있다. 〈그림 1-1〉에서 나타난 바와 같이 S&P 500기업의 시가총액 대비 무형자산 가치비율을 분석한 결과, 1975년 불과 17% 미만이던 무형자산 가치는 2005년 약 80%까지 폭발적으로 성장했다. 이러한 무형자산가치의 성장추세는 인터넷기반의 지식정보사회 발전과 더불어 더욱 가속화되고 있으며, 정확한 가치분석은 재무제표상의 자산평가로서는 이루어질 수 없기 때문에 특허권이나 상표권 등 무형자산의 가치평가가 더욱 중요시되고 있다.

뉴욕대 교수 Baruch Lev의 연구에 의하면 혁신은 주로 무형자산에 투자함으로써 이루어지며, 기업가치의 70~80%가 재무제표에 나타나지 않는 무형자산의 가치에 의해 결정된다고 한다. 브랜드 가치가 큰 기업으로 알려진 코카콜라,

그림 1-1
S&P 500기업 무형자산 비중의 변화 추이

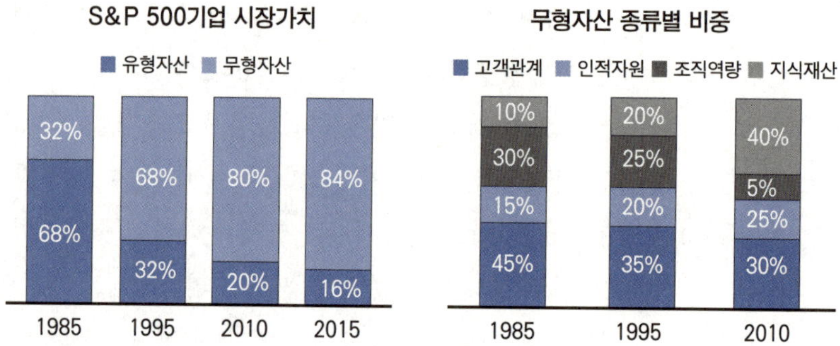

자료: Russell Parr, *Royalty Rates for Licensing Intellectual Property*, 2007, p. 2. 참조 재작성

마이크로소프트는 이보다 더 심해 기업가치의 90% 이상이 무형자산에서 나온다. 기술경쟁력 확보를 위한 특허확보 경쟁은 더욱 치열해 지고 있다.[2]

우리나라는 특허 등록 건수에 있어 2012년 기준 세계 4위를 차지하고 있다. 특허 확보 경쟁에 있어 세계를 선도하는 위치에 자리 잡고 있으며[3] 양적 성장에 있어서는 괄목할 만한 성과를 거두고 있다. 2012년 국가 지식재산 경쟁력평가 연구보고서에 따르면 미국, 일본, 독일 등 지식재산 선진 10개국을 대상으로 하는 2012년도 국가별 지식재산 경쟁력은 우리나라가 100점 만점 중에서 42.4점으로 4위를 차지했다.

그러나 지식기반산업의 기술무역수지 등 대외적 경제적 효과(외부 최종산출)는 3위로 양호한 반면, '기초자원의 투입 대비 최종산출'로 측정되는 국가 지식재산 경쟁력 시스템의 효율성은 10개국 중 10위로 가장 저조하다. 또한 지식재산의 질적 성과인 지식기반산업의 생산 및 부가가치 산출과정에서도 지식재산을 창출, 관리, 활용하는 역량이 6위로 나타나 상당히 저조한 것으로 드러났다.

---

2. Michael J. Mard, James R. Hitchner, Steven D. Hyden, *Valuation for Financial Reporting: Fair Value Measurements and Reporting, Intangible Assets, Goodwill, and Impairment Analysis*, Wiley, 2007.
3. WIPO, World Intellectual Property Indicators. 2018.

그림 1-2
세계 특허출원 증가 추이

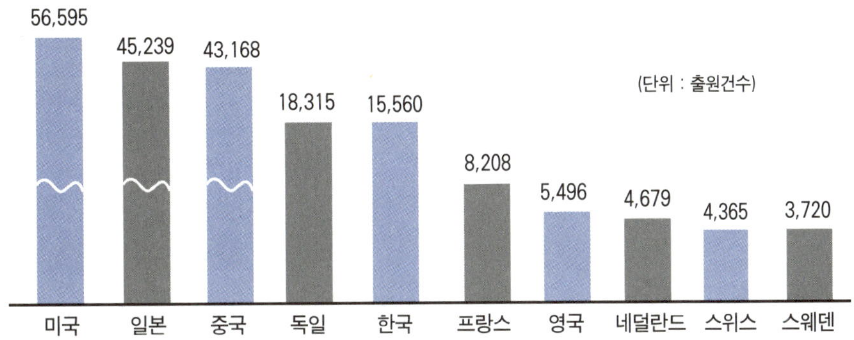

자료: WIPO 2017 PCT 연간 보고서, 2018

3 무형자산과 지식재산의 분류

『기업회계기준』에서는 무형자산의 종류를 산업재산권(특허권, 실용신안권, 디자인권, 상표권, 상호권 및 상품명 포함), 라이선스와 프랜차이즈, 저작권, 컴퓨터 소프트웨어, 개발비, 임차권리금, 광업권, 어업권 등으로 예시하고 있다(일반기업회계기준 제11장). 그러나 무형자산은 보통 어떤 방식으로 평가할 수 있는가를 중심으로 분류된다. 이에 따라 보통의 분류는 다음 〈표 1-1〉과 같으며, 분류의 목적에 따라 얼마든지 다른 구분이 가능하고 하나의 항목에 속하는 무형자산도 다른 항목으로 분류될 수 있는 경우가 있다.

지식재산의 종류나 그 보호법률은 각 나라마다 차이가 있으며, 학자에 따라서도 지식재산의 분류방법에 차이가 있다. 우리나라의 경우 이러한 지식재산은 두 가지로 나눌 수 있다. 첫째, 인간의 정신적 사상의 창작으로 얻어진 새로운 발명 · 고안 등과 같이 물질문화의 발전에 기여하는 것. 둘째, 인간의 정신적 사상의 창작으로 얻어지는 예술 · 문학 · 음악 등을 중심으로 한 것으로 정신문화의 발전에 기여하는 것으로 나눌 수 있다.[4]

4. 윤선희, 지식재산권법, 세창출판사, 2015. 특허법, 실용신안법, 디자인보호법, 상표법을 합하여 산업재산권법 또는 공업소유권법이라 한다.

표 1-1
기업회계기준상 자산의 분류

- 자산
  - 유동자산
    - 당좌자산
    - 재고자산
  - 고정자산
    - 투자자산
    - 유형자산
    - 무형자산
      - 영업권
      - 산업재산권
      - 광업권
      - 어업권
      - 기타 무형자산

전자를 다시 세분화하여 둘로 나누어 보면, ① 직접적으로 산업에 기여할 수 있는 새로운 발명 · 고안 · 디자인 등의 것, ② 산업의 질서유지를 위한 식별 표지[標識]에 의한 것, 즉 상표법에 의한 등록상표, 서비스표, 농산물품질관리법에서의 지리적 표시, 부정경쟁방지법에 의한 미등록상표나 도메인네임 등과 상법에 의한 상호 등으로 나눌 수 있다.

최근 지식재산권에 새로운 분류가 등장하고 있다. 세계지식재산기구[WIPO : World Intellectual Property Organization]는 지식재산권을 “문예, 미술 및 학술저작물, 예술가의 공연, 레코드 및 방송, 인간활동의 제 분야에서의 발명, 과학적 발명, 디자인, 상표, 서비스휘장 및 상호, 기타 상업상의 표시, 불공정 경쟁에 대한 보호권리 등 산업, 학술, 문예, 미술분야의 지적 활동에서 형성된 모든 권리”라고 정의한다.

지식재산권은 산업재산권, 저작권 및 신지식재산권으로 분류되며, 다시 산업재산권은 특허권, 실용신안권, 디자인권, 상표권으로 나눌 수 있다. 그리고 저작권은 저작재산권, 저작인격권 및 저작인접권으로, 신지식재산권은 영업비밀, 컴퓨터프로그램 및 데이터베이스 등으로 분류된다. 그러나 최근 신지식재산권은 과학기술의 발전과 상표 디자인의 보호대상 확대로 인하여 포괄 범위가 확대되고 있다. 예를 들면 반도체집적회로 배치설계, 생물신품종, 장치화된 인공지능시스템, 도메인명[domain name], 전자상거래 기술 등이 재산권으로 제도화되고 있다.

어느 기업이나 대부분 무형자산을 가지고 있지만 이들 자산은 재무제표에 나

표 1-2
지식재산권의 분류

- 지식재산권
  - 산업재산권
    - 특허권
    - 실용신안권
    - 디자인권
    - 상표권
  - 저작권
    - 저작재산권
    - 저작인격권
    - 저작인접권
  - 신지식재산권
    - 영업비밀
    - 컴퓨터프로그램
    - 반도체집적회로 설계기술
    - 데이터베이스
    - 전자상거래 관련기술

타나 있지 않은 경우가 많다. 무형자산은 운전자본, 고정자산과 함께 사업운영의 근원이 되기도 하고, 사업수익력의 원천이지만 무형자산이 존재하는지의 여부는 현재 또는 미래에 기업에 수익을 가져다 줄 수 있는 수익창출력 여부에 달려 있다.

무형자산은 일반적으로 기업 발전단계의 후반, 즉 사업 성장기 후반에 창출되어 사업이 붕괴할 때에는 가장 먼저 소멸되는 특성을 가지고 있으며, Gordon V. Smith에 의하면, 권리[rights], 확립된 관계[relationships], 집합적 무형자산[grouped intangibles], 지식재산[intellectual property] 등으로 분류할 수 있다.[5]

3.1 권리

모든 기업은 타 기업이나 개인, 그리고 정부기관 등과의 계약을 통하여 권리[right]를 획득하고 있다. 이들 권리는 계약당사자간의 약속은 물론, 권리와 상품 또는 서비스의 거래시 유의사항이나 계약기간 등을 정한 계약서의 조항 등으로 규정되어 있다. 그러나 계약은 그 내용이 기업에 경제적 기여를 하는 것이 아니면 아무런 가치를 가지지 못한다고 할 수 있을 것이다.

---

5. Gordon V. Smith and Russell L. Parr, *Valuation of Intellectual Property and Intangible Assets*, New York: John Wiley, 2000, pp.15~24.

1) 수취계약권리

계약에는 상품과 서비스를 다른 계약과 비교하여 유리한 가격으로 살 수 있도록 약속이 되어 있기 때문에 가치를 가지는 수취계약권리 receiving contracts 가 있다. 모든 계약은 가치를 가지고 있을 가능성이 있지만, 일반적으로 가치가 있는 계약은 ① 임대료나 기간 등에서 임대차익 leasehold intrest 이 발생하는 임대차계약, ② 제품의 판매, 재고관리, 운송 등에서 유리한 유통계약, ③ 유능한 인재를 확보할 수 있는 고용계약, ④ 기간 또는 금리면에서 보다 유리한 조건의 자금조달계약, ⑤ 일반적인 시장의 조건보다 유리한 보험계약, ⑥ 유리한 조건의 원자재조달계약, ⑦ 획득하기 어려운 정부의 허가 또는 인가, ⑧ TV네트워크 가입 등과 같이 한정된 상품과 서비스의 수취권, ⑨ 일정지역과 특정 상품에 대한 독점적인 프랜차이즈계약, ⑩ 비용절감, 이익증대가 가능한 지식재산을 이용하기 위한 라이선스계약 등을 포함한다고 할 수 있다.

2) 공급계약권

계약상의 권리에는 상품과 서비스를 다른 곳에 제공하는 것만으로 경제적 편익을 얻을 수 있기 때문에 가치를 가지는 것, 즉 공급계약권 providing contracts 이 있다. 이러한 종류의 공급 계약에는 증권의 수집, 운용, 관리 등의 업무를 수수료를 받고 서비스를 제공하는 계약, 식음료, 보건의료, 광고, 컨설팅 등과 같은 서비스계약, 상품공급계약, 선납에 의한 등록 또는 등록예약, 로열티 지불조건의 지식재산관련 라이선스계약, 특정지역과 제품에 관한 프랜차이즈계약 등과 같이 수수료 수입을 기대할 수 있는 것이 있다.

3.2 확립된 관계 established relationships

모든 기업은 외부의 기업, 가맹점, 그리고 고객 등과의 특정 관계를 맺고 있다. 이러한 기업의 사업활동 과정에서 형성되는 모든 관계 중에서 가장 명확한 것은 조직화된 노동력 assembled workforce 이다. 종업원의 전환배치, 신규채용, 교육훈련 등에는 상당한 비용이 소요되는데, 노동력이 전문화되면 될수록 유지관리비용도 상승하지만 기업의 가치는 그 이상으로 커지게 되는 것이다.

또한 모든 기업은 고객을 가지고 있다. 그러나 모두가 고객관계customer relationships를 유지하고 있는 것은 아니다. 기업이 가치를 가질 수 있는 고객관계에는 두 가지 측면이 있다. 하나는 고객과의 관계유지 효과가 거의 없는 관계인 미활성화관계inertia이다. 제품과 서비스에 대한 차별화된 특성이 없어 언제 어디서든 입수 가능하고 입지여건 location이 사업성공의 관건이 되고 있다. 또한 해당 기업의 것이 아닌 영업상 중요한 브랜드명을 활용하고 있으며, 계절성이 있는 사업활동으로서 매출유지를 위해 정기적인 광고를 하고 있는 등의 특성을 가지고 있다. 이러한 종류의 사업으로는 미용실, 제과점, 주유소, 편의점 등을 예로 들 수 있다.

다른 하나는 활용가능정보information available이다. 이러한 정보에는 판매활동에 활용할 수 있는 고객정보, 고객의 근무처, 신용상황, 과거의 구매실적, 취미, 기호 등 사업에 활용가능한 고객목록customers list이나 고객관련 데이터가 있다. 기타 조건이 동일하다면 이용할 수 있는 정보가 많으면 많을수록 고객과의 관계가치는 커지기 때문에 많은 고객에 대한 정보를 보유한 기업은 그 정보를 중요한 핵심자산으로 인식하고 있다. 예컨대 의료기관, 법률사무소, 회계사무소 등 전문서비스기관, 상담자료나 처방기록을 보유한 약국, 구독자 리스트를 보유한 정기간행물 출판사, 조사연구기관, 광고대리점, 흥신소, 부동산업자나 보험대리점, 은행, 증권회사, 보험회사와 같은 기업은 이런 유용한 고객관계를 구축하기 용이하다.

3.3 집합적 무형자산grouped intangibles

여러 가지 무형자산에 대한 평가가 이루어졌음에도 불구하고 아직도 남은 미배분 잔여분residual이 있다면, 이를 우리는 보통 영업권goodwill, 또는 계속기업가치going concern value라고 지칭하고 있다. 그러나 이 두 가지 자산을 동일한 것으로 보는 사람도 있지만, 실무적으로는 대부분 이를 개별적인 자산으로 간주하고 있

다. 계속기업 가치는 다음과 같이 정의된다.[6]

> "계속기업가치란 계속기업going-concern의 일부로 존재함으로써 기업의 자산에 부가된 추가적인 가치요소이다"

어느 회사나 할 것 없이 그 설립과정은 비슷하다. 은행이나 법률 · 회계사무소와 거래를 트는것, 원료공급 계약체결, 제품설계, 사업계획의 작성, 광고계획이나 업무처리절차 확립, 집기나 비품구입 등이 그것이다. 그러나 이러한 것이 바로 계속기업가치의 요소가 되는 것은 아니다. 그렇다고 계속기업 가치는 수량화할 수 없을 만큼 평가하기가 특별히 어려운 것은 아니다. 설립 직후의 기업가치는 전체 자산을 구입하고 조직화하는 데에 든 비용과 설립기간 중에 잃은 기회비용을 단순히 합치면 된다. 그러나 아직 영업권이 생긴 것은 아니다. 이러한 모든 자원들을 투입하여 제품을 판매하여야만 한다. 제품이 생산되어 판매될 때라야 비로소 영업권이 발생하고 계속기업 가치 개념이 성립된다.

여기서 계속기업가치를 좀더 자세히 설명하기로 한다. 예컨대 한 창업자가 기업을 설립하려고 다음과 같은 여러 가지 유형 · 무형의 자산을 구입하고 지금 막 일을 시작한 사무실 풍경을 그려 보자. 이때 유형 · 무형의 자산들에는 다음 것들이 있을 것이다.

- 임직원(출근 첫날, 아직 뚜렷한 과업은 없다)
- 기계장치(포장상자 그대로임)
- 집기 및 비품(출입구에 놓임)
- 컴퓨터 및 프린터(아직 포장상태 그대로임)
- 고객(로비에서 대기 중)
- 납품회사(로비에서 대기 중)
- 문방구류(미정리 상태)
- 광고물, 브로슈어(미정리 상태)

6. Gordon V. Smith, et al., ibid, p. 24~25.

이 신생기업이 지금부터 해야할 일은 우선 위의 자산들을 제자리에 정리하는 것을 비롯해 태산같지만, 무엇보다 중요한 것은 생산된 제품이나 서비스를 파는 일이다. 즉 판매활동이 없다면, 계속기업의 개념도 없고, 영업권도 발생하지 않는다.

그러나 영업권이라는 개념은 매우 모호하여 사용하는 사람마다 의미가 다르다. 영업권은 일반적으로 '유형자산과는 달리 특허권 · 실용신안권 · 디자인권 · 상표권 · 저작권 · 전용측선이용권 이외의 무형자산으로서 동종 · 유사규모기업의 통상이윤을 넘어서는 초과이익의 원인'이라 정의된다. 그러나 영업권은 일률적으로 그 개념을 정의하기가 어렵고, 관점에 따라서 매우 다양하게 정의될 수 있다. 또한 영업권의 개념과 평가목적을 어떻게 정하는지에 따라서 평가방법 적용상 큰 차이를 유발할 수 있으므로 영업권의 다양한 의의를 고찰해 볼 필요성이 있다.

영업권은 일반적으로 고객이 반복해서 그 상품을 구입하고 타인에게도 그 장점을 들어 구매를 권하는 사람이 많은 상태를 의미한다. 이러한 영업권은 고품질의 서비스, 끈끈한 유대관계, 우수한 광고, 시장상황에 신속히 대처하는 영업전략 등을 통해 이루어진다. 영업권이 가지는 공통된 측면은 영업권에는 초과이익excess earnings이 존재한다는 것이며, 우수한 영업권을 보유한 기업의 이익은 기타 다른 모든 자산의 적정수익률보다 높은 이익을 제공한다는 점이다. 영업권은 기업 전체의 가치에서 각 개별자산의 가치를 공제한 잔여부분residual이라 할 수 있다.[7] 그러나 이러한 정의는 정확하지 않다. 경영전략의 실패로 장기적으로 적자가 계속되는 경우에도 기업에는 이익을 올릴 수 있는 잠재적 능력과 영업권이 존재할 수 있으며, 초과이익이 있음에도 불구하고 영업권은 존재하지 않을 수도 있기 때문이다.

영업권goodwill을 평가하는 경우에는 통상적으로 기업가치 평가가 동반되며 영업권과 기업가치 평가는 상호 밀접불가분의 관계이다. 기업가치는 개별적인

7. 확인될 수 있는 다른 자산에는 유형자산뿐만 아니라 무형자산도 포함된다.

자산의 합이 아니라, 고객 · 협력업체 · 종업원 등과의 원활한 관계나 상표 및 상호, 기술 등 무형의 가치 intangible value 에 의해 영향을 받는 결합가치 assemble value 라고 할 수 있다. 기업의 매각 등에 있어서 기업가치를 초과하여 매각금액을 지불하는 경우가 많은데, 이같이 적정한 기업가치 및 매각가격을 산정하기 위해서는 초과이익을 자본화하는 영업권의 가치 평가가 가장 중요한 요소가 된다.

한편 영업권은 기업간 M&A 시 이외에도 주식가치 평가, 기업의 인수합병, 지분투자, 담보, 세액산출 등의 목적으로 평가가 의뢰되고 있다. 특히 기업간 인수 · 합병 · 분할이 가속화됨에 따라 영업권의 평가사례도 꾸준히 증가하고 있다. 최근에는 생명공학이나 정보통신 관련 기업 등 유형자산 평가만으로는 적정한 기업가치를 산정할 수 없는 산업군이 증가함에 따라 영업권 평가를 위해서는 그 개념을 명확히 할 필요성도 높아지고 있다. 이에 대하여는 제 8장(영업권의 평가)과 제 9장(사업결합시 무형자산의 평가)에서 더 자세히 설명한다.

3.4 지식재산

일반적으로 지식재산 intellectual property 이란 특허권, 상표권, 저작권, 컴퓨터소프트웨어, 반도체회로, 광고권 등이 포함된다. 이러한 자산은 무형자산 중에서도 특별한 범주에 속하는 것으로 그 소유자는 타인이 그 자산을 무단으로 사용하지 못하도록 법률로 보호되는 특징을 가지고 있다. 다른 무형자산과 같이 모든 지식재산이 가치를 지니고 있다고는 할 수 없으며, 일반적으로 지식재산의 가치는 직 · 간접적인 시장기능에 의해 결정된다. 2011년 5월 개정된 지식재산 기본법 제3조 제1호에서는 지식재산을 다음과 같이 정의하고 있다.

> "인간의 창조적 활동 또는 경험 등에 의하여 창출되거나 발견된 지식 · 정보 · 기술, 사상이나 감정의 표현, 영업이나 물건의 표시, 생물의 품종이나 유전자원 遺傳資源, 그 밖에 무형적인 것으로서 재산적 가치가 실현될 수 있는 것"

지식재산의 종류나 그 보호법률은 각 나라마다 차이가 있으며, 학자에 따라서도 지식재산의 분류방법에 차이가 있다. 우리나라의 경우는 다음 〈그림 1-3〉

과 같이 분류할 수 있다.

이같은 법률은 우리 헌법 제22조 제2항 "저작자 · 발명가 · 과학기술자와 예술가의 권리는 법률로써 보호한다."라는 조항에 근거를 두고 있다. 이 규정은 미국헌법 제1조 제8항의 영향을 받았다. 동항은 "의회는 저작자와 발명가에게 그들 각각의 저작물과 발명에 대하여 독점권을 제한된 기간 동안 보장함으로써 과학의 발전과 유익한 예술의 발전을 증진하도록... 권한을 가진다."라고 규정하고 있다.

지금까지 기업활동에 존재하는 다양한 자산의 유형을 분류한 목적은 기업이 여러 가지 자산의 조합으로 구성되어 있다는 것을 보여주기 위함이다. 그 대표적인 것이 산업재산권이다. 즉 법률에 의하여 일정기간 독점적, 배타적으로 이용할 수 있는 권리로서 특허권, 실용신안권, 디자인권 및 상표권 등을 의미한다. 이하에서는 이러한 지식재산 각각에 대하여 더 자세히 살펴본다.

1) 특허권

특허권은 일종의 재산권으로 인정되며 인적 재산권의 속성을 갖는다. 따라서 특허권은 타인에게 매도되거나 담보물이 될 수 있고, 특허권자의 사후 상속인에게 승계될 수도 있다. 특허권자는 자신의 발명품의 제조 · 사용 · 판매에 대한 독점권을 가지므로 타인에게 특허실시를 허락할 수 있으며, 특허실시권자로부터 사용료를 받거나 기타의 보상을 받을 수 있다. 특허권자는 특허실시권 없이 특허권을 사용하는 자에 대하여 법원에 권리침해를 이유로 제소할 수 있으며, 법원의 금지명령 및 상당액의 손해배상을 요구할 수 있다. 특허권의 존속기간은 국가에 따라 다양하지만 대개 16~20년으로 되어 있다. 한국 특허법상 특허권이란 발명에 관해 가지는 독점적 · 배타적 지배권이다. 공업소유권의 하나이며, 넓게는 실용신안권 · 디자인권을 포함한다.

특허[patent]는 기술을 보유하는 데 있어서 명확히 구분된 권리에 따라 관리할 수 있는 자산으로 바꾸는 법적 절차이다. 특허는 발명자(또는 그 법정 상속인 및 양수인)에게 특허권이라는 특정적이고도 배타적인 재산권을 부여하여 보호하는

그림 1-3
지식재산의 종류 및 보호법

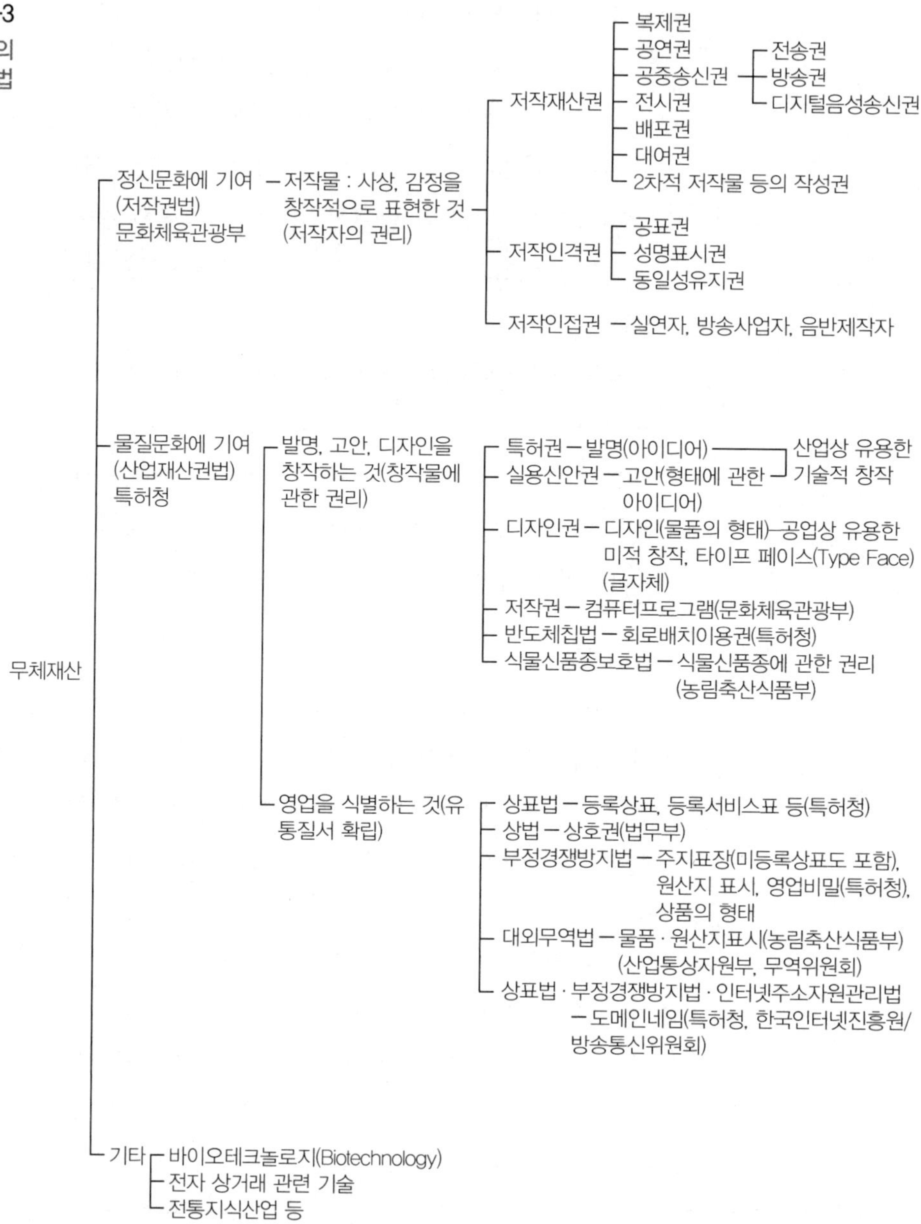

자료: 윤선희, 지적재산권법, 세창출판사, 2015

한편 그 발명을 공개하게 함으로써 그 발명의 이용을 통하여 산업발전에 이바지함을 목적으로 한다. 특허 부여에 의해 주어진 권리는 타인이 해당 발명을 제조, 사용 또는 판매행위를 배제할 수 있는 권리를 의미한다.[8]

모든 발명이 다 특허의 대상이 되는 것은 아니며, 발명이 특허를 받을 수 있기 위해서는 일반적으로 주체적 요건과 객관적 요건 및 절차적 요건을 충족하여야 한다. 주체적 요건은 특허출원인은 발명자 또는 그 승계인이어야 하며, 특허를 받기 위해서는 특허법상의 발명개념[9]에 포함되어야 하며, 산업상 이용가능성, 신규성 및 진보성이 있어야 한다. 이상의 특허요건을 갖춘 발명이라 하더라도 공공의 질서 또는 선량한 풍속을 해치거나 공중의 위생을 해할 염려가 있는 발명은 특허를 받을 수 없다. 또한 발명이 특허를 받을 수 있기 위해서는 이상의 주체적, 객체적 요건 이외의 특허법이 요구하는 출원절차 규정에도 적합하여야 한다.

식물발명특허는 식물을 대상으로 부여되는 특허이다. 무성적으로 반복생식할 수 있는 변종식물을 발명한 자는 그 발명에 대하여 식물발명특허를 받을 수 있다.[10] 특허법이 무성번식식물만을 보호대상으로 규정하고 있는 것은 무성번식식물의 경우에만 번식을 통해 유전적으로 동일한 개체가 생산되므로 반복재현성을 충족시키기 때문이며, 다른 분야와 마찬가지로 산업상 이용가능성, 신규성, 진보성을 보호요건으로 하고 있다.

외국에서 특허보호를 받으려면 발명자는 각국에 특허출원을 해야만 한다. 특허부여에 관한 법률은 국가에 따라 크게 다르다. 어떤 국가에서는 유지수수료가 청구되기도 하고, 라이선스를 통해 그 특허를 사용하는 모든 사람에 대한 강제실시권이 적용되기도 하고, 또 출원한 국가 내에서 제조가 이루어지지 않으면 특허가 무효가 되는 경우도 있다.

특허권의 '존속기간'이라 함은 특허권을 적법하게 행사할 수 있는 법정기간을 말한다. 기술의 속성상 특허권은 영구적일 수 없으며 일정기간만 재산권으

8. David A. Burge, *Patent and Trademark Tactics and Practice*, New York : Wiley, 1984, p.27.
9. 특허법상의 발명이라 함은 "자연법칙을 이용한 기술적 사상의 창작으로서 고도한 것"을 말한다.
10. 특허법 제31조.

로서 보호할 필요가 있고 그 이후에는 공중에 개방하는 것이 특허제도의 취지에 부합된다. 존속기간은 특허권의 설정등록이 있은 날부터 특허출원일 후 20년이 되는 날까지이다.

2) 상표권 trademarks

상표법에서는 상표의 개념을 제2조(시행 2016.9.1)에서 다음과 같이 규정하고 있다.

> "상표"란 자기의 상품(지리적 표시가 사용되는 상품의 경우를 제외하고는 서비스 또는 서비스의 제공에 관련된 물건을 포함한다)과 타인의 상품을 식별하기 위하여 사용하는 표장標章을 말한다.

상표는 제품이나 서비스의 출처를 알리고 그것을 다른 제품과 구별하기 위해 이용된다. WIPO World Intellectual Property Organization에서는 상표를 "개인이나 기업이 생산 · 제공하는 제품과 서비스를 식별하도록 하는 구분 가능한 표식"이라고 정의하고 있다.

기업 경영자에게 상표는 기업경영에 긴요하고 또 그 중요성이 한층 증대되어 가고 있다. 모든 지식재산과 마찬가지로 상표도 인간의 노력과 인간의 대응에 의해 생겨나고 개발되어 간다. 유명상표를 개발하는 비용은 점차 증대하고 있다. 모든 유명상표는 어느 것이나 모두 수집가의 소장품과 같은 특징 및 예술과 같은 특성을 지니고 있는 것이다. 상표의 기능은 구매자가 광고에서 보기도 하고, 이전에 구입했던 것과 똑같은 상품과 서비스를 선택할 수 있도록 상품과 서비스 출처의 신뢰성을 증명하는 데 있다. 따라서 상표는 일정 수준의 품질과 성능의 보증이라고 생각할 수 있다. 그래서 유명 상표는 기업에게 큰 가치를 확보해 주는 자산인 것이다.

상표의 가치는 어떤 의미에서 보면 소비자의 '인질人質'이다. 즉 판매인이 소비자의 기대를 저버리면, 소비자는 해당 상표의 가치를 떨어뜨리는 형태로 반응

한다.[11] 상표 보호는 심리적 상징 기능을 법률로 뒷받침하는 것이다.

상표법상의 상표는 사회통념상의 상표(사회적 사실로서의 상표)와 동일한 개념은 아니다. 상표라 함은 상품을 생산 · 가공 · 증명 또는 판매하는 것을 업으로 영위하는 자가 자기의 업무를 관련된 타인의 상품과 식별하기 위하여 사용하는 기호 · 문자 · 도형 · 입체적 영상 또는 이들을 결합한 것 또는 이들 각각에 색채를 결합한 것(이하 "표장"이라 한다)을 말한다.[12] 따라서 기호상표, 문자상표, 도형상표와 이들의 결합상표, 색채상표나 입체상표와 같이 시각적으로 인식될 수 있는 대부분의 것은 상표로서 인정되지만, 소리상표, 냄새상표, 맛상표 등과 같이 청각 · 미각 · 후각으로 지각할 수 있는 표장은 국내 상표법상 상표로서 등록받을 수 없다.

또한 자기의 상품과 타인의 상품을 식별하기 위하여 사용되지 않는 표장은 상표가 아니므로 상품에 사용된 것이라 하여도 그것이 단순히 상품의 심미감을 불러 일으키게 하기 위하여 사용된 디자인이거나 타상품 식별의사와 무관한 가격표시 등은 상표법상 상표가 아니다. 광의의 상표 개념으로는 상표 외에 서비스표, 단체표장, 업무표장 등을 포함한다.

서비스표^{service marks}라 함은 서비스업(광고업, 통신업, 은행업, 운송업, 요식업 등 용역의 제공업무)을 영위하는 자가 자기의 서비스업을 타인의 서비스업과 식별되도록 하기 위하여 사용하는 표장을 말한다. 즉, 상표는 '상품'의 식별표지인 반면 서비스표는 '서비스업'의 식별표지라고 할 수 있다. 이론은 별도로 하고, 실제로 서비스표는 제품이 아니고 서비스의 인식을 위해 사용되고 있는 점을 제외하면 상표와 똑같다. 이러한 서비스표로는 하나은행, NH농협, DHL 등을 그 예로 들 수 있다.

업무표장^{business mark}이란 영리를 목적으로 하지 아니하는 업무를 영위하는 자가 그 업무를 나타내기 위하여 사용하는 표장을 말한다. 이러한 업무표장의 예

11. Shiegrun D. Kane, *Trademark Law : A Practitioner's Guide*, New York : Practising Law Institute, June 1987. P.9.
12. 상표법 제2조.

로는 LIONS클럽, 무역협회, YMCA, 보이스카웃, 대한적십자사 등을 들 수 있다. 단체표장은 상품을 공동으로 생산 · 판매 등을 하는 업자가 설립한 법인이 그 감독하에 있는 단체원의 영업에 관한 상품 또는 서비스업에 사용하게 하기 위한 표장을 말한다. 이는 해당 명칭이 부여된 제품과 서비스가 특정단체의 회원인 누군가에 의해 제조 또는 제공된 것을 말한다.

상표는 자타상품을 식별하기 위하여 상품에 부착하는 표장으로서 상품의 동일성을 표시하는 기능을 가지는 것이나, 상호는 상인(법인, 개인)이 자기를 표시하는 명칭으로서 영업의 동일성을 표시하는 기능이 있다. 즉 상호는 상인이 영업에 관하여 자기를 표시하는 명칭으로서 인적표식의 일종이며, 문자로 표현되고 호칭된다. 회사기업의 경우 상호의 사용은 강제적이지만, 상표는 강제성이 없다. 다만, 기업이미지 통일화전략에 따라 상호와 상표를 일치시키고 있다는 것이 국제적 추세이다. 상호가 상품표지로 사용되고 있는 상표로서 등록요건을 갖추어 등록된 경우에는 법률상 상표로서 보호되는 상호 · 상표가 점차 늘고 있어 상호간 기능이 중첩되는 경우가 많다. 일반적으로 상호는 그다지 큰 가치를 지니는 자산은 아니다. 왜냐하면 소비자는 상표를 통해 상품과 서비스를 식별하기 때문에 그것을 생산하는 회사의 실제 명칭을 잘 모르는 경우가 많기 때문이다.

상표권의 존속기간은 설정등록이 있은 날로부터 10년이며, 존속기간 갱신출원에 의하여 10년간씩 그 기간을 갱신할 수 있으므로 계속 사용하는 한 반영구적인 효력을 갖는다. 상표권은 존속기간의 갱신을 하지 않아 존속기간이 만료되거나 스스로 상표권을 포기하는 경우, 또는 구 한국상품분류로 등록된 지정상품에 대하여 소정의 기간 이내에 분류전환 등록신청을 하지 않을 경우에는 소멸된다. 또한 상표권자의 사망일로부터 3년이내에 상속인이 이전등록을 하지 아니하는 경우에도 상표권은 소멸된다.

상표의 가치는 크게 성공한 상품 및 서비스를 판매하거나, 아니면 대대적인 선전이나 광고 캠페인을 실시함으로써 창출된다. 가치를 가진 상표는 식별력 ·

수익력 · 범용성, 혹은 호감이 가는 특징을 가지고 있는 것이라 할 수 있다. 즉 가치를 지닌 상표는 이러한 특징을 모두 갖추고 있지 않더라도 거의 대부분은 갖추고 있는 것이 일반적이다.

3) 디자인권 design rights

디자인권이란 산업적 물품 또는 제품의 독창적이고 장식적인 외관 · 형상의 보호를 위하여 등록을 통하여 허용된 권리이며, 산업재산권의 하나이다. 과거에는 의장권意匠權이라 하였으나, 2004년 디자인권으로 명칭이 바뀌었다. 디자인이란, 물품의 형상 · 모양 · 색채 또는 이들을 결합한 것으로서 시각을 통하여 미적 감각을 향상시키는 것을 말한다.

디자인권 보호제도는 물품의 미적외관에 재산적 가치를 인정하여 참신하고 우수한 기능을 주는 디자인 창작자의 노력을 보호하기 위하여 창작자에게 일정기간 창작된 디자인에 대한 독점적인 권리를 부여하는 것이다. 이 권리는 등록함으로써 발생하며, 디자인권자는 그 등록디자인으로 된 물건을 제작, 사용, 판매할 권리를 독점한다. 디자인보호법상 디자인권의 존속 기간은 디자인권 등록출원일로부터 20년이다. 다만, 관련디자인 디자인권의 존속기간만료일은 그 기본디자인의 디자인권 존속기간 만료일로 한다(법인세법시행령 제24조, 디자인보호법 제91조).

현대사회에서 상품의 판매에 있어서 그 상품의 기능, 우수함도 중요하겠지만 외관에서 풍기는 미적 감각도 구매에 결정적 영향을 주는 것은 부정할 수 없는 사실이다. 아름다운 디자인은 구매욕구를 증진시켜 줄 뿐 아니라 자타상품의 식별기능까지 하여줌으로써 유통시장에서 경업질서를 유지하는 기능도 가지고 있다. 디자인권은 이러한 물품의 형상, 색채, 모양 또는 이들의 결합으로 시각을 통하여 미감을 일으키게 하는 공업적 이용 가능한 창작을 보호대상으로 한다. 물론 이러한 기능을 가진 디자인이 재산적 가치를 지니고 있음은 두 말할 필요가 없을 것이다.

디자인을 보호하는 방식으로 종래 특허적 방식과 저작권적 방법이 있었다. 전자의 대표적인 예가 미국이고, 후자의 대표적인 예가 독일이다. 그러나 최근 디자인 보호법은 어디까지나 디자인 본질에 적합한 독자적인 방법에 의하여야 한다는 주장이 유력해지고 있다.[13] 우리나라에서는 원칙적으로 디자인권등록은 심사를 거쳐야 할 것이나, 그 심사처리에 1년 이상이 소요되고 제품 라이프사이클의 단기화에 따른 출원인의 조기 권리화 요구를 수용하기 어려워 예외적으로 일부 품목(벽지, 강판 등 평면디자인)에 대한 심사처리를 촉진하는 한편, 유행성이 강한 일부 품목에 대하여는 심사절차없이 신속한 권리화를 하고자 하는 목적에서 디자인 무심사등록제도를 실시하고 있다.[14]

4) 실용신안권 utility model rights

영미법계 국가들은 지식재산권 중에 실용신안권 utility model rights 을 별도로 규정하고 있지 않으나, 대륙법계 국가들은 특허법외 실용신안법을 별도로 규정한다. 특허법과 실용신안법은 자연법칙을 이용한 기술적 창작으로서 발명 수준의 차이는 있으나 본질적으로는 같으므로 실용신안제도를 굳이 별도의 법으로 보호할 필요가 있겠는가 하는 의문이 제기된다. 그러나 특허제도 창설 당시 우리의 기술수준은 외국에 비해 현저히 낮았기 때문에 외국인에게 특허가 독점될 위험이 있었다. 즉 특허제도만으로는 우리 나라 국민의 기술개발 의욕이 상실될 우려가 있었으므로 기술수준이 낮은 발명도 보호하여 창작의욕을 유지 · 증진시킬 필요가 있었기 때문에 도입되었다고 본다.

특허법의 보호대상은 '발명'임에 반하여 실용신안법은 '고안'이다. 특허법의 보호대상은 기술적 창작의 대상으로서 고도한 것임에 비하여, 실용신안은 그것은 단지 창작이면 족하고 고도할 필요는 없다는 점이다. 실용신안법은 '물건'에 관한 고안만을 보호대상으로 하고, '방법'에 관한 고안은 보호대상으로 하고 있지 않다. 실용신안권의 권리존속기간은 10년이며, 권리존속 기간연장 제도는

13. 송영식 외, 지적소유권법(상), 육법사, 1999, p. 49.
14. 디자인보호법 제9조 제6항.

마련되어 있지 않다. 실용신안 등록출원 또는 실용신안 등록에 대하여 누구든지 특허청장에게 그 실용신안 등록출원에 관한 고안[15], 또는 등록실용 신안에 관한 기술평가를 청구할 수 있다.[16]

5) 저작권 copyrights

저작권에 의한 보호는 아이디어에 관한 표현이 대상이 되고, 아이디어 자체는 보호대상이 되지 않는다. 그것은 바로 특허보호 대상이 해당제품 또는 방법에 관한 아이디어를 실행한 것이기 때문에, 아이디어가 특허의 대상이 되지 않는 것과 같다. 저작권자는 저작물을 복제, 판매 또는 그 외의 형태로 배포할 권리뿐만 아니라, 2차 저작물을 작성하고 그것을 양도 · 판매 또는 라이선스 할 수 있는 권리를 가진다. 어느 저작자가 저작물을 직무상 창작한 경우, 그것은 '직무저작물'로 불리며 저작권은 고용자의 재산이 된다.

저작재산권의 보호기간의 원칙에 대하여 저작재산권은 특별한 규정이 있는 경우를 제외하고는 저작자의 생존하는 동안과 사망 후 50년간 존속한다. 다만 저작자가 사망 후 40년이 경과하고 50년이 되기 전에 공표된 저작물의 저작재산권은 공표된 때부터 10년간 존속한다.

공동저작물의 저작재산권은 맨 마지막으로 사망한 저작자의 사망 후 50년간 존속한다.[17] 무명無名 또는 널리 알려지지 아니한 이명異名이 표시된 저작물의 저작권은 공표된 때부터 50년간 존속한다. 다만 이 기간 내에 저작자가 사망한지 50년이 경과하였다고 인정할만한 사유가 발생한 경우에는 그 저작재산권은 저작자 사망 후 50년이 경과하였다고 인정되는 때에 소멸하는 것으로 본다.[18] 단체명의 저작물의 보호 기간은 공표한 때부터 50년간 존속한다. 다만 창작한 때부터 50년이내에 공표되지 아니한 경우에는 창작한 때부터 50년간 존속한다.[19]

---

15. 실용신안법 제2조에서는 고안(考案)을 자연법칙을 이용한 기술적 사상의 창작이라고 규정하고 있다.
16. 실용신안법 제21조 제1항.
17. 저작권법 제36조.
18. 저작권법 제37조.
19. 저작권법 제38조.

저작물은 ① 소설 · 시 · 논문 · 강연 · 연술 · 각본 그 밖의 어문저작물, ② 음악저작물, ③ 연극 및 무용 · 무언극을 포함하는 연극저작물, ④ 회화 · 서예 · 도안 · 조각 · 공예 · 응용미술작품 그 밖의 미술저작물, ⑤ 건축물 · 건축을 위한 모형 및 설계도서를 포함하는 건축저작물, ⑥ 지도 · 도표 · 설계도 · 약도 · 모형 그 밖의 도형저작물, ⑦ 영상저작물, ⑧ 컴퓨터프로그램저작물 등과 같은 것이 있다.[20]

공표되지 않은 저작물은 ① 해당 저작물을 유형의 형태로 만들고, ② 저작권 등록관청에 출원서류를 제출한 후, ③ 해당 작품의 사본 1부와 등록료를 등록관청에 송부하는 절차를 통해서 등록할 수 있다. 공표예정인 저작물은 ① 적당한 식별표시를 붙여 공표한 후, ② 위의 순서 ② 및 ③과 동일하나, 등록관청에 복사본 2부를 보내는 절차에 따라 보호된다. 저작권을 가진 저작물에는 기호 'ⓒ' 또는 'Copyright'라는 문구, 최초 공표일과 저작권자의 성과 이름 등 적당한 식별표시를 붙여야만 한다.

6) 개발비

개발비란 신제품 또는 신기술의 개발과 관련하여 발생한 비용(소프트웨어 개발과 관련된 비용을 포함한다)으로서 개별적으로 식별가능하고 미래 경제적이익을 확실하게 기대할 수 있는 것을 의미한다. 혁신적 기술을 활용한 제품은 고객이 어떠한 특징 때문에 제품을 선택하게 되었는지를 확실하게 알 수 있게 한다. 이러한 재산적 정보는 특허 또는 그 이외의 형태로 신중하게 보호되고 있으며, 주로 약제의 특허와 같이 많은 시간과 비용을 필요로 하는 연구개발을 통해 이루어지는 경우가 많다.

재산적 정보의 개발자가 특허취득이라는 구체적 방법을 통해 보호를 받으려는 이유는 몇 가지가 있지만 대표적인 이유로는 상당한 연구개발 투자, 해당 기술의 높은 시장성, 경쟁자의 유사연구 추진 등을 들 수 있다. 이러한 경향은 제약업계의 경우가 타 산업에 비해 강하다고 할 수 있다.

---

20. 저작권법 제4조.

7) 소프트웨어

자산인식 조건을 충족하는 소프트웨어를 구입하여 사용하는 경우에 동 구입비용은 소프트웨어의 과목으로 하여 무형자산으로 인식하고, 내부에서 개발된 소프트웨어에 소요된 원가가 자산인식 조건을 충족하는 경우에는 개발비의 과목으로 하여 무형자산으로 처리한다. 컴퓨터프로그램은 특정한 결과를 얻기 위하여 컴퓨터 등 정보처리능력을 가진 장치 내에서 직접 또는 간접으로 사용되는 일련의 지시 · 명령으로 표현된 것으로 정의되고 있다.[21]

컴퓨터프로그램은 그것이 권리청구의 일환으로 기능하기 위한 계산을 하는 것이든지 혹은, 단순한 수학적 계산 이상의 것을 행하는 특허의 요건, 즉 특허성을 만족시키고 있으면 특허를 획득할 수 있는데, 이 범주에 해당하는 컴퓨터 프로그램은 비교적 적다.

특허법에 의한 컴퓨터프로그램 보호에 있어서 가장 문제가 되는 부분은 컴퓨터프로그램이 특허법 제2조에서 정한 자연법칙을 이용한 기술적 사상에 해당하는가이다. 과거에는 특허성이 부정되어 특허를 인정하지 않았다. 그러나 소프트웨어 산업의 급속한 성장으로 미국, 일본, EU 등 선진국에서 특허권을 부여하여 동분야 기술의 독점 움직임에 대한 대응이 요구되었으며, 관련 기술의 개발을 유도하기 위한 지식재산 보호의 필요성이 대두되어 우리나라도 '컴퓨터관련 발명의 심사기준'을 개정하였으며, 1998년 1월 1일 출원분부터 적용하고 있다.

저작권에 의한 보호는 특허에 의한 보호보다 훨씬 취득하기 쉽다. 그러나 저작권이 아이디어 표현을 보호하는 것이라면, 보호의 대상이 되는 것과 동일한 임무를 수행하기 위한 프로그램이 개발되고, 그 프로그램의 코딩 구조와 순서가 복사되는 것이 아닌 한, 침해 받지 않을 것이라는 것은 쉽게 이해할 수 있다. 우리 나라 저작권법 제4조 제1항 제9호는 컴퓨터프로그램을 저작물의 일종으로 명시하고 있으며, 동법 제4조 제2항에서는 컴퓨터프로그램 저작물에 대해 필요한 사항은 따로 법률로 정하도록 하고 있다.

21. 저작권법 제2조 제12호.

현행 컴퓨터프로그램보호법은 '86년 12월 31일 법률 제3920호로 제정된 것이며, 현재 미래창조과학부가 주관하고 있다. '주가분석프로그램에 대한 저작권 침해사건'[22] 은 동일한 내용의 프로그램이라 하더라도 다른 프로그램 언어로 작성될 경우 저작권 침해가 아니라는 취지의 판결을 내림으로써 컴퓨터프로그램의 저작권을 통한 보호의 한계를 보여주고 있다.[23] 현재 미국의 법원뿐만 아니라 일본, 독일, 프랑스의 법원에서도 소프트웨어에 대해서 실제로 '아이디어'의 보호를 적용할지, '표현'의 보호에 넣을 지의 문제에 심리의 초점이 집중되고 있다. 컴퓨터 소프트웨어는 특허법과 저작권법 중 어느 쪽에도 꼭 들어맞지 않는 특성을 가진 것이다.

현시점에서는 소프트웨어가 어디까지 보호받을 수 있는지는 불명확하며, 저작권의 권리자 문제는 명확히 답을 얻을 수 없을 정도로 복잡한 상태이다. 왜냐하면, 컴퓨터 소프트웨어 경우에는 프로그래머로 구성된 팀에 의해 개발되는 경우가 많기 때문이다.

8) 데이터베이스 data base

다른 지식재산 분야에서와 마찬가지로 데이터베이스 관련 지식재산 역시 미국, EU를 중심으로 규범이 정해지고 있다. 저작권과 특허권간의 영역구분이 점차 모호해지는 것이 가장 큰 특징이다. 저작권의 측면에서 볼 때는 창작성을 갖추지 못한 데이터베이스에 관한 저작권을 인정할 것인가의 문제가 쟁점이 되고 있다. 특허권의 측면에서는 컴퓨터 관련 발명의 인정으로 새로운 국면을 맞이했다고 할 수 있다. 다만 데이터베이스 구축에 관한 기술의 특허권 인정에 있어서 기존의 신규성이나 진보성의 기준을 그대로 적용시킬 수 있는가에 대해서는 새로운 연구가 필요하다. 단순히 기존자료의 축적이라 하더라도 축적된 정보가 경제적 가치를 가질 수 있으면, 구축에 투입된 비용 및 정당한 수입이 보장되어야 할 것이다.[24]

---

22. 서울민사지법 93.1.7 선고 92가합31298 판결.
23. 현병환, 전게서, p. 16.
24. 현병환, 전게서, p. 23.

데이터베이스에 대한 특허는 1993년부터 출원되었으며 등록은 1997년부터 이루어지고 있다. 컴퓨터 네트워크의 궁극적인 귀착이 데이터베이스라는 점을 고려할 때 데이터베이스 산업의 발전은 자명하며 계속 증가 추세에 있다. 편집물(논문 · 수치 · 도형 기타 자료의 집합물로서 이를 정보처리를 이용하여 검색할 수 있도록 체계적으로 구성한 것을 포함한다)로서 그 소재의 선택 또는 배열에 창작성이 있는 것은 독자적인 저작물로서 보호된다.[25]

9) 마스크작업물 mask works

컴퓨터 하드웨어와 소프트웨어 사이에서 회로와 논리회로를 구체화 하고 있는 것이 반도체 칩 제품이다. 반도체 칩의 근본적 요소는 마스크작업물mask works이다. '배치설계권'이라고도 한다. 이는 일련의 관련된 상像으로서 고정되어 있거나 코드화되어 있는 다음의 상태의 것을 말한다.

> "반도체 칩 제품이 적층積層으로서 존재하고, 또는 해당 적층에서 금속제, 절연성 또는 반도체성을 가진 재료로 이루어지며 미리 정해진 3차원 패턴을 가지거나 나타내고 있는 동시에, 관련된 일련의 상像이 각 상마다 해당 반도체 칩 제품의 어떤 한 가지 형태의 표면의 패턴을 가지는 것"

10) 퍼블리시티권 rights of publicity

이것은 비교적 최근에 알려진 지식재산의 한 형태로서, 매스컴 등에서 오르내리는 명사와 유명인 등에게는 중요한 권리이다. 이 권리는 명성이 이익획득 능력을 가질 수 있다면, 그 능력은 자산이 되므로 허가를 받지 않고 사용치 못하도록 보호받아야 한다는 생각에 기초하고 있다. '지적 직업인의 영업권'이라는 생각에 기초하여 유명인의 영업권이라는 유사한 논리가 생겨났다. 그 논리에서는 유명한 이름과 얼굴을 이용하여 상품이 팔릴 수 있다면, 그 유명인은 퍼블리시티권이라는 돈이 될 가능성이 있는 자산을 가지고 있는 것이 된다.[26] 지식재산의 재미있는 측면 중의 하나는 늘 끊임없이 그 실체가 변화하고 있다는

25. 저작권법 제6조.
26. "When Celebrities Divorce, Goodwill Has Top Billing", *New York Times*, April 15, 1988.

것이다.

11) 기타

이상에서 설명한 것 이외에 기타의 무형자산에는 광업권, 어업권, 프랜차이즈, 수도시설이용권, 댐사용권, 수도시설관리권 등이 있다. 이 중 현대사회에서 대표적인 무형자산은 프랜차이즈이다. 프랜차이즈franchise란 특정한 지역 내에서 독점적, 배타적으로 사업을 영위할 수 있는 권리나 계약을 말한다. 그 예로서 시내운송노선권, 해상운송노선권 등을 들 수 있다. 이러한 권리를 획득하기 위한 계약은 통상적으로 정부 또는 공공사업체 등과 공공재를 사용하고자 하는 기업 사이에 체결된다.

프랜차이즈를 획득한 기업은 그 프랜차이즈와 연결지어 확인가능한 특정 지출과 같은 원가가 있을 경우에는 무형자산으로 계상할 수 있다. 무형자산으로 계상된 프랜차이즈는 계약기간에 따라 상각하여야 하며, 기간을 정할 수 없거나 기간이 무한한 경우에는 합리적인 기간을 정하여 상각하여야 한다. 또한 프랜차이즈에 의하여 지급되는 정기적인 요금은 재산사용에 대한 미래의 권리와는 관계가 없으므로 발생한 기간의 비용으로 처리하여야 한다.

한편 법인세법상에는 위에 설명한 것 이외에도 수리권, 전용측선이용권, 전기가스공급시설이용권, 전신 · 전화전용시설이용권, 공업수도시설이용권, 수도시설이용권 등을 추가로 규정하고 있다.

Ⅱ 무형자산의 요건과 구성

1 무형자산의 요건

무형자산으로 인식되기 위해서는 ①개별적인 식별가능성, ②실질적 통제가능성, ③경제적 이익의 존재 등 무형자산의 정의와 인식조건을 모두 충족시켜야 한다. 무형자산의 인식조건이란, ①자산으로부터 발생하는 미래 경제적 이

그림 1-4
무형자산의 인식요건

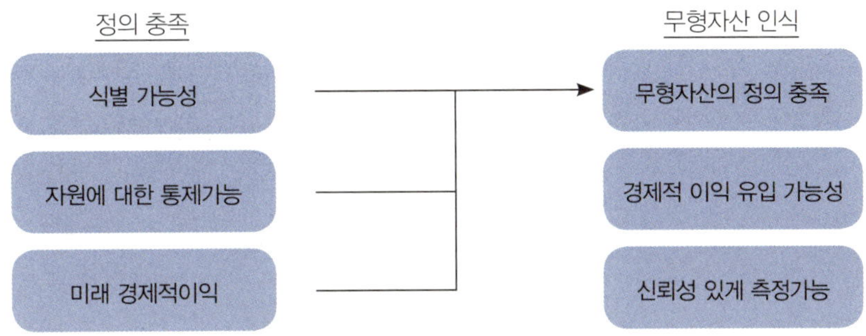

익이 기업에 유입될 가능성이 매우 높을 것, ②자산의 취득원가를 신뢰성 있게 측정할 수 있을 것을 말한다. 무형자산의 인식요건을 모두 충족하는 경우에는 무형자산으로 인식하지만, 충족시키지 못할 경우에는 그것을 취득 또는 창출하는데 소요되는 지출이 발생하였을 때 비용으로 인식한다. 이를 쉽게 설명하면, 〈그림 1-4〉와 같다.

위와 같은 무형자산의 정의와 인식요건을 동시에 충족시키는 자산에 대하여는 각 자산 별 성격이나 특성에 따라 비교방식, 수익방식, 원가방식 등 다양한 평가방법에 의하여 가치평가를 하게 된다.

1.1 식별가능성 identifiability

무형자산이 식별가능하다는 것은 그 자산이 기업실체나 다른 자산으로부터 분리될 수 있거나, 법적권리를 창출할 수 있는 경우 등을 의미한다. 기업회계기준서에 의하면, 무형자산을 영업권과 구별하기 위하여 그 자산이 식별가능할 것identifiable을 요구한다. 사업결합으로 인식하는 영업권은 사업결합에서 획득하였지만, 개별적으로 식별하여 별도로 인식하는 것이 불가능한 그 밖의 자산에서 발생하는 미래 경제적 이익을 나타내는 자산이다.[27]

그 미래 경제적이익은 취득한 식별가능한 자산 사이의 시너지효과나 개별적으로 재무제표 상 인식기준을 충족하지는 않는 자산으로부터 발생할 수 있다.

27. 기업회계기준서 제1038호(무형자산).

즉 자산은 다음 중 하나에 해당하는 경우에 식별가능하다고 본다.

1. 자산이 분리가능하다. 즉 기업의 의도와는 무관하게 기업에서 분리하거나 분할할 수 있고, 개별적으로 또는 관련된 계약, 식별가능한 자산이나 부채와 함께 매각, 이전, 라이선스, 임대, 교환할 수 있다.
2. 자산이 계약상 권리 또는 기타 법적 권리로부터 발생한다. 이 경우 그러한 권리가 이전가능한지 여부 또는 기업이나 기타 권리와 의무에서 분리가능한지 여부는 고려하지 아니한다.

1.2 자원에 대한 통제성

자원에 대한 통제성controllable이란, 그 자원으로부터 미래 경제적이익을 획득할 수 있고, 그 효익에 대해 제 3자의 접근을 제한할 수 있는 경우를 말한다. 기초가 되는 자원에서 유입되는 미래 경제적이익을 확보할 수 있고, 그 이익에 대한 제3자의 접근을 제한할 수 있다면 기업이 자산을 통제하고 있는 것이다.

시장에 대한 지식과 기술적 지식에서도 미래 경제적이익이 발생할 수 있다. 그러나 이러한 지식이 저작권, 계약상의 제약이나 법에 의한 종업원의 기밀유지의무 등과 같은 법적 권리에 의하여 보호되는 경우라야 기업은 그러한 지식에서 얻을 수 있는 미래 경제적이익을 통제하고 있는 것이 된다고 할 수 있다.

1.3 미래 경제적이익

무형자산의 미래 경제적이익future economic benefits은 재화의 매출이나 용역수익, 원가절감 또는 그 자산의 사용에 따른 기타 이익의 형태로 발생할 수 있다. 미래 경제적이익이 기업에 유입될 가능성은 무형자산의 내용연수 동안의 경제적 상황에 대한 경영자의 최선의 추정치를 반영하는 합리적이고 객관적인 가정에 근거하여 평가하여야 한다.

미래 경제적이익을 창출하기 위하여 발생한 지출이라 해도 그 중에는 기업회계기준서에서 요구하는 인식기준을 충족하는 무형자산이 될 수 없는 경우가 있다. 그러한 지출은 대부분 내부적으로 창출한 영업권에 기여한다. 내부적으로 창출한 영업권은 자산으로 인식하지 아니한다. 왜냐하면, 자가창설 영업권의 경우 원가를 신뢰성 있게 측정할 수도 없고 기업이 통제하고 있는 식별가능한 자원이 아니기 때문이다. 즉 영업권은 개별적으로 분리가능하지도 않고 계약상 또는 기타 법적 권리로부터 발생하지 않기 때문에 유상으로 매수한 때에만 자산으로 인식하게 된다.

이렇듯 미래 경제적이익 유입의 확실성에 대한 자의적 판단은 엄격히 제한된다. 즉 자산의 사용에서 발생하는 미래 경제적이익 유입의 확실성 정도에 대한 평가는 무형자산을 최초로 인식하는 시점에서 이용 가능한 증거에 근거하며, 외부증거에 비중을 더 크게 둔다. 최초의 무형자산 가치는 발생원가로 인식하여 평가하게 되지만, 이보다는 제3자인 감정평가사 등 전문가의 객관적 외부증거에 비중을 더 크게 두어야 한다. 여기서 객관적 중립적 입장에서 독립적으로 가치평가를 할 수 있는 공인전문가로서 평가사의 역할이 요구되는 것이다.

2 무형자산의 구성

경제적 특성을 가지고 있는 무형자산은 업종이나 개별기업의 특성에 따라 시장자본, 인적자본, 지적자본으로 분류한다. 무형자산, 기술, 지식재산권 및 지적자산은 공통되는 부분이 있는가 하면 차이가 있는 부분도 존재한다. 미국재무회계기준위FASB에서는 무형자산을 발생원천에 따라 ① 마케팅관련, ② 고객관련, ③ 계약관련, ④ 예술관련, ⑤ 기술관련 등으로 구분한다.[28]

최근에는 무형자산의 원천, 즉 무형자산을 구성하는 원천이 무엇이냐에 따라 지식재산을 중심으로 언급되는 경향이 있다. 무형자산도 내용을 검토하면 결국 모두 지식재산이라는 것이다. 따라서 무형자산과 지적자산, 지적자본, 지식재산 등의 여러 가지 용어가 서로 혼용되기 마련이다. 〈표 1-3〉은 무형자산의 원

28. Mard M. J. et al., *ibid*, 2007, pp.27~28.

표 1-3
무형자산의 원천별 분류

구 분	무형자산 종류
① 마케팅 관련	상표, 상호, 브랜드명, 로고 등
② 고객 관련	고객명단, 고객계약, 고객관계, 무조건 구입주문
③ 계약 관련	우대공급계약, 면허협정, 총판협정, 비경쟁협정
④ 예술 관련	문학작품 · 저작권, 작곡, 판권, 지도, 조각
⑤ 기술 관련	공정특허, 특허출원, 기술문건(실험일지, 기술적 노하우)
⑥ 데이터처리 관련	독점적 컴퓨터소프트웨어, 자동화된 데이터베이스
⑦ 엔지니어링 관련	산업디자인, 제품특허, 기업비밀, 기술도면, 청사진
⑧ 인적자본 관련	숙련되고 조직화된 종업원 집단, 고용계약, 노사협정
⑨ 토지(위치) 관련	공중권, 용수권, 지역권, 임대계약, 광업권, 지역권
⑩ 전자상거래 관련	인터넷쇼핑몰(콘텐츠), 도메인, 영업적 노하우
⑪ 영업권 관련	제도적 영업권, 단골, 일반적 사업가치, 영업적 노하우, 공공단체/전문직종/전문가/평판관련 영업권, 계속기업 가치 등

천에 따라 그 종류를 알기 쉽게 나누어 정리한 것이다.

〈표 1-3〉에 분류된 것과 같이 기술관련 무형자산은, ⑤ 기술관련 이외에도 데이터처리관련 무형자산, 엔지니어링관련 무형자산의 대부분, 그리고 시장관련 무형자산(비지니스모델 등), 인적자본관련 무형자산과 예술관련 무형자산(저작권 일부와 지도 등)의 일부도 포함된다. 한편 특허, 상표, 실용신안 등과 같은 전통적인 산업재산권과 저작권으로 구성되는 지식재산권은 기술관련 무형자산과 거의 중복된다.

2.1 시장자본

시장자본market capital이란 ① 고객명단, 고객관계 등 고객기반 무형자산customer based intangible assets이나, ② 기업의 명성, 이미지 등 기업의 평판도, ③ 인지도 있는 상표, 상호 등 기업브랜드, ④ 효과적인 유통망 등으로서 수요자, 공급자 등 거래처와의 관계에서 형성되는 긍정적인 가치를 말한다. 한편 기업의 브랜드는 무형자산을 구성하는 중요한 시장자산이며, ① 브랜드의 인식brand awareness, ②

브랜드의 충성도brand loyalty, ③ 브랜드의 품질brand quality을 브랜드 가치의 3요소라고 할 수 있다.

2.2 인적자본 human capital

인적자본human capital이란 기업의 부가가치를 창출하는데 직접 기여한 사람의 가치를 말하며, 보통 기업의 조직화된 노동력assembled workforce, 고용계약, 비경쟁합의 등이 이에 속한다. 숙련되고 조직화된 근로자집단의 가치를 추정할 때는 원가방식이 주로 사용된다. 가치를 평가하기 위해서는 계약관계의 조건, 기존 산업 및 시장조건을 검토하고 분석하여야 한다.

2.3 지식자본 intellectual capital

지식자본intellectual capital은 흔히 지식재산intellectual property이라고도 한다. 그러나 엄밀히 말하면 지식자본 중에서 재산권으로서의 가치를 갖는 것만을 특정하여 지식재산이라고 한다. 최근 지식재산의 중요성이 부각되면서 그 가치를 산정하기 위한 새로운 평가방법들이 다양하게 개발되어 제시되고 있으며, 가치로 평가할 수 있는 지식재산의 범주는 기술의 도약적 발전, 새로운 기술의 출현, 법적 제도적 정교화에 따라 확대되는 추세를 보이고 있다. 과거에는 지식재산으로서의 위치를 차지하지 못하였던 것도 최근 이에 대한 중요성이 부각되고 다수의 사람들이 인식하게 되면서 신지식재산권이란 개념하에 특정된 권리로 등장하고 있다. 따라서 평가할 수 있는 지식재산도 이미 제도화가 완성된 것과 새로이 제도화가 진행중인 부류로 양분할 수 있다. 세계지식재산기구WIPO : World Intellectual Property Organization는 지식재산을 다음과 같이 정의하고 있다.

> "문예, 미술 및 학술저작물, 예술가의 공연, 레코드 및 방송, 인간활동의 제 분야에서의 발명, 과학적 발명, 디자인, 상표, 서비스, 휘장 및 상호, 기타상업상의 표시, 불공정 경쟁에 대한 보호권리등 산업, 학술, 문예, 미술분야의 지적활동에서 형성된 모든 권리를 말한다"

표 1-4
지식재산 가치평가의 목적과 용도

이전·거래	기술의 매매, 라이선스 가격 결정
금 융	기술의 담보권 설정 또는 투자유치
현물출자	기술 또는 지식재산권의 현물출자
전 략	기업의 가치 증진, 기술상품화, 분사(spin-off), 장기 전략적 경영계획 수립
청 산	기업의 파산 또는 구조조정에 따른 자산평가, 채무상환계획 수립
소 송	지식재산권 침해, 채무불이행, 기타 재산 분쟁 관련 소송
세 무	기술의 기증, 처분, 상각을 위한 세무계획 수립 및 세금 납부
기 타	특례상장 등

자료: 산업통상자원부, 기술평가기준 운영지침

한편 「지식재산기본법」 제27조에서는 지식재산 평가와 관련하여, "정부는 지식재산에 대한 객관적인 가치평가를 촉진하기 위하여 지식재산가치의 평가기법 및 평가체계를 확립하여야 하고, 지식재산의 가치평가기법 및 평가체계가 지식재산 관련 거래 · 금융 등에 활용될 수 있도록 지원하여야 한다"라고 규정하고 있다. 그러나 지식재산평가의 의미를 정의하고 있지는 않다. 또한 「기술이전 및 사업화 촉진에 관한 법률」에서 '기술'의 정의에는 지식재산을 포함하고 있으며, 「지식재산기본법」에서 '지식재산'의 정의에는 '기술'을 포함시키고 있다.

지식재산에 대한 가치평가는 지식재산의 거래, 투자, 융자, 현물출자, 전략수립, 청산, 소송, 그리고 세무 등 다양한 목적에 의하여 이루어지고 있다. 〈표 1-4〉는 이러한 지식재산 가치평가의 목적과 평가서의 용도를 정리한 것이다.

2.4 영업권

영업권goodwill이란 우수한 경영진, 뛰어난 판매조직, 양호한 신용, 원만한 노사관계, 기업의 좋은 이미지 등 동종산업에 종사하는 타기업에 비하여 특별히 유리한 사항을 집합한 무형의 자원을 말한다. 영업권의 주요 구성요소는 다음의 3가지로 구분할 수 있다.

첫째, 이용 가능한 기존자산의 존재로서 영업권의 계속기업 가치요소라고 한다. 이는 자본, 노동, 경영 등으로 구성되며 결합적으로 이용됨으로써 개별요소의 가치보다 더 커져서 그 일부는 영업권을 형성하게 된다.

둘째, 정상이익을 넘어서는 초과이익 중 유형자산과 기타 무형자산에 귀속되는 것을 제외한 것이 영업권의 구성요소가 된다. 셋째, 현재 영업과 직접적인 관련이 없는 미래에 대한 기대, 즉 미래에 예상되는 투자, 재편성 및 신규 제품이나 서비스, 고객과 관련된 전망 등이 영업권의 일부를 구성한다.

한편 영업권의 발생유형에는 매입영업권과 자가창설영업권이 있으며, 매입영업권은 기업이 다른 기업을 매수, 합병하는 경우에 발생한 영업권을 말하며, 자가창설영업권은 기업이 스스로 영업권을 계상하는 경우에 발생한 영업권을 말한다. 영업권은 회계적인 측면에서 보면 기업이 매수나 영업양수 등의 경우에 유상으로 취득한 것만 인정하고 있기 때문에 기업이 스스로 계상하는 자가창설영업권은 인정하지 않는다.

경제적 측면에서 볼 때 영업권은 기업의 어느 개별자산과도 관련이 없는 경제적이익을 그에 대응하는 적절한 자본환원율로 환원한 값이다. 영업권에 대한 보다 상세한 논의는 제 8장(영업권의 평가)에서 다시 다루기로 한다.

Ⅲ 무형자산의 특성

1 일반적 특성

기업회계기준에 의하면 무형자산은 유상취득된 것만 재무제표에 표시된다. 정작 기업의 경제적 가치에 큰 영향을 주지만 자가창설된 경우 이는 재무제표에 표시되지 않는다. 그러므로 무형자산을 인식하고 측정, 평가하는 과정은 대단히 중요하다. 전체 기업가치는 재무제표에 표시되든 아니되든, 수익창출력, 현금흐름 창출력, 배당지급 능력을 가지고 있는 기업의 유형, 무형의 자산들의 가치로 평가되기 때문이다.

이와 같이 무형자산은 유형자산처럼 개별적 내지 구체적인 물적 실체는 없지만, 매우 중요한 경영자원으로써 계속적 · 장기적으로 수익을 창출함에 있어 유용하게 사용되는 자산이다. 즉 그 존재형태는 없으나 사실상의 가치를 지니며, 특정법률이나 계약에 의하여 지지되는 재산권을 총칭한다. 무형자산은 기업에 대해 장기적으로 특정의 상품이나 제품의 제조, 판매에 관해서 배타적이며 또한 우선적 지위를 확보하고 있다. 헨드릭슨 교수에 의하면 무형자산의 특성은 다음과 같다.[29]

① 물리적 실체가 없는 자본자산
② 미래효익에 관한 고도의 불확실성이 존재하는 자산
③ 대체적인 용도에 사용하거나 전환될 수 없는 자산
④ 불완전경쟁조건에서 발생하는 자산
⑤ 기업의 물리적자산과 분리되지 않는 자산

이러한 무형자산이 가치평가나 경제적 관점에서 실제 독립된 자산으로서 인식되고 존재하려면 다음과 같은 네가지 전형적 특성을 가져야 한다.

첫째, 무형자산은 물리적 또는 재무적인 측면에서 구체적인 형태를 가지지 않는 것으로 미래 예상되는 경제적이익에 대한 청구권이며, 특허권, 브랜드, 비용절감 등을 가져오는 특유의 조직구조를 의미하는 것이다. 이러한 관점에서 볼 때 회계학에서의 무형자산, 경제학에서의 지식자본은 모두 같은 개념이며, 특히 특허권, 상표권, 저작권 등 그 청구권이 법적으로 보호되는 경우 지식재산이 된다고 본다.(미래이익 청구권성)

둘째, 무형자산이 가치평가나 경제적 관점에서 인정되기 위해서는 실제 확인이 가능하고 명확하게 설명할 수 있어야 하며, 법적인 보호가 가능해야 한다. 또한 사적인 소유가 가능하고 이전성이 있어야 하며, 일정한 수준의 물적 증거가 존재하거나 입증이 가능해야 한다. 예컨대 계약^{contract}이나 허가^{license}, 등록서류, 컴퓨터디스켓, 고객명단, 재무제표 등이 있어야 한다.(소유권 및 법적보호성)

셋째, 무형자산은 금융자산과 유형자산을 제외한 기업의 자산으로 물리적 실

---

29. Hendrickson, E. S., *Accounting Theory*, 4th ed., Irwin, 1982, pp. 399~401.

체는 없으나 기업의 수익력에 기여하는 자산에 속하는 권리, 관계, 집합적 무형자산grouped intangibles, 지식재산 등으로 구분된다. 지식재산이란 무형자산을 의미하며 가치실현이 가능하도록 법에 의해 등록되고 보호를 받는다.(수익실현성)

넷째, 무형자산은 기업의 미래현금흐름에 기여하는 바 물리적 실체가 없는 자본 자산이라는 회계적 개념이며, 지식재산은 기업가치에 기여할 수 있는 정보집합이다. 지식재산은 기업이 소유권을 주장할 수 있으며, 코드화되고 기술記述될 수 있는 특정한 지식을 의미한다. 기본적으로 지식재산의 활용결과로서 기업의 시장가치가 형성되는데, 거기서 유형자산 가치를 차감한 것이 무형자산의 가치라고 보는 것이다. 따라서 이러한 무형자산의 개념에서는 지식재산의 개념이 중요하게 된다.(지식재산성)

무형자산의 가치평가는 단순한 회계적 접근보다는 경제적 접근에 의해 더 잘 이해 될 수 있으므로 지식재산을 이와같은 4가지 전형적 특성을 지닌 무형자산으로 보고, 이러한 특성을 가치형성의 핵심으로 보는 논리에 입각하여 무형자산의 가치평가 원리와 방법을 설명하는 것이 이 책의 일관된 논리이다.

2 경제적 특성

무형자산의 경제적 특성은 가치창출 요인과 가치손상의 측면에서 파악될 수 있다. 무형자산의 가치창출 요인은 주로 비경합성non-rivalry과 수확체증의 원리, 그리고 비희소성non-scarcity과 네트워크 외부성network externality 등에서 발생된다. 그리고 가치손상요인은 부분적 배타성partial excludability, 내재적 위험intrinsic risk, 비시장성unmarketability 등 무형자산 고유의 특성이 포함된다. 다음 〈그림 1-5〉에는 이러한 무형자산의 경제적 특성을 잘 요약하여 설명해주고 있다.

2.1 가치창출 요인

무형자산의 영역에서 주된 효익은 규모의 신축성이라든지, 수확체증, 네트워크 효과 등이다. 또한 비경합성non-rivalry 또는 비희소성non-scarcity은 동시에 여러 용도에서 사용할 수 있고, 한 군데에서 사용한다고 해서 다른 곳에서 그 자산의 유용성이 손상되지 않는 무형자산의 특성에서 창출되는 효익이다. 반면 실물자산이나 금융자산 등은 경합적이거나 희소한 자산이다. 무형자산은 이와 대조적으로 비경합적이며 규모신축성scalability도 존재한다.

네트워크 외부성network externality이란 그 네트워크의 일부가 됨으로써 얻는 이득이 그 네트워크 참여자 수에 따라 증가한다는 것이다. 이는 네트워크의 규모가 커짐에 따라 학습효과 및 새로운 기술의 채택, 영업기회 및 이용가능성이 확장되어 긍정적인 피드백 효과를 가져오기 때문이다. 네트워크의 형성 토대는 지식재산권 등 무형자산이라는 것이며, 최근 이러한 무형자산은 경쟁우위를 추구하는 기업 간의 제휴alliances와 협력collaborations에 의해 형성되는 경향이 있다. 본래 외부성externalities이란, 어떤 사람의 행동이 제3자에게 의도하지 않은 혜택이나 손해를 끼치면서도 이에 대해 어떤 대가를 주거나 받지 않는 것을 말한다.

2.2 가치손상 요인

무형자산의 경제적 특성 가운데 앞서 설명한 가치증가요인이 있는 반면 감소요인도 있다. 즉 무형자산의 부분적 배타성, 내재적 위험, 그리고 비시장성 등은 무형자산의 가치손상value impairment 요인들이다.

첫째, 부분적 배타성partial excludability과 누출효과spillovers는 무형자산의 재산권에서 발생한다. 무형자산은 소유하지 않는 자가 그 투자 효과에 참여하는 것을 완전히 배제시키기 어렵다. 이는 무형자산의 재산권을 완전히 정의하고 시행하는 것이 불가능하고, 기업내의 암묵적 지식을 완전히 코드화시키거나 공유하여 활용하기가 어렵기 때문이다. 또한 기업은 인적자본의 확충, 특허권에 의해 보호되지 못하는 노하우, 그리고 고객획득에 드는 비용 등의 이유로 무형자산에 대하여 법적인 통제를 엄격히 행사하기 어렵다.

둘째, 내재적 위험intrinsic risk은 무형자산에 대한 투자가 물리적 자산이나 금융자산에 비해 기본적으로 위험도가 높은 것에 기인한다. 무형자산의 투자는 일반적으로 혁신과정의 초기에 발생하기 때문에 위험이 높다. 따라서 이를 감소시키거나 분담 및 분산시키는 것이 혁신과정의 관리에서 중요하며 무형자산의 위험도평가가 투자분석의 핵심이 된다.

셋째, 비시장성 unmarketability이라는 특성은 무형자산에 관한 조직적이고도 경쟁적인 시장이 존재하지 않기 때문에 발생한다. 무형자산의 경우 유사한 거래자산을 파악하기 어렵고, 이를 거래하는데 필요한 조직화된 경쟁시장이 존재하지 않기 때문에 가치를 평가하거나 재무제표상에 계상하는 것이 용이하지 않다.

결국 이러한 무형자산의 특성 때문에 효율적시장이 성립되기 어렵고, 무형자산의 유동성도 매우 낮아 적극적인 투자를 어렵게 만든다. 무형자산의 거래가 이루어지는 경우에도 그 내용이 불투명하고 잘 공시되지 않으며, 여러 자산과 묶음으로 하여 거래가 이루어지는 경우가 많아 객관적인 가치평가를 더욱 어렵게 하고 있다.

그림 1–5
무형자산의 경제성 : 가치창출요인 대 가치손상요인

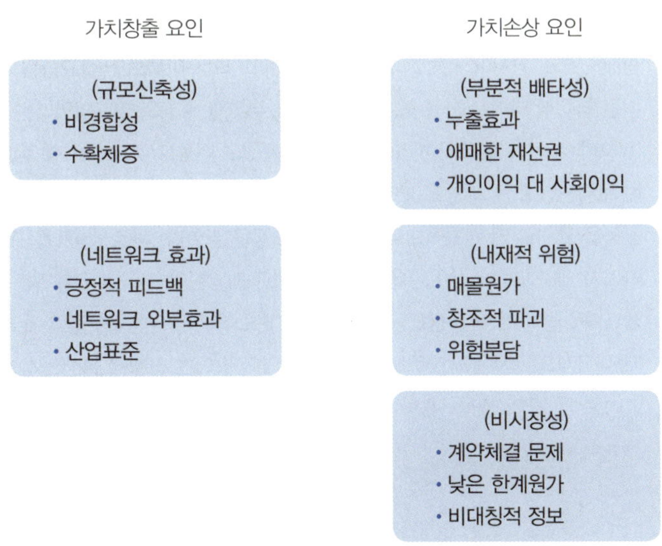

자료: Baruch Lev(김석웅 외 공역), 무형자산-관리 · 측정 · 보고, 2002, p.74.

VALUATION ISSUES

'고유명사' 코카콜라 vs '보통명사' 초코파이

초코파이 · 카페라떼는 보통명사, 누구나 사용

삼성과 애플의 역사적인 스마트폰 특허 싸움은 유명하다. 한국 법정에서는 화면 사진 검색 시 튕김효과, 이른바 '바운스백'을 제외하고는 대부분 삼성이 애플의 특허를 침해하지 않았다는 결론이 내려졌다. 반면 미국 법정의 배심원들은 대부분의 쟁점에 대해 애플의 손을 들어줬다. 많은 기업인들은 '디자인 특허'를 포함해 특허라는 게 얼마나 강력한 무기가 될 수 있고 논란거리가 될 수 있는지 분명히 깨달았다. 특히 해외로 진출하는 기업들은 외국 기업과의 특허 분쟁을 경영 리스크로 고려해야 한다.

120년된 코카콜라 상표 지금까지 브랜드 인정

D제과의 초코파이 사건은 오히려 '브랜드 등록과 관리'의 중요성을 몰라 크게 실수한 대표적인 사례다. D제과는 1974년에 국내 최초로 원형으로 된 작은 빵 과자 안에 마시멜로를 넣고 외부에는 초콜릿을 바른 제품을 개발하여 초코파이라고 이름지었다. 상표등록도 마쳤다. 초코파이는 역대 히트상품 9위에 랭크됐다. 경쟁회사들이 가만히 있을 리 만무했다. 경쟁사들은 출시 5년 뒤부터 비슷한 초코파이를 만들어 판매하였고, 심지어 'L초코파이'나 'C초코파이'라는 이름으로 상표출원까지 했다. 문제는 D제과가 경쟁업체의 이런 행위에 대해서 사용 중지나 상표등록 무효를 주장하지도 않았다는 것.

이후 누구나 '초코파이'라는 용어를 사용했고 언론도 '초코파이'를 상표로 이해하지 않았다. 결국 '초코파이'는 보통명칭 또는 '관용표장'이 되어 상표로서의 식별력을 잃어버렸다. 관용표장이란 처음부터 거래업계가 특정 상품을 표시할 때 관용적으로 사용하는 표장을 말한다. 해열진통제를 표시하는 아스피린, 가구를 나타내는 호마이카, 콜드크림에 쓰이는 바셀린 등이 이에 해당한다. 뒤늦게 D제과는 '초코파이' 'CHOCOPIE' 자체에 대해 상표출원을 하였으나, 상표등록이 거절됐다. D제과가 경쟁회사들이 초코파이 제품을 생산하고 상표등록을 할 때 적극적으로 사용하지 못하도록 조치하였다면 이런 상황은 발생하지 않았을 것이다. D제과는 15년 동안 광고비로 약 121억원을 지출하였지만 지식재산권 관리에는 그만한 노력을 하지 않았다.

'보통명사화'를 막아라

상표로서 식별력이 있는지에 대한 판단은 고정된 게 아니다. 지금은 상표로 사용할 수 있지만 관리를 하지 않는다면, 초코파이와 같은 운명을 맞을 수 있다. 실제로 국내 특허법원은 1999년에 '카페라떼', 'Caffe Latte'에 대해 보통명칭이 아니라고 판단했다. 하지만 3년이 지난 2002년에는 '까페라떼'란 이탈리아식 에스프레소 커피에 우유를 넣은 커피를 지칭하는 보통명칭"이라고 기존 판단을 뒤집었다. 카페라떼 음료를 생산하던 M회사는 1999년 특허법원에서 승소한 이후 기업브랜드 관리에 소홀하였고 그 결과 카페라떼를 더 이상 자신의 상표로 사용할 수 없게 된 셈이다. 보통명칭이나 관용표장이 되지 않으려면, 즉 상표로서 식별력을 유지하려면 기업브랜드로 관리하는 것이 필요하다. 상품을 지칭하는 일반적인 용어가 아니라 회사의 상표로 인식되도록, 그 상표만으로 회사가 연상되도록 관리하여야 한다. 해당 상표를 회사만의 것으로 계속 노출시키는 것도 필요하다. 콜라는 음료수를 지칭하는 보통명사가 되었지만 코카콜라(Coca–Cola) 로고는 120년이 지난 지금까지도 여전히 코카콜라회사의 브랜드로 기능을 하고 있다. 코카콜라 스펜서체는1893년에 상표 등록되었다고 한다. (매일경제 요약)

스카치 테이프와 포스트잇

'스카치 테이프'라고 부르는 접착용 '셀로판 테이프'는 원래 미국의 테이프 회사 3M의 브랜드 이름이다. 영어권에서는 clear tape라고도 부른다. 이 테이프는 자동차 등에 경계를 유지시키면서 페인트 색을 칠할 때 주로 쓰였다. 하지만 초기에는 가장자리에만 접착제가 있어서 일을 끝내기 전에 테이프가 너무 쉽게 떨어지는 문제가 있었다. 테이프를 쓰는 사람들은 판매 사원들에게 "이거 더는 못쓰겠어 너희 노랑이 같은 사장에 갖다줘"라고 불만을 쏟아냈다. 여기서 이 '노랑이(Stingy)'라는 뜻으로 쓰이는 단어가 'Scotch'였다. 사전에도 '인색한'이라는 뜻을 담고 있다. 부정적인 이름에도 불구하고 3M에서 'Scotch'를 계속 쓴 것은 평소 검약하는 스코틀랜드 사람들의 이미지도 생각했기 때문이라는 얘기가 있다.

접착식 메모지를 가리키는 대명사처럼 쓰이는 말로, 3M에서 만든 '접착식 메모지' 브랜드 명이다. '포스트잇'은 이전에는 본 적 없었던 최초의 '접착식 메모지'였기 때문에 사람들에게 쉽게 브랜드 이름을 제품명으로 각인시킬 수 있었다. 3M의 직원 프라이와 실버는 실수로 점도가 약한 접착제를 개발했는데 이를 활용하는 법을 생각하다가 '포스트잇'을 만들었다. 포스트잇이라는 말은 3M이 등록한 등록상표로서 다른 접착식 메모지 업체에서는 쓸 수 없다.

비바람 막던 레인코트…트렌치코트 히스토리

영국을 대표하는 157년 전통의 브랜드 버버리는 1차 세계 대전 기간 중 창립자 토머스 버버리(Thomas Burberry)가 영국군의 승인을 받고 이 코트를 개발하면서 '트렌치 코트'의 대명사로 올라섰다. 토마스 버버리가 1856년 영국 햄프셔 지방의 윈체스터 거리에서 포목상점을 열면서 시작되었다. 버버리의 명성 뒤에는 창업주의 아이디어와 노력으로 만들어진 디자인과 기능적 탁월함이 자리하고 있다. 특히 1888년 토마스 버버리가 개발한 새로운 직물 '개버딘'은 지금의 버버리를 있게 한 일등공신이다. 개버딘은 내구성이 강하고 방수 기능까지 더한 직물로 비가 자주 오고 바람이 많이 부는 영국의 변덕스러운 기후 조건에서 혁신적이고 활용도가 높은 직물로 평가되었다.

트렌치 코트(Trench coat)는 '바바리'라는 표현으로도 알려져 있다. '트렌치'는 도랑, 참호라는 뜻이며 제1차 세계대전 당시 영국군이 착용한 우비에서 유래한 말이다. 트렌치 코트는 1914년, 전쟁 중 군복으로 개발됐기 때문에 전투와 기후에 적합하도록 만들었다. 견장, 손목 조임장치, 벨트 등은 모두 전쟁 중 환경에 맞도록 만들어진 것. 버버리 코트는 100여 년 동안 트렌치 코트라는 말을 대신하고 있지만 다른 업체에서는 이 상표명을 쓸 수 없다. (출처: http://news.chosun.com/site/data/html_dir/2013/02/27/2013022701652.html)

2장

무형자산 평가의 기초

Fundamentals of Intangible Asset Valuation

Ⅰ 가치의 전제와 기준가치

Ⅱ 지식재산과 무형자산 평가목적과 근거

Ⅲ 지식재산과 무형자산의 평가 주체

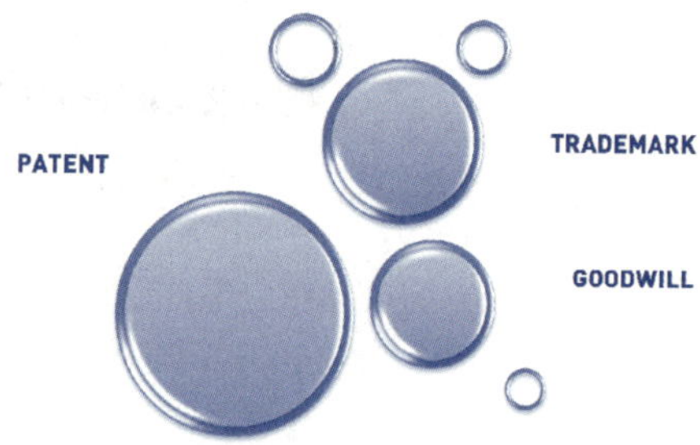

최근 영업권 등 무형자산의 평가나 매수가격배분[PPA] 분야에 대한 서비스 수요는 날로 급증하고 있는 실정이다. 그러나 이러한 전문평가 분야는 매우 새롭게 대두된 전문적인 분야라서 공인회계사회나 금융감독기관, 그리고 감정평가업계에도 전문성과 경험을 충분히 갖춘 인력은 태부족인 실정이다. 따라서 한국채택 국제회계기준[K-IFRS] 제정 이후 비활성시장에서 보다 정확한 공정가치 추정을 위한 평가모형 및 기법의 개발이 중요한 과제로 대두되고 있다.

무엇보다 중요한 과제는 무형자산 분야의 공정가치 평가 전문가들을 시급히 양성할 필요가 있다는 것이다. 회계 및 감정평가에 관한 충분한 역량과 실무적 경험을 갖춘 공정가치 평가사들의 서비스 제공능력이 향상될수록 공정가치 평가서에 대한 사회적 신뢰성이 높아지고, 공정가치 측정 및 평가서비스 제공원가가 감소할수록 사회적 후생[social welfare]은 증가할 것이다. 이 장에서는 이러한 무형자산 평가의 기초가 되는 가치전제와 기준가치를 정의하고, 무형자산 평가의 목적과 근거, 그리고 평가의 주체 등 기초개념들을 학습하게 된다.

Ⅰ 가치의 전제와 기준가치

1 가치의 전제와 기준

감정평가를 할 때에는 평가대상 자산에 따라 가치에 대한 명확한 정의를 내리는 것이 중요하다. 특정한 평가목적을 위해 설계 · 구축된 자산의 가치는 정의를 달리하여 평가하게 되면 전혀 다른 것이 된다. 특히 무형자산이나 지식재산의 평가에 있어서는 더욱 그러하다. 왜냐하면 일반적으로 무형자산이나 지식재산은 대상 기업이 매우 특수한 목적을 가지고 소유하고 있고, 또한 그 기업이 이를 보유한 경우에만 최대의 가치를 발휘할 수 있기 때문이다.

이와 같이 가치의 전제premises of value란, 주로 평가대상 물건의 가치를 산정할 때 적용되는 상황에 대한 전제로서 계속기업을 전제로 할 것인가, 청산liquidation을 전제로 할 것인가의 문제이다. 계속기업가치going concern value를 기준하는 경우 기업의 존재의미는 향후 사업의 영위를 통한 수익을 극대화하는 데에 있다. 그러므로 특별한 경우를 제외하고는 계속기업을 전제로 하여야 한다. 청산가치liquidation value는 부도발생 등으로 더 이상 사업을 영위할 수 없어 청산을 전제로 할 경우 계속기업가치와 비교분석하는 데에 많이 사용된다. 자발적, 비자발적 청산에 따라 상이한 평가결과가 나타날 수도 있다. 여기서 가치value란 다음과 같이 두 가지로 정의할 수 있다.

첫째, "가치란 어떤 재화나 용역이 다른 재화나 용역을 교환의 대상으로 지배하는 힘"이라는 것이다. 가치에 대한 이 같은 정의는 가치란 재화가 가지고 있는 어떤 내재적 질에 의하여 결정되는 것이 아니라는 것을 의미한다.

둘째, "가치란 소유권이 가지는 장래 기대되는 편익을 현재가치로 환원한 값"이라는 것이다. 이 정의는 화폐가 교환의 매개물로 사용되는 곳에서는 보다 쉽게 적용될 수 있는 장점이 있다.

가치의 종류는 무수히 많다. 정당가치, 안정가치, 진성가치, 공정가치, 투자가치, 보험가치, 장부가치, 저당가치, 교환가치, 사용가치, 보상가치, 계속기업가치 등 무수히 많은 가치의 개념을 서로 다른 이름으로 부르고 있어 오해나 혼란을 불러오고 있다. 따라서 「감정평가에 관한 규칙」 제9조에서는 감정평가서에 반드시 '기준가치basis of value'를 명시하도록 요구함으로써 이러한 오해의 소지를 근원적으로 차단하고 있다.

2 기준가치와 시장가치

기준가치basis of value란 감정평가의 기준이 되는 가치를 말한다. 감정평가는 시장가치기준 원칙에 따라 평가하여야 한다. 다만 재무보고평가는 공정가치를 기준으로 감정평가 한다. 감칙 제5조에서는 감정평가가치를 시장가치와 시장가치 외의 가치로 구분하고 있다. 그리고 시장가치market value를 다음과 같이 정의하고 있다.

> "시장가치란 대상물건이 통상적인 시장에서 충분한 기간 동안 거래를 위하여 공개된 후 그 대상물건의 내용에 정통한 당사자 사이에 신중하고 자발적인 거래가 있을 경우 성립될 가능성이 가장 높다고 인정되는 대상물건의 가액을 말한다."

또한 시장가치 외의 가치란 ① 법령에 따르는 경우, ② 의뢰인이 요청하는 경우, ③ 감정평가 목적이나 대상물건의 특성에 비추어 사회통념상 필요하다고 인정되는 경우의 가액이라고 규정하고 있다. 한편 재무보고평가를 위한 공정가치fair value는 한국채택국제회계기준에 따라 자산 및 부채의 가치를 추정하기 위한 기본적 가치기준으로서 '합리적인 판단력과 거래의사가 있는 독립된 당사자 사이의 거래에서 자산이 교환되거나 부채가 결제될 수 있는 금액'을 말한다(감정평가실무기준, 740 재무보고평가).

대부분의 감정평가는 시장가치기준 원칙에 따라 평가하여야 한다. 감정평가의 조건은 감정평가의뢰인이 제시하거나 법령의 규정 또는 감정평가기관에 의하여 정해지며, 법령의 규정에 위반되지 아니하고 사회통념상 실현가능성이 있어야 한다. 법령의 규정에 위반되는 조건이나 실현가능성이 없는 조건을 제시하는 경우에는 그 사실을 고지하고 감정평가 의뢰를 반려할 수 있다.

그러나 시장가치기준 원칙에도 불구하고 다음 각 호의 어느 하나에 해당하는 경우에는 대상물건의 감정평가액을 시장가치 외의 가치를 기준으로 결정할 수 있다.

1. 감정평가관계법규에 기준가치를 시장가치 외의 가치로 하는 것에 관한 규정이 있는 경우
2. 의뢰인이 기준가치를 시장가치 외의 가치로 할 것을 요청한 경우
3. 감정평가의 목적이나 대상물건의 특성에 비추어 사회통념상 기준가치를 시장가치 외의 가치로 하는 것이 필요하다고 인정되는 경우

3 공정가치의 개념과 요건

공정가치fair value의 개념에 대하여는 과거로부터 학자들간에 많은 논란이 있어 왔다. 그에 따라 공정가치의 개념은 그 동안 계속 변화하여 왔다. 그러나 한국채택국제회계기준K-IFRS에서의 공정가치는 '독립된 당사자 사이의 거래에서 자산이 교환되거나 부채가 결제될 수 있는 금액'으로서 '측정일에 시장참여자 사이의 정상거래에서 자산을 매도하면서 수취하거나 부채를 이전하면서 지급하게 될 가격'인 것이다. 그리고 기업회계기준 제19장에서는 공정가치를 좀더 구체적으로 정의하고 있다.

> "합리적인 판단력과 거래의사가 있는 독립된 당사자 사이의 거래에서 자산이 교환되거나 부채가 결제되거나 부여된 지분상품이 교환될 수 있는 금액"

과거 IFRS의 공정가치에 대한 해석은 오랫동안 불명확하여 주로 회계용어 속에서 사용되는 다른 공정가치에 대한 정의와 관련하여서만 추측할 수 있었다. 즉 과거에는 공정가치가 시장가치와 동일한지에 대해 분명하지 않았다. 그러나 IFRS의 현행 버전은 "토지 및 건물의 공정가치는 일반적으로 그것의 시장가치"라고 시장증거성을 중시하고 있는 것이다.

이것은 전문가로서의 자격을 부여받은 평가사가 정상적으로 행한 평가에 의해 결정되며, 지식을 갖추고 자발적인 당사자들이 어떤 자산에 대한 정상 거래에서 교환할 수 있는 금액으로 표시된다. 그러나 공정가치는 그 변화의 형태에 관계없이 다음과 같은 상황에서 자산이 거래될 때의 거래금액이라는 기본 개념에서 출발하고 있다.

1. 측정일 현재 시장참여자 간 정상거래에서 자산을 매도하고 수취하거나, 부채를 이전하기 위하여 지급하는 가격, 즉 유출가격[exit price]이다. 감정평가의 경우에는 이와 달리 시장가치를 기준으로 자산가치를 평가하고 있으므로 공정가치와 시장가치의 관계가 문제이다.
2. 거래는 특정 당사자에 대하여 공정한 가격이다 이는 거래당사자의 유·불리를 반영함으로써 시너지가치 [synergistic value]를 명시적으로 포함하는 것이다. 즉 지분이전이나 기업결합시 거래가격과 같이 당사자간에 공정한 가격이므로 그것이 더 넓은 시장에서 성립되는 가격과는 다를 수 있다. 이는 공정가치에서 시장참여자가 누구인지는 중요하지 않다는 의미이다.
3. 관측가능변수를 최대한 이용하고 관측불가능 변수는 최소한으로 이용하여야 한다. 이에 대하여는 다음에서 다시 설명한다.
4. 공정가치는 다음과 같은 가치개념들과 같을 수 있다.

- 대치원가[replacement cost]나 재생산비용 등 현행비용[current cost]
- 순실현가능가치 [net realizable value]
- 사용가치 [value in use]

3.1 공정가치와 시장가치

국제평가기준IVS: International Valuation Standards에서는 공정가치를 "시장에 정통하고, 정상적인 거래를 하고자 하는 당사자 사이에 자산 교환을 하거나 채무청산을 하고자 할 경우 결정될 수 있는 가액"이라 하여 시장가치와 거의 유사하게 정의한다. 그리고 시장가치는 다음과 같이 정의하고 있어 공정가치의 정의와 매우 유사함을 보여주고 있다.[1]

> "어떤 부동산에 대해서 가치추계일 현재 정상거래에서 당사자가 지식을 갖고, 신중히, 그리고 강압이 없는 상태에서 적절한 시장활동을 한 후 자발적인 매수자와 매도자 사이에 교환할 것으로 측정되는 금액"

이와 같이 감정평가사들이 사용하는 시장가치 개념이 공정가치와 매우 유사한 이유는 주로 IVS의 기원으로부터 나온다. 종전의 IFRS는 소유자점유 부동산을 현존이용접근법market value for the existing use: MVEU으로 평가하여 이를 시장가치로 하였다. 그러나 이 개념이 USPAPuniform standards of professional appraisal practice의 '최유효 이용highest & best use' 접근과 부합하지 않으므로, IFRS에서는 'MVEU'를 '최고최선의 이용'으로 대치하고 있다. 이것은 명백히 USPAP에 따른 시장가치 평가를 지지하는 것이라 볼 수 있다.

3.2 감정평가 기준으로서의 공정가치

재무보고목적의 감정평가는 일반적으로 공정가치를 기준으로 한다. 대개 공정가치와 시장가치는 유사한 개념이지만 동의어는 아니다. 양자는 다음과 같은 차이가 있다.

1. 공정가치는 거래상의 유 · 불리를 고려하는 거래당사자 간에 합리적으로 합의된 공정한 가격을 의미한다. 그러나 시장가치는 이러한 특정당사

1. "The estimated amount for which a property should exchange on the date of valuation between a willing buyer and a willing seller in an arm's–length transaction after proper marketing wherein the parties had each acted knowledgeably, prudently, and without compulsion."

자 간의 시너지가치는 고려하지 않는다. 교환거래에 있어 비시장가치로서의 공정가치는 특정당사자에게만 합리적인 의미를 갖는다.

2. 시장가치는 공정가치와 달리 가격이 양당사자에게 공정한 것이 되기를 요구하지 않는다. 이는 다만 시장참여자가 일반적으로 결정 가능한 가격일 따름이다.
3. 공정가치는 시장가치보다 더 넓은 개념이다. 즉 양 당사자간에 공정한 가격이 일반 시장에서도 성립될 수 있지만, 시장가치에서는 배제하는 사항들을 공정가치평가에서는 고려하는 경우가 있다.

감정평가 실무기준(740-3 제1항)에서는 "재무보고평가는 공정가치를 기준으로 감정평가 한다"라고 규정하고 있으며, 제2항에서는 "제1항의 공정가치는 한국채택국제회계기준^K-IFRS^에 따라 자산 및 부채의 가치를 추정하기 위한 기본적 가치기준으로서 합리적인 판단력과 거래의사가 있는 독립된 당사자 사이의 거래에서 자산이 교환되거나 부채가 결제될 수 있는 금액을 말한다"라고 규정하고 있다. 이는 바로 재무보고 목적 감정평가의 기준은 공정가치이고, 그 공정가치는 한국채택국제회계기준상의 공정가치임을 명문화하고 있는것이다.

이와 같은 공정가치는 자산의 교환을 하고자 하는 특정한 양 당사자 간에 합리적으로 합의하여 결정된 가격을 말한다. 당사자 사이에 서로 특별한 관계가 없이 정상적인 거래를 하면 되므로, 자산은 광범위한 시장에 방매될 필요가 없다. 따라서 합의된 가격은 일반적인 시장에서보다는 관련 당사자가 보유한 권리에 대한 특정 이익(혹은 손실)을 반영한 결과가 된다.

결국 회계기준에서 사용하는 공정가치 개념은 일반적으로 감정평가에서 사용하는 시장가치와 유사한 개념이지만, 공정가치는 시장가치보다 광범위한 개념이라 볼 수 있다. 일반적으로 특정 당사자 사이에서 공정한 의미를 갖는 가격은 다른 시장참여자에게도 공정한 의미를 갖는다. 그러나 경우에 따라 공정가치 산정 시 고려하는 사항들 중 일부는 시장가치 산정에서는 고려하지 않는다. 공정가치는 기업 M&A 시 지분 취득을 위한 가격산정 등에 흔히 적용된다. 특정 당사자 사이에서만 발생하는 특수한 증분가치는 해당 당사자 간에는 공정한 가격일 수 있지만, 일반시장에서 형성되는 가격과는 다를 수 있다. 그러나 시장가치는 이와 같은 특수가치(여기서는 결합가치)의 요소를 배제한다.

재무보고평가 외에 다른 목적의 감정평가에서 공정가치는 시장가치와 구분될 수도 있다. 공정가치는 해당 거래에서 얻게 될 이익(손실)을 고려한 특정 당사자 사이에서 공정한 의미를 갖는 가격을 의미하기 때문이다. 즉 당사자간 거래에서만 유효하므로 감정평가에서 말하는 한정가격의 성격을 지니게 되는 것이다. 공정가치의 예로는 임대차 계약의 명도나 기한연장에 대한 대가를 반영하여 임대인과 임차인 사이에 합의된 가격, 또는 비상장기업에서의 주식양도 transfer of shares 시 주식거래 가격 등이 있을 수 있다.[2]

3.3 공정가치의 요건

1) 자산 또는 부채

공정가치의 측정은 특정 자산이나 부채에 대한 것이다. 따라서 공정가치를 측정할 때에는 시장참여자가 측정일에 그 자산이나 부채의 가격을 결정할 때 고려하는 그 자산이나 부채의 특성을 고려한다.

예를 들어 그러한 특성에는 자산의 상태와 위치, 자산의 매도나 사용에 제약이 있는 경우 그러한 사항이 포함된다. 특정 특성이 측정에 미치는 효과는 그러한 특성이 시장참여자에 의해 어떻게 고려되느냐에 따라 다를 것이다. 그리고 공정가치로 측정하는 자산이나 부채는 ① 독립적인 자산 또는 부채(예: 단일의 금융상품 또는 단일의 비금융자산), ② 자산 집합, 부채 집합 또는 자산과 부채의 집합(예: 현금창출단위 또는 사업) 중 어느 하나일 수 있다.

2) 거래 transaction

공정가치측정은 자산이나 부채가 측정일에 현행 시장 상황에서 자산을 매도하거나 부채를 이전하는 시장참여자 사이의 정상거래에서 교환되는 것을 가정

2. 감정평가실무기준해설서, p. 597.

한다. 공정가치측정은 자산을 매도하거나 부채를 이전하는 거래가 자산이나 부채의 주된 시장, 자산이나 부채의 주된 시장이 없는 경우에는 가장 유리한 시장 중 어느 하나의 시장에서 이루어지는 것으로 가정한다.

3) 시장참여자 market participants

기업은 시장참여자가 경제적으로 최선의 행동을 한다는 가정하에 시장참여자가 자산이나 부채의 가격을 결정할 때 사용하는 가정에 근거하여 자산이나 부채의 공정가치를 측정하여야 한다. 시장참여자의 식별은 ① 자산 또는 부채, ② 자산 또는 부채의 주된(또는 가장 유리한) 시장, ③ 그 시장에서 기업이 거래하게 될 시장참여자 등 이들 모두에 특정된 요소를 고려하여 일반적으로 시장참여자를 구분하는 특성을 식별한다.

4) 가격

공정가치는 측정일의 현행 시장 상황에서 주된(또는 가장 유리한) 시장에서의 정상거래에서 자산을 매도하면서 수취하거나 부채를 이전하면서 지급하게 될 가격(유출가격)이다. 이때 그 가격은 직접 관측가능할 수도 있으며 다른 가치평가기법을 이용하여 추정될 수도 있다. 자산이나 부채의 공정가치를 측정하기 위하여 사용되는 주된(또는 가장 유리한) 시장의 가격에서 거래원가는 조정하지 않는다. 거래원가는 운송원가를 포함하지 않는다. 위치가 자산(예를 들면, 상품의 경우)의 특성이라면 현재의 위치에서 그 시장까지 자산을 운송하는 데 발생하게 될 원가가 있을 경우 주된(또는 가장 유리한) 시장의 가격에서 그 원가를 조정한다.

5) 비금융자산의 유효 이용

비금융자산의 공정가치를 측정하는 경우에는 시장참여자가 경제적이익을 창출하기 위하여 그 자산을 최고 유효 이용하거나, 혹은 최고 유효 이용할 수 있는 다른 시장참여자에게 그 자산을 매도하는 시장참여자의 능력을 고려한다.

6) 유출가격 exit price

자산이나 부채의 공정가치는 자산을 매도하면서 수취하거나, 부채를 이전하면서 지급하게 될 가격이다.

3.4 공정가치 서열체계

공정가치 서열fair value hierarchy은 공정가치측정 및 관련 공시에서 일관성과 비교가능성을 증진시키기 위함을 목적으로 한다. 공정가치 서열체계는 동일한 자산이나 부채에 대한 활성시장(조정되지 않은)의 공시가격(수준 1 투입변수)에 가장 높은 순위를 부여하며, 관측 가능하지 않은 투입변수(수준 3 투입변수)에 가장 낮은 순위를 부여한다.

- **수준 1. 투입변수 (활성시장 공시가격)** 수준 1 투입변수는 측정일에 동일한 자산이나 부채에 대한 접근 가능한 활성시장의(조정되지 않은) 공시가격이다.
- **수준 2. 투입변수 (관측가능 투입변수)** 수준 2의 투입변수는 수준 1의 공시가격 이외에 자산이나 부채에 대해 직접적으로 또는 간접적으로 관측가능한 투입변수이다. 수준 2의 투입변수에는 ① 유사한 자산이나 부채에 대한 활성시장의 공시가격, ② 동일하거나 유사한 자산이나 부채에 대한 비활성시장의 공시가격, ③ 자산이나 부채에 대해 공시가격 이외의 관측가능한 투입변수가 있다. 예를 들면, 정기적으로 공시되는 관측가능한 이자율과 수익률 곡선, 내재변동성, 신용스프레드, 그리고 시장에서 입증된 투입변수가 있다.
- **수준 3. 투입변수 (관측불능 투입변수)** 수준 3의 투입변수는 자산이나 부채에 대한 관측가능하지 않은 투입변수이다.

4 특수가치

특수가치special value는 대상자산의 특성상 일반적인 매수자들에 의한 거래가 아니라, 특정매수자나 제한된 범주의 매수자에게 더 매력적으로 나타나는 가치를 말한다. 이러한 매력의 특징은 대상자산의 물리적, 지리적, 경제적 또는 법적 특성을 포함한다. 시장가치는 이러한 특수가치의 특성에 관계없이 그냥 일반 시장에서 거래의사를 가진 매수자를 가정할 뿐, 특정 매수자를 가정하지는 않는다.[3] 그러나 특수가치는 특수관계자가 거래당사자의 일방, 쌍방 혹은 그 이상인 경우 그 거래에서 나타나는 가치를 의미한다.

여기서 특수관계자란 재무제표를 작성하는 기업과 특수관계에 있는 개인이나 기업을 말한다. 특수관계자의 개념에 대한 접근 방식은 다음과 같다. 만일 두 당사자가 특수관계에 있는지를 판단할 때, 기업은 유의적인 영향력을 기업과 주요 경영진의 일원 간의 관계와 동등한 것으로 여긴다. 하지만 이러한 관계는 지배나 공동지배 관계만큼 가깝지는 않다. 그리고 두 기업 모두 동일한 기업 또는 개인에 의하여 지배(또는 공동지배)되고 있다면, 그 두 기업은 서로 특수관계에 있다. 한 기업(또는 개인)이 두 번째 기업을 지배(또는 공동지배)하고 있고 첫 번째 기업(또는 개인)이 세 번째 기업에 유의적인 영향력이 있다면, 두 번째 기업과 세 번째 기업은 특수관계에 있다.

하지만 두 기업 모두 동일한 기업(또는 개인)에 의하여 유의적인 영향을 받고 있다면, 이들 두 기업은 서로 특수관계에 있지 않다. 여기서 특수관계자 거래란, 대가의 부담 여부에 관계없이 보고기업과 특수관계자 사이의 자원, 용역 또는 의무의 이전을 의미한다.

특수가치와 공정가치의 관계는 결국 가치평정의 공정성 저해여부이다. 즉 특수관계자거래의 특수성은 공정가치의 공정성을 저해한다. 그러나 재무제표에 특수관계자를 공시함으로써 특수가치는 특수성을 외부에 드러내게 되고 공정가치에 수렴하는 공정성을 부여 받게 된다.

5 결합가치 assemble value

사업결합 business combination 이란 취득자가 하나 이상의 사업에 대한 지배력을

---

3. IVS, 6.6 (special value)

획득하는 거래나 그 밖의 사건을 말한다. 최초에 IFRS 정의가 나타난 이후 그 의미 · 범위에 대한 견해의 대립이 있었으나, 현재는 견해 차이를 좁히고 사업에 대한 지배력을 획득하는 모든 거래나 그 밖의 사건을 포함하기 위해 사업결합의 의미를 확대하였다. 즉 사업결합은 경제적 실체 그 자체의 변경이 없는 상황을 포함하고 매수거래가 없어도 발생할 수 있다고 한다. 따라서 '진정한 합병' 또는 '대등합병'으로 불리는 거래 역시 사업결합에 해당한다.

여기서 '사업 business'이란, 투자자 또는 그 밖의 소유주, 조합원 또는 참여자에게 배당, 원가감소 또는 그 밖의 경제적이익의 형태로 수익을 직접 제공할 목적으로 수행되고 관리될 수 있는 활동과 자산의 통합된 집합체를 말한다.

반드시 사업이 자립적이어야 할 필요는 없고 투입물과 그 투입물에 적용된 과정은 필수적이나, 그 결과 산출물이 반드시 존재할 필요는 없다.

사업결합의 회계처리방법에는 지분통합법, 취득법, 새출발법이 있다. 규정상 이들 중 취득법만 쓰인다. 이 방법에 의하면 취득자는 순자산을 매수하거나 다른 방법으로 순자산에 대한 지배력을 획득하여, 취득 자산과 인수 부채(피취득자가 과거에 인식하지 않은 자산과 부채 포함)를 재무제표에 인식한다.

결합가치 synergistic value는 사업결합가치라고도 하며, 그 평가방법은 공정가치로 한다. 즉 거의 모든 취득 자산과 인수 부채를 최초에 공정가치로 인식함으로써, 그 자산 및 부채와 관련된 미래현금흐름의 가치에 대한 시장의 기대에 대해 더 많은 정보를 재무제표에 포함하며, 이는 그러한 정보의 목적적합성을 제고하도록 돕는다. 이에 대한 자세한 설명은 제 9장(사업결합 시 무형자산의 평가)에서 다루기로 한다.

한편 시너지가치 synergistic value란, 결합가치의 하나로서 둘 이상의 자산이 결합해서 새로운 자산을 창출한 경우 개별자산들의 가치합계보다 높은 가치를 나타내는 것을 말한다.

6 사용가치와 청산가치

사용가치 value in use 란, 대상자산이 사업체의 일부로서 미래에 창출할 것으로 예상되는 경제적이익의 현재가치를 의미한다. 즉 계속기업의 일부로서 대상자산을 재취득하는 데 필요한 비용(대치원가), 또는 수익창출력을 전제로 한다.

한편 청산가치 liquidation value 란, 기업자산이 청산의 대상으로 강제매각 distressed sale 을 전제로 하므로 불리한 상황의 시장가치 외의 가치를 말한다. 회계기준에서는 영업권이나 무형자산의 회수가능금액으로 사용가치나 순공정가치 중 어느 하나를 이용하도록 하고 있으며, 장부금액이 이 둘 중 하나를 초과하는 경우 자산손상 value impairment 으로 판단하도록 하고 있다(K-IFRS 1036호, 자산손상).

〈그림 2-1〉에는 다양한 기업자산을 가치평가의 전제 조건별로 비교함으로써 무형자산과 다른 자산의 질적인 요소가 어떤 관계를 갖고 있는 지를 설명하고 있다. 즉 이 그림을 통해 우리는 표준적인 계속기업에 대한 시장가치를 전제로 하는 사용가치와 강제적 상황에서의 매도를 전제로 하는 청산가치를 비교할 수 있다.

자산의 가치는 그 자산의 유동성(또는 시장성), 범용성(대체사용 가능성)에 의해 많은 영향을 받는다. 일반적으로 무형자산은 특수한 자산이므로 유동성과 범용성이 낮아 청산가치는 사용가치에 비해 크게 떨어진다. 현금이나 금융자산은 유동성이나 범용성이 매우 높은 자산이지만, 유형자산이나 무형자산은 매우 낮다. 이러한 기업자산을 유동성과 범용성이 높은 순서대로 나열하면 다음과 같다.

현금 > 금융자산 > 유형자산 > 무형자산

〈그림 2-1〉에서 나타난 대로 특허권과 같은 무형자산은 사용가치와 청산가치간 차이가 가장 크다. 첨단산업으로 갈수록 기술경쟁력이 중요해질 뿐 아니라 기술이 창출하는 부의 가치도 증가한다. 즉 기술 등 무형자산을 사용했을 때 큰 부가가치를 창출하므로 사용가치도 높다. 청산가치는 사업을 더 이상 계속

그림 2-1
기업자산의 사용가치와 청산가치

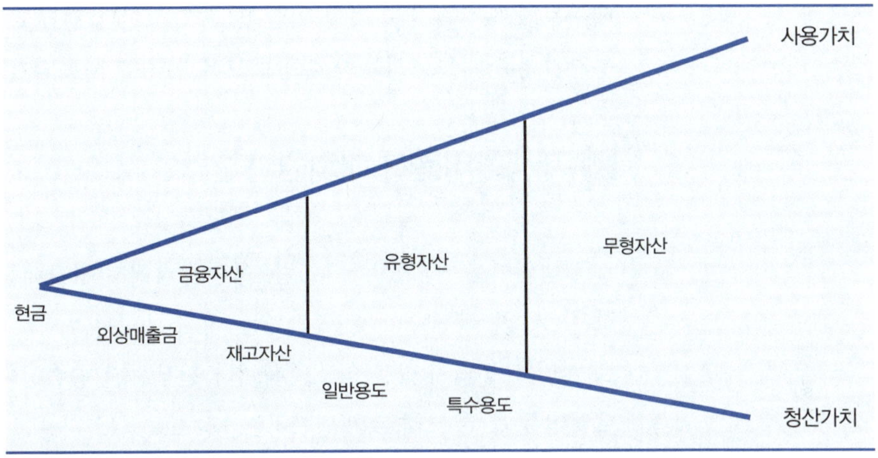

자료: Smith G. V. et al., *Valuation of Intellectual Property and Intangible Assets*, 2000, p. 431.

하지 못하게 되어 강제적으로 자산을 매각할 때의 가치를 나타낸다. 당연히 기업자산을 유리한 조건에서 여유로운 시간을 갖고 매각 시기를 정하지 못하게 되므로 과연 매입수요가 있는지 여부나 시장상황에 의해 가치가 결정된다. 즉 수요가 없다면 가치가 하락하게 되고 매수자가 있다 하더라도 매수자가 자산을 다른 용도로 사용하면 해체처분가격 수준으로 가격이 더욱 하락한다.

7 투자가치 investment value

투자가치 investment value 란, 시장가치와 달리 특정한 투자가나 투자가집단이 특정 투자목적에 대하여 동의하는 투자조건에 따른 투자대상 물건이 시장에서 충분한 기간 공개된 후, 신중하고 강요됨이 없이 독립된 거래관계에서 교환될 것으로 인정되는 기준시점 현재의 가치를 말한다. 투자가치로 평가할 경우에는 투자에 따른 조건들을 감정평가서에 명확히 기술하여야 한다. 시장가치와 다른 점은 통상적인 사용능력을 가진 사람이 아니라, 전문적인 사용능력을 가진 사람이나 집단이 특정한 조건이나 용도로 이용하는 경우를 가정한다는 점이 다르다. 이 때문에 투자가치는 일반적으로 시장가치와 다른 가격을 보이는 경우가 많다.

대부분의 투자가가 투자를 위한 많은 가정이나 전제조건들을 제시하기 때문에 투자가치 평가보고서는 컨설팅보고서 형태로 제공되기도 한다.

8 재생산비용과 대치원가

재생산비용reproduction cost이란, 평가시점에서 평가대상이 되는 자산과 완전히 같은 것, 즉 복제품replica을 만드는 데 소요되는 비용이다. 예를 들어 일반적으로 이미 사용되지 않는 암호방식이나 진부화된 명령언어를 사용하고 있는 소프트웨어를 모두 그대로 재생산하는 데 소요되는 비용과 같다. 재생산비용은 그 밖의 다른 평가방법을 발전시키는 유용한 시발점으로 이용될 수 있다. 보험목적의 평가에서는 재생산비용으로 시장가치를 추계할 것이 요구된다.

대치원가replacement cost는 평가시점에서 대상자산과 동등한 효용을 가지는 자산을 취득하는 데 소요되는 비용이다. 컴퓨터 소프트웨어의 경우 현재 사용되는 최신의 컴퓨터에 가장 효율적으로 이용 가능한 언어로 작성된 소프트웨어를 획득하는 데 필요한 비용이 여기에 해당될 것이다. 대상과 똑 같은 모양, 구조, 원자재, 노동자의 질을 가지고 있는 복제품replica을 평가시점 현재 현행가격으로 만드는 데 소요되는 비용은 재생산비용이다. 대치원가는 오래된 시스템과 효용이 같다면 효용을 실현하는 방법이 전혀 다른 방법이어도 문제가 없다.

감가상각은 물리적 쇠퇴나 기능의 진부화로 인해 발생하는 과거로부터 누적되어 온 가치손상loss in value을 의미한다. 이것은 평가대상이 되는 자산과 비교대상이 되는 새로운 대체자산의 재생산비용이나 대치원가와의 차이로 측정된다.

9 취득원가와 장부가치

취득원가original cost는 자산을 구입 · 건설 · 제조한 시점에서 기록되는 비용이다. 기업의 회계장부에 기재된 금액이 그 전형으로서 재료비 · 인건비 · 세금 · 이자 · 기타 비용 등으로 구성되어 있으며, 취득원가는 특정인이 특정한 시점에서 특정 상황에 따라 부담한 비용을 나타내고 있다. 취득원가는 어디까지나 그 시점에서의 가치를 나타내는 것에 불과하다. 무형자산과 지식재산을 평가할 때 회계상 · 세무상의 '가치'라고 말하면, 그것은 취득원가와 동의어가 되는 점에 주의하여야 한다. 취득원가는 ① 초기의 재생산비용의 추정을 위해, ② 재무상태표 작성을 위해, 그리고 ③ 가격변동을 고려한 재생산비용 추계의 출발점으로 하기 위해 이용하는 경우에 유용하다.[4]

장부가치book cost는 기업의 회계장부에 기재된 취득원가에서 회계상의 발생감가상각을 차감한 금액을 말하며, '순장부가치'라고도 한다. 자본회수cost recovery는 비용배분을 의미한다. 구입한 자산이 수년간에 걸쳐 기업에 이용되는 경우 회계상 자산구입시점에서 전액 비용으로 처리되면 재무제표를 왜곡시키기 때문에 전체사용기간 동안에 비용을 배분하여 자산으로부터 발생한 비용과 수익을 적절히 대응시켜야 한다. 유형자산의 경우 순장부가치는 내용년수 기간 동안 매년 감액된다. 그러나 무형자산과 지식재산의 비용은 해당 지출연도에 비용화되어 버리기 때문에 재무제표에 반영될 수 없다.

회계실무에서 각 기업마다 다른 자본회수 방법과 기간의 설정으로 인하여 회계상의 감가상각이 시간경과에 따른 자산가치의 감소와 일치할 가능성은 극히 적다. 이로 인해 취득원가는 어떤 시점의 자산가치를 나타낼 수는 있어도 취득원가에서 감가상각액을 공제한 것이 현재의 가격과 일치될 가능성은 거의 없다. 세무당국이 과세대상 자산을 평가하는 경우 등 극히 일부를 제외하고는 기업의 장부가치는 '자산의 크기 정도'를 비교하기 위한 단순한 지표에 불과하다.

한편 과세표준tax basis은 자본회수의 계산이 세무상의 일정 기준에 따라 이루어지고 있다는 점을 제외하면 장부가치와 비슷하다. 자본회수는 통상 특정한 방법을 이용하여 실제보다 빨리 회수할 것인가를 계산해내는 것을 말한다. 그러므로 자본회수기간은 실제 경제적 내용연수에 따라 결정되는 것이 아니라 오

4. Smith G, A. et al., 2000, *ibid*, pp. 161~163.

히려 법에서 정한 바에 따라 결정된다. 세무상의 감가상각방법은 너무 자주 변경되기 때문에 과세표준을 가치평가에 직접 이용하기는 어렵지만, 가격조사의 기초자료로서는 유용하다.

Ⅱ 지식재산과 무형자산 평가목적과 근거

지식재산과 무형자산의 평가가 필요한 이유는 기업에서 자신이 보유하고 있는 무형자산의 가치를 표시하기 위한 보고목적과 무형자산의 거래에 도움을 주기 위한 거래목적으로 나눌 수 있다. 보고목적 평가란 기업에서 재무제표 또는 관련보고서에 무형자산의 가치를 평가하여 보고하는 것을 말한다. 거래목적 평가란 무형자산에 대한 실제 상업적인 거래들을 협상하고, 구성하고, 체결하기 위하여 무형자산의 가치를 평가하는 것을 말한다. 기타 담보가치 산정이나 소송 · 분쟁 등의 경우에도 그 가치의 평가가 매우 중요하다.

1 지식재산과 무형자산 평가의 목적

1.1 보고 및 관리목적

기업 내부에서 보고 및 관리의 목적으로 무형자산을 평가하는 경우 구체적으로는 다음과 같이 4가지 목적의 평가가 이루어진다.

첫째, 재무회계 목적의 평가이다. 기업에서는 재무회계 목적으로 특허권, 개발비 등 무형자산의 가치를 평가하여 이를 당해 자산이 효익을 제공하리라 추정되는 기간에 체계적으로 상각하여야 하는데, 20년을 초과해서는 안된다. 감정평가실무기준에서 재무보고평가는 공정가치를 기준으로 하도록 규정하고 있다.

둘째, 기업 전략수립 및 관리 목적의 평가이다. 즉 기업에서는 사업부 관리자들이 사업부단위의 재무성과 개선에 책임을 지고 있다. 무형자산의 분석 및 평가로 계획된 이익능력, 현금흐름 창출능력, 무형자산과 관련된 기능적 · 기술적 · 경제적 잔존연수를 이해하는 도구로도 사용될 수 있다.

셋째, 공정한 내부 대체가격transfer price 결정 목적의 평가이다. 여러 개의 사업부로 구성되어 있는 대기업들은 사업부간 거래가 발생할 때, 내부대체가격을 적용하여 회계처리 한다. 사업부간 유형자산에 대한 거래뿐만 아니라, 무형자산의 매매 및 대여에 대하여도 동일한 원칙을 적용할 수 있다. 따라서 사업부간 무형자산 거래에 대한 공정한 대체가격 및 로열티율을 결정하는 것은 각 사업부의 업적평가에 필수적이다. 특히 다국적 기업들은 과세소득을 법인세율이 높은 국가에서 낮은 국가로 이동시키기 위하여 무형자산 로열티율을 이용하기도 한다. 따라서 공정한 과세를 위하여 모기업이 자회사간에 무형자산이나 지식재산의 대여나 대체에 대한 공정한 내부대체가격을 설정하는 것이 필요하다.

넷째, 재조직과 파산결정 목적의 평가이다. 기업의 재조직 과정에서나 파산심판에서 무형자산에 대한 평가는 매우 중요한 역할을 한다. 정리할 사업부를 식별하기 위하여 이익의 중요한 원천인 각 사업부의 무형자산에 대한 평가가 중요한 판단요소가 되기도 한다. 또한 법원에서 파산결정을 함에 있어서도 채무자 소유의 무형자산 평가는 제안된 구조조정 계획에 대한 심사에서 매우 중요한 요소이다.

1.2 거래목적

오늘날 특허권, 상표, 인터넷도메인 등 여러 가지 무형자산들이 거래되고 있다. 무형자산 거래에서 필수적인 것이 무형자산에 대한 가치평가이다. 이러한 무형자산의 매매 목적 이외에도 무형자산 임대에 대한 적정한 로열티율을 결정하기 위하여도 평가가 이루어진다.

기업의 가치는 그 기업의 유형자산 가치와 무형자산 가치로 구성된다. 유형자산에 대한 가치는 일반적으로 결정하기가 용이하기 때문에, 기업에 대한 가치는 궁극적으로 무형자산에 대한 가치평가결과에 의하여 좌우된다. 따라서 기업의 인수 및 합병 목적의 평가도 그 중요도가 날로 높아지고 있다.

1.3 기타 목적

- **지식재산 담보대출** 전 세계적으로 지식재산, 특히 기술을 담보로 한 대출이 이루어지고 있다. 이 무형자산 담보제도에서는 무형자산이 창출하는 현금 흐름을 평가한다.

- **소송 및 분쟁** 기업간에 무형자산의 침해에 대한 소송이 이루어지는 경우가 많다. 이때 변호사나 소송당사자들은 계약위반 등과 관련된 경제적 손실들을 인식하고, 그 가치를 평가하여야 한다.

2 지식재산과 평가관련 법규

지식재산의 평가에 대한 근거는 각 법률에 분산되어 있다. 지식재산에 관해 산재되어 있는 개별 법률에 대해 살펴보면, 지식재산의 평가기관이나 평가인력 양성 등에 대해 규정하고 있지만, 대부분 평가주체에 대해서는 명백히 규정되어 있지는 않다. 다만 상증법에서는 보충적 평가방법으로 감정평가사에 의한 시가 감정규정을 두고 있다. 지식재산기본법을 비롯한 무형자산의 평가와 관련한 근거법률과 조문을 열거하면 다음과 같다.

- **지식재산기본법** 정부는 지식재산에 대한 객관적인 가치의 평가기법 및 평가체계를 확립해야 하고(제27조 1항), 평가기법 및 평가체계가 지식재산 관련 거래 · 금융 등에 활용할 수 있도록 지원해야 하며(제27조 2항), 지식재산의 가치 평가를 활성화하기 위하여 관련 인력을 양성해야 한다(제27조 3항).

- **벤처기업육성에 관한 특별조치법** 대통령령으로 정하는 기술평가기관이 산업재산권등의 가격을 평가한 경우 그 평가 내용은 「상법」 제299조의 2와 제422조에 따라 공인된 감정인이 감정한 것으로 본다(제6조 2항).

- **기술의 이전 및 사업화 촉진에 관한 법률** 정부는 기술평가, 기술경영 및 기술

계약 등에 관한 전문인력을 양성하여야 하고(제13조 1항), 대통령령으로 정하는 기관으로 하여금 기술이전 · 사업화 촉진사업의 기획 · 관리 및 평가에 관한 업무를 대행하게 할 수 있다(제15조 3항). 기술거래사, 변호사, 변리사, 공인회계사, 감정평가사, 기술사 자격을 취득한 사람으로 기술평가사업에 종사할 수 있는 전문가 3명 이상을 둔 경우 기술평가기관으로 지정한다(법 시행령 제32조).

- **발명진흥법** 산업재산권의 경제적 가치 및 기술적 우수성을 가액價額 · 등급 또는 점수 등으로 평가하는 산업재산권 서비스업의 업무(제2조 9호)에 대해 규정하였고, 기술성 · 사업성 평가를 전문적으로 수행하는 기관을 발명의 평가기관으로 지정(제28조 1항, 시행령 제12조)하는 것을 규정하고 있다.

- **동산 · 채권 등의 담보에 관한 법률** 동산 · 채권 · 지식재산권 담보권을 규정하여 자금조달의 원활화를 도모하는 이 법은 동산 · 채권 · 지식재산권의 평가에 대한 규정은 찾을 수 없다. 다만, 지식재산권을 담보로 활용하기 위해서는 담보목적물에 대한 가치평가를 전제로 함을 알 수 있다.

- **관세법** 관세법 제30조(과세가격 결정의 원칙) 제1항 4호, 시행령 제19조(권리사용료의 산출) 1항과 2항에 특허권, 실용신안권, 디자인권, 상표권 및 이와 유사한 권리를 사용하는 대가로 지급하는 것으로서 대통령령으로 정하는 바에 따라 과세가격결정이 원칙이나 과세가격결정 주체에 대한 규정이 없다.

- **상속세 및 증여세법** 법 제64조(무체재산권의 가액)와 시행령 59조(무체재산권의 평가), 그리고 시행규칙 19조(무체재산권 등의 평가)에 감정평가 관련 규정이 있고, 구체적으로는 원가법 또는 초과이익 계산방법에 의한 평가규정이 있다. 한편 법 제 60조 제2항, 시행령 제49조(평가의 원칙) 제 1항에는 기획재정부령이 정하는 공신력 있는 감정기관이 평가한 것을 시가로 인정하고 있고, '공신력 있는 감정기관'은 시행규칙 제15조에 의하여 감정평가 및 감정평가사에 관한 법률에 의한 감정평가업자로 규정하고 있다.

Ⅲ 지식재산과 무형자산의 평가 주체

여러 법률에서 지식재산 및 무형자산 평가에 대한 근거조문을 제정하였으나, 감정평가 및 감정평가사법 이외에는 평가주체에 대한 명시적 규정이 없다. 「기술의 이전 및 사업화 촉진에 관한 법률」 시행령 제32조에서는 감정평가사, 공인회계사, 변호사, 변리사, 기술거래사, 기술사를 기술평가사업에 종사할 수 있는 전문가로 규정하고 있으나 전문가의 직무 중 기술사와 감정평가사만 '평가'에 대한 직무가 있다. 그러나 기술사의 직무에서 의미하는 '평가'가 당해 물건의 경제가치를 판정하여 화폐금액으로 표시하는 것인지가 불명확하다. 이 조문은 기술평가에 한정되는 것이지만, 감정평가사의 경우에는 저작권 · 산업재산권 · 어업권 · 광업권 그 밖에 물권에 준하는 권리를 포함하는 무형자산 전체에 대한 평가를 그 직무 대상으로 규정하고 있다.

1 감정평가 및 감정평가사에 관한 법률

감정평가 및 감정평가사법(시행 2016.9.1)에서 감정[appraisal]이란 '물건의 상태나 사실관계를 조사 확인하여 그 선악, 진위, 적부 등을 판정하는 과정으로 당해 물건의 경제가치를 판정하여 화폐금액으로 표시하는 것'이고, 평가[valuation]란 '당해 물건의 경제가치를 판정하여 화폐금액으로 표시하는 것'이며, 감정평가란 '부동산의 소유권 및 기타 권리 · 이익의 경제가치를 평가하여 이를 화폐액으로 표시하는 전문가의 활동이자 의견'이다.

감정평가사의 직무는 토지 등을 감정평가 하는 것이고(제4조), 그 업무는 ① 표준지와 표준주택의 적정가격의 조사 · 평가, ② 토지의 감정평가, ③ 개별공시지가와 개별주택가격의 검증, ④ 저작권 · 산업재산권 · 어업권 · 광업권 그 밖에 물권에 준하는 권리를 포함하는 토지 등의 감정평가, ⑤ 다른 법령의 규정에 의하여 감정평가사가 행할 수 있는 토지 등의 감정평가이다(제10조).

특히 산업재산권인 특허권, 실용신안권, 디자인권, 상표권 등 무형자산의 평가를 감정평가 및 감정평가사에 관한 법률에서 감정평가업자의 업무범위로 정하고 있어 감정평가사를 평가주체로 규정하고 있다. 또한 토지 등의 감정평가에 있어서 그 공정성과 합리성을 보장하기 위하여 감정평가업자가 준수하여야 할 원칙과 기준으로 '감정평가준칙'을 국토교통부령으로 정하고(제3조 제3항) 있으며, "감정평가업자가 아닌 자로서 감정평가업을 영위한 자"에 대해서는 형사처벌의 대상으로 삼고 있다(법 제49조 제2호).

감정평가사가 감정할 때 준수해야 할 원칙과 기준을 정한 '감정평가에 관한 규칙'은 평가원칙과 감정평가방식에 대해 규정하고 있다. 이 규칙에 주목할 것은 제23조(무형자산의 감정평가)이다. 특히 동조 제3항에 "감정평가업자는 영업권, 특허권, 실용신안권, 디자인권, 상표권, 저작권, 전용측선專用側線 이용권, 그 밖의 무형자산을 감정평가 할 때에 수익환원법을 적용하여야 한다(규칙 제23조 제3항)"라고 규정되어 있다.

2 공인회계사법

공인회계사는 "회계에 관한 감사 · 감정 · 증명 · 계산 · 정리 · 입안 또는 법인설립 등에 관한 회계, 세무대리 및 상기 업무에 부대되는 업무를 수행한다(제2조)"고 규정되어 있다. 본 조문에서 의미하는 회계에 관한 감정이란 회계처리의 대상이 실제로 존재하는지 여부에 대한 진위나 회계처리의 적부를 판정하는 것으로 회계장부 등의 진위를 판정하는 업무에 불과하고, 경제가치를 판정하여 금액을 확정하는 것을 의미하지는 않는다.

또한 공인회계사는 특정 회사의 재무제표를 감사하거나 증명하는 업무를 수행하는 계약을 체결하고 있는 기간 중에는 특정 회사의 자산 · 자본 · 그 밖의 권

표 2-1
지식재산 가치평가 관련 전문자격사의 근거 법률 및 직무

구분	법적 근거	직무정의(영역)	자격
감정평가사	감정평가사법	타인의 의뢰에 의하여 토지 등(저작권 · 산업재산권 · 어업권 · 광업권 그 밖에 물권에 준하는 권리 포함)을 감정평가함을 그 직무로 함	감정평가사 시험에 합격한 자(제11조, 2016.9.1. 시행)
기술사	기술사법	과학기술에 관한 전문적 응용능력을 필요로 하는 사항에 대하여 계획 · 연구 · 설계 · 분석 · 조사 · 시험 · 시공 · 감리 · 평가 · 진단 · 시험운전 · 사업관리 · 기술판단(기술감정을 포함한다) · 기술중재 또는 이에 관한 기술자문과 기술지도(제3조1항)	국가기술자격법 제10조에 의거 기술사 자격을 취득한 자(제2조)
기술거래사	기술이전 및 사업화 촉진법	기술이전 · 사업화에 관한 전문적인 상담 · 자문 · 지도 업무 및 기술이전의 중개 · 알선 등 기술의 거래 등을 지원하는 업무(제14조3항)	일정 자격을 취득한 사람으로서 기술이전 · 사업화분야에 종사한 경력 3년 이상으로 산업통상부에 등록한 자(시행령 제21조)
변리사	변리사법	특허청 또는 법원에 대하여 특허, 실용신안, 디자인 또는 상표에 관한 사항을 대리하고 그 사항에 관한 감정(鑑定)과 그 밖의 사무를 수행(제2조)	1. 변리사 시험에 합격한 자 2. 변호사자격을 가지고 변리사 등록한 자(제3조)
공인회계사	공인회계사법	• 회계에 관한 감사 · 증명 · 계산 · 정리 · 입안 또는 법인설립 등에 관한 회계, 세무대리 • 상기 직무에 부대되는 업무(제2조)	공인회계사시험에 합격한 자(제3조)
변호사	변호사법	당자자와 그 밖의 관계인의 위임이나 국가 · 지방자치단체와 그 밖의 공공기관(이하 "공공기관"이라 한다)의 위촉 등에 의하여 소송에 관한 행위 및 행정처분의 청구에 관한 대리행위와 일반 법률 사무를 하는 것을 그 직무로 함(제3조)	1. 사법시험에 합격하여 사법연수원의 과정을 마친 자 2. 판사나 검사의 자격이 있는 자 3. 변호사시험에 합격한 자(제4조)

자료: 김종서, '무형자산의 공정가치평가주체', 감정평가학논집 제13권2호, 감정평가학회, 2014.12, P.24 참조.

리 등의 일부 또는 전부를 매도하기 위한 자산 등에 대한 실사 재무보고 · 가치평가 및 그 매도거래 또는 계약의 타당성에 대하여 의견을 제시하는 업무는 제한 받는다(법 제21조, 시행령 제14조).

이는 공인회계사가 감사대상 기업의 요청에 따라 그 자산 등을 매도하기 위한 실사 등의 업무를 하게 되면 감사업무의 공정성과 독립성을 저해할 우려가 있으므로 업무수행을 제한하는데 취지가 있다. 그렇다면 이해상충이 되지 않는 경우에는 공인회계사 또는 회계법인 등에서 자산 · 자본 · 그밖의 권리 등에 대한 실사 · 채무보고 · 가치평가, 실사 등의 업무를 수행함이 타당한가? 대법원 판례에 의하면, 감정평가사가 아닌 공인회계사는 회계처리 목적이라 하더라도 감정평가행위를 할 수 없다고 판결하여 기업회계와 관련하여 회계법인의 감정평가를 허용하지 않고 있다.

3 무형자산 평가 전문역량 관련 이슈

3.1 공정가치 평가시장

최근 영업권 등 무형자산의 평가나 매수가격배분PPA 분야에 대한 서비스 수요는 날로 급증하고 있는 실정이다. 그러나 이러한 전문평가 분야는 매우 새롭게 대두된 전문적인 분야라서 공인회계사회나 금융감독기관, 그리고 감정평가업계에도 전문성과 경험을 충분히 갖춘 인력은 태부족인 실정이다. 따라서 한국채택 국제회계기준K-IFRS 제정 이후 비활성시장에서 보다 정확한 공정가치 추정을 위하여 평가모형 및 기법의 개발이 중요한 과제로 대두되고 있다.

무엇보다 중요한 과제는 무형자산 분야의 공정가치 평가 관련 전문가 집단을 시급히 양성할 필요가 있다는 것이다. 회계 및 감정평가에 관한 충분한 역량과 실무적 경험을 갖춘 공정가치 평가사들의 서비스 제공능력이 향상될수록 공정가치 평가에 대한 사회적 신뢰성이 높아진다. 또한 측정 및 평가서비스 가격이 낮아질수록 사회적 후생social welfare도 증가할 것이다. 그러므로 향후 각 전문가협회 별로 공정가치평가 전문가의 양성과 교육, 자격인증 등에 필요한 규정을 제정하고, 사후감리 시 공정가치평가에 대한 전문가의 활용범위, 감사절차, 법적 책임 부과 등에 대한 활발한 논의가 필요한 실정이다.

3.2 기술가치 평가시장

국내 지식재산, 특히 기술가치 평가시장은 많은 현실적인 문제점을 안고 있다. 왜냐하면 기술가치 평가는 각 정부부처마다 개별적 기준에 따라 가치평가 제도를 운영하고 있으며, 평가기관도 제 각기 지정하여 활용하고 있기 때문이다. 이에 따라 지식재산 가치평가 관련규정이나 지침도 각 기관 고유의 특성에 따라 다른 형태로 제정되어 있다. 또한 지식재산이 지니는 기술적 특성을 바탕으로 산업에서 즉시 활용 가능한 요소에 주안점을 두고 있어, 가치평가의 대상은 대부분 기술로서 한정되어 운영되고 있는 실정이다.[5]

지식재산 가치평가 기관의 지정은 기술이전 및 사업화 촉진법 제35조와 동법 시행령 제32조, 기술거래 및 평가기관 지정요령에 근거하고 있다. 여기서는 기술평가를 위한 전담인력 및 전담조직을 갖춘 기관의 신청을 전제하고 있으며 관계 중앙행정기관의 장이 심사하여 지정하는 형태로 이루어진다. 또한 기관이 보유해야 하는 전문인력과 그들의 경력, 관리조직, 기술평가모델과 정보 수집, 관리, 유통 등의 정보망에 대해서도 규정하고 있다. 2010년 12월 기준으로 기촉법에 의해 평가기관으로 지정된 기관은 국방기술품질원, 기술보증기금, 중소기업진흥공단, 전자부품연구원, 한국과학기술정보연구원, 한국발명진흥회, 한국보건산업진흥원, 한국화학시험연구원, 농업기술실용화재단 등 총 10개 기관이 있다.

기술보증기금은 2001년에 기촉법에 의한 기술평가기관으로 지정되어 연간 23,000여건의 기술평가를 실시하고 있다. 기술보증기금에서는 기술가치평가를 '대상기술의 기술성, 시장성, 사업타당성 등을 분석하고 결과를 금액, 등급, 의견 등으로 표현하는 것'으로 정의하고, 기술사업화 등급평가, 기술력평가, 기술가치평가 등 다양한 유형의 기술평가를 전문적으로 실시하고 있다. 그리고 기

5. 한국지식재산연구원, 지식재산 가치평가 및 금융 생태계 조성방안, 한국지식재산연구원 및 국가지식재산위원회 정책연구보고서, 2013, pp. 32~ 35.

표 2-2
관계법률에 의해 지정된 기술평가기관 현황

평가제도	근거법령	평가기관	평가내용	소관부처
기술가치평가 (기술이전 · 거래)	기술의 이전 및 사업화 촉진법(35조)	관계중앙행정기관 지정 기술평가기관	기술이전 거래용 기술가치 평가	산업통상자원부
기술가치평가 (현물출자)	벤처기업육성에 관한 특별조치법(제6조)	대통령령 지정 기술평가기관	산업재산권 등의 가격 결정	중소기업청
기술평가 (기술성, 시장성, 사업성)	기술신용보증기금법 (제28조)	기술보증기금	기술과 관련된 기술성, 시장성, 사업성 등 평가	금융위원회
기술평가 (벤처기업확인)	벤처기업 육성에 관한 특별조치법 (제18조의 3)	중소기업진흥공단 기술보증 기금	벤처기업 확인을 위한 기술성 및 사업성 평가	중소기업청
기술평가 (발명의 사업화)	발명진흥법(제28조)	특허청장 지정 기술평가기관	발명 사업화를 위한 기술성 · 사업성 평가	특허청
기술영향 및 기술수준평가	과학기술기본법 (제20조)	한국과학기술 기획평가원	기술의 파급효과, 기술수준 평가	교육과학부
감정평가 (무형자산)	감정평가 및 감정평가사법(제2조)	감정평가법인	산업재산권 등의 감정평가	국토교통부
무체재산권	상속세 및 증여세법	감정평가법인	세금부과를 위한 산업재산권 등 평가	국세청

술평가의 용도를 R&D 관리, 기술이전 · 거래, 투자 · 융자 · 보증의 3가지로 구분하고, 주요 평가내용 등을 제시한다. 한국과학기술정보연구원은 2002년에 기촉법에 의한 기술평가기관으로 지정되었으며, 해당 기관의 기술평가는 주로 공공기술 부문에서 개발된 R&D 성과를 민간으로 이전하기 위한 기술거래, 기술사업화, 해외기술거래 촉진을 목적으로 한다.

한국발명진흥회는 지식재산권 활성화를 위해 설립된 특수법인으로, 2001년에 기촉법에 의한 기술평가기관으로 지정되었다. 온라인을 통한 특허기술의 거래를 지원하는 장터로서 IP Mart, 특허기술의 유통을 촉진하기 위한 특허정보거래센터, 특허기술의 기술력과 사업타당성 평가를 통한 기술가치평가 등의 사업을 수행한다. 기촉법 이외에도 〈표 2-2〉에서 제시된 여러 개별 법령에 따라 다양한 평가기관이 지정 및 운영되고 있다.

3.3 외국의 기술가치 평가 시스템

미국의 경우에는 국가기술이전센터National Technology Transfer Center: NTTC에서 공적자금 지원으로 이루어진 R&D 성과를 기업가치와 연결하기 위한 정보제공, 기술평가, 산업체로의 이전 및 사업화 등을 수행한다. NTTC의 기술평가기관으로서 중요한 역할 중 하나는 대학, 연방연구소 및 민간기업을 위한 상업적 기술평가를 수행하고 있다. 또한 최고 기술경영전문가들을 동원하여 기술상용화 관련 교육을 실시하는데, 교육내용은 기술이전 초기부터 기술평가실무와 협상, 특허라이센싱 등을 포괄한다.[6]

이러한 기술이 산업계로 확산될 수 있도록 권역별로 지역기술이전센터Regional Technology Transfer Center: RTTC를 추가적으로 운영한다. RTTC는 미국의 연방정부, 주정부, 대학, 산업체 내 연구소 등이 과학기술과 시설을 이용할 수 있도록 하고 각 지역 간의 연결망을 활용하여 기술이전을 촉진한다. RTTC는 기술사업화 서비스로서 기술사업화의 가능성이 높은 기술을 선정하고 이에 대한 협력기관 설정, 인증, 협약, 자금 등과 관련된 서비스를 제공한다. 또한 기업들이 스스로 필요한 기술적 수요를 파악하고 이를 지원하기 위한 자문서비스와 함께 기술마케팅, 시장목표, 경쟁력 분석 등 시장조사 서비스, 정보 인프라를 바탕으로 하는 기술, 시장, 특허를 망라하는 종합 정보 서비스 등을 제공한다.

일본은 유망중소기업, 벤처기업, 대학 등이 보유한 기술과 같은 무형자산의 사업화를 위한 목적과 지식재산의 담보가치를 설정하기 위하여 기술평가 체계를 운영한다. 이를 위하여 일본의 중소기업청과 중소기업사업단을 연계하여 일본산업기술진흥협회 내 기술평가센터Center of Technology Assessment: CTA를 설립, 사업화를 위한 기술평가를 실시하고 있다. 또한 거래를 위한 기술평가를 위하여

6. 한국지식재산연구원, 지식재산 가치평가 및 금융 생태계 조성방안, 한국지식재산연구원 및 국가지식재산위원회 정책연구보고서, 2013, pp. 35~ 41.

공공 기술이전 관련기관에서 기술평가를 실시하고 있다. CTA는 기술평가를 통한 신기술의 사업화를 지원함으로써 기술 전반의 지원 및 육성을 목적으로 운영되는 기술평가 전문기관이다.

기술가치 평가기준은 신규성, 실현가능성, 시장성 등의 3가지로 구성되며, 각 평가항목에 대하여 정량적으로 평가하고 여기에 종합의견을 정성적으로 반영하여 최종적으로 위원회에서 평가한다. 일본 테크노마트재단Japanese TechnoMart: JTM은 일본 통상성 산하 기술이전기관으로서 기술자료의 수집과 관리, 기술거래 및 이전 알선, 기술자료 사용 컨설팅 및 강연 등의 업무를 수행하며, 기술분석과 평가는 금융기관과 컨설팅회사 등의 전문가와 계약을 바탕으로 이루어진다.

3.4 지식재산 가치 평가 전문인력

1) 가치평가 전문인력 현황

현재 지식재산 가치평가 전문인력에 대한 명확한 정의는 존재하지 않으나, 특허기술에 대한 평가를 바탕으로 기업 및 기술가치를 평가하고 기업에 대한 경영 및 투자 컨설팅을 제공하는 기술평가사들이 있다. 특허기술은 지식재산의 거래 및 투자와 관련하여 가장 중요한 부분으로서 지식재산 금융의 활성화를 위한 기본적 요소가 된다. 따라서 기존의 기술평가사에 대한 정의를 바탕으로 지식재산 가치평가 전문인력의 특징 및 관련 자격수준 등을 간접적으로 검토할 수 있다.

현재 기술가치평가사는 한국기업·기술가치평가협회에서 수여하는 민간자격수준으로 운영되고 있다. 협회는 가치평가사의 기능 및 역할을 ① 기술가치평가 및 기술에 기반한 기업가치평가, ② 벤처기업 경영 및 투자에 대한 컨설팅, ③ M&A의 기업가치평가, ④ 특허침해소송의 가치평가, ⑤ 기업의 경영전략 및 가치향상 방안 수립, ⑥ 국제적인 투자 및 M&A 등에 전문가로서 정의하고 있다. 즉, 기술가치평가사는 기술에 대한 기술적, 법률적, 경제적 지식을 바탕으로 가치평가를 수행하는 인력으로 간주할 수 있다.

외국의 경우에는 Valuer, Valuation Analyst 및 Valuator 등으로 불리는 가치평가전문가가 존재하며, 투자컨설팅, 소송지원, 납세 및 신용평가 등을 위한 별도의 기업가치평가를 수행한다. 또한 벤처캐피탈, 대형 회계법인 및 컨설팅 기업에 기업 및 무형 자산가치평가를 위한 전문가로서 기능하기도 한다. 미국의 경우에는 회계사 자격을 획득한 후에도 10년 정도의 기업가치평가 관련 경력을 필요로 하며, 정부 관계부처 활동 및 MBA 학위 취득 후에도 10년 이상의 가치평가관련 경력을 필요로 하고 있다. 또한 이러한 경력을 가진 전문가들에 대하여도 별도의 전문 교육 및 인증시험을 거칠 것을 요구하고 있으며, 해마다 일정시간 이상의 계속교육평점CPC: continuiing education credit을 취득할 것이 강제되고 있다.

우리나라 기업에 고용된 지식재산 전문인력은 13,897명이며, 주요 자격증 및 직능별로 살펴보면 지식재산 조사 및 분석 인력이 약 10,716명, 지식재산 전문번역 인력이 약 751명으로 가장 많았으며, 기술 및 지식재산의 사업화를 위한 기술가치평가사(360명)나 기술거래사(226명) 인력의 규모는 다소 작은 것으로 추정할 수 있다.[7]

2) 기술평가 관련 자격 현황

우리나라에서 기술평가 관련 전문인력이라고 하면, 기본적으로 기술과 기업의 가치평가 업무를 수행하고 기업투자 및 경영 컨설팅 등 기업거래에 관한 기업가치평가, 특허침해 및 기술유출 등 법정소송업무에 전문가로서 참여하게 된다. 이외에도 기업에 소속되어 해당기업의 경영전략과 가치 향상방안 수립 및 집행과 관련된 일에 참여하기도 한다. 〈표 2-3〉은 현재 감정평가사나 변리사, 공인회계사 등 공인자격사를 제외한 기술평가 관련 자격증 종류와 자격증 수여 및 관리기관, 자격요건 및 절차 등을 정리한 것이다.

7. 한국지식재산연구원, 전게서, 2013, p. 37.

표 2-3
기술평가 관련 자격증 현황

기술평가사 유관 자격증	자격증 수여 및 관리기관	자격요건 및 절차	교육프로그램과의 연계	보수교육
기업 · 기술 가치평가사	(사)한국기업 · 기술가치평가 협회	• 연 4회의 기업 · 기술 가치평가사 자격시험 통과후 자격요건 만족 시 자격증 수여 • 시험합격 후 학사 5년, 석사 3년, 박사 1년 정도 해당분야 경력 요구	• 연 4회 교육 진행 • 기업 · 기술가치 평가사 자격증 양성과정 교육 이수자 약 3,200여 명 (2000년 이후 누적치)	• 연 1~2회 정도 비정기적 보수교육 진행 • 기술가치평가 사례나 해외의 기술가치평가 기법연구 • 2010년 국제컨퍼런스 개최
기업가치 평가사	(사)한국기업 평가원	• 기업가치평가사 양성과정 후 자격시험 통과자에 자격증 부여	• 연 2~3회 교육 진행 • 기업가치평가사 양성과정 이수자 1,000명(추정치)	• 자격증을 부여받은 이후에 2년 이내 보수교육을 받도록 규정
기술평가사 1~3급	기술보증기금	• 기술보증기금 내부 직원 대상 • 2011~일반인 대상 확대		• 기술동향조사보고서 관련 보수교육 (3년에 1회) 의무화
기술평가사 기술경영사	(사)한국기술 사업화진흥 협회	• 기술사업화 관련 전문가 양성을 목적으로 교육과 시험 응시에 제한 없음	• 기술사업화 전문가양성과정에 2010년 122명이 교육과정 이수	• 자격증 취득 이후 2년이내 보수교육을 통한 자격유지 규정

자료: 기술평가 전문자격증 제도 도입 방안 연구, 한국지식재산연구원, 2010.

3) 외국의 기술평가 관련 자격 현황

미국은 NACVA를 중심으로 미국평가사회, 자산평가원 및 기업평가원 등의 기관들이 기술평가 관련 민간자격증을 수여하고 있다. NACVA의 공인가치분석사Certified Valuation Analyst: CVA는 공인회계사 자격증 소지를 전제로 하여 실무경험과 협회 주관 훈련프로그램 이수 및 추천서 제출을 요구하며, 가치평가분석사Accredited Valuation Analyst: AVA는 실제적인 기업가치평가 경력을 요구하는 특징이 있다. 미국의 기술평가 관련 자격증 수여 및 관리기관과 자격요건 등을 정리하면 〈표 2-4〉와 같다.

표 2-4
미국의 기술평가 관련 자격관리 기관과 요건

기술평가사 유관 자격증	자격증수여 및 관리기관	자격요건
CVA (Certified Valuation Analyst)	NACVA	공인회계사(CPA) 자격증, NACVA회원, 실무경험과 협회 주관 훈련프로그램 이수, 추천서 제출
AVA (Accredited Valuation Analyst)	NACVA	CVA자격증과 유사하지만 공인회계사 자격 대신 2년 이상의 기업가치평가 경력을 요구
CFFA (Certified Forensic Financial Analyst)	NACVA	기업 · 금융관련 법정소송 지원업무 수행을 위한 충분한 경력과 지식을 지닌 전문능력
AM (Accredited Member)	American Society of Appraisers	학사학위자가 2년 이상의 기업기술가치평가 경력을 갖추고 필기시험을 통과한 후, 평가보고서 제출 및 스크리닝 통과
MAI (General Member of AI)	Appraisal Institute	소정의 인증교육 이수 후 경력심사 및 시범평가서(demonstration report) 제출 후 필기시험 통과 요구
CBA (Certified Business Appraiser)	Institute of Business Appraisers	① 학사학위자가 전체 90시간의 교육과정 이수, 5년 이상 기업가치평가 경력 및 4부의 추천서 제출, ② IBA 회원으로서 6시간의 출석 시험, ③ 2편의 시범평가보고서 제출 후 심사

자료: 한국지식재산연구원, 기술평가 전문자격증 제도 도입 방안 연구, 2010

4) 기술가치 평가시스템 및 전문인력 역량

우리나라의 기술가치 등 지식재산 평가는 일반적으로 다양한 관련법에 기인하여 지정된 관련기관을 중심으로 수행되고 있으며, 이들은 각자 독자적 평가모형이나 방법론을 이용하여 이루어지고 있다. 그러나 통일된 평가기준이나 절차가 수립되어 있지 못한 실정에서 가치평가 결과에 대한 시장의 신뢰성은 매우 저조한 실정이다. 지식재산 평가가치에 대한 시장의 신뢰성은 기술의 이전이나 거래, 그리고 금융을 위한 필수요소가 된다. 그러므로 시장에서 합의된 가치평가 체계를 구축하고 시장 증거자료에 의한 평가결과를 유도하기 위하여는 통일된 가치평가 기준 및 절차를 수립할 필요가 있다고 본다.

그리고 우리나라에서 지식재산 가치평가 관련 자격증 제도는 대부분 민간자격증 형태로 운영되고 있어 기초소양자격 수준에 그치고 있는 것이 실정이다. 따라서 날로 고도화하는 지식재산 가치 평가의 시장수요에 대응한 전문적 기술가치평가 서비스를 고급전문인력에 의하여 제공되도록 민간 자격증보다는 일정자격을 갖춘 실무경력자들에 대하여 심화전문교육과 종합시험을 거쳐 선발하는 공인자격 인증제를 실시하여 공신력을 부여하는 제도 도입이 필요하다.

이는 관련 자격에 대한 전문성을 높이고 시장의 인식을 개선시킴으로써 궁극적으로 전문자격을 지닌 인력에 의한 지식재산 가치평가 활동 및 평가 기반의 지식재산 거래 · 이전 활동의 활성화를 도모하기 위함이다. 또한 전문자격을 통해 시장에서 신뢰성을 확보함으로써 가치평가 관련 민간시장의 활성화를 유도하고 시장 규모를 증가시킬 수 있다. 전문자격으로서의 가치평가 전문인력 자격을 실현시키기 위해서는 최소한 지식재산 관련 전문성에 대한 확인과 함께 시장에서의 경력에 대한 확인이 동시에 요구된다. 그러므로 가치평가 전문인력에 대한 직무영역 및 자격의 요건을 구체화하기 위한 연구가 교육과 경력의 복합적 요인을 포괄하는 방향으로 진행되어야 할 필요가 있다.

VALUATION ISSUES

지식재산권으로 돈벌면 법인세 감면…'특허박스'

조세부담 완화 인센티브, 기업 지식재산 활동 촉진

최근 '특허박스(PB, patent box)' 도입에 관한 논의가 활발하다. 특허박스란 기업의 매출 또는 이익 가운데 특허 등의 지식재산(상표, 디자인, 저작권, 영업비밀 등)으로부터 발생한 소득에 대해 법인세를 경감시켜주는 제도를 말한다. 특허박스제는 또 특허 등의 보유 지식재산권의 사업화를 통한 매출수익뿐만 아니라 지식재산의 라이선싱, 양도 등으로부터 발생하는 로열티 및 거래수익에 대한 법인세를 감면해 주기도 한다. 우수한 지식재산을 창출할 수 있도록 국가가 나서 연구개발 활동 그리고 지식재산 활동과 관련한 조세부담을 완화시켜주는 것이다.

1973년 아일랜드가 제일 먼저 특허박스제도를 도입한 이후 2001년에는 프랑스, 2007년에는 벨기에와 네덜란드, 2008년에는 룩셈부르크 등이 이 제도를 도입해 운용하고 있다. 국가별로 적용하는 지식재산권의 내용이나 세율 등 세부적인 운용에는 차이가 있다. 여러 국가에서 특허박스제도를 도입, 운용하는 데는 다양한 긍정적 효과가 있기 때문이다. 우선 사회 전체적으로 R&D(연구개발)활동을 촉진시킬 수 있다. 유럽연합(EU) 공식통계기구인 유로스타트에 따르면, 특허박스제도 도입국의 민간 R&D 평균 증가율은 4.0%였지만, 미도입국의 증가율은 3.7%다. R&D 활동의 결과로 창출되는 수익에 대해 세금을 경감시킴으로써 기업으로 하여금 기술개발 등 혁신을 추구하게 한 것으로 분석된다.

주요국별 특허박스 세제 세율

(단위 : %)

국가명	법인세율	적용세율
벨기에	3.3	0~6.8
프랑스	33.33	15
룩셈부르크	21	5.76
네덜란드	25	5
스페인	30	12~15.6
영국	21	10
헝가리	19	5~9.5
포르투갈	23	11.5

자료 : 한국경제연구원

아울러 외국인 직접투자를 유치하는 효과가 있다. 한국경제연구원에 따르면 2011년부터 2015년까지 유럽연합(EU) 회원국 중 특허박스제도 도입국의 외국인직접투자 연평균 증가율은 10.8%인데 반해, 미도입국은 8.0%로 나타났다. 같은 기간 EU 회원국의 평균 외국인직접투자 연평균 증가율은 3.8%였다. 법인세율을 감면 받고자 해외의 다국적기업이 특허박스 실시국으로 이전하는 등 각종 투자를 늘린 탓이다. 외국기업 유치국 입장에선 다국적기업이 가지고 있는 지식재산권을 유인할 수 있기 때문에 R&D투자의 국제경쟁력을 갖출 수 있는 기회이기도 했다. 실제 특허박스제도 도입국의 경우 제도 도입 전에 비해 양도받은 특허수가 최소 150%에서 최대 275%까지 증가한 것으로 조사됐다.

R&D 활동 촉진으로 국가 혁신 및 경쟁력 제고

다국적 기업의 R&D투자 경쟁력 제고는 국가혁신으로 이어진다. '유럽 혁신 지수 2016(European Innovation Scoreboard 2016)'을 기반으로 2016년 유럽 36개 국가의 혁신수준을 비교한 결과에 따르면, 특허박스제도 도입국의 종합적인 혁신지수 평균은 0.541이다. 미도입국 혁신지수 평균(0.430)과 유럽연합(EU) 평균(0.521)을 넘는다.

우리나라는 R&D 투자의 확대와 출원 및 등록 특허의 양적 성장에도 불구하고 기술의 이전이나 사업화를 통한 부가가치 창출은 미흡한 실정이다. 지식재산의 질적 경쟁력을 높이기 위해 지식재산을 활용해 발생하는 소득에 대해서는 조세혜택을 지원하는 마련하는 방안이 필요한 상황이다. (출처: 중기이코노미, 2017-02-24 요약)

Part 2

지적재산과 무형자산 평가기준과 방법

BUSINESS VALUATION AND INTANGIBLE ASSET VALUATION
: Standards and Methods of Practice

“*Creativity is allowing yourself to make mistakes. Art is knowing which ones to keep.*”(창의성이란 자신의 실수를 용납하는 자세이다. 그로부터 무엇을 얻어야 할지를 아는 것은 예술이다.)

– 스콧 애덤스(Scott Adams)

3장

지식재산과 무형자산 평가기준과 절차

Standards and Procedures of Intangible Asset Valuation

Ⅰ 우리나라의 평가기준

Ⅱ 국제평가기준과 무형자산 평가

Ⅲ 지식재산과 무형자산의 평가절차

PATENT GOODWILL TRADEMARK

우리나라에는 1989년 제정된 감정평가에 관한 규칙이 가장 오래된 무형자산 가치평가 법규이다. 그 외에도 회계기준, 지식재산기본법이나 국유재산법, 상속세 및 증여세법 등에도 구체적으로 평가의 기준이나 방법이 나타나 있다. 아울러 국제평가기준[IVS]이나 통일전문평가실무기준[USPAP]에도 국제적으로 통용되는 기업가치 및 무형자산가치 평가기준이 규정되어 있다.

2011년 제정된 지식재산기본법 제3조에서는 지식재산권[intellectual property rights]을 "법령 또는 조약 등에 따라 인정되거나 보호되는 지식재산에 관한 권리"로 정의하고 있다. 그리고 무형자산 평가에 관한 기준에 대하여는 각종 법령 상에 규정되어 있다.

여기서는 우선 감칙 등 법령상의 규정과 한국채택 국제회계기준[K-IFRS 1038호]의 평가기법을 차례로 설명하고자 한다. 그리고 미국 재무회계기준위원회[FASB]의 재무회계기준[SFAS], 그리고 국제평가기준[IVS]에서 정한 무형자산 평가기준에 대하여도 학습한다.

Ⅰ 우리나라의 평가기준

우리나라의 지식재산 및 무형자산 평가에 관한 기준은 각종 법령 상에 규정되어 있다. 우리나라에서는 1989년 제정된 '감정평가에 관한 규칙'이 가장 오래된 무형자산 가치평가 법규이다. 그 외에도 회계기준, 지식재산기본법이나 국유재산법, 상속세 및 증여세법 등에도 구체적으로 평가의 기준이나 방법이 나타나 있다.

그러나 국내 지식재산 및 무형자산에 관한 기준이나 방법은 국제적으로 통용될 수 있는 평가기준과는 거리가 있는 법령이나 실무 관행이 상존하고 있어 많은 문제점과 발전 과제를 안고 있는 실정이다. 왜냐하면 각 전문가단체나 정부부처마다 개별적 기준에 따라 가치평가 제도를 운영하고 있으며, 평가기관도 제 각기 지정하여 활용하고 있어 통일된 기준이나 준칙이 없기 때문이다. 이에 따라 지식재산 가치평가 관련규정이나 기준도 각 기관 고유의 특성에 따라 다른 형태로 제정되어 있다.

그러나 글로벌화된 경제환경의 영향으로 국제회계기준[IFRS]의 보급이 확산되면서 이미 국제감정평가기준[IVS: International Valuation Standards]이나 미국의 통일전문감정평가실무기준[USPAP: Uniform Standards of Professional Appraisal Practice] 등이 국제적으로 통용되는 기업가치 및 무형자산가치 평가기준으로 자리잡아 선진 각국에 의해 채택되고 있다.

그러므로 여기서는 IFRS제정 이후 세계 각국의 무형자산 평가의 기본적 준거가 되고 있는 국제평가기준을 중심으로 평가기준과 절차를 설명하기로 한다. 우선 감칙 등 법령상의 규정과 한국채택 국제회계기준[K-IFRS 1038호]의 평가기법을 차례로 설명한 다음, 국제감정평가기준[IVS]에서 정한 무형자산 평가기준과 미국 재무회계기준위원회[FASB]의 재무회계기준[SFAS]에 대하여도 설명한다. 이를 통하여 자연스럽게 우리나라의 평가기준과 국제기준과의 차이가 무엇인지에 대하여 연구하기로 한다.

1 감정평가에 관한 규칙

감정평가에 관한 규칙 제23조에 의하면 '무형자산을 감정평가 할 때에 수익환원법을 적용하여야 한다'고 규정하고 있다. 따라서 수익환원법을 주된 방법으로 하되 수익환원법의 적용이 곤란하거나 부적절한 경우 거래사례비교법, 원가법을 적용하여 감정평가 할 수 있다.

2 지식재산기본법

2011년 제정된 지식재산기본법 제3조에서는 지식재산권[intellectual property rights]을 "법령 또는 조약 등에 따라 인정되거나 보호되는 지식재산에 관한 권리"라고 정의하고 있다. 감정평가 실무기준해설서에서는 지식재산권을 특허권, 실용신안권, 디자인권, 상표권 등 산업재산권 또는 저작권 등 지적 창작물에 부여된 재산권에 준하는 권리로 규정하고 있다.

지식재산기본법 제27조에서 '정부는 지식재산에 대한 객관적인 가치평가를 촉진하기 위하여 지식재산의 가치평가기법 및 평가체계를 확립하여야 하며 지식재산의 가치평가를 활성화하기 위하여 관련 인력을 양성하여야 한다'라고 명시하고 있다. 그러나 아직까지는 시행규칙이 만들어지지 않아, 동법에서 말하는 지식재산의 평가체계나 가치평가기법이 정해지지 않았다.

따라서 지식재산권 등 무형자산의 가치평가 서비스는 최근 무형자산가치 비중의 증대에 따라 그 수요가 날로 크게 늘어나고 있는 실정이므로 감정평가업계는 물론 관련 학계와의 산학협동적 연구가 필요한 실정이다.

표 3-1
감정평가에 관한 규칙 등의 무형자산 평가관련 규정

법규	조문 내용
감정평가에 관한 규칙 제23조 (무형자산의 감정평가)	제23조(무형자산의 감정평가) ③ 감정평가업자는 영업권, 특허권, 실용신안권, 디자인권, 상표권, 저작권, 전용측선이용권, 그 밖의 무형자산을 감정평가 할 때에 수익환원법을 적용하여야 한다.
감정평가실무기준 640-4.3.2 수익환원법의 적용	① 지식재산권을 수익환원법으로 감정평가 할 때에는 다음 각 호에 따른 방법으로 감정평가 할 수 있다. 다만, 대상 지식재산권이 창출할 것으로 기대되는 적정 수익에 근거하여 합리적으로 감정평가 할 수 있는 다른 방법이 있는 경우에는 그에 따라 감정평가 할 수 있다. 1. 해당 지식재산권으로 인한 현금흐름을 현재가치로 할인하거나 환원하여 산정하는 방법 2. 기업전체에 대한 영업가치에 해당 지식재산권의 기술기여도를 곱하여 산정하는 방법 ② 제1항제1호의 해당 지식재산권으로 인한 현금흐름은 다음 각 호의 방법에 따라 산정할 수 있다. 1. 해당 지식재산권으로 인해 절감 가능한 사용료를 기준으로 산정하는 방법 2. 해당 지식재산권으로 인해 증가된 현금흐름을 기준으로 산정하는 방법 3. 기업의 총이익 중에서 해당 지식재산권에 일정비율을 배분하여 현금흐름을 산정하는 방법 ③ 제1항제2호의 기술기여도는 기업의 경제적 이익 창출에 기여한 유·무형의 기업 자산 중에서 해당 지식재산권이 차지하는 상대적인 비율로서 다음 각 호의 방법 등으로 산정할 수 있다. 1. 비슷한 지식재산권의 기술기여도를 해당 지식재산권에 적용하는 방법 2. 산업기술요소·개별기술강도·기술비중 등을 고려한 기술요소법

3 국유재산법

국유재산법 제5조에서는 지식재산기본법 상의 지식재산권 외에도 특허법, 실용신안법, 디자인보호법, 상표법에 따라 등록된 특허권, 실용신안권, 디자인권, 상표권과 저작권법에 따른 저작권, 저작인접권 및 데이터베이스 제작자의 권리 및 그 밖에 저작권법에 의해 보호되는 권리로서 한국저작권위원회에 등록된 권리 등을 지식재산권이라고 정의하고 있다.

정부가 지식재산의 사용허가 등을 행했을 경우에는, 해당 지식재산으로부터 산출되는 매출액 등을 고려하여, 대통령령이 정하는 바에 따라 사용료나 대부료를 징수하도록 되어있다.

지식재산 처분에 관한 예정가격의 결정방법은 국유재산법 시행령 제42조의 2에 따라 ① 해당 지식재산 존속기간 중의 사용료 또는 대부료 추정총액, 또는 ② 감정평가법인이 평가한 금액으로 한다.

사용료 등 = 지식재산을 이용한 제품의 총판매예정수량 × 제품의 판매단가 × 점유율 × 기본율

- 총판매예정수량: 사용허가 등 기간 중 연도별 판매예정수량을 합한 것
- 제품의 단가: 사용허가 등 기간 중 연도별 공장도가격의 평균가격
- 점유율: 단위제품을 생산하는 데에 해당 지식재산이 이용되는 비율
- 기본율: 3%

사용료의 기본율은 3%를 원칙으로 하되, 중앙관서의 장 등은 해당 지식재산의 실용적 가치, 산업적 이용가능성 등을 고려하여 2~4% 이내로 할 수 있다.

4 상속세 및 증여세법

상속세 및 증여세법 제64조에서는 무체재산권의 가액을 ① 재산의 취득가액에서 취득한 날로부터 평가기준일까지의 『법인세법』상의 감가상각비를 뺀 금액과 ② 장래의 경제적 이익 등을 고려하여 대통령령으로 정하는 방법으로 평가한 금액 중 큰 금액으로 규정하고 있다.

동법 시행령 제59조 및 시행규칙 제19조(무체재산권 등의 평가)에서는 영업권, 어업권, 특허권 · 실용신안권 · 상표권 · 디자인권 및 저작권 등, 그리고 광업권 및 채석권 등에 대하여 평가방법을 규정하고 있다.

표 3-2
상속세 및 증여세법 상의 무형자산 평가기준

상속세 및 증여세법 제64조

제64조 (무체재산권의 가액) 무체재산권 가액은 다음 각 호에 따른 금액 중 큰 금액으로 한다.
1. 취득가액에서 취득한 날부터 평가기준일까지의 「법인세법」상 감가상각비를 뺀 금액
2. 장래의 경제적 이익 등을 고려하여 대통령령으로 정하는 방법으로 평가한 금액

상속세 및 증여세법 시행령 제59조

제59조 (무체재산권의 평가)
② 영업권의 평가는 다음 산식에 의하여 계산한 초과이익금액을 평가기준일 이후의 영업권지속연수(원칙적으로 5년으로 한다)를 감안하여 기획재정부령이 정하는 방법에 의하여 환산한 가액에 의한다. 다만, 매입한 무체재산권으로서 그 성질상 영업권에 포함시켜 평가되는 무체재산권의 경우에는 이를 별도로 평가하지 아니하되, 당해 무체재산권의 평가액이 환산한 가액보다 큰 경우에는 당해 가액을 영업권의 평가액으로 한다.
③ 제2항을 적용함에 있어서 최근 3년간의 순손익액의 가중평균액은 제56조제1항 및 제2항을 준용하여 평가한다. 이 경우 같은 조 제1항 중 "1주당 순손익액"과 같은 조 제2항 중 "1주당 추정이익"은 "순손익액"으로 본다.
④ 어업권의 가액은 제2항의 영업권에 포함하여 계산한다.
⑤ 특허권 · 실용신안권 · 상표권 · 디자인권 및 저작권 등은 그 권리에 의하여 장래에 받을 각 연도의 수입금액을 기준으로 기획재정부령이 정하는 바에 의하여 계산한 금액의 합계액에 의한다. 이 경우 각 연도의 수입금액이 확정되지 아니한 것은 평가기준일전 3년간의 각 연도 수입금액의 합계액을 기획재정부령이 정하는 바에 따라 평균한 금액을 각 연도의 수입금액으로 할 수 있다.

상속세 및 증여세법 시행규칙 제19조

제19조 (무체재산권 등의 평가)
① 영 제59조제2항 산식에서 "기획재정부령이 정하는 율"이라 함은 100분의 10을 말한다.
② 영 제59조제5항 전단에 따른 특허권 · 실용신안권 · 상표권 · 디자인권 및 저작권 등의 가액은 다음의 산식에 의하여 환산한 금액의 합계액으로 한다.

$$\text{각 연도의 수입금액} \div (1 + 10/100)^n \quad \text{단, n: 평가기준일부터의 경과연수}$$

③ 제2항의 산식을 적용함에 있어서 평가기준일부터의 최종 경과연수는 당해 권리의 존속기간에서 평가기준일 전일까지 경과된 연수를 차감하여 계산한다. 이 경우 평가기준일부터의 최종 경과연수가 20년을 초과하는 때에는 20년으로 한다.
④ 영 제59조제5항 후단에 따라 특허권 · 실용신안권 · 상표권 · 디자인권 및 저작권 등의 권리에 의한 각 연도의 수입금액이 확정되지 아니한 경우에는 평가기준일전 최근 3년간(3년에 미달하는 경우에는 그 미달하는 연수로 한다. 이하 이 항에서 같다)의 각 연도의 수입금액의 합계액을 평균한 금액을 각 연도의 수입금액으로 하되, 최근 3년간 수입금액이 없거나 저작권(저작인접권을 포함한다)으로서 평가기준일 현재 장래에 받을 각 연도의 수입금액이 하락할 것이 명백한 경우에는 법 제6조제1항 본문에 따른 세무서장 등이 2 이상의 공신력 있는 감정기관(「감정평가에 관한 법률」에 의한 감정평가업자를 말한다) 또는 전문가의 감정가액 및 해당 권리의 성질 기타 제반 사정을 감안하여 적정한 가액으로 평가할 수 있다.

5 회계기준 상의 평가기법

한국채택 국제회계기준K-IFRS 제1038호에서는 무형자산의 평가에 대하여 규정하고 있다. 특정 무형자산의 공정가치 추정기법이 해당 자산이 속해있는 산업의 현행 거래와 관행을 반영한다면, 이러한 기법은 사업결합으로 취득하는 무형자산의 최초 측정에 사용할 수 있으며, 이러한 기법의 예는 다음과 같다.

① **시장접근법**market approach 자산의 수익성 지표(예 : 수익, 시장점유율, 영업이익 등)에 현행 시장상황을 반영하는 배수를 적용하는 방법은 시장접근법의 일종이다. 로열티면제법은 무형자산의 라이선스를 제3자에게 제공함으로써 획득할 수 있는 로열티 수입에 현행 시장상황을 반영하는 시장배수를 적용하는 방법이다.

② **이익접근법** income approach 자산으로부터의 추정 미래 순현금흐름을 할인하는 방법으로서 로열티면제법을 들 수 있다. 로열티면제법은 독립된 당사자 사이의 거래에서 제3자로부터 그 무형자산을 라이선스 받을 경우 미래에 지급할 순현금흐름을 할인하는 방법이다.

③ **원가접근법** cost approach 해당 무형자산을 재창출하거나 대체할 경우 소요되는 대치원가로 평가한다.

국제회계기준IAS에 따르면 무형자산 공정가치 평가방법의 선택은 다음의 3단계를 따른다고 할 수 있다. 여기서는 3방식 중에서 비교방식을 중시한다는 점, 즉 가장 먼저 시장증거에 의한 비교방식을 적용하도록 되어 있다는 점에 유의하여야 한다.

- 1단계 : 동일 무형자산의 시장가격(market approach)
- 2단계 : 유사자산의 시장가격에 대한 조정가격(market approach)
- 3단계 : 수익방식 등 다른 평가기법 적용(income approach, cost approach)

Ⅱ 국제평가기준과 무형자산 평가

1 국제평가기준의 제정

오늘날 자본자유화의 추세에 따라 '국제적으로 통일된 회계기준[IFRS: 국제회계기준]'이 세계 각국에 도입되고, 2011년부터는 한국채택국제회계기준[K-IFRS]이 우리나라 상장기업에 전면 도입되었다. 이와 마찬가지로 지식재산과 무형자산, 그리고 부동산 등의 가치평가에 대하여도 국제적으로 통일된 감정평가기준[IVS]이 제정되어 있다.

일찍이 1981년 국제자산평가기준위원회[International Assets Valuation Standards Committee: TIAVSC]가 영국과 미국의 평가단체들에 의해 설립되었다가 1994년에는 그 명칭을 국제평가기준위원회[International Valuation Standards Committee: IVSC]로 바꾸었다. 최근에는 'International Valuation Standards Council'로 변경되었다. 이 기구는 유엔 UNESCO 산하 비영리 독립기관으로서, 국제회계기준위원회[International Accounting Standards Board: IASB] 등의 국제기구와 긴밀한 협조 하에 국제적으로 통용되기를 기대하는 국제감정평가기준[International Valuation Standards: IVS]을 제정하여 지속적으로 보급하여 오고 있다. 이 책은 현재 가장 최근 제정 공포된 2017 IVS를 기준으로 저술되었다.

IVS에 따라 평가사는 재무보고의 국제적 정합성과 투명성을 제고할 수 있도록 관련 국제회계기준이 요구하는 공정가치[fair value] 평가를 수행하게 되었다. IVS에서 재무보고 목적의 감정평가서 작성에는 시장가치 감정평가기준[market value basis of valuation]과 그 적용지침을 준수하도록 되어 있다. 그러나 이 기준의 예외사항이 발생하거나 이 기준에 부합하지 못하는 사항[departures]이 있는 경우 그 내용을 공개[disclose]하여야 한다.

2 IVS의 무형자산 평가기준

이 기준에는 평가의 개념 및 원칙, 행동규범, 자산유형, 평가기준, 방법, 기준의 응용방법 등을 상세히 기술하고 있으며, 지식재산과 무형자산은 물론 부동산, 동산, 기업, 금융자산 등 모든 유형의 평가방법을 기술하고 있다. 2017년에 발표된 국제감정평가기준International Valuation Standards 가운데 특히 IVS 210 무형자산Intangible Assets 부문의 기본 구성을 보면 주요 무형자산의 유형은 물론, 무형자산 평가에 대하여 원가방식, 비교방식, 그리고 수익방식 등 3가지 접근법을 제시하고 있다.

IVS에서는 수익방식에 속하는 무형자산의 평가기법으로서 ① 초과이익법, ② 로열티면제법, ③ 할증이익법(유무법), ④ 그린필드법, ⑤ 유통업자법 등 5가지 구체적 기법에 대하여 규정하고 간단한 해설 및 적용방법을 제시하고 있다.[1]

다음에서는 IVS가 제시하고 있는 수익접근법 중 로열티면제법Relief-from-Royalty Method과 할증이익법Premium Profits Method, 그리고 초과이익법 Excess Earnings Method 등의 평가기법을 차례로 설명한다.

표 3-3 IVS 210 (무형자산평가)의 주요내용

내용	단락
개요	10
소개	20
가치기준	30
평가의 접근방식 및 방법	40
시장접근법	50
소득접근법	60
비용접근법	70
무형자산에 대한 특별 고려사항	80
무형자산에 대한 할인율/ 수익률(收益率)	90
무형자산의 경제적 수명	100
상각절세효과(TAB)	110

1. IVSC, *International Valuation Standards 2017*, London, International Valuation Standards Council, 2017. 7. 1

3 로열티면제법 (로열티절감법)

3.1 개요

로열티면제법relief-from-royalty method 또는 로열티절감법royalty savings method은 대상 무형자산에 대한 로열티지불액에 근거하여 무형자산의 가치를 평가한다. 로열티면제법은 제3자로부터 그 자산의 사용권을 라이선싱하는 것과 그 자산의 소유를 통해 절감되는 가설적 로열티 지불액을 자본화한 가치와 비교하여 무형자산의 가치를 결정한다.

이 방법에서는 가설적 라이선스 사용자licensee가 가설적 라이선스 소유자licensor에 대해 자산의 수명기간 중 지불할 총로열티를 추계해야 한다. 자산의 경제적 수명기간 중 가설적 로열티 지불액은 세금절감액 만큼 수정되고, 현재가치로 자본화된다(IVS 210, par 60.18).

로열티율은 전형적으로 대상자산을 사용할 때 창출될 것으로 기대되는 매출액turnover의 일정비율로 적용된다. 어떤 경우 로열티 지불액은 매출액이나 그 외 재무변수에 근거한 기간별 금액periodic amounts에 더해 선불일시금upfront lump sum을 포함할 수도 있다(IVS210, par 60.19). 로열티면제법의 적용에는 다음의 투입변수들이 요구된다.

1. 로열티율 및 이에 대응하는 재무변수, 예컨대 매출액의 일정률과 같이 대상무형자산 사용권에 대해 자발적 라이선스 사용자licensee가 자발적 라이선스 소유자licensor에게 정상거래arm's length transaction에서 가설적으로 지불할 금액
2. 매출액과 같은 재무변수에 대한 예측, 자산의 수명예측, 자산의 수명기간에 걸쳐 적용될 로열티율 예측
3. 가설적 로열티지불액에 대해 획득가능한 세금절감율
4. 라이선스 사용자가 자산활용으로 절감할 수 있는 마케팅비용 및 기타 비용

5. 추계된 기간별 로열티 지불액을 단일 자본가치로 전환하는데 사용되는 할인율
6. 단순한 평가의 경우 일정한 현금흐름에 적용하기 위한 자본화배수 capitalization multiples

3.2 로열티율의 결정

로열티율 royalty rate 은 흔히 외관상 유사성있는 자산일지라도 시장에서는 상당히 다를 수 있다. 평가사는 전형적 사업자가 그 자산을 사용하여 창출하는 매출로부터 획득할 것으로 기대되는 영업이익에 근거하여 가정한 로열티 투입변수를 신중하게 비교 검토할 필요가 있다.

로열티면제법에서 주요 투입변수는 자발적 라이선스 사용자 licensee 가 자발적인 라이선스 소유자 licensor 에게 자산의 수명기간 중 대상자산을 사용하는 대가로 지불하는 가설적 로열티율 hypothetical royalty rate 이다. 시장가치 기준 하에서는 무형자산 소유자와 사용자는 자산의 매매인이 아니라 임대차하여 사용하는 시장참여자들을 상정해야 한다.

로열티율에 관한 정보는 대상자산이 시장에서 라이선스된 기존 또는 과거 계약에 의해 수집될 수도 있고, 아니면 동일하거나 유사한 자산의 라이선스계약에 근거할 수도 있다. 그리고 수집된 로열티 정보는 비교가능한 로열티계약사례와 대상자산 사이의 격차를 반영하기 위해 보정되어야 한다. 대상자산과 로열티계약 사례간 격차율 비교요인에는 다음과 같은 것이 포함된다.

① 관련당사자 등 로열티율에 영향을 미치는 특정 라이선스소유자 및 사용자 요인
② 독점조건 등 로열티율에 영향을 미치는 특정 라이선스소유자 및 사용자 요인
③ 라이선스소유자 및 사용자 간에 마케팅이나 광고 등 특정비용 부담책임 등
④ 라이선스의 개시일과 유효기간

⑤ 라이선스의 지속기간

⑥ 시장지위, 지리적 범위, 용도, 그 자산들이 기업간[B2B]이나 기업과 고객 간[B2C] 제품 관계에서 사용되는지 여부 등과 같은 차별화된 특성

3.3 적용방법

로열티 현금흐름 계산시 대상자산의 유지관리비는 일관성있게 처리되어야 한다. 만약 라이선스 소유자가 대상자산에 대한 유지관리비 지출, 예컨대 광고비나 유지를 위한 연구와 개발비 등을 부담한다면, 로열티 현금흐름 산정 시에도 이를 반영해야 한다. 만약 유지관리비 지출이 로열티율에 포함되어 있지 않다면, 이를 로열티 현금흐름 계산에서 제외하여야 한다. 마찬가지로 세금도 로열티 현금흐름 산정시 일관성 있게 처리하여야 한다.

선정된 로열티율에 대하여는 합리성[reasonableness] 검토가 수행되어야 한다. 즉 선정된 사례 로열티율이 총이익[gross profit]인가, 아니면 영업이익[operating profit]인가 하는 특정기준에 따라 전체이익[total profit]을 비교하여 라이선스 수수료 결정에 사용하여야 한다. 그리고 라이선스 사용자와 라이선스 소유자 각자가 어느 정도의 비율로 이익을 나눌 것인지 검토하여 이익배분[profit split]의 합리성을 검토할 수 있다. 만약 도출된 로열티의 이익배분 결과가 시장증거 자료와 상당히 차이가 있다면, 다음과 같은 해석이 가능하다.

- 특별한 요인, 예컨대 대상자산이 특별히 복잡하고, 따라서 라이선스 소유자에게 정상수익 이상의 고수익이 기대된다는 것으로 이해할 수도 있다.
- 선택된 로열티율의 적절성 여부를 재고려할 필요가 있다.
- 채택된 가치기준에 따라서는 그 로열티율이 시장참여자들의 일반적인 로열티율과 차이가 나는 것이 적정한 것일 수도 있다.

로열티면제법을 적용하는 절차는 다음과 같은 7단계로 나눌 수 있다.

- **1단계 (예상매출액의 추정)** 대상 무형자산의 수명기간 동안 대상 무형자산의

예상매출액을 추정한다. 대부분의 로열티는 매출액의 비율로 지급되기 때문에 예상되는 가장 일반적인 통계치는 매출액이다. 그러나 특정 평가에서는 단위당 로열티와 같은 다른 측정항목이 적절할 수도 있다.

- 2단계 (로열티율의 추산) 대상 무형자산에 대한 로열티율을 추산한다. 가설적 로열티율을 도출하기 위해 두 가지 방법을 사용할 수 있다. 첫 번째는 비교할 만하거나 유사한 거래에 대한 시장 로열티를 기반으로 한다. 이 방법의 전제조건은 정상거래에 따라 정기적으로 라이선스되는 비교 가능한 무형자산의 존재이다. 두 번째 방법은 자발적 라이선스 사용자가 대상 무형자산을 사용할 권리를 자발적 라이선스 소유자에게 양도함에 의하여, 정상거래를 하면서 가설적으로 지급될 이익의 배분을 기반으로 한다.
- 3단계 (로열티율의 산정) 무형자산을 소유함으로써 회피된 로열티 지불액을 계산하기 위해 선택된 로열티율을 추정매출액에 적용한다.
- 4단계 (기타 추가비용의 추산) 대상 자산의 라이선스 소유자가 책임져야 할 추가비용을 추정한다. 여기에는 일부 라이선스 소유자가 요구하는 착수금이 포함될 수 있다. 비용(예 : 유지보수, 마케팅 및 광고)이 라이선스 소유자의 책임인지 또는 라이선스 사용자의 책임인지 여부를 결정하기 위해 로열티율을 분석해야 한다. "총"로열티율은 라이선스 자산의 소유권과 관련된 모든 책임 및 비용을 라이선스 소유자가 부담하는 것으로 고려할 것이다. 반면에 "순" 로열티율은 라이선스 자산과 관련 된 일부 또는 모든 책임 및 비용을 라이선스 사용자가 부담하는 것으로 고려할 것이다. 로열티가 "총" 또는 "순"인지 여부에 따라 평가는 가설적 라이선스 자산과 관련된 유지보수, 마케팅 또는 광고 비용과 같은 비용 공제를 각각 제외하거나 포함해야 한다.
- 5단계 (TAB 산정) 가설적 비용과 로열티 지불액이 세금 공제가 되는 경우, 무형자산의 소유와 관련된 절세효과를 결정하기 위해 적정한 세율을 적용하여 평가한다. 그러나 특정 목적(예 : 대체 가격)의 경우 세금의 영향은 일반적으로 평가에서 고려되지 않으며, 이 단계는 생략된다.

• 6단계 (적정할인율의 결정) 대상 무형자산과 현가화를 위해 적절한 할인율을 결정하거나, 무형자산의 소유와 관련된 절세금액을 자본환원한다.

• 7단계 (TAB의 가산) 평가의 목적에 적합한 경우(단락 110.1 ~ 110.4 참조), 대상 무형자산에 대한 TAB(상각절세효과)를 산정하여 가산한다.

4 할증이익법(증분현금흐름법)

4.1 개요

할증이익법 premium profits method 은 유무법 with-and without method, 또는 증분현금흐름법 incremental income method 이라고도 일컫는다. 이 방식은 대상 무형자산을 사용하는 기업의 예상이윤이나 현금흐름을 그렇지 않은 다른 기업과 비교하고, 그 차액을 계산하여 현재가치로 환원하여 대상무형자산의 가치를 추계한다.

할증이익법에서는 무형자산을 사용하는 기업의 획득가능 예상이익이나 현금흐름을 그 자산을 사용하지 않는 기업의 그것과 비교하는 과정을 포함하고 있다. 그 자산의 사용을 통해 획득가능한 예상 증분이익이나 현금흐름이 계산되고, 기간별 예상이익은 적절한 할인율이나 자본화배수 capitalization multiple 를 적용하여 자본화된다(IVS 210, par 60.22~60.28).

요구되는 평가기준 basis of valuation 에 따라, 그 무형자산을 사용하는 기업이나 사용하지 않는 기업의 현금흐름을 예측할 경우 일반 시장참여자에게 이용 가능하지 않은 기업체특정요인 entity specific factors 을 포함하는 것이 허용될 수도 있고, 그렇지 않을 수도 있다.

4.2 기본투입변수

할증이익법을 적용하여 무형자산의 가치를 추계하기 위해서는 아래와 같은 투입변수들이 요구된다.

1. 시장참여자가 그 무형자산을 사용함으로써 창출할 것으로 기대되는 예상 기간별 이익, 비용절감액 또는 현금흐름
2. 시장참여자가 그 무형자산을 사용하지 않고 창출할 것으로 기대되는 예상 기간별 이익, 비용절감액 또는 현금흐름
3. 예상 기간별 이익 또는 현금흐름을 자본화하기 위한 적절한 자본화배수, 또는 할인율

4.3 적용방법

할증이익은 대상자산의 사용으로 비용을 절감할 수 있는 무형자산과 대상자산의 사용으로 추가적 이익을 창출할 수 있는 경우 무형자산의 가치추계에 적용할 수 있는 방법이다. 다음은 할증이익법의 단순한 적용 예이다.

브랜드brand 가치를 평가하는 경우, 브랜드를 사용하는 기업의 가장 최근의 세후이익이 12,000원이었다고 가정한다. 비교기업은 브랜드를 사용하지 않고 가장 최근의 세후이익은 10,000원이었다고 가정한다. 따라서 브랜드의 사용을 통해 실현된 증분세후이익incremental after-tax profit은 2,000원이다. 이러한 증분이익은 동종 유사기업에 대한 시장에서의 전형적인 주가수익비율price earning ratio로부터 도출된 적절한 배수를 사용하여 자본화될 수 있을 것이다. 자산유무에 따라 발생하는 상이한 이익의 예로 다음과 같은 것이 있다.

- 동일 기업체가 판매하는 음료수에 브랜드가 붙는 경우와 그렇지 않은 노브랜드의 경우non-branded
- 상이한 예상현금흐름을 창출하게 하는 비경쟁합의non-compete agreement

위와 같은 정보가 자산을 소유한 기업으로부터 획득된 경우라면, 시장에서의 다른 정보에 의해 비교 검토되어야 한다. 요구되는 가치기준에 따라 예측 시에는 기업체 특정요인entity specific factors과 관련한 보정이 필요할 수 있다.

사례비교를 위한 비교가능요인comparability factors에는 그 무형자산의 사용을 배제하는 경우의 이익이나 현금흐름 예측이 다른 무형자산에 대한 의존도에 따

라 영향받는 정도extent가 포함된다. 예컨대 브랜드가 없는 사례와 비교하지 않고 자체브랜드'own-name' brand에 의존하는 사례의 이익과 비교 시에 발생할 수 있다. 그런 경우 대상무형자산에 귀속하는 할증이익이나 이로부터 산정된 가치는 저평가될 수 있다.

또한 외관상 비교가능 브랜드와 대상무형자산 사이에 존재할 수도 있는 투자수준level of investment의 차이를 고려할 필요가 있다. 브랜드가 있는 제품은 브랜드가 없는 제품에 비해 판매가격이 더 높기 때문에 더 높은 이익을 창출할 수 있다. 그러나 브랜드가 있는 제품의 판매에는 브랜드가 없는 제품에는 소요되지 않는 광고비나 판매비가 수반될 수 있다. 이와 마찬가지로 새로운 제조기술은 제조비용을 감소시킬 수 있지만 추가로 기계를 구입해야만 된다. 따라서 기술의 가치추계에서는 추가적 기계구입비를 고려할 필요가 있다.

유무법with-and-without method은 사업의 두 가지 시나리오를 비교하여 무형자산의 가치를 나타낸다. 즉 사업이 대상 무형자산을 사용하는 시나리오와 사업이 대상 무형자산을 사용하지 않는 시나리오(그러나 다른 모든 요인은 일정하게 유지됨). 두 시나리오의 비교는 두 가지 방법으로 수행할 수 있다.[2]

1. 대상 무형자산의 가치인 사업가치의 차이로 각 시나리오 하에서 사업가치를 계산한다.
2. 각각의 미래기간에 대해 두 시나리오의 이익 간의 차이를 계산한다. 이러한 금액의 현재가치는 대상 무형자산의 가치결론을 도출하는 데에 사용된다.

이론적으로, 평가사가 기업실체의 이익에 대한 영향뿐만 아니라 운전자본소요 및 자본적지출에 대한 두 시나리오 간의 차이 등 추가 요인을 고려하면, 두 방법 모두 무형자산에 대해 유사한 가치에 도달해야 한다. 유무법은 비경쟁 합의조항 평가시 자주 사용되지만 특정 상황하에서는 다른 무형자산의 평가에 적

2. IVS 210, par 60.23.

절할 수 있다. 유무법을 적용하는 주요 절차는 다음과 같다.[3]

- 1단계 (With 시나리오의 현금흐름 추정) 대상 무형자산을 포함한 사업의 모든 자산의 사용을 가정한 사업에 대한 수익, 비용, 자본적지출 및 운전자본요구에 대하여 추정한다. 이는 'with 시나리오'의 현금흐름이다.
- 2단계 (With 시나리오 사업가치 산정) 'with 시나리오'에서 미래의 현금흐름을 제시하거나 'with 시나리오'에서 사업가치를 계산하기 위해 적절한 할인율을 적용한다.
- 3단계 (Without 시나리오의 현금흐름 추정) 대상 무형자산을 제외한 사업의 모든 자산의 사용을 가정한 사업에 대한 수익, 비용, 자본적지출 및 운전자본요구에 대하여 추정한다. 이는 'without 시나리오'의 현금흐름이다.
- 4단계 (Without 시나리오 사업가치 산정) 위 현금흐름에 대해 적절한 할인율을 적용하고, 'without 시나리오'의 미래 현금흐름을 기초로, 'without 시나리오'의 사업가치를 계산한다.
- 5단계 (With 시나리오와 Without 시나리오 사업가치 차감) 'with 시나리오'의 현금흐름 또는 사업가치의 현가에서 'without 시나리오'의 현금흐름 또는 사업가치의 현가를 차감한다.
- 6단계 (TAB의 가산) 평가의 목적에 적합한 경우 대상 무형자산에 대한 TAB를 계산하고 추가한다.

추가 단계로서, 두 시나리오 간의 차이는 '가중치가 적용된 확률' 부여가 필요할 수 있다. 예를 들어, 비경쟁 계약서를 평가할 때 합의가 이루어지지 않았더라도 계약서의 대상자 또는 사업체가 경쟁하지 않기로 선택할 수 있다. 두 시나리오 간 가치 차이는 두 시나리오에서 서로 다른 할인율을 사용하는 대신 현금흐름 예측에만 반영되어야 한다.[4]

---

3. IVS 210, par 60.24~60.26
4. IVS 210, par 60.27~60.28.

5 초과이익법 excess earnings method

초과이익법은 대상 무형자산에 귀속되는 현금흐름을 현재가치로 환원하여 무형자산의 가치를 추계한다. 초과이익법은 단일기간의 예상현금흐름에 적용되거나 다기간의 예상현금흐름에 적용될 수 있다. 전자를 단기간초과이익법 single-period excess earnings method, 후자를 다기간초과이익법 MPEEM: multi-period excess earnings method 이라 한다. 실무에서 무형자산은 정상적인 경우 여러 기간에 걸쳐 화폐적 편익을 창출하기 때문에, 다기간초과이익법이 더 흔하게 사용된다.

이 방법은 대상무형자산을 사용하는 기업으로부터 발생할 것으로 기대되는 현금흐름을 예측하는 과정을 포함하고 있다. 이러한 현금흐름의 예측으로부터 대상무형자산 외에 유형, 무형 및 금융자산에 의한 현금흐름의 기여자산공헌액은 공제된다. 영업권의 효과는 무형자산의 평가가치에서 배제되어야 한다. 이것은 다음과 같은 것을 확인함으로써 행해질 수 있다.

- 예상현금흐름은 평가시점 현재의 현존자산 assets in existence 으로부터 발생할 것으로 기대되는 정도까지만 예측에 반영된다.
- 현금흐름에 대한 보정은 식별불가능 무형자산인 조직화된 노동력 assembled workforce 이나 기타 미래의 경제적 이익을 발생시키는 요인 등 가치에 기여하는 영업권의 구성요소에 대해 행해진다.

예상현금흐름은 현재가치법 present value technique 과 적절한 할인율의 적용 또는 단순한 경우 자본화계수 capitalization factor 의 적용에 의해 자본가치로 전환된다. 그리고 대상무형자산 외의 자산에 의한 현금흐름 기여는 기여자산공헌율 contributory asset charge: CAC, 또는 경제적 임료 economic rent 로 알려져 있다. 이러한 기여자산은 대상무형자산이 현금흐름을 창출하는 것을 지원한다.

기여자산의 공정수익을 결정하기 위해서는, 그것의 가치가 결정되어야 한다. 기여자산의 공정가치를 추계하는 경우에 있을 수 있는 어떤 주관성이나 불확실성이 초과이익법의 신뢰성을 제한할 수 있다. 따라서 초과이익법의 신뢰성을 다른 이용가능한 평가방법의 그것과 비교해야 한다.

5.1 기본투입변수

초과이익법을 적용하는 데 요구되는 투입변수에는 다음과 같은 것이 있다.

1. 대상무형자산이 현금흐름에 기여하는 사업으로부터 획득가능한 예상현금흐름. 이것은 대상무형자산으로부터 파생가능한 소득 전부를 포괄하는 기업의 최소사업단위나 집단smallest business or group of businesses에 소득과 경비를 적절히 할당하는 것을 포함한다.
2. 다른 무형자산을 포함하여, 그러한 사업에 속해 있는 다른 모든 자산의 기여자산공헌율
3. 대상무형자산에 귀속되는 기대현금흐름을 자본가치로 전환하기에 적절한 할인율, 또는 자본화배수

전형적으로 초과이익법을 사용하여 평가되는 무형자산 유형은 한 집단 내에서 다른 자산과 결합하여 현금흐름에 기여하는 자산유형이며, 다른 대체적 가치추계기법을 이용할 수 없는 경우이다.

5.2 적용방법

실무에서 이 방법은 진행 중인 연구개발 프로젝트in-process research and development, or 'IPR&D'의 가치를 평가하는 데 빈번히 사용된다. 각각의 IPR&D 프로젝트는 독특한 성격이 있으므로 유사성있는 자산의 시장거래가 거의 없고, 따라서 비교접근법은 사용가능하지 않다. IPR&D 프로젝트의 성격은 현금흐름(또는 비용절감)을 창출하는 자산에 앞서 추가적인 개발시간과 비용이 예상된다는 것이다. 다기간초과이익법과 같은 할인현금흐름분석법이 현금흐름을 창출하는 자산에 앞서 이들 비용을 반영하기 위해 채택될 수 있다. 그러나 로열티면제법이나 할증이익법은 가능하지 않을 것이다.

이 방법은 또한 실무에서 고객관계customer relationships, 또는 고객계약customer

contract 의 가치를 평가하는 데 빈번히 사용된다. 다시 말하면, 이용가능한 가격 정보에 대한 유사한 자산의 시장거래가 거의 없어서 시장접근법이 가능할 것 같지 않은 경우가 있다. 뿐만 아니라, 시장에서 임대차되는 것이 아니기 때문에 로열티율의 근거로 할 어떠한 자료도 이용가능하지 않은 자산에 대해 로열티면제법을 적용하기는 어려운 것이다.

이와 유사하게, 고객관계를 갖지 않는 비교가능성이 있는 사업을 발견하기 어렵기 때문에 할증이익법을 적용하는 것도 불가능하다.

5.3 기여자산공헌율(액) CAC

무형자산 가치평가에서 초과이익법을 적용하는 경우, 분석대상 현금흐름에 대한 다른 자산의 기여분은 제외하고 산정되어야 한다. 이것은 그와 같은 자산과 관련한 기여자산공헌율(액) contributory asset charge: CAC 을 공제함으로써 행해진다. 그러한 공헌율은 예측재무정보 PFI: prospective financial information 의 한 유형이다(par 60.7). 여기서 현금흐름이 세후기준으로 예측된다면, 기여자산공헌율도 세후기준으로 결정되어야 한다. 현금흐름이 세전기준으로 예측된다면, 기여자산공헌율도 세전기준으로 결정되어야 한다(par 60.14). 기여자산공헌율의 결정은 일반적으로 다음과 같은 세 단계를 거친다.

1. 현금흐름에 기여하는 자산의 확인
2. 기여자산의 공정가치 측정
3. 기여자산의 자본가치에 대한 적절한 요구수익률의 결정

기여자산공헌율(액) 공제의 기초가 되는 원리는 다음과 같다(par 60.7).

1. 기여자산공헌율(액)의 공제는 평가대상과 함께 미래현금흐름 창출에 기여하는 영업권 요소를 포함하여 모든 자산에 대해 행해져야 한다.
2. 어떤 자산에 대해 요구되는 기여자산공헌율이 하나 이상의 동일계열의 사업과 관련 있는 경우, 그 자산의 기여자산공헌율은 관련사업의 서로 다른 계열에 적절히 배분되어야 한다.

기여자산공헌율을 계산하는 자산에는 전형적으로 운전자본, 고정자산, 대상 무형자산 외의 무형자산, 그리고 조직화된 노동력assembled workforce에 근거한 무형자산 등이 있다. 이익 및 손실계정에서의 부담과 수행된 기여자산공헌율 사이에 이중계산이 없다는 것을 확실히 해야 하고, 이와 마찬가지로 어떤 기여자산공헌율도 누락되어서는 안된다. 기여자산공헌율은 일반적으로 기초자산underlying asset 가치에 대한 공정한 수익과 투하자본회수로 계산된다.

1. 기여자산contributory asset에 대한 수익은 투자자가 그 자산에 대해 요구하는 투자수익investment return이다. 투자자가 요구하는 이러한 수익은 그 자산의 공정가치에 의해 계산된다.
2. 기여자산에 대한 회수는 시간에 따라 퇴화하는 자산과 관련한 원래의 투자분의 회수recovery이다. 따라서 유형고정자산의 경우 그러한 자산의 회수는 그 감가상각 부담으로 표시될 것이다.

유형자산의 경우, 자산에 대한 공정한 수익과 회수는 그 자산의 사용에 대해 지불될 것으로 요구되는 금액이다. 이것은 그 자산의 수익과 회수에 대한 구성수치composite figure를 제시하는 임대차계약이나 할부구입으로부터 결정할 수 있을 것이다.

가상적notional 감가상각 부담이나 할당된 자본적지출 부담(초과이익법은 할인현금흐름을 사용하기 때문에, 감가상각은 비현금부담으로서 다시 가산되어야 한다)이 그 자산의 수익에 대한 대안으로 사용될 수 있을 것이다. 그런 경우 자산에 대한 수익률은 시장에서 그 자산을 매수하기 위해 부담해야 하는 이자율에 근거하여 결정될 수 있을 것이다.

운전자본과 관련하여 이자부담이 현금흐름예측에서 차감되는지를 주의 깊게 고려해야 한다. 이자부담은 전형적으로 현금흐름에서 제외되는 것이지만, 유형자산과 무형자산에 대한 부채금융 비율을 반영하는 자본비용으로 할인하는 것을 통해 반영된다. 운전자본에 대한 공정수익을 반영하기 위해서는, 적절한 은행대출 이자율이 적용되어야 한다. 운전자본은 시간에 따라 퇴화되는 자산이 아니므로, 즉 '소모성wasting' 자산이 아니므로 운전자본의 회수는 기여자산공헌율로 요구되는 것이 아니다.

조직화된 노동력assembled workforce과 관련하여, 인력을 적재적소에 배치하는데 관련된 비용이 있고, 그런 측면에서 조직화된 노동력 부담에 대한 수익이 요구된다. 이에 대한 수익은 조직화된 노동력 자산의 공정가치에 대해 요구되는 수익률로 결정할 수 있다. 조직화된 노동력 자산은 일반적으로 원가방식으로 평가된다. 그리고 이 자본가치에 대한 적정수익률은 일반적으로 그 조직화된 노동력을 기용하고 있는 기업에 대한 자본비용을 고려하여 결정된다.

무형자산에 대한 적정수익률은 그 자산을 임대차하기 위해 부담하는 가설적 로열티율에 근거하여 결정될 수 있다. 대안으로 그 자산이 기업과 별개로 사용될 수 있다면, 그 자산에 대한 수익은 가설적 자본비용에 근거하여 결정될 수 있을 것이다. 마지막 단계에서는 사용된 모든 CAC의 합리성에 대하여 검토하여야 한다. 가중평균자산수익률WARA을 계산하기 위해서는 각 자산에 대한 CAC를 그것의 공정가치로 곱하고, 이 합산치를 자산의 총공정가치로 나누어야 한다. 그 결과는 기업의 WACC와 근사치가 된다.

6 그린필드법greenfield method

그린필드법에서는 기준시점 현재 대상기업의 유일한 자산이 대상 무형자산이라고 가정하는 현금흐름 예측하에 평가가액이 결정된다. 다른 모든 유형자산 및 무형자산은 구매, 건설 또는 임대해야 한다. 그린필드법은 개념적으로 초과이익법과 유사하다. 그러나 기여자산의 기여도를 반영하기 위해 현금흐름에서 기여자산공헌율을 차감하는 대신, 그린필드법은 대상 자산의 소유자가 기여자산을 건설, 구매 또는 임대해야 한다고 가정한다. 기여자산을 매입하거나 구입할 때 재생산원가 대신 동등한 효용을 가진 대체자산의 비용이 사용된다.[5] 그린

5. IVS 210, par 60.30.

필드법은 종종 프랜차이즈 계약 및 방송주파수 broadcast spectrum와 같은 '실시허여 enabling 무형자산'의 가치를 평가하는 데 사용된다. 그린필드법을 적용하는 주요 단계는 다음과 같다.[6]

- 1단계 (대상의 매출액 및 영업자산 추정) 대상 무형자산이 평가시점(안정화 수준까지 진입 ramp up하는 데 필요한 기간 포함)에서 대상 기업이 소유한 유일한 자산임을 가정하고 매출액, 비용, 자본적지출 및 운전자본 소요액을 예측한다.
- 2단계 (기타영업자산 획득비용 추정) 대상 사업을 운영하는 데 필요한 다른 모든 자산의 취득, 창출 또는 임대와 관련된 지출의 시기와 금액을 산정한다.
- 3단계 (할인율 적용 및 현가화) 대상 사업에 대한 적절한 할인율을 사용하여 대상 무형자산이 있는 사업의 가치를 결정하기 위한 미래 현금흐름을 현재가치로 평가한다.
- 4단계 (TAB의 가산) 평가의 목적에 적합한 경우(paras 110.1–110.4 참조), 대상 무형자산에 대한 TAB를 계산하고 추가한다.

7 유통업자방법 distributor method

'분해법'이라고도 일컬어지는 유통업자방법은 고객관련 무형자산을 평가하는 데 사용되는 다기간초과이익법의 변형이다. 유통업자방법의 기본 이론은 다양한 기능으로 구성된 사업이 각 기능과 관련된 수익을 창출할 것으로 예상된다는 것이다. 유통업자는 일반적으로 지적재산권이나 제조업의 개발보다는 고객에게 제품을 유통하는 것과 관련된 기능만 수행하기 때문에 유통업자가 얻는 이윤 마진 정보는 고객 관련 무형자산으로 인한 초과 수익을 추정하는 데 사용된다. 유통업자방법은 다른 무형자산(예컨대 기술 또는 브랜드)이 주요 무형자

6. IVS 210, paras 60.29.~60.32.

산 또는 가장 중요한 무형자산으로 간주되어 다기간초과이익법에 따라 평가되는 경우 고객관련 무형자산을 평가하는 데 적합하다. 유통업자방법을 적용하여 고객관계 자산을 평가하는 주요 단계는 다음과 같다.[7]

- 1단계 (고객관계 매출액의 추정) 기존 고객 관계와 관련된 매출액을 추정한다. 이때 기존 고객의 수익 증가 및 고객 감소율 attrition의 영향을 반영해야 한다.
- 2단계 (사례유통업자의 이익률 산정) 해당 사업과 유사한 고객 관계를 지닌 비교 가능한 유통업자 사례를 수집하여 해당 유통업자가 달성한 이익률을 계산한다.
- 3단계 (고객관계자산의 총수익산정) 예상 매출액에 유통업자 이익율을 적용하여 고객관계자산의 총수익을 산정한다.
- 4단계 (기여자산의 식별) 예상 매출액을 올리는 데 필요한 기여자산을 식별한다. 일반적으로 유통업자 기여자산에는 운전자본, 고정자산 및 노동력이 포함된다 유통업자는 상표나 기술과 같은 다른 자산을 거의 필요로 하지 않는다. 필요한 기여자산의 수준도 유통기능만을 수행하는 시장참가자들(동종업계의 유사업자들)과 일치해야 한다.
- 5단계 (기여자산의 적정수익률 산정) 해당 자산과 관련된 위험의 평가에 기초하여 각 기여자산에 대한 적절한 수익률을 산정한다.
- 6단계 (초과이익의 산정) 각 예측 기간의 예상 유통업자 이익에서 기여자산에 대한 요구수익을 차감하여 대상 무형자산에만 귀속되는 초과이익을 얻는다.
- 7단계 (할인율의 적용 및 초과이익 현가화) 대상 무형자산에 대한 적절한 할인율을 결정하고 초과이익을 제시한다.
- 8단계 (TAB의 가산) 평가의 목적에 적합한 경우(paras 110.1−110.4 참조), 대상 무형자산에 대한 TAB를 산정하여 가산한다.

---

7. IVS 210, paras 60.33~60.35.

8 상각절세효과 TAB

무형자산은 세법상 상각되어 납세자의 법인세 부담을 줄이고, 현금흐름을 효과적으로 증가시킬 수 있다. 즉 상각절세효과 TAB: tax amortization benefits를 평가의 목적과 사용된 평가방법에 따라 무형자산의 가치에 가산하는 것이 적절할 수 있다. 무형자산을 평가할 때 시장접근법 또는 비용접근법을 사용하는 경우 자산을 창출하거나 구매하기 위해 지불한 가격에는 이미 TAB가 반영되어 있다. 그러나 소득접근법에서는 적절한 경우 TAB를 별도로 계산하여 포함시켜야 한다.

재무보고와 같은 평가목적의 경우 적절한 가치의 기준은 대상 무형자산의 가설적 매각을 가정한다. 일반적으로 매수기업의 입장에서는 그러한 가설적 거래에서 취득한 무형자산의 상각처리를 통하여 절세효과를 얻을 수 있기 때문에 소득접근법을 사용할 때 TAB를 포함시켜야 한다. 그 밖에 다른 평가 목적의 경우 가정된 거래는 사업 또는 자산 그룹일 수 있다. TAB를 계산할 때 사용할 적정한 할인율과 관련하여 실무상 몇 가지 다양성이 있다. 평가사는 다음 중 하나를 사용할 수 있다.[8]

(a) 가중평균자본비용과 같은 대상 자산을 사용하는 사업에 적합한 할인율. 이 견해를 지지하는 사람들은 할부 상환을 사용하여 사업에서 발생하는 소득에 대한 세금을 상쇄할 수 있기 때문에 사업 전체에 적합한 할인율을 사용해야 한다고 생각한다.

(b) 대상 자산(즉, 자산 평가에 사용된 할인율)에 적합한 할인율. 이 견해를 지지하는 사람들은 평가에서 주 자산의 소유주가 대상 자산과 별개의 영업 및 소득을 가지고 있다고 가정해서는 안 되며 TAB 계산에 사용된 할인율은 대상 자산의 평가에서 사용된 할인율과 동일해야 한다고 생각한다.

8. IVS 210, 110(TAB: tax amortization benefits), paras 110.1~ 110.4.

Ⅲ 지식재산과 무형자산의 평가절차

지식재산과 무형자산평가 절차는 평가작업의 능률성과 신뢰도를 높이기 위한 단계적인 처리방법의 예시일 뿐이다. 이러한 규정은 경직적인 것이 아니며, 실무적인 필요에 따라 예비적인 작업을 사전에 하기도 하고, 선행작업의 결과를 중도에 재검토하여 융통성 있게 변경할 수도 있다.

이러한 평가의 절차를 규정한 것은 평가사의 주관을 배제함으로써 좀 더 신뢰성이 높고 객관적인 평가 결과를 도출하기 위해서 거쳐야 할 단계를 제시한 것에 의의가 있다. 일반적인 무형자산 가치평가 절차는 다음 그림과 같다.

그림 3–1
지식재산과 무형자산 가치평가 절차

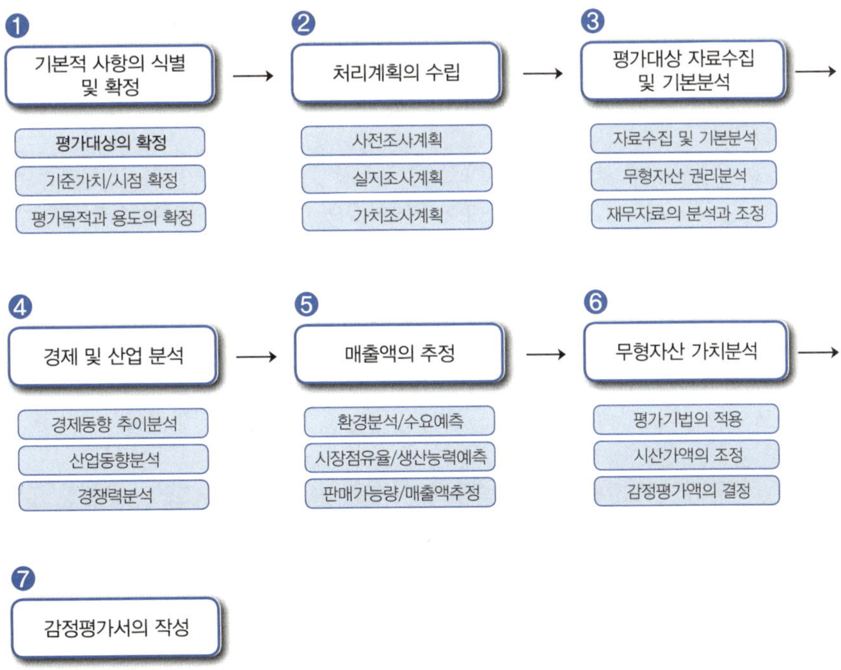

1 기본적 사항의 식별 및 확정

감정평가액은 추상적인 성격의 가격이 아니고 무형자산의 특정권리에 대해 특정의 기준시점에 특정한 가격유형을 기준으로 평가한 가액이다. 따라서 감정평가에 있어서 기본적 사항이 확정되지 않고서는 평가절차를 이행할 수 없게 되는 것이다. 기본적 사항이란 다음 예시와 같이 평가의 기초가 되는 제반 사항을 결정하는 것으로서 확실한 자료 및 현장 조사 결과에 기초하며, 평가의뢰인의 합법적이고 객관적인 요구를 전문가 윤리기준에 따라 이행하여야 한다.

- 평가대상의 확정
- 기준가치의 확정
- 기준시점의 확정
- 평가목적 및 용도의 확정

1.1 평가 의뢰 및 계약

무형자산 평가 업무를 의뢰하거나 계약서를 작성할 때에는 일반 감정평가 업무의뢰서를 사용하게 되지만, 특별한 조건이 부가되는 경우에는 감정평가사와 의뢰인이 공동으로 작성하여 서명함으로써 무형자산 평가 업무의 위탁과 수탁 관계를 명확히 하는 것이 바람직하다. 이로써 평가 대상을 확정하는 등 기본사항을 정하고, 쌍방의 권리와 의무, 위약 시 책임사항이나 분쟁 조정 등을 서면으로 확약하게 된다. 감정평가업무 계약서를 작성할 때에는 일반적으로 다음과 같은 내용을 포함하여야 한다.

- 무형자산평가사 및 의뢰인의 명칭 주소
- 무형자산 평가목적, 기준가치, 평가서 용도 및 사용범위
- 무형자산평가 대상과 평가범위
- 평가 기준시점
- 평가서 제출기한 및 제출방식

- 평가 수수료 금액, 지불 시기 및 방법
- 감정평가사와 의뢰인의 권리와 의무(의뢰인은 당연히 감정평가에 필요한 자료를 제공하고 협조할 의무가 있다는 조항)
- 쌍방합의에 의한 기타사항
- 약정일자 및 쌍방의 서명 날인

1.2 평가대상의 확정

평가대상의 확정은 감정평가를 할 때 가장 먼저 해야 하는 절차로서 의뢰자의 의사를 명확히 확인하여 무형자산 소유권 등 권리관계를 확정하는 것이다. 이때 평가에 부가되는 조건이 존재할 경우에는 조건의 성취가능성을 상정하여 평가한다. 이 경우 항상 고려하여야 할 것은 그 상정조건assumptions이 물리적 · 법적 · 경제적으로 실현가능성이 높아야 할 뿐만 아니라 합법성이 인정되어야 한다는 것이다. 그렇지 않다면 감정평가 대상의 확정이 어렵게 되며, 평가의 신뢰성 역시 보장할 수 없게 된다.

1.3 기준가치의 확정

기준가치basis of value는 왜 중요한가? 이는 기준가치에 따라 평가가액이 달라지기 때문이다. 감정평가액은 부동산에 대한 추상적인 성격의 가격이 아니고 특정권리에 대해 특정의 기준시점에 특정한 가치기준이나 평가목적에 따라 산정한 가액이다. 무형자산 가치의 형성은 사회적 · 경제적 · 환경적 제요인의 변동에 따라 항상 변화하므로 감정평가액은 그 결정의 기준이 된 날에만 타당한 것이며, 기준가치가 무엇이냐에 따라서도 큰 차이가 발생된다.

만약 기준가치가 기업가치평가라면, 어떤 기업이 시장에서 인수합병의 대상이 되어 획득된 가치, 해당 기업전체의 가치, 소액지분의 시장가치는 각각 다르게 마련이다. 기업지분의 시장가치에 경영권가치가 더해지면 기업 전체의 기업가치가 된다. 여기에 시너지가치가 더해지면 인수 · 합병 기업의 가치가 된다. 한편 기업의 담보가치는 금융기관이나 금융시장의 유동성 정도에 따라 다르지만, 보통 기업 전체 가치의 60~70% 정도로 평가된다. 이는 계속기업가치라기보다는 도산상황을 염두에 둔 청산가치이다. 만약 계속가치가 전제된다면 그 기업의 가치는 이보다 훨씬 높아진다.

1.4 기준시점의 확정

평가액 결정의 기준이 된 날이 기준시점valuation date이 된다. 감정평가활동에 있어서 과거시점 또는 미래시점도 기준시점이 될 수 있지만, 미래시점에 대해서는 부정적인 견해가 강하다. 과거시점의 경우 평가대상의 확인이 가능하고 가격형성요인에 관한 자료의 수집이 가능한 경우가 있겠지만, 미래시점에서는 가격형성요인을 예측할 수 없는 경우가 대부분이어서 평가사의 주관적 의견이 개입될 소지가 높고 평가결과의 정확성 및 신뢰성을 보장할 수 없어 사고나 경제적 파장이 우려되기 때문이다. 따라서 미래시점의 상정조건을 전제로 평가하는 것을 조건부평가conditional appraisal라고 하여 일반적인 시장가치 평가와 엄격히 구분되며, 투자가치 등 비시장가치 추계업무로 취급하게 한다.

1.5 평가목적과 용도의 확정

평가목적purpose of an appraisal이란 대상물건의 평가가치가 시장가치인가, 아니면 공정가치나 투자가치인가 등과 같이 추계하고자 하는 평가과제의 가치를 명시하는 것을 말한다. 한편 평가서용도intended use of the appraisal란 평가의뢰인이 평가보고서에서 얻은 정보를 사용하고자 하는 다음과 같은 용도를 말한다.

- 일반거래(매입, 매각)
- 담보
- 과세
- 재무보고
- 수용보상
- 경매
- 국 · 공유재산 처분
- 자산재평가
- 소송
- 합병 M&A

그러나 우리나라 실무에서는 평가목적과 평가서용도를 혼용함으로써 평가

과제에서 추계한 평가가치에 대한 명확한 정의를 내리지 않는 경우가 많으므로 평가목적과 추계가치에 대한 정의가 누락되지 않도록 특히 유의하여야 한다.

2 처리계획의 수립

감정평가 의뢰 내용에 관한 기본적 사항이 확정되면 대상물건의 성격이나 종류 · 규모 · 업무량 및 처리능력에 따라 자료수집 범위 및 방법, 일정 등의 구체적 처리계획을 수립하게 된다. 처리계획의 수립은 감정평가작업의 능률화를 꾀하기 위한 목적 이외에도 의뢰인에게 감정평가계약에 따른 작업경과를 보고하는 데에도 유용하다. 처리계획에는 ① 사전조사계획, ② 실지조사계획, ③ 가치조사분석계획, ④ 평가보고서 작성계획 등이 포함된다.

보다 구체적으로는 다음 사항에 관한 상세한 처리계획을 수립하여야 한다.

- 대상물건의 확인
- 자료의 수집 및 정리
- 자료검증[verification]
- 평가대상 기업/기술의 분석
- 경제 및 산업 분석
- 매출액의 추정
- 평가방법의 적용
- 시산가액의 조정 및 결정
- 평가보고서의 작성

3 자료수집 및 기본분석

평가대상이 정해지면 대상기업의 평가를 위하여 회사관련 자료나 대상 무형자산 관련자료, 그리고 로열티율 관련자료 등 사례자료를 먼저 수집하여 분석한다. 수집할 자료에는 다음과 같은 것들이 있다.

3.1 회사관련 자료

재무자료(결산 · 반기 · 분기보고서), 법인세신고서, 재무계획(사업계획, 목표자본비율 등), 부외자산과 부채, 회사안내책자, 제품목록, 주요 인적자원, 소비자와 공급자, 각종 계약, 사업보고서, 회사지분에 관한 자료 등을 수집하여 기업의 경영활동 상황을 분석한다.

- 회사의 연혁 및 회사의 사업현황/계획
- 경영자의 보수, 영업현황
- 시장과 마케팅 전략 재무상황
- 회사가 속한 산업과 경제 환경에 관한 자료
- 회사재산의 거래시장에 관한 자료
  - 주식: 회사주식의 거래가격 및 거래량 추이
  - 부동산: 개별공시지가, 최근 감정평가서 등

3.2 기초정보의 조사

평가대상 무형자산의 평가의뢰 확정 후 권리관계를 확인하기 위해 해당 등록원부를 제공받아 특허청 및 한국특허정보원에서 운영 중인 특허정보넷 키프리스kipris : korea intellectual property rights information service에 그 진위여부를 확인할 수 있다.[9] 등록원부의 서식은 특허권 등의 등록령 시행규칙 제2조에 규정되어 있으며, 각종 등록원부의 종류는 다음과 같다. 〈그림 3-2〉에는 상표등록원부와 등록증을 예시하였다.

- 특허등록원부 및 특허신탁원부
- 실용신안등록원부 및 실용신안신탁원부
- 디자인등록원부 및 디자인신탁원부
- 상표등록원부 및 상표신탁원부
- 각종 등록증

9. 키프리스 홈페이지(http://www.kipris.or.kr/)

그림 3-2
무형자산의 등록원부 및 등록증(상표권)

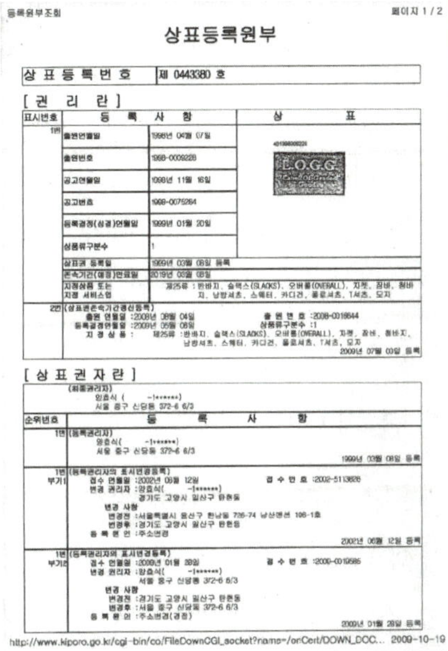

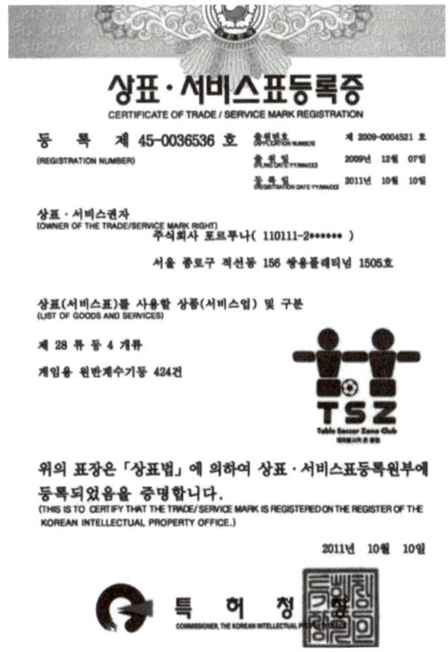

표 3-4
기초정보 수집용 검색 사이트

이름	주소
LG상남도서관	http:/ /www.lg.or.kr
한국교육 학술 정보원	http:/ /www.riss4u.net
아카데미 인프라	http:/ /www.acain.co.kr
국가전자도서관	http:/ /www.dlibrary.go.kr
대한전자공학회	http:/ /www.ieek.or.kr
한국전자통신연구원	http:/ /www.etri.re.kr
한국과학기술정보연구원	http:/ /www.yeskisti.net,
(기술가치평가시스템)	http://www.starvalue.or.kr
IEEE	http:/ /www.ieee.org
전력전자학회	http:/ /www.kipe.or.kr
국회도서관	http:/ /www.nanet.go.kr
과학기술 생활 사전 모음	http:/ /www.control.co.kr
한국과학재단	http:/ /www.kosef.re.kr
WoPEc	http:/ /netec.mcc.ac.uk/wopec.html
과학기술 학회마을	http:/ /society.kordic.re.kr/~ society/search/kics
일본논문	http:/ /www.ieice.or.jp
연구개발 정보센터	http:/ /www.kordic.re.kr
산업정보망	http:/ /www.iin.co.kr
한국산업데이타베이스	http:/ /www.kidb.co.kr

기초정보의 수집은 인터넷을 통한 정보수집과 고전적 정보 조사방법인 기술서적 및 전문가 집단을 통한 수집 등이 있겠으나 여기에선 인터넷을 이용한 정보수집에 관하여 설명하겠다. 인터넷을 통해 기본적인 사항에 관한 검색을 마친 후 구체적이고 확실한 기술에 대한 기초정보를 수집하고자 할 경우 관련 기술학회라든지, 아니면 논문을 검색해보는 것이 확실할 것이다. 이를 위한 검색 사이트는 많이 있겠으나, 대표적인 유용한 검색 사이트를 소개하면 〈표3-4〉와 같다.

3.3 로열티율 관련 자료원

시장접근법에서는 비교자산의 최근 거래사례 또는 라이선싱 실적을 참고로 하여 가치를 산정하게 되는데, 이 때 이용되는 거래가액, 시장이자율이나 로열티율 등의 조사자료 수집원은 다음 〈표 3-5〉에 나열된 정보원 이외에도 매우 다양하다. 예컨대 한국과학기술정보연구원에서 제공하는 기술가치평가시스템 starvalue 에서는 업종별 로열티율 자료 이외에도 할인율 WACC 이나 기술수명, 기업베타, 산업기술요소 등의 정보자료를 지속적으로 제공하고 있다. 아울러 평소 꾸준히 시장정보의 수집 · 분류 · 축적활동을 꾸준히 해 놓음으로써 고객으로부터의 평가서비스 요청 시 자료수집 및 분석기간을 최소화할 수 있도록 준비하는 자세가 매우 중요하다.

표 3-5
주로 사용하는 시장정보 자료원

자료원	조사자료 내용
한국과학기술정보연구원 (starvalue: http://www.starvalue.or.kr)	• 업종별 로열티율, 할인율(WACC), 기술수명, 기업베타, 산업기술요소 등
한국산업기술진흥원(http://www.kiat.or.kr)	• 산업업종별 로열티 데이터베이스, (구)한국기술 거래소
AUS consulting의 로열티소스	• 유사기술의 거래사례 및 로열티율
컴퓨서브(compuserve)	• 상장기업의 분석
밸류라인(valueline)	• 신용등급(rating) 조사결과 및 보고서
스탠더드&푸어스(standard & poors)	• 증권위험도 평가(security risk assessment) • 신용등급 조사결과 및 보고서

자료원	조사자료 내용
이봇슨사(Ibbotson Associates) SBBI(stocks, bonds, bills, and inflation)	• 증권수익률 시장조사결과 분석(1926~) · • 무형자산 할인율 산정을 위한 요소구성법 적용 시 규모위험. • 사업화위험 할증율 서비스
Federal Reserve Statistical Release (www.federalreserve.gov)	• 미국정부 채권의 이자율 산정
U. S. Business Advisor	• 기업의 성장과 발전을 위해 미국 정부가 제공하는 각종 정보, 서비스에 관한 자료
FinanceHub	• 벤처캐피탈에 관한 정보 검색
Angel Capital Electronic Network	• 엔젤 투자자와 유망 중소기업간의 연결 네트워크
The Capital Network	• 기업지도 및 투자협력 제공
Unisphere International Ventures Network	• 우수기술기업을 위한 가상공간의 벤처시장
Venture Capital Marketplace	• 투자희망자와 투자유치자를 연결하는 벤처 캐피탈 시장정보
Federal Laboratory Consortium	• 미국 연방 연구소간의 네트워크, 기술이전 성공사례, 신기술 검색 가능
Federal Technology Transfer Center	• 기술이전 관련정보(연방정부 기술이전 관리국)
National Technology Transfer Center	• 기술이전 관련정보 (국가기술이전센터)
Technology Transfer Information Center	• 기술이전 관련정보(기술이전정보센터)
AUTM(Association of University Technology Managers)	• 기술이전 관련정보(전미대학기술관리자연합회)

자료: 양동우, 기술이전 활성화를 위한 가치평가세미나, ㈜테크밸류 · 한국산업기술평가원, 2000, p.2-15

3.4 특허정보의 조사

특허는 발명의 내용에 대한 정보를 일반에 공개하는 대가로 발명자에게 부여되는 독점적 권리이다. 특허정보는 특허 제도 상에서 특정 발명에 대해 이러한 권리를 부여하는 과정에서 나타나는 모든 관련 정보들을 뜻하며, 일반적으로 출원인이 특허권을 인정받기 위해서 해당 국가기관에 특허출원서를 제출하는 출원 행위에서부터 발생되는 모든 문서상, 행정상 정보들을 포괄한다.

최근 각 국의 특허청은 과거에 문서나 이를 가공한 마이크로 필름의 체제에서 벗어나 보관 및 검색의 효율성 등을 고려한 디지털화가 상당 부분 이루어졌다. 이러한 특허정보의 디지털화로 인해 각 국의 특허청이나 데이터베이스 공급기관들이 특허정보 데이터베이스를 구축하는데 보다 용이한 여건을 가지게 되었다. 또한, 상기 구축된 특허정보 데이터베이스는 전문 텍스트 검색 및 도면 검색에도 편리함을 제공하게 되어 특허정보를 활용하는 데 많은 도움을 주고 있다.[4] 이하에서는 특허정보를 조사하는 데에 필요한 여러 가지 특허정보 조사의 종류를 구체적으로 알아보기로 한다.

1) 서지사항 조사 bibliographic search

조사자는 이미 특허번호 또는 발명자의 이름을 알고 있기 때문에 조사는 매우 간단하며 빠르게 행할 수 있다. 이런 조사의 포인트는 특정한 특허번호에 의해 어떤 것이 보호되는지 특정한 발명자가 소유하고 있는 특허가 어떤 것인지를 알아내는 것이다. 서지사항 조사는 이력조사, 연혁조사, 연대조사 등으로써 행해질 수 있다.

2) 특허성 조사 patentability search

특허성 조사는 가장 일반적인 것이다. 이 조사는 특정발명이 특허를 받을 수 있는 주제인지, 유용한지, 신규성이 있는지, 자명하지 않은지를 판단하는 것이다. 그러므로 특허성 조사를 발명의 개발 이전에 하면 더 좋은 것이다. 이 조사의 목적은 발명자가 이전의 특허(선행기술)가 존재하는지 조사하는 것이다. 발명자는 특허출원을 준비하는 데 유용한 선행자료를 조사할 수 있다. 그리고 발명아이디어 또는 출원된 특허에 대한 선행기술조사를 통하여 권리취득 가능성을 미리 확인 후 출원여부를 결정하거나 청구범위를 변경할 수 있도록 하여 최대한 넓고 강한 권리를 취득할 수 있도록 지원할 수 있는 가장 기본적인 활용방법이라 할 수 있다.

10. 지식재산연구소, 중소기업을 위한 지식재산 관리매뉴얼, 2006, pp. 194~199.

3) 특정 기술분야 조사 state of the art search

특정한 분야의 선행기술에 대한 개괄적인 조사를 가리켜 특정 기술분야 조사라 말한다. 이 조사는 기본적으로 정보를 수집하는 것으로 필요한 만큼 광범위하게 할 수도 있고 또 좁아질 수도 있다. 특정문제를 풀기 위해 라이선싱 할 수 있는 기술을 찾는 등 다른 유사한 목적을 위한 조사이다. 이러한 특정 기술분야 조사는 보다 효과적이고 전략적인 연구개발의 추진을 위하여 연구개발 테마와 관련된 특허정보를 폭 넓게 조사 및 분석할 수 있는 활용방법으로서 다음과 같이 세부적인 조사분석방법으로 구분할 수 있다.

① 기초 정보 조사 : 관련자료를 수집, 추출
② 분류 정보 조사 : 기술분류
③ 분석 정보 조사 : 기술분류 및 분석

4) 계속조사 continuing search

계속조사는 감시조사라는 표현을 쓰기도 하며 관심분야의 특허 동향을 파악하거나 경쟁사의 동향을 파악하는 것이 주를 이룬다. 특정 건에 대한 법적 상태 등을 감시 조사하는 것도 포함된다.

5) 양수도 조사 assignment search

특허가 다른 사람이나 회사에 양도되었을 때 이것은 법적 용어가 다르더라도 매매 sale 된 것이나 다름없다. 예를 들어, 회사이건 개인이건 살 사람 buyer 은 양수인 assignee 이라 부르고 발명자 같은 매도인 seller 은 양도인 assignor 이라 부른다. 이 조사의 목적은 특허의 법적 소유주가 누구인지를 결정하는 것이다.

6) 침해조사 infringement search

침해조사는 내가 보유하고 있는 기술이 타인의 특허권을 침해하는지, 또는 내 특허권을 타인이 침해하고 있는지의 여부를 알아보는 과정이다. 이 경우 침해여부를 알고자 하는 특허의 등록번호 또는 청구항 정보를 파악하여 침해 분쟁에 효과적으로 대응할 수 있도록 증거자료를 조사하는 것이므로 다음에 설명하는 유효성조사와 관련이 있다.

7) 유효성조사 validity search

유효성조사는 무효조사라고도 한다. 이미 등록된 특허에 대하여 특허분쟁이 발생하였을 경우, 타인의 특허권을 무효화시키거나 분쟁에 효과적으로 대응할 수 있는 자료를 찾아보는 과정을 말한다. 즉 다른 사람의 특허를 무효로 할 수 있는지를 판단하는 것이다. 조사자는 또한 특허가 무효로 선언될 수 있는 발명에 사용된 공공연한 지식이나 기술적 결함 등도 찾는다. 즉 자사 제품의 판매에 장애가 되는 특허를 무효화시키기 위해 정보제공, 이의신청 및 무효심판 청구를 위한 자료조사 시 활용할 수 있는 정보조사 방법으로서 한국 및 미국, 일본 등 세계주요국가의 특허 공보 외에 기술논문을 조사하여 특허성(신규성, 진보성)에 대한 관련 여부를 표시함으로써 권리의 유효성 또는 무효성을 조사할 수 있는 방법 중 하나이다.

8) 권리소멸 조사

이 조사는 소멸되지 않은 특허에 집중되는 침해조사와는 달리 소멸된 특허를 대상으로 한다. 이 조사는 다른 회사의 공정, 제품, 디자인과 관련된 독점배타적 권리가 소멸되어 법적인 영향 없이 복제할 수 있는지를 조사한다.

3.5 재무자료의 분석과 조정

재무상태표, 손익계산서 등 대상회사의 재무자료를 분석하여 조정하는 단계로서 회계처리 기준의 변경 여부와 회계처리 방법의 특징을 파악하여 재무자료가 일관성을 유지하여 기간비교가 가능하고 시가를 충분히 반영할 수 있도록 조정하되 특히 다음 사항에 유의해야 한다.

1. 충당금과 적립금의 적정성, 재고자산의 평가방법
2. 감가상각 방법, 무형자산의 처리
3. 각종 지출의 자본화 또는 비용화, 수익과 비용 인식의 시기

4. 리스회계 특별항목
5. 경영자 보수와 특별보수, 우발자산과 우발채무
6. 주당순이익[EPS]의 계산, 주당 장부가치의 계산
7. 각종 자산의 재평가, 재무상태표의 조정(현재가치화)

4 경제 및 산업 분석

4.1 조사자료의 수집과 분석

일반 경제상황이나 산업에 대한 분석자료의 수집을 위하여는 통계청, 금융기관, 경제연구소, 산업별 협회 등의 연구조사결과를 통하여 평가 대상 기업이나 기술의 상대적 위치나 시장점유율, 경쟁력 등을 종합 분석하여야 한다. 이러한 조사자료나 정보의 구체적인 대상은 다음과 같이 세 가지 분야로 나누어 수집 분석될 수 있다.

1. 경제 전반에 관한 정보 : 경제성장률, 물가상승률, 금리 정보
2. 산업에 관한 정보 : 산업일반정보, 산업별 회사정보
3. 예측치에 관한 정보 : 매출액 추정, 시장점유율, 기술 동향 정보

경제 및 산업 동향의 조사는 주로 국가통계포털[KOSIS]과 한국은행 경제통계시스템[ECOS] 등을 활용한다. 그리고 각 산업별협회나 기관 및 경제연구소 등에서 발행한 산업별 일반정보 및 동향 등도 유용한 자료원이므로 참고한다. 그러나 대부분 과거자료가 많은 점에 유의해야 한다. 따라서 대상기업과 경쟁 업체에 대한 재무분석을 통해 해당 산업의 최근 시장동향을 유추할 수도 있는 바, 이러한 자료와 분석 등을 토대로 동업종의 수요공급 상황과 최근 시장동향에 대한 자료수집 및 분석을 해야 한다.

한편 기업정보에 관한 상세한 공시자료는 금융감독원이 중심이 되어 운영하는 전자공시시스템[DART : Data Analysis Retrieval Transfer System]에서 가장 쉽게 얻을 수 있다. DART는 국내 상장법인 등이 각종공시서류를 인터넷으로 제출하고 투자

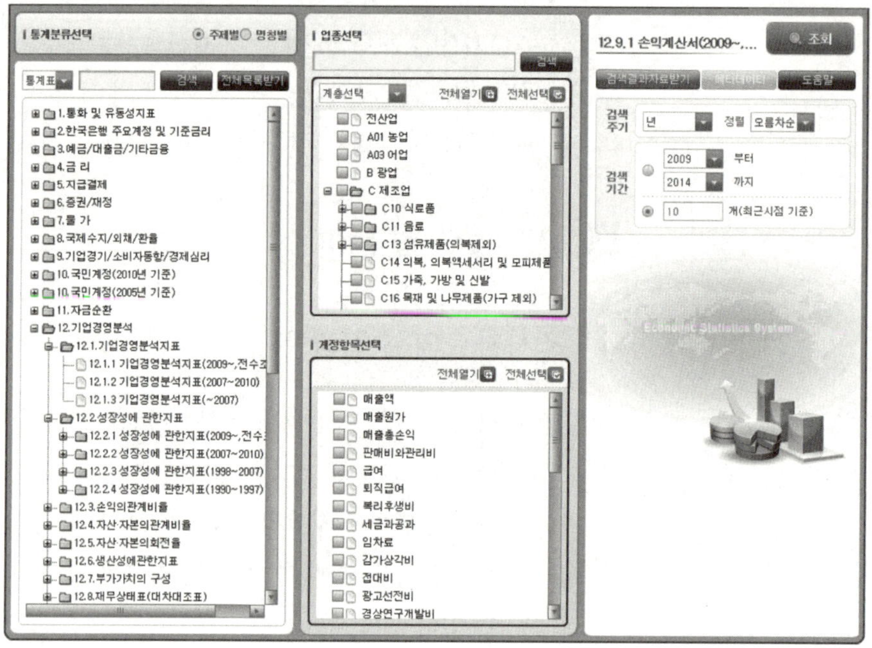

그림 3–3
한국은행
경제통계시스템: ECOS

자 등 이용자가 인터넷으로 조회할 수 있도록 한 기업공시시스템이므로 여기서 얻은 회계 및 경영 정보를 활용하여 평가 과제 수행 목적에 맞게 가공하여 이용할 수 있다.

전자공시시스템은 자본시장과 금융투자업법에 따라 금융위원회, 증권선물위원회, 금융감독원장, 거래소, 협회 등에 제출하는 신고서, 보고서 등의 전자문서가 공시되어 있으므로 투자자 등 일반이용자는 제출 즉시 인터넷을 통해 조회할 수 있다.

4.2 기대성장률의 추정

수익방식에서 대상 무형자산이 창출할 미래 경제적 이익을 추정하는 경우, 그리고 잔존가치를 평가하는 경우 모두 성장률growth rate의 추정이 가치평가 결과에 미치는 영향은 매우 크다. 초과이익법에 의할 경우 잔존가치를 산정하는 과정에서도 성장률이 가치평가액에 미치는 영향은 크다. 이러한 산업별, 업종별 성장률에 대한 예측치는 상장기업에 대하여는 주로 증권사 애널리스트들의 분석결과 의견이나 해당업계 산업전문가들의 예측자료 등을 바탕으로 분석할 수도 있다.

그러나 발표되는 예측치의 객관성과 질적 차이를 파악하는 것이 중요한데, 이를 판단하기 위해서는 ① 해당 업종의 전문적인 지식과 경험을 보유하고 있는 산업분석가에 의해 독립적 입장에서 예측된 자료인가, ② 해당기업의 미래에 영향을 미칠 수 있는 최신 정보가 충분히 반영되었는가, ③ 상충되는 다수의 예측자료가 존재하는 경우 예측치 간 차이가 과도하지 않은가 등을 재검토하여야 한다.

공공기관인 한국개발연구원[KDI], 산업연구원, 그리고 한국산업은행[KDB] 등에서 발표한 자료들을 시계열 자료로서 장기간 축적하여 활용하는 것도 좋다. 한

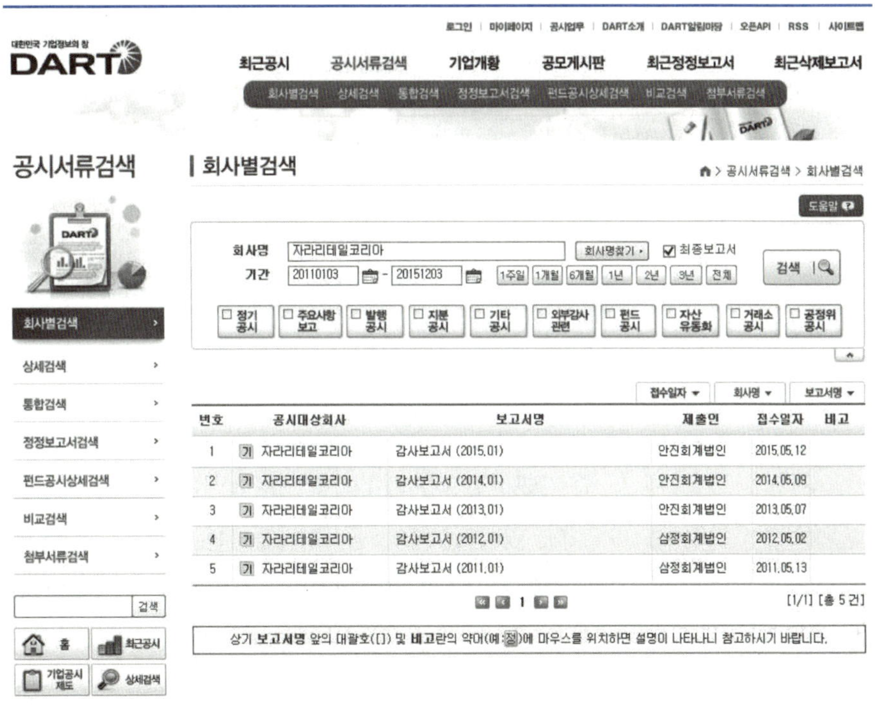

그림 3-4 한국전자공시시스템(DART)

편 비상장기업에 대하여는 이러한 증권사 자료나 산업전문가들의 예측자료가 전혀 없는 경우가 많으므로 기본적인 산업분석과 기업분석을 거친 다음 대상기업 CEO나 임원면담, 해당산업 전문가들과의 면담 등을 통한 종합적인 판단의 결과로서 성장률 추정치를 결정하게 된다.

우리나라 「상속증여세법」과 「증권거래법」 상에서 비상장주식 평가는 모두 과거의 자산, 수익가치에 바탕을 두고 있으며, 일부 예외적인 경우에만 최대 2개년도의 미래 추정실적을 고려하여 평가에 반영하고 있다. 그러나 이런 단기간의 예측치를 이용하는 것은 계속기업을 가정하는 일련의 가치평가 전제와 상반되는 부적절한 관행이다. 상장기업의 경우는 과거성장률historical growth이나 애널리스트 추정치analyst estimates를 이용하여 성장률을 추정하는 것이 비교적 용이하다. 그러나 비상장기업의 경우 이러한 자료가 부족하기 때문에 성장의 원동력이 되는 투하자본수익률ROIC: return on invested capital과 재투자율IR : reinvestment rate을 이용하여 성장률을 추정할 수도 있다. 즉 기대성장률^{g}과 *ROIC*, 그리고 재투자율^{IR} 간의 관계는 다음의 산식으로 표현된다.

$$\text{기대성장률}(g) = \text{투하자본수익률}(ROIC) \times \text{재투자율}(IR)$$

$$\text{여기서, } FCFF = EBIT(1-T) \times (1-IR)$$

$$= EBIT(1-T) - RN(\text{재투자요소자본})$$

표 3-6
A, B 회사의 기대성장률

	투하자본수익률(ROIC)	재투자율(IR)	기대성장률(g)
A 회사	10%	50%	5%
B 회사	20%	25%	5%

즉 기대성장률은 재투자율^{IR}을 높이거나 투하자본이익률을 높임으로써 커질 수 있다. 여기서 재투자율 *IR*을 높이는 것과 *FCFF*는 상충관계에 있다. *IR*을 높이게 되면 *FCFF*가 낮아지지만, 기대성장률^{g}은 높아지기 때문이다.[11]

11. Damodaram Aswath, *Investment Valuation*, 3rd ed, Wiley, 2012

〈표 3-6〉에서 보듯이 B회사의 *ROIC*는 20%로서 A회사의 2배이지만, 거꾸로 *IR*은 25%로서 A회사의 절반밖에 되지 않는다. 따라서 위 산식에 따라 두 회사의 기대성장률[g]은 모두 5%로 같아진다. 한편, 비상장기업은 소유주에 의해서 경영되는 1인 경영 체제에 의존하기 쉽기 때문에 기업의 존속이 소유경영자의 신상변동에 좌우될 가능성도 크다. 그러므로 비상장기업의 잔존가치[continuing value] 산정 시 기대성장률은 상장기업에 비하여 보수적인 기준을 적용할 필요가 있다.

4.3 제품수명주기[PLC]와 산업기술주기[ITC]

매출의 예측에 있어서는 제품수명주기와 기술주기 등을 충분히 고려하여야 한다. 〈그림 3-5〉에서 설명하는 것과 같이 제품수명주기이론[PLC: product life cycle theory]에서는 제품의 시장에 대한 침투과정을 〈도입기 → 성장기 → 성숙기 → 쇠퇴기〉 등 4단계를 거친다고 가정하고 있다. 이를 산업기술 관점에서는 산업기술주기[ITC: industrial technology cycle]로 표현하고 있다.

이러한 순환주기가 짧게는 1~2년, 길게는 수십 년에 이르는 것도 있으나 이는 각각의 산업이나 제품에 따라 크게 달라진다. 제품이나 기술의 도입단계에서는 매출액이 매우 적고, 제품이나 서비스 가격은 매우 높다. 소비자는 신제품의 효용이나 특성을 잘 모르기 때문에 신제품에 대한 교육이나 광고비 지출이 많이 소요된다. 그러나 일단 제품의 특성과 가치를 시장에서 인정받게 되면, 소비자들이 제품이나 서비스를 수용함으로써 매출이 증대되기 시작하며 대량 생산에 의한 규모의 경제가 생겨남에 따라 제조기술도 개량된다.

이때 특허권을 등록해 놓은 경우라면, 경쟁기업을 물리치고 업종평균 이상의 초과이익을 얻을 수 있다. 그러나 특허에 대한 이러한 보호장치가 없을 경우, 성장단계에 이르면서 경쟁자의 출현으로 가격 및 품질 경쟁력을 확보해야 하기 때문에 도입단계에서 누렸던 평균 이상의 초과이익을 얻지 못하게 될 가능성은 높아진다. 성숙단계에 들어서면 그 제품이나 서비스가 시장에서의 지위를 확립하게 되고 다른 경쟁자의 시장진입이 감소하기 시작한다. 특허에 대한

그림 3-5
제품수명주기와 평가관련 이슈

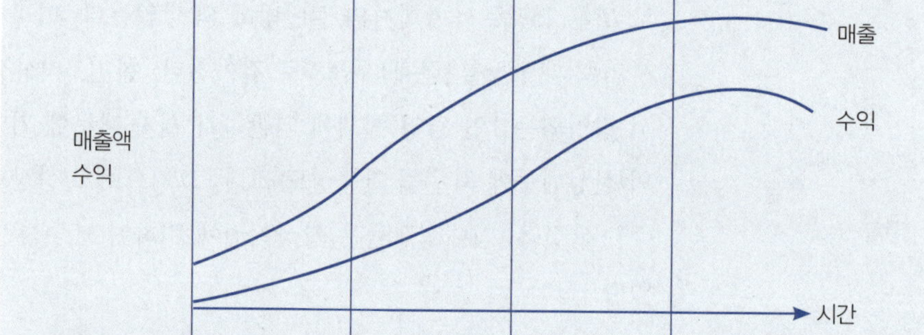

	도입기	성장기	성숙기	쇠퇴기
시장규모	소	중	대	중→소
시장성장률	저	고	저	마이너스
매출 및 수익	매출 및 수익은 최저수준이거나 마이너스 수준	매출액 증가, 수익은 낮은 수준 이거나 손실	매출 및 수익 성장률이 가속화 단계	매출 및 수익 성장률이 하락 단계
영업실적	거의 없음	약간 있음	평가자료에 적용가능	상당한 수준의 영업 자료보유
비교가능 유사 기업	없음	희박함	상당히 있음. 단, 단계가 다름	감소 단계
평가기치 비중	미래가치가 대부분임	미래가치가 현재가치보다 큼	현재가치가 미래가치보다 큼	현재가치가 대부분임

자료 : Damodaram Aswath, Investment Valuation, 3rd ed, 2012 참조 재작성.

보호가 없다거나 특허가 만료되었을 경우에는 가격이 매출규모를 결정하는 핵심요소가 된다. 쇠퇴단계에는 기술 진보에 의해 새로운 제품과 서비스가 등장하여 기존제품의 수요를 급격히 잠식할 뿐만 아니라 수요감소와 그에 따른 가격인하 등으로 기존 제품과 서비스가 단순한 일상 생활용품과 같은 특징을 보이게 되는 경우도 있다.

그러므로 지식재산의 가치를 평가할 때에는 기술수명주기와 제품수명주기에 특히 유의하여 대상기업이 보유하고 있는 지식재산이 순환주기상 어느 단계에 위치하고 있는지를 분석해 보는 것이 중요하다. 즉 대상 지식재산이 급속히 성장하고 있어 수익성이 높은 산업으로 성장해 나갈 것인가, 아니면 일상적인 생활용품과 같은 쇠퇴해 가는 환경 속으로 끌려 들어가고 말 것인가에 대한 분석이 중요하다.

5 매출액의 추정

5.1 매출액 추정의 접근방식

평가대상과 관련 산업에 대한 자료수집 및 분석을 통하여 대상기업과 무형자산에 대한 가치평가 근거자료를 확보하였으면, 그 다음에는 기업가치나 수익가치의 산정을 위하여는 가치추정의 기본요소가 되는 매출액의 추정이 매우 중요하다.

그러나 매출액 추정 절차나 방법은 정형화된 단일 모델을 제시하기가 매우 어렵다. 대상기업이 속한 시장의 유형이나, 제품, 판매전략, 공정 등의 특성에 따라 매출액 추정 방법은 다양하게 적용될 수 있기 때문이다. 이렇듯 매출액을 추정하는 기법은 매우 복잡 · 다양 하지만, 일반적으로는 시장수요를 예측하여 향후 시장 전체의 규모를 추정하고, 대상기업이 당해 시장에서 차지할 수 있는 시장점유율 및 판매가능량을 예측하게 된다. 그 다음 판매단가를 예측하여 대상기업이 향후 실현할 수 있는 매출액을 추정하는 절차를 밟게 되는 것이다.

5.2 매출액 추정의 단계적 절차

대상기업 제품의 시장점유율 추정이나 영업전략에 따른 매출액 추정의 전형적인 절차를 제시하면 〈그림 3-6〉과 같다. 여기서 제시한 절차가 일반적인 방법이긴 하지만, 실무적으로는 시장의 유형이나, 제품 및 공정내용, 판매전략 등에 따라 매출액 추정 기법은 여러가지 형식으로 달리 적용할 수 있다.

매출액을 추정하는 방법은 ① 매출액 평균성장률 등 과거추세치를 이용하는 방법, ② 시장점유율을 이용하는 방법, ③ 회귀식을 이용하는 방법, ④ 기타 내부경영자 설문조사 방법 등 다양하다. 그러나 어느 방법을 사용하든지 과거의 매출자료를 이용하여 판매량, 판매가격, 제품의 판매구성 등에 대한 분석을 하고, 가능한 한 각각의 항목에 대해서 세부적인 추정을 한 다음 이를 종합 판단하는 방법이 가장 바람직하다. 따라서 어떤 방법에 따라 매출을 추정하든지 대개 〈그림 3-6〉의 다섯가지 단계적 절차에 따라 진행하게 된다.

그림 3-6
매출액 추정의 단계적 절차

Ⅰ. 시장 및 환경의 분석	• 수요: 시장규모 및 수요전망, 고객의 제품/서비스 선호도 조사, 경기연관성, 제품 수명주기(PLC), 산업기술수명주기(ITC) • 공급: 기업간 경쟁상황, 신규 진입기업의 위협, 기술혁신의 위협, 수요자에 대한 시장영향력, 공급자에 대한 거래교섭력
↓	
Ⅱ. 수요의 예측	• 정성적 예측: 시장수요 결정 주요변수에 대한 조사 및 분석 • 정량적 예측: 통계분석 및 추론적 예측
↓	
Ⅲ. 생산능력 및 점유율 추정	• 대상기업의 생산능력 상한분석 • 경쟁기업 현황과 판매전략 분석을 통한 시장점유율 추정
↓	
Ⅳ. 판매가능량 도출	• '대상기업 생산능력 상한'과 '(시장수요 × 시장점유율)' 중 작은 값으로 판매가능량 도출
↓	
Ⅴ. 매출액 추정	• 판매가능량 × 판매단가

5.3 매출액 추정 방법

1) 과거 추세치 이용법

이 방법은 과거 대상기업 매출액의 추세치, 즉 연간 평균성장률을 계산한 다음, 이를 직전 연도의 매출액에 곱하여 매출액을 추정하는 방법이다. 즉 다음의 식과 같이 산정된다.

$$\text{추정 매출액} = \text{전년도 매출액} \times (1 + \text{평균성장률})$$

이같이 과거의 평균성장률을 이용한 매출액 추정은 매우 간단한 방법으로 적용하기에 편리한 장점이 있지만, 매출과 관련된 다른 각종 변수를 고려하지 않으므로 추정 매출액이 실제와는 너무 큰 격차를 보일 수가 있기 때문에 가능하면 다른 방법과 함께 병용하여 추정하는 것이 좋다.

$$\text{추정 판매량} = \text{전년도 판매량} \times (1 + \text{평균성장률})$$
$$\text{추정단가} = \text{전년도 단가} \times (1 + \text{예상증가율})$$
$$\text{추정 매출액} = \text{추정 판매량} \times \text{추정단가}$$

이 방식은 일반적으로 기업의 업력이 상당히 경과된 업체로서, 생산규모나 조업상황, 제품 수요상황 등이 안정화되어야 한다는 조건이 필요하다. 이 방식은 추정년도에 걸쳐 동일한 예상성장률을 적용함으로써 매출액 규모가 증가하면 할수록 증가율은 점점 줄어들면서 현실과는 동떨어지게 되므로, 추정기간 중 매년 성장률이 다르게 적용하는 방식으로 보완할 필요가 있다. 추정기간 중 적용하는 성장률은 평가사가 대상기업의 과거 매출증가 요인이나 향후 전망에 대한 정성적인 조사분석 및 판단을 거친 후에라야 도출할 수 있다.

한편, 과거 추세치가 없는 신규 기업의 경우에는, 사업내용이나, 규모, 제품 등이 유사한 기업의 과거 매출증가율을 적용한다. 예컨대 한국은행이나 산업은행에서 발간하는 경영분석이나 재무분석 자료에서 규모나 업종분류가 가장 유사한 동업종의 평균 매출증가율을 이용할 수 있다.

2) 시장점유율 이용법

시장점유율에 의한 매출액 추정방식은 전체 시장규모에 대한 대상제품의 시장점유율을 곱하여 예상 매출액을 산출하는 방법이다. 시장점유율 예측에 의한 방법은 전체시장의 크기와 대상기업의 시장점유율에 대한 정확한 산출이 가능해야 타당성이 높아진다. 전체시장 규모는 해당 전문협회 또는 공신력 있는 조사연구기관에서 예측한 자료를 이용하여 구할 수도 있고, 개별업체의 생산능력 또는 과거 매출액을 합하여 구할 수도 있다. 즉 시장점유율에 의한 추정은 대상 기업의 시장판매점유율이 안정적이고 상당히 높은 기업일 경우 해당 업계 전체의 연간매출액을 추정하고, 추정된 업계 전체 매출액에 당해 기업의 점유율을 곱하여 매출액을 추정하는 방법이다.

추정 판매량 = 업계 전체 예상판매량 × 당해 기업의 점유율
추정 매출액 = 추정판매량 × 예상 판매단가

이 방법을 이용하는 경우에는 과거의 점유율을 이용해도 되지만, 시장 환경의 향후 변화 전망을 충분히 고려한 후 이를 기초로 조정해서 이용하는 것이 바람직하다. 예상 시장점유율을 판단하기 어려울 경우에는 대상 기업이 구사하는 경쟁전략을 기반으로 먼저 판매가능수량을 산출하는 방법을 사용할 수 있다. 이때 기업의 판매가능수량은 전체 시장규모나 대상 기업의 총 생산능력 이내여야 한다. 한편 시장점유율에 의한 매출액 추정에서 판매단가의 예측은 기술환경 및 당해 시장경쟁 환경의 변화 추이를 분석하고, 제품원가율의 변화나 가격전략의 내용을 검토하여 적절한 예상 판매단가를 구해야 한다.

3) 회귀분석 추정방법

회귀분석regression analysis 추정방법은 회귀식을 이용하여 미래의 매출액을 추정하는 것이다. 대상기업의 매출액과 어떤 특정 독립변수와의 관련성을 분석하는 것을 중심으로 하는 매출추정방법이다. 예를 들어 기업의 매출액이 1인당 국내총생산GDP과 밀접한 관련이 있을 경우, 내년도 추정 매출액은 다음과 같은 회귀방정식에 의해서 도출할 수 있다.

$$\text{추정매출액} = a + b \times (\text{독립변수})$$

위의 산식에서 1인당 GDP라는 경제변수를 독립변수라 하고, 추정매출액을 종속변수라고 한다. a는 회귀선의 절편이며, b는 회귀식의 기울기가 된다. 회귀식을 그림으로 나타내면 〈그림 3-7〉과 같다. 따라서 이 방식은 어떤 경제적 독립변수가 기업의 매출과 가장 밀접한 상관 관계가 있을지를 파악하는 것이

그림 3–7
회귀분석법과 매출추정

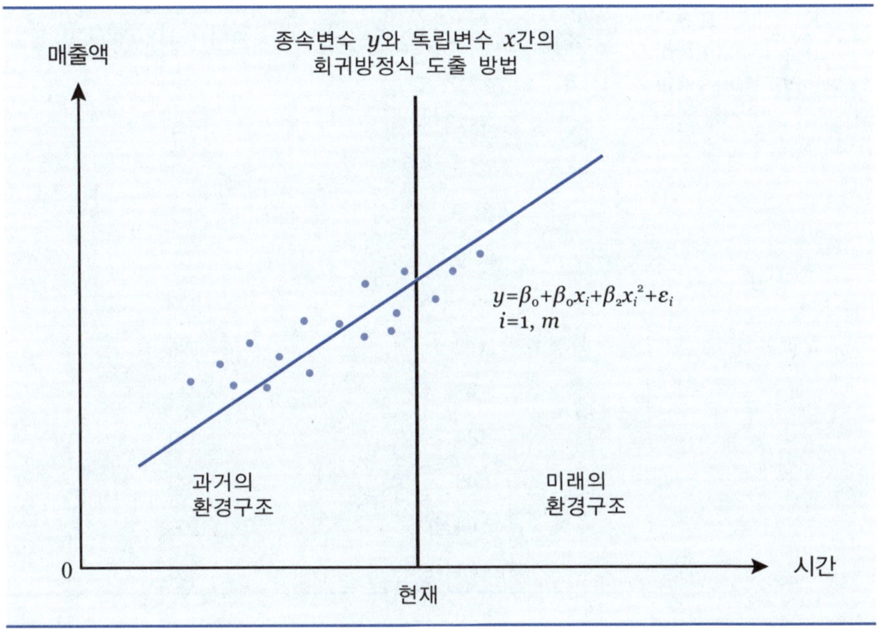

중요하다.

여기서 독립변수의 선정은 통계적으로 상관분석이나 회귀분석을 통해 상관계수가 높거나 회귀식의 결정계수 R^2 가 높은 것을 선정하게 된다. 그리고 회귀식의 R^2는 선택된 그 독립변수가 매출액의 변동이라는 종속변수를 얼마나 잘 설명할 수 있는지에 대한 정도를 나타내는데, 다음과 같은 식으로 계산된다.

$$R^2 = 1 - \frac{\text{회귀식으로 설명되지 않는 분산합계}}{\text{매출액의 종분산합계}}$$

회귀분석을 이용하여 매출액 추정을 하는 경우 과거 자료로부터 회귀식을 계산해야 하므로 최소한 5년 정도의 역사적 자료를 준비하는 것이 좋다. 여기에서 예를 들어 설명하겠다. 외식프랜차이즈 업체인 ABC사의 2006년부터 2015년까지 10개년 간의 매출액^{y}과 매출액에 영향을 미칠 것으로 예상되는 가맹점 수^{x}에 관하여 수집된 자료가 다음과 같다고 하자.

〈표 3–7〉과 같은 외식프랜차이즈 업체인 ABC사의 매출액과 가맹점 수에 대

표 3-7
ABC 프랜차이즈의 연도별 매출액과 가맹점 수

연 도	가맹점 수	매출액(억 원)
2006	15	100
2007	25	250
2008	40	325
2009	60	435
2010	80	445
2011	100	500
2012	125	550
2013	145	600
2014	170	625
2015	190	650
2016 (예상)	200	?
2017 (예상)	230	?

그림 3-8
회귀분석을 통한 매출액추정

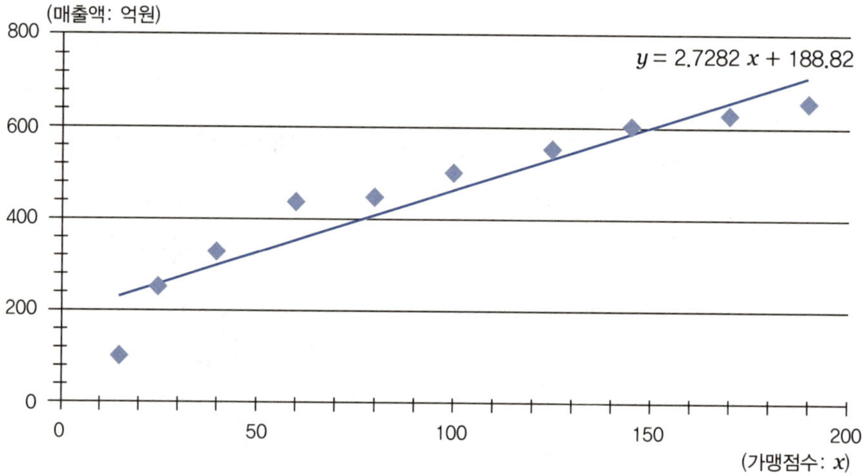

구분	계수	표준 오차	t 통계량	P-값	하위 95%	상위 95%	하위 95.0%	상위 95.0%
y절편	188.819	38.300	4.930	0.001	100.499	277.140	100.499	277.140
x_1	2.728	0.343	7.935	0.000	1.935	3.521	1.935	3.521

한 자료를 이용하여 분석한 결과는 〈그림 3-8〉과 같이 나타난다.

위의 결과는 설명력$^{R^2}$도 약 89%로 비교적 높고, x계수의 통계적 유의성$^{t\text{값}}$도 있다. 따라서 위 결과를 이용하면 2016년과 2017년의 추정매출액은 다음의 식과 같이 계산할 수 있다.

$$\text{추정 매출액} = 188.82 + (2.728 \times \text{가맹점 수})$$

위의 계산에 의해서 추정된 2016년의 매출액은 734억 원이고, 2017년의 매출액은 816억 원으로 각각 산출된다.

6 무형자산 가치분석

6.1 평가기법의 적용

평가대상 기업 및 무형자산에 대한 자료들이 수집되었으면 가치의 전제에 부합하고, 산정한 가치기준의 평가에 적당한 평가방법들을 선택하여 구체적인 평가과정을 거쳐 무형자산의 가치를 평가한다. 평가 방법은 감정평가에 관한 규칙 제23조에 의하면 무형자산을 감정평가할 때에 수익환원법을 적용하여야 한다고 규정하고 있다. 따라서 주된 방법은 수익환원법을 적용하되 수익환원법의 적용이 곤란하거나 부적절한 경우 거래사례비교법, 원가법을 적용하여 감정평가할 수 있다.

또한 주된 방식인 수익방식을 적용함에 있어서도 ① 다기간초과이익법, ② 초과이익환원법, ③ 로열티면제법 등 다양한 방식을 적용하여 비교 검토함으로써 최종 가격결정의 신뢰도나 객관성을 높여야 한다. 예컨대 특허권평가의 경우 위에서 제시한 방식 이외에도 기술유무법이나 기술요소법 등을 적용하여 시산가격을 도출할 수도 있다. 구체적인 무형자산별 가치분석방법은 제5장에서 다시 상세히 논의하기로 한다.

〈표 3-8〉에는 여러 가지 무형자산별로 실무에서 가장 선호되는 주방식과 부

방식을 요약 정리하였다. '주방식'이란, 특정 무형자산에 대하여 가장 신뢰도가 높은 가치결론을 도출할 수 있을 것으로 기대되는 평가방식이다. '부방식'이란, 실무상의 단점은 있으나 적용가능한 평가방식으로서 주방식으로 도출된 시산가액을 검증하는 수단으로서 유용할 수도 있음을 의미한다.

'기타방식'은 가장 신뢰도가 낮은 평가방식으로서 특정 무형자산에 대하여 특수한 상황에서만 적용가능한 평가방식이다. 〈표 3-8〉의 무형자산별 평가방식은 하나의 일반적 가이드라인으로서 상황에 따라서는 주 · 부방식이 서로 바뀔 수도 있음에 유의하여야 한다.

감정평가 실무에서 특허권이나 기술, 상표 및 브랜드 그리고 저작권 등의 무형자산 평가는 수익방식이 주방식으로 선호되고 있으나, 시장거래 사례가 충분할 경우 비교방식도 부방식으로 시산가액을 검증하는 데에 유용하게 사용되기

표 3-8
무형자산평가의 주 · 부방식

무형자산	주방식	부방식	기타방식
특허 · 기술	수익방식	비교방식	원가방식
상표 · 브랜드	수익방식	비교방식	원가방식
저작권	수익방식	비교방식	원가방식
노동력(assembled workforce)	원가방식	수익방식	비교방식
경영정보 소프트웨어	원가방식	비교방식	수익방식
제품 소프트웨어	수익방식	비교방식	원가방식
유통네트워크	원가방식	수익방식	비교방식
고객관계(customer relationships)	원가방식	수익방식	비교방식
프랜차이즈권리	수익방식	비교방식	원가방식
업무관행 및 절차	원가방식	수익방식	비교방식
계속기업 구성요소	원가방식	수익방식	비교방식
영업권	비교방식*	수익방식**	–

* 기업가치를 시장가치로 구한 다음 잔여법으로 영업권가치를 평가
** 초과이익(excess income)을 자본환원하여 영업권가치를 평가
자료: Smith G. V. et al., *Valuation of Intellectual Property and Intangible Assets*, 3rd. ed., 2000, p. 318

도 한다. 그러나 조직화된 노동력assembled workforce이나 경영정보 소프트웨어 등은 수익의 측정이 곤란하므로 투입원가에 의한 대치원가법replacement cost method이 선호된다. 여기서 유의할 점은 주방식으로 선택할 수 있는 평가방법은 수집된 가격 증거자료의 객관성이나 신뢰도에 의하여 선정되는 하나의 지침일 뿐 결코 고정불변의 원칙은 아니라는 것이다.

6.2 시산가액 조정 및 감정평가액의 결정

감정평가 3방식에 의거 도출된 가격을 시산가액indicated values이라고 칭한다. 각각의 시산가액은 일치하는 것이 가장 이상적이나 현실적으로는 일치하기가 어렵다. 이른바 '3면 등가의 법칙'은 완전경쟁시장에서는 성립할 수 있으나 불완전한 현실시장에서의 성립은 사실상 불가능한 것이다.

시산가액의 조정reconciliation of final indicated values은 단순히 감정평가 3방식에 의한 시산가액의 산술적인 평균을 의미하는 것이 아니므로 평가를 할 때 사용된 자료의 양, 자료의 정확성 및 자료의 적절성 등을 고려하여 각각의 방법에 대해 적절한 가중치를 두어 가격을 결정하는 것이다.

이러한 시산가액을 조정하는 경우 유의하여야 할 사항을 요약하면 다음과 같다.

① 자료의 선택, 검토 및 활용의 적정성 : 평가에 있어 채용한 자료는 적합한가, 그리고 검토와 활용 방법은 적정하였는가를 재검토하여야 한다.

② 가격제원칙 활용의 적부 : 감정평가의 전 과정에 영향을 미치는 가격에 관한 제원칙은 적정하게 활용되었는가를 재검토하여야 한다.

③ 일반요인과 산업분석 또는 가치분석의 적부 : 가격수준에 영향을 주는 경제 및 산업요인분석과 대상 기업의 특성 파악 및 가치추정 등이 적합했는가를 재검토 하여야 한다.

이와 같이 각 방식의 장 · 단점과 평가과정의 적정성을 분석하고 재음미하여 그 결과를 시산 조정함으로써 평가결과의 객관성과 신뢰성을 높여야 하며, 이러한 과정을 거쳐 최종적으로 감정평가액을 결정하게 된다.

7 감정평가서의 작성

감정평가서란 의뢰인으로부터 부여된 감정평가 과제에 대하여 조사 분석한 최종결과를 의뢰인에게 제시하는 서면평가서written report나 구두보고서oral report를 말한다. 그 내용은 감정평가서 이용자들의 평가목적이나 지식수준에 부합하도록 작성되어야 하고 자신이 속한 전문가협회의 실무기준과 윤리규정을 준수하여야 한다.

감정평가서는 감정평가의 기본적 사항과 감정평가액을 나타내고 그 결정에 관한 의견과 이유를 설명하는 것으로서 감정평가 주체의 책임소재를 명백히 함에 의의가 있다. 따라서 평가과정의 최종단계에서 평가자가 평가결과를 의뢰인에게 보고하기 위하여 평가대상의 내용 · 평가목적 및 조건, 기준시점, 평가가격, 평가사의 서명날인, 수집된 자료의 처리, 평가가격의 산출근거 및 그 결정에 관한 의견 등을 작성하게 된다. 감정평가에는 “전달성의 원칙”이 있어서 보고서 작성기술은 매우 중요시된다. 감정평가서에 포함되어야 할 보고내용들을 열거하면 다음과 같다.

1. 평가의뢰인 및 예정사용자intended user
2. 평가대상 무형자산을 정의하고 기술
3. 평가의 목적 및 용도functions
4. 측정될 가치기준의 정의 및 가치 전제
5. 가치측정의 기준시점과 평가보고서 작성보고일
6. 평가분석, 의견, 결론에 영향을 미치는 상황조건들과 제한조건
7. 평가방법 및 평가절차, 가치분석의견
8. 평가 기준의 요구사항에 대한 부합 또는 이탈의 설명
9. 사용된 평가방법 및 절차에 대한 이론적 근거
10. 감정평가사 서명 날인

대개의 경우 지식재산이나 무형자산을 개별평가stand-alone basis appraisal하는 것

이 적절할 수도 있다. 그러나 어떤 경우에는 대상 무형자산을 다른 유·무형자산과 함께 사용하지 않는 것을 전제로 평가하는 것이 전혀 불가능하거나 현실성이 없을 수 있다. 따라서 평가사는 무형자산을 독립적으로 개별평가한 것인지, 아니면 다른 자산과 함께 사용되는 전제로 일괄평가grouped asset appraisal한 것인지 평가보고서에 명확하게 기술해야 한다. 후자의 경우라면, 평가사는 평가목적에 대해 다른 자산과 대상무형자산이 함께 사용될 필요성을 설명해야 하고, 대상 무형자산과 결합된 유·무형자산이 무엇인지를 평가서에 분명히 밝혀야 한다.

그리고 감정평가서 작성시에는 감정평가서와 관련된 법령 및 전문기준, 그리고 윤리기준을 준수하여야 한다. 감정평가서 이용자들이 평가금액과 평가 방법 및 근거에 대하여 신뢰 할 수 있도록 대상 무형자산의 특성이 충분히 반영된 보고서를 작성하여야 될 뿐 아니라 대상 무형자산의 가치나 거래가능성에 영향을 미치는 현재 시장조건의 동향에 대하여 분석하고 보고할 필요가 있다.

한편 가치 결론에 도달하게 된 평가사의 논리적이고 합리적인 판단 및 가치 분석 과정, 평가방법 적용내용에 대하여도 충분한 자료 및 설명이 제시되어야 한다. 그리고 우리나라 감칙 제13조(감정평가서 작성)에서는 앞에서 열거한 10가지 이외에 다음 각호의 사항을 필수적 기재사항으로 포함시키도록 요구하고 있으므로 유의해야 한다.

- 감정평가업자의 명칭
- 대상물건 목록의 표시근거
- 시장가치 외의 가치를 기준으로 감정평가한 경우에는 제5조제3항의 사항(해당 시장가치 외의 가치의 성격과 특징, 시장가치 외의 가치를 기준으로 하는 감정평가의 합리성 및 적법성). 다만 법령에 다른 규정이 있는 경우에는 해당 법령을 적는 것으로 갈음할 수 있다.
- 실지조사를 하지 아니한 경우에는 그 이유
- 재조달원가 산정 및 감가수정 등의 내용
- 감정평가 조건

- 감정평가액
- 감정평가액의 산출근거 및 결정 의견
- 전문가의 자문등을 거쳐 감정평가한 경우 그 자문등의 내용

감정평가 결과는 기준시점 현재 평가사가 이용 가능한 정보를 근거로 도출한 것이므로 향후의 경제적 환경이나 시장상황 변화에 따라 변경될 수 있음에도 유의하여야 한다. 그러므로 보고서에는 평가에 영향을 미치는 우발상황이나 제약조건들을 분석하여 명백히 해두어야 한다. 즉 평가과정의 전제조건이나 가정, 법률적인 제한이나 저당권, 다른 연구결과에 관한 정보, 환경적 위험 등을 분명히 제시할 필요가 있다.

4장

기업가치의 평가와 무형자산

Business Valuation and Intangible Asset

Ⅰ 기업가치와 무형자산의 관계

Ⅱ 기업가치평가의 3가지 접근법

Ⅲ 자산가치접근법

Ⅳ 수익가치접근법

Ⅴ 상대가치 평가법

Ⅵ 옵션가치평가방법

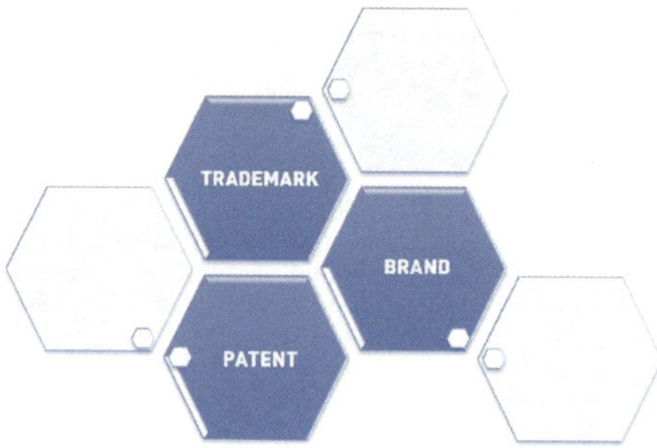

기업이 생산하는 제품과 서비스는 기업내 각종 사업자산과 기술 등 지식재산이 함께 활용될 때 비로소 현금흐름을 창출할 수 있다. 특정 지식재산에서 만들어지는 순현금흐름은 직접 정확히 식별하기 곤란한 경우도 있다. 지식재산이 이익을 증가시킬 뿐 아니라, 그것이 기업의 존재기반을 이루는 경우도 많다. 특허기술을 보유한 사업체에 초점을 맞춰 그 기술의 가치를 이끌어낼 수도 있다.

이와 같이 지식재산이 기업가치에서 차지하는 비중이 높아질수록 수익방식을 적용하여 그 기업 전체가 창출해 내는 미래의 경제적이익을 측정해야 비로소 정확한 기업가치를 산정할 수 있다. 이러한 경제적이익의 현재가치가 기업전체의 가치가 된다. 이렇게 도출된 가치는 해당기업의 사업에 관련된 모든 구성자산들의 가치를 나타낸 것이며, 여기에는 지식재산의 가치도 포함되어 있다.

이 장에서는 우선 기업가치와 무형자산의 관계를 살펴보고, 기업가치평가의 3가지 접근법인 자산가치접근법과 수익가치접근법, 그리고 상대가치법에 대하여 설명한다. 이를 통하여 무형자산평가를 위한 3방식의 기본원리와 기법을 학습한다.

I 기업가치와 무형자산의 관계

1 기업가치는 어떻게 구하나?

지식재산이나 무형자산의 가치를 평가하는 경우 대개 기업전체 가치 business value 를 먼저 산정하게 된다. 우선 기업전체의 가치를 구한 다음, 그 구성요소 중 특정 무형자산의 가치를 구분하여 평가하게 된다. 왜냐하면 기업전체 가치를 알 수 있다면, 가치 구성요소 별로 가치를 특정하는 것은 그만큼 쉬워지기 때문이다. 즉 전체기업가치를 먼저 구하고 평가대상 무형자산에 할당되기까지 각 자산영역에 가치를 배분하는 방식으로 구하면 된다. 그렇다면 기업전체의 가치는 어떻게 구하는가? 여기에는 대표적으로 다음과 같은 3가지 방법이 있다.

1. 기업이 보유하는 총자산으로 구하는 방법(자산합계법)
2. 자기자본과 부채의 합으로 구하는 방법(주식부채법)
3. 투하자본 invested capital 으로 구하는 방법(투하자본법)

이와 같은 3가지 기업가치 평가 방법을 각각 산식으로 나타내면 다음과 같다.

- 총자산 = 유동자산 + 유형자산 + 기타자산 + 무형자산
- 총자본 = 비이자발생부채 + 이자발생부채 + 자기자본
- 투하자본 = 순운전자본 + 유형자산 + 지식재산 + 기타무형자산

우리는 여기서 지식재산의 가치 산정에 초점을 맞추기 위해 주로 세 번째 방식, 즉 투하자본으로 기업가치를 정의하는 투하자본법 invested capital method 에 의해 설명하기로 한다. 기업가치를 투하자본 invested capital 으로 정의하면, 기업가치는 자기자본과 장기차입금 가치의 합계와 같고, 이는 곧 순운전자본과 고정자산,

그리고 무형자산 및 지식재산 가치를 합한 것과도 같다. 즉 기업가치는 기업을 구성하는 자산들의 가치를 모두 합한 것과 같아진다는 의미이다. 다음에는 이러한 유형별 자산들의 구체적 항목들을 예시한 것이다.

순운전자본 = 유동자산 – 유동부채
유형자산 = 토지 + 건물 + 기계장치 + 차량운반구 등
무형자산 = 숙련된 노동력 + 소프트웨어 + 계약관계 + 유통네트워크
　　　　+ 고객목록 + 기타식별불능 영업권
지식재산 = 특허권 + 상표권 + 저작권 + 제조공정기밀 + 기타지식재산

만약 전체기업가치 BV를 알 수 있다면, 위의 투하자본 IC 산식을 이용하여 특정 지식재산의 가치를 평가할 수 있다. 다만 전체기업가치를 위의 자산유형별로 모두 평가하여 배분하고 더 이상 배분할 수 없을 때까지 할당한 나머지는 영업권의 가치가 된다. 이를 투하자본 산식으로 나타내면 다음과 같다.

$$BV = IC = D_L + E_Q$$
$$= WC + TA + IA + IP + V_G$$

BV: 기업가치　IC: 투하자본　D_L: 장기(이자발생)부채　E_Q: 주주지분
WC: 순운전자본　TA: 유형자산가치　IA: 무형자산가치　V_G: 영업권

즉 투하자본접근법은 기업가치 평가시 가장 흔히 이용되는 평가방식이다. 여기에는 아래 그림과 같이 ① 자본기준 방식과 ② 자산기준 방식이 있다. 자본기준 방식은 주식부채법 stock & debt technique이라고도 하며, 자산기준방식은 자산합계법 sum of asset technique이라고도 불리운다.

그림 4–1
투하자본접근법에 의한 기업가치평가방식

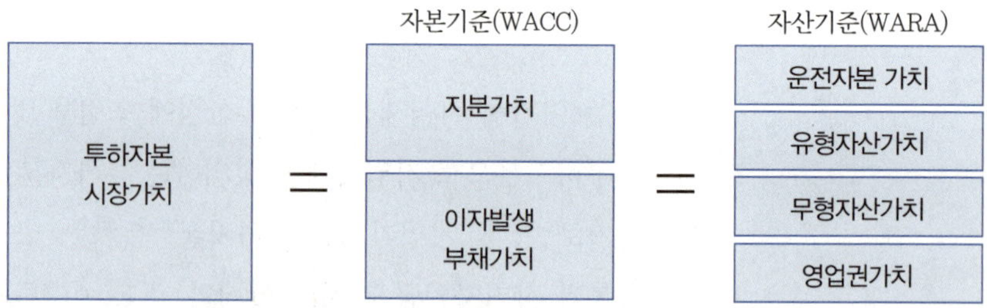

2 기업가치의 구성요소

이러한 기업가치의 구성요소들은 〈그림 4-2〉에 잘 나타나 있다. 이 그림에서는 취득원가를 기준으로 작성한 재무상태표로서 어떻게 각 자산들의 합계가 부채 및 자본과 일치하는가, 그리고 이들의 합계가 어떻게 기업가치를 구성하는가를 나타내고 있다. 차변을 기준으로 하면 자산합계법, 대변을 기준으로 하면 주식부채법으로 기업가치를 산정할 수 있다.

'자산합계법'은 기업가치를 B/S 왼쪽의 자산가치를 재작성하여 산정하는 방법으로 유동자산과 유형자산, 그리고 기타자산과 무형자산을 각각 평가하여 합산하면 기업가치가 산정되는 방식이다. 한편 '주식부채법'은 B/S의 오른쪽을 기준으로 주주지분과 부채를 평가함으로써 기업가치를 산정하는 방식이다.

기업의 재무제표는 정보이용자의 시각에 따라 달리 이해된다. 즉 투자자가 보는 재무제표와 세무당국이 보는 재무제표가 다른 것이다. 또한 채권자 역시 독자적인 방법으로 재무제표를 분석하고 기업가치를 평가한다. 재무상태표를 구성하는 2가지 주된 요소는 자산과 부채로서 다음 〈그림 4-2〉와 같이 나타낼 수 있다. 이를 '취득원가기준 재무상태표'라고 한다.

그림 4-2
취득원가기준 재무상태표

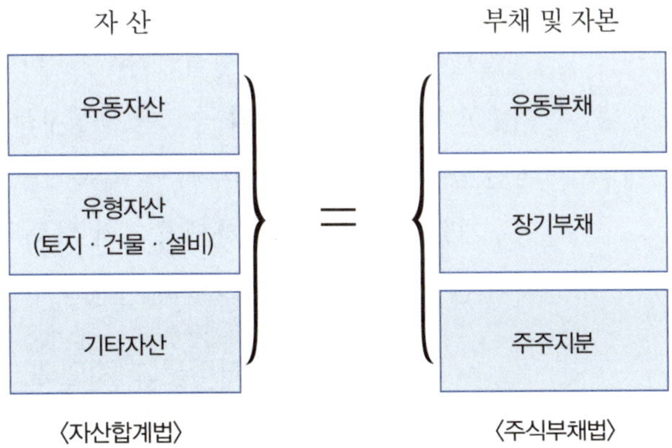

그림 4–3
경제적 재무상태표와 기업가치

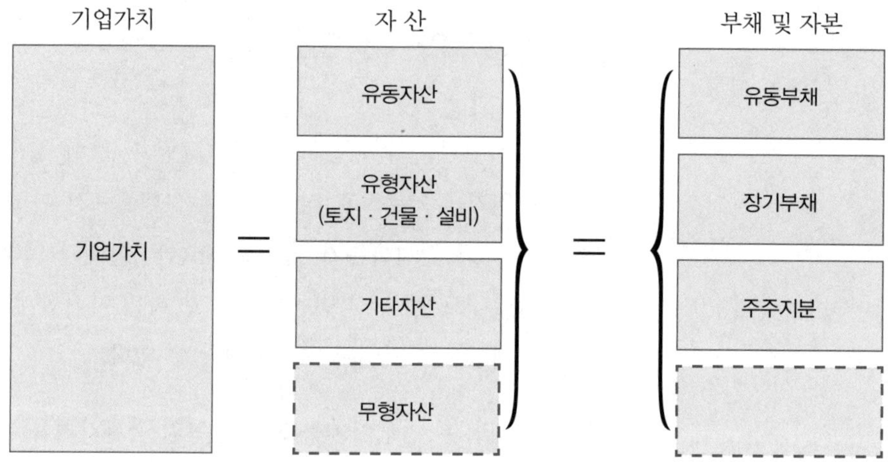

한편 〈그림 4–3〉의 '경제적 재무상태표'economic balance sheet는 기업의 투자자 관점에서 기업가치를 분석한다. 앞의 〈그림 4–2〉와 다른 점은 단 한가지, 점선 부분의 '무형자산'이 추가된 점이다. 즉 〈그림 4–2〉에서 일반회계 목적으로 작성된 취득원가 기준의 자산과 부채를 시장가치로 재평가하면, 〈그림 4–3〉에서 보듯이 점선으로 나타낸 무형자산의 가치가 새로이 추가될 것이고, 따라서 주주지분의 가치도 증가될 것이다. 그러나 모든 기업의 재무상태표가 이와 같지는 않을 것이다. 왜냐하면 취득원가기준의 자산 · 부채를 재평가하게 되면, 장부가치보다 시장가치가 낮게 나타날 수도 있기 때문이다.

〈그림 4–4〉에서는 전형적인 의약 및 바이오 회사의 기업가치 구성 내용을 보여주고 있다. 기업가치의 중요한 구성부분으로서 무형자산과 지식재산이 각각 어떤 종류의 자산들로 이루어져 있는가를 보여준다. 의약 및 바이오기술기업의 연구개발비 투자나 무형자산의 가치 비중은 일반 제조기업들보다 월등히 높다. 이런 첨단 기업들의 주요 지식재산권과 무형자산에는 다음과 같은 것들이 있다.

- 특허권, 상표권, 저작권, 디자인권
- 기술적 노하우, 제조공식, 제조공정기밀

- 유통네트워크, 고객목록customers list
- 연구개발역량
- 배타적 · 비배타적 라이선스
- 공동마케팅 및 광고계약
- 식약청의 인허가 획득비용

그림 4-4
기업가치의 구성

BV	=	*WC*	+	*FA*	+	*IA & IP*
기업가치	=	운전자본	+	유형자산	+	무형자산과 지식재산권
		• 재고자산		• 사무실		
		• 현금예금		• 창고		
		• 수취채권		• 제조공장		

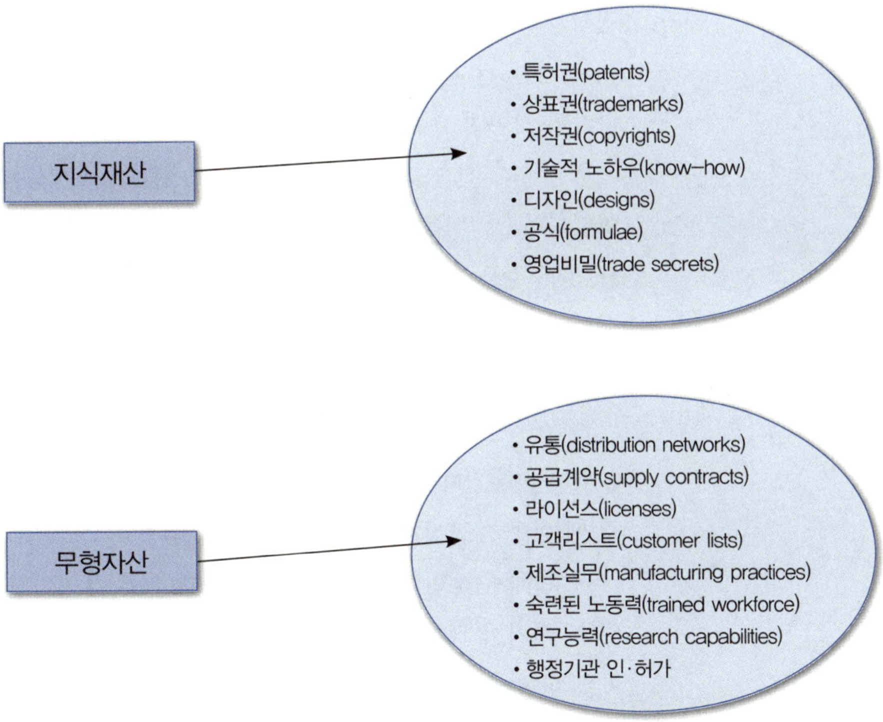

자료: Russell Parr, *Royalty Rates for Licensing Intellectual Property*, 2007, p. 122.

3 기업가치와 무형자산가치 평가

기업이 생산하는 제품과 서비스는 각종 사업자산과 함께 활용될 때 비로소 현금흐름을 창출할 수 있다. 특정 지식재산에서 만들어지는 순현금흐름은 직접 정확히 식별하기가 곤란한 경우가 많이 있다. 지식재산이 이익을 증가시킬 뿐 아니라, 그것이 기업의 존재기반을 이루는 경우도 많다. 기술을 보유한 사업체에 초점을 맞춰 그 기술의 가치를 이끌어낼 수도 있다.

이와 같이 지식재산이 기업가치에서 차지하는 비중이 높아질수록 수익방식을 적용하여 그 기업 전체가 창출해 내는 미래의 경제적이익을 추정해야 비로소 정확한 기업가치를 산정할 수 있다. 이러한 경제적이익의 현재가치가 기업전체의 가치가 된다. 이렇게 도출된 가치는 해당기업의 사업에 관련된 자산가치를 나타낸 것이며, 거기에는 지식재산의 가치도 포함되어 있다.

할인하기 전 단계의 경제적이익으로서는 지급이자를 공제하기 전의 상각전 영업이익 EBITDA을 이용하는 것이 가장 바람직하다. 이것이 부채에 대한 이자지급 및 주주들에 대한 배당을 가능하게 하는 자금이기 때문이다. 상각전영업이익 EBITDA에 기초한 현금흐름은 기업의 설비투자 지출이나 순운전자본의 증감을 예상하여 조정하지 않으면 안 된다. 그리고 가중평균자본비용 WACC: weighted average cost of capital은 지식재산이 창출하는 추정 현금흐름을 현재가치화하는 할인율로서 이용된다. 여기에는 주주에 대한 배당 부분과 이자발생부채 interest bearing debt에 대한 지급이자 부분도 포함되어 있다.

이 책에서 우리는 어디까지나 지적재산 등 무형자산의 평가에 중점을 두고 있다. 여기서 무형자산의 가치를 평가하기 위해서는 대상기업이 보유하고 있는 모든 무형자산을 분명히 규정하여 평가하는 것이 매우 중요하다. 이러한 작업은 회사의 경영내용을 포괄적으로 분석함으로써 가능해진다. 단, 평가대상 지식재산으로 인한 가치 창출액 가운데 다른 무형자산에 관련된 가치가 부분적으로라도 포함되어 있는지를 반드시 확인해야 한다.

그러므로 잔여법 residual technique 을 이용하여 지식재산의 가치가 영업권가치와 혼합되지 않도록 엄밀히 구분해야 신뢰성이 높은 무형자산가치를 구할 수 있다. 이러한 기본적인 평가요소들을 정확히 예측할 수 있을 때 비로소 수익방식이 비교방식이나 원가방식에 비해 더 정확한 가치추계 방식이 될 수 있다.

기업가치의 평가는 대개 계속기업가치 going concern value 로서 측정되지만 경우에 따라서는 청산가치 liquidation value 로서 측정되는 경우도 있다. 계속기업가치는 투하자본의 합(자산)이나 장기부채와 자본금의 합으로 설명될 수도 있다. 그러나 자산의 구성내역으로 보면 다음 산식과 같이 순운전자본(유동자산−유동부채) WC, 유형자산 TA, 무형자산 IA, 그리고 지식재산권 IP 의 합으로 기업가치 BV 를 측정할 수 있다.

$$BV = WC + TA + IA + IP$$

이러한 맥락에서 보면 기업가치평가를 인적자산, 상표 등의 시장자산과 조직자산, 기술자산 등의 정확한 계량이 없이 전통적인 회계방식으로만 측정하는 것은 뚜렷한 한계를 나타낼 수밖에 없다. 기업의 수익은 이러한 각종 자산집합이 상호결합한 결과로 나타나는 수치이므로, 이를 기준으로 접근하는 것이 가장 논리적이고 설득력있는 평가기법이 될 것이다.

4 기업가치와 수익성의 상호작용

4.1 유 · 무형자산과 기업가치의 상호작용

기업자산은 수익을 얻기 위하여 경영활동에 투입된 투자이므로 경제적이익을 얻음으로써 그 존재의의가 있다. 즉 경제적이익은 기업자산들의 조화로운 상호작용으로 발생되고 순이익이라는 형태로 실현된다. 각 자산들의 순이익 창출에 대한 기여도, 즉 투자수익률 return on investment: ROI 은 기업전체 자산에 대한 상대적인 비중과 각 자산의 위험도를 기준으로 결정된다.

그림 4-5
기업가치와 수익성의 상호작용

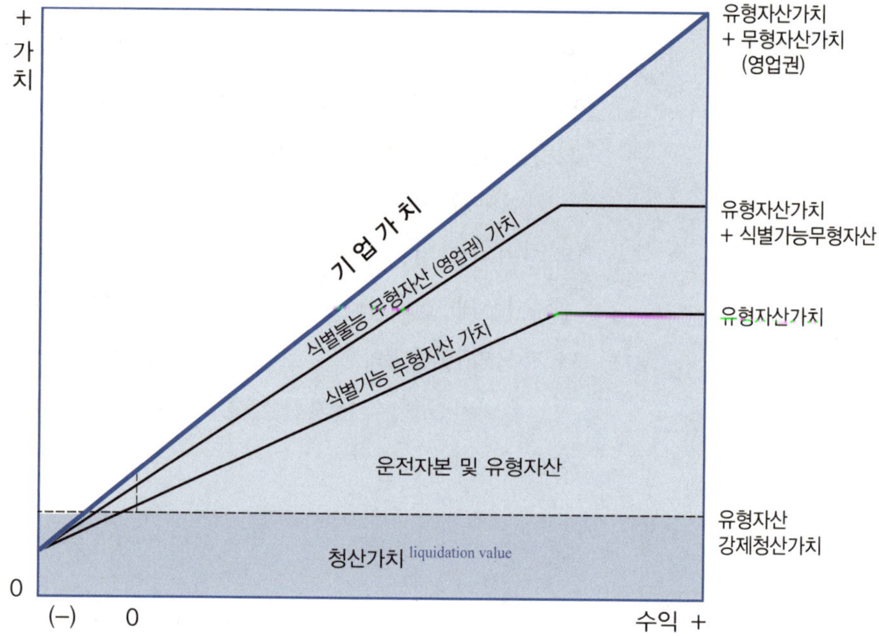

자료: Gordon V. Smith et al., *ibid*, 2000, p. 67 참조 재작성

〈그림 4-5〉에는 이러한 수익성과 기업가치, 그리고 유형 및 무형자산 상호간의 작용관계를 보여준다. 좌측 끝에 있는 선은 기업가치선으로서 손실시현 구간이다. 이러한 손실상태가 계속된다고 가정하면 경영자는 손실 극소화를 위해 부득이 자산을 처분하도록 강요 받는다. 이 때의 자산가치는 청산가치가 된다. 이 그림에서 빗금 친 부분이 청산가치 영역이 된다. 이 구간을 벗어나면 기업가치는 손익분기점break even point: BEP 구간이 된다. 매출이익이 운영경비와 상쇄되지만 수익이 없으므로 자산을 청산해야 한다. 그렇지만, 처분까지는 시간적 여유가 있고 청산가치 이상의 가격으로도 처분이 가능하다.

기업가치선의 중간지점은 이익을 충분히 실현하는 지점이다. 즉 유형자산 및 무형자산은 충분히 가치를 발휘하고 경제적 진부화도 없는 지점이다. 기업가치선의 오른쪽 윗부분은 최고 수준의 수익을 올리고 있는 지점이다. 즉 유형자산과 무형자산이 계속 완전히 사용되어 기업가치도 최고 수준에 이르게 된다.

즉 기업은 높은 경제적이익에 힘입어 영업권 등 보이지 않는 기업가치를 보유하게 되는 지점이다.

이러한 상황은 어디까지나 설명의 편의상 수익이 안정되었다는 가정에 기초한다. 그러나 실제로는 수익전망이 불확실한 경우가 많은데 이러한 경우 정확한 기업가치의 판단이 어렵다. 따라서 손익계산서상의 수익actual earnings보다 실제로 중요한 것은 기업의 경제적이익 창출능력earnings capability이다. 평가사는 예상 경제적이익을 정확히 예측하여 기업가치에 반영하여야 한다. 이러한 경제적이익 창출능력의 측정과 평가작업은 재정상태표를 고정불변의 수치로 바라다보는 회계사보다는 신축적으로 경제적이익의 추정치를 자본화하는 데에 익숙한 평가사가 더 유연성이 있다.[1]

4.2 자산별 요구수익률 : WARA와 WACC

기업의 각종 자산들은 그 종류에 따라 각각 유동성이나 위험도가 다르다. 따라서 자본조달의 원천이나 방법이 다르게 되고, 아울러 요구수익률required rate of return:RRR도 달라진다. 〈그림 4-6〉은 이렇게 자산의 종류별로 유동성에 차이가 있으며 무형자산 쪽으로 갈수록 요구수익률이 높아지고 유동성은 낮아져, 자기자본에 의해 조달될 수밖에 없음을 나타내고 있다. 그러나 유동성이 높은 재고자산 등 왼쪽부분 자산들은 요구수익률도 낮고 범용성이 높아 부채로도 조달할 수 있다는 것을 보여준다. 특히 이러한 유동성과 범용성(또는 시장성)의 차이에 따라 투자자가 요구하는 수익률에도 차이를 가져온다는 사실에 유의하여야 한다.

〈그림 4-7〉에서 자산별 요구수익률을 가중평균하여 산출하는 WARA, 즉 가중평균자산수익률weighted average return on asset과 투하자본에 대한 비용을 자본조달 원천의 비중에 따라 산출하는 가중평균자본비용WACC이 어떻게 일치하게 되는지를 보여주고 있다.

---

1. Gordon V. Smith, *ibid*, p. 68

그림 4-6
자산별 유동성차이와 요구수익률

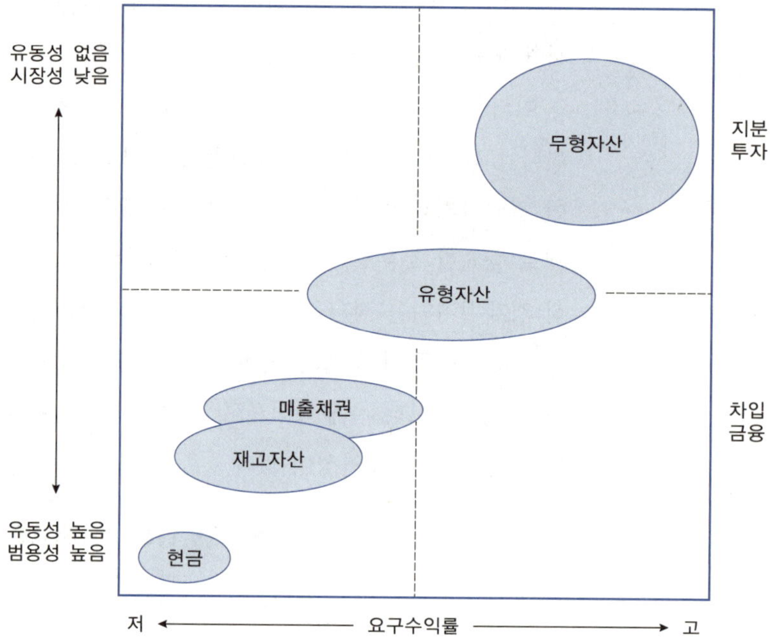

자료: Gordon V. Smith et al., *ibid*, p. 61

그림 4-7
경제적재무상태표와 자본비용

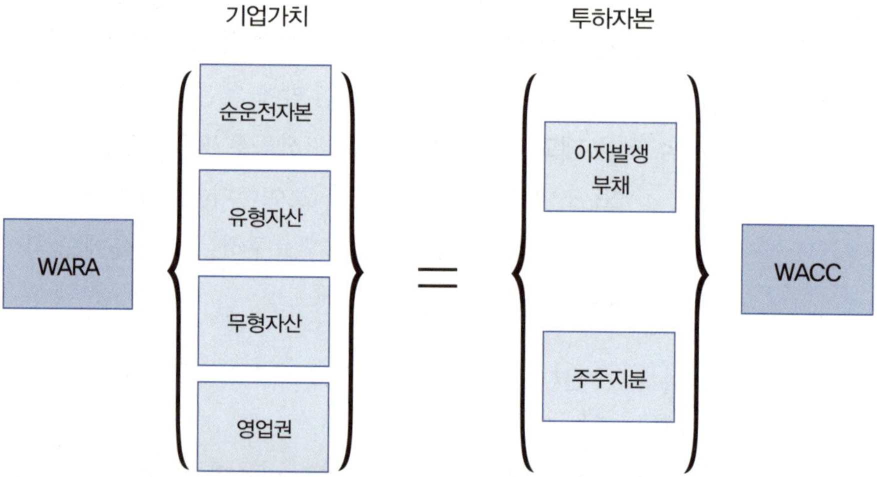

위 〈그림 4-7〉에서 나타난 바와 같이 기업경영을 위하여는 자기자본과 부채를 필요로 한다. 그리고 기업의 투자수익은 주주배당과 차입금이자로 지급되어

야 한다. 그런데 투하자본에 대한 적정한 요구수익률은 대개 WACC를 기준으로 배분하게 된다. 즉 WACC를 출발점으로 하여 각 자산항목별로 투자수익률을 배분함으로써 각 자산의 요구수익과 가치를 추정할 수 있다. 각 자산의 적정한 요구수익률required rate of return을 산정하기 위하여는 다음의 두 가지 중요한 요소를 고려하여야 한다.

① 각 자산의 기업 전체자산에 대한 상대적인 비중
② 각 자산의 적정 요구수익률(required rate of return)

그러면 각 자산별로 적정한 기여도나 요구수익률은 어떻게 구할까? 실무에서 가장 많이 사용하는 방법은 분해법disaggregation method이다. 이 방식은 대상 무형자산의 가치를 평가하기 위하여 전체의 가치를 각 자산포트폴리오의 구성요소별로 분해하여 대상자산의 잔여가치를 구하는 방식이다.

수익방식은 자산을 보유함으로써 얻는 경제적이익의 현재가치를 평가가액으로 삼는 것을 그 논리적 기초로 한다. 재무제표에는 나타나 있지 않은 지식재산을 평가하기 위하여 지식재산의 경제적이익에 대한 기여도를 각 구성 자산별로 구분하여 추정하는 방법이 바로 분해법이기 때문이다.

이 방식은 대상자산의 가치산정을 위해 기업의 각 제품별 또는 자산별로 가치를 분해하여 평가하게 된다. 예컨대 브랜드가치를 평가한다고 하자. 〈그림 4-8〉에 나타난대로 우선 제품 1라인의 가치를 제품 2~4라인과 별도로 구분하고, 이를 다시 자산별로 ① 운전자본, ② 유형자산, ③ 무형자산으로 나누어 자산별 요구수익률에 따라 각각의 필요이익을 산출한다. 마지막으로 잔여법에 의해 브랜드 자산에 할당되는 이익을 적정한 할인율로 자본화하여 브랜드가치를 구하는 것이다.

〈그림 4-9〉에서 보듯이 기업가치 구성자산별 요구수익률은 5%(운전자본)~22%(영업권)으로 넓게 분포되어 있다. 그러나 가중 평균자산수익률은 15%로서 대상기업의 WACC 15%와 언제나 일치한다.

그림 4-8
분해법에 의한 각 제품라인의 자산가치 분해

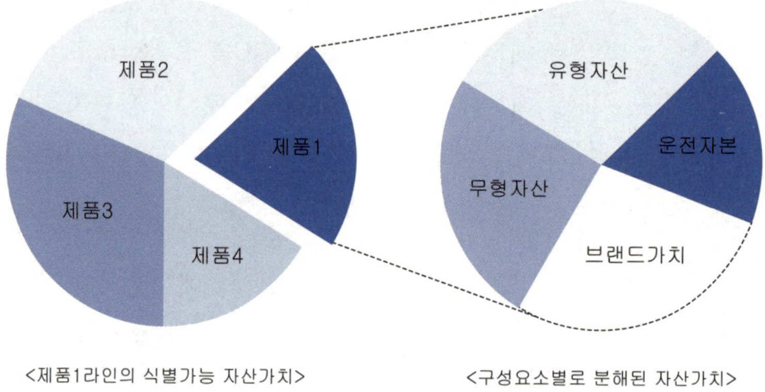

그림 4-9
구성자산별 요구수익률과 WACC

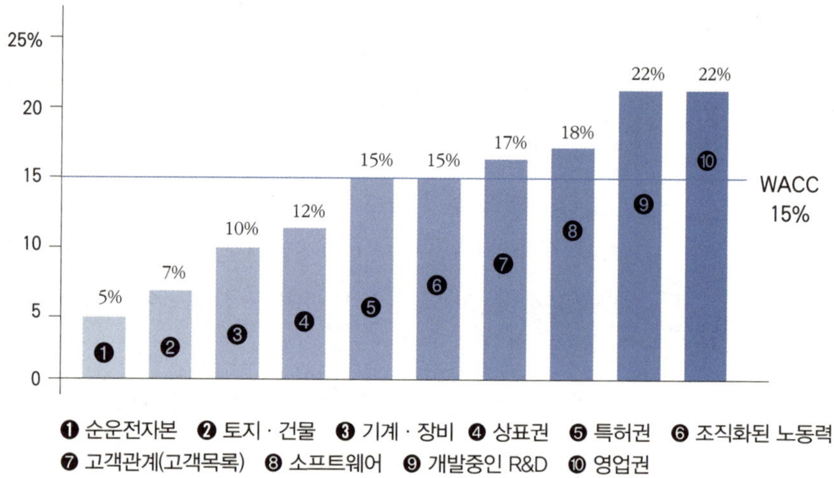

각 자산 종류별 요구수익률을 결정하는 요인은 다음 〈표 4-1〉에 요약된 바와 같다. 다만, 여기서 제시한 요구수익률은 각 자산의 상대적 위험도에 따른 예시일 뿐이라는 사실에 유의하여야 한다.

예컨대 고정자산의 경우 운전자본보다 유동성이 낮고, 범용성도 제한되므로 상대적으로 높은 요구수익률로 고위험을 헷지하게 된다. 따라서 고정자산리스요율이나 담보대출이자율을 기준으로 RRR을 결정하게 된다. 무형자산과 고정

표 4-1 자산별 요구수익률(예)과 그 결정요인

요구수익률		결정요인
운전자본	3~5%	• 단기차입금 이자율
고정자산	7~10%	• 리스요율 • 금융기관 담보대출금리 • 자산유동화금리
무형자산	12~18%	• 자기자본비용 • 고정자산과 영업권 중간이율
영업권	20~40%	• WACC • 자기자본비용 • 기타자산요구수익률

자산을 비교하면, 마찬가지로 무형자산의 유동성은 낮고 위험도는 높아지기 때문에 고정자산의 RRR보다 높은 12~18% 수준으로 결정되는데, 이때 그 기준은 대개 WACC나 자기자본비용^{Ke}이 되며, 기업고유위험할증을 비롯한 각종 위험할증요인을 고려하여 결정하게 된다.

한편 Gordon Smith는 각 자산별 요구수익률을 제시하고 있는데, 금융자산은 8~10%, 유형자산 10~15%, 그리고 무형자산은 가장 높은 15~40% 수준이다.[2] 이는 무형자산에 대한 투하자본은 매우 높은 조달비용을 치르지 않으면 동원할 수 없다는 사실을 강조하는 것이다.

Ⅱ 기업가치평가의 3가지 접근법

1 3방식의 기본원리

감정평가서 이용자에게 가장 설득력 있는 기업가치 평가기법은 일반적으로 시장 거래사례를 기초로 가치를 도출하는 거래사례비교법comparable transaction method이다. 그러나 실제 거래사례의 수집이 어렵고, 더구나 기업은 부동산보다 강한 개별성을 갖고 있어 거래가격을 기준으로 이를 적절히 보정하는 작업에도 현실적인 한계가 있다.[3]

2. Gordon V. Smith, et, al. , *ibid*, p.433
3. 경응수 · 이정국, '기업가치평가론', 부연사, 2007.

표 4-2
기업가치평가의 3방식

접근방식	기준	결정요인	평가 3방식
자산가치 방식	• 장부가 또는 대체원가 기준 • 재평가에 의한 시가 참작	• 자산총액 − 무형고정자산(어업권 · 광업권 등 실질가치가 있는 무형고정자산 제외) 및 이연자산 − 부채총액 − 이익잉여금처분액 중 배당금 등의 사외유출금액	원가방식
상대가치 방식	• 국세청장이 발표하는 유사업종의 상장회사 평균가치 기준 • 동종유사회사 또는 유사거래와 비교	• 유사기업의 주가 $\times \left[\frac{\text{발행기업의 1주당 순이익}}{\text{유사기업의 1주당 순이익}} + \frac{\text{발행기업의 1주당 순자산액}}{\text{유사기업의 1주당 순자산액}} \right] \times \frac{1}{2}$	비교방식
수익가치 방식	• 미래 현금흐름, 기대수익률, 자본이익률, Q ratio 등 수익성지표 기준	• 경상이익 − 법인세(법인세할 주민세 포함) − 이월결손금 − 이익잉여금처분액 중 배당금 외의 사외유출금액	수익방식

그러므로 현재 실무계에서 일반적으로 적용되는 평가기법은 〈표 4-2〉에서 보는 것과 같이 재무제표 회계정보를 중심으로 자산가치, 상대가치, 그리고 수익가치를 구하여 기업가치를 구하고 있다. 그러나 자산가치방식은 미래 초과이익의 지속성을 무시하는 단점이 있고, 상대가치방식은 유사거래 기업의 사례를 얻기가 어려운 실정이다. 또한 수익가치방식은 수익의 예측 및 자본환원율의 선택이 어려운 단점을 갖고 있다. 이에 대한 대안으로 자산옵션option 모형을 이용하여 미래의 상황변화에 따른 의사결정의 변경가능성을 반영한 기업가치를 산출하는 방안도 제시되고 있으나, 이 역시 완전한 평가방식은 아니다.[4]

〈표 4-2〉에 요약된 바와 같이 일반적으로 재화의 가치를 측정하기 위해서는 수익기준, 비용기준, 시장기준 등 세 가지 측면에서 접근할 수 있다. 즉 미래에 발생할 기대수익으로부터 가치를 측정하는 방법, 투입된 비용으로부터 가치를 측정하는 방법 및 시장에서 거래되는 비교사례로부터 가치를 측정하는 방법 등

---

4. 자산옵션의 유형으로는 성장옵션(growth option), 확장옵션(option to expand scale), 축소옵션(option to contract scale), 포기옵션(abandonment option), 교환옵션(option to switch) 및 시기결정옵션(timing option) 등이 있다.

이 그것이다. 기업의 가치를 측정하는 경우에도 기본적으로 이와 같은 세 가지 측면에서 접근할 수 있다.

① 미래에 발생할 기대수익을 적정한 할인율로 현가화하는 수익가치접근법
② 기준(가격)시점 현재의 재조달비용으로부터 가치를 측정하는 자산가치 접근법
③ 시장에서 유사한 비교사례를 선택하여 이를 비교하여 기업가치를 산정하는 상대가치접근법

2 기업가치 평가기법

앞에서 설명한 기업가치 평가를 위한 세 가지 접근방식은 다시 세부적인 적용기술에 따라 다양한 평가기법으로 나뉘인다. 〈표 4-3〉에는 이 같은 다양한 평가기법들을 세 가지 접근방식 별로 분류하여 요약한 것이다.

첫째, 미래에 발생할 기대수익으로부터 기업가치를 측정하는 수익가치평가방법은 할인의 대상을 무엇으로 하느냐에 따라서 잉여현금흐름free cash flow : FCF 할인법, 배당금평가법, 순이익평가법, 경제적 부가가치economic value added : EVA 법 등으로 구분된다(수익가치 평가법).

둘째, 투입된 비용으로부터 가치를 측정하는 방법에는 ① 기준시점 현재 시장에서 재조달하는 비용으로 측정하는 대체가치법, ② 기준시점 현재 장부에 기록된 비용으로 측정하는 장부가치법, ③ 기준시점 현재 시장에서 청산하는 산출비용으로 측정하는 청산가치법, ④ 기준시점 현재의 자산평가액에서 부채의 평가액을 차감한 순자산가치법 등이 있다. 순자산가치법은 자산을 투입비용으로 보느냐, 공정한 시장가치로 보느냐, 산출비용으로 보느냐에 따라서 가격이 달라질 수 있으나 시장가치를 산출하기 위해서는 기본적으로 공정한 시장가치로 측정하여야 한다(자산가치 평가법).

셋째, 시장에서 유사한 사례로부터 대상기업의 가치를 측정하는 방법에는 여

표 4-3
기업가치 평가의 다양한 기법

접근방식	평가방법	평가기법의 정의
수익가치 접근법 (income approach)	할인현금 흐름모형	• FCFF법: 총투하자본에 대한 현금흐름을 자본투자자의 요구수익률인 할인율로 현가화하여 총기업가치를 평가하는 방법. • FCFE법: 주주에게 귀속되는 자기자본 현금흐름을 자기자본비용으로 할인하여 자기자본가치를 산정하는 방법.
	배당금 평가법	• 주주에 대한 배당금흐름과 장래 주식의 처분가격을 투자자 요구수익률인 할인율로 현가화한 것을 보통주의 가치로 추정하는 방법.
	순이익 평가법	• 배당금 평가법의 단점을 보완하기 위해 배당금 대신 순이익의 가치로서 기업가치를 평가하는 방법.
	경제적 부가가치 평가법	• 기업이 고유의 영업활동을 통해 창출한 순증분인 경제적부가가치(EVA)를 WACC로 할인한 다음 투하자본(IC)을 합한 가액을 기업가치로 추정하는 방법
자산가치 접근법 (asset based approach)	순자산 가치법	• 재무상태표상의 자산과 부채를 계정과목별로 분류하여 재평가하고 순자산가액을 산출하는 '시장가치환산법'을 말한다.
	대체 가치법	• 평가대상 기업과 동일한 기업을 설립한다고 가정할 때 드는 현금비용을 산출하는 방법. 통상 신규기업을 설립하는 것보다는 현금비용이 저렴하다는 논리에 근거하고 있다.
	청산 가치법	• 기업이 해산되어 정리할 때의 가치를 기준으로 평가하는 방법으로 기업을 청산함으로써 발생될 매각가능금액으로 산정한다.
상대가치 접근법 (market approach)	유사기업 비교 평가법	• 공개거래되는 유사기업의 주식가격에 기초하여 대상기업의 가치를 평가하는 방법으로 비교지표가 무엇인가에 따라 다음과 같이 나뉜다. ① 주가수익비율법(PER: Price Earning Ratio) ② 주가현금흐름비율법(PCR: Price Cash-flow Ratio) ③ 주가장부가치비율법(PBR: Price on Book-value Ratio) ④ 주가매출액비율(PSR : Price Sales Ratio) 등이 있다.
	유사거래 비교 평가법	• 시장에서 거래된 기업 중에서 평가 대상기업과 유사한 기업들을 선택한 후, 그 중 사업의 위험구조, 매출규모 등이 대상기업과 비슷한 기업의 거래가격을 기준으로 가치를 평가하는 방법.

러 가지가 있을 수 있다. 대상기업과 가장 유사한 비교기업으로부터 대상기업의 가치를 측정하는 유사기업비교평가법과 유사한 거래사례와 비교하여 대상기업의 가치를 측정하는 유사거래비교평가법 등이 있다. 전자는 비교의 지표를 무엇을 사용하느냐에 따라서 주가수익비율법, 주가현금흐름비율법, 주가배당금비율법, 주가총수익비율법, 주가장부가비율법, 주가시장가비율법 등이 있다(상대가치 평가법).

Ⅲ 자산가치접근법

자산가치접근법asset based approach이란, 기업의 순자산은 자산에서 부채를 차감한 잔액이라고 보고 이것이 기업의 주식가치라고 보는 견해이다. 자본주이론 (소유주이론)에 영향을 받아 '자본 = 자산 − 부채'라는 회계등식에 의하여 자본의 가치를 구하는 방법이다. 이는 자산의 가액에서 부채의 가액을 차감한 잔액이 자본의 가치이므로, 이를 구하기 위하여 자산과 부채를 어떻게 평가 하느냐에 따라서 자본의 가치가 달라진다.

자산의 가치는 투입측면에서는 역사적 원가나, 현행대체원가로 측정될 수 있고, 산출측면에서는 순실현가능가치나, 유입가치, 청산가치 등으로 측정될 수 있다. 투입과 산출의 절충적 측면에서는 공정가치 등으로 측정할 수 있다. 기업회계에서는 비록 역사적 원가에 의하여 자산의 가치가 기록되어 있다고 하더라도 기업가치를 산정하는 경우에는 일반적으로 공정가치나 청산가치에 의하여 측정된다.

자산의 측정과 평가 시에는 가공자산이나 회수가능성이 없는 부실자산에 대한 파악이 필요하다. 부채는 채권자의 청구권으로서 기업은 부채의 원금과 이자를 지급할 의무가 있다. 따라서 기업의 가치를 평가하는 데 있어서는 기준시점 현재의 부채를 일정한 기준에 의하여 평가하여야 한다. 일반적으로 부채는 채권자와 채무자 쌍방의 협약에 의하여 정해져 있으나 기준시점에서의 시간요소를 고려한 현가계산에 의하여 시장가치로 측정해야 한다. 부채의 가치를 측정하는 경우에는 특히 재무상태표에 기록되지 않은 부외부채나 허위 기록된 가공부채를 정확히 파악할 필요가 있다. 이러한 순자산가치법은 현행 제도권의 비상장주식의 평가에 있어서, 즉 상속세 및 증여세법, 유가증권의 발행 및 공시 등에 관한 규정 및 M&A 등의 거래에서 널리 사용되고 있다.

순자산가치법은 자본주이론에 입각하여 정태론의 입장에서 전개되는 정적 재무상태표를 중심으로 파악되고 있다. 이 방법은 이해하기 쉽고 평가방법도 상대적으로 간단한 장점이 있어서 기본적인 평가방법으로 널리 사용되고 있다. 그러나 이 방법은 정태론의 입장에서 기업의 정지 또는 청산을 가정하고 있으며, 기업은 자산과 부채 및 수익 등이 유기체로서 살아 움직이는 생명체처럼 부단히 변하고 있다는 점이 간과되고 있다. 또한 이 방법은 기업이라는 실체는 미래의 수익 또는 현금흐름의 창출을 목적으로 존재하는 영속체[going concern]라는 점에서의 미래 수익창출능력을 반영하지 못하는 단점을 가지고 있다. 따라서 순자산가치법은 기업의 실질가치를 산출하는 데는 한계가 있다고 보여진다. 자산가치평가법에는 순자산가치법과 대체가치법, 그리고 청산가치법 등이 있다.

1 자산가치접근법의 원리

자산가치접근법을 적용함에 있어서 역사적 원가(취득원가)에 기초한 재무제표는 단지 분석의 출발점에 지나지 않는다. 역사적 원가에 기초한 재무제표는 절대로 평가의 종착점이 될 수 없다. 평가사는 평가분석의 출발점으로서 일반적으로 인정된 회계원칙[GAAP]에 의하여 작성된 재무상태표를 이용한다. 최종적으로 평가된 재무상태표는 대체로 역사적 원가에 기초한 재무상태표와 매우 유사하지만 그 내용과 의미는 매우 다르다.

첫째, 평가기초 재무상태표는 본질적으로 역사적 원가에 기초한 재무상태표와 다음 두 가지 측면에서 다르다.

- 자산과 부채는 평가시점에서 적절한 가치기준으로 재평가된다.
- 재무상태표에 추가되는 자산부채 항목도 있으며, 원래의 자산과 부채 계정 중에서 삭제되는 항목도 있다.

둘째, 자산접근법을 적용함에 있어서 모든 자산과 부채는 기업평가를 위하여 선택된 가치기준과 일치하는 가치기준으로 재평가되어야 한다. 만일, 자산과 부채가 중요하지 않다면 또는 재평가로 인한 변화가 중요하지 않다면 평가사는 역사적 원가가치를 그대로 남겨둘 수 있다. 그렇지 않다면 평가사는 각각의 자산과 부채 계정을 항목별로 또는 주요 계정과목 범주별로 분리하여 고려하고 분석해야 한다. 평가사는 회사의 자기자본구조의 정의 가치(시장가치)에 대한 결론을 내리는 과정에서 각 자산과 부채계정의 정의 가치(시장가치)에 대한 결론을 내린다. 기업의 자산과 부채의 가치를 순장부가치로 추정하는 것은 부적절하고 부정확하다.

셋째, 자산접근법을 적용함에 있어서 모든 기업의 자산과 부채는 선택된 가치기준으로 재평가하기 위하여 검토하여야 한다. 평가사가 개별자산의 평가방법에 익숙하지 않다면 부동산, 유형동산, 무형동산 등의 전문가에게 의존할 필요가 있다. 전형적으로 기업의 가장 가치 있는 자산은 대부분 역사적 원가에 기초한 재무상태표에 기록되지 않는다. 여기에는 기업의 무형자산과 지적재산권을 포함한다. 이러한 무형자산은 대체로 일반적으로 인정되는 회계원칙GAAP에 따라 작성한 역사적 원가에 기초한 재무상태표에는 포함되지 않는다. 또한 기업의 가장 중요한 부채는 역사적 원가에 기초한 재무상태표에 기록되지 않는 경우가 많다. 이는 기업의 상태조건부 부채를 포함한다. 따라서 자산가치평가법의 일부로서 신규자산, 신규부채 계정은 재평가기초 재무상태표에 기록될 수도 있다.

2 순자산가치법

순자산가치법net value method은 재무상태표상의 자산과 부채를 평가하여 총자산가치에서 총부채가치를 차감한 순자산가치로 기업의 가치를 평가하는 방법이다. 이때 자산과 부채의 가치를 단순하게 장부가로 평가하는 장부가 평가법과 공정가치로 평가하는 시가평가법이 있으나, 기업가치평가에 있어서는 공정가치로 평가하는 시가평가법이 이용되고 있다. 한편, 자산과 부채의 평가에 있어서 개별자산의 가치를 평가하여 이를 합산하여 총자산의 가치를 평가하는 개별자산평가방법, 총자산의 가치를 자산 전체가 창출하는 수익으로 평가하는, 즉 순유형고정자산가치에 초과수익가치를 더한 것으로 하는 집합자산평가방법 등 여러 가지 방법이 있을 수 있다.

2.1 개별자산평가법

개별자산평가법 individual asset valuation method 이란, 총자산을 구성하고 있는 개별자산들을 개별로 평가한 가치에서 총부채를 구성하고 있는 개별부채의 가치를 차감하여 구한 순자산가치를 기업가치로 보는 평가방법을 말한다. 개별로 평가한 자산가치를 합산하여 기업가치를 평가한다 하여 자산가치합산법 asset accumulation method 이라고도 한다.

2.2 집합자산평가법

집합자산평가법 collective asset valuation method 이란, 기업의 자산과 부채를 집합적 자산 a group of assets 으로 인식하고 평가하여 기업가치를 평가하는 방법이다. 즉, 이 방법은 자산의 장부가치를 초과하는 기업의 증분가치 incremental value 를 인식하고 평가하여 기업가치를 평가하는 방법이다. 이 방법의 가장 대표적인 것이 초과이익환원법 capitalized excess earnings method 이다.

자산측면에서 기업의 가치를 평가하는 집합자산 평가법에서는 식별 가능한 유형고정자산과 무형고정자산의 합이 총기업가치이고, 이에 부채의 가치를 차감한 것이 자기자본의 가치라는 관점에서 접근한다.

$$\text{지분가치} = \text{유형자산 가치} + \text{무형자산 가치} - \text{부채의 가치}$$

그러나 무형자산의 가치를 평가 할 때 대상 무형자산을 다른 유 · 무형자산과 함께 사용하여 수익을 창출하므로 이를 개별적으로 사용하는 것을 전제로 평가하는 것은 현실성이 없을 수 있다. 따라서 평가사는 평가대상 무형자산이 다른 자산과 함께 집합체 aggregation 로서 사용되는 것을 전제로 평가한 것인지, 독립자산기준 stand-alone basis 으로 평가한 것인지를 평가서에 명확히 밝혀야 한다. 아울러 집합체로서 평가되는 경우 대상무형자산과 결합되어 사용되는 다른 유 · 무형자산이 무엇인지도 명시하여야 한다.

3 가치기준 및 가치의 전제

순자산가치법에서의 가치기준basis of value은 기업전체가치 평가에 있어서의 가치기준과 같아야 한다. 즉 평가대상 기업의 공정가치 평가가 목적이면 개별자산, 부채도 그 공정가치를 평가하여야 한다. 개별자산의 공정가치를 평가하는 경우에도 평가대상이 어떤 상태의 무엇이냐에 따라 여러가지 가치의 전제가 존재한다. 따라서 공정가치도 이 중 하나의 가치의 전제하에서 평가되어야 한다.

기업가치평가에서도 계속기업의 일부로서 수익창출을 위해 사용되고 있는 개별자산의 공정가치를 평가하여야 할 것이나, 평가의 목적이나 전제조건에 따라서는 청산가치liquidation value로 평가하는 경우도 있다. 즉 대상기업이 영업을 중단하고 청산한다는 가정하에 일체의 자산을 개별적으로 분리하여 처분할 경우 실현가능한 가액을 합산한 기업가치를 말한다.

4 평가절차

1단계 (기본자료 수집 및 분석) 기업의 가치를 평가하기 위해서는 여러 가지 자료를 수집하여 분석하여야 한다. 특히 순자산가치를 평가하기 위해서는 먼저 재무상태표를 입수하여 기업의 자산과 부채를 파악해야 한다. 또한 법인의 정관, 법인 등기부등본 등을 통하여 주식의 발행사항을 파악해야 한다. 자산과 부채를 시장가치로 평가하기 위해서는 실사를 통하여 존재 여부를 확인한 후에 가치평가방법에 의하여 각각의 자산과 부채를 시장가치에 의해 평가해야 한다.

2단계 (평가대상 자산과 부채 확정) 기업가치를 평가하기 위해 평가해야 할 자산과 부채들을 확정하고 실사를 하여야 한다. 이에는 다음과 같은 것이 있다.

- 유동자산: 현금, 외상매출금, 선급금, 재고자산 등
- 유형고정자산: 토지, 건물, 기계 · 기구, 집기 · 비품, 차량운반구 등
- 무형고정자산: 영업권, 특허권, 상표권, 내부전산체계, 고객망 등
- 유동부채: 외상매입금, 단기차입금, 미지급 법인세 등
- 장기부채: 장기차입금, 회사채 등

3단계 (자산과 부채의 공정가치 평가) 평가해야 할 자산과 부채들을 확정한 후에는 이들의 공정가치를 평가해야 한다. 이를 위해서 공인회계사나 감정평가사 등 전문가의 도움을 받아야 할 경우도 있다. 구체적인 평가절차에 대해선 뒤에서 다시 자세히 설명하기로 한다.

4단계 (부외 무형자산 확정과 평가) 무형자산은 유상취득된 것만 재무상태표에 표시되므로 기업의 경제적 가치에 큰 영향을 주지만 기업회계기준에 근거한 재무상태표에는 표시되지 않는 무형자산을 인식하고 평가하는 과정도 대단히 중요하다. 전체 기업가치는 재무상태표에 표시되든 아니되든, 수익창출력, 현금흐름창출력, 배당지급능력을 가지고 있는 기업의 유 · 무형의 자산들의 가치로 평가되기 때문이다.

5단계 (부외 우발채무 확정과 평가) 이 절차는 개별자산 평가방법에 있어서 일반적인 절차는 아니어서 신중히 취급하여야 하나 기업을 상대로 제품관련 소송, 조세관련 소송, 환경관련 소송 등이 계류 중에 있으면 평가대상 기업의 위험은 높게 평가될 수 있으며 기업가치는 낮게 평가될 수 있다.

6단계 (평가가치기준 수정재무상태표 작성) 장부상의 항목을 기준으로 기업의 모든 자산과 부채를 시장가치에 의해 평가가 완료되면 재무상태표를 다시 작성하여야 한다. 이렇게 작성된 재무상태표를 '수정 재무상태표' 또는 '평가가치기준 재무상태표 valuation-based B/S'라 한다.

7단계 (자기자본가치 산정) 평가가치기준 재무상태표상의 유 · 무형의 총자산가치에서 부채가치를 차감하면 그 기업의 자기자본가치가 산정된다. 자기자본 중에

서 우선주가 있으면 우선주가치를 차감하여 보통주가치를 산정할 수 있다. 이때의 보통주가치는 시장성과 경영권이 모두 있는 경우의 보통주가치이고, 보통주라도 시장성이 없고 경영권이 없는 경우에는 할인이라는 조정과정을 한 번 더 거쳐야 한다.

5 자산과 부채의 가치평가

자산과 부채에 대한 평가절차는 일반적으로 다음과 같은 4가지 단계를 거쳐 산정된다.

1단계 (유동자산의 가치평가) 현금이나 외상매출금, 선급비용, 그리고 재고자산 등으로 대표되는 유동자산에 대한 평가방법은 각각 다음과 같은 기준에 의하여 가치를 산정하게 된다.

- 현금 : 평가기준일 현재의 잔액을 대사對査 확인한다.
- 외상매출금과 받을 어음 : 현금화가 기대되는 금액을 현재가치화한 순실현가능가치 net realizable value 를 산정한다.
- 선급비용 : 선급비용에서 경제적인 이익이 발생되지 않을 것으로 기대되는 항목을 제외한 순실현가능가치를 산정한다.
- 재고자산 : 원재료, 재공품, 제품 모두에 적용되는 평가방법으로 재생산원가법, 시장가치법, 수익가치법이 있으나 제품의 경우에는 시장가치법이 주로 이용된다. 재고자산은 종목별로 평가하되 취득원가보다 시가가 하락한 경우에는 시가로 평가한다. 종목별 취득원가 산정방법으로는 선입선출법, 후입선출법, 이동평균법 등이 있다.

2단계 (유형고정자산의 가치평가) 토지, 건물, 기계 · 기구, 집기 · 비품, 차량운반구 등으로 대표되는 유형 고정자산 평가를 위한 접근법으로는 비용접근법 cost approach, 수익접근법 income approach 과 시장접근법 market approach 등이 있다.

대상부동산의 특성으로 인하여 위에서 설명한 각각의 접근법의 적용이 부동산 가치의 평가에 적합한지를 검토한 후 각 접근법으로 평가한 결과를 종합하여 최종적으로 대상 부동산의 가치를 평가해야 한다.

3단계 (무형고정자산의 가치평가) 무형자산의 평가에 있어서도 위에서 설명한 세 가지의 접근법을 사용하여 추정된 가치를 종합하여 최종가치를 평가하게 된다. 무형자산의 가치를 평가하는 첫 번째 절차는 대상회사에 유입되는 현금흐름을 인식하고 대상 무형자산이 그 현금흐름에 어떻게 영향을 끼쳤는가를 파악하는 것이다. 이어 시장접근법, 원가접근법, 수익접근법의 순으로 구체적인 가치 평가방법을 적용하여 평가를 실시한다. 이 경우 최소한 한가지 이상의 무형자산은 수익접근법으로 평가하여 기업 자산의 수익창출력을 확인할 필요가 있다. 우리 나라의 상속세 및 증여세법 시행령 제59조에서는 영업권의 평가는 순이익에 의한 수익가치 평가방법에 의해 하도록 규정하고 있다.

4단계 (부채의 가치평가) 부채의 가치는 미래에 상환해야 할 부채에 대한 현금유출을 적절한 할인율로 할인하여 현재가치화 한 것이다. 부채의 상환과 관련하여 불확실성, 즉 위험이 크면 클수록 할인율도 커진다. 모든 부채증권의 가치는 이런 방법으로 평가하게 된다. 이를 산식으로 표시하면 다음과 같다.

$$PV = \sum_{t=1}^{n} \frac{PMT_t}{(1+r)^t}$$

PMT_t : t 시점의 상환금 t : 상환금이 지불되는 시점 r : 할인율 n : 부채의 만기

Ⅳ 수익가치접근법

수익가치접근법은 기업뿐만이 아니라 여러 가지 투자대상의 평가방법으로 널리 이용되고 있는 과학적이고도 합리적인 가치평가 방법이라 할 수 있다. 투자로부터 얻어질 것으로 기대되는 경제적이익을 적정한 할인율로 할인하여 현재가치화하는 방법이라 하여 '경제적이익할인법'이라고도 한다.

1 수익가치접근법의 기본요소

수익가치접근법의 기본적인 논리는 기업가치란 기업 수명기간 동안의 미래 기대수익을 적정한 할인율에 의하여 현가화한 현재가치를 의미한다는 것이다. 이를 기본 수식으로 표시하면 아래와 같다.

$$BV = \sum_{t=1}^{n} PV_t$$

$$PV_t = \frac{D_t}{(1+r)^t}$$

BV: 기업가치　PVt: t기의 현재가치　Dt: t기의 배당금　r: 할인율　n: 수명기간

상기의 식에서 보듯이 수익가치 평가방법에 의한 기업가치 평가에 필수적인 정보는 크게 분자인 수익(현금흐름)의 크기, 분모인 할인율(자본비용)과 수익의 지속성(경제적 수명) 등 3가지로 요약된다.

첫째, 현금흐름의 크기는 투하자본의 부가가치 창출력으로서 현금유입액에서 현금유출액을 차감한 순현금흐름을 말한다(수익의 크기).

둘째, 사업에서 창출되는 현금흐름의 시점이 다르기 때문에 현가화하려면 현재시점으로 할인해야 한다. 이때 할인율로 사용되는 것이 자본비용이다(할인율).

셋째, 부가가치를 창출할 수 있는 기간이 경제적 수명이다. 기업은 경제적인 수명 동안 가치를 가지므로 경제적 수명 기간 중의 경제적이익을 현재가치로 할인해야 한다(경제적 수명).

이하에서는 할인의 대상인 경제적이익에는 어떤 종류가 있으며, 어떻게 측정하는지를 살펴보고 자본비용의 측정방법 및 경제적 수명에 대해서 검토한다.

2 경제적이익(현금흐름)의 측정

수익가치 평가법에 사용되는 미래 경제적이익future conomic benefits, 즉 예상 현

금흐름에는 여러 가지가 있을 수 있다. 그리고 경제적이익의 원천이 무엇인가, 즉 경제적이익이 어떤 투하자본으로부터 발생하는가에 대해서도 살펴봄으로써 수익가치 평가방법의 종류를 파악할 수 있다. 우선 경제적이익의 종류와 그 원천에 대해 차례로 살펴보기로 한다.

2.1 경제적이익의 종류

경제적이익은 크게 세 가지로 나눌 수 있는데 배당금, 손익계산서상의 각종 이익과 이를 보완해 주는 잉여현금흐름이 있다. 경제적이익을 이해하는 데에는 기준 손익계산서를 수정한 수정 손익계산서가 유용하다.

① **배당금** 당기순이익을 포함한 당기말 처분전 이익잉여금 중에서 회사의 배당정책에 의해 주주들에게 지급되는 배당금은 전통적인 경제적이익이다.

② **각종 이익** 이익의 종류에는 EBDIT, EBIT, EBIAT, 세후 순이익 등이 있다. EBDIT는 감가상각전 영업이익으로서 EBITDA, 또는 EBDITA와 같다.

- EBDIT(Earnings Before Depreciation, Interest and Taxes) : 감가상각, 이자 및 세금 지급전 수익을 말한다. '상각전영업이익'이라고도 한다. 여기서 감

표 4-4
각종 경제적 이익의 산정

매출액	
− 매출원가	
= 매출총이익	→ *Gross Cash Flow*
− 판매비 및 일반관리비	
= 영업이익	→ *Value of Operation*
+ 영업외수익	
− 영업외비용(이자비용)	
= 경상이익	
+ 특별이익	
− 특별손실	
= 세전순이익	→ *Net Cash Flow*
− 법인세	
= 세후순이익	→ *ATCF*
− 배당금	

가상각에는 감가상각과 같은 성격인 대손상각까지 포함되므로 대손상각[amortization]도 함께 표현하여 'EBDITA' 또는 'EBITDA'라고 하기도 한다.

- EBIT(Earnings Before Interest and Taxes) : 이자 및 세금 지급전 순익을 말한다. 영업이익과 같은 개념이다.
- EBIAT(Earnings Before Interest after Taxes) : 이자지급전 세후영업이익이다.
- 세후순이익 : EBIAT에서 이자를 지급하고 난 후의 최종 순이익을 말한다.

③ 잉여현금흐름[FCF] 이자비용을 차감하기 전의 영업이익에서 영업이익에 대한 법인세를 차감한 '세후영업이익[EBIAT]'에서부터 총투하자본에 대한 현금흐름을 계산한다. 즉, 세후영업이익에 감가상각비와 이연자산상각비를 더한 것이 총투하자본에 대한 총현금흐름이 되고 총현금흐름[gross cash flow]에서 영업활동에 소요된 운전자본[working capital]의 증가분과 유형고정자산의 신규투자와 대체를 위한 설비투자[capital expenditure], 그리고 순기타자산의 증가분, 즉 기타자산에서 기타부채를 뺀 것의 증가분을 차감하면 총투하자

표 4-5
수정 손익계산서

매출액	
− 매출원가(감가상각비 제외)	
매출총이익	
− 판매비 및 일반관리비(감가상각비, 대손상각비 제외)	
감가상각전 영업이익	① EBDIT(또는 EBITDA)
− 감가상각비, 대손상각비	
영업이익	② EBIT
− 영업이익에 대한 세금	
세후영업이익	③ EBIAT
+ 영업외수익	
− 영업외비용(이자비용)	
+ 특별이익	
− 특별손실	
당기순이익	④ ATCF
− 배당금	

표 4-6
총투하자본에 대한 현금흐름

세후영업이익	→ EBIAT
+ 감가상각비, 이연자산상각비	
총투하자본에 대한 총현금흐름	→ Gross Cash Flow
− 총투자	
운전자본의 증가	
설비투자	
순기타자산의 증가	
총투하자본에 대한 순현금흐름	→ Net Cash Flow

본에 대한 순현금흐름[net cash flow]이 된다.

설비투자금액은 유형고정자산의 순증액에 해당 기간 중 발생한 감가상각비용을 더하면 산출할 수 있다. 그리고 순기타자산의 증가금액은 기타자산에서 기타부채를 차감한 것의 증가분인데, 특허권이나 상표권과 같은 무형자산에 대한 지출과 기타 이연자산 증가분에서 이자를 지급하지 않는 고정부채의 증가분을 차감하여 구할 수 있다. 영업이익에 대한 법인세는 손익계산서의 법인세 합계에서 이자비용에 대한 세금공제[tax shield]를 더하고 이자수익에 대한 세금과 기타 영업외손익에 대한 세금을 차감하면 계산된다.

2.2 자기자본에 대한 잉여현금흐름

세후영업이익에 감가상각비와 이연자산상각비를 더한 것에서 부채상환액과 세후 이자비용을 차감한 것이 자기자본에 대한 총현금흐름인데, 이것에서 총투자를 뺀 것이 자기자본에 대한 순현금흐름이다. 자본구조에서 이자를 지급하는 부채의 비중이 작은 금융기관을 평가하는 경우에는 자기자본에 대한 순현금흐름이 사용된다.

2.3 경제적이익의 원천과 평가대상

미래 경제적이익이 무엇으로부터 발생하는가, 즉 어떤 투하자본에 대한 미래

표 4-7
자기자본에 대한 순현금흐름

세후영업이익	
+ 감가상각비, 이연자산상각비	
− 부채상환액	
− 세후 이자비용	
자기자본에 대한 총현금흐름	→ *Gross Cash Flow*
− 총투자	
운전자본의 증가	
설비투자	
순기타자산의 증가	
자기자본에 대한 순현금흐름	→ *Net Cash Flow*

경제적이익인가를 알아보기 위해 투하자본의 종류를 살펴본다. 이익창출을 위해 기업에 투자된 투하자본을 투자자의 보통주에 대한 투하자본인 보통주식부터 차례로 살펴보면 보통주식, 자기자본, 자기자본과 장기부채, 그리고 자기자본과 이자지급 부채, 총투하자본 등이 있다. 이 중에서 수익가치 평가방법에서 주로 사용되는 경제적이익의 원천은 자기자본과 총투하자본invested capital이다.

$$IC = E_Q + D_L$$

IC: 총투하자본　E_Q: 자기자본　D_L: 장기부채

경제적이익 중에서 잉여현금흐름free cash flow: FCF이 기업가치를 평가하는 데 가장 널리 사용되고 경제적이익의 원천도 총투하자본과 자기자본이 주로 채택되므로 결국 가장 널리 사용되고 있다. 수익가치 평가의 대상은 총투하자본에 대한 잉여현금흐름과 자기자본에 대한 잉여현금흐름이다. 이 밖에도 배당금과 세후순이익도 그 계산의 편리함 때문에 전통적으로 많이 사용되고 있는 수익가치 평가대상이다.

2.4 무형자산에 대한 잉여현금흐름

잉여현금흐름의 구성자산별 배분은 운전자본이나 고정자산, 그리고 무형자산 및 지식재산 등 각 자산의 가치와 위험도에 따라 하게 된다. 즉 총잉여현금

그림 4-10
잉여현금흐름의 배분

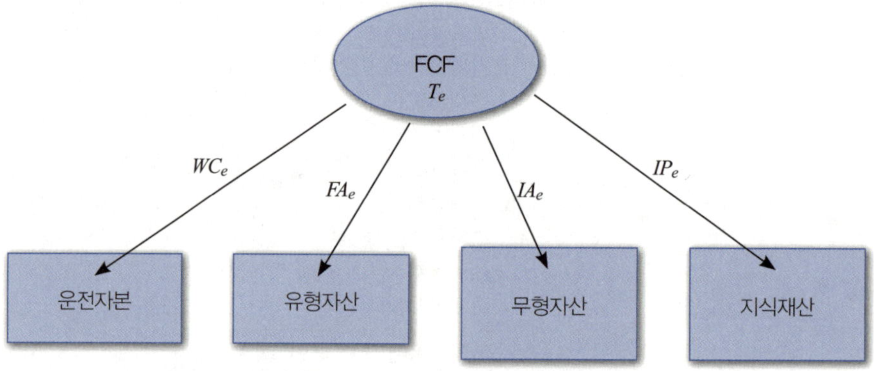

자료: Russell Parr, *Royalty Rates for Licensing Intellectual Property*, 2007, p. 134.

흐름[Te: total free cash flow]은 다음 식에서와 같이 운전자본의 잉여현금흐름[WCe], 고정자산의 잉여현금흐름[FAe], 무형자산 및 지식재산의 잉여현금흐름[IAe & IPe] 등으로 구성된다. 여기서 운전자본이란, 유동자산에서 유동부채를 뺀 순운전자본[net working capital]을 말한다. 총 잉여현금흐름의 산식은 다음과 같다.

$$T_e = WC_e + FA_e + IA_e + IP_e$$

T_e: 총잉여현금흐름 WC_e: 운전자본의 FCF
FA_e: 고정자산의 FCF IAe:무형자산의 FCF IP_e: 지식재산의 FCF

〈그림 4-10〉에서는 위에서 설명한 바와 같이 기업의 잉여현금흐름[FCF]이 어떻게 기업가치를 구성하는 각 자산유형별로 배분될 수 있는지를 보여준다. 의약 및 바이오산업 전문회사들의 경우 대개 유형자산 보다는 지식재산이나 무형자산이 가장 큰 잉여현금흐름 창출자본이다. 예컨대 다음과 같은 무형자산과 지식재산이 이들 기업들의 주요자산 목록이다.

- 시장에 출시된 제약기술 및 의약품 특허
- 연구개발중인 제약기술 및 의약품 특허
- 상표권 및 브랜드자산
- 임상실험 자료 및 정보
- 과학적 데이터 베이스

• 특허권 적용기술

이러한 무형자산 가치비율이 증대되는 현상은 정보통신이나 전자제품 제조기업 등에서도 마찬가지이다. 동종 산업 평균잉여현금흐름보다 초과이익을 누리는 기업일수록 무언가 특별한 자산을 갖고 있는 경우가 많다. 즉 특허기술이라든가 상표권, 또는 저작권 등이 그것이다.

3 자본비용의 측정

기업은 신규 투자나 영업활동을 원활히 하기 위하여 자금을 필요로 한다. 이러한 자금은 부채를 통하여 조달하거나 주식을 발행하여 조달한다. 기업은 자금조달에 대한 대가로 이자나 배당을 지급하여야 한다. 투자자는 기업에 자금을 조달해 주는 대가로 일정한 수익률을 요구하는데 이를 요구수익률required rate of return: RRR이라 한다. 이는 투자자의 입장에서 다른 곳에 투자할 경우 얻을 수 있는 수익률인 기회비용에 해당한다. 기업의 입장에서는 이러한 자금사용에 대한 대가로 비용을 부담하여야 하는데 이를 자본비용cost of capital이라고 한다. 그러므로 투자자의 요구수익률과 기업의 자본비용은 동일한 의미를 지니고 있다. 또한 기업의 신규투자안 평가 시 투자로부터 회수되는 미래의 현금흐름을 현재가치로 환산하는 데 적용되는 투자수익률을 자본환원율이라고 하며 이 또한 자본비용을 의미한다.[5] 적절한 자본비용을 산정하기 위한 기본조건은 다음과 같다.

기업가치평가에 필요한 자본비용은 기업이 조달한 자금의 조달비용을 의미한다. 그러므로 기업의 자본비용을 측정하려면 기업이 어떤 종류의 자금을 얼마나 사용하고 있는지, 즉 재무상태표의 우측 항목들로부터 자본구조를 파악해야 한다. 어떤 기업이 자금조달을 전액 자기자본으로 했다면 주식의 자본비용과 당해 기업의 자본비용은 일치할 것이다. 그러나 어떤 기업이 자금조달을 자기자본과 타인자본을 사용하고 있다면 이 회사의 자본비용은 타인자본비용과

5. 강효석 외 2인, 「기업가치평가론」, 홍문사, 2001, p. 79.

자기자본비용을 가중평균한 값이 될 것이다. 자본비용을 정확히 측정하는 것은 기업가치의 정확한 평가를 위해서 필수적일 뿐만 아니라 기업가치의 창출에 있어서 자본예산과 자본비용이 최소화되는 최적자본 구조결정, 제품의 적정가격 결정 등 기업의 주요 의사결정에 있어서 핵심적인 요소가 될 것이다. 기업의 가중평균 자본비용을 측정하기 위해서는 타인자본비용과 자기자본비용으로 구분되는 각각의 원천별 자본비용에 대해서 우선 파악하여야 한다.

3.1 자기자본비용

자기자본비용cost of equity은 투자자(주주)가 기업에 자기자본을 투자한 대가로 요구하는 수익률로서 보통주의 자본비용을 의미한다. 자기자본비용은 타인자본비용에 비하여 측정하기가 더욱 어렵다. 이는 자기자본 조달의 경우에 수반되는 미래의 현금흐름은 타인자본의 원리금 상환처럼 미리 정해져 있지 않기 때문이다. 자기자본 비용을 측정하는 방법은 ① 배당성장모형과 ② 위험수익률모형의 일종인 자본자산가격결정모형, ③ 차익거래가격결정모형 등이 있다.

1) 배당성장모형에 의한 측정

배당성장모형은 미래의 배당수입의 현가로부터 보통주를 평가하는 방법을

표 4-8
자기자본비용 산식

구분	변수	내용
무위험수익률 (risk free rate)	무위험자산의 수익률(Rf)	무위험자산의 이자(국채 등)
위험프리미엄 (risk premium)	주식시장 전체의 초과위험	주식시장 전체의 위험에 상응하는 추가적 이율
	보통주의 β값	평가대상기업의 특유한 위험을 나타내는 계수
자기자본비용	$Ke = R_f + \beta(Rm - R_f)$ Ke: 자기자본비용(특정자본자산의 기대수익률) R_f: 무위험수익률 β: 베타(체계적 위험) Rm: 시장포트폴리오의 기대수익률	

이용하는 것으로서 전통적으로 많이 쓰여 왔다. 만일 배당금이 매년 일정한 비율로 영구히 성장한다고 가정하면 이러한 일정성장주식constant growth stock에 대하여 주주가 요구하는 수익률을 K_e라고 할 때, 오늘의 주식가치 P_0는 다음과 같이 측정된다.

$$P_0 = \frac{D_1}{K_e - g} = \frac{D_0(1+g)}{K_e - g}$$

D_1: 다음연도 예상배당　D_0: 가장 최근에 이미 지급된 배당
K_e: 주주의 요구수익률　g: 배당성장률

이를 Gordon모형이라고도 하는데, 위의 식을 자기자본비용 K_e에 대하여 다시 정리하면 다음과 같다.

$$K_e = \frac{D_1}{P_0} + g$$

여기서는 배당성장률뿐만 아니라 주가상승률을 의미하기도 한다. 따라서 위의 식에서는 자기자본비용이 배당수익률과 자본이득률의 합으로 구성됨을 보여준다. 여기서 현재의 주가 P_0와 최근에 지급된 배당금 D_0에 관한 자료는 쉽게 얻을 수 있지만 미래의 예상 배당성장률g은 직접 관찰할 수 없으므로 이것을 측정하는 일이 중요하다. g의 측정에는 특정기업의 경영성과를 전문적으로 분석하는 증권분석가의 예측자료를 활용하는 것이 좋다. 이러한 예측치를 구할 수 없을 경우에는 과거의 추세가 가까운 장래에도 지속된다는 가정하에 최근 수년간의 평균 배당성장률을 사용할 수 있다. 또는 과거의 배당지급 실적자료를 아래와 같은 간단한 시계열모형에 적용하여 통계적으로 측정할 수도 있을 것이다.

$$In(D_t) = \alpha + \beta \cdot t + \varepsilon_t$$

T: 배당연도　β: g의 성장추세

배당성장모형으로 자본비용을 측정하는 방법은 반드시 위의 식에서처럼 처음부터 일정한 성장률이 지속되는 경우에만 적용되는 것은 아니다. 가령 주식이 당분간 평균 이상의 고속성장을 하다가 얼마 후에는 일정성장률을 영구히 유

지한다고 가정하자. 이러한 주식의 가치평가에 대해서는, 예상되는 미래의 배당흐름을 측정한 후 이것의 현재가치의 합을 오늘의 주가와 일치시켜 주는 할인율이 바로 자기자본비용이 된다. 따라서 현재의 주가정보와 미래의 배당성장을 정확히 전망할 수만 있다면 이론적으로 자기자본비용의 측정은 가능하다. 특히 비공개기업은 주식거래 자료가 부족하여 다음에 설명할 CAPM이나 APM을 사용할 수 없기 때문에 배당성장모형을 적용할 수밖에 없다.

2) 자본자산가격결정모형 CAPM

CAPM capital asset pricing model에 의하여 산출되는 주식의 기대수익률은 자본시장이 균형상태에 있을 때 투자자가 그 주식에 대하여 요구하는 요구수익률 required rate of return이다.[6] 이는 곧 기업의 입장에서 보통주의 자본비용이 된다. 그러므로 CAPM을 이용하여 보통주의 자본비용을 측정할 수 있다. CAPM에 의하면 자본시장이 균형상태에 있을 때 보통주의 기대수익률은 다음과 같다.

$$K_e = R_f + \beta_e[E(R_m) - R_f]$$

즉 주식투자에 대한 기회비용은 ① 무위험자산의 수익률(R_f), ② 시장위험프리미엄 $[E(R_m) - R_f]$, ③ 주식의 체계적 위험(β_e)을 이용하여 구할 수 있다.

위의 식에서 β는 주식의 체계적 위험을 나타내는 계수로서 개별주식의 수익률이 시장수익률의 변동에 어느 정도 민감하게 반응하는가를 나타낸다. 어느 주식의 수익률이 시장수익률의 변화와 같은 크기로 변화할 때 그 주식의 β는 1이 된다. 어느 주식의 β가 1보다 크면 그 주식은 시장수익률에 비해 변화가 큰 것을 뜻하며, 1보다 작으면 시장수익률의 변화보다 작은 것을 뜻한다. 한편, 기업이 자금을 조달하는 과정에서 그 기업의 레버리지가 변하면 재무위험도 변하게 되므로 β가 변하고 보통주비용도 변하게 된다. 실제로 부채를 사용하는 기업과 부채를 사용하지 않는 기업에 있어서 주식의 체계적 위험 β는 다음과 같은 관계를 갖는다.

6. 이필상, 「재무관리」, 박영사, 1999, p. 342 참고.

$$\beta_{j1} = \beta_{ju} [1 + \frac{B}{S} (1 - t)]$$

β_{j1}: 부채를 사용하는 기업주식의 β β_{ju}: 부채를 사용하지 않는 기업주식의 β
B: 부채의 시장가격 S: 자기자본의 시장가치 t: 법인세율

위 식에서 레버리지가 증가할수록 그 기업주식의 β도 증가함을 알 수 있는데, CAPM에 의해 β가 증가함에 따라 자기자본비용도 증가하게 된다.

무위험수익률에는 투자자금의 사용을 포기한 대가로 지급받는 자금의 대출 이자율과 기대 인플레이션율이 포함되어 있다. 미국에서는 10년물 또는 20년물의 장기재정증권treasury-bond 금리가 사용되고 있으나, 우리나라에서는 정기예금 금리 또는 국공채 이자율이 사용되고 있다. 또한 실무에 있어서 시장포트폴리오의 기대수익률을 의미하지만, 실제 측정이 어렵기 때문에 그 대신 3년만기 회사채수익률을 사용하기도 한다.

시장위험프리미엄 $[E(R_m) - R_f]$은 투자대상인 기업에 투자함으로써 가지게 되는 투자위험에 대한 보상을 말한다. 이에는 투자대상 기업이 속한 산업의 경기, 국가경제 등에 의해 영향 받는 시장의 변동에 의한 위험으로서 분산투자로서도 제거될 수 없는 체계적 위험systematic risk과 투자대상 기업의 특별한 사정에 의한 비체계적 위험unsystematic risk이 있다. 체계적 위험은 자본자산가격결정모형CAPM에서의 베타$^{\beta}$에 의해 측정될 수 있으나, 비체계적 위험은 평가자의 경험과 판단에 의해 평가된다.

또한 투자대상 기업의 규모가 크면 투자위험이 감소하므로 적용하는 할인율은 작아진다. 따라서 투자대상 기업의 규모도 할인율의 결정에 고려되어야 하고, 투자대상 주식의 경영권 및 시장성 여부가 할인율에 영향을 미치는 중요한 요소가 된다. 자본자산가격결정모형CAPM에서의 수익률, 즉 할인율은 시장성은 있지만 경영권이 없는 투자자산의 수익률인 것이다. 따라서 할인율을 정할 때 투자자산의 경영권 유무와 시장성 유무를 감안하여야 한다.

3) APM arbitrage pricing model, APT: arbitrage pricing theory

CAPM은 시장기대수익률을 시장포트폴리오의 수익률이라는 한 개의 요인만을 사용한다. 그러나 APM은 CAPM과는 달리 위험을 측정하는 데 여러 가지의 경제적 요인을 사용하고 있다. APM에서의 위험모수 추정과정이 CAPM과는 다르지만, CAPM에서 위험의 결정요인과 관련하여 제기된 이슈들이 APM에서도 그대로 적용된다. APM에서의 모수들은 과거의 주식수익률에 대한 요인분석으로부터 추정된다.

요인분석은 주식의 수익률을 결정하는 일반적인 경제요인들 각각에 대한 위험프리미엄과 특정요인에 대한 베타를 결정한다. 각 기업의 특정요인에 대한 베타요인 프리미엄들이 추정되면 APM은 주식에 대한 기대수익률을 추정하는 데 사용할 수 있다. 즉 균형시장에서는 차익거래 arbitrage transaction 의 기회가 존재하지 않기 때문에 기대수익률은 각 공통요인에 대한 베타계수의 선형관계로 표시할 수 있다는 것이다. 일반적으로 k개의 공통요인이 존재한다고 가정할 경우 자기자본비용 K_e를 APM으로 표시하면 다음과 같다.

$$K_e = R_f + \sum_{j=1}^{k} \beta_j \, [E(R_j) - R_f]$$

K_e : 자기자본비용　R_f: 무위험수익률　k: 요인수
β_j: 요인 j에 대한 베타　$E(R_j) - R_f$: 요인 j의 단위당 위험프리미엄

많은 실증연구에서 CAPM보다 APM이 주식수익률에 대해 더 큰 설명력을 갖는 것으로 밝혀졌다. 그 이유는 주식수익률에 대한 영향요인을 더 여러개로 가정하기 때문이다. 중요한 주가수익률 영향요인으로 밝혀진 것은 다음과 같다.

- 산업생산지수(경제성장률)
- 단기실질이자율
- 단기물가상승률
- 장기물가상승률
- 지급불이행위험 default risk: yield spread

4) 수정 CAPM 방식 modified capital asset pricing model: MCAPM

수정 CAPM방식이란, 시장위험할증율^{RPm} 이외에 규모위험할증율^{RPs}, 그리고 기업고유의 비체계적위험할증율^{RPu} 등을 CAPM의 자기자본비용에 추가하여 WACC를 조정하는 방법이다. 일반적인 MCAPM 방식의 산식은 다음과 같다.

$$K_e = R_f + \beta(RP_m) + RP_s + RP_u$$

K_e: 자기자본비용 R_f: 무위험수익률 RP_m: 시장위험할증
RP_s: 규모위험할증 RP_u: 기업고유(비체계적)위험할증

이 방식이 다음의 요소구성법과 다른점은 시장위험할증율 산정시 β를 사용한다는 것이다. 이 방식을 이용하여 자본비용을 산정하는 예를 들어보면 다음 〈표 4-9〉와 같다. 〈표 4-9〉에서 보듯이 기업고유(비체계적) 위험할증^{RP_U}으로서 6.30%가 가산되었다. 이는 대상기업 고유의 다음과 같은 추가적인 위험요소들에 대한 보상성격의 요구수익률을 반영한 것이다.

- 고객집중도
- 자본조달의 곤란성

표 4-9
MCAPM 방식에 의한 WACC의 산정(예)

자기자본비용 : $K_e = R_f + \beta(RP_m) + RP_s + RP_u$		
(1) 무위험수익률(R_f)		4.50%
(2) 베타(β)	1.25	
(3) 시장위험할증(RP_m)	6.1%	7.60%
(4) 규모위험할증(RP_s)		6.30%
(5) 기업고유(비체계적)위험할증(RP_u)		
		K_e = 18.40%
타인자본비용 : $K_d = K_b(1-t)$		
(1) 차입금이자율(K_b)		9.25%
(2) 법인세율(t)		20%
		K_d = 7.40%

자본구조	자본비용	가중평균
자기자본 30%	18.40%	5.52%
타인자본 70%	7.40%	5.18%
	MCAPM에 의한 수정 WACC =	10.70%
	Rounded	10.50%

- 제품구성의 다양성
- 시장점유율 및 전망
- 유통경로 distribution channels
- 기술 · 노하우의 노후화 정도
- 소송관련 위험도
- 기업에 대한 장래전망

5) 요소구성법(조성법)

요소구성법 build-up method 은 조성법, 또는 적산법이라고도 하는데, 매우 주관적인 성격을 가지고 있다. 그러나 구매력 위험, 이자율 위험, 사업 위험, 시장위험 등 주요 위험구성요소의 크기를 정확히 측정하여 표시할 수 있다면, 매우 효과적인 방법이 될 수 있다. 이 방식은 우선 위험의 구성요소를 나열하고, 각 위험구성요소에 대한 보상으로서의 요구수익을 할당한다. 요소구성법의 일반적인 산식은 다음과 같다.

$$E(R_i) = R_f + RP_m + RP_s + R_i + RP_u$$

$E(R_i)$: 기대수익률(할인율) R_f: 무위험수익률 RP_m: 시장위험할증율
RP_s: 규모위험할증 R_i: 산업위험 RP_u: 기업고유(비체계적)위험할증

요소구성법의 예로서 신기술의 상업화 단계 투자금에 대한 자본비용 산정방법을 나타내면 〈표 4-10〉과 같다. 이 방법은 위험의 구성요소 각각에 대해 각

표 4-10 요소구성법에 의한 자본비용 산정(예)

위험 구성요소	필요수익률
무위험 이자율	3.0%
구매력 위험	1.0%
시장 위험	2.0%
이자율 위험	1.0%
사업 위험	6.0%
신기술 위험	6.0%
요구수익률 합계	19.0%

자료: Gordon V. Smith, *ibid*, p. 552

투자가가 인식하는 상대적인 위험수준을 반영할 수 있다는 점에서 매우 매력적인 방법이다. 그러나 각 위험구성요소에 대한 보상으로서 요구수익의 크기를 정확하게 수치화하는 것은 쉽지 않다.

수익률을 너무 보수적으로 설정하면 실현 가능한 투자라도 상당히 위험한 것이 되어 버리고, 수익률에 대한 전망을 너무 장밋빛으로 보는 것은 위험에 상응하는 수익률보다 낮은 할인율을 설정할 위험이 있다. 따라서 이 방식은 각 위험구성요소에 대한 요구수익률을 설정하는 것이 너무 주관적이라는 단점이 있기 때문에 폭넓게 이용되지 못하고 있다.

그러나 미국의 금융시장에서 많이 이용되는 이봇슨법Ibbotson method이나, 더프 & 펠프스법Duff & Phelps method도 요소구성법의 일종이지만 널리 이용된다. 특히 위험할증요소를 기업규모나 업종에 따라 자세히 분류하여 매년 공표하고 있기 때문에 활용도가 높다. 이봇슨 어소시에이트Ibbotson Associates는 매년 배당, 이자지급, 주가수익 등 모든 장기수익률 관련 기업조사를 행하고 있다.

미국의 이봇슨사와 더프 & 펠프스사Duff & Phelps LLC는 규모위험 프리미엄으로 Fama and French 3요인 모형의 SMB를 이용하지 않고, 각각 독자적인 산출방법을 만들어 이용하고 있다. 이봇슨사는 기업의 규모를 분기마다 시가총액에 따른 순위를 기준으로 10등급으로 나누고, 각 등급별로 실현초과수익률에서 CAPM을 통하여 산출한 초과수익률을 차감하는 방법을 이용하여 규모위험 프리미엄RPs을 산출한다.

더프 & 펠프스는 보통주의 시장가치, 보통주의 장부가치, 5년의 평균 순수익, 투하자본의 시장가치, 총자산, 5년 평균 상각전 영업이익EBITDA, 매출액, 종업원 수 등 8가지 지표에 대하여 각각 25개의 포트폴리오를 만들어 총 200

표 4-11 벤처캐피털의 요구수익률

개발단계	Smith G. V.	Plummer	Scherlis and Sahliman
초기 개발단계(1년 미만)	50%	50~70%	50~70%
제 1단계(개발초기)	40%	40~60%	40~60%
제 2단계(확장기업)	30%	35~50%	30~50%
제 3단계(기업공개시)	25%	25~35%	20~35%

개의 포트폴리오를 매년 조정한 후, 기업 규모별로 연평균 수익률을 분석하여 제공한다. 따라서 미국에서는 규모위험 프리미엄의 보정치 산정시 이봇슨사와 더프 & 펠프스가 제공하는 프리미엄 분석보고서를 대표적으로 활용하고 있다.

6) 벤처캐피털 방식 venture capital method

앞에서 설명한 CAPM과 APM은 일반적으로 시장에서의 투자 성공이 확실하거나 비교적 높은 경우에 이용되는 방법으로서, 같은 위험특성을 가진 투자에 대한 요구수익률이 할인율을 구하는 기초가 된다. 그러나 벤처기업과 같은 새로운 기술에 대한 투자는 초기투자가 실패할 확률이 높으므로 위험도 매우 높다. 인플레이션이나 경쟁, 그리고 경제환경의 변화 등 신규기술에는 높은 위험이 존재하는 것이다.

연구개발에 성공한 기술이라 하더라도 그것이 시제품 제조로 곧 이어진다고는 할 수 없고, 만일 시제품 제조에 성공했다고 해도 상업화를 위한 생산단계에서 경제성이 보장된다고 할 수 없다. 그러므로 연구개발단계에서의 성공여부조차 불확실한 초기단계에서 지적재산에 투자하는 것은 큰 위험을 수반하기 때문에 투자가는 많은 대가를 요구한다. 이렇듯 벤처캐피털의 요구수익률required rate of return: RRR은 각 개발단계별 위험도에 따라 다르게 나타난다. 각 단계별 요구수

그림 4-11
벤처캐피털의 투자단계별 요구수익률

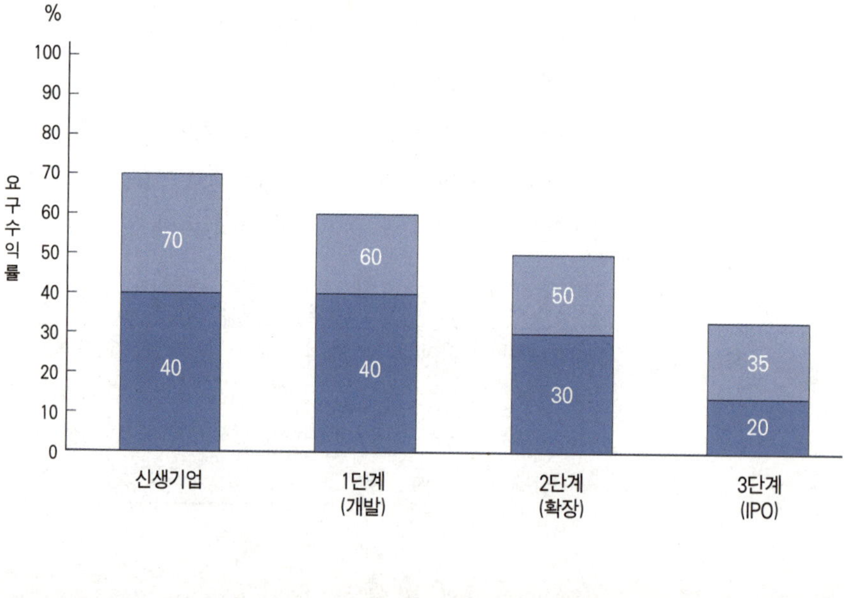

익률의 추정치는 다음과 같이 다양하다.

① 초기 개발단계: 아이디어 단계로서 창업 1년미만인 스타트업(신생기업)을 말한다. 지적재산 투자 가운데 가장 위험이 높은 단계로서 투자 자금은 기초연구개발이나 시제품개발에 쓰인다. 따라서 50~70%의 높은 수익률이 요구된다.

② 제 1단계: 이 단계는 실현성이 확인된 시제품을 가지고 있지만, 상업화 수준의 생산 개시까지는 개발 및 투자가 지속되어야 한다. 경제적이익이 실현되기까지 향후 수년이 더 소요되므로 40~60%의 수익률이 요구된다.

③ 제 2단계: 제품을 상업화하는 데에는 성공했지만, 시장을 확대하기 위해서는 은행에서 투자하지 않을 정도의 대규모 투자를 필요로 한다. 즉 이익창출의 가능성은 입증되지만, 상업화의 급속한 확대로 인하여 설비 확충 등에 많은 비용이 소요되고 자금 소요 규모도 크게 늘어나 30~50%의 수익률이 요구되는 단계이다.

④ 제 3단계: 기업의 급속한 성장에 따라 다양한 형태의 자금조달도 가능해지는 단계이다. 은행으로부터 융자를 받거나 공개시장에서 자금의 조달도 가능해진다. 안정적 고수익이 실현되지만, 전국적 규모나 국제적 규모로 확장하기 위한 자금을 필요로 하며, 20~35%의 수익률을 요구하는 단계이다.

3.2 타인자본비용

기업은 생산과 판매를 위하여 자금을 조달하여 이를 운용한다. 자금의 조달은 부채를 통하여 조달할 수도 있고 자기자본을 사용할 수도 있다. 타인자본은 기업이 새로이 부채를 조달하는 경우에 부채를 제공하는 채권자가 요구하는 수익률을 말한다. 다시 말해 부채에 대한 이자율을 의미한다. 손익계산서상의 이자지급액을 재무상태표상의 부채잔액으로 나누어서 계산한 평균차입금리를 타인자본비용으로 측정해서는 안 된다. 왜냐하면 손익계산서상의 이자지급액은 흐름flow의 개념이고 재무상태표상의 부채잔액은 기말잔액stock의 개념으

표 4-12
타인자본비용 산식

변수	변수 내용	세후 타인자본비용(k_d)
이자율	이자율 수준이 높아지면 기업의 타인자본비용 또한 상승할 것임	K_d = 이자율(1 − 법인세율)
기업의 채무불이행위험	기업의 채무불이행위험이 증가하면 기업이 자본을 차입할 때 지급하는 타인자본비용 또한 상승할 것임	
	회사채의 등급을 이용	
이자의 감세효과	이자는 세금공제가 인정되는 비용이므로 세후 타인자본비용은 법인세율에 따라 달라짐	

로서 서로 맞지 않기 때문이다. 신규발행 회사채의 자본비용을 측정하는 방법에는 두 가지가 있다.

첫째, 이미 발행되어 유통 중인 기존의 회사채 만기수익률로부터 측정하는 방법이다. 만기일이 n년, 표면금리coupon rate가 연 c%, 액면가액이 F인 회사채의 현재가격이 P라면 다음과 같은 관계가 성립한다.

$$P = \frac{c \cdot F}{(1+k)} + \frac{c \cdot F}{(1+k)^2} + \cdots + \frac{c \cdot F}{(1+k)^n} + \frac{F}{(1+k)^n}$$

P: 회사채 현재가격　c: 표면금리(%)　F: 액면가액　k: 채권자 요구수익률

위 식의 양변을 일치시켜 주는 할인율 k가 채권자의 요구수익률이며 만기수익률인 동시에 납세전 타인자본비용이 된다. 만일 만기상환액 F가 현재의 채권가격 P와 같다면 표면금리가 곧 자본비용이 되나, 그 밖의 경우에는 k를 추정하여야 한다.

둘째, 자본비용을 측정하려는 회사채와 동일한 채권등급에 속하는 신규 발행채권의 표면금리로부터 측정하는 방법이다. 대개의 경우 회사채는 액면가에 발행되므로 발행 당시의 자본비용은 표면금리에 해당되기 때문이다. 이 방법은 기업이 기존에 발행한 회사채의 시장가격 정보가 없어서 만기수익률을 측정할 수 없을 경우에 유용한 방법이다.

타인자본비용을 측정하는 경우에 유의할 점은 두 가지이다. 첫째, 세후 타인자본비용이라는 것이다. 법인세율을 T라고 할 때 납세전 타인자본비용 K로부터 납세후 타인자본비용은 다음과 같이 측정된다.

$$K_d = K(1 - T)$$

여기서 법인세 절감효과는 기업의 과세대상소득이 이자지급액보다 클 경우에만 유효하다. 왜냐하면 과세대상소득이 이자지급액보다 작으면 법인세가 발생하지 않기 때문이다. 그러나 중장기 현금흐름 예측 시에는 법인세 이연 효과가 발생된다.

둘째, 자본조달을 목적으로 수반하는 부채만을 대상으로 한다는 것이다. 재무상태표상의 부채 항목 중에서 외상매입금처럼 영업활동 과정에서 자연적으로 발생하는 부채는 비록 매출원가에 자본비용이 반영되겠지만, 실제 측정이 곤란하므로 자본비용 계산에서 제외한다. 그러나 기업이 생산설비 등 비유동자산을 직접 구입하여 사용하는 대신 리스를 이용하는 경우 등 실질적으로 타인자본 조달의 효과를 지니고 있는 경우에는 자본비용 계산에 고려해야 할 것이다.

3.3 가중평균자본비용 WACC

자금이 조달된 원천별 자본비용이 산출되면 그 자본이 총자본 중에서 차지하는 비중, 즉 자본구성비율에 따라 가중평균한 것이 가중평균자본비용 WACC : weighted average cost of capital 이다. 일반적으로 기업의 자본비용이라 함은 이러한 가중평균자본비용을 의미한다. 가중평균자본비용은 기업의 가치를 결정하는 할인율로 이용되고, 새로운 투자안의 예상현금흐름에 대한 현가를 계산하기 위한 할인율로도 이용된다.

$$WACC = \sum_{i=1}^{n} k_i \cdot W_i$$

k_i: i번째 자금조달원의 납세후 자본비용 W_i: i번째 자금조달원의 비중

가중평균자본비용은 가중치, 즉 자본구성비율을 장부가치를 기준으로 할 것인가, 또는 시장가치를 기준으로 할 것인가에 따라 달라질 수 있다. 장부가치를 기준으로 가중평균자본비용을 구해야 한다는 주장은 시장가치는 자본시장의 상황에 따라서 수시로 변할 수 있기 때문에 객관적 기준을 정하기 어려우므로 객관성을 위해 역사적 원가인 장부가치를 기준으로 해야 한다고 주장한다. 그러나 이는 자본의 경제적 가치를 반영하지 못하기 때문에 미래의 의사결정에 유용한 정보를 얻을 수 없다.

장부가치와 시장가치에 큰 차이가 있을 경우에는 장부가치에 의해 자본비용을 구하는 것은 매우 비합리적이다. 이는 가치평가가 왜곡되기 때문이다. 따라서 시장가치에 의해서 측정하는 것이 바람직하다고 볼 수 있다. 그러나 한편으로는 기업이 자본비용을 최소로 하는 자본구조, 즉 최적자본구조를 정해 놓고 그 기업의 가치를 극대화하기 위하여 가중평균비용이 가장 적은 수준에서 자본구조를 선택하는 경우도 있다.

4 경제적 수명의 측정

기업가치를 평가하는 일반적 절차 중 첫 단계는 기업의 경제적 수명을 예측하는 것이다. 기업의 경제적 수명을 예측하는 것은 어려운 과제이다. 소비행태가 매우 변덕스러운 고객들의 선호에 따라 제품수명주기product life cycle가 추산되어야 하기 때문이다. 제품별 수명주기를 예측한다는 것은 그 제품이 고객의 수요를 수용할 수 있는 기간을 추산한다는 의미이다. 그러므로 수명주기의 예측은 결국 제품의 라이프사이클 패턴과 그에 따른 매출량, 매출가격을 예측할 수 있어야 한다. 기업가치를 평가하는 일반적 절차 중 첫 단계의 산출물은 궁극적으로 매출액의 크기와 시간흐름에 따른 그 크기의 변화를 예상하는 계량화된 작업물이 얻어져야 한다. 마케팅의 4Pproduct, price, place, promotion 중 제품계획product과 가격정책price에 관련된 여러 이론이 활용될 영역이다. 기업의 경제적 수명을 추정하는 것은 다른 말로 표현하면 손익계산서의 매출액 항목을 채워 넣을

그림 4-12
산업기술수명주기와 제품수명주기

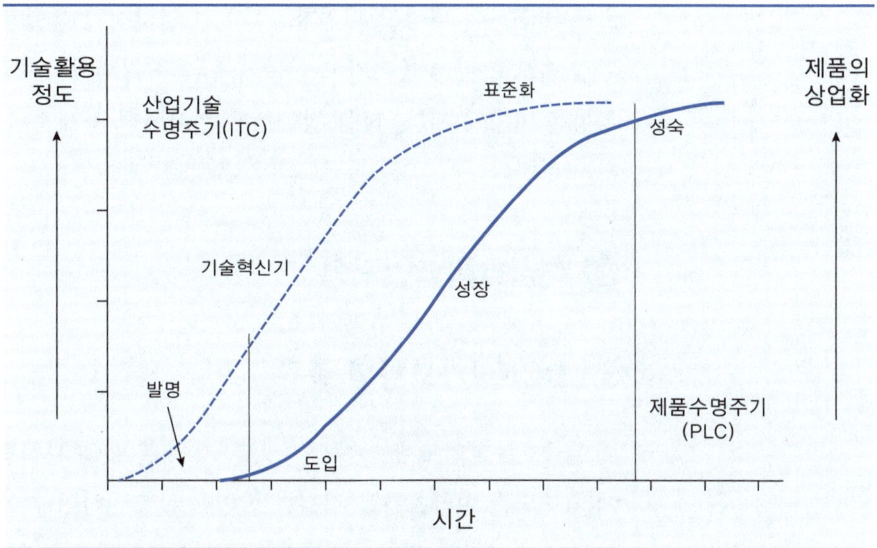

자료: Gordon V. Smith et al. Parr, *Valuation of Intellectual Property and Intangible Assets*, 2000, p. 263

수 있는 것이어야 한다.

이러한 경제적수명 예측에 대한 불확실성은 평가사의 위험도 측정이나 추정 현금흐름의 현가화를 위한 할인율을 판단함에 있어 중요한 요인이 된다. 따라서 평가사는 〈그림 4-12〉에서 설명하는 기술수명주기 ITC: industry technology cycle 와 제품수명주기 PLC: product life cycle 에 대하여 대상지식재산의 기술이나 제품의 순환주기를 정확히 분석하여야 한다.

〈그림 4-12〉에서 나타난 바와 같이 제품수명주기 product life cycle: PLC 초기에는 기술의 강도가 낮지만, 도입 → 성장 → 성숙기를 지날수록 기술혁신과 함께 표준화가 이루어지는 기술수명주기 ITC 와 맞물리면서 제품의 매출액도 최고점에 이르게 된다. 이와 같이 지식재산의 가치를 평가할 때에는 제품수명주기에 관심을 가지고, 대상회사가 보유하고 있는 지식재산이 기술수명주기와 제품수명주기상 어느 단계에 위치하고 있는지를 분석해 내는 것이 중요하다. 다시 말하면, 대상기업의 지식재산이 급속히 성장하고 있어 수익성이 높은 산업

으로 발전하여 나아갈 것인가, 아니면 일상적인 생활용품과 같이 쇠퇴해 가는 환경 속으로 끌려 들어가고 있는지에 따라 경제적 수명이나 잔존가치평가에 큰 영향을 미치게 된다. 다음 장에서 무형자산의 경제적 수명에 대하여 다시 논의하기로 한다.

5 현금흐름할인모형 DCF model

5.1 DCF평가모형의 종류

현금흐름할인모형 discounted cash flow model 은 DCF분석법이라고도 하는데 미래에 기대되는 현금흐름을 적정한 할인율로 할인하여 기업의 가치를 평가하는 전형적인 수익가치 평가모형이다. 여기서 현금흐름은 현금유출액에서 현금유입액을 차감한 값을 말한다. 영업활동으로 인한 현금흐름에서 영업비용과 영업세금을 공제한 현금흐름, 즉 세후 영업이익에서 감가상각비와 같은 비현금비용을 합한 현금흐름을 총현금흐름 gross cash flow 이라 하고, 총현금흐름에서 운전자본 투자액과 생산시설 유지를 위한 고정자산 투자액을 공제한 현금흐름을 잉여현금흐름 free cash flow: FCF 이라고 한다. 현금흐름 할인모형에는 총현금흐름이 아닌 잉여현금흐름이 사용된다. 또한 어떤 투하자본에 대한 현금흐름이냐에 따라 기업잉여현금흐름할인모형 free cash flows to firm, 총투하자본현금흐름할인모형과 주주잉여현금흐름할인모형 free cash flows to equity, 자기자본현금흐름할인모형이 있다.

현금흐름 할인모형을 사용하여 주식의 평가, 즉 주주지분의 평가를 하기 위한 접근법으로는 먼저 주주 및 채권자를 포함한 전체 투자가들에게 귀속되는 현금흐름을 할인하여 기업전체 가치를 평가한 후 채권자가치를 차감하여 주주지분의 가치를 평가하는 방법인 기업전체가치접근법 entity approach 과 처음부터 주주에게 귀속되는 현금흐름을 할인함으로써 주주지분의 가치를 평가하는 방법인 자기자본가치접근법 equity approach 이 있다.

기업전체가치 접근법으로는 먼저 영업투하자본에 대한 현금흐름을 할인하여 기업의 영업가치를 평가한 다음 비영업자산의 가치를 더하여 기업전체가치를 평가한 후 부채가치(채권자가치 또는 타인자본가치)를 차감하는 방법으로 주주지분의 가치, 즉 주식의 가치를 평가하는 방법인 기업잉여현금흐름할인모형 FCFF Model 이 있다. 한편, 자기자본가치 접근법에는 주주지분에 대한 현금흐름의 현재가치로서 주주지분의 가치를 평가하는 방법인 주주잉여현금흐름할인모형이 있다.

5.2 FCFF 모형

기업잉여현금흐름할인모형 FCFF Model 은 총투하자본에 대한 현금흐름을 자본투자자의 요구수익률인 할인율로 현재가치화하여 총기업가치를 평가하는 방법이다. 기업잉여현금흐름은 자기자본, 즉 주주지분에 대한 현금흐름은 물론 타인자본, 즉 채권자지분에 대한 현금흐름을 포함하는 기업 전체의 현금흐름을 말한다. 또한 총투하자본은 그 용도에 의해 영업활동에 투자된 영업투하자본 invested capital : IC 과 영업활동 이외의 경영활동에 사용된 비영업투하자본으로 나눌 수 있고 현금흐름도 영업투하자본에 대한 현금흐름과 비영업투하자본에 대한 현금흐름으로 나눌 수 있다.

기업가치는 이 두 현금흐름을 투자자의 요구수익률로 할인한 것과 같다. 즉 기업가치는 영업투하자본에 대한 현금흐름을 투자자의 요구수익률로 할인한 영업가치와 비영업투하자본에 대한 현금흐름을 투자자의 요구수익률로 할인한 비영업가치를 합한 것과 같다.

$$기업가치 = 영업가치 + 비영업가치$$

1) 총투하자본과 영업투하자본

주주지분인 자기자본과 채권자지분인 타인자본을 합하여 총투하자본이라 하고 총투하자본 중에서 영업활동에 투하된 자본을 영업투하자본 invested capital 이라 한다.

2) 영업가치의 평가

영업가치는 영업투하자본 잉여현금흐름, 즉 영업투하자본[IC]으로부터 미래에 발생할 것으로 기대되는 현금흐름을 자본 투자자의 요구수익률인 할인율로 현가화함으로써 평가할 수 있다. 이러한 영업투하자본 현금흐름을 현재가치화한 영업가치는 현금흐름 예측기간 중 발생하는 예측기간가치와 예측기간 이후 발생하는 잔존가치를 합한 것과 같다.

$$\text{영업가치}(BV) = \text{예측기간가치}(FEV) + \text{잔존가치}(TV)$$

3) 예측기간 가치

예측기간의 가치는 예측기간 내의 영업투하자본 현금흐름을 현재가치화한 것이다. 이를 추정하기 위하여 먼저 영업투하자본 현금흐름의 계산법과 할인율 결정 방법을 알아야 한다.

(1) 영업투하자본 잉여현금흐름[FCFIC]

영업투하자본 잉여현금흐름은 세후 영업이익에 비현금비용을 합한 것에서 영업용 운전자본투자와 유형고정자산투자 및 기타자산투자를 차감한 금액이 된다. 영업투하자본 현금흐름에는 이자나 배당금과 같은 자본조달과 관련된 현금흐름은 포함되지 않는다.

또한 이러한 영업투하자본 현금흐름은 채권자에게 지급하는 세후 순이자비용(이자비용−이자수익)과 차입금의 순상환액(차입금상환−차입금), 그리고 주주에게 지불하는 배당금과 순주식매입액(자사주매입−주식발행)의 합인 재무적현금흐름과 같게 된다. 즉 영업투하자본 현금흐름은 영업활동으로부터 창출되는 현금흐름이며, 또한 영업투자자에 투자한 모든 자본공급자들, 즉 채권자와 주주 모두에게 귀속될 수 있는 현금흐름이다. 즉 자기자본 잉여현금흐름[FCFEq]은 다음과 같이 산정될 수 있다.

영업투하자본 잉여현금흐름 ^{FCFIC}
(−) 세후순이자비용
(±) 차입금 변동액
(−) 주주배당금 및 순주식매입액

자기자본 잉여현금흐름 ^{FCFEq}

(2) 할인율(가중평균자본비용)

영업투하자본 잉여현금흐름의 정의와 일관성을 유지하기 위해 영업투하자본의 할인에 적용될 할인율은 자본제공자인 주주 및 채권자의 기회비용을 총자본에 대한 각 자본의 구성비율을 가중치로 하여 평균한 자본비용, 즉 가중평균자본비용 weighted average cost of capital : WACC 이 되어야 한다. 왜냐하면 자본 비용은 투자자들의 입장에서 볼때 요구수익률이 되지만, 자금을 조달하는 기업의 입장에서는 기업가치 극대화를 위한 투자결정과 자금조달 결정의 기준이 되는 가장 중요한 자금조달 비용율이 되기 때문이다. 이러한 가중평균자본비용 WACC의 산정을 위한 기본 공식은 다음과 같다(세후기준).

$$WACC = k_b(1 - T_c)\frac{B}{V} + k_p\frac{P}{V} + k_s\frac{S}{V}$$

k_b: 부채의 기회비용, 즉 시장기대수익률(세전 수익률 기준)
T_c: 한계법인세율 　 B: 이자지급 부채의 시장가치 　 V: 기업의 시장가치($V = B + P + S$)
k_p: 우선주의 자본비용(세후 기준) 　 P: 우선주의 시장가치
k_s: 자기자본의 기회비용 　 S: 자기자본의 시장가치

가중평균자본비용 WACC 을 결정할 때 반드시 고려하여야 할 검토사항은 다음의 여섯 가지로 요약할 수 있다.

1. 자기자본, 타인자본(부채) 등 자본의 원천이 되는 모든 자본조달수단이 갖는 한계비용의 가중평균이 되어야 한다.
2. 영업투하자본 현금흐름이 세후의 것이므로 가중평균자본비용도 세금을 공제한 후 산출되어야 한다.
3. 영업투하자본 현금흐름이 명목가치로 표시되므로 가중평균자본비용의

산출에 사용되는 각 자본의 한계비용도 실질수익률과 기대인플레이션을 감안한 명목수익률을 사용하여야 한다.

4. 각 자본조달 항목은 시장가치로 환산한 가치로 가중치를 정해야 한다.
5. 가중평균자본비용은 각 자본공급자가 부담하게 되는 체계적 위험 systematic risk을 감안하여 조정되어야 한다.
6. 가중평균자본비용은 인플레이션, 체계적 위험, 자본구조의 기대되는 변화에 따라 현금흐름 예측기간 중에도 변해야 한다.

(3) 현금흐름 예측기간의 결정

현금흐름 예측기간의 결정은 중요하긴 하나 기업가치는 현금흐름 예측기간과 이후의 기간에 배분될 뿐 총기업가치는 현금흐름 예측기간의 결정에 의해 영향을 받지 않는다. 현금흐름 예측기간은 기업이 정상상태, 즉 기존 투하자본은 물론 신규투하자본에 대해서도 일정한 수익을 내고 매년 이익의 일정부분을 기존에 영위하고 있는 사업에 재투자할 수 있을 때까지 충분히 길어야 한다. 실제적으로는 신규투자에 대해서 자본비용보다 높은 수익률을 유지할 수 있는 기간까지를 예측기간으로 한다.

4) 잔존가치 terminal value

예측기간 이후에 발생하는 현금흐름을 투자자가 요구하는 수익률로 할인한 현재가치를 잔존가치 terminal value : TV라 한다. 잔존가치를 추정하기 위해서는 먼저 추정방법을 선택하여야 한다. 또 잔존가치 이전의 현금흐름 예측기간을 어느 정도로 할 것인지를 결정하여야 하고, 세후순이익, 잉여현금흐름, 투자수익률, 세후순이익성장률, 가중평균자본비용 등의 변수가 추정되어야 한다. 이러한 변수들의 추정이 완료되면 잔존가치를 산정하고, 마지막으로 이 잔존가치를 할인한 현재가치를 최종 기업가치 결정에 사용한다. 구체적인 잔존가치의 산정 절차를 차례로 살펴보기로 한다.

(1) **잔존가치 추정방법** 잔존가치를 추정하는 방법으로는 현금흐름할인법과 청산가치법, 대체원가법, 주가순이익률법, 시가장부가비율법이 있다. 이 중

에서 현금흐름할인법이 가장 합리적이며, 또한 가장 많이 사용되고 있다.

- **현금흐름할인법**DCF approach 현금흐름할인법에도 잉여현금흐름FCF을 사용하는 방법과 세후영업이익EBIAT: earning before interest after tax을 사용하는 방법이 있다. 두 가지 방법의 결과는 같으나, 실무적으로는 FCF법이 많이 사용되고 있다. 잉여현금흐름모형은 현금흐름 예측기간 이후의 잉여현금흐름이 일정한 율(g)로 성장한다고 가정하고, 잔존가치를 다음의 식에 의해 산정한다.

$$CV = \frac{NCF_1}{WACC - g}$$

NCF_1: 현금흐름 예측기간 이후 첫해의 정상적인 NCF
$WACC$: 가중평균자본비용 g: 영구적인 NCF의 기대성장률

물론 이 공식이 적용되기 위해서는 g가 $WACC$보다 작아야 한다. 잉여현금흐름모형의 공식에서 잉여현금흐름을 세후영업이익EBIAT으로 바꾸어 사용하면 다음과 같이 쓸 수 있다.

$$CV = \frac{EBIAT_1 \cdot (1 - \frac{g}{ROI})}{WACC - g}$$

$EBIAT_1$: 현금흐름 예측기간 이후 첫해의 정상적인 세후영업이익
g: 영구적인 EBIAT의 기대성장률 ROI: 신규투자 증가분에 대한 기대수익률

- **청산가치법** liquidation-value approach 현금흐름 예측기간 완료시점에 모든 부채를 상환하고 남은 자산의 예상매각대금을 잔존가치로 추정하는 방법이다. 그러나 계속기업의 가치와 청산기업의 가치는 분명히 다르므로 계속기업의 경우에는 이 방법을 사용하지 않는다.

- **대치원가법** replacement-cost approach 해당 기업의 자산을 대치할 때 예상되는 소요자금을 잔존가치로 추정하는 방법이다. 기업을 구성하는 자산은 시장에서 대체구매할 수 있는 유형자산뿐만 아니라 현금흐름을 창출하는 여러

가지 무형자산들이 있다. 현실적으로는 회사의 모든 자산들을 대체할 수 없으므로 이 방법은 적절하지 못하다.

- **주가수익비율법** price-to-earnings ratio approach 해당 기업의 잔존가치는 잔존기간, 즉 현금흐름 예측기간 이후의 기간에 발생할 순이익의 몇 배가 될 것이라는 주장이다. 그러나 잔존가치의 추정에 사용해야 하는 현금흐름 예측기간 완료시점의 주가수익비율을 추정하는 것은 쉬운 일이 아니다. 그렇다고 해서 평가시점의 주가수익비율을 잔존가치의 추정에 사용하여서는 안된다.
- **시가장부가비율법** market-to-book ratio approach 해당 기업의 잔존가치는 잔존기간, 즉 현금흐름 예측기간 이후의 회사자산의 장부가의 몇 배가 될 것이라는 주장이다. 이 방법 역시 주가수익비율법과 같은 문제점이 있을 뿐만 아니라 인플레이션에 의해 장부가가 왜곡될 수 있다.

(2) 중요 변수의 추정 잔존가치의 추정을 위해서는 세후영업이익 EBIAT, 잉여현금흐름 FCF, 투자수익률 ROI, 세후영업이익의 성장률 g, 가중평균자본비용 WACC 등의 변수가 추정되어야 한다. 이러한 변수들은 현금흐름 예측기간 후에 해당 기업이 직면하게 될 경제 및 산업 상황에 맞는 면밀한 전망을 통해 추정되어야 한다.

(3) 잔존가치의 산정 현금흐름 예측기간, 현금흐름 예측기간 이후의 현금흐름, 중요 변수들의 추정이 완료되면 위에서 설명한 DCF분석법에 의해 잔존가치를 산정해 낼 수 있다. 그런데 잔존가치는 현금흐름 예측기간 종료시점의 가치이므로 기업가치평가에 사용하기 위해서는 평가시점 현재로 현가화하여야 하고, 이를 앞에서 산정된 예측기간가치와 합산하면 영업가치가 된다.

5) 비영업가치의 평가

영업외현금흐름에서 세금을 차감한 후의 남은 부분을 투자자의 요구수익률인 가중평균자본비용WACC으로 할인하여 현재가치화한 것이 비영업가치이다. 즉 비영업용 자산의 가치를 비영업가치라 한다. 우리나라의 기업은 자산 중에서 비영업용 자산의 비중이 큰 경우가 많으므로 비영업가치의 평가가 중요하다. 영업외현금흐름에는 다음과 같은 항목이 있다.

- 영업에 사용되지 않는 자산으로부터 발생하는 현금흐름
- 일시적이고 특별한 영업으로부터 발생하는 현금흐름
- 본래 영업과 관련 없는 자회사 투자로부터 발생하는 현금흐름
- 특별이익

6) 총기업가치의 평가

이상에서 구한 기업의 영업활동으로 인한 영업가치와 비영업자산의 가치인 비영업가치를 합한 것이 총기업가치가 된다.

$$총기업가치 = 영업가치 + 비영업가치$$

7) 부채가치의 평가

부채가치, 즉 채권자가치는 기업 전체의 총투하자본 잉여현금흐름 중에서 평가 당시의 부채잔액에 해당하는 현금흐름, 즉 채권자에게 귀속되는 현금흐름을 이 현금흐름이 갖는 위험의 정도를 반영한 할인율로 할인한 현재가치와 같다. 이 할인율은 회사가 가지고 있는 부채와 비슷한 만기와 위험을 지닌 부채의 시장이자율과 같다. 실무적으로는 대개 평가기준일 현재의 부채잔액을 부채가치로 사용하고 있다.

8) 자기자본가치의 평가

총기업가치에서 부채가치를 차감하고 남은 것이 주주에게 귀속되는 주주가치, 즉 자기자본가치가 된다.

$$자기자본가치 = 총기업가치 - 부채가치$$

9) 보통주가치의 평가

자기자본가치에서 우선주가치를 차감하여 산출한 보통주가치를 회사의 발행 보통주식수로 나누면, 의결권 있는 보통주식 1주당 기업가치를 얻을 수 있다. 이것이 기업의 내재가치가 반영된 보통주식의 시장가치가 된다.

보통주가치 = 자기자본가치 − 우선주가치

V 상대가치 평가법

상대가치 평가방법은 시장접근법market approach이라고도 한다. 상대가치 평가법이란, 대상기업과 비교성(동일성 또는 유사성)이 있는 다수의 거래사례 또는 비교사례를 수집하여 적절한 사례를 선택하고, 사정보정, 시점수정, 기업특성 등을 비교 · 분석함으로써 대상기업의 비교가치를 구하는 방법을 말한다. 상대가치는 수요가격과 공급가격의 성격을 동시에 가진다. 이 방식에는 크게 두가지가 있다.

① 기업의 특성상 유사한 거래사례를 구하여 특성치를 비교 · 분석함으로써 대상기업의 상대가치를 구하는 유사거래 비교평가법(M&A market comparison method)

② 대상기업과 업종 및 규모가 유사한 상장회사의 주가를 선택하여 대상기업과 상장회사의 특성치를 비교 · 분석함으로써 대상기업의 상대가치를 구하는 유사기업 비교평가법(guideline company comparison method)

상대가치 평가법은 거래사례기업이나 비교사례기업과 대상기업에 대한 시점, 특성 등을 비준하여 대상기업의 가치를 구하려는 실증적인 방법이므로 시장성 원리와 대체성 원리에 근거하고 있다. 따라서 현실적으로 시장의 투자자들의 경제활동의 결과로 나타난 실증적 시장성의 반영이라고 볼 수 있으므로, 현실성이 있고 설득력도 풍부하다. 인간의 경제행위는 최소의 비용으로 최대의 이윤을 추구하려는 데에 목적이 있고, 경제주체의 선택행위는 효용이 같은 재화 간에는 값이 싼 쪽을 선택한다는 대체성이 작용한다. 따라서 시장성이 있는 물건으로서 같은 효용이 있는 재화의 가격은 상호 접근하여 형성되므로 대체의 원칙에 근거한다고 할 수 있다.

1 유사기업 비교평가법

유사기업 비교평가법은 우선 공개거래되는 유사기업의 주식가격에 기초하여 대상기업의 가치를 도출하기 위하여 유사기업을 선정한다. 대개의 비교요인(가치측정치)은 유사기업의 재무제표로부터 계산된 관련 경제적 변수로 평가시점의 유사기업의 주식가격을 나누어 계산한 변수이다. 다음 해의 이익 예측치와 같은 변수들은 증권분석을 통하여 추정할 수 있다. 가격배수의 역수는 이 변수에 대한 환원율이다. 유사기업으로부터 비교요인을 도출하기 위해 자주 이용되는 손익계산서 변수에는 순매출액, 영업이익, 경상이익, 순이익, 총현금흐름, 잉여현금흐름, 배당 또는 배당여력 등이 있다. 이러한 변수들은 영업상황을 기초로 하여 계산된 것이므로 비영업용은 별도로 처리하여 감안하여야 한다.

비교요인(가치측정치)은 재무상태표를 기초로 도출할 수도 있다. 재무상태표를 기초로 한 비교요인은 유사기업과 대상기업의 자료가 획득 가능한 평가시점 전의 시점과 가장 근접한 시점의 재무상태표 변수로 평가시점의 가격을 나누어 도출한다. 재무상태표를 이용한 변수에는 장부가치, 유형자산 장부가치, 조정장부가치, 유형자산 조정장부가치 등을 들 수 있다. 유사기업을 선정하고 유사기업의 비교요인을 산정하면 대상기업과의 비교분석을 통하여 대상기업의 가치를 측정한다.

1.1 유사기업의 선택

유사기업의 비교가능성은 자본구조, 신용상태, 경영관리의 질, 종업원의 경험, 경쟁의 본질, 기업의 성숙도, 제품, 시장, 이익, 배당여력, 장부가치, 산업에서의 위치 등이 동일 또는 유사한 사례를 선택해야 한다.

기업평가에 있어서 유사점과 차이점을 분석하기 위해서는 대상기업과 유사기업의 재무제표를 분석한다. 대상기업과의 산업의 본질을 고려하여 유동성, 레버리지, 활동성, 수익성, 수입과 비용, 수익의 추세를 측정한 재무비율을 분석함으로써 대상기업과 유사기업의 성과를 비교한다. 대상기업이 매우 독특하여 유사기업을 발견하기 어려운 경우에는 평가문제에 통찰력을 제시해 줄 수 있는 일단의 유사기업군을 발견하여 그 중에서 대상기업과 비교가능성이 큰 하나 또는 몇 개의 기업을 고려할 수 있다. 이 경우에는 전체기업의 자료를 도표화하고 대상기업과 가장 비교가능성이 큰 기업에 상대적인 가중치를 크게 주는 방법을 사용할 수 있다.

때로는 비교가능성이 있는 기업을 찾을 수 없는 경우도 있을 수 있다. 그러나 많은 수의 기업이 증권거래소에 상장되어 있으며, 상장을 위해 준비 중인 회사도 많다. 이들 기업 중에서 대상기업과 사업영역이 같거나 유사한 기업이 있을 수 있다. 이들 기업의 자료는 신뢰성이 다소 떨어질 수도 있으나 없는 것보다는 낫다. 동종 또는 유사한 사업영역을 고려함에 있어서 사업의 기본이 되는 경제적 기반, 즉 회사의 시장, 브랜드 인지도, 원재료 등의 요인을 비교하여야 한다. 유사기업의 선택 시 대상기업과 유사성이 있고, 거래가 활발한 다수 기업의 사례를 수집하여 비교 · 분석한 결과로서 가치결론을 얻을 때 비로소 평가서의 신뢰도가 높을 것이다. 영업자료는 관련기간 동안, 보통 5년 내지 10년 간의 자료를 분석하게 된다.

1.2 유사기업 비교요인 분석방법

1) 경영권 대 소수지분

기업의 경영권자는 대개 기업의 자본구조를 비교적 쉽게 변경할 수 있기 때문에 경영권을 평가할 때 자기자본보다는 투하자본 전체의 시장가치에 중점을 두게 된다. 반면에 소수지분少數持分, minority shareholders' equity을 평가하는 경우에는 대상기업의 자기자본가치 측정치에 중점을 두게 된다. 그러나 때로는 소수지분을 평가함에 있어서 투하자본의 시장가치에서 부채를 차감하여 자기자본의 가치를 측정하기도 한다. 여기서 소수지분할인minority discount이란 평가대상 지분이 소수지분인가, 아니면 지배지분인가에 따라서 경영권에 대한 통제의 정도가 달라지는 상황을 반영하는 것이다. 경영권에 대한 통제가능성은 지분율뿐만 아니라 경영의사결정구조, 해당 주식의 특성 등에 따라 다르게 나타날 수 있는바, 그 주요 변수는 다음과 같다.

- 해당 주식의 전체주식에 대한 백분율
- 해당 주식의 주주구성 및 분산 정도
- 관련법규에서 정하는 주식소유비율 한도
- 기업 자체의 정관이나 내규
- 관련 거래 이해당사자간의 계약

2) 시장성 여부

대상회사가 비상장기업이면 해당 주식이 거래되는 공개시장이 존재하지 않으므로 동일한 상장기업의 가치를 기준으로 시장성 할인marketability discount이라는 일괄할인을 적용하여야 한다. 이 경우 어느 정도의 시장성 할인을 적용할 것인가 하는 정도에 영향을 미칠 수 있는 대표적인 요소들은 다음과 같다.

① 잠재적인 매수자의 존재여부
② 기업공개나 인수합병 가능성
③ 주식매매에 대한 제한사항(주주간 협약내용, 매매단위에 대한 제한 등)
④ 상환옵션(상환우선주 등)의 존재여부
⑤ 기업의 성장가능성에 대한 예상, 기업정보에 대한 신뢰성, 배당금 지급능력, 지배주주의 신뢰성 및 우호적 태도, 시장에서의 투자분위기 등 기타 시장성에 영향을 미칠 수 있는 사항

시장성 할인율은 이상의 여러 변수들을 고려하되, 개별상황에 따라 상이한 일괄할인율이 적용되어야 할 것이다. 현재 평가업무에 적용할 만한 시장성 할인의 규모에 대한 체계적인 실증자료가 부족한 실정이므로 “유가증권의 발행 및

공시 등에 관한 규정 시행세칙 제8조"에서 규정하고 있는 최저 할인비율인 30%를 회사의 시장성 할인율로 채택하기도 한다.

3) 회사의 유형

운영회사의 경우에는 이익력 변수에 초점을 두는 경향이 있는 반면, 지주회사의 경우에는 자산가치 변수에 평가의 중점을 두는 경향이 있다. 그러므로 운영회사를 평가하는 경우에는 현금흐름, 이익, 배당 등에 대한 가격의 비율에 중점을 두고, 지주회사의 경우 조정장부가치 또는 장부가치 대 가격의 비율에 중점을 둔다.

한편 회사가 안정될수록 현금흐름 변수에 더 중점을 두는 반면, 성장국면에 있는 회사의 경우에는 순이익에 더 많은 중점을 두게 된다. 자산구성 측면에서 유형자산이 더 많은 기업일수록 비교요인을 산정함에 있어서 유형자산을 더욱 중요한 변수로 고려하여야 한다. 특히 자산이 유동적일수록 더욱 중요하다. 또한 GAAP가치가 시장가치에 근접하다면 평가가 용이하다. 금융기관의 경우 금융자산과 부채는 매우 중요하며, 장부가치 대 가격 비율은 운영회사의 다른 어떤 변수보다도 훨씬 더 중요하다. 유통회사의 재고는 유통회사의 자산믹스에서 주요 부분이며, 장부가치 대 가격 비율이 고려하여야 할 비교요인이 된다. 제조회사의 경우에는 플랜트와 장비가 회사마다 다르므로 내용연수와 상태도 매우 다양하며, 회사운영의 중요한 부분이므로 자산가치 대 가격 비율로 비교기준을 삼기가 곤란하다. 서비스회사의 경우에는 유형자산이 있더라도 기업평가에서 차지하는 비중은 미미하게 된다.

4) 주가수익비율법 PER method

주가수익비율법 PER: price earnings ratio method 은 가치평가기준으로 주가수익비율 PER 을 사용하는 것으로서, 기준회사의 주가수익비율을 기준으로 대상회사에 적용할 주가수익비율을 결정 또는 추정한 다음, 대상회사의 주당평균당기순이익에 대상회사에 적용할 주가수익비율을 곱하여 대상회사의 주가를 평가하는 방법이다. 대상회사에 적용할 주가수익비율을 정하는 방법에는 ① 기준회사의 과거 주가수익비율들로부터 산출된 주가수익비율을 그대로 대상회사에 적용하는 방법, ② 기준회사와 대상회사의 위험과 영업의 기대성장률을 비교하여 기준회사의 주가수익비율을 수정하여 추정된 주가수익비율을 적용하는 방법이 있다.

후자의 방법을 구체적으로 설명하면 다음과 같다. 주가수익비율은 순이익에 적용하는 자본환원율의 역수와 같고, 또한 환원율은 기업의 위험과 기대성장성에 의해 결정된다. 따라서 대상회사의 위험과 기대성장률을 기준회사의 그것과 비교한 다음, 기준회사의 환원율을 수정하여 대상회사의 환원율을 추정한 후 환원율의 역수인 주가수익비율을 산정하는 것이다. 이렇게 하여 대상회사에 적용할 주가수익비율이 결정되면 여기에 대상회사의 비교기간 동안의 평균주당순이익을 곱하여 대상회사의 주가를 평가하는 방법이다.

$$\text{대상회사의 주가} = \text{대상회사 주당순이익} \times \text{대상회사 PER}$$

(1) 현행PER current PER와 추정PER forward PER

비교대상회사의 PER를 계산할 때 비교대상회사의 주식가격은 평가시점 현재의 주가를 이용할 수도 있고, 과거 평균주가(예컨대 3개월 평균주가)를 이용할 수도 있다. 평가시점 현재의 주가는 일시적으로 급등하거나 급락할 수 있기 때문에 실무적으로 잘 사용되지 않는다. 대신 평가기준일로부터 1~3개월 가량의 기간을 설정하여 매일의 주가평균으로 PER를 계산하는 것이 일반적이다.

이때 주가평균의 계산은 매일의 종가를 단순평균하기도 하고, 매일의 거래량을 기준으로 가중평균하기도 하는데, 거래량을 가중치로 하여 계산된 주가의 신뢰성이 높다. 이에 더하여 PER의 분모에 해당하는 주당순이익을 과거 실적주당순이익으로 할 것인가 아니면 미래 추정주당순이익으로 할 것인가를 결정해야 한다. 비교대상기업의 PER 계산시 추정주당순이익projected EPS을 이용한다면 평가대상회사의 주식가치평가시에도 추정주당순이익을 이용하는 것이 논리적이다.

실적주당순이익에 의해 계산된 PER를 현행PER current PER라 하고 추정주당순이익에 따라 계산된 PER를 추정PER forward PER라 한다. 이론적으로 볼 때 주가는 미래의 현금흐름을 반영한 가치이다. 즉 시장에서 거래되는 주식의 가격은 미래의 예상이익을 반영하여 형성되는 가격이므로 추정주당순이익을 반영하는 것이 옳다. 그러나 현실시장에서 정보는 불안정하고 효율적이지 못하다. 확실한 정보는 실적주당순이익이다. 이익의 정보효과는 실적이익에 한한다고 보면 이러한 접근도 타당하다. 최근의 증권회사에서 발표하는 기업분석정보는 대부분 추정이익에 의한 PER를 적용하는 추세이다. 이러한 접근은 매우 합리적인 것이다. 이익의 정보효과가 실적이익에 바탕을 두고 있지만 결국 주식가격은 미래의 현금창출능력에 의해 결정되기 때문이다.[7]

경기에 민감하지 않고 안정적인 이익을 실현하는 회사는 과거의 주당순이익을 이용하여도 예측오류가 크지 않을 것이나, 경기민감도가 큰 기업은 매년 발생하는 이익의 변동성이 클 수밖에 없으므로 과거의 주당순이익을 이용하는 데에 어려움이 있다. 이러한 회사의 주식가치 평가 시에는 과거 1년간의 주당순이익을 이용해서는 안되며 경기순환주기를 고려하여 과거 몇 년 분의 평균치를 사용하는 등 조정이 필요하다.

(2) 적정PER를 이용한 주가추정방법

우리는 앞에서 PER를 결정짓는 요소들을 살펴보면서 적정PER의 도출과정을 검토하였다.

$$\text{적정PER} = \frac{1}{K_e - g}$$

K_e: 자기자본비용　g: 안정성장률

적정PER의 공식을 이용하면 평가대상기업의 목표PER 또는 장기추정PER를 도출해 낼 수 있는 것이다. 평가대상회사의 자기자본비용과 성장률을 추정함으로써 적정PER를 계산하고 이를 이용하여 평가대상기업의 가치를 평가할 수 있다. 이러한 방법은 상장회사의 경우는 물론이고 비상장법인의 가치평가에도 유용하다.

적정PER의 도출은 현금흐름할인법에서 설명한 자기자본비용과 안정성장률을 이용할 수 있다. 또한 비교대상기업의 PER를 산출할 필요가 없으므로 비교

7. 강진홍 외 1인, 기업가치평가실무, 영화조세통람사, 2012, pp. 340~348.

대상기업에 적자기업이 있는 경우에도 적용 가능하다. 다만, 적정PER 계산에 적용하는 안정성장률stable growth rate은 단기적인 이익성장률을 사용해서는 안 된다. 어떤 기업도 수십 년간 꾸준히 10~20%의 높은 성장률을 유지하는 회사는 없기 때문이다. 안정성장률은 오랜 기간 달성될 평균성장률을 의미한다.

〈예제〉 적정 PER를 이용한 가치평가

비상장기업인 ㈜ABC에 대한 다음의 정보를 이용하여, 대상기업의 적정 PER를 산정하고 주식가치를 평가하라.

① 1차 정보

- 무위험수익률 : $R_f = 5\%$
- 시장위험프리미엄 : $RP_m = 5.5\%$
- 추정 EPS : 5,000원
- 목표자본구조 : $D/S = 150\%$
- 적용법인세율 : t = 22.4%

② ㈜ABC 비상장기업의 추가정보

- 비교대상기업의 무부채베타(unlevered beta) : $\beta_u = 0.7$
- ㈜ABC의 기업규모를 고려한 고유위험 : $RP_s = 3\%$
- 안정성장률 : $g_{stable} = 2\%$

▶ ANSWER

적정 PER에 의한 가치추정은 자기자본비용을 추정하여 적정PER 비율을 도출하고, 여기에 추정 EPS를 이용하여 주식가치를 추정한다. 먼저 비교대상기업의 무부채β와 ㈜ABC의 목표자본구조를 이용하여 ① 부채베타 levered beta를 계산한 다음, ② 자기자본비용, ③ PER, ④ 주식가치를 산정한다.

① ㈜ABC의 β(levered beta) $\beta_L = \beta_u \times \{1+(1-t)\times D/S\}$

$= 0.7\times\{1+(1-22.4\%)\times 150\%\} = 1.5148$

② 자기자본비용 : $Ke = R_f + (RP_m \times \beta_L) + RP_s$

$= 5\% + (5.5\% \times 1.5148) + 3\% = 16.33\%$

③ 적정 PER : $PER = 1 \div (16.33\% - 2\%) = 6.98$

④ 주식가치 : $P_o = 5,000원\times 6.98 = 34,900원$

앞의 〈예제〉에서 산정된 주식가치 34,900원에는 비상장기업 유동성할인요소 등이 이미 반영되어 있다. 따라서 추정주식가치에 추가적으로 유동성할인을 고려하지 않아도 된다. 유동성할인을 가치에서 직접 반영할 때에는 자기자본비용 계산시 유동성프리미엄을 가산하지 않고 계산된 가치에 직접 할인하는 방법을 적용하기도 한다.

5) 주가현금흐름비율법 PCR method

주가현금흐름비율법 price/cash flow multiples method 은 가치평가 기준으로 주가현금흐름비율($\frac{주가}{현금흐름}$)을 사용하는 것으로서 방법은 주가수익비율법과 같다.

6) 주가배당금비율법 PDR method

주가배당금비율법 price/dividends multiples method 은 주가배당금비율이 배당수익률의 역수와 같으므로 기준회사의 배당수익률로 대상회사의 주가를 평가하는 방법이다. 그러나 배당금은 순이익이나 현금흐름의 결과로서 배당정책에 의해서 발생하는 것이므로 배당금으로 주가를 평가하는 것이 경우에 따라 적절할 수도 있고 그렇지 않을 수도 있다. 미국의 경우에는 상속세와 증여세 부과를 위해 주식을 평가할 때 이 방법을 사용하고 있다.

7) 주가총수익비율법 PRR method

주가총수익비율법 price/revenue multiples method 은 가치평가 기준으로 주가총수익비율을 사용하는 방법이다. 이 방법은 제조업체에는 잘 활용되지 않고 금융기관, 보험회사, 광고회사, 법률회사와 같은 서비스기업체의 주식평가에 적당한 방법이다. 대상회사에 적용할 주가총수익 비율을 추정하는 방법에도 기준회사의 주가총수익 비율을 그대로 사용하거나 수정하여 사용할 수 있다. 또한 기준회사들이 주가총수익 비율과 매출수익률과의 상관관계가 높은 산업에 속해 있으면 기준회사들의 이 두 재무비율을 선형 회귀분석하여 산출된 회귀분석식에 대상회사의 매출수익률을 대입하여 대상회사에 적용할 주가총수익 비율을 추정할 수 있다. 그러나 이 방법에 의한 가치평가는 기준회사와 대상회사의 자본구조 capital structure 차이에 의해 민감하게 영향을 받으므로 보통주 가치평가에는 적절하지 않고 총투하자본 가치평가에 주로 사용된다.

8) 주가장부가비율법 PBR method

주가장부가비율법 price/book value multiples method 은 가치평가 기준으로 주가장부가비율을 $\left(\frac{주가}{주당장부가}\right)$ 사용하는 방법이다. 주가장부가 비율은 주식의 주가를 주당순자산(자기자본 = 총자산 − 총부채)의 장부가격으로 나눈 것이다. 이 방법은 기준회사와 대상회사의 자산구성이 비슷할 때 유용한 평가방법이다. 또 이 방법을 사용하기 위해선 기준회사와 대상회사의 회계처리 방법을 비교 가능하게 조정하여야 한다.

한편, 무형자산의 표시에 있어서 유상 취득한 경우에는 재무상태표의 자산으로 계상되나 자체 개발한 경우에는 손익계산서의 비용으로 처리되므로 실제 이 방법의 사용에 있어선 보통 유형자산만 사용한다. 대상회사에 적용할 주가장부가 비율을 추정하는 방법에도 기준회사의 주가장부가 비율을 그대로 사용하거나 자산구성의 차이를 반영하여 수정하여 사용할 수 있다. 또한 실증적 분석에 의하면 공개회사들의 주가장부가 비율과 자기자본수익률이 상당히 높은 상관관계가 있는 것으로 나타나 있다. 따라서 기준회사들의 이 두 재무비율을 선형회귀분석하여 산출된 회귀분석식에 대상회사의 자기자본수익률을 대입하여 대상회사에 적용할 주가장부가 비율을 추정할 수 있다.

9) 주가시장가비율법 PAR method

주가시장가비율법 price/adjusted net value multiples method 은 가치평가 기준으로 주가시장가 비율$\left(\frac{주가}{주당시장가}\right)$을 사용하는 방법이다. 그러나 이 방법은 기준회사들의 시장가와 대상회사의 시장가를 산정하여야 하므로 특별한 경우를 제외하고는 사용하기가 쉽지 않다. 한편, 주가시장가 비율은 Tobin의 q비율과 유사한 개념이다. q비율은 총자산의 시장가격을 총자산의 대체원가로 나눈 비율이다. 즉 총자산의 증권시장에서의 평가액을 실물시장에서의 평가액으로 나눈 비율인 것이다.

기업의 효율성과 성장성 면에서 보면 q비율이 1보다 큰 기업은 경영관리능력이 우수하고 미래 성장가능성이 큰 기업이고, q비율이 1보다 작은 기업은 경영관리능력이 열등하고 미래 성장가능성이 작은 기업이라 할 수 있다. 이러한 q비율은 특히 기업의 인수합병과 관련하여 의미 있는 비율인데, 분자는 증권시장에서의 주식매입비용을 의미하고 분모는 실물시장에서의 자산취득 비용을 의미한다. 따라서 q비율이 1보다 작으면 주식매입 비용이 자산취득 비용보다 적으므로 기업인수합병이 유리하다.

1.3 평가절차

1단계 (기준회사 선정기준 설정) 기준회사를 선정하는 기준으로는 평가대상회사와 유사한 범주의 사업내용이나 제품구성, 산업 내 지위 또는 시장점유율, 영업장의 수와 크기, 고객층, 총자산, 매출액, 자본금, 종업원수, 자본구조, 재무비율, 순이익, 배당금 지급능력, 기업의 장부가치 등이 사용될 수 있다.

2단계 (기준회사의 선정) 대상회사와 유사한 회사들 중에서 대상회사와 가장 유사한 1~2개의 회사를 기준회사로 선정한다. 선정된 기준회사들의 재무자료는 대상회사와 유사한 정도를 기준으로 가중치를 부여하여 사용하는 것이 바람직하다. 그리고 같은 산업 내의 대기업 중에서 기준회사를 찾을 수 없으면 장외시장의 중소기업들 중에서 찾아도 좋고, 장외시장에서도 찾지 못하면 대상회사의 산업과 가장 유사한 산업 내에서 찾아도 무방하다. 기준회사의 대상회사와의 유사성의 정도에 따라 선정할 기준회사의 수가 결정된다. 즉, 대상회사와 거의 같은 기준회사가 있다면 그 회사 하나만을 기준회사로 선정해도 좋을 것이다.

3단계 (비교기간의 결정) 3단계에서는 기준을 사용할 기간(비교기간)을 결정한다. 대상회사가 산업경기가 순환하는 산업에 속해 있으면 그 산업의 순환주기가 비교기간이 된다.

4단계 (기준회사와 대상회사 재무제표 비교) 분석대상 재무제표에는 재무상태표와 손익계산서, 현금흐름표가 있다. 그리고 이들 재무제표를 상호 비교분석하여 다음 사항을 조정하여야 하며, 재무변수 및 비율을 산출하여야 한다.

- 비영업 항목과 지속성이 없는 영업활동에서 발생되는 항목을 조정한다.
- 손익계산서에서 특별항목을 제거한다.
- 감가상각방법, 재고자산 평가방법 등 적용회계 기준을 통일한다.
- 기준회사와 대상회사의 재무변수와 재무비율을 산출한다. 즉 유동성, 부채, 활동성, 수익성 관련 재무변수와 재무비율 등을 산출한다.

5단계 (대상회사의 가치평가기준 결정) 공개회사는 순이익을, 비공개회사는 현금흐름을 중요시하고 있으나, 공개회사 주식의 시장가격 결정에도 현금흐름이 크게 영향을 미친다. 영업자회사는 수익창출력 변수가, 지주회사는 자산가치 변수가 중요시되므로 대상회사가 영업자회사인 경우는 주가수익 비율, 주가현금흐름 비율, 주가배당금 비율을 사용하고 지주회사인 경우는 주가장부가 비율이나 주가시장가 비율을 사용한다.
성숙기의 회사는 현금흐름이 중요시되고, 성장기의 회사는 부負의 현금흐름을 나타내므로 순이익이 중요시된다. 사업의 형태에 따라, 또는 유형자산의 장부가와 시가의 일치 정도에 따라 유형자산의 중요성은 달라진다. 즉, 금융기관의 경우에는 금융자산과 금융부채가 매우 중요하므로 주가장부가 비율이 사용되고, 유통회사도 재고자산이 중요하므로 주가장부가비율이 사용되나, 제조업체의 공장과 기계설비는 그 상태와 용도에 따라 가치가 다를 수 있으므로 주가장부가비율은 의미가 없다. 물론 서비스 사업체에 있어서 유형자산의 평가는 그 비중이 작을 수밖에 없다.

6단계 (기준회사의 주가 조사 및 가치평가 배수 결정) 6단계에서는 기준회사와 대상회사의 재무변수와 재무비율의 분석을 통하여 대상회사에 적용할 가치평가기준의 가치평가배수를 결정한다. 가치평가기준에는 주가수익비율, 주가현금흐름비율, 주가장부가비율, 주가총수익비율 등이 있다.

7단계 (주가평가) 평가기준일 현재 대상회사 재무변수에 6단계에서 산출된 가치평가배수를 곱하여 대상회사의 주가를 평가한다.

(재무변수 × 가치평가배수) = 대상회사의 주가

8단계 (시장성 및 경영권 프리미엄 가감조정) 대상회사의 주식이 상장되어 있지 않으면 평가된 주가에 시장성이 없으므로 할인과정을 거쳐야 하고, 또한 평가대상 주식이 경영권이 있는 대주주의 주식이라면 경영권 프리미엄을 가산하는 과정을 거쳐서 대상회사의 주가를 조정하여야 한다. 그러나 경영권 프리미엄은 주식의 시장성 결여로 인하여 전부 또는 일부 상쇄되므로 경영권 프리미엄의 크기도 이에 따라 결정되어야 한다.

9단계 (비영업자산의 가감조정) 마지막으로 대상회사의 주가에 영향을 미칠 수 있는 비영업자산이 있는 경우에는 주가를 조정하여야 한다.

유사기업의 주가로부터 대상기업의 주가를 구하기 위해서는 유사기업의 주가에 사정보정, 시점수정, 요인비교와 조정을 통하여 다음과 같이 구할 수 있다.

대상기업의 주가 = 유사기업의 주가 × 사정보정치 × 시점수정치
× 요인비교치 × 조정계수

- 사정보정치 : 시장성, 경영권, 성장성 등을 보정
- 시점수정치 : 사례시점과 평가시점 간의 시간적 격차를 보정
- 요인비교치 : 주당총수익, 주당경상이익, 주당순수익, 주당총현금흐름, 주당잉여현금흐름, 주당장부가치, 주당시장가치 등을 비교 보정
- 조정계수 : 자료의 신뢰도, 비영업자산, 초과자산, 부족자산 등을 보정

2 유사거래 비교평가법

유사거래 비교평가법 또는 M&A시장 비교법[M&A market comparison method]은 기업인수합병시장에서 거래된 기업 중에서 대상기업과 같은 산업에 속하거나 유사한 산업에 속한 기업들을 선택한 다음, 그 중에서 사업의 위험성, 매출규모, 보

유자산 등이 대상기업과 비슷한 기업의 총거래가격을 기준으로 하여 대상기업의 총거래가격, 즉 기업가치를 평가하는 방법이다.

유사기업 비교평가법에서 평가되는 대상기업의 주식은 시장성이 있지만 경영권이 없는 소수주주의 주식인 반면 유사거래 비교평가법에서는 대상기업 전체 또는 사업단위의 경영권이 매매되는 가격을 평가한다. 그런데 이 가격은 대상기업의 자기자본가치가 아니라 총투하자본(자기자본과 총부채)의 시장가치가 된다. 왜냐하면 경영권의 인수자는 인수기업의 자본구조를 변화시킬 수 있기 때문이다. 물론 이때 인수되는 경영권이 있는 대주주의 주식은 주식시장에서 매일 거래되는 주식이 아니므로 시장성이 없는 주식으로서 평가된다.

상대가치평가법에서 유사기업 비교평가법과 유사거래 비교평가법의 기본적인 차이는 기업평가의 출발점으로서 이용하는 자료가 다르다는 것이다. 유사기업 비교평가법은 공개시장에서 거래되는 시장성 있는 소수지분의 거래자료를 이용하는 반면에, 유사거래 비교평가법에서는 경영권 이전에 관한 자료를 이용한다는 것이다.

유사사례의 거래가격으로부터 대상기업의 가치를 구하기 위해서는 유사기업의 1주당 가격에 사정보정, 시점수정, 요인비교와 조정을 통하여 다음과 같은 산식으로 구하게 된다.

대상기업의 주당가치 = (유사기업의 주당가치 × 사정보정치
× 시점수정치 × 요인비교치 × 조정계수)

Ⅵ 옵션가치평가방법

1 평가원리

기업가치 평가를 위해 기업이 소유한 자산가치를 측정하려 할 때 어떤 자산, 예를 들면 당장에는 별로 가치가 없으나 미래에 가치창출 잠재력을 포함하는 투자안의 가치는 DCF 등 전통적인 방법으로는 평가가 곤란하다. 가령, 원유 등 천연자원 개발권이나 R&D 투자, 새로운 마케팅전략, 중도에 확대나 포기가 가능한 투자사업 등은 실물옵션real option을 포함하기 때문에 가치평가를 위해서는 옵션 개념으로 접근해야 한다.

기업가치평가의 궁극적 목표가 주주가치를 측정하는 일이라고 한다면 전체 기업가치 접근법entity approach으로 측정한 가치를 기업이 발행한 각종 유가증권별로 배분한 다음 최종적으로 남는 부분이 주주가치이다. 이를 위해서는 일반적인 부채 이외에 부채와 자기자본의 중간성격인 신주인수권, 전환사채 같은 전환증권convertible securities의 가치평가가 선행되어야 할 것이다. 특히 근래에 들어 국내에서도 전환사채를 통한 자금조달이 활발할 뿐만 아니라 성과배분의 차원에서 스톡옵션stock option의 활용이 증가하고 있다. 이러한 추세를 반영해서 그 여파를 올바로 분석하려면 옵션접근법에 의한 가치평가에 대해서 이해할 필요가 있다.[8]

옵션이란 미래에 특정자산을 약정한 가격에 매매할 수 있는 권리를 의미하는데, 콜옵션call option이란 옵션 매도자로부터 일정액의 외국통화를 특정가격으로 특정만기일(또는 만기일 이전)에 매입할 수 있는 권리를 콜옵션 매입자buyer or holder에게 부여하는 계약을 말하며, 풋옵션put option이란 옵션매도자로부터 일정액의 외국통화를 특정가격으로 특정만기일(또는 만기일 이전)에 매도

8. 경응수 · 이정국, 최신기업가치평가론, 부연사, 2007, p. 96.

할 수 있는 권리를 풋옵션 매입자에게 부여하는 계약을 의미한다.

그리고 옵션계약 기간이 종료되는 만기일expiration date or maturity date이나 또는 만기일 이전에 언제라도 행사할 수 있는 옵션을 아메리칸 옵션American option이라고 하며, 만기일에 한하여 행사할 수 있는 옵션을 유로피언 옵션European option이라고 한다. 옵션 매입자는 옵션 매도자에게 일정대가를 지급하고 옵션행사의 권리를 보유하게 되는데, 이때 옵션 매도자에게 지급되는 비용을 옵션가격option price or option premium이라 한다. 그리고 옵션 매입자가 옵션을 행사할 때 적용하는 가격을 행사가격exercise price or strike price이라 한다.

2 옵션가격 결정모형

옵션가격 결정모형Option Pricing Model : OPM은 투자에 대한 확률적 기대 값을 기초로 하여 파생상품의 하나인 옵션에 대한 가치평가 도구로 개발되었다. 이러한 성격 때문에 이 기법은 재무적인 곤경에 처한 부실기업의 가치평가, 특허권의 가치평가, 석유시추권의 가치평가 등 현금흐름 할인법이나 상대가치법으로 평가하기 어려운 기업의 가치평가에 유용하게 사용되고 있다.

여기서 OPM의 기초이론과 함께 기업가치 평가에 응용될 수 있는 실물옵션real option에 관한 내용을 간단히 살펴보도록 하자. 그리고 OPM에서 옵션의 균형가격이 구체적으로 어떻게 결정되는가를 설명하는 두 가지 가격 결정모형을 중심으로 설명하고, 몬테카를로 시뮬레이션 모형에 대하여도 알아본다.

2.1 옵션가격 결정요인

파생상품으로서의 옵션은 사전에 정해진 가격exercise price에 따라 일정기간 동안에 특정한 증권을 사거나, 팔 수 있는 권리를 의미한다. 이러한 옵션의 가격을 결정짓는 요인에는 다음과 같은 요소들이 있다.

- 기초자산의 현재가치

- 기초자산가치의 변동성
- 기초자산의 배당지급
- 옵션의 행사가격
- 옵션의 만기
- 만기 동안의 무위험이자율

2.2 옵션가치 평가의 모형

1) 이항옵션 가격결정모형 Cox and Rubinstein Model

이 모델은 OPM 중 가장 단순한 형태로 옵션가격을 결정하는 주가의 변동이 이항분포 binominal distribution 를 따른다고 가정하는 모형이다. 위 모형을 사용하면 주가자체의 등락확률과는 관계없이 옵션가치를 평가할 수 있다. 이항옵션 모형에서 옵션의 가격을 결정하는 유일한 확률변수는 미래의 주식가격뿐이다.

$$C = [Cu(1 + Rf - d)/(u - d) + Cd(u - 1 - Rf)/(u - d)]/(1 + Rf)$$

C: 콜옵션(주식매입선택권)의 가치　　Cu: 주가상승시의 콜옵션의 가치
Cd: 주가하락시의 콜옵션의 가치　　u: 주가상승배수(u ≥ 1)
d: 주가하락배수(d ≤ 1)　　Rf: 무위험이자율
단, 콜옵션의 가치는 행사시점주가 - 행사가격. '0'보다 작은 경우 '0'으로 본다.

2) 블랙–숄즈 가격결정모형 Black and Scholes Model

B–S 가격결정모형 B–S OPM 은 주가 수익률이 정규분포를 가지고 있음을 가정한다. 이 모형에서는 거래가 연속적으로 이루어지며, 옵션의 행사가 만기에 한 번 이루어질 수 있는 유로피언 옵션을 가정하며, 또한 잔존기간 중 중간 현금흐름이 없음을 가정하고 있다. 이 모형의 공식에서 가장 측정하기 어려운 변수는 주식가치의 변동성인데, 일반적으로 과거시계열을 바탕으로 측정하거나, 실제 장내에서 거래되는 옵션이 있는 경우 그 옵션의 시가를 이용하여 산출한다.

B–S 가격결정모형은 특정시점에서의 정규분포를 근거로 한 변동성에 대한 확률적 기대값의 도출로서 의미가 있다. 블랙–숄즈 공식은 무배당주식에 대한 유로피언 옵션가격을 구하는 데 이용할 수 있다. C와 p를 각각 유로피언 콜옵션

과 풋옵션의 가격이라고 하면 블랙-숄즈 공식은 다음과 같다.

$$C = SN(d_1) - X \cdot e^{-RfT}N(d_2) \cdots\cdots (1)$$

$$p = Xe^{-RfT}N(-d_2) - SN(-d_1) \cdots\cdots (2)$$

$$\text{여기서 } d_1 = \frac{1n(S/X) + (Rf + \sigma^2/2)T}{\sigma\sqrt{T}}$$

$$d_2 = \frac{1n(S/X) + (Rf + \sigma^2/2)T}{\sigma\sqrt{T}}$$

C: 콜옵션(주식매입선택권)의 가치 S: 기초자산인 주식의 현재가격 X: 옵션의 행사가격
e: 2.71828…로 표시되는 자연대수의 밑 Rf: 무위험이자율 T: 만기까지의 기간(연 단위)
σ: 예상주가변동성 $N(d)$: d값까지의 정규분포의 누적확률(옵션행사확률)

여기서 옵션의 만기가 3개월이 남은 유로피언 콜옵션을 생각해 보자. 현재의 주가는 60, 행사가격은 65, 무위험이자율은 8%, 변동성은 30%라고 하자. 즉 S= 60, X=65, T= 0.25, Rf= 0.08, σ= 0.30이라고 할 경우 콜옵션의 값은 얼마인가?

$$d_1 = \frac{1n(60/65) + (0.08 + 0.30^2/2) \times 0.25}{0.30\sqrt{0.25}} = -0.3253$$

$$d_2 = d_1 - 0.30\sqrt{0.25} = -0.4753$$

위의 식(1)을 이용하여 콜옵션의 값을 구하면 다음과 같다.

$$N(d_1) = N(-0.3253) = 0.3725$$

$$N(d_2) = N(-0.4753) = 0.3173$$

$$C = 60N(d_1) - 65e^{-0.08 \times 0.25}N(d_2) = 2.1334$$

3) 몬테카를로 시뮬레이션

몬테카를로 시뮬레이션이란, 시뮬레이션 테크닉의 일종으로, 많은 수의 실험을 바탕으로 통계 자료를 얻어 그 자료로부터 역산하여 어떤 특정한 수치나 확률분포를 구하는 방법이다. 모나코의 유명한 도박의 도시 몬테카를로 Monte Carlo

의 지명을 본따 그 이름을 만들었다. 이 방법에 의하면 옵션가치의 확률적 분포를 반복 가능한 실험의 통계로부터 구하게 된다. 몬테카를로 시뮬레이션으로 옵션가치를 구하는 순서는 다음과 같은 5단계로 수행된다.

- 1단계: 옵션가치나, 옵션가치에 영향을 주는 기초가치의 범위를 정하고 난수를 발생시킨다.
- 2단계: 충분히 많은 수의 난수를 발생시킨다.
- 3단계: 난수의 분포가 어떻게 되며, 각각의 확률은 어떻게 되는가 판단한다.
- 4단계: 해당되는 옵션의 만기가치와 확률을 곱하여 기대값을 구한다.
- 5단계: 경과일수와 할인율이 존재하는 미래가치이므로 현재가치로 현가화하고 이들을 각각 더해 옵션가치를 구한다.

3 실물옵션

OPM의 논리는 파생상품인 옵션에 대한 평가뿐만 아니라 주식과 회사채 등의 부채를 설명할 수도 있다. 예를 들면, 주주는 콜옵션의 매수자 입장과 같다. 즉, 기초자산을 기업자체로 보면 회사채 소유자에게 행사가격을 지불하고 기업을 살 수 있는 콜옵션을 보유하고 있는 경우로 볼 수 있다. 반면, 채권자는 콜옵션 매도자의 입장으로 볼 수 있는데, 기업을 소유하고 있는 상태에서 주주에게 일정 행사가격으로 콜옵션을 매도한 것으로 볼 수 있을 것이다.

이렇게 OPM의 기본논리는 다양한 응용이 가능한데, 실물자산이나 투자안 등에 대하여 적용되는 경우를 실물옵션real option이라 한다. 옵션은 성장옵션growth option, 포기옵션abandonment option, 확장옵션option to expand, 축소옵션option to contract, 스위칭옵션option to switch, 시기결정옵션timing option 등 여러 형태로 응용될 수 있다.

- **성장옵션**growth option 성장옵션은 보다 작고, 시험가능한 시장에서 대상 프

로젝트의 사업성을 평가한 후, 성공적이면 보다 큰 2차 단계로 넘어가 더 높은 수익을 실현할 수 있도록 하는 옵션이다. 이 옵션은 불확실한 환경하에 브랜드 이미지를 구축해야 하는 벤처기업 등의 경우에 유용하게 활용 할 수 있다.

- **확장옵션** option to expand 한 프로젝트의 생산 또는 영업규모를 확장할 수 있는 옵션을 의미한다.
- **축소옵션** option to contract 주변 환경이 프로젝트에 불리하게 변화하는 경우 경영자는 생산 또는 영업규모의 축소를 결정할 수 있다.
- **포기옵션** abandonment option 변동비가 크거나 불확실성이 높은 사업의 경우, 주변 환경이 기업이 추진하고 있는 사업에 부정적인 영향을 미쳐 애초에 기대했던 미래의 현금흐름이 제대로 실현되지 않을 것으로 판단된다면 사용 중인 자산 또는 사업부문을 매각하여 기존의 경우보다 사업의 가치를 높일 수 있는데, 옵션대상의 현재가치가 행사가격보다 낮아질 경우 해당 옵션을 행사하는 것과 동일한 것이다. 프로젝트의 청산가치가 해당 프로젝트 가치의 하한선을 설정하는 역할을 하므로 청산할 수 있는 옵션은 가치를 지니게 되며, 따라서 포기될 수 있는 프로젝트는 포기할 가능성이 배제되어 있는 프로젝트에 비해 더 높은 가치를 가진다.
- **스위칭옵션** option to switch 환경 및 여건의 변화에 따라 한 프로젝트의 영업을 중단 또는 재개할 수 있는 옵션이다. 영업을 재개하는 콜옵션의 행사가격, 중단하는 옵션은 풋옵션의 행사가격으로 생각할 수 있다.
- **시기결정옵션** timing option NPV의 크기에 근거하여 여러 프로젝트 중 실행 우선순위를 결정했다고 하더라도, 반드시 그 투자를 지금 현재의 시점에서 실행해야만 하는 것은 아닐 것이다. 환경 및 여건의 변화를 살피면 프로젝트의 실행 시기를 연기 또는 앞당길 수 있다.

그러나 이러한 실물옵션을 실무적으로 적용하는 데에는 OPM의 기본가정을 충족할 수 없는 다음과 같은 제약사항이 있다.

- 기초자산이 거래되지 않는다.
- 자산의 가격이 연속적으로 변하지 않는다.
- 변동성을 알고 있고, 또한 옵션의 만기 동안 변동성이 변하지 않는다.
- 옵션의 권리를 순간적으로 행사할 수 없다.

기존의 순현재가치법net present value은 정적인 평가방법으로 미래의 상황변화에 따른 의사결정의 변경가능성, 즉 신축성을 무시하기 때문에 실제상황을 충분히 반영하지 못하는 단점이 있다. 실물옵션 방법론은 이러한 사업의 변동성을 핵심변수로 감안하여 유연하고 동적인 투자 전략을 평가해 주는 방법론이라고 할 수 있다.

우리가 널리 사용하고 있는 DCF방식에 의한 가치평가 기법은 투자안의 유연성flexibility에 대한 고려를 하지 않음으로써 투자안의 가치를 과소평가할 수 있다. OPM에서는 이러한 의사결정의 유연성을 고려할 수 있는 장점이 존재하나, 위와 같은 제약사항으로 인하여 실제 기업가치 평가실무에서 직접 적용하기에는 한계가 있다.

5장

무형자산 평가의 원리와 기법

Intangible Asset Valuation Principles & Techniques

- Ⅰ 감정평가 방법과 선택
- Ⅱ 원가방식
- Ⅲ 비교방식
- Ⅳ 수익방식의 기본원리
- Ⅴ 수익방식의 적용기법
- Ⅵ 기술요소법

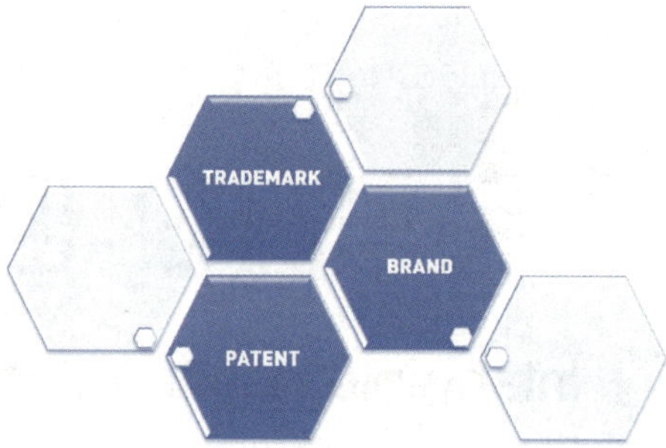

전 세계적으로 지식재산권 등 무형자산이 차지하는 경제적 비중이 날로 커짐에 따라 이에 대한 가치평가 수요도 폭증하고 있다. 특허보유자는 물론, 은행, 증권분석가, 벤처기업, 투자자, 그리고 과세당국 등 헤아릴 수 없이 많은 시장참여자들이 가치평가를 필요로 한다. 따라서 가치 변동성이 크고 시장의 변화에 따라 위험도가 높은 무형자산의 경제적 가치를 평가함에 있어서는 그 측정방법이 객관적이고 합리적이어야 한다. 그리고 국제평가기준(IVS)이 보편적으로 확립된 분야에 있어서는 국제적으로 받아들여질 수 있는 원리나 기준, 평가방식에 바탕을 두고, 시장에서 거래될 수 있는 방법으로 평가되어야 한다.

재화의 가치는 그 재화의 비용성, 시장성, 그리고 수익성 등 3가지 측면에서 측정될 수 있다. 이를 바탕으로 한 감정평가 3방식의 기본사고와 방법론은 각종 무형자산을 평가하는 데에도 그대로 적용이 가능하다. 다만 각 무형자산이나 지식재산권의 성격이나 평가목적 등에 따라 일정한 전제조건이나 가정, 다양한 평가기법의 응용이 필요할 따름이다.

본 장에서는 3방식 중 특히 무형자산가치평가에 가장 적합한 수익방식에 중점을 두어 학습하되 기술가치 평가실무에 많이 응용되는 기술요소법에 대하여도 논의한다. 그리고 기술요소법의 국제평가기준과의 괴리문제나 실무적용 상의 문제점에 대하여도 살펴본다.

I 감정평가 방법과 선택

1 가치의 3면성과 3방식

앞 장에서 우리는 무형자산 및 지식재산의 평가를 위한 기본적 지식을 공부하였다. 여기서는 이를 바탕으로 전통적인 감정평가의 세 가지 방식인 비교방식, 원가방식, 수익방식 이외에도 현금흐름할인법, 로열티분석법, 로열티면제법, 옵션가치평가법 등을 다양하게 소개하고, 실제 평가과제의 해결을 위한 이론적 기초를 다지기로 한다.

우선 재화의 가치는 그 재화의 비용성, 시장성, 그리고 수익성 등 3가지 측면에서 측정될 수 있다. 이러한 가치의 3면성이란 재화의 경제적 가치 평가 시 고려되는 다음과 같은 3가지 측면의 가치요소를 말하는 것이다.

1. 어느 정도의 비용이 투입되어 만들어진 것인가? (비용성)
2. 어느 정도의 가격으로 시장에서 거래되고 있는가? (시장성)
3. 어느 정도의 수익이나 경제적이익을 얻을 수 있는가? (수익성)

감정평가의 3방식이란 이러한 가치의 3면성에 착안하여 대상물건의 가치를 측정하는 데 있어 전통적으로 사용되고 있는 평가기법을 말한다. 즉 비용성에 기초한 원가방식, 시장성에 기초한 비교방식, 수익성에 기초한 수익방식 등의 3가지이다. 이러한 감정평가의 기본 접근방식은 Alfred Marshall 등 신고전학파의 가치이론 통합 이후 오늘날까지 계속 사용되어 오기 때문에 전통적 접근방식conventional approach이라 불린다. 최근에는 할인현금흐름분석법이나, 옵션가치평가법 등 새로운 평가방법이 많이 사용되고 있다. 그러나 이는 모두 전통적인 감정평가 3방식에 기초한 하나의 응용기법에 지나지 않는다.

우리나라 '감정평가에 관한 규칙'에서는 이러한 감정평가 3방식을 각각 원가방식, 비교방식, 수익방식이라 부른다. 그리고 이러한 3방식에 의하여 대상물건의 시장가치를 구하는 방법을 원가법, 거래사례비교법, 수익환원법이라 하며, 대상물건의 시장임료를 구하는 방법을 적산법, 임대사례비교법, 수익분석법이라 한다. 이를 일컬어 3방식 6방법이라 하며, 〈표 5-1〉에 요약 정리되어 있는 것과 같다.

표 5-1 감정평가의 3방식 6방법

3방식	접근측면	시장가치 평가방법	시장임료 평가방법
원가방식(cost approach)	비용성	원가법	적산법
비교방식(market approach)	시장성	거래사례비교법	임대사례비교법
수익방식(income approach)	수익성	수익환원법	수익분석법

2 무형자산의 다양한 평가방법

지식재산 등 무형자산평가 방법은 위에서 설명한 3방식을 근간으로 다양하게 존재하지만, 일반적으로 다음 〈표 5-2〉와 같이 분류할 수 있다. 그리고 이러한 3가지 기본적인 평가접근법을 기본으로 다양한 기법을 혼합하여 적용할 수도 있다. 예컨대 로열티면제법은 비교방식과 수익방식을 혼합한 평가기법이다.

이와 같이 다양한 평가방법 중에서 어느 방법을 적용하는가는 평가목적이나 대상물건, 평가 상황 등에 따라 달라질 수 있다. 그러나 기준시점 현재 대상물건과 동질성 있는 무형자산에 대한 가격을 시장에서 수집할 수 있는 경우에는 비교방식을 우선 적용할 수 있다.

감정평가의 가치분석과정은 가치의 3면성을 탐구·분석하는 과정이라고 할 수 있다. 즉 ① 비용성, ② 시장성, ③ 수익성 등 3가지 기본변수의 조사에 필요한 자료를 수집하고 분석하는 단계적 절차이다. 무형자산평가 3방식의 기본 변수란, ① 필수 투입정보, ② 평가방법론, ③ 평가결과의 해석 등이다.

표 5-2
지식재산 등 무형자산 가치평가 방법의 분류

구분	방법
원가방식 (cost approach)	• 취득원가법(historical cost method) • 재생산원가법(reproduction cost method) • 대치원가법(replacement cost method)
비교방식 (market approach)	• 거래사례비교법 • 로열티면제법(relief from royalty method) • 시장배수법(market multiples method)
수익방식 (income approach)	• 로열티면제법(relief from royalty method) • 초과이익환원법(capitalized excess earning method) • 다기간초과이익법(multi-period excess earning method) • 단기간초과이익법(single-period excess earning method) • 증분현금흐름법(유무법, incremental income method) • 잔여법(residual method) • 실물옵션가치평가법(OPM: option pricing model) • 기술요소법(technical factor approach)

첫째, 원가방식을 적용하려면 비용성분석을 위하여 무형자산의 개발원가 cost of development 가 필수적 정보이다. 둘째 비교방식을 적용하려면 시장성분석을 위하여 거래사례 comparable transactions 가 필요하고, 셋째 수익방식에서 수익성 분석을 위하여는 미래 경제적이익 future economic benefits 의 추정자료가 필수적인 정보이다. 〈그림 5-1〉은 이러한 3방식 적용을 통한 평가가액 도출과정을 간단히 도시한 것이다.

이러한 감정평가 3방식의 기본적 사고와 방법론은 각종 지식재산권 등의 무형자산을 평가하는 데에도 그대로 적용이 가능하다. 다만 평가대상 무형자산의 성격이나 평가목적 등에 따라 일정한 전제조건이나 가정, 기법의 응용이 다를 따름이다. 다음 〈표 5-3〉에는 이러한 감정평가 3방식의 장단점과 무형자산 평가 시 적용이 가능한 분야, 그리고 적용시 필요한 조건들을 요약 정리하였다.

무형자산의 특성상 대상자산이 창출하는 미래의 경제적이익을 현재가치화하는 수익방식이 특허권, 상표권 등의 지식재산평가에 가장 많이 적용된다. 그러나 조직화된 노동력이나 정보소프트웨어 등에 대하여는 대치원가를 산정하여 무형자산의 가치를 산정하는 원가방식을 주로 적용하게 된다. 그러나 어느 방식에 의존하든 각 방식의 장단점이 있으므로 타방식에 의한 검증과정이 반드시

그림 5-1
감정평가의 3방식과 평가의 기본 절차

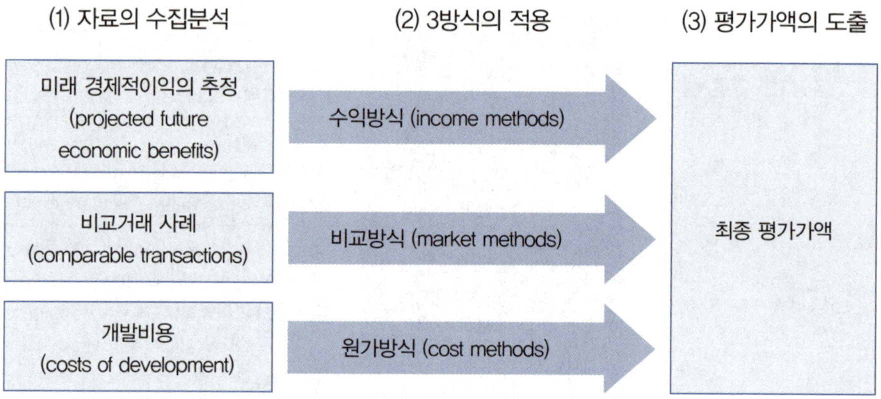

자료: William J. Murphy & John L. Orcutt & Paul C. Remus, *Patent Valuation*, 2012, p.8.

병행되어야 합리적인 가치결론에 도달하게 된다.

3 평가목적과 평가방법의 선택

지식재산이나 무형자산의 가치를 평가할 때 가장 설득력 있는 방법은 거래시장에서 형성되는 거래가격을 기준으로 하는 비교방식일 것이다. 그러나 '무형'이라는 특성 탓에 애초에 '거래시장'이라는 개념을 적용하기가 어렵다. 예컨대 특허권 평가 시 대상 특허기술과 동일한 권리가 존재하지도 않으므로 일물일가의 법칙 law of indifference: 무차별의 법칙이 적용되기 어렵다. 기술 거래를 위한 시장이나 사례가 드물고, 설사 거래사례가 있더라도 구체적으로 공개되는 경우가 거의 없어 참고자료로 삼기도 어렵다. 또한 직접 그 기술의 가치를 측정하기 곤란하다. 다만 그 기술이 적용된 제품을 통하여 간접적으로 가치를 측정할 수 있을 뿐이다.

또한 특허권은 권리의 범위나 원천기술 여부, 유사특허 유무, 회피설계 가부, 그리고 상용화 단계 등에 따라 가치 차이가 매우 크다. 따라서 특허권의 거래가격은 객관적 · 과학적 계산 보다는 주로 당사간 협상으로 결정되는 경우가 많다. 이러한 실무 상의 난점 때문에 로열티면제법 relief from royalty method 등 주로 수익방

표 5-3
무형자산 평가 3방식의 장단점과 적용분야

평가방식	원가접근법 (cost approach)	비교접근법 (market approach)	소득접근법 (income approach)
정의	• 무형자산을 획득하기까지 투입된 모든 비용을 합산하여 평가하는 방법	• 시장에서 이뤄진 거래 사례를 대상과 비교 분석하여 평가하는 방법	• 무형자산이 미래에 창출할 경제적이익을 현재가치로 환산하는 방법
적용대상	• 저수지, 원자로, 발전소, 인공위성 지상기지 • 소프트웨어, 조직화된 노동력, 실무노하우, 품질관리 절차	• 토지 건물 등 • 일반 기계류 및 설비 • 일반 컴퓨터SW, 하드웨어 • 주류허가권, 광업권, 어업권, 프랜차이즈	• 라이선스 및 로열티 계약 • 특허, 상표권, 저작권 • 증권, 파생상품 • 각종 사업 또는 투자프로젝트
	한정된 범위에서 주로 미성숙기술 평가시 사용됨	최근 거래정보만 있으면 가장 중요한 가치지표로서 이용가능	주된 무형자산 평가방식이며, 적절한 품질정보 입수 시 널리 이용가능
필요조건	• 취득원가 산정 • 감가상각 계산	• 활성화된 시장 • 비교가능한 거래사례 • 비교가능한 자산의 거래 관련 가격 정보 • 독립적 거래당사자간 거래	• 예상 미래 경제적이익 • 경제적이익의 지속기간 • 경제적이익의 증가 및 감소에 대한 전망 • 경제적이익 관련 위험
장점	• 평가대상의 개발 및 상업화를 위한 개발비용 도출 가능	• 시장 수요공급원리에 의한 가격을 쉽게 도출, 실제 적용가능	• 미래 예상되는 경제적이익의 예측 및 현가화를 통한 객관적 가치산정
단점	• 장래에 얻어질 이익, 투자에 따른 위험, 사업성장 전망에 대한 고려가 없음	• 평가대상의 거래를 위한 시장이나 사례자료가 없으면 시장접근 불가능	• 미래 경제적이익의 예측, 기술기여도 분석 등에 자의성 및 오류가능성

식에 의존하여 평가되는 것이 보통이다. 〈표 5-3〉은 지식재산과 무형자산 가치평가 3방식의 정의 및 적용대상, 장단점 등을 요약한 것이다.

그러나 이러한 무형자산 가치평가의 어려움에도 불구하고 시장참여자들은 지식재산권의 거래나 라이선싱[licensing]을 위한 거래가치의 평가를 요구하고 있다. 또한 금융 목적의 평가수요도 현물출자나 지식재산 담보 설정 및 증권화 등 꾸준히 발생하고 있다, 지식재산권의 기증이나 처분, 상각을 위한 세무 목적의 평가 수요도 꾸준히 증가하고 있다.

기업에서는 기업가치 증진이나 기술상품화, 분사[spin-off], 그리고 장기 전략 경영계획 수립을 위한 평가수요도 적지 않다. 한편 기업의 파산 또는 구조조정에 따른 지식재산 평가 수요도 발생한다. 법원에서는 특허권 침해, 채무불이행, 기타 지적재산 분쟁 관련 소송평가가 빈번히 일어난다. 이렇듯 다양한 형식의 지식재산권 가치평가 수요가 늘고 있다. 이에 대하여는 뒤에서 다시 논의될 것이다.

또한 지식재산과 무형자산의 가치평가는 크게 두 가지 측면에서 이루어진다. 첫째, 법률에 따라 이루어지는 강제평가compliance appraisal가 있고, 둘째, 법률에 구애받지 않고 투자나 협상 등 합리적 경영 의사결정을 위해 수행되는 임의평가로 나눌 수 있다. 강제평가에 있어서 평가사가 내리는 가치결론의 주안점은 객관성objectivity과 공정성이다. 즉 엄격한 법률규정에 따라 손해배상액을 산정하는 소송평가의 경우 첨예한 이해관계를 다투게 되므로 공평무사한 가치평가가 기본 관점이 될 수 밖에 없다.

한편 지식재산 등에 대한 투자나 금융, 그리고 경영전략 수립 등을 위한 임의평가에 있어서 평가사의 가치평가상 주안점은 합리적 의사결정을 위한 목적적합성relevance of appraisal function이 될 것이다. 즉 대상지식재산의 미래 경제적이익에 대한 가장 합리적인 가치추론 과정을 통하여 전략적 투자결정이나 협상 대안을 도출하는 목적적합성이 평가의 주안점이 되는 것이다.

본서는 지식재산과 무형자산의 경제적 가치를 평가함에 있어서 국제적으로 통용되는 평가기준과 평가방법을 제시하여 국제감정평가기준IVS이나 국제회계기준IFRS과의 정합성을 높이고, 지식재산의 거래 및 금융활성화에 기여하기 위하여 집필되었다. 이에 따라 다양한 평가방법의 원리와 기법을 소개하여 지식재산의 가치를 보다 객관적 · 과학적으로 분석하고 평가하는 과정과 절차를 제시하고자 한다. 그리고 이러한 평가기준과 방법에 따라 표준화된 평가절차를 실제 평가사례를 통하여 자세히 설명한다.

4 상각절세효과 Tax Amortization Benefits

무형자산은 전체 내용연수에 걸쳐 회계적으로 상각처리 되면서 법인세 절감

효과를 거둘 수 있다. 이때 상각처리액에 대한 법인세 절감효과만큼 현금흐름이 증가되는 효과를 상각절세효과 tax amortization benefit TAB 라고 한다. 그러므로 평가의 목적과 방법에 따라 대상 무형자산에 대한 상각절세효과를 계산하여 가산하여야 한다. 그러나 시장접근법이나 원가법을 사용하여 무형자산을 평가할 경우에는 거래사례나 매입가격에 이미 상각절세효과가 반영되어 있으므로 거의 문제가 되지 않는다. 그러나 소득접근법에서는 TAB를 적정하게 계산하여 포함시켜야 한다.

이에 대한 실례를 들어보자. 예컨대 어떤 무형자산(상표권)의 상각기간이 10년이고, 법인세율은 24%, 할인율은 18.0%라 할 경우 이 상표권의 TAB는 얼마인가? 이 상표권의 TAB와 TAB가산요인 step up factor 은 다음 〈표 5-4〉와 같이 산정된다. 그리고 TAB가산요인 step up factor 은 다음 산식과 같이 산정된다.

$$TAB_{\ step\ up\ factor} = \frac{1}{(1-0.1172)} - 1 = 13.27\%$$

여기서 TAB를 계산할 때 사용할 적정한 할인율은 실무상 전체 기업가치 산정에 적용한 가중평균자본비용, 즉 WACC를 사용하거나, 대상 무형자산 평가에 사용된 할인율을 사용할 수도 있다. 양자 중 평가목적이나 방법에 따라 적정한 할인율을 결정하게 된다. 그리고 무형자산에 대한 소득접근법을 적용하는 경우 반드시 매수자의 입장에서 이러한 TAB를 이용할 수 있는지를 고려하여 할인

표 5-4
TAB의 산정방법(예)

Mid Year Discount	0.5	1.5	2.5	3.5	4.5	5.5	6.5	7.5	8.5	9.5
상각기간(10년)*	10.0%	10.0%	10.0%	10.0%	10.0%	10.0%	10.0%	10.0%	10.0%	10.0%
법인세율	24.0%	24.0%	24.0%	24.0%	24.0%	24.0%	24.0%	24.0%	24.0%	24.0%
할인율(18.0%)	0.92	0.78	0.66	0.56	0.47	0.40	0.34	0.29	0.24	0.21
Tax Benefit Factor	0.0221	0.0187	0.0159	0.0134	0.0114	0.0097	0.0082	0.0069	0.0059	0.0050
합계	0.1172									
Step up factor	13.27%									

* Tax Amortization Period

율과 현금흐름을 적절히 조정하여야 한다.

사업결합business combination으로 매수한 무형자산은 세제상 무형자산의 상각이 허용될 경우 상각절세효과Tax Amortization Benefits : TAB가 적용될 수 있다. 무형자산 공정가치 평가에 있어서 TAB를 사용하는 문제는 국제평가기준IVS에서 다음과 같이 규정하고 있다.[1]

> "많은 과세당국에서는 상각절세효과TAB를 과세소득 결정 시 비용으로 처리할 수 있도록 취급하고 있다. 따라서 TAB는 해당자산의 가치에 플러스효과를 미친다. 수익방식을 사용하는 경우 매수자가 이러한 상각절세효과를 이용가능한 지를 반드시 고려하여 현금흐름을 적절히 조정하여야 한다."

즉 TAB의 적용 여부는 사용되는 평가방법이나 세제 여하에 달려있다. 무형자산은 세후기준으로 가치평가가 이루어진다. 이는 평가사가 현금흐름 예측에서 법인세 등을 고려해야 하고, 일정기간의 무형자산에 귀속시킬 수 있는 가치증대효과를 무형자산의 가치에 포함할 필요가 있다는 것을 의미한다.

상각절세효과는 수익방식이나 원가방식에서 적용되지만, 비교방식에서는 그렇지 않은데, 이는 시장에서 거래된 가격에는 이미 세금효과가 고려되어 있다고 보기 때문이다. 현행 세법에는 내용연수가 5년 미만일 경우 5년, 5년 이상이면 해당기간이 상각기간이 된다. 한편 무형자산의 상각절세효과를 계산하려면 평가가액을 알아야 하지만, 순환문제가 발생하므로 증가요소step up factor를 적용하여 TAB를 산정한다. 그리고 무형자산가치 산정액에 TAB를 가산하여 최종평가액을 산정한다. 결국 TAB의 가산은 상각절세효과를 이용할 수 있는 기업에 대하여만 이루어져야 한다.

1. IVS, 210(Intangible Assets), par 110.

Ⅱ 원가방식

1 원가방식의 기본원리

부동산의 평가와 마찬가지로 원가방식cost approach에서는 평가대상 무형자산의 재생산원가나 대치원가에서 진부화로 인한 감가상각액을 공제함으로써 시장가치를 구하는 방식이다.[2] 즉 원가방식은 지식재산이 가져오는 미래의 용역잠재력service potential을 재창출하기 위해 필요한 금액을 산정하여 이를 지식재산을 보유함으로써 획득할 수 있는 미래의 이익가치로 간주하는 평가방법이다. 국제평가기준IVS에서는 무형자산의 원가방식을 다음과 같이 정의하고 있다.

> "원가방식은 주로 내부적으로 창출된 자산으로서 아무런 식별가능한 현금흐름이 없는 무형자산의 평가에 적용한다. 이 방식에서는 유사한 자산이나 유사한 서비스나 효용을 제공하는 자산의 대치원가(replacement cost)로서 가치를 산정하며, ① 자가개발 소프트웨어, ② 웹사이트 개발, ③ 조직화된 노동력 등의 산정에 적용될 수 있다.

「기술평가기준 운영지침」에서는 이를 원가접근법이라고 하여 다음과 같이 정의하면서, 구체적 방법으로 역사적 원가법, 재생산원가법 및 대체원가법 등 3가지로 구분하고 있다.

> "원가접근법은 대상기술을 개발하는 데 투입된 비용을 기초로 기술의 가치를 산정하거나 대체의 경제원리에 기초를 두고 동일한 경제적 효익을 가지고 있는 기술을 개발하거나 구입하는 원가를 추정하여 가치를 산정하는 방법이다." (제39조)

---

2. Appraisal Institute, *The Appraisal of Real Estate*, 13th ed, Chicago: Appraisal institute, 2008, P.377.

첫째, 역사적 원가법historical cost method은 대상기술을 개발하는 데 투입되었던 과거의 제반 비용을 합산하여 가치를 평가하는 방법이며, 대상기술을 개발하는 데 투자되었던 비용을 산출할 수 있는 경우에 적용할 수 있다.

둘째, 재생산원가법reproduction cost method은 대상기술과 동일한 과학적 연구, 디자인 및 개발방법을 사용하여 동일한 기술을 개발하여 완성하는 데 소요되는 총원가를 의미하며, 대상기술의 정확한 복제물의 건설이나 구입에 소요되는 원가이다.

셋째, 대치원가법replacement cost method에서 대치원가란, 평가시점에서 대상기술과 동일한 효용유용성을 가지는 대체기술을 개발하여 완성하는 데 소요되는 총원가를 의미하며, 현재의 기술로 대상기술의 효용을 재생하는 원가이다.

이 방법에서는 그 지식재산의 미래 서비스 능력을 대체하는 데 소요되는 금액을 계량화시켜 소유에 따른 미래의 이득을 파악한다. 즉 원가방식에서는 실현된 경제적이익의 가치나 이익이 발생하는 기간을 직접 분석하는 것은 아니다. 경제적이익은 현실로 존재하며, 그 금액과 지속기간은 자산취득에 필요한 비용을 제공하기에 충분한 것으로 생각하고 있다.

여기서는 우선 원가방식의 일반적인 개념에 대해 설명한 후, 원가방식을 무형자산에 적용하여 활용하는 방법에 대해서 살펴보기로 한다. 원가방식의 개념은 기본적으로는 고정자산의 가치평가에 적용되고 있는 개념과 동일하다. 어떤 새로운 기계의 판매가격이 그 기계를 보유함으로써 기대되는 경제적이익 보다 크다면, 기계는 한 대도 팔리지 않을 것이다. 만약 지식재산을 보유함으로써 얻을 수 있는 미래의 이익이 극히 적다면, 그러한 지식재산은 가치있는 자산으로 볼 수 없을 것이다. 이 같은 경우 그러한 자산을 개발하기 위해 노동력이나 비용을 투입한다는 것은 생각하기 어렵다.

이와는 달리 기계나 지식재산의 조달가격이 미래이익의 현재가치보다 낮다면, 수요가 늘고 경제적이익도 커지게 된다. 따라서 이러한 자산에 대해서는 개발비용의 투자가 정당화된다. 그러나 자산의 개발비용을 기준으로 계산한 평가에서는 자산의 효용기간이 지남에 따라 매년 감소한다는 것을 반영하고 있지 않다. 그러므로 이러한 지식재산의 감소분을 반영하여 정확한 가치를 평가하기 위해서는 감가상각의 개념을 정확히 이해하는 것이 중요하다.

2 감가상각

원가방식을 적용할 때 당면하는 문제는 '신품'이라 할지라도 그 가치를 감가상각으로 감액하지 않으면 안 된다는 것이다. 시간의 경과에 따라 거의 모든 자산의 가치는 저하된다. 지식재산의 경우에도 반드시 그 가치가 감소하는 것은 아니지만, 시간이 경과함에 따라 진부화하고 언젠가는 그 가치를 상실할 가능성이 있다.

이러한 가치의 감소는 자산을 활용하는 순간부터 시작된다. 자산가치의 하락은 ① 물리적 감가physical depreciation, ② 기능적 진부화functional obsolescence, ③ 경제적 진부화economic obsolescence 등 세 가지 원인에 의해 발생한다.

- **물리적 감가**physical depreciation 자산이 물리적으로 감소하기 시작하면 새로운 자산과 동일한 속도, 신뢰성, 그리고 정확한 기능발휘 능력이 급격히 저하된다. 이러한 현상은 제조기계에서 자주 나타난다.
- **기능적 진부화**functional obsolescence 첨단기술에 의해 성능이 좋으면서도 가격이 낮은 효율적인 기계가 시장에 새로 등장하면 기존 기계의 자산가치는 감소한다.
- **경제적 진부화**economic obsolescence 경제적 조건이 변화하면 기존 자산에 대한 수요가 감소하고 공급과잉이 된다.

자산가치가 감소하는 속도나 패턴은 다양하며, 위에서 열거한 세 가지 요인 중 어느 것이 중요한가는 한 마디로 말할 수 없다. 내용연수가 비교적 길고 물리적 감소가 거의 없기 때문에 고장날 때까지 사용할 수 있는 제품을 생각할 수 있다. 그리고 동 제품의 기술이 대폭적으로 변할 것이라고 생각할 수 없기 때문에 기능적 진부화에 의한 가치상실도 급격하지 않을 것이다.

이에 비해 물리적 감가로 인하여 가격 하락폭이 높게 예상되는 제품이라고 한다면, 새로운 기술을 사용하는 제품이 시장에 자주 등장하리라고는 생각되지 않으므로 이러한 제품의 가치평가에는 물리적 요인이 중요하다. 그러나 전자제품 등 기술집적도가 높은 제품을 생산하는 설비나 자산이라면, 새로운 첨단기술의 등장에 의한 기능적 진부화의 속도는 물리적 가치 감소보다 훨씬 빠르다. 즉 급격한 기술진보가 자산가치의 변화를 가져오게 한다. 이러한 감가형태는 각종 무형자산이나 지식재산 가치의 감소형태와 동일한 특징을 나타내고 있다.

각 자산의 특성에 따라 가치가 감소하는 속도나 패턴은 다양하기 때문에 위의 세 가지 감가요인 중 어느 것이 가장 중요하다고 말할 수 없다. 일반적으로 원가방식을 이용한 자산가치의 평가에는 평가될 현재 대상 자산과 동일한 것을 획득하기 위해 필요한 비용, 즉 재생산원가[RCN: reproduction cost new] 또는 동등한 효용을 가지고 있는 자산의 획득에 소요되는 대치원가[COR: cost of replacement]를 산정하는 것이 필요하다. 만약 두 가지 원가 간에 금액적 차이가 크다면 기능적 진부화에 의하여 대치원가 산정시 저비용의 대체물이 선택되었기 때문일 가능성이 크다.

자산의 재생산비용을 산정하는 또 하나의 방법으로서 유사한 자산을 재생산하는 데 필요한 노력과 비용을 직접 계산하기도 한다. 이방식은 평가대상 자산에 대한 정확한 기록이 남아 있는 경우 자주 이용된다. 그러나 이러한 방법에 따라 산출된 경비는 신규의 기술이나 브랜드 등 지식재산을 재생산하는 데 필요한 비용에 상당하는 것으로 물리적 감가를 자산가치에 반영시켜야 한다. 또한 재생산된 유사자산이 현시점의 기술수준에 미치지 못한다든지, 시장에 있는 기존의 유사한 물건에 비해 구조적, 기능적 결함을 가지고 있는 경우에는 대치원가에서 기능적 감가를 고려한 가치, 즉 감가후대치원가[RCLD: replacement cost less depreciation]를 산정하기 위해 기능적 진부화 요소를 고려하여야 한다. 여기에 경제적 진부화를 고려하여 원가방식을 이용한 시장가치는 다음 모형으로 산정할 수 있다.

$$RCLD = RCN - PD - FO$$

$$MV = RCN - PD - FO - EO$$

RCLD : 감가후대치원가 MV : 시장가치(market value)
RCN : 재생산원가(reproduction cost new) PD : 물리적 감가(physical depreciation)
FO : 기능적 진부화(functional obsolescence) EO : 경제적 진부화(economic obsolescence)

이 공식에 의하면 평가대상 자산에 유사한 자산을 새로 생산하기 위한 비용이나 모든 형태의 감가가 고려되기 때문에 시장가치를 산출하는 것이 가능하게 된다.

3 재생산원가와 대치원가

일반적으로 원가방식을 이용한 자산가치의 평가에는 기준시점 현재 대상 자산과 동일한 것을 취득하기 위해 필요한 비용, 즉 재생산원가[reproduction cost new]로서 무형자산에 대한 시장의 수요를 고려하지 않는다. 또는 동등한 효용을 가지고 있는 자산의 취득에 필요한 대치원가[replacement cost] 등을 산정하는 것이 그 출발점이 된다. 이 두 가지 결과에 금액적인 차이가 있다면 그 이유는 결국 기능적 진부화가 있었다는 것을 의미한다. 아무런 기능적 진부화가 없을 경우 이 두 비용은 서로 일치하게 된다. 그러나 치유가능한 기능적 결함이 있는 경우 신규대치원가는 신규재생산원가에서 치유가능 기능적 감가상각액을 뺀 것이 된다.

4 취득원가

원가방식으로 지식재산을 평가할 때 맨 먼저 할 일은 그 지식재산을 다시 개발하는 데 필요한 비용은 얼마인가를 추계하는 작업이며, 그 한 가지 방법이 취득원가 산정이다.[3] 어떤 기업들은 특정 무형자산의 개발비용에 대한 자세한 기

3. 원가의 주요 구성요소는 원재료비, 노무비, 간접비, 개발자 이익, 기업가이익 등이다. 무형자산 개발자 이익(developers profit)은 개발업자의 예상기대이익이다. 기업가이익(entrepreneurial profit)은 기업가로 하여금 개발을 추진하도록 동기부여하는 데 필요한 경제적이익의 의미를 지닌다.

록을 남겨두고 있는 경우가 있다. 이러한 역사적 원가historical cost를 현재의 가치로 환산하면 그 자산의 재생산에 필요한 비용의 추계가 가능하다. 원가방식을 사용하여 기술적 자산의 가치를 산정하기 위해서는 제품개발에 종사하는 과학자 및 기술자의 급여와 보수, 프로젝트 추진에 소요되는 급여나 보수, 비품이나 연구시설 등의 공통비, 사무직원이나 기술자를 위한 공통비, 개발공정에서 사용된 원재료비, 시제품prototype의 제조 및 시험을 위한 비용, 객관적 평가 및 인증기관 등 외부 서비스의 활용 비용, 시험설비pilot plant 구축관련 비용 등과 같은 정보가 중요하다.

역사적 원가는 대상 특허의 개발에 관련된 것이 확실한 비용이어야만 한다. 그러나 많은 경우 실제 특정 프로젝트에 언제부터 연구비가 사용되었는지 정확히 파악하는 것이 그리 용이하지 않다. 흔히 있는 일이지만, 전혀 차원이 다른 문제를 해결하는 과정에서 아이디어가 떠오른다든지 하는 것이다. 따라서 역사적 연구개발 비용의 계산은 지식재산에 연결된 아이디어를 창출한 연구가 정식으로 착수된 이후의 비용으로 하는 것이 적정하다.

연구개발 착수시점과 종료시점을 파악하는 것도 쉽지 않다. 기술은 항시 개량을 거듭하며 개발되어 가는 것이기 때문에 일반적으로 제품이 상품화된 것으로 삼는 시점을 연구개발 종료시점으로 간주하고 있는데 이러한 경우에는 최초로 상품화된 날 이후에 이루어진 추가적인 개량에 대한 비용도 감안하지 않으면 안된다.

재생산비용은 역사적 원가의 현재가치로 표시할 수 있다. 대개 소비자물가지수나 생산자물가지수를 이용하게 되는데, 상표를 새로 개발하는 비용에 대해서도 이와 유사한 방법을 이용하여 평가할 수 있다. 상표개발과 관련한 역사적 원가의 추이를 파악하고자 하는 경우에도 개발 착수시점과 종료시점에 대해 앞에서 언급한 것과 동일한 문제가 존재한다. 언제부터 개량이나 유지보수가 이루어졌는지에 대해서도 같다.

재생산원가를 산정하는 또 다른 방법으로는 유사한 자산을 재생산하는 데 필요한 비용을 직접 계산하는 방법이 있다. 평가대상 자산에 대한 정확한 기록이 남아 있지 않은 경우도 많기 때문에 이러한 방법이 자주 사용되고 있다. 재생산된 유사자산이 최근 시점의 기술수준에 미치지 못한다든지, 유사자산에 비해 기능적 결함을 가지고 있는 경우에는 기능적 진부화로 인한 감가액을 공제해야 한다.

끝으로 원가방식을 적용한 평가가액의 결정을 위해서는 경제적 진부화로 인한 감가액을 추계하는 것이다. 이것은 부동산의 가치평가에 있어서 최유효이용 highest and best use[4]과 기본개념이 유사하다. 지식재산의 가치평가에 있어서도 최유효이용 원칙이 적용된다. 즉 물리적, 법적, 경제적 타당성이 가장 높은 방법에 의해 대상 지식자산이 이용되어 적정한 수익을 얻고 있는 경우에만, 그 자산이 시장가치에 상응하는 충분한 효용을 발휘하고 있다고 보는 것이다.

지식재산과 같은 특수한 자산은 특정사업 이외에는 거의 이용되지 않기 때문에 외부환경의 변화에 따라 가치가 급속히 감소해 버릴 가능성이 있다. 그러나 범용성이 있는 자산이라면 자산의 이동비용이나 설치비용만큼만 들이면 다른 사업이나 수익성이 높은 산업에서도 활용할 수 있다. 기업자산의 시장가치와 그 수익력 사이에는 밀접한 관련성이 있다. 결론적으로 원가방식을 이용한 시장가치는 대치원가에서 물리적 감소, 기능적 진부화 및 경제적 진부화로 인한 감가액을 공제하여 구해진다. 원가방식은 다른 평가방법을 적용하는 것이 거의 불가능한 경우, 또는 다른 방법으로 평가된 사업 전체가치를 각 자산에 배분하는 경우에 주로 이용되고 있다.

5 적용 방법과 문제점

원가방식은 특히 상표권의 가치를 측정하는 데에도 큰 도움이 된다. 왜냐하면 소비자에게 잘 알려진 상표가치를 구축하는 데 소요된 비용에 관한 정보를

4. 최유효이용(highest and best use) 원칙은 나대지나 개량부동산에 대하여 합리적이며 합법적으로 이용이 가능한 여러 대안 중에서, 물리적으로나 법적으로, 그리고 경제적으로도 타당성이 있다고 판명된 이용방법으로서 최고의 경제적이익을 창출할 가능성이 가장 높은 이용으로 정의된다.

얻을 수 있기 때문이다. 그러한 정보는 기본적인 특징이 유사한 다른 상표의 가치를 평가할 경우의 지표로도 활용할 수 있다. 상호 비교를 가능케 하기 위해서는 상표가 사용되고 있는 시장의 규모, 상표를 부착한 제품의 시장점유율, 소비자의 인지도 등과 같은 중요한 특성 측면에서 유사하지 않으면 안 된다. 이외에도 원가방식이 주방식으로 적용되는 예를 들어보면 다음과 같다.

- 자기개발 소프트웨어 : 동등하거나 유사한 성능의 소프트웨어를 시장에서 매수할 수 있는 가격
- 웹사이트 : 웹사이트 구축에 소요되는 원가
- 조직화된 노동력 : 팀 구축에 필요한 모집 · 교육훈련 · 급여 등의 원가

적당한 비교 가능한 사례가 존재하고 특정 상표를 구축하는 데 소요된 비용을 알 수 있다면, 그 금액은 상표의 가치를 결정하는 지표로서 평가에 도움이 된다. 상표권의 가치는 앞에서 언급한 바와 같이 여러 가지 측면에서 특징이 유사한 상표를 개발하는 데 필요한 개발 비용을 조사 · 분석하여 그 금액을 기준으로 추정할 수 있다. 그러나 인지도가 높아 널리 알려져 있는 상표와는 달리 대개 기술개발비용의 경우 비교 가능한 사례나 정보는 그다지 많지 않다. 특히 기술적재산technological property은 그 기본적 특징을 대략적으로 상호 비교하는 것조차 어려운 실정이다. 원가방식의 문제점은 지식재산으로 인한 경제적이익이나 그것을 향유할 수 있는 지속기간이 평가액에 직접 반영되기 어렵다는 점이다.

이익을 창출하는 경제적 조건이 구비되어 있지 않을 때는 원가방식을 활용하여 어떠한 숫자를 제시하려 해도 이것이 지식재산의 가치로 인정되기는 어렵다. 이와는 반대로 원가방식의 평가결과보다 매우 큰 경제적 가능성이 지식재산에 숨겨진 경우도 많다. 예컨대 개발비용이 적게 든 특허기술이라도 그에 대한 충분한 시장수요가 있다면, 투입비용에 관계없이 상당히 큰 가치를 갖게 되는 것이다.

이와 같이 원가방식은 다른 두 가지 평가방법에 비하면 포괄성이 부족하다. 즉 가치에 영향을 미치는 극히 중요한 요소들이 감안되지 않으므로, 이러한 요

소에 대해서는 별도로 검토하지 않으면 안 된다. 예를 들면 자산에서 얻을 수 있는 경제적이익 측정방법이나 그 추세에 관한 정보, 미래 경제적이익의 지속 가능 기간, 기대이익을 얻는 데 수반되는 위험, 그리고 진부화에 의한 가치손상 부분 등을 고려해야 한다.

원가방식은 지식재산 가치평가 작업의 출발점으로 삼거나, 수익방식 등 다른 평가방법에 의한 평가가치를 점검하기 위한 수단으로 매우 유용한 방법이다. 왜냐하면, 원가방식은 지식재산에 대한 기준가치의 대략적인 크기를 나타낼 수 있기 때문이다. 대개 지식재산과 같은 무형자산이 가지는 가치의 크기를 추정하는 수단으로서 원가방식을 이용하는 경우 자칫 평가오류를 범하기 쉽다, 따라서 지식재산의 가치를 정확히 추산하기 위해서는 원가방식과 함께 비교방식과 수익방식 등을 병용하는 것이 바람직하다.

Ⅲ 비교방식

1 비교방식의 원리

가치평가에 있어 가장 쉽게 시도될 수 있는 방법은 거래하려는 대상과 유사한 거래사례를 찾아 이와 비교함으로써 시장가치를 추정하는 것이다. 이와 같이 시장에서 발생한 거래의 결과를 바탕으로 가치를 산정하는 방법을 비교방식, 혹은 시장접근법market approach이라고도 한다. 「국제평가기준IVS」에서는 비교방식을 다음과 같이 정의하고 있다(IVS 210, par 50.1).

> "비교방식market approach은 대상 무형자산의 가치가 시장활동market activity, 예컨대 입찰가격이나 평가대상과 유사하거나 동일한 무형자산에 대한 거래대가로 제시된 가액을 기초로 결정되는 평가방법이다. 무형자산의 이질적 속성상 시장증거로서 대상 자산과 동일한 자산의 거래사례를 찾기 어려우므로 통상 동일하지는 않으나 유사한 자산과의 비교로 이루어진다. 또한 유사거래

사례 분석을 통하여 도출된 자본화배수valuation multiples, 예컨대 주식가격배수PER나 수익률 등을 시장증거로 삼는 방법도 비교방식 중 하나의 대안alternative이다."

비교방식은 최근에 거래되는 유사한 무형자산 및 지식재산의 거래내역을 분석하여 효율적인 공개시장에서 그 적정한 시장가치를 찾아내어 이를 기초로 가치를 평가하게 된다. 문제는 비교가능한 종류의 무형자산을 찾아내는 것과 수명기간의 차이가 주는 영향, 그리고 시장 추세 등의 요인을 잘 조정하는 것이 중요하다. 특히 시장에서 무형자산의 거래내용을 분석할 때 유의해야 할 점은 거래된 무형자산의 법적 소유권 묶음 내용, 매매자간의 거래관련 금융조건, 거래의 공정성과 효율성, 시장조건, 산업, 지역, 자산의 진부화 정도 등으로서 이는 무형자산이라는 재산권의 차이를 초래할 수 있는 중요한 변수들이다. 따라서 비교방식을 사용하는 경우, 특정 무형자산의 가치는 비교 가능한 자산에 대하여 지불된 가격을 참고로 나타나게 되며, 다음과 같은 전제조건이 필요하다.

1. 비교 가능한 자산거래가 활발히 이루어지는 시장이 존재할 것
2. 비교 가능한 자산이 과거에 거래된 적이 있을 것
3. 비교 가능한 자산 거래가격에 관한 정보의 입수가 가능할 것
4. 독립 당사자간의 거래일 것 등과 같은 조건이 필요하다.

2 비교가능성

특정 지식재산은 그것만으로 거래되는 예가 드물다. 실제 그러한 거래가 있다 하더라도 구체적 거래조건을 파악하기가 어렵다. 따라서 비교방식을 지식재산에 적용할 때에는 비교가능성의 확보가 무엇보다도 중요하다. 예컨대 어떤 특정 특허나 상표에 관한 거래가격 정보를 얻을 수가 있다 하더라도, 비교가능성이 인정되지 않는 한, 그러한 거래사례는 참고할만한 가치가 없게 된다. 지식재산권의 비교가능성을 확보하고자 할 때 중요한 요소로는 다음과 같은 사항들

을 고려해야 한다.

- 산업분야
- 수익성
- 시장점유율
- 신기술의 내용
- 진입장벽의 높이
- 성장 전망
- 법적 보호 가능성
- 경제적 잔존수명

왜냐하면 이러한 요소들 간의 차이는 무형자산의 가치에 큰 영향을 주기 때문이다. 그러나 평가대상 자산과 비슷한 특징을 가진 특정 지식재산의 시장 거래가 존재하는 경우에는 비교방식을 직접 적용할 수 있다. 지식재산이 전체 자산의 일부로서 거래된 경우에는 거래액 가운데 지식재산의 거래액을 확정하기 위해 구입가격을 각 자산에 배당하지 않으면 안 된다.

그러나 현실적으로 일어나는 지식재산의 시장거래는 통상 기업 전체 또는 사업부문 전체 거래의 일부로서 이루어지며, 특정 특허나 상표가 독립자산으로서 거래되는 예는 드물다. 대체로 지식재산이 사용된 사업전체가 거래의 대상이 되는 것이다. 거래가격에는 운전자본·고정자산·노동력 그리고 각종 무형자산 및 지식재산의 가치가 포함되어 있다. 특정 지식재산을 따로 분리하여 거래하는 경우가 있더라도 그 가격은 거의 공표되지 않는다. 그러므로 이 방법은 시장에서 동일기술에 대한 거래사례가 없거나 유사기술에 대한 거래사례가 부족한 경우에는 적용하지 못한다. 아울러 만약 거래사례를 확인할 수 있고 가격에 대한 정보를 이용할 수 있더라도, 가격에 대한 적절한 조정이 어렵거나 대상기술의 차별화된 특성을 반영하는 데 필요한 조정률을 결정하는 것이 어려운 경우에는 다른 평가방법을 적용하여 얻어진 평가결과를 비교 검토하기 위한 참조방법으로 사용될 수 있다.

3 시장배수법market multiples comparison method

3.1 시장배수의 의의와 조건

시장배수market multiples는 흔히 자본화배수capitalization multiples라고도 하는데, 이는 대상 무형자산이 창출하는 미래 경제적이익, 즉 현금흐름을 자본가치로 환원한 값이 대상 무형자산의 가치라는 의미이다. 그러므로 시장배수비교법market multiples comparison method은 시장에서 구하여진 가격배수 price multiples를 매출액 등 대상 자산이 창출하는 현금흐름에 곱하는 방법으로 대상지식재산의 시장가치를 산정하는 것을 말한다.

기업의 주식이 시장에서 거래되지 않는 경우에는 재무제표와 시장가치 사이에 적당한 중간다리 역할을 할 수 있는 비교가능한 대용 시장배수market multiples를 찾아내지 않으면 안 된다. 시장배수는 재무제표와 시장가치 사이의 중간적 역할로서 활용되는 대용치surrogates로서 대표적으로 주가수익비율PER이 있으나, 이외에도 다음과 같은 시장배수들도 자주 이용되고 있다.[5]

- 총현금흐름(gross cash flow)
- 순현금흐름(net cash flow)
- 세전이익(pretax earnings)
- 상각전영업이익(EBITDA)
- 총매출(revenues)
- 주주지분의 장부가액(book value of shareholders' equity)

위에 열거한 시장배수 중 M&A 거래에서 가장 많이 사용되는 것은 상각전영업이익EBIDTA: earning before interest, depreciation, tax, and amortization이나 총매출배수이다. 그러나 총매출배수보다는 EBITDA배수가 널리 이용되며, 총매출배수는 보조지표로서 단순히 참고자료로 삼는 것이 보통이다. 그러나 시장배수를 이용하여

5. Gordon Smith, *ibid*, pp. 187~189.

유사기업간의 가치를 비교 평가한다는 것은 그 자체가 복잡한 작업이다. 비교 평가의 기본원칙을 이해하는 것도 중요하지만, 사전에 많은 시장조사가 필요하다. 적정한 시장배수는 기업의 모든 자산을 동시에 활용할 때 달성 가능한 성장률을 표시할 수 있는 것이어야 한다.

시장배수를 대상기업의 평가수단으로 이용할 수 있다는 것은 어느 정도 효율적 시장가설efficient market hypothesis을 전제로 하고 있다는 것을 의미한다. 즉 시장배수들에는 대량의 주식거래로부터 얻은 신뢰할 만한 정보나 시장의 효율성이 있다는 것을 전제로 한다. 이렇듯 중요한 지식재산을 보유하고 있는 기업의 가치를 평가하기 위해서는, 참고로 하는 시장배수들이 효율적 시장의 요소를 갖추고 있지 않으면 안 된다.

시장은 대개 비효율적이기 때문에, 선정된 거래사례가 효율적 시장의 요건을 만족시키기 위해서는 단순히 동일업종에 존재하는 일반적인 리스크가 평가대상 기업과 유사한 수준이라는 것만으로는 부족하다. 효율적 시장에서 입수 가능한 모든 관련 정보를 각 시장배수가 잘 반영하고 있지 않으면 안 된다. 그러므로 비교대상 유사기업은 되도록이면 다음과 같은 특성을 가진 동종산업 내 유사기업이 선별되도록 주의를 기울일 필요가 있다.

- 기관투자가가 상당부분의 주식을 보유하고 있을 것
- 기업관련 경영분석보고서를 대형 증권회사 등으로부터 입수 가능할 것
- 주식거래가 활발히 이루어지고 있을 것

위와 같은 특성들은 이윤추구와 위험회피를 추구하는 수많은 투자자들의 가치평가에 의해 주식의 가치가 결정된다는 것, 그리고 그 기업과 기업이 보유한 지식재산에 관련된 입수 가능한 모든 정보가 주가에 반영되어 적정한 시장배수가 도출된다는 것을 의미하는 것이다.

3.2 적용방법과 적정배수

시장배수비교법market multiples comparison method에서는, 앞에서 설명한 시장배수

를 매출액에 곱하여 대상지식재산의 가치를 산정한다. 그러므로 이 방식을 매출액승수평가법 revenue multipliers valuation method 이라고도 한다. 이를 산식으로 표현하면 다음과 같다.

$$V_{ip} = R_V \times M_m$$

$$\text{시장배수}(M_m) = \frac{\text{시장가치}\ (V_{ip})}{\text{매출액}\ (R_V)}$$

V_{ip}: 지식재산의 시장가치 R_V: 대상기업의 매출액 M_m: 비교기업의 시장배수

따라서 비교기업의 시장배수 M_m 는 대상지식재산의 시장가치 V_{ip} 를 매출액으로 나누어 산정된다. 예컨대 항공시스템 관련 특허기술의 매출액이 100억원일 경우 시장배수 M_m 가 2.0이라면, 특허기술의 시장가치는 다음과 같이 산정된다.

$$V_{ip} = R_V \times M_m$$
$$= 100 \times 2.0 = 200\text{억 원}$$

이 방식은 높은 R&D 비용을 지출할 것이 예상되는 기업이나 벤처기업, 그리고 아직까지 이익이 없는 신생기업이지만 독점적 기술이나 고유한 기술가치를 가지고 있는 기업의 평가에 적합한 방법이다. 〈표 5-5〉와 〈표 5-6〉에는 산업별로 적용가능한 시장배수를 평가기준과 함께 제시하고 있다.

4 비교방식의 적용 및 절차

무형자산에 관한 비교방식을 적용하는 방법에는 대표적으로 ① 거래사례비교법 comparable transaction method 과 ② 시장로열티법 roalty comparison method 이 있다. 우선 거래사례비교법이란 비교 가능한 무형자산의 거래사례를 수집하여 대상 무형자산과 개별요인 등을 비교한 후, 그 차이를 수정하여 공정시장가치를 정하는 방법을 말한다. 거래사례 선정 시 평가사는 거래가격, 매상고, 이윤마진 등과 같은 비교요소 등을 고려하여 비교사례의 무형자산을 선택한다. 그리고 이 같은

요소들에 의한 경제소득의 차이를 분석하기 위해서는 비교사례 무형자산과 대상 무형자산에 관한 금융자료, 영업자료, 시장자료 등이 필요하다.

시장로열티법이란, 비교가능한 무형자산에 대한 인허합의서를 수집, 확인, 분석하여 대상무형자산의 가치를 정하는 방법이다. 이 방법을 적용하기 위해서는 대상무형자산은 반드시 확인 가능한 일련의 경제적이익을 창출하고 있어야 한다. 평가사는 인허합의서로부터 순매출액의 몇 % 또는 총이윤의 몇 %라는 로열티율을 산정하고, 이를 경제적이익에 적용시켜 대상무형자산의 가치를 구한다. 이러한 비교방식의 적용이 가능한 분야는 다음과 같다.

- 대부분의 무형자산 및 산업재산권
- 영업권
- 프랜차이즈
- 주류허가권
- 광업권, 어업권

비교방식에서는 가능한 한 유사한 거래사례를 많이 확보하여야 한다. 그렇게 하여 대상이 보유하고 있는 특성과 사례가 갖고 있는 특성을 상호비교하여 우열을 가림으로써, 결과적으로 평가대상의 상대적 위치를 결정하게 된다. 예컨대 기업가치 또는 주식가치를 산정하는 경우를 살펴보자. 기업규모, 수익성, 성장성, 유동성, 활동성, 부채비율 등의 주요지표 항목에 대하여 거래사례와 대상을 각각 비교분석함으로써 대상기업의 투자자본, 수익, 현금흐름 등에 대한 가치의 비율을 찾아낼 수 있다. 일반적으로 비교방식의 적용 절차는 다음과 같은 6단계의 절차를 거쳐 가치결론에 이르게 된다.

- **1단계 (시장자료 수집 · 분석)** 적절한 거래시장을 조사하여 무형자산의 종류, 무형자산 사용, 활용산업, 거래 일자 등에 있어 동일하거나 유사한 무형자산에 대한 매매거래, 실시권 허여, 청약에 대한 자료를 수집한다.
- **2단계 (사정보정)** 자료가 사실과 일치하는지, 특별한 관계에서 이루어진 거래가 아닌지 확인하고, 특별한 관계에서 이루어진 거래인 경우 사정보정

을 행한다.

- 3단계 (비교단위의 선정) 소득승수(income multiplier)나 시장배수(market mutiples), 특허당 화폐가격 등 비교단위를 선정한다.
- 4단계 (대상 및 사례 비교) 비교요소별로 자산거래사례나 라이센스 허여거래를 평가대상과 비교하고 미래의 변화를 감안하여 적절히 거래사례의 매매 또는 실시권 가격을 조정한다.
- 5단계 (추정치 산정) : 거래사례들로부터 산출된 다양한 추정치들을 바탕으로 단일 수치나 수치의 범위를 산정한다. 비교자산을 선정하고 분석하는데 있어서 중요한 요소들로는 다음과 같은 것들이 있다.

① 거래대상 무형자산의 법적 소유권
② 매매자간의 특별한 금융조건이나 협약의 존재여부와 내용
③ 비교 무형자산 매매사례 또는 라이센스 거래시 적절한 2차시장의 상황
④ 무형자산이 활용되는 산업
⑤ 사례 무형자산과 대상 무형자산의 지리적 영역적 비교
⑥ 사례무형자산과 대상무형자산의 사용기간과 수명 특성의 비교
⑦ 사례 무형자산과 대상 무형자산의 사용특성의 비교
⑧ 개발지속, 상업화, 법적 보호 등 경제적 특성의 비교
⑨ 거래사례에 비무형자산의 포함여부 등

표 5-5
산업별 적정 시장배수

업 종	평가기준	배수	업 종	평가기준	배수
항공: 제품	매출액	0.7	전기기기	현금흐름	7.2
항공: 시스템	매출액	2.0	전자: 부품	매출액	1.0
자동차부품	현금흐름	12.0	전자: 서비스	영업이익	5.0
화학	영업이익	10.0	전자: 시스템	매출액	0.7
컴퓨터: 메인프레임	매출액	1.0	플라스틱 제품	영업이익	4.9
컴퓨터: 주변기기	매출액	0.9	정밀기기	영업이익	5.9
컴퓨터: 시스템 및 S/W	매출액	0.6	반도체	매출액	0.9
방위산업	매출액	0.6	통신제품	매출액	1.7

자료: 양동우, 'M&A를 위한 평가기법과 사례', 기술신용보증기금, 2000

표 5-6
Damodaran 산업별 평균시장배수

산업별	기업수 (개)	평가기준별 EV/EBITDA	평가기준별 EV/EBIT	평가기준별 EV/EBIT (1-t)	산업별	기업수 (개)	평가기준별 EV/EBITDA	평가기준별 EV/EBIT	평가기준별 EV/EBIT (1-t)
광고업	48	10.9	13.3	19.2	친환경 신재생 에너지	21	18.7	68.7	68.7
항공우주/ 방위	85	13.5	15.3	20.2	건강관리 제품	248	23.0	32.3	49.5
항공운송	18	7.2	12.1	14.4	의료지원 서비스	111	12.5	14.2	17.1
의류	50	13.5	16.2	22.0	건강정보/기업	119	25.0	34.5	46.5
자동차	14	10.1	27.7	41.2	호텔/도박	70	11.6	16.5	17.9
자동차부품	52	5.9	7.4	10.0	정보서비스	71	20.9	23.4	29.2
음료(알코올)	31	13.7	17.3	18.6	보험(일반)	20	11.3	14.7	21.5
음료(소프트)	37	19.0	21.8	39.8	생명보험	23	10.7	12.3	12.5
방송	24	10.5	12.3	13.4	투자및 자산관리	172	19.6	20.0	24.8
건축자재	42	10.6	13.1	18.1	기계	127	12.3	14.1	19.3
기업소비자 서비스	168	12.9	17.7	21.3	광물 및 광산	94	5.6	5.9	10.0
케이블TV	14	9.1	16.1	16.4	석유가스(종합)	5	10.2	16.1	18.4
화학제품(기초)	39	6.8	8.6	10.2	석유가스 생산	301	7.7	19.3	22.6
화학제품 (Diversified)	6	11.6	12.1	12.3	석유가스 유통	20	14.4	20.5	27.2
화학제품(Specialty)	89	13.6	17.0	21.7	제지/목재	20	5.7	7.6	9.1
석탄관련 에너지	23	4.0	8.6	9.5	R.E.I.T.	238	23.6	47.1	48.5
컴퓨터서비스	119	9.4	11.7	18.2	부동산(개발)	18	27.1	144.7	144.7
컴퓨터주변기기	57	9.8	12.7	15.9	부동산(서비스)	59	14.0	20.2	30.1
의약품 (바이오텍)	481	22.5	33.7	104.3	리크리에이션	72	13.4	21.4	31.3
의약품 (제약)	237	16.1	20.5	32.6	재보험	2	13.0	8.9	9.8
교육	35	16.3	22.9	27.2	식당/요식업	78	17.0	24.5	33.1
전자제품설비	116	14.2	15.5	20.5	고무/타이어	4	5.2	9.0	18.1
전자제품 (소비재/사무)	19	NA	NA	NA	반도체	72	10.0	12.5	16.2
전자제품 (General)	160	12.2	17.0	28.9	반도체설비	41	6.9	8.1	11.5
엔지니어링/건축	52	10.2	13.3	17.2	조선/해운	9	14.1	20.0	20.0
오락산업	120	16.0	19.4	21.9	철강	37	6.8	7.2	7.9

산업별	기업수 (개)	EV/ EBITDA	EV/ EBIT	EV/ EBIT (1-t)	산업별	기업수 (개)	EV/ EBITDA	EV/ EBIT	EV/ EBIT (1-t)
환경/폐기물처리	91	13.0	21.1	21.8	통신서비스업	67	8.3	14.0	14.1
식품가공업	83	11.9	15.0	16.2	운수업	19	10.1	13.8	15.8
식품도매업	18	12.29	16.49	19.65	전체평균	7,209	17.8	24.1	30.6
가구/가정용품업	30	8.2	11.4	13.9	(금융업 제외)	6,004	13.62	18.66	23.86

자료: http://www.damodaran.com, Aswath Damodaran, 2019.1.
주) 산출방식: 지분및 부채의 시가/EBITDA
EV/EBITDA = (Market Value of Equity + Value of Debt -Cash) / EBITDA

• 6단계 (시산조정 및 최종 가격결정) 대상 무형자산의 내용과 특성에 따라 둘 이상의 비교대상을 통한 가치 추정치를 계산하여 자료의 질이나 양에 따라 시산조정하여 대상무형자산의 가치를 산정하게 된다.

Ⅳ 수익방식의 기본원리

1 수익방식의 기본요소

수익방식 income approach 이란 평가대상으로부터 발생되는 미래 경제적이익의 현재가치의 합계로서 평가하는 방식이다. 즉 평가대상을 소유 또는 운영함으로써 발생하는 추가적인 현금흐름을 추정하여 가치를 산정하는 방법이다. 한편 「국제평가기준 IVS 」에서는 이를 '수익방식'이라고 하여 다음과 같이 규정하고 있다.[6]

"수익방식에서는 무형자산의 가치가 대상자산에 의해 발생되는 소득이나 현금흐름, 또는 원가절감액을 기초로 결정된다. 수익방식에 의한 주요평가방법은 ① 초과이익법 ② 로열티면제법(또는로열티절감법), ③ 증분현금흐름법

6. IVSC, IVS 210(Intangible Assets), par 60.

(또는 유무법), ④ 그린필드법, ⑤ 유통사업자법 등이 있다."

또한 「기술평가기준 운영지침」 제38조에서는 이를 '수익방식'이라고 하여 다음과 같이 규정하고 있다.

> "수익방식은 기술요소법 기반의 가치산정 방법으로 대상기술의 경제적 수명기간 동안 기술사업화로 인하여 발생될 미래 경제적이익을 적정 할인율을 적용하여 현재가치로 환산하는 방법이다."

다만 기술평가기준에서는 기술요소법technology factor approach의 적용을 전제로 수익방식을 정의하고 있다는 점에서 명백한 한계가 있다. 본래 수익방식은 평가 대상의 수익창출능력을 다양한 방법으로 자본화하여 무형자산의 시장가치에 대한 지표를 제공한다는 측면에서 미래지향적이, 이론적으로 가장 기본적인 가치 산정 방식으로 널리 인정되고 있다. 따라서 본서에서는 IVS에 의한 일반적 무형자산 평가기준과 방법에 따라 논의를 진행하기로 한다. 수익방식에 의한 무형자산평가의 기본모형은 다음과 같다.

$$V = \sum_{t=1}^{\infty} \frac{inflow_t - outflow_t}{(1+r)^t}$$

$$= \sum_{t=1}^{\infty} \frac{CF_t}{(1+r)^t} + \frac{CF_1}{(1+r)^1} + \frac{CF_2}{(1+r)^2} + \frac{CF_3}{(1+r)^3} + \cdots$$

V : 무형자산 가치 CF_t: t기의 미래 경제적이익 t: 수명기간 r: 할인율
$inflow_t$: t기의 현금흐름유입 $outflow_t$: t기의 현금흐름유출

수익방식에 의한 가치산정에 있어서는 지식재산이 가져오는 경제적이익의 잔존수명, 현금흐름, 할인율, 지식재산기여도(기술기여도) 등의 추정이 필요하다. 무형자산의 수익가치를 산정하는 이러한 기본 요소는 다음의 〈그림 5-2〉에 잘 나타나 있다. 여기서 주요 수익가치 구성요소는 첫째, 미래 경제적이익이고, 이는 '순현금흐름net cash flow'과 적절한 '할인율'에 의해 현가화된다. 이 두 요소를 둘러싸고 있는 것이 각각의 요소에 영향을 미치는 가치형성요인들이다.

둘째, 순현금흐름에 영향을 미치는 중요한 구성요소는 지속기간, 즉 경제적 수명 economic life 이다. 셋째, '할인율'은 예측한 이익을 실현함에 있어 수반되는 위험의 크기를 나타낸다. 이러한 할인율을 결정하는 것은 위험의 총량, 혹은 투자가가 기대할 수 있는 투자수익률에 영향을 미치는 요인들이다. 이러한 세 가지 기본요소들에 대하여 더 자세히 논의하여 보기로 하자.

2 경제적이익 economic benefits

경제적이익의 계산에는 무형자산과 관련된 수익증가에 따른 이익, 비용 감축에 의한 이익, 또는 투자의 감소에 기인하는 이익을 이용할 수 있다. 무형자산이 이익을 생성시키는 방법도 그의 이용이나 소유 또는 타인의 이용제한이 될 수 있으므로 그에 따라 상이한 이익 개념이 적용되어야 한다. 미래의 경제적이익의 흐름을 산출하는 최선의 방법은 일반적으로 자산을 활용할 때 발생하는 순현금흐름 금액을 평가하는 것이다.

이 방법을 이용하는 경우 현금흐름을 지속시키는 데 필요한 추가적 자본투자

그림 5-2
수익방식의 기본요소

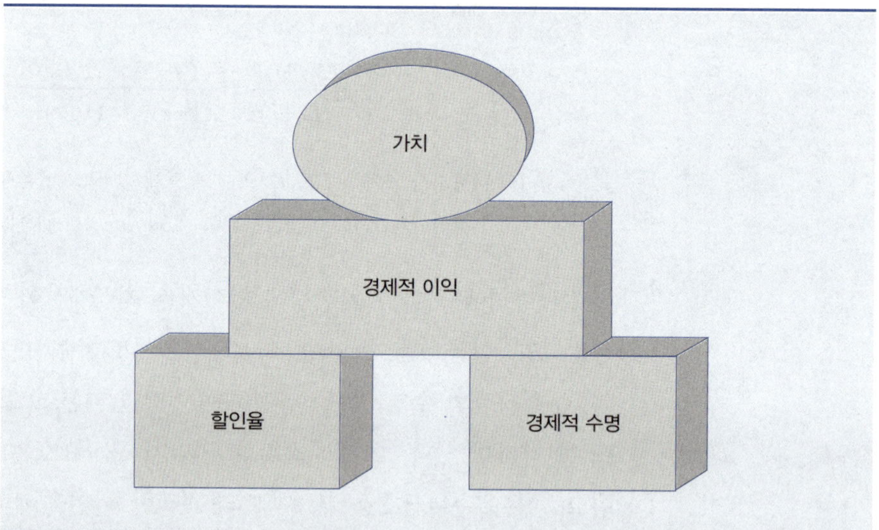

자료: Gordon V. Smith et al., *Valuation of Intellectual Property and Intangible Assets*, 2000, p.258.

와 사업수행을 위한 비용을 고려해야만 한다. 향후 자산을 활용함으로써 발생하게 되는 현금흐름의 총액을 산출한 후에 자본투자나 사업수행에 소요된 비용을 공제하고, 경제적 순이익 규모를 구한다.

미래의 순현금흐름을 결정하는 것은 경영활동뿐만이 아니다. 기타 요소에 의해서도 경제적이익의 수준과 그 기간이 변하게 된다. 이렇게 지속적으로 생성되는 현금흐름은 경제환경이나 수익성, 경쟁, 자본 수요와 같은 인자에 의해 영향을 받는다.

3 경제적 수명 economic life

3.1 경제적 수명과 내용연수

경제적 수명 economic life 이란 어떤 자산을 이용함으로써 이익을 산출할 수 있는 기간을 말한다. 경제적 수명이 끝났다는 것은 그 자산을 이용하여 더 이상의 이익이 나오지 않게 된 시점, 즉 다른 자산을 이용하는 것이 더 큰 이익을 산출할 수 있게 된 시점에 이르렀다는 의미이다. 경제적 수명과 내용연수 service life 는 구별하여야 한다. 내용연수는 자산의 이용을 통한 수익창출능력 earning capability 과는 관계가 없으며, 어떤 자산이 설치된 때로부터 퇴출될 때까지의 기간을 말한다.

대개 무형자산의 경제적 수명은 법률이나 계약상의 기간대로 설정될 수 없다. 그러므로 무형자산에 대하여는 경제적 잔존기간 remaining economic life 이 법률이나 계약조건에 의해 설정되어 있는지 여부를 확인해야만 한다. 대부분 경제적 수명은 법정수명기간 legal life 보다도 짧다. 특허의 실제 효과는 20년이라는 법정수명기간보다 빨리 소멸되어 버리는 경우가 많다. 예를 들면, 권리기간 만료전의 특허권이라도 더 뛰어난 기술이 나타나 그 특허를 이용한 제품의 효용이 사라지면 특허의 효과도 소멸될 가능성이 커진다. 실제로 무형자산과 지식재산의 경제적 수명은 법정수명기간이나, 계약기간에 영향을 받지 않는다. 무형자산의 경제적 수명은 많은 외부요인들의 힘에 대하여 그 자산이 어떻게 대응하

는가에 달려있다.[7]

3.2 경제적 수명의 측정법

1) 법정수명기간 legislated lives

법인세법에는 무형자산에 대한 상각의 기준 또는 요건이 되는 상각연수가 규정되어 있다. 종전에는 이러한 상각연수가 경제적 수명을 정확히 나타내기도 하였으나, 오늘날에는 단순히 자산으로 계상된 무형자산을 얼마 동안의 기간에 걸쳐 상각하여야 할지를 나타내는 것으로 본다. 이에 대하여는 8장(영업권의 평가)에서 다시 논의하지만, 이는 대상 무형자산의 실질적 경제적 수명과는 전혀 관계없는 법률규정으로 인식하게 되었다.

2) 법률상 · 계약상 내용연수 legal/contractual life

유형자산의 경제적 수명은 대개 법률이나 계약조건에 영향을 받지 않는다. 유형자산은 기업의 자산으로서 처분의사결정이 내려지기 전에는 그 기업 내에 계속 사용된다. 그러나 지식재산 등의 무형자산에는 법률이나 계약상 명시된 내용연수가 있다. 법률이나 계약에 의해 내용연수가 정해져 있는 무형자산으로는 다음과 같은 것들이 있다.

- 특허
- 저작권
- 리스계약
- 공급 · 판매계약
- 저당권 및 대출계약
- 라이선스 계약
- 프랜차이즈 계약

3) 생존곡선법 survivor curve theory

생존곡선법은 자산의 퇴출관련 정보자료를 분석하는 방법으로 현재도 사용

7. Smith G. V. et al., *ibid*, pp. 283~289

그림 5-3
전형적인 생존곡선

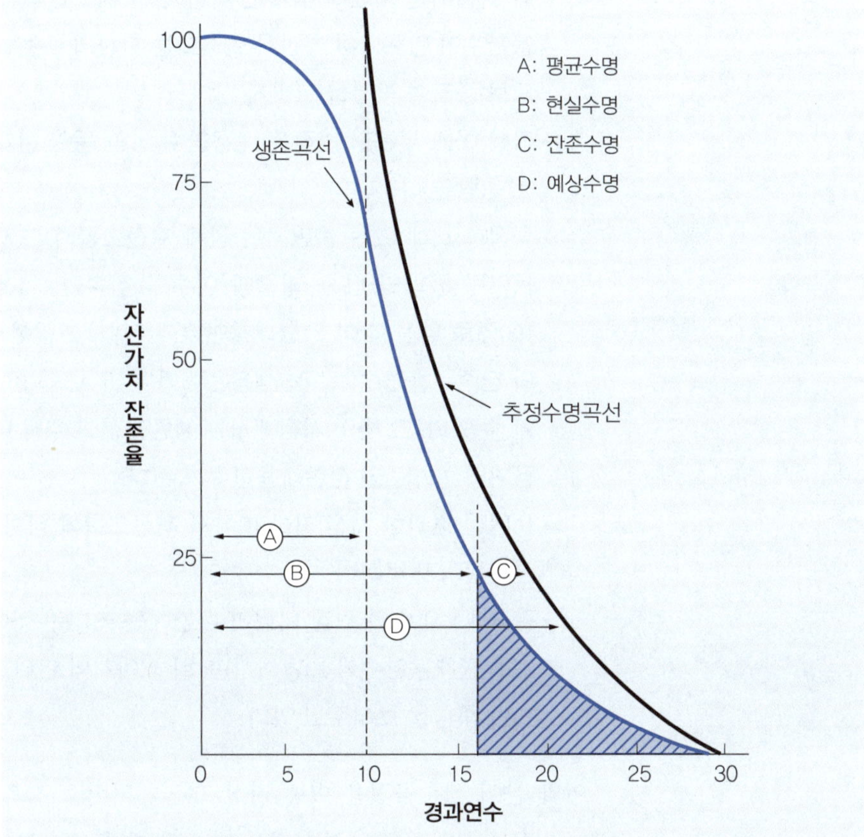

자료: Gordon A. Smith, et al., *ibid*, p.288.

되고 있으며, 이는 집합체로서의 자산들에 대한 평균 잔여수명과 그 유형을 그래프화하여 생존곡선을 작성하는 방법이다. 〈그림 5-3〉은 전형적인 생존곡선을 보여주고 있다. 곡선의 세로축은 잔존하는 자산의 비율(수량)을 나타내고 가로축이 시간의 경과를 나타내고 있다. 이 곡선을 사망률 곡선mortality curve이라고도 하는데, 생존곡선을 처음 창안해 낸 사람이 생존곡선의 기본 개념은 인간의 사망률 곡선과 동일함에도 불구하고, 인간의 사망률에 관한 연구와 구별하기 위하여 이를 생존곡선이라고 불렀다. 생존곡선의 특징은 다음과 같다.

• 생존곡선 자체는 역 S자형이다. 내용연수의 초기에는 각 자산 그룹 가운

데 퇴출되는 자산이 적지만 시간이 갈수록 급격히 늘어난다. 그러나 내용연수가 만료되어 가면서 퇴출되는 자산의 수는 다시 줄어든다. 결과적으로 종모양 곡선을 그리게 된다.

- 곡선 아래 부분의 면적은 내용연수 기간 동안 전체 자산이 제공한 서비스 총량을 나타낸다.
- 곡선 아래에 있는 총면적은 전체 자산그룹이 그 내용연수 동안 제공한 용역량을 나타낸다. (비율과 연수의 함수인) 곡선 아랫부분의 면적을 100%로 나눈 값이 평균내용연수가 된다. 그림에서 원점(내용연수 제로)의 잔존내용연수(즉, 평균내용연수)가 거리 A, 즉 10년으로 되어있는 것을 알 수 있다. 그 밖의 시점에서는 생존곡선과 추정 내 수명 곡선까지의 수평거리(거리 C)가 잔존내용연수가 된다.
- 16년을 경과한 시점(거리 B)에서 자산그룹에 남아 있는 서비스 양이 사선부분의 면적이다.
- 평균내용연수와 최장 내용연수 간에는 커다란 차이가 있는데 그림에서는 평균내용연수가 10년이지만, 실제 마지막 단위의 자산이 퇴출된 것은 30년 후임을 보여주고 있다.

이와 같이 생존곡선은 어떤 자산그룹의 서비스 지속연수와 그 패턴을 나타내고 있다. 이런 정보는 분석대상 자산의 과거 퇴출부분과 잔존부분의 실적자료를 근거로 얻어진 것이다. 다만 이러한 자료의 양과 질은 차이가 심하기 때문에 몇 가지 보완기법이 있으며, 이는 정보입수 가능성에 따라 그 사용기법도 달라진다.

여기서 유의할 점은 생존형태를 경과연수의 함수로 생각하고 있지만, 시간의 경과만이 퇴출요인은 아니라는 점이다. 경과연수는 퇴출을 촉진하는 힘의 영향을 측정하기 위한 단순한 기준에 지나지 않는다. 경과연수 이외에도 감가나 고객의 불만, 디자인의 변화 등은 시간의 경과와는 다른 퇴출요인이다. 이외에도 경제적 수명의 측정방법에는 다음과 같이 여러 가지를 들 수 있다.

- 개별단위법(individual unit method)

- 오리지널그룹법(original group method)
- 오리지널그룹 결합법(composite original group method)
- 다중오리지널 그룹법(multiple original group method)
- 연율법(annual rate method)
- 타입곡선(type curves)
- 회전율법(turnover method)
- 플랜트자산 시뮬레이션법(simulated plant balance method)
- 예측수명 범위법(forecast or life span method)

3.3 경제적 수명과 잔존가치

수익방식으로 기업가치나 무형자산의 가치를 추계하기 위해서는, 해당자산의 잔존 경제적 수명remaining economic life을 결정해야 한다. 무형자산의 경제적 수명은 투자금액에 대한 공정한 수익fair return을 창출할 수 있는 기간이 된다. 대상무형자산의 잔존 경제적 수명을 추계할 경우, ① 법정수명legal statutory life뿐만 아니라 ② 계약상의 수명, ③ 물리적 수명, ④ 기능적 수명 등을 모두 고려해야 한다. 무형자산의 경제적 수명은 과세목적이나 회계목적의 평가 시 대상자산의 비용회수cost recovery 문제와도 밀접한 관련이 있다.

예컨대 지식재산 중에서 특허기술의 잔존 경제적 수명을 살펴보자. 최근과 같이 기술진화 속도가 빠른 시대에는 예측기간이 2~3년만 지나도 미래기대이익의 지속기간을 추정하기 어렵다. 비록 특허권의 법정연한이 20년이라 하더라도, 경쟁기술의 출현으로 급속히 용역잠재력service potential이 떨어지기 쉽기 때문에 잔존가치terminal value의 산정을 위한 경제적 수명을 추정하기가 매우 어려워진다. 〈그림 5-4〉에서는 이러한 미래 경제적이익이 어떻게 유지되고 지속될 것인가의 방향성을 기준으로 경제적 수명 및 잔존가치 유형을 다음과 같이 5가지로 예시하고 있다.[8]

8. William J. Murphy & John L. Orcutt & Paul C. Remus, *Patent Valuation*, 2012, pp.129~131.

그림 5-4
지식재산의 경제적 수명과 잔존가치

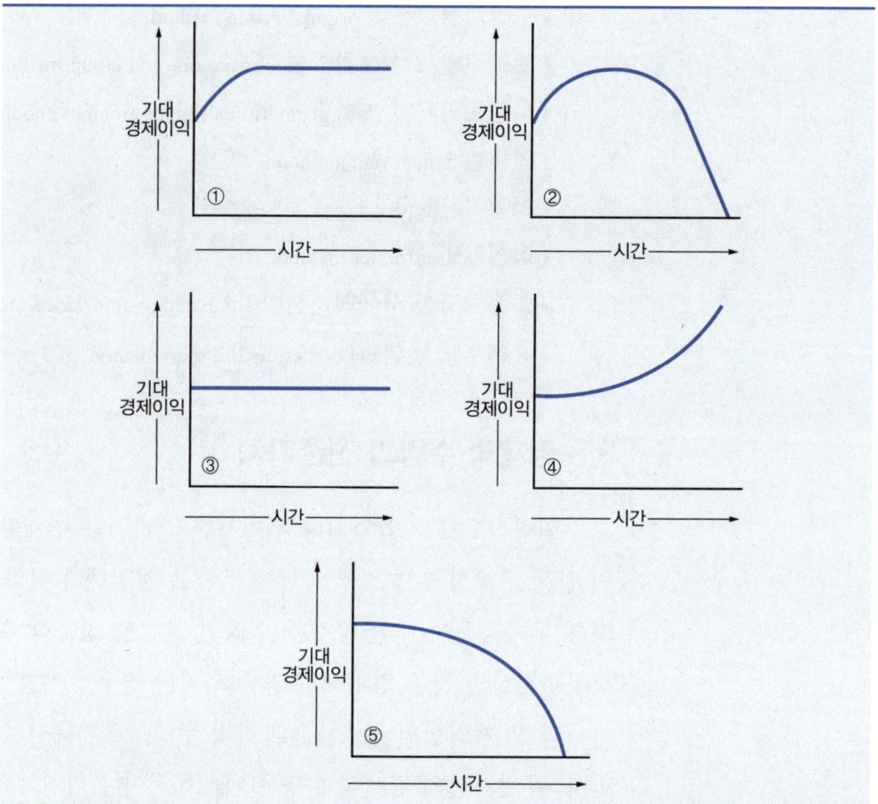

자료: William J. Murphy et al., *ibid*, p. 130.

① 미래 경제적이익의 기대치가 안정적으로 지속
② 미래 경제적이익의 기대치가 상승하다가 급속히 하락
③ 미래 경제적이익의 기대치가 일정하게 지속
④ 미래 경제적이익의 기대치가 지속적으로 상승
⑤ 미래 경제적이익의 기대치가 지속적으로 하락

지식재산의 가치는 미래 경제적이익이 지속될 수 있는 잔존연한, 즉 경제적 수명과 앞에서 예시한 5가지 기대이익의 진행 방향에 민감하게 좌우된다. 〈그림 5-5〉에서 설명하는 바와 같이 평가사는 미래 경제적이익의 전개방향을 엄밀히 조사·분석하게 되면, 특허권의 잔존 경제적 수명 동안의 기대이익에 대한

그림 5-5
특허권의 경제적 수명과 잔존가치

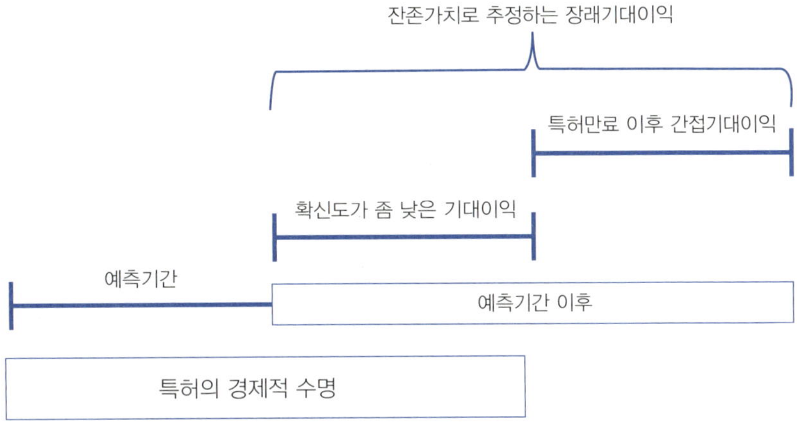

자료: William J. Murphy, John L. Orcutt & Paul C. Remus, *Patent Valuation*, 2012, p.126.

어느 정도의 확신을 갖게 된다. 그러나 특허만료 이후에도 계속 경제적이익을 기대할 수 있는가에 대하여는 불확실성이 높아지므로 위험할증의 가산을 요구하게 된다. 이렇듯 미래 경제적이익의 크기도 중요하지만, 현금흐름의 지속기간, 즉 경제적 수명의 판단이 못지 않게 중요한 것이다.

4 경제환경 economic climates

경제환경은 순환적이다. 지식재산을 이용하는 사업의 배후에 있는 경제환경 전체의 건전성 여부는 최종적으로 실현되는 순현금흐름 정도와 밀접한 관계가 있다. 통화정책, 예산의 적자, 소득세법 등 모든 경제정세가 영향을 미친다. 지식재산을 활용하여 제공하는 서비스나 제품의 수요는 경제정세와 직접적인 관계가 있다. 최종적인 제품의 수요와 함께 경제상황의 변화가 불러일으키는 가격 압력도 최종적으로 실현되는 순현금흐름에 영향을 미친다.

지식재산에서 창출되는 현금흐름의 크기나 그 지속 가능성을 검토할 때에는 그 지식재산이 사용되는 업계의 상황이나 향후의 전망을 알아보는 것이 중요하다. 또한, 어떤 지식재산이 여러 업계에서 현금흐름을 창출해 낼 수 있다고 한다면, 수입원이 확대되고 그 지식재산의 가치는 용도나 수입원이 한정된 지식재산보다 더 큰 것이 될 수 있다.

5 수익성 profitability

수익성은 순현금흐름에 영향을 미치는 중요한 요소이다. 수익성에는 임금이나 원재료 구입비, 가공비, 판매비, 그리고 제품이나 서비스의 제공과 관련된 간접비 등의 원가 요소가 집약되어 있다. 수익과 비용의 수지를 흑자로 유지하는 데에는 많은 변수가 작용한다. 지식재산의 가치는 그 지식재산이 안정된 수익을 실현시키기 위해 어느 정도 공헌할 수 있는가와 직접적인 관계가 있다.

〈그림 5-6〉에서는 지식재산이 제품생산에 필요한 투입요소를 결합시켜 어떻게 기업이 소기의 성과를 획득할 수 있게 되는지, 그 작용과정을 설명하고 있다. 투입요소는 그러한 것이 결합하여 소기의 제품이나 서비스를 만들어 내기까지는 단순히 소재로서의 가치밖에 지니지 않는다. 각 요소의 투입량과 그 요소의 결합방법은 기술 · 노하우 · 처방 · 기타 지식재산과 같은 무형자산의 지배를 받는다. 대개 최종적인 성과는 각 투입요소를 합한 것보다도 더 큰 가치를 지닌다. 즉 '전체'성과는 각 투입요소를 결합한 단순집합보다 커지는 것이다.

기술은 또한 특정 공정에서 생겨나는 불필요한 원재료의 총량을 감소시키거

그림 5-6
지식재산의 제품생산 기여과정

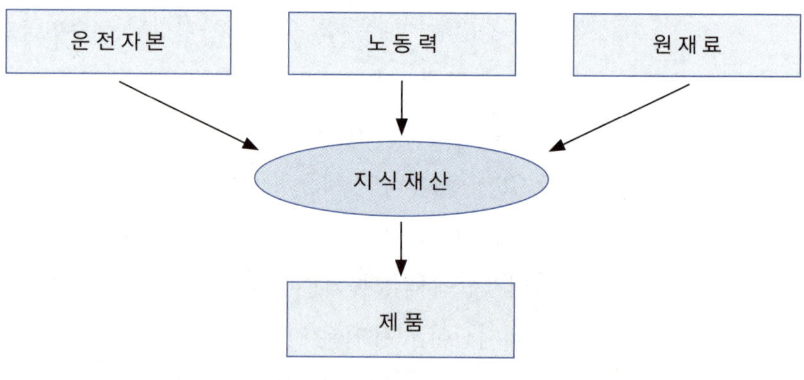

자료 : Gordon V. Smith et al., *ibid*, p.261.

표 5-7
스탠더드앤푸어 500기업 수익률의 미래예측가능성

기간	누적 연간 성장률	다음해 수익률	누적 연간 성장률		
			2년차	5년차	10년차
1951~1960	16.05%	28.51%	8.02%	13.48%	8.24%
1951~1970	12.08%	14.54%	16.82%	3.24%	8.46%
1961~1970	8.24%				
1961~1980	8.35%	-5.33%	7.13%	14.64%	13.99%
1971~1980	8.46%				
1971~1990	11.19%	30.95%	18.70%	16.74%	17.59%
1981~1990	13.99%				
1981~2000	15.78%	-11.98%	-17.28%	0.45%	9.14%
1991~2000	17.59%				
1991~2010	9.14%	2.05%	N/A	N/A	N/A
2001~2010	1.31%				

자료: William J. Murphy & John L. Orcutt & Paul C. Remus, *Patent Valuation*, 2012, p.142.

나, 제거 · 재가공해야 할 최종 불량품 숫자를 감소시킴으로써 경제적이익을 증가시키기도 한다. 판매가격의 상승도 지식재산의 가치를 나타내는 증거이다. 왜냐하면 기술적인 지식재산이나 강력한 상표 · 브랜드 때문에 가격이 상승하는 경우가 많기 때문이다.

이와 같이 평가대상기업의 순현금흐름에 지대한 영향을 미치는 수익성은 매출액의 추정을 통하여 이루어진다. 그리고 매출액의 추정은 대개 과거의 실적이나 역사적 자료에 의존하게 된다. 그러나 과거의 실적이 미래의 수익성을 보장하지는 않는다. 그 이유를 실제 통계자료를 이용하여 설명하겠다.

〈표 5-7〉에는 S&P 500기업들의 수익성장률에 대한 과거 10~20년간의 자료들을 분석하여 미래예측가능성을 분석한 결과를 정리한 것이다. 여기서 놀라운 사실은 향후 1, 2, 5년 또는 10년 후의 수익률은 과거 10~20년의 실적치들과는 판이한 차이가 있다는 것이다. 예컨대 S&P 500기업들의 1991년부터 2010

년까지 20년간 누적성장률은 연평균 9.14%인데 비해, 그 다음 해의 실제 수익률은 불과 2.05%에 지나지 않았다. 따라서 단순한 역사적 자료나 과거 추세에만 의존하여서는 정확한 수익성예측이 불가능하다. 평가사는 철저한 시장분석과 기술수명분석, 그리고 제품분석을 통하여 종합적이고도 거시적인 매출 및 수익성 추정이 과거 추세분석과 일관성이 유지되도록 유의하여야 한다.

6 지식재산의 수익기여도

지식재산의 가치를 형성하는 수익에 대한 기여도intellectual property profit contribution를 검토할 때, 시장교섭을 통해 결정되는 로열티 비율을 이용하는 경우가 종종 있다. 즉 지식재산의 현금흐름에 대한 기여도를 동일한 자산의 라이선스를 받기 위해 기업이 제3자에게 지불하는 금액을 이용하여 추정해 내는 것이다. 이러한 경우, 기업이 제3자에게 지불하는 로열티 절약분 만큼 지식재산이 이익에 공헌한 것으로 인정한다. 다만 이러한 방법은 라이선스 교섭에 관계된 로열티율이 해당 지식재산에서 생겨나는 경제적이익 전체를 나타내는 경우는 거의 없기 때문에 오류를 범할 위험을 내포하고 있다.

대부분의 경우 로열티율은 지식재산에 의해 창출되는 경제적이익이 라이선스 소유자와 사용자 사이에서 배분된 것과 같은 결과를 나타낸다. 라이선스 사용자는 지식재산을 사용함으로써 갖게 되는 이익의 일부를 라이선스 소유자에게 로열티로 지불하지만, 지식재산에 의해 획득된 이익의 일부는 라이선스 사용자에게 남는다. 이러한 로열티가 지식재산을 이용함으로써 생성되는 경제적이익 전체를 나타내는 경우는 거의 없다.

경쟁 제품이나 서비스가 시장에 출현하거나 기술적으로 우수한 제품이 개발되면 시장에서 치열한 고객 유치경쟁이 벌어짐으로써 경제적이익에 큰 영향을 미친다. 경쟁업체의 전략에 의해 미래 순현금흐름의 총액 및 지속기간, 그리고 성장추세가 제한되는 경우도 많이 있다. 아무리 수익성이 높은 지식재산을 보유하고 있다고 하더라도 보유자가 경제적이익을 향유할 수 있는 기간은 지극히 한정되는 경우도 많다. 이는 경쟁업체가 특허로 보호받고 있는 대상기술과는 다른 우회기술로 서비스나 제품을 제공할 가능성이 있기 때문이다.

자산을 이용함으로써 실현되는 미래의 순현금흐름은 자본적지출의 필요성에 따라 감소하는 경우가 있다. 자산의 가치는 재투자를 고려한 후의 현금흐름에 기초하여 측정해야 한다. 자본수요는 설비확장 혹은 운전자본의 증가라는 형태로 나타난다. 실제로 지식재산의 커다란 이점은 설비투자에 대한 지출을 감소시키면서 상대적으로 높은 이익 획득을 가능케 하는 점에 있다.

기술이 진보함에 따라 경제적이익의 흐름이 갑자기 끊기는 경우도 있으며, 또한 그때까지는 표준적이었던 업무관행이 정부규제에 의해 시대에 맞지 않는 것이 될 가능성도 있다. 자산의 가치는 현금흐름을 기대할 수 있는 잔존기간에 따라 큰 영향을 받는다. 순현금흐름을 기대할 수 있는 기간은 현금흐름 규모와 마찬가지로 중요한 요소이다. 기술의 진보, 정기적인 모델 교체 등의 업계관행, 제품과 서비스에 대한 사회적 반응의 변화, 기타 요인에 따라 지식재산의 경제적 수명은 짧아지게 된다.

개개의 지식재산이 경제적이익을 가져온다 해서 그 즉시 자산가치를 지니게 되는 것은 아니며, 순현금흐름이 흑자로 나타나기까지 장기간의 연구개발이 필요한 경우도 있다. 그러나 그러한 지식재산이라 하더라도 커다란 가치 창출의 기회로 연결될 잠재적 가능성을 지니고 있는 경우가 있다. 그렇다 하더라도 지식재산의 가치는 역시 구체적인 경제적이익, 성장률, 그리고 현금흐름의 시기 등과 깊은 관계가 있다.

대개 순현금흐름은 어떤 지식재산에 의해 생성되는 제품시장을 포괄적으로 분석함으로써 파악할 수 있다. 이미 상업적으로 이용이 가능하다는 것이 판명된 기술일 경우에는 순현금흐름에 대한 예측이 훨씬 용이하다. 반면에 신생기업 단계start up stage에 있는 기술은 순현금흐름을 예측하는 데 많은 어려움이 동

그림 5-7
할인율의 구성요소

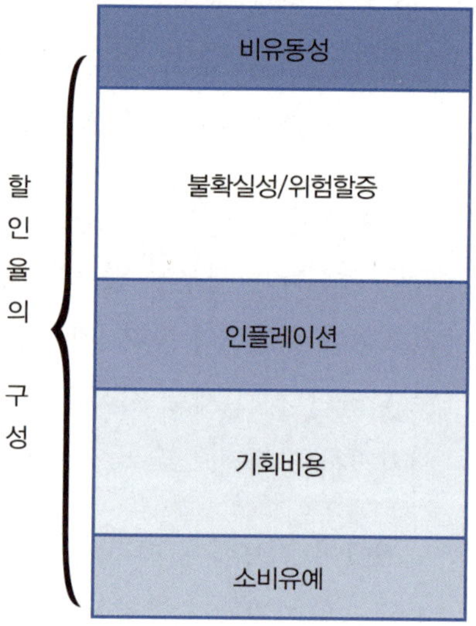

자료: William J. Murphy et al., *Patent Valuation, Wiley & Sons, 2012*, p. 152.

반된다. 그러나 개발된 지 얼마 안 되는 유아기단계 기술이라 하더라도 그 가치는 미래 경제적이익의 현재가치와 직접적인 관계가 있다는 사실에는 변함이 없다. 장래성이 불확실한 기술은 순현금흐름의 예측 역시 불확실한 것이 될 수밖에 없다. 예측의 정확도가 어느 정도인가는 〈그림 5-7〉에서 보듯 할인율에 영향을 미친다. 즉 벤처기업이나 막 설립된 신생기업의 기술일수록 현금흐름의 불확실성으로 인하여 높은 위험할증이 요구된다.

7 할인율

가치평가를 구성하는 할인율[discount rate]이라는 인자는 투자자의 투하자본에 대한 대가를 의미한다. 자본을 투입한 투자자는 다른 투자기회를 포기하고, 자신이 결정한 특정투자에 수반되는 위험을 부담하게 된다. 할인율에 영향을 미치는 요소에는 ①인플레이션, ②유동성, ③실질금리, 그리고 ④투자관련 위험할증률[risk premium] 등이 있다. 할인율은 미래의 경제적이익을 현재가치로 바꾸기 위해 사용된다. 다음 식은 할인된 미래의 현금 흐름이 그 기초를 이루는 기술의 가치와 같음을 나타낸 것이다.

$$V = \frac{CF_1}{(1+r)^1} + \frac{CF_2}{(1+r)^2} + \frac{CF_3}{(1+r)^3} + \cdots + \frac{CF_n}{(1+r)^n}$$

V : 지식재산의 가치 CF_n : n기의 현금흐름 r : 기대투자수익률(할인율)

미래의 현금 흐름이 일정비율로 증가될 것이 예상되는 경우, 이러한 요소를 위의 모델에 도입하면 다음과 같이 간단한 식으로 고쳐 쓸 수 있다.

$$V = CF_o \times \frac{(1+g)}{(r-g)}$$

g: 현금흐름의 예상성장률 r: 할인율

성장률 g가 할인율 r보다 커질 경우에는 이 식이 성립되지 않으므로 매년 구체적으로 정확한 예측을 해야만 한다. 할인율은 많은 요소에 의해 영향을 받는다. 일정 수준의 위험부담에 대해 요구되는 투자수익률에는 앞의 〈그림 5-7〉에 도시된 바와 같이 ① 소비유예, ② 인플레이션, ③ 유동성, ④ 실질금리, ⑤ 위험할증률 risk premium 등의 요소가 포함되어 있다.

첫째, 소비유예 enjoyment deferral란, 미래를 위해 오늘의 소비를 희생하는 것을 말한다. 현재의 1만원은 내일의 1만원보다 낫다. 비록 원금상환이 보장되고, 아무런 위험이나 인플레 가능성이 없다 하더라도 현재 수중의 1만원을 선택하는 것이 합리적이다.

둘째, 인플레이션 inflation risk은 장차 실현될 경제적이익의 구매력을 떨어뜨린다. 계산에 이용되는 할인율에는 이러한 구매력 저하를 보완하기 위해 인플레이션에 대해서도 검토해야만 한다. 인플레이션이 예상되는 경우에는 그에 맞는 높은 투자수익률이 필요하다. 이는 예상되는 현금흐름의 구매력이 입게 될 부負의 영향을 보완하기 위한 것이다.

셋째, 유동성 liquidity 이란, 투자를 신속하게 현금화하는 데 있어서의 상대적인 난이도를 나타낸다. 유가증권은 증권거래소를 통해 언제든지 현금화할 수 있는 것이 많다. 지식재산 투자, 특히 개발 초기단계에 있는 지식재산에 대한 투자에는 그와 같은 높은 투자 유동성이 없다. 그렇기 때문에 지식재산에 대한 투자에 있어서는 일반 유가증권 이상의 높은 투자수익률이 보장되어야만 한다. 유동성이 결여되어 있을 경우 할인율에는 그 만큼의 수익률이 더해진다.

넷째, 투입된 자금을 다른 용도로 이용할 수 없으므로 실질금리real interest rate 도 할인율을 구성하는 요소이다. 즉 이것은 어떤 투자를 실행함으로써 다른 곳에 투자를 못하게 된 데에 대한 기회비용opportunity cost을 의미한다. 일반적으로 투자에 대해서는 보다 높은 수익률이 적용되지만, 그 수익률에는 인플레이션, 유동성, 위험할증률 등과 같은 위험요소에 대한 보상이 반영되어 있다.

다섯째, 위험할증률risk premium이란, 투자원금에 대한 손실이나 수익에 예측할 수 없는 변동이 생길 경우 추정되는 위험에 대해, 투자자가 위험이 없는risk free 투자에 대한 실질금리에 덧붙여 요구하는 보상을 말한다. 위험할증률의 크기는 투자대상 자산이나 업종에 따라 달라진다. 경쟁업체와의 기술경쟁에 따라 보유기술이 진부화될 가능성이 높다면 위험요소도 높아진다. 예컨대 컴퓨터 소프트웨어는 단시일 내에 그 가치가 급속히 상실되는 지식재산이다. 이러한 위험에 대한 보상이 곧 위험할증률에 반영되어야 한다.

위험할증률을 산정할 때 고려해야 할 것은 지식재산 용도의 범위이다. 당초의 의도가 좌절되었을 때 쉽게 다른 사업으로 전환시킬 수 있는 자산이라면 자산가치가 하락하는 마이너스 효과는 경감된다. 그러나 다른 용도로 전환될 수 없는 지식재산은 당초의 투자가 완전한 실패로 끝난 시점에서 그 가치를 완전히 잃어버릴 우려가 있다. 또한 다른 조건이 같은 한, 기업의 일반적인 투자에 비해 무형자산에 대한 투자는 더 위험도가 크다는 점, 그리고 무형자산을 계속기업의 일부로 평가할 때 보다 독립적 경제단위로 평가할 때 위험이 더 높아진다는 점 등을 고려하여야 한다.

이와는 다르게 현금흐름의 위험도를 측정하는 방법으로 가중평균자본비용WACC이 있다. 이는 자기자본비용과 타인자본비용을 총가치에서 차지하는 각

자본의 비중에 따라 가중하여 산출한다. 현금흐름이 같다 하더라도 높은 이율로 할인되면 현재가치는 현저히 떨어진다. 할인율의 크기는 투자자가 높은 투자수익률을 원하고 있음을 나타내고, 이것은 예상 위험이 높기 때문에 생기는 현상이다. 그 결과 미래가치를 현재가치로 바꾸었을 경우 그 가치는 떨어진다. 예컨대 상업화의 실현가능성이 낮은 지식재산에 투자할 경우 투자수익률ROI은 높아지는 대신 현재가치가 떨어진다.

일반적으로 처음 할인율을 산출할 때 증권시장의 분석정보가 도움이 되는 경우가 많다. 각각 고유의 위험요소를 내포하고 있는 각종 사업투자에 대해 투자자가 요구하는 수익률을 비교 · 검토하면 합리적인 수익률을 산출할 수 있다. 적정한 투자위험을 반영한 할인율이 적용되는 경우에만 미래 순현금흐름의 현재가치가 그 지식재산의 가치를 정확히 나타낼 수 있는 것이다. 할인된 순현금흐름은 지식재산의 경제적 기여를 직접적으로 반영한 것이 되어야만 한다. 그리고 그 할인율은 시장참여자들의 투자행태를 반영한 시장이율이 되어야 한다.

8 공헌이익contribution margin의 현재가치

지식재산의 가치평가를 실시할 때 현재 활용되고 있는 용도와 잠재적인 용도에 대해서도 고려해 볼 필요가 있다. 다시 말해서 공헌이익contribution margin을 가져다 주는 지식재산의 새로운 이용분야가 있다면 그 부분에 대해서도 검토해 보아야만 한다는 것이다. 지식재산의 가치평가를 위해 수익방식을 채택할 경우 현금흐름을 예측하는데 있어 예상할 수 있는 확장이용extension of use이나 그에 수반되는 위험도 고려하지 않으면 안 된다. 확장이용의 가능성이 있는 지식재산을 분석할 때 그 현재가치는, ① 기존 적용분야, ② 논리적 확장분야, ③ 투기적 확장분야 등 대개 세 가지 분야로부터의 공헌이익이나 경제적이익을 기초로 계산된다.[9]

---

9. Gordon Smith et. al., *ibid*, pp. 269~274.

1) 기존 적용분야 established applications

지식재산의 가치를 구성하는 첫 번째 요소는 '지식재산이 기존 적용분야에서 얻을 수 있는 경제적이익의 현재가치'이다. 지식재산의 상업적 성공이 이미 증명되어 있는 분야가 기존의 적용분야이다. 기여이익은 강력한 상표나 뛰어난 제조기술을 보유함으로써 기업이 향유하는 이익이 어느 정도 증가하는가를 분석하는 방법으로 산출해 낼 수 있다. 지식재산의 적용분야가 확립되어 있기 때문에 경제적이익의 예상금액을 얻기 위해 필요한 투자금액이 소액으로도 충분하다면 할인율은 이 분야에 대한 위험성이 낮다는 판단 때문에 비교적 낮아진다.

2) 논리적 확장분야 logical extensions

가치를 구성하는 두 번째 요소는 '지식재산이 논리적 확장분야에서 얻을 수 있는 경제적이익의 현재가치'이다. 동종업계 내의 주변분야 제품이면서 기존의 지식재산과 현재는 관련이 없는 제품에 그 지식재산을 활용해 나가는 것을 논리적 확장이라 한다. 논리적 확장분야에 대한 지식재산의 기여는 바로 시작되는 것은 아니다. 논리적 확장분야는 그 지식재산에 있어서 새로운 적용분야이기 때문에 상업적 성공을 이루기까지의 예상을 과거의 경험에서 도출해 낼 수 없다.

3) 투기적 확장분야 speculative extensions

기존의 적용분야와 논리적 확정분야 사이의 직접적인 관계는 간단히 이해할 수 있다. 그러나 투기적인 제품이나 서비스로 확장할 경우, 기존의 적용분야와는 그다지 명확한 관계가 존재하지 않는다. 투기적 확장이란 지식재산을 전혀 다른 사업분야나 업계에 이용하는 경우를 말한다. 이렇듯 가치를 구성하는 세 번째 요소는 '지식재산이 투기적 확장분야에서 얻을 수 있는 경제적이익의 현재가치'이다. 투기적 확장을 고려할 경우에는 손실이 발생할 위험이 커지므로 할인율에도 투기적 확장에 동반되는 위험성을 반영해야 한다. 투기적 확장분야에서 얻을 수 있는 경제적이익의 예상금액은 크지만, 완전히 실패할 가능성 또한 크다면 결과적으로 이 분야의 현재가치는 낮게 된다.

이상의 세 가지 지식재산 적용분야의 현재가치를 합하면 지식재산 기여이익의 현재가치가 된다. 각 이용분야별로 예상매출액, 기여이익, 위험 정도 등에 대한 고유 요소가 적용되는 것이다.

V 수익방식의 적용기법

1 잔여법의 원리

기업 전체의 가치에서 측정할 수 있는 모든 자산의 가치를 차감하고 난 다음에 그 잔여부분[residual]이 영업권 등 무형자산의 가치이다. 이것이 바로 잔여법[residual technique]의 기본원리이다. 토지나 건물, 기계설비나 사무용기기, 차량운반구 등은 원가방식이나 비교방식을 활용하여 평가할 수 있다. 모든 자산은 그 사용상황이나 사용연수 등을 기초로 하여 평가되지만, 평가에 있어서는 특정 기계에 대한 시장의 수요상황에 대해서도 충분한 주의를 기울여야 한다. 수요가 많은 자산의 잠재적 가치는 높아진다.

여기에서 유의해야 할 점은 각종 자산들은 어디까지나 계속기업의 일부로서 존재하고 있는 유형자산의 가치이지 청산가치가 아니라는 점이다. 그리고 마지막으로 남은 잔여[residual] 금액이 무형자산의 가치를 나타내게 된다. 만약 특허권만의 수익가치를 평가하려면, 기업이 가지고 있는 기타 모든 무형자산을 일일이 규정하고, 각각의 가치를 명확히 하지 않으면 안 된다. 이렇게 각각의 무형자산 가치가 모두 평가된 다음, 그리고 특허 이외의 식별가능 무형자산과 지식재산 등의 가치가 공제된 후에 그 잔여금액이 특허권 가치가 된다. 이러한 잔여법의 원리에 의한 특허권가치(V_P) 평가모형을 일반적인 산식으로 나타내면 다음과 같다.

$$V_p = IP - (V_t + V_c + V_{ps})$$

$$\text{여기서, } IC = WC + FA + IA + IP$$

$$IP = V_t + V_p + V_c + V_{ps}$$

V_p: 특허권가치 IP: 지식재산가치 V_t: 상표권가치
V_c: 저작권가치 V_{ps}: 제조비밀 IC: 투하자본 IA: 무형자산가치

위 산식에서 영업권goodwill은 무형자산가치IA에 속한다. 원래 영업권은 그 자체가 독립된 무형자산으로 특정된 것이 아니다. 영업권이라는 가치를 인정하지 않을 수 없는 이유는 무엇인가? 이것은 무형자산이나 지식재산을 완벽하게 구분하여 식별하거나 평가하는 것이 불가능하기 때문이다. 끝으로 기업에는 일단의 조직화된 노동력assembled workforce이라는 무형자산이 있다. 업무의 내용이나 매뉴얼에 따라 일하는 방법을 터득한 일단의 조직화된 노동력은 기업가치를 현저히 높일 수 있는 매우 가치 있는 무형자산이라는 것을 이해할 필요가 있다.

한편 기업가치의 평가를 위해 활용하는 시장배수market multiples는 끝없이 전개되는 치열한 기업간 경쟁상황이 현금흐름에 미치는 영향을 반영해야 한다. 왜냐하면 경쟁이 격화될수록 이익이나 현금흐름은 감소할 것이며, 회사에 대한 투자위험도 높아질 것이기 때문이다. 이 때 평가가치를 각 자산들에 배분하고 나면 무형자산에 배분될 금액이 남지 않을 수도 있다. 가격 경쟁이 치열해질수록 향후 현금흐름 유입이 감소되고, 무형자산의 가치도 감소될 것이기 때문이다.

2 자본구성과 요구수익률

재무상태표 상의 차변에 있는 자산, 즉 현금, 금융자산, 고정자산, 그리고 무형자산 등을 유동성과 범용성이 높은 순서대로 나열하면 다음과 같다.

현금 > 금융자산 > 유형고정자산 > 무형자산

위에서 나타난 순서대로 자산별 시장가치와 청산가치의 차이가 점점 커진다. 같은 유형고정자산도 범용성(또는 시장성)이 낮으면 청산가치도 낮아진다. 예컨대 특수용도의 기계는 일반 범용기계보다 청산가치가 낮아진다. 즉 특수목적으

로 설계된 기계는 범용성이 없어 청산가치가 최초 구매가격에 비해 50% 이상 하락하게 되지만, 일반 범용기계는 청산을 하더라도 구매대비 가격하락이 크지 않으므로 시장성여부에 따라 구매원가의 80~90%까지 시장가치를 평가받을 수도 있다.

마찬가지 논리에서 특허권 등 기술자산은 청산가치가 낮으므로, 평가사는 재생산원가에 대한 기능적 · 경제적 감가비율을 높임으로써 청산에 따른 가치하락의 위험도를 반영하게 된다. 그렇지 않는 경우에는 WARA 산정과정에서 유동성위험을 요구수익률RRR: required rate of return에 반영하여 높은 위험할증률을 추가하게 된다.

결론적으로 특허기술이나 상표권 등 무형자산은 청산가치가 낮다. 특히 첨단 신기술일수록 미래가 불투명하여 기술을 이용하는 기업의 부도위험도 높아진다. 즉 기술가치 평가에서는 청산될 위험이 높은 벤처기업일수록, 그러고 청산가치가 낮은 첨단 특수기술일수록 위험할증률이 급격하게 증가하게 되는 것이다.

〈그림 5-8〉에서와 같이 사용가치와 청산가치의 차이가 많이 나는 자산일수

그림 5-8
기업자산의 특성과 요구수익률

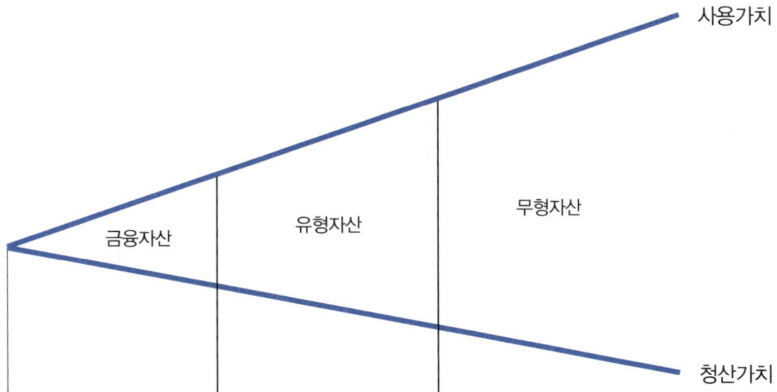

요구수익률	8~10%	10~15%	15~40%
자금조달원	부 채	부채 · 지분	지분
투 자 특 성	유동성 있음	용도 다양	유동성 없음 범용성 낮음

자료: Gordon V. Smith, et al., *ibid*, p. 433

록 투자위험이 증가한다. 즉 대단히 높은 이자비용을 부담하지 않으면 자본조달이 불가능하게 된다. 결국 청산가치가 낮은 기술의 경우 자기자본과 차입금에 의한 자본 투자 중 자기자본에 의한 투자의존도가 높아질 수 밖에 없다. 대신 기술의 사업화에 성공할 경우, 큰 부가가치를 창출함으로써 수백 배의 투자수익률을 얻을 수도 있다.

3 요구수익률과 자본비용의 관계

기업의 각 자산들은 유동성이나 위험도가 다르고, 이에 따라 요구수익률도 달라지게 된다. 따라서 수익방식에서 미래의 현금흐름을 현재가치로 할인하는 경우 적용하는 할인율도 자산별로 달리 적용되어야 한다. 이 같은 자산별 요구수익률[RRR: required rate of return]을 가중평균하게 되면 결국 대상기업의 자본비용에 수렴하게 된다. 이 같은 논리는 매우 중요한 수익방식의 기본원리로서 이 책의 일관된 실무적용 기법이므로 잘 이해하고 실제 평가사례에 적용할 수 있어야 한다.

〈그림 5-9〉에서는 이와 같은 자산별 요구수익률과 가중평균자산수익률[WARA: weighted average return on assets], 그리고 가중평균자본비용[WACC]의 관계와 위험도에 따른 할인율의 결정요소가 무엇인지를 그림으로 설명해주고 있다.

가중평균자산수익률[WARA]은 유형자산은 물론 각종 무형자산의 요구수익률을 자산 구성비율에 따라 가중평균한 종합수익률이다. WARA 산정의 기본전제는 각종 유·무형자산의 요구수익률은 고유의 위험도나 자본조달 가능성, 즉 조달비용에 따라 다르다는 데서 출발한다. 예컨대 유형자산은 일반적으로 낮은 요구수익률을 나타내는데 그 이유는 대개 다음과 같은 2가지 요인 때문이다.

첫째, 담보로 제공될 수 있으므로 지분 요구수익률보다 차입금리가 낮아진다.

둘째, 유형자산은 안정적 수익성 때문에 투자 리스크가 낮아진다.

그림 5-9
WACC와 WARA의 결정요소

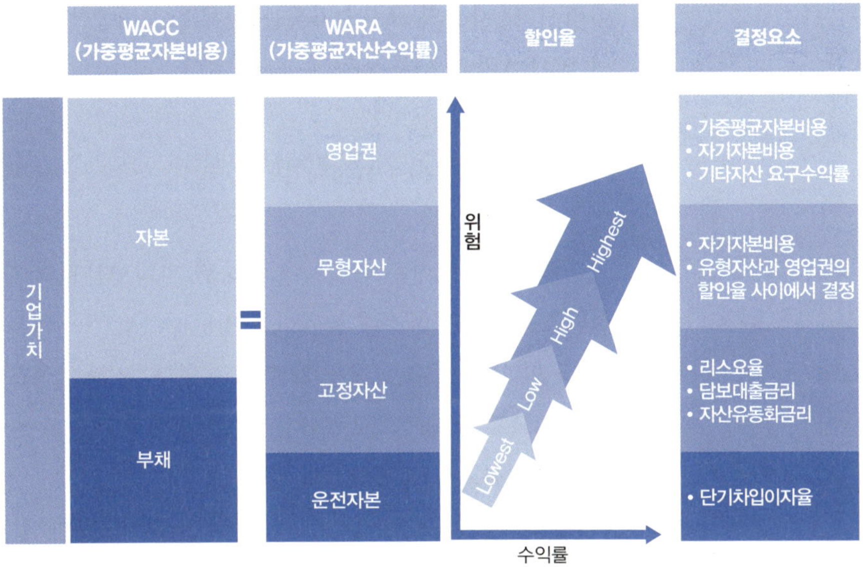

한편 무형자산은 유형자산과는 정반대로 위 2가지 요인 때문에 요구수익률이 높아진다. 즉 무형자산은 담보자산이 되기 어렵고 안정적 수익성도 기대하기 곤란하다. 이렇듯 각 자산의 요구수익률을 전체 자산에 대한 비중에 따라 가중평균하게 되면 WARA가 산정되고, 이론적으로 WARA는 WACC와 근사치가 되어야 한다. 왜냐하면 기업가치는 기본적으로 총자산가치라고 볼 때, 총자산을 구성하는 각 자산들의 위험도 측정치를 합산하면 전체 기업의 위험도 측정치와 근사치가 될 것이기 때문이다. 다음 산식을 보면 WACC가 어떻게 구성되었으며, 왜 WARA와 근사치가 되는지를 쉽게 이해할 수 있다.

$$WACC = \frac{V_m}{V_{BEV}}(R_m) + \frac{V_t}{V_{BEV}}(R_t) + \frac{V_i}{V_{BEV}}(R_i)$$

V_m, V_t, V_i : 순운전자본, 유형자산, 무형자산 각각의 가치

R_m, R_t, R_i : 순운전자본, 유형자산, 무형자산 각각의 요구수익률

V_{BEV} : 전체기업가치로서 $V_{BEV} = (V_m + V_t + V_i)$

즉 WACC는 순운전자본의 가치 V_m와 유형자산의 가치 V_t, 그리고 무형자산가치 V_i를 합한 기업의 전체 자산가치 각각에 대한 가중평균 자본비용을 의미한다.

따라서 각 자산의 요구수익률을 전체자산 비중에 따라 가중평균한 자산수익률인 WARA와 근사치가 될 수 밖에 없다.

4 수익방식의 적용기법

감정평가실무기준 해설서에 의하면 지식재산권의 가치를 구하는 방법은, ① 현금흐름을 할인하거나 환원하는 방법(DCF법), ② 기술기여도를 곱하여 산정하는 방법(기술기여도법) 등을 제시하고 있다. 기술기여도법은 IVS에서 제시하고 있지 않으므로 제외하고, 여기서는 DCF법과 로열티면제법, 그리고 초과이익환원법을 중심으로 설명하기로 한다.

DCF법(할인현금흐름분석법)은 전체 현금흐름 중에서 지식재산이 창출하는 현금흐름이 파악되고, 이에 대한 할인율과 환원율을 구할 수 있는 경우 적용한다. 기준에서는 구체적인 산정방법으로, ① 해당 지식재산권으로 인해 절감 가능한 사용료를 기준으로 산정하는 방법(로열티면제법), ② 해당 지식재산권으로 인해 증가된 현금흐름을 기준으로 산정하는 방법(증분현금흐름법, 또는 초과이익법), 그리고 ③기업의 총이익 중에서 해당 지식재산권에 일정비율을 배분하여 현금흐

그림 5-10
현금흐름할인법의 기본원리

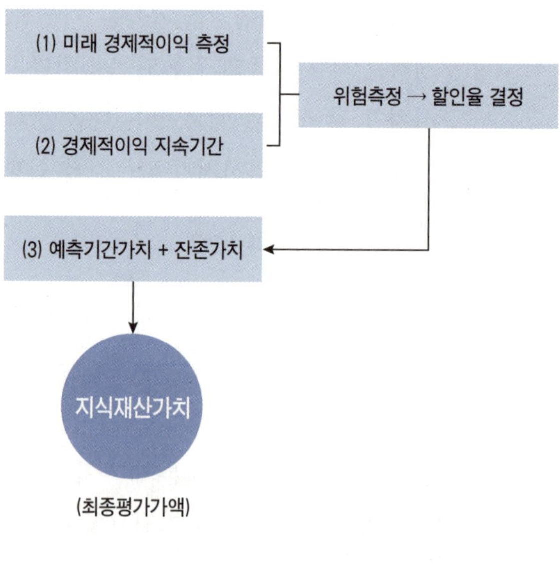

름을 산정하는 방법(잔여법, 또는 매수가격배분법)을 제시하고 있다.

4.1 현금흐름할인법discounted cash flow method

1) 기본원리와 적용절차

현금흐름할인법은 평가대상 무형자산이 창출할 것으로 기대되는 미래 경제적이익을 예측하고 위험수준을 반영한 적절한 할인율로 할인하여 평가하는 방법이다. 현금흐름할인법은 미래 경제적이익의 유입과 유출의 관점에서 증분현금흐름법incremental cash flow method과 직접현금흐름법direct cash flow method으로 나누어질 수 있다.[10]

미래에 기대하는 현금유출 감소액을 산출해야 하는 직접현금흐름법이든, 기대 초과수익액을 산출하는 증분현금흐름법이든 간에 현금흐름법은 모두 미래 경제적이익의 현재가치 산출로 귀결된다. 미래 경제적이익의 현재가치 계산은 기본적으로 다음의 모형을 이용하여 산출하며, 그 적용절차는 다음과 같이 6단계로 나눌 수 있다.

$$PVEB = \sum_{t=1}^{n} \frac{CF_t}{(1+r)^t}$$

$PVEB$: 미래 경제적이익의 현재가치 CF_t : t기의 현금흐름

r : 할인율 n : 무형자산 수명기간

1단계 (미래 경제적이익의 추정) 예상되는 시나리오별로 해당 무형자산이 창출할 수 있는 경제적이익 즉 연도별 현금흐름^{CFt}을 추정한다.

2단계 (경제적 수명기간 추정) 미래 경제적이익이 지속될 수 있는 기간, 즉 무형자산의 경제적 수명기간^{n}을 추정한다. 미래 경제적이익을 추정할 때 예측기간은 과거의 선행 자료와 미래의 산업 및 시장상황을 바탕으로 해당 무형자산이 현금흐름을 창출할 수 있는 경제적 수명 기간 이내로 해야 한다.

3단계 (적정할인율 추정) 예상되는 시나리오별로 내용연수에 걸쳐 각 추정 기간별로 무형자산에 내재된 위험을 반영한 적정할인율^{r}을 추정한다. 할인율은

---

10. 권수영 외, 사업결합 시 무형자산의 평가절차 및 평가기법과 영업권 손상평가, pp. 46~48.

추정된 미래 경제적이익에 내포된 위험에 비례하므로 평가대상 무형자산으로부터 기대되는 미래 경제적이익이 발생되는 시점, 위험요인, 성장가능성, 인플레이션율 등을 종합적으로 고려하여 결정하여야 한다. 따라서 할인율의 추정은 미래경제적이익의 예측과 일관성이 있어야 한다.

4단계 (예측기간가치 산정) 예상되는 시나리오별로 예측기간 중 현금흐름에 각각의 할인율을 적용하여 현재가치를 구하고, 계산된 현재가치들을 모두 합산하여 영업가치 valuation of operation를 산정한다.

5단계 (예측기간 이후 잔존가치 추정) 대상 지식재산의 경제적 수명 기간과 기대성장률g을 추정하여 예측기간 이후의 경제적이익에 대한 현금흐름에 대한 현재가치로서 잔존가치 continuing value: CV를 추정한다.

$$CV = \frac{CF_{n+1}}{r - g^{t}}$$

CV : 잔존가치 CF_{n+1} : 예측기간 이후 첫해의 CF r : 할인율 g : 기대성장률

6단계 (최종 평가가액 결정) 예상되는 시나리오별 산출된 현재가치들에 평가자가 예측한 시나리오별 발생확률을 적용하여 최종적인 평가가액을 산출한다.

$$BV = PVEB + CV$$

BV : 기업가치 $PVEB$: 미래 경제적이익의 현가

2) 증분현금흐름법 incremental cash flow method

증분현금흐름법은 할증이익법premium profits method, 또는 유무법with-and-without method 등 여러가지 이름으로 부른다. 이 방식은 현금유입cash inflow의 관점에서 평가대상 무형자산을 보유함으로써 미래에 기업이 기대할 수 있는 초과이익의 현재가치를 추정하는 방법이다. 대상 무형자산을 사용하는 기업이 획득가능한 예상 경제적이익의 현금흐름with 시나리오을 그 자산을 사용하지 않는 기업이 획득가능한 현금흐름without 시나리오과 비교하는 과정을 포함하고 있다. 대상 무형자산의 사용을 통해 획득가능한 예상 증분이익 또는 현금흐름을 산정하고, 이를 적정 할인율 또는 자본화배수capitalization multiple를 적용하여 자본화하는 방식

이다. 증분현금흐름법을 적용하여 무형자산가치를 평가할 경우 필요로 하는 투입변수는 다음과 같다.

① 시장참여자가 그 무형자산을 사용함으로써 창출할 것으로 기대되는 예상 기간별 이익, 비용절감액 또는 현금흐름
② 시장참여자가 그 무형자산을 사용하지 않고 창출할 것으로 기대되는 예상 기간별 이익, 비용절감액 또는 현금흐름
③ 예상 기간별 이익 또는 현금흐름을 자본화하기 위한 적절한 자본화배수 또는 할인율

〈그림 5-11〉에서는 기술유무법 with-and-without technology method 의 평가원리를 쉽게 설명하여 주고 있다. 기술을 평가하는 경우 이용되는 이 같은 기술유무법도 증분현금흐름법을 응용한 기법으로서 대상 기술자산이 있을 경우의 기업가치 with tech 시나리오 와 그 자산이 없을 경우의 기업가치 without tech 시나리오 를 각각 산정하고, 그 차액을 해당 기술자산의 가치로 평가하는 방식이다. 기술유무법에 의한 무형자산 평가모형은 다음과 같다.

$$V_P = \sum_{t=1}^{n} \frac{FCFF_1}{(1+r)^t} - \sum_{t=1}^{n} \frac{FCFF_2}{(1+r)^t}$$

V_P : 기술의 가치 r : 할인율 n : 기대경제적수명
$FCFF_1$: 기술보유시 FCFF $FCFF_2$: 기술미보유시 FCFF

그림 5-11
기술유무법의 평가원리

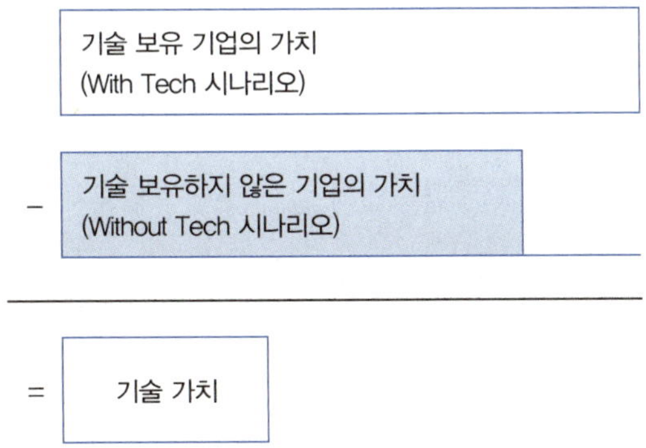

3) 그린필드법 greenfield method

그린필드법greenfield method은 증분현금흐름법과는 반대로 현금유출cash outflow의 관점에서 해당 자산을 보유함으로써 감소시킬 수 있는 미래 현금유출액의 현재가치를 추정하는 방법이다. 이 방식에서는 라이선스나 기술 등의 무형자산 소유주가 자신의 투입비용을 전부 회수한 다음, 직접 받을 수 있는 현금흐름을 추정한다.

예컨대 그린필드법으로 프랜차이즈권리franchise-based intangible assets나 방송주파수broadcast spectrum 라이선스 등의 가치를 평가할 때 대상권리 이외에는 어떠한 다른 자산도 갖고 있지 않는 신생기업greenfield company을 가상한다. 그리고 기타 다른 유 · 무형자산은 모두 구입하거나 건설 또는 임차한다는 가정하에 미래 경제적이익을 추정하고, 이를 적정 할인율로 현재가치화하여 대상 무형자산의 가치를 평가한다.

즉 초과이익법과 유사하지만, 초과이익법에서는 다른 유 · 무형 자산들의 기여자산공헌율(액) CAC을 공제하여 현금흐름을 산정하는데 비해, 이 방식은 다른 기여자산들을 구입 · 건축 · 임차하는 것으로 가정한다. 그리고 그 신생기업을 설립하기 위하여 투자한 모든 비용을 공제하고 남는 잔여현금흐름이 대상 무형자산의 소유주가 얻을 수 있는 경제적이익으로 간주한다. 이 방식으로 프랜차이즈권리나 라이선스의 가치를 평가하는 경우 일반적인 가치평가 모형은 다음과 같다.

$$V_L = PV(r)\sum_{t=1}^{n} FCFF$$

V_L : 라이선스가치 n : 잔존연한 r : 할인율(신생기업적용) $FCFF$: 잉여현금흐름

그린필드법의 일반적인 적용절차를 4단계로 나누어 설명하면 다음과 같다.

- **1단계 (매출액 및 안정화 진입기간 추정)** 평가기준시점 현재 라이선스 등의 평가대상 무형자산이 대상기업의 유일한 자산이라는 가정하에 매출, 운영경비, 자본적 지출, 그리고 운전자본을 추정하고, 사업의 안정화 진입기간

ramp-up period을 결정한다.

- 2단계 (기여자산의 구입 · 건축 · 임차 예산추정) 사업개시를 위하여 평가대상인 무형자산 이외에 필요한 자산을 구입 · 임차 · 건축하는 데에 소요되는 금액 및 시기를 추정하는 단계이다.
- 3단계 (할인율의 적용) 미래현금흐름의 현가화를 위한 적정 할인율을 적용한다.
- 4단계 (TAB 및 평가가치 산정) 대상자산의 상각으로부터 기대할 수 있는 절세효과를 고려해야 한다. 세후 현금흐름인 로열티액의 현재가치 합에 상각절세효과를 합산하여 최종적으로 대상자산의 평가가치를 산정한다. 그러나 시장가치를 평가하는 경우, TAB tax amontization benefit로 인한 가치증가는 세금상각효과를 이용할 수 있는 기업에 대하여만 이루어져야 한다.

4.2 로열티면제법

1) 기본원리

로열티면제법relief from royalty method은 제3자로부터 라이선스 되었다면 지급할 로열티를 기술소유자가 부담하지 않음으로써 절감할 수 있는 로열티 지불액을 추정하여 현재가치로 환산하는 방법이다. 이 방법을 로열티절감법royalty savings method이라고도 한다. 로열티면제법을 사용하기 위해서는 기술거래시장에서 비교 가능한 기술거래 로열티 자료가 다수 존재하여야 하나, 비교 가능한 기술거래 로열티 자료가 미흡한 경우 업종별 로열티 통계 혹은 상관행법 로열티 통계를 활용할 수도 있다.

이 방법은 수익방식과 비교방식의 성격을 모두 포함하는 것으로, 비교방식 측면에서 유사 기술거래사례를 충분히 조사 분석하는 것이 필요하다. 로열티면제법은 지식재산으로 인하여 창출될 미래 경제적이익에 적절한 로열티율을 곱하여 매년 절감가능한 로열티 가액을 산정하고, 이를 현재가치로 할인하여 해당 지식재산의 가치를 산출하게 된다. 로열티면제법의 일반적인 평가모형은 다음과 같다.

$$V_{ip} = PV(r)\sum_{t=1}^{n}[R_v \times R_t(1 - T)]$$

V_{ip} : 지식재산가치 r : 할인율 n : 수명기간
Rv : 총매출(revenue) Rt : 로열티 T : 법인세율

2) 적용방법과 절차

로열티 절감액은 해당 지식재산과 관련된 제품, 상품, 서비스의 판매로 인해 기대되는 매출액에 독립된 제3자간의 거래인 정상로열티율 arms−length royalty rate 을 적용하여 산정한다. 정상 로열티율은 자발적인 지식재산소유자 licensor 가 자발적인 지식재산사용자 licensee 에게 해당 자산의 사용에 대해 적용하는 요율이며, 일반적으로 순매출액에 대한 일정비율로 표시된다. 일반적인 로열티면제법에 의한 단계적 평가절차는 다음 〈그림 5−12〉와 같다.

상표권과 같이 라이선스 소유자 licensor 가 라이선스 사용자 licensee 에게 실시허가권을 줄 수 있는 자산 등의 평가 시 로열티면제법이 가장 많이 사용된다. 즉 상표권으로 인해 창출될 미래현금흐름에 적절한 로열티율 royalty rate 을 곱하여 매년 절감가능 로열티를 산정하고, 이를 현재가치로 할인하여 대상상표권의 가치를 산출하는 방법이다. 여기서 로열티 절감액은 대상상표권과 관련된 제품 등의 판매로 인해 기대되는 매출액에 대하여 독립된 제3자간 어떠한 강요도 없이 라이선스 거래당사자간에 성립될 수 있는 정상로열티율 arm's−length royalty rate 을 적용하여 계산한다. 로열티면제법을 사용하여 상표권을 평가하는 일반적인 절차를 6단계로 나누어 설명하면 다음과 같다.[11]

그림 5−12
로열티면제법의 적용절차

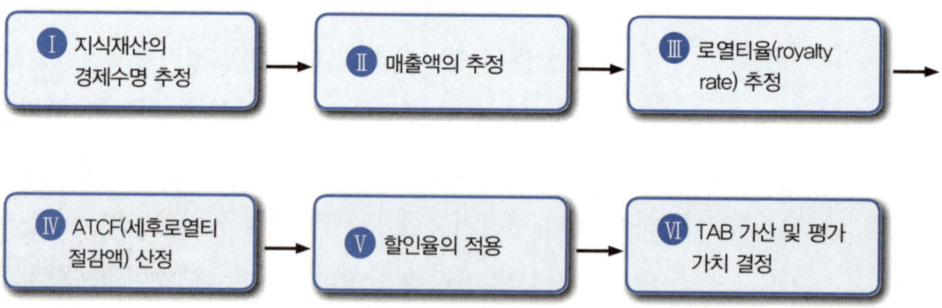

11. *ibid*, p.95

- **1단계 (상표권의 경제적 수명 추정)** 과거 동일업종 내 유사상표권의 사례를 검토하여 상표권 등의 평균 수명을 파악한다. 평균 수명에서 해당 상표 등의 경과기간을 차감하여 잔존수명 remaining economic life를 산정한다.
- **2단계 (상표권관련 매출액 추정)** 업종 및 개별 기업의 특성, 고객당평균수익 등을 고려하여 상표권 등의 잔존수명 기간중 매출액을 추정한다. 다만 상표권 등의 가치는 최종 연도에 한꺼번에 소멸하는 것이 아니라, 내용연수에 걸쳐 점진적으로 소멸한다고 가정하는 것이 합리적이며, 브랜드 관리예산 투자 상황을 분석하여 '추정 총매출액'에 연평균 유지율을 곱하여 '추정 순매출액'을 산정하는 방법도 고려할 수 있다.
- **3단계 (로열티율 추정)** 로열티율 royalty rate은 가장 중요한 요소이나 거래 조건에 따라 요율의 변동폭이 크기 때문에 정상거래사례 arm's length comparables를 시장에서 구하여 적용하여야 한다. 법적으로 특정 상표권 등의 대여가 금지되어 있는 경우도 있으므로 업종관행이나 내외부적 정보를 넓게 수집 분석하여 로열티율을 산정한다.
- **4단계 (ATCF의 산정)** 2단계에서 구한 추정순매출액에 로열티율을 곱하여 '세전 로열티액'을 구하고, '법인세 비용'을 차감함으로써 'ATCF' (세후로열티절감액)을 산출한다.
- **5단계 (할인율의 적용)** 'ATCF'에 적정한 할인율을 사용하여 미래 세후 로열티액을 기준시점 현재의 가치로 할인한다. 상표권 등의 경우 현금흐름 추정의 불확실성을 고려하여 회사의 가중평균자본비용 WACC에 추가 리스크 프리미엄을 합산하여 적용하는 것이 일반적이다.
- **6단계 (상각절세효과 가산 및 평가가치 결정)** 해당 상표권의 상각으로부터 기대할 수 있는 절세효과를 고려해야 한다. 세후 현금흐름인 로열티액의 현재가치 합에 상각절세효과를 합산하여 최종적으로 상표권 등의 평가가치를 산정한다. 그러나 시장가치를 평가하는 경우 TAB로 인한 가치증가는 시장참여자에게 통상 이용가능한 경우에 한정된다. 즉 TAB 가산은 세금상각효과를 이용할 수 있는 기업에 대하여만 이루어져야 한다.

4.3 초과이익환원법 capitalized excess earning method: CEEM

1) 기본원리

초과이익환원법 capitalized excess earning method 은 동종산업 내 유사기업의 정상적 수익률을 초과하는 이익을 환원하는 방식이다. 즉 대상 지식재산이 창출하는 미래 경제적이익을 그 자산이 없는 동일 업종 유사기업의 정상이익과 비교하여 산정한 다음 적정한 할인율을 적용하여 대상지식재산의 현재가치를 평가하는 방식이다. 간단한 공식에 의거 평가하므로 공식법 formula method 이라고도 한다.

여기서 초과이익이란, 대상 지식재산이 없는 동종 유사기업이 실현하고 있는 정상적 수익보다 더 높게 얻을 수 있는 순이익으로서, 기대되는 미래이익이 비교기업의 정상이익을 초과할 때의 차액을 말한다. 미래기대 정상이익은 대상 지식재산이 미래에 창출할 수 있을 것으로 예상되는 경제적이익이고, 할인율은 초과이익을 자본 환원하는데 사용되는 적정한 위험조정할인율 risk adjusted discount rate 이다. 이 방식의 기본 산식은 다음과 같다.

$$V_{ip} = \sum_{t=1}^{n} \frac{Ee_t}{(1+r)^t}$$

V_{ip} : 지식재산가치 Ee_t : t기의 초과이익

r : 할인율 n : 경제적 수명 t : 연차수

초과이익환원법의 적용방법을 설명하기 위하여 〈표 5-8〉에서 대상기업 A와 동일업종의 유사비교기업 B사의 영업이익률 사례를 비교하여 본다. 두 기업은 동일업종의 유사규모로서 제품구성 등에 있어 아무 차이점이 없으나, 오직 상표권 및 브랜드에 있어 A사가 글로벌 브랜드를 보유하고 있어 고객의 인지도가 높고 광고 홍보비 투자를 지속하고 있다는 점이다.

양사의 최근 3년간 광고홍보비 공제 후 영업이익률의 추이를 다음과 같이 분석하였다. 이는 총영업이익률 분석을 통하여 지식재산의 이익기여도를 파악하기 위한 것이다.

표 5-8
A사 및 B사의 영업이익률 차이

연도	A사의 광고홍보비 공제 후 영업이익률	B사 정상이익률	초과이익률
20x3	40%	35%	5.0%
20x4	45%	40%	5.0%
20x5	50%	45%	5.0%
평균	45%	40%	5.0%

광고홍보비는 영업총이익률 산정 시 공제하는 것이 합리적이다. 지식재산권의 유지 관리를 위하여는 지속적으로 광고홍보비를 지출해야 하기 때문이다. B사의 경우에는 브랜드에 대한 광고에 거의 지출이 없기 때문에 이러한 조정은 필요하지 않다. 〈표 5-8〉에서는 A사의 상표권 및 브랜드 보유로 인한 경제적 이익의 차이, 즉 5.0%라는 양사의 영업이익률 차이가 바로 지식재산권의 초과이익률이라는 사실을 보여주고 있다.

한편 초과이익을 구하기 위한 동종산업 유사기업의 정상이익률은 그 산정방식에 따라 편차가 매우 심하게 나타나는 경우가 많다. 이를 객관적으로 추정하기 위하여는 다음과 같은 여러가지 방식으로 구한 정상이익률을 상호 비교분석하여 최종 정상이익률을 결정하는 것이 합리적이다. 이 책에서는 정상이익률을 주로 다음 3가지 방식에 의하여 산정한다.

1. 요구수익률법(자본비용법)
2. 유사사례비교법
3. 한국은행 평균순이익률법(BOK법)

2) 적용방법과 절차

실무적으로는 위에서 예로든 B사와 같이 대상기업과 직접 비교가능한 동종산업의 유사기업 사례를 구하기 어려울 경우가 많다. 이런 경우에는 대용surrogates수치로서 한국은행 등 공신력 있는 조사기관이 발표한 산업별 · 규모별 영업이익률net income to net sales ratio 통계를 활용하기도 한다. 아울러 요구수익률법RRR method에 의하여 구할 수도 있다.

요구수익률법은 대상기업의 최근 자본비용, 즉 가중평균자본비용[WACC]을 정상이익률로 보고, 순자산의 공정가치에 WACC를 곱하여 대상기업의 정상이익을 구하는 방식이다. 다만, 이렇게 요구수익률법으로 산정된 평가가치에서 기타 무형자산의 가치를 제외한 잔여가치가 대상무형자산의 최종가치가 된다.

이런 방법들은 뒷 장에서 사례를 통하여 다시 구체적으로 설명하기로 한다. 우선 다음 〈그림 5-13〉에서는 초과이익을 산정하기 위한 유사기업 비교방법을 일반제품 제조기업과 프리미엄제품 제조기업의 예를 들어 설명하겠다. 〈그림 5-13〉에서 왼쪽 막대그래프는 일반 지식재산이 없는 동종 유사기업의 일반제품 순이익을 자산 종류별로 나누어 나타낸 것이다. 그리고 오른쪽 막대그래프는 평가대상 지식재산을 갖고 있는 기업의 고부가가치 프리미엄제품에 대한 순이익을 비교하고 있다. 이를 산식으로 나타내면 다음과 같다.

$$I_{op}(\text{프리미엄제품의 순이익}) - I_o(\text{일반제품 순이익}) = E_e(\text{초과이익})$$

$$\text{단, 일반제품의 경우, } I_o = I_t + I_m + I_i$$

그림 5-13
지식재산의 초과이익

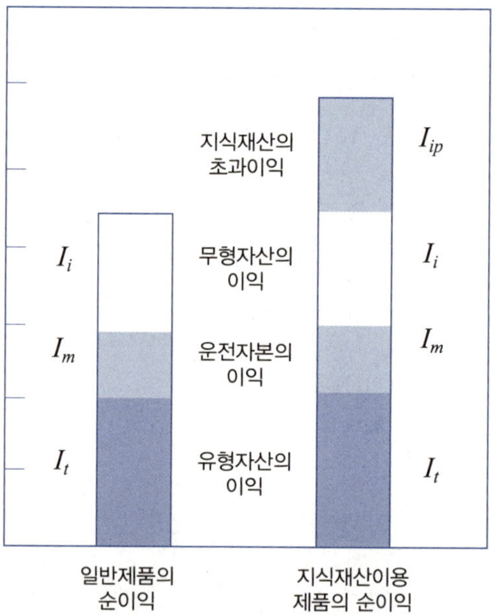

자료: Gordon V. Smith et al., *ibid*, 2000, p. 243

$$\text{프리미엄제품의 경우}, I_o = I_t + I_m + I_i + I_{ip}$$

I_o : 순이익 E_e : 초과이익 I_t : 유형자산의 요구수익

I_m : 운전자본의 요구수익 I_i : 무형자산의 요구수익 I_{ip} : 지식재산의 요구수익

대부분의 고부가가치제품은 경쟁사 제품보다 높은 가격 프리미엄을 얻을 수 있는 제품 차별화 특성을 지닌다. 가격프리미엄은 소비자들에게 고품질을 연상시키는 상표나 브랜드로부터 나올 수도 있고, 특허기술에 의한 유용성에서 창출될 수도 있다. 또 2가지 이상의 장점이 복합적으로 상호작용하여 창출된 것일 수도 있다. 여기서 평가사는 이러한 초과이익을 운전자본의 이익 I_m이나 유형자산의 이익 I_t, 또는 무형자산의 이익 I_i에 의한 것 이외에도 지식재산에 의하여 발생하는 초과이익 I_{ip}으로 분해하고, 그 기여분을 산정하여 지식재산의 가치를 평가하게 된다. 여기서는 다음과 같은 무형자산 가치평가 산식을 적용할 수 있다.

$$V_{ip} = \frac{I_o}{WACC} - \frac{I_m}{R_m} - \frac{I_t}{R_t} - \frac{I_i}{R_i}$$

$$V_{ip} = \frac{I_{ip}}{R_{ip}}$$

R_t : 유형자산 할인율 R_m : 운전자본 할인율

R_i : 무형자산 할인율 R_{ip} : 지식재산 할인율

〈그림 5-14〉에서는 분해법[disaggregation method]에 의한 지식재산가치 평가과정을 나타내고 있다. 여기서 자산별 유동성이나 위험도에 따라 요구수익률이 달리 적용된다. 즉 유동성이나 시장성이 낮을수록 높은 요구수익률이 적용되어 금융자산(8.5%) 〈 유형자산(12.5%) 〈 무형자산(18.0%)순으로 나타나 있다. 이 같은 분해법과 요구수익률 적용에 대하여는 제4장 '기업가치의 평가'에서도 자세히 설명하고 있다.

이상에서 설명한 초과이익환원법을 이용하여 지식재산의 가치를 평가할 경우 적용할 수 있는 일반적인 평가절차를 5단계로 나누어 설명하면 다음과 같다.

그림 5–14
분해법에 의한 지식재산가치 평가

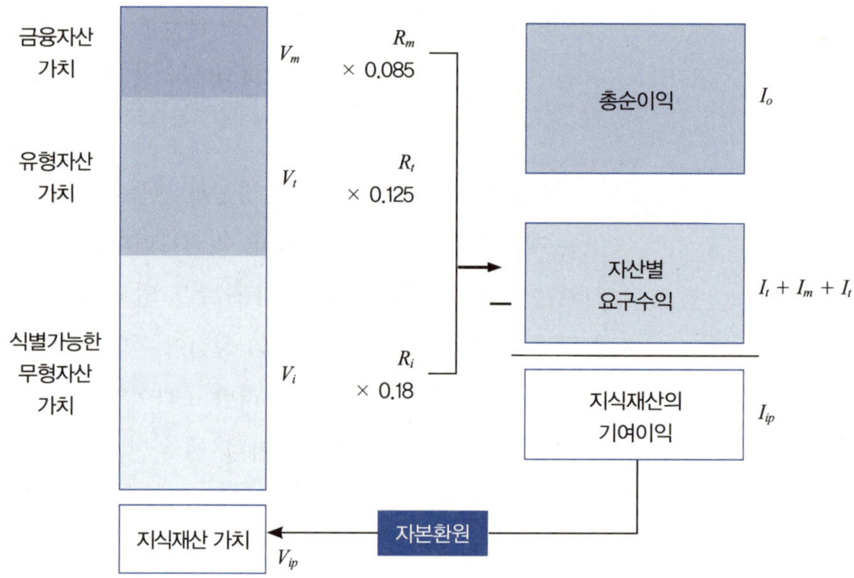

자료: Gordon V. Smith, et al., *ibid*, p. 248

- **1단계 (지식재산 매출추정 및 순이익률 산정)** 대상지식재산의 과거매출액 변동추이와 향후 전망 등을 토대로 매출액을 추정하고, 순이익률을 산정한다. 여기서 순이익률은 매출액순이익률net income to net sales ratio을 말한다.
- **2단계 (동종 유사기업의 정상이익률 산정)** 동종산업 내 유사기업의 경쟁제품이 거둘 수 있는 정상이익률을 구한 다음, 1단계에서 구한 대상지식재산의 순이익률과 비교분석 한다.
- **3단계 (대상지식재산의 초과이익률 산정)** 대상지식재산의 순이익률에서 유사경쟁제품의 정상이익률을 차감하여 초과이익률을 산정한다.

$$E_e(\text{초과이익}) = I_{ip}(\text{지식재산의 순이익}) - I_o(\text{정상이익})$$

- **4단계 (할인율 적용 및 예측기간가치 산정)** 초과이익에 의한 대상지식재산의 예측기간 중 현금흐름에 적정한 할인율을 적용하여 예측기간의 지식재산가치를 산정한다.
- **5단계 (잔존가치 산정 및 최종평가가치 결정)** 고정성장률^{g}의 추정 및 예측기

간 이후의 잔존가치[continuing value]를 산정하고, 4단계에서 구한 예측기간가치를 합산하여 최종 평가가액을 결정한다.

3) 적용조건과 한계

초과이익환원법에서 적용할 정상이익률을 시장에서 동종 유사기업과 비교하여 추출하거나 거래사례를 발견하여 대상기업의 영업이익률과 비교분석하는 것은 실무적으로 그리 간단치 않다. 따라서 IVS에서는 이방법을 다음과 같은 조건하에 제한적으로 사용할 것을 규정하고 있다(IVS 210, par. 60.9).

1. 안정적 성장률(쇠퇴율)[growth/decay rate]을 보이면서
2. 지속적인 영업이익률을 나타내고
3. 일관된 기여자산공헌수준 및 기여자산공헌율(액)[CAC]을 나타낼 것

초과이익환원법을 적용함에 있어서 이러한 이론적 한계를 명백히 한 것은 정상이익률을 시장에서 추출함에 있어서 자의성이 개입되는 것을 최소화 하기 위한 것으로 볼 수 있다. 대개 영업권은 가치형성에 오랜 세월이 필요하나, 쇠퇴하는 경우 경제적 수명이 급격히 단축되는 경향이 있다. 더구나 기업마다 성장 쇠퇴 패턴이나 기여자산의 구성 및 공헌수준이 다르다. 따라서 이러한 다양한 현금흐름의 변동성을 유연하게 반영하여 평가가치를 도출할 수 있는 방법으로서 다음에 설명하는 다기간초과이익법[MPEEM]을 가장 널리 사용하게 된다(IVS 210, par. 60.10).

4.4 다기간초과이익법[MPEEM]

1) 기본원리

다기간초과이익법은 대상 무형자산이 창출할 것으로 예상되는 여러 기간의 현금흐름에서 다른 자산에 귀속될 기여자산공헌율[contributory asset charges: CAC]을 공제한 후 대상 무형자산에 귀속되는 초과이익을 현가화하여 그 가치를 평가하는 방식이다. 초과이익법[excess earnings method]은 단일기간의 예상 현금흐름에 적용되거나, 여러 기간의 예상현금흐름에 적용될 수 있다. 전자를 단기간[單期間]초과이익법

single period excess earnings method: SPEEM, 후자를 다기간초과이익법multi period excess earnings method: MPEEM이라 한다. 실무에서는 다기간초과이익접근법이 더 많이 활용된다.

이 방식은 재무상태표 관점과 손익계산서 관점에서 살펴 볼 수 있다.

첫째, 재무상태표의 관점에서 보면, 이 방식은 평가대상 무형자산을 이용하지 않거나 동종산업의 무형자산을 이용하지 않는 기업들과 비교했을 때 해당 무형자산을 이용함으로써 창출가능한 증분이익을 자본화하여 대상 무형자산의 가치를 결정하는 방법이다.

둘째, 손익계산서의 관점에서 보면, 해당 무형자산과 관련하여 발생되는 이익을 자본화한 가치에서 다른 자산들이 기여한 부분을 차감하여 결정하는 방법이다. 일반적으로 사업결합 시 취득하는 무형자산은 손익계산서 접근법의 관점에서 평가하는 경우가 많다. 무형자산의 가치를 산정하는데 이용되는 이 방식의 일반적 평가모형은 다음과 같다.

$$V_{IA} = PV(r)\sum_{t=1}^{n} E_e$$

여기서, $E_e = EBIT - CACs - Tax$

V_{IA} : 무형자산가치　r : 할인율　Ee : 초과이익　n : 수명기간
$EBIT$: 영업이익(이자 및 세공제전)　$CACs$:기여자산공헌율(액)　Tax : 법인세

다기간초과이익법에서는 전체 잔여이익residual income에서 유 · 무형자산 및 금융자산에 대한 CAC를 공제한 다음, 평가대상 무형자산에 배분하게 되는데, 대개 고객계약이나 고객관계, 그리고 개발중인 R&D 프로젝트IPR&D 등과 같은 그 기업의 핵심 무형자산core intangible asset 평가에 적용하게 된다.[12]

〈그림 5-15〉에서 나타난 바와 같이 기업내의 다양한 무형자산 중에서 고객관계나 IPR&D 등은 기업의 가장 큰 핵심가치를 창출하게 된다. 그러나 이러한 무형자산은 유사한 시장거래사례나 라이센싱 사례를 구하기 어려우므로 로열티면제법 등을 적용하는 대신 대개 MPEEM을 적용하게 된다. 따라서 평가사는

12. IVSC, IVS210, C31, 2013

그림 5-15
MPEEM 적용대상 핵심무형자산

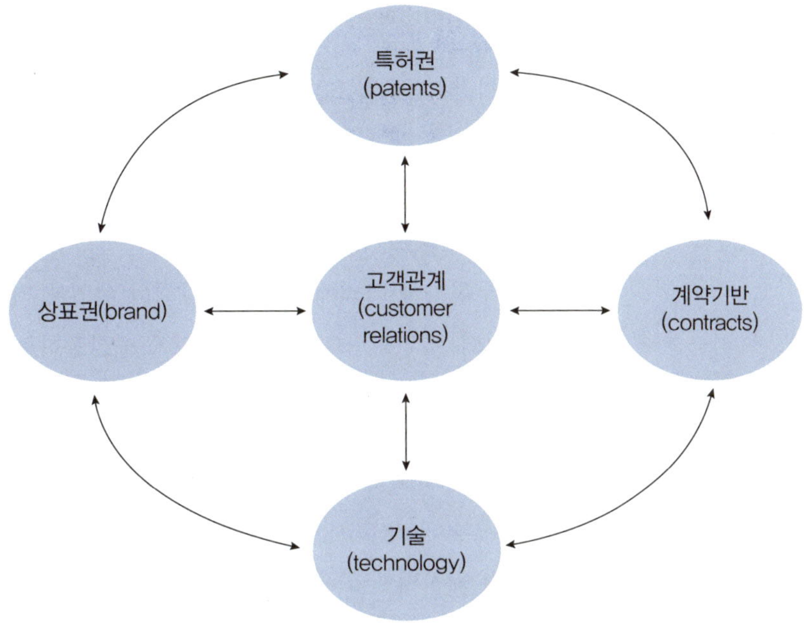

대상기업의 무형자산을 조사 분석하면서 가장 기본적인 무형자산이 과연 무엇들로 구성되어 있는지를 정확히 파악하고, 그 중에서도 핵심 무형자산을 추출해내는 작업이 매우 중요하다.

2) 적용방법과 절차

다기간초과이익법 MPEEM이 초과이익환원법 capitalized excess earning method: CEEM과 다른 점은 우선 '초과이익'의 개념이다. 즉 초과이익환원법에서 '초과이익'이란, ① 순영업자산의 적정이익을 초과하는 이익(IVS), 또는 ② 동종산업 유사기업의 정상이익률을 초과하는 부분(실무기준)을 일컫는데 반하여, MPEEM에서 말하는 초과이익은 대상기업의 해당 무형자산이 창출하는 이익 중에서 다른 기여자산의 적정이익을 차감한 순이익을 의미하는 개념이라는 것이다. 따라서 CEEM으로 전체 무형자산가치 Via를 산정할 수는 있으나, 구체적으로 무형자산 구성요소별 가치를 산정하기는 어렵게 된다.[13] 이것이 MPEEM과 CEEM의 가장 큰 차

13. 경응수, 영업권가치평가론, 나무미디어, 2018, p. 194.

이점이다. MPEEM의 적용절차를 4단계로 나누어 보면 다음과 같다.[14]

- **1단계 (매출액 및 EBITDA 추정)** 평가대상 무형자산이 속한 현금창출단위 cash generating unit: CGU 의 매출액 및 EBITDA earning before interest, taxes, depreciation & amortization 를 추정한다.
- **2단계 (CAC의 차감)** 기여자산공헌율 contributory asset charge: CAC 이란, 평가대상 무형자산 이외에 현금창출단위의 이익에 기여하는 다른 자산들로부터 기대되는 적정이익을 말한다. CAC를 산출하는 방법에는 다음에 설명하는 총리스료법 gross lease method 과 자산수익률법 return on asset method 이 있다.

1. **총리스료법** gross lease method 리스료와 유사한 개념으로 CAC를 정의한다. 리스료에는 기여자산을 할부 구매한다고 가정할 경우의 연간구매원가 및 이자비용이 함께 포함되어 있다고 볼 수 있다. 이때 기여자산에 대한 연간 구매원가는 해당 자산에 대한 감가상각비와 유사한 개념이다. 따라서 총리스료법에서의 CAC는 감가상각비 차감전이익인 EBITDA로부터 차감한다.
2. **자산수익률법** return on asset method 기여자산에 대한 이자비용만을 기여자산공헌율의 개념으로 보기 때문에 CAC는 감가상각비 차감 후 이익인 영업이익 EBIT 으로부터 차감된다. 이론적으로 총리스료법이나 자산수익률법의 두 방법 중 어떠한 방법을 이용하더라도 CAC는 유사한 결론에 도달하게 된다.

① **순운전자본의 CAC** 첫째, 추정 매출액 R_v 대비 순운전자본 비율ⓐ을 산출한다. 일반적으로 과거 평균 매출액대비 순운전자본 비율을 이용한다. 둘째, 순운전자본에 적용할 요구수익률ⓑ을 결정한다. 순운전자본은 회사의 영업을 위해 필요한 단기자본의 성격을 가지고 있으므로 회사의 단기차입금 조달금리인 평균지급이자율을 적용한다. 셋째, 순운전자본

14. *ibid*, pp. 48 ~ 49.

의 CAC©를 산출한다. 앞에서 구한 추정 매출액대비 순운전자본 비율 ⓐ에 요구수익률ⓑ을 곱하여 순운전자본의 기여자산공헌율 $^{CAC_{AW}}$ 을 산출한다. 이를 산식으로 나타내면 다음과 같다.

$$CAC_{WC} = \frac{WC}{Rv} \times RRR_{WC}$$

ⓒ = ⓐ × ⓑ

② **고정자산의 CAC** 첫째, 해당 고정자산에 대한 적정 리스료$^{\text{lease payment}}$ⓐ를 산출한다. 고정자산을 해당 내용연수 동안 리스했을 경우 매년 일정 리스료의 현재가치 합이 고정자산의 공정가치와 동일하다는 가정 하에 적정 리스료를 산출한다. 사업부별 고정자산 금액을 산출하는 경우 회사 전체의 고정자산을 적정 기준으로 사업부문별로 배분한다. 둘째, 앞에서 구한 적정 리스료를 매출액으로 나누어 '매출액대비 리스료 비율'을 산출한다. 셋째, 매출액대비 리스료비율에 고정자산의 요구수익률$^{RRR_{FA}}$을 곱하여 다음 산식과 같이 고정자산의 기여자산공헌율$^{CAC_{FA}}$을 산정하게 된다.

$$CAC_{FA} = \frac{FA}{Rv} \times RRR_{FA}$$

ⓒ = ⓐ × ⓑ

③ **노동력(assembled workforce)의 CAC** 노동력의 기여자산공헌율은 회사가 보유하고 있는 인력의 경험, 생산성 등에 대한 대가로 회사가 매년 지불해야 하는 금액을 의미한다. 기보유 인력에 대한 인건비는 이미 매출액대비 EBITDA 이익률에서 고려되었기 때문에 노동력의 기여자산공헌율$^{CAC_{AW}}$은 신규로 인력을 고용하여 현재의 매출액 수준을 유지하기 위해 동 인력을 숙련시킨다는 가정 하에 매년 지출해야 하는 비용을 산정한다. 첫째, 현재 매출액 수준을 유지하기 위한 신규 인력의 채용비용 및 교육훈련비용을 산출한다. 둘째, 매출액대비 노동력의 가치

비율을 산출한다. 이는 앞에서 구한 신규 인력의 채용비용 및 교육훈련 비용을 매출액으로 나누어 산출한다. 셋째, CAC_{AW}을 추정 매출액[Rv] 대비 노동력가치비율ⓐ에다 노동력의 요구수익률ⓑ을 곱하여 산출한다. 조직화된 노동력의 기여자산공헌율[CACAW]을 구하는 산식은 다음과 같다.

$$CAC_{AW} = \frac{AW}{Rv} \times RRR_{AW}$$

ⓒ = ⓐ × ⓑ

- 3단계 (ATCF 산정) 세전현금흐름에서 법인세비용을 차감하여 평가대상 무형자산으로부터 창출 되는 세후현금흐름[ATCF]를 계산한다.
- 4단계 (ATCF의 할인) WACC에 적정한 추가위험할증을 적용하여 대상무형자산의 현재가치를 산출한다.

다기간초과이익법을 통해 평가대상 무형자산의 가치가 산출된 후에는 가중평균자산수익률[WARA]과 현금창출단위 전체의 내부수익률이 일치하는지 여부를 검증하고, 일치하지 않을 경우에는 조정과정을 거쳐야 한다. 이러한 다기간초과이익법은 ① 주문잔고[backlog], ② 고객관계, ③ 계약기반 무형자산[contract-based intangible assets] 등에도 적용될 수 있다. 이 방법의 실제 적용방법에 대하여는 다음 장에서 평가사례들을 통하여 다시 자세히 논의하기로 한다.

Ⅵ 기술요소법

1 기술요소법의 개념

기술요소법[technology factor method]은 기술기여도법이라고도 하는데, 우리나라의 기술가치평가에서 주로 사용되는 방법이다. 미국 다우케미칼[Dow Chemical]의 컨설팅사인 Arthur D. Little사가 개발한 방법으로, 우리나라에는 기술거래소에 의해 보급되었다. 이 방법은 산업업종 특성과 개별기술 특성을 동시에 반영할 수 있는 방법이다. 기술요소법에 의한 기술기여도 측정은 산업특성을 파악하는 산업기술요소industry factor; IF 도출과정과 개별기술의 특허를 파악하는 기술강도, 즉 개별기술지수technology rating ; TR를 도출하는 과정으로 구성된다.

이 방법은 기업전체의 영업가치를 산정하고, 산정된 영업가치에 해당 지식재산권의 기술기여도를 곱하여 무형자산의 가치를 추계한다. 기술기여도란 대상기업의 경제적이익 창출에 기여한 유 · 무형의 기업자산 중에서 해당 지식재산권이 차지하는 상대적인 비율을 말한다.

기술기여도는 대상기술이 수익창출 또는 비용절감에 공헌한 정도를 말하며, 기술요소법에서는 미래 현금흐름의 순현재가치에 기여한 유 · 무형자산 중 기술자산(또는 기술요소) 이 공헌한 상대적인 비중이라 할 수 있다. 기술가치는 기술 사업에 의해 발생될 것으로 예상되는 현금흐름의 증분가치, 즉 사업가치를 산정한 다음, 이에 기술기여도를 곱하여 얻어진다.

기술요소법은 산업 특성과 개별기술 특성을 동시에 반영하여 기술기여도를 산출하는 방법이며, 산업 특성을 반영하는 산업기술요소와 개별기술의 특성을 평가하는 개별기술강도를 곱하면 지식재산의 가치가 된다는 논리이며, 그 기본 모형은 다음과 같다.

$$V_{ip} = \sum_{t=1}^{n} \frac{CF_t}{(1+r)^t} \times TF$$

$$단,\ 0 \le TF \le 100\%$$

V_{ip} : 기술가치　n : 기술의 수명기간　r : 할인율

CF : 예상현금흐름　TF : 기술요소

위의 산식을 다시 간단히 정리하면 다음과 같다.

V_{ip}(기술가치) = BV_{tc}(기술의 사업가치) × TF(기술요소)

여기서, TF(기술요소) = IF(산업기술요소) × TR(개별기술강도)

- 산업기술요소(F_{ind}) = 최대실현 무형자산가치비율 × 평균기술자산비율
- 무형자산가치(V_{IA}) = 기업가치(시가총액) − 유형자산가치
- 무형자산 가치비율 = 무형자산가치/기업가치
- 기업가치(BV) = 기업시장가치(시가총액) + 부채가치
- 평균기술자산비율 = 연구개발비 / (연구개발비+광고선전비+교육훈련비)
- 산업기술요소(F_{ind}) = 최대실현 무형자산가치비율 × 평균기술자산비율
- 개별기술강도(TR) = 개별기술지수(technology rating)

기술기여도의 추정방법으로는 직접추정방법과 경험법칙 rule of thumb 이 있다. 다만 이 방식은 국제평가기준이나 감정평가에 관한 규칙 등과의 정합성에 문제가 있으므로 다른 평가방법의 타당성 검토를 위한 보완방식으로 사용하는 것이 바람직하다. 실무 적용상의 여러 가지 문제점은 뒤에서 다시 논의한다. 그러므로 주방식보다는 하나의 부방식으로서 다른 방식에 의해 산정된 평가가격을 검토하는 수단으로 삼는 것이 좋다. 구체적인 적용방법과 절차에 대하여는 다음 제6장(특허권 평가방법과 사례)에서 상세히 다루기로 한다.

2 기술성 등의 분석 · 평가

평가대상 지식재산이나 기술의 경제적 가치를 평가하기 위해서는 다음에서 설명하는 ① 기술성 분석평가, ② 시장성 분석평가, ③ 권리성 분석평가, ④ 사업성 분석평가 등을 정밀하게 수행할 필요가 있다. 이와 같은 분야별 평가항목에 대한 세밀한 조사분석 결과를 토대로 종합평점을 산출하되, 평가대상 지식재산의 특성이나 경제환경에 맞게 적절한 조정계수를 적용하여 신뢰도가 높은 최종 평가가치를 산정하게 된다.

2.1 기술성 분석 technology study

기술성 분석은 기술의 적용제품에 대한 기술개요(기술의 정의 및 개요), 기술개발 동향 및 경쟁(신규 · 대체)기술 현황, 경쟁기술 대비 기술수준(우위성, 첨단성, 독창성 등), 기술활용성 및 파급효과 등에 대해 분석 · 평가하

는 것을 의미한다. 기술성 분석은 현재 구상하는 제품이 기술적으로 타당성이 있는지, 실현가능성이 있는지를 점검하고 실현성 있게 하려면 어떤 대안들이 있는지를 분석하는 것이다.

새로운 아이디어가 있더라도 기술적으로 불가능하면 사업화가 어렵고, 기술적으로 가능하다 해도 여러 대안 중 최적의 방법을 찾아 최대의 이익을 창출하도록 하는 것이 중요하다. 다음 〈표 5-9〉에 요약된 바와 같이 기술성 분석의 평가항목으로는 기술개요, 기술환경분석, 기술적 유용성 및 경쟁

표 5-9
기술성의 평가항목

구 분	항 목	세부내용
기술의 개요 및 특성	• 기술의 핵심내용	• 개발 배경(목적), 원리, 효과 등
	• 평가대상 기술의 유형 및 특징	• 복합기술, 제품, 공정기술, 원천 응용기술 등
기술의 구성 및 내용	• 기술의 구성 및 위치	• 기술트리, 기술분류, 구성요소, 대상기술의 위치 등
	• 기술의 세부 내용	• 도면, 기술적 목표, 세부기술 내용, 현 기술개발 수준 등
기술의 적용 및 활용현황	• 평가대상 기술의 적용 및 활용 범위	• 주요 용도, 적용 분야, 활용 범위 등
국내외 기술 동향	• 관련기술의 국내외 개발동향	• 관련 기술 개발현황, 핵심기술, 기술격차 등
	• 기술의 발전 방향/진보 속도	• 기술(제품)로드맵, 진보속도, 기술 전망 등
국내외 업체 현황 및 수준	• 유사 경쟁업체 현황 및 수준 비교	• 가격, 품질 및 기술수준, 점유율, 포지셔닝 등
	• 기술수명주기	• 수명주기 형태, 수명주기 상의 위치 등
기술의 경쟁력 및 비교 우위성	• 기술경쟁력 분석	• 경쟁기술, 비교지표, 기술수준 등
기술의 독창성	• 기술의 차별성	• 기존 기술대비 차별성, 지재권 확보여부
기술의 첨단성	• 기술의 모방가능성 및 자립도	• 모방 난이도, 최종제품 기여도, 공동개발
기술의 응용 및 확장 가능성	• 기술의 타기술영역 응용 및 확장 가능성	• 개량기술/기본기술, 기술영역간 관련성, 응용분야, 확장성 등
기술(산업)적 파급효과	• 기술(산업)적 파급효과	• 연관산업, 기술연관관계, 기술(산업)적 파급효과

성 분석 등이 있다.

2.2 시장성 분석 marketability study

시장성 분석은 대상기술 적용제품이 속한 시장의 환경분석, 경쟁분석 결과에 근거하여 적용 제품의 시장경쟁력을 평가하는 것이다. 대상기술이 속해 있는 산업의 특성 및 환경을 살펴보고, 시장구조, 제품 현황, 시장진입장벽, 관련 정책 및 분석을 검토한다. 그리고 국내외 시장동향과 업체동향을 조사한 결과에 근거하여 시장경쟁력을 평가하는 것이다. 또한, 시장경쟁력 분석 결과에 근거하여 적용제품의 시장규모와 매출(혹은 시장점유) 예측에 사용할 정보를 제공하며, 분석 내용은 시장환경 분석과 시장경쟁 분석으로 구성된다.

표 5-10
시장성의 평가항목

구 분	항 목	세부내용
산업특성	평가대상 기술적용 산업의 특징	• 전 · 후방산업, 기술집약형/노동집약형/자본집약형 산업 등
산업환경	산업의 거시환경	• 경제적/정치(제도)적/사회문화적/기술적 환경 등
국내외 시장동향	목표시장의 국내외 시장추이 및 수급 동향	• 내수/수출시장 동향, 공급/수요동향, 변화원인 분석 등
업계현황 및 시장점유율	경쟁업체 및 시장점유율 현황	• 경쟁업체, 업체별 시장점유율, 시장점유율 변동 추이 등
국내외 시장규모	목표시장의 국내외 시장규모	• 시장규모, 시장성장률, 시장규모 추정근기 등
경쟁상황 등	시장 경쟁상황(환경) 분석	• 경쟁상황(환경), 교섭력, 잠재적 진입자 위협 등
시장의 특성	목표시장의 특성	• 내수중심/수출중심, 산업재/소비재 시장, 수요공급 특성 등
국내외 시장 전망	목표시장의 국내외 전망	• 매출액증가율, 시장성장률 전망, 경기회복/침체/호황 등
시장의 기회/위협 요인과 발전전망	시장성 분석결과 및 기회위협 요인	• 산업(시장)의 기회/위협요인, 발전 전망 등

시장성 분석의 사전작업은 대상기술 적용제품(또는 공정), 적용시장에 대한 정의와 범위가 명확하게 설정되어야 하고, 적용제품의 특성(차별성 혹은 우위성)이 요약되어야 한다. 시장성분석의 평가항목으로는 시장개요, 시장환경분석, 시장경쟁분석 등이 있다. 다음의 〈표 5-10〉에는 이러한 시장성 평가항목들을 요약하였다.

2.3 권리성 분석 legal rights analysis

권리성 분석은 대상지식재산권의 기술정보, 권리범위, 선행기술정보 등에 대한 조사를 기반으로 권리 안정성, 권리범위 광협, 제품 적용여부 등에 대한 분석을 수행하는 것이다. 대상기술을 사업화를 하는 데 있어 시장의 독점적 지위 확보여부 및 경쟁으로부터 사업의 보호 강도가 어느 정도인지를 파악하는데 의의가 있다. 권리성 분석에서는 우선 대상상표권의 기본 서지정보(권리자, 법적상태, 존속기간, 패밀리출원, 권리자의 관련 지식재산포트폴리오 정보 등)를 파악하고, 청구범위 및 명세서에 기재된 문언을 바탕으로 기술내용을 확정하여야 한다.

권리성 분석 결과, 상표권의 권리 안정성이 높고 권리범위가 넓으며 포트폴리오가 다양하고 제품 적용성이 명료한 경우, 수익방식에서 기술의 경제적 수명, 기술기여도, 할인율 등의 결정에 긍정적인 영향을 미친다. 또한 로열티면제법에서도 로열티를 조정하는 지표에 긍정적 영향을 미칠 수 있다. 권리성 분석의 평가항목으로는 권리의 안정성, 권리범위와 사업연관성 등이 있다.

표 5-11
권리성의 평가항목

구 분	항 목	세부내용
선행기술	평가대상기술과 유사선행기술 비교분석 결과 기술 독보성의 정도를 평가	• 국내외의 선행기술 조사
권리의 범위와 사업연관성	권리의 적정상과 명확성 평가	• 권리의 범위, 강도, 신청기술 사업과의 연관성
권리의 안정성	특허 등록의 무효가능성 유무 평가	• 선행기술 침해여부, 권리 안정성 등

2.4 사업성 분석 feasibility study

사업성 분석은 기술을 이용하여 사업화를 추진하는 주체(사업주체)의 사업화 기반역량, 생산 및 영업능력 등 경영요인을 고려하여 대상기술을 활용하여 생산되는 제품의 가격 및 품질경쟁력, 매출전망, 현금흐름 등 사업전망 전반에 관하여 평가하는 절차이다. 사업성 분석은 대상기술에 대한 기술성 분석과 권리성 분석, 그리고 시장성 분석에 기반하여 실제로 기술을 적용한 사업의 수익창출 가능성을 종합적으로 판단하기 위한 것으로서 동일한 기술에 대한 평가라고 하더라도 사업주체 또는 사업모델에 따라 결과가 달라질 수 있다.

사업성 분석에서는 사업화 역량, 제품의 가격, 품질 경쟁력, 사업화 투자규모 등의 분석을 기초로 예상 매출규모, 수익률 등 정량적인 데이터를 도출하게 되는데, 주요 분석항목은 사업화 기반역량, 제품 경쟁력, 매출추정 및 수익분석 등이다. 다음의 〈표 5-12〉에는 이러한 사업성 분석의 평가항목들을 자세히 열거하고 있다.

표 5-12
사업성의 평가항목

구 분	항 목	세부내용
사업주체 역량	내부 역량	• 경영진 역량, 기술적 역량, 운영역량, 기업위치 정보 등
수요예측	평가대상 기술 적용 제품의 예상 수요 규모	• 예상수요처, 추정매출액, 추정 근거 등
제품경쟁력	제품의 상대적 경쟁력 분석	• 완성도, 자립도, 차별성, 확장성, 트렌드, 시장인지도, 비교우위 등
생산 및 판매계획 등	사업주체의 사업계획	• 생산전략/계획, 마케팅 전략/계획 등
추진계획의 적정성 및 실현가능성	사업계획의 타당성 분석	• 판매처의 안정성/다양성, 계획의 타당성, 투자규모 적정성 등

이상에서 설명한 각종 평가항목에 대한 충분한 분석을 통하여 기술성 등에 대한 종합평점을 산정하되, 조정계수를 평가등급 점수로 환산하는 과정을 거침으로써 좀 더 신뢰성 있는 평가가치를 산출할 수 있게 된다.

3 실무적용상의 문제점

앞서 설명한 바와 같이 기술요소법은 국제평가기준[IVS]이나 감정평가 관련 법규에서 인정하는 보편적인 기술가치 평가방법은 아니며, 특히 다음과 같은 여러 가지 실무 적용상의 문제점이 지적되고 있다.

첫째, 기술요소법에서 산업기술요소는 실제 시장거래 비교자료가 아니라 가상적 데이터로서 업종별로 7.4~83.6%로 미리 산정된 수치를 제시하고 있다. 그리고 무형자산가치 비율은 업종별로 46.2~99.8%까지 분포되어 있고, 기술자산 비중은 7.6~97.8%까지 분포되어 있다. 이런 자료들은 어디까지나 담보가치 등의 의사결정시 단순참고가격 산정을 위한 간이평가법을 전제로 한 것이다. 정교한 시장가치 산정을 목적으로 하는 것은 아님을 인식할 필요가 있다.

둘째, 개별기술강도는 기술성 평가지표와 사업성(시장성 포함)평가지표 각 10개를 5점 척도에 의거 5점단위로 구분하여 평점합계로 계산한다. 그리고 기술요소는 다음 산식에 의하여 계산한다.

$$TF(\text{기술요소}) = IF(\text{산업기술요소}) \times TR(\text{개별기술강도})$$

$$IF = \frac{V_{IA}}{BV} \times AV_{IA}$$

여기서 V_{IA}(무형자산가치) = BV(기업가치) − Vt(유형자산가치)

이 방법이 일반적으로 인정되는 가치평가방법이 되지 못하는 가장 중요한 이유는 기술요소산정에 있어 이러한 비객관성 때문으로 지적되고 있다.[15] 즉 특정 기술의 사업가치 창출기여도를 '기술요소'라고 하는데, 그 산정 방식에 있어 여러 가지 실무 적용상 불합리한 가정들이 있다는 점이 문제이다.

15. 설성수 외, 기술가치평가론, 법문사, 2012, pp. 383~384

셋째, 무형자산가치는 윗식에서 보듯이 시가총액(기업가치)에서 장부상 유형자산가치를 공제한 가치로 정의하고 있다. 그리고 기업가치를 시가총액으로 정의하고 있는데, 이는 K-IFRS의 공정가치측정 원칙에 명백히 어긋나는 것이다. 기업가치나 무형자산가치를 시가평가에 의하지 않고 시가총액이나 장부상의 가액으로 산정하는 경우 시장가치와의 괴리로 인하여 평가가치의 신뢰도 저하가 우려된다.

넷째, 기술자산의 비율 계산에 있어서도 문제가 있다. R&D비용이 기술관련 투자비(R&D비용 + 광고선전비 + 교육비)의 합계에서 차지하는 비율로만 기술자산비율을 설정하는 것은 문제가 아닐 수 없다. 왜냐하면 기술요소를 결정짓는 기업예산이 단지 이들 3가지 유형의 비용만 될 수 있는 것은 아니기 때문이다.

이러한 여러 가지 실무적용상의 문제점 때문에 기술요소법은 기술가치 평가를 위한 주방식으로 선정하기에는 무리가 따른다. 그러므로 이 방식은 초과이익환원법이나 증분현금흐름법, 유무법with-and-without method, 그리고 로열티면제법 등 다른 방법에 의한 평가결과를 비교 검토하는 부방식으로 활용함으로써 평가과정상의 오류가능성을 제거하고, 평가결과의 객관성과 신뢰도를 향상시키는 보조적 수단으로 삼아야 할 것이다.

Part 3

각종 무형자산 평가의 실제

CASE STUDIES IN INTANGIBLE ASSET VALUATION

“*If you write the word ‘No’ backwards, it becomes ‘On’. Every question has a key to an answer. Constantly think and find the answer.*”(‘노(*No*)’를 거꾸로 쓰면 전진을 의미하는 ‘온(*On*)’이 된다. 모든 문제에는 반드시 문제를 푸는 열쇠가 있다. 끊임없이 생각하고 찾아내라.)

– 노먼 빈센트 필(*Norman Vincent Peale: 1898~1993*)

6장

특허권 평가방법과 사례

Patent Valuation and Case Studies

Ⅰ 특허제도와 특허권

Ⅱ 특허권 평가의 이론 및 근거법령

Ⅲ 특허권의 평가방법

Ⅳ 특허권 평가사례

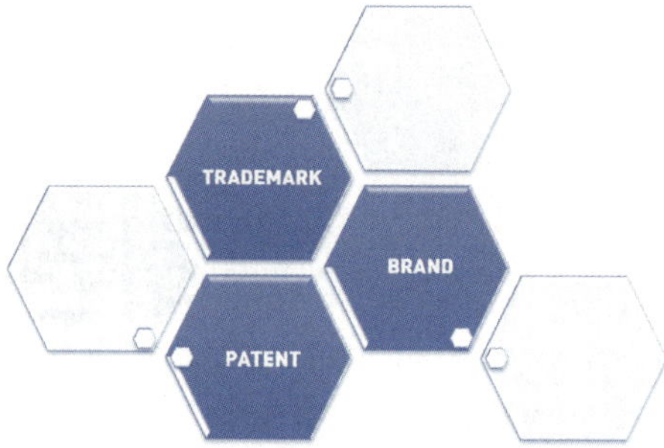

특허권은 독점, 배타적인 성격을 가지고 있기 때문에 그 활용 여하에 따라 가치가 크게 달라질 수 있다. 그러므로 특허권의 가치는 특허권을 둘러싼 복잡한 기술적 · 경제적 환경을 종합적으로 고려하여 평가되어야 한다. 단순히 권리 자체의 평가라기보다 기술 분야에서의 유용성과 수익성, 즉 기술적 · 경제적 가치를 기초로 평가된다. 특허권 자체의 객관적 가치와 이를 전제로 한 적정 로열티도 거래시장에서 수요공급의 원칙에 따라 결정되는 것이 바람직하다.

하지만 특허권의 특성에 비추어 볼 때 합리적으로 수요자와 공급자가 의사합치를 이룰 수 있는 객관적 평가기준을 제시하는 것은 매우 어렵다. 따라서 어떠한 평가방법으로 기준가격이 주어지면, 특허기술의 상업적 완성도나 특허의 독립성과 배타성 여하, 그리고 계약 범위 등 여러 요소들을 고려하여 최종평가가치를 결정하게 된다.

기업특유의 무형자산이나 기술제품이 없을 경우 차별화나 경쟁력 확보도 어렵기 때문에 초과이익은 커녕 현재의 영업이익을 유지하기도 어렵게 된다. 반대로 특허자산을 보유한 기업의 경우에는 제품중심의 경영 commodity-oriented operation에서 벗어나 초과이익을 향유할 수 있게 된다. 이때 특허자산에 귀속되는 초과이익의 현금흐름을 적절한 할인율로 자본화한 것이 특허자산의 가치이고, 총 매출액에 대한 초과이익의 비율이 로열티율이 된다. 총수익 ^{Te}에 대한 분해법 disaggregation method을 이용하면, 지식재산의 최소단위가 창출하는 특정기술의 수익 ^{STe}을 분리해낼 수 있고, 해당 기술의 로열티율이나 가치평가를 통하여 특허 라이선스도 가능하게 된다.

Ⅰ 특허제도와 특허권

1 특허제도의 의의와 목적

특허제도는 발명을 장려 · 보호하려는 제도로서 특정한 발명이나 기술 고안, 그리고 디자인 고안 등에 관하여 특허를 받은 자에게 일정 기간 독점적이고 배타적 권리를 인정하는 제도이다. 특허제도의 법률적 근거로 우리나라 헌법 제22조 제2항은 "저작자 · 발명가 · 과학기술자와 예술가의 권리는 법률로써 보호한다" 고 규정하고 있다. 특허제도는 일정 요건의 발명에 대하여 그 보호를 인정하고 그 상태에서 당해 발명이 갖는 가치는 현실의 경제활동 속에서 자동적으로 평가 받게 하는 장점을 갖고 있는 제도이다. 이는 다시 특허법, 실용신안법, 디자인보호법, 상표법 등으로 구체화되어 시행되고 있다.

특허법은 "발명을 보호, 장려하고 그 이용을 도모함으로써 기술의 발전을 촉진하여 산업발전에 이바지 함을 목적"으로 한다. 즉 특허제도는 발명자에게는 특허권이라는 독점배타적인 재산권을 일정기간(출원 후 20년) 부여하여 보호하는 한편, 그 발명을 공개하게 함으로써 그 발명의 이용을 통하여 국가의 산업발전을 도모하고자 한다. 이런 점에서 특허제도를 신기술보호제도, 발명장려제도 또는 사적독점보장제도라고 부르기도 한다.

2 특허의 요건

특허요건patentability에 관하여는 특허법 제2장 제29조 내지 제32조에서 규정하고 있다. 모든 발명이 다 특허의 대상이 되는 것은 아니며, 발명이 특허를 받을 수 있기 위해서는 아래에서 요구하는 요건을 충족하여야 한다. 일반적으로 특허요건은「주체적 요건」,「객체적 요건」및「절차적 요건」으로 구분된다. 먼저 주체적 요건이란 발명자(출원인)가 갖추어야 될 다음 두가지 요건이다.

1. 정당한 발명자일 것 : 특허출원인은 「발명자」 또는 「그 승계인」 이어야 하며, 타인의 발명을 모인(冒認)[1] 한 자이어서는 안된다.
2. 권리능력이 있을 것 : ① 외국인은 우리 법에 의하여 특허를 받을 수 있는 권리능력을 인정받은 자이어야 한다. ② 법인이 아닌 사단 및 재단법인은 대표자나 관리인이 정해져 있지 않을 경우에는 권리능력이 없다. ③ 특허청 직원 및 특허심판원 직원은 상속 또는 유증의 경우를 제외하고는 재직 중 특허를 받을 수 없다.

한편, 객체적 요건이란 실체적 요건이라고도 하는데, 발명이 갖추어야 될 요건(적극적 요건)과 갖추어서는 안될 요건(소극적 요건)을 포함한다. 즉 특허를 받기 위해서는 아래의 요건을 갖추어야 한다.

2.1 적극적 특허요건

발명이 특허를 받기 위해서는 다음 네 가지 특허요건을 갖추어야 한다.

첫째, 발명일 것(patentable subject matter. 즉 인간의 지능적 창작활동이 특허를 받기 위해서는 그 창작은 특허법상의 발명개념에 해당되어야 한다. 특허법에서는 '발명이란「자연법칙을 이용한 기술적 사상의 창작으로서 고도한 것」을 말한다.' 고 정의하고 있다(법 제2조 제1호). 인간의 지능적 창작활동이 특허를 받기 위해서는 그 창작은 특허법상의 발명개념에 해당되어야 한다. 발명이 성립되지 않는 경우의 예로는 계산법, 작도법, 암호작성방법, 컴퓨터프로그램, 과세방법, 영구 기관에 관한 발명 등이 있다.

둘째, 산업상 이용가능성이 있을 것useful or be susceptible of industrial application. 특허법 제29조 제1항에서는 특허요건으로 '산업상 이용가능한 발명' 임을 요구하고

1. 모인(冒認)은 남의 것을 제 것처럼 꾸며서 속인다는 의미이다. 타인의 발명을 자신의 발명으로 출원하는 행위를 모인출원(冒認出願)이라고 한다.

있다. 특허법은 산업발전에 이바지함을 목적으로 하는 법이다. 특허법 제1조에서 '이 법은 발명을 보호 · 장려하고 그 이용을 도모함으로써 기술의 발전을 촉진하여 산업발전에 이바지함을 목적으로 하고 있다.'고 규정하고 있다. 따라서 특허법상의 특허기술이 되기 위해서는 산업상 이용가치가 있는 발명이어야 한다.

특허제도의 목적이 산업발전에 있으므로 발명은 산업상 이용가능해야 한다. 여기서 '산업'은 공업 · 농업 · 임업 · 목축업 등 생산업 분야를 말하나 운수업 교통업 등 보조적 산업분야도 포함한다. 다만, '보험업 · 금융업'과 '의료업'은 산업에서 제외된다. 산업상 이용가능성이란 출원발명이 그 발명과 관계있는 산업분야에 당장 이용되지 않는다 하더라도 장래 이용할 가능성이 있는 것을 의미한다. 이러한 산업상 이용가능성은 특허법이 명문으로 규정한 특허요건 중 하나로서 신규성 및 진보성 여부를 판단하는 전제가 된다. 산업성이 없는 발명의 예로는 '학술적 · 실험적'으로만 이용될 수 있는 발명, '발명개념'에 해당되지 않는 발명이 있다.

셋째, 신규성이 있을 것novel. 특허제도는 새로운 기술을 공개한 자에게 그 보상으로 특허권을 부여하는 것이므로 발명이 특허를 받기 위해서는 신규성이 있어야 한다. 신규성이란 발명이 「새로움」을 갖추어야 한다는 것을 말한다. 즉, 출원 발명이 공지발명과 동일하지 않아야 한다(출원 전에 이미 알려져 있거나 사용되고 있는 기술인 이른 바, '공지공용 기술'이 아니어야 한다). '공지발명'이란 '특허출원 시'를 기준하여 '국내에서 공지되었거나 공연히 실시된 발명' 또는 '국내 또는 국외에서 반포된 간행물에 기재된 발명과 동일한 발명'을 말한다.

넷째, 진보성이 있을 것involve an inventive step. 진보성inventive step이란 발명의 창작수준의 난이도를 말하여, 산업상 이용가능하고 신규성을 갖춘 발명이 다음 단계로서 갖추어야 될 특허요건이다. 진보성이 없는 발명을 인정하면 특허권의 난립으로 인하여 오히려 산업발전의 저해요인이 될 수도 있기 때문이다. 진보성이 있는 발명이란 그 발명이 속하는 기술분야에서 통상의 지식을 가진 자가 특허출원 시의 공지발명으로부터 용이하게 발명할 수 없는 정도의 창작 난이도를 갖춘 발명을 말하며, 공지발명들의 단순한 '집합 aggregation 발명'은 진보성이 없으나, 공지발명들의 '조합 combination 발명'은 진보성이 있는 경우가 있다.

2.2 소극적 특허요건

위 2.1의 내용을 적극적 특허요건으로 볼 수 있다. 이러한 적극적 특허요건을 갖춘 발명이라 하더라도 다음의 사유에 해당 될 경우에는 그 발명은 특허를 받을 수 없다. 소극적 요건은 산업정책적 측면이나 공익적 측면에서 요구되는 사항이다.

1. 원자핵 변환방법에 의하여 제조될 수 있는 물질의 발명
2. 공공의 질서 또는 선량한 풍속을 문란하게 하거나 공중의 위생을 해할 염려가 있는 발명

끝으로 절차적 요건이란 형식적 요건이라고도 하는데, 절차적 발명이 특허를 받을 수 있기 위해서는 이상의 주체적 · 객체적 요건 이외의 특허법이 요구하는 다음의 출원절차적 규정에도 적합하여야 한다.

1. 특허출원절차가 방식에 적합할 것
2. 특허출원 명세서의 기재가 법규에 적합할 것
3. "1" 특허출원(발명의 단일성) 범위의 요건을 충족할 것
4. 최선 最先 출원일 것 등

3 특허권의 의의와 기술수명

3.1 특허권의 의의

특허권이란 특허등록을 한 실제발명자 또는 그의 승계인에게 부여되는 독점배타적인 권리로 특허출원 중이거나 등록받은 권리의 소유권행사는 출원서상의 발명자가 아닌 출원인이며, 그 특허발명을 실시할 권리를 독점한다. 따라서

특허권을 가지는 자, 즉 특허권자는 물건의 특허발명에 있어서는 그 물건을 생산 · 사용 · 양도 · 대여 · 수입 또는 전시하는 권리를 독점하고 방법의 발명인 경우에는 그 방법을 사용하는 권리를 독점하며, 물건을 생산하는 방법의 발명인 경우에는 그 방법에 의하여 생산한 물건을 사용 · 양도 · 대여 · 수입 또는 전시하는 권리를 독점하는 배타적인 산업재산권이다. 특허권은 반드시 특허출원, 심사 및 등록료 납부라는 절차를 거쳐야만 발생하는 권리로서 발명 행위만으로 자연히 발생하는 권리는 아니다.

이러한 특허제도의 존재이유는 타인의 노력으로 개발된 기술을 제3자가 무단으로 모방하는 것을 방지함으로써 발명자를 보호하고, 발명의식을 고취시킴과 동시에 치열한 경쟁사회에서의 공정경쟁질서를 유지하기 위해 필요하기 때문이다. 이러한 특허권의 효력이 미치는 범위는 지역적, 시기적, 실체적 범위로 다음과 같이 구분할 수 있다.

1. 지역적 범위 : 특허권은 국내에만 그 효력이 미침
2. 시기적 범위 : 특허권은 존속기간 중에만 그 효력이 인정됨
3. 실체적 범위 : 특허청구 범위에 기재된 발명에 한함

특허권자는 "업으로서 그 특허발명을 실시할 권리를 독점" 하는 것을 원칙으로 하며, 이를 특허권의 효력이라고 하는데, 아래의 사항에 대하여는 미치지 아니한다(법제96조). 이는 산업정책적 견지에서나 공익상의 이유에서 특허권의 효력을 제한하는 것이 타당하다고 보는 경우이다.

1. 연구 또는 시험을 하기 위한 특허발명의 실시
2. 국내를 통과하는데 불과한 선박, 항공기, 차량 또는 이에 사용되는 기계, 기구, 장치 그 밖의 물건
3. 특허출원을 한때부터 국내에 있는 물건
4. 둘이상의 의약이 혼합되어 제조되는 의약의 발명 또는 둘이상의 의약을 혼합하여 의약을 제조하는 방법의 발명에 관한 특허권의 효력은 「약사

법」에 따른 조제행위와 그 조제에 의한 의약에는 미치지 아니한다.

특허권의 존속기간은 특허출원일로부터 20년이며(제88조), 존속기간의 만료, 특허료의 불납, 상속인의 부존재, 특허권의 포기, 무효심판, 특허권의 취소 등에 의하여 특허권은 소멸된다.

3.2 기술수명과 경제적 수명

기술수명 technology life 과 제품의 경제적 수명 economic life 은 확실히 구분되어야 한다. 기술은 그 자체가 경제적이익을 창출한다기보다 대상 기술이 사용된 제품을 통해 이익을 창출하기 때문이다. 어떤 기술이 만일 여러가지 상품에 응용될 수 있을 경우 기술수명과 제품수명은 분명히 구분될 수 있다.

평가 대상기술의 잔존수명 remaining life 은 동일 업종의 유사기술에 대한 평균기술수명 ATL : average technology life 에서 대상기술의 사용기간을 차감하여 산정한다. 따라서 법정 존속연한에 불구하고, 산업기술수명주기 ITC 는 물론 제품수명주기 PLC 분석을 통하여 대상 기술의 경제적 수명을 추정하여야 한다.

여기서 PLC란 제품에는 일정한 수명이 있고, 이러한 수명은 새로운 제품이 등장할 때마다 반복적인 형태로 나타나는 것을 의미한다. 즉 '도입–성장–성숙–쇠퇴'의 단계를 거치게 되며, 각 단계마다 다른 전략들을 적용해야 한다. 여기서 제품이라 함은 특정 브랜드의 제품이 아닌, 제품 카테고리를 말하는 것이라 이해하면 된다.

사실 어느 기업이든 PLC에 의거해서 마케팅 활동을 진행하기는 쉽지 않다. 또한 특정 제품의 PLC가 어느 정도의 기간을 갖게 될지도 예상하기 쉽지 않다. 하지만 PLC를 통해 배워야 할 것은 현재 제품의 PLC는 어디쯤에 위치해 있는지 가늠해보고 이에 합당한 전략을 취해야 한다는 것이다. 또한 PLC를 통해 무모하게 새로운 사업에 뛰어드는 위험도 막을 수 있을 것이며, 제품에 브랜드를 결합하면 그 수명을 무한정 연장할 수도 있다. 전구가 발명됨으로써 양초가 없어질거라 생각했지만 실제는 그렇지 않았다. 컴퓨터로 인해 여러 가지 노트, 문서용지들이 없어질거라 생각했지만, 종이는 언제나 필수품이다. 이에 브랜드가 가해진다면 제품은 더욱 강력해진다.

기업 간 경쟁력을 확보하기 위해서는 조직에 있어서의 위협 요인을 먼저 파악하고 기회의 요인을 선점하는 것이 가장 중요하다. 기술은 하루가 다르게 발전하고 매일 새로운 제품이 등장하는 상황 속에서 미래를 예측하여 가장 합리적인 의사 결정을 하는 것이 경쟁 우위 선점을 위한 핵심이 될 수밖에 없다.

대부분의 분석 기법들이 미래 예측을 하는 데 있어 제품과 기술의 수명주기에 근거를 두고 있다. 이는 새로운 기술이나 제품이 등장하여 쇠퇴하기까지 전 과정에 대한 일정한 주기적 패턴이 구축되어 있는 환경에서는 상당히 용이한 수단이 되기 때문이다. 그렇지만 분석의 정확도를 확보하기 위해서는 방대한 데이터에 대한 분석이 전제가 되어야 하며, 해당 분야의 몇몇 전문가들을 통한 질적 분석은 효율성이 상당히 떨어진다.

따라서 최근 제품 및 기술의 수명주기에 기반하여 조직의 의사결정을 지원할 수 있는 솔루션들이 등장하였고, 실제 많은 기업에서도 기술 기획에서부터 제품 관리에 이르기까지 업무 전반에 걸쳐 사용하고 있다.

경제적 기술수명은 불과 수일에서 수십년까지 광범위 하지만, 최근 국제적인 기술 경쟁환경에서 첨단 제조기술들은 대개 10년이내(6~7년)로 한정된다. 특히 정보통신기술이나 반도체기술의 경우는 1~2년이내에 그친다. 그러므로 투자금융시장에서는 매출액 추정시 관행적으로 예측기간을 5년 정도에 국한한다.

예컨대 의약품의 신약은 지식재산권법에 의해 대개 20년간의 특허가 인정된다. 그러나 실제로는 개발기간이 제외되므로 1995~2001년 중에는 13.8년, 2002~2005년 중에는 11.2년의 기술수명으로 나타났다.[2] 이와 같이 기술진화 속도가 빠른 산업분야에서 특허기술의 경제적 수명은 일반적으로 법정 존속연한보다 짧은 경향이 있다.

---

2. Grabowski, H.G. et al., Generic Competition & Market Exclusivity Periods in Phamaceuticals, *Managerial & Decision Economics*, 2007.

3.3 기술수명의 추정방법

기술수명은 기술가치평가 표준모델에 제시된 특허인용수명[CLT : cited patent lifetime] 지수 통계를 활용하는 방법이 주로 사용되고 있다. CLT 지수는 기술군내 개별특허의 연차별 인용빈도수를 의미하는 것으로서, CLT 지수값을 기반으로 조정지표를 적용하여 기술수명을 추정한다.

한국과학기술정보연구원에서 발표하는 특허인용수명의 국제특허분류[IPC; international patent classification]와 그에 해당하는 기술명, 그리고 중앙값[TCT] 등의 예를 들어보면 다음 〈표 6-1〉과 같다.

기술수명에 대한 조정지표로는 기술요인(대체기술 출현 가능성, 기술적 우월성, 유사 경쟁기술 존재, 모방 난이도, 권리강도)과 시장요인(시장집중도, 시장경쟁의 변화, 시장경쟁강도, 예상 시장점유율, 신제품 출현빈도)이 있다. 그런데 실제 평가 시, 해당 기술분야의 전문가가 추정한 기술수명값과 CLT 지수를 이용한 기술수명 추정값 간에 차이가 있는 경우, 대부분 전문가가 추정한 값으로 기술수명을 사용하고 있다. 이는 CLT 지수를 이용한 기술수명 추정 값이 대체적으로 높은 수치로 산정되는 데서부터 기인한 것으로 판단된다.

CLT 지수통계를 활용하는 방법 이외에는 대부분 전문가 평가에 의존하고 있다. 평가대상 특허의 기술성 분석을 통해 전문가가 직접 기술수명을 추정하며, 약 5~10년 사이의 값으로 추정하고 있다.

그러나 기술수명을 특허만료시점까지로 추정한 사례도 있다. 기술가치평가 실무가이드는 CLT 지수통계를 활용하는 방법을 기본방향으로 제시하고 있고, 평가기관도 실제로 이 방법을 사용하고 있다. 그러나 전문가가 직접 추정한 값과 차이가 있는 경우 전문가의 의견에 따라 기술수명을 추정하여야 한다.

실무적으로 평가사는 CLT 지수통계 활용방법을 대상 특허기술에 대한 정확한 경제적 수명 판단을 위한 부수적 방법으로 사용하여야 한다. 왜냐하면 특허인용 빈도와 기술의 경제적 수명이 관계가 있다는 증거가 없기 때문이다.

표 6-1
IPC별 기술수명주기 (일부)

IPC	설 명	중앙값(TCT)
A01J	낙농제품의 제조(유제품의 저장, 저온살균법, 살균)	10
A63K	경주, 승마, 그 설비 또는 부속품	19
B01L	일반적으로 사용되는 화학 또는 물리 실험장치	9
B65G	운반 또는 저장 장치	10
C01B	비금속 원소, 그 화합물	8
C25F	전기분해에 의한 재료의 제거방법, 그것을 위한 장치	8
D01B	섬유 또는 필라멘트를 채취하기 위한 천연 섬유 또는 필라멘트 소재의 기계적 처리	10
D21J	섬유판, 셀룰로스성 섬유의 현탁액 또는 혼응지로부터 물품의 제조	15
E01C	도로, 경기장 또는 그와 유사한 것의 건설 또는 그 표면의 시공	11
E21F	갱도(坑道) 또는 터널내의 또는 그것들의, 안전장치, 운반, 충전(充塡), 구호(救護), 통풍(通風) 또는 배수(排水)	12
F01B	기계 또는 기관, 일반 또는 용적형의 것, 예. 증기기관	9
F42B	장약, 예. 폭파용, 불꽃, 탄약(폭발성조성물 C06B, 신관 F42C, 폭파 F42D)	11
G01B	길이, 두께 또는 유사한 직선치의 측정, 각도의 측정, 면적의 측정, 표면 또는 윤곽의 불규칙성 측정	8
G21B	핵융합로 (제어되지 않는 융합, 그것의 응용 G21J)	11
H01B	케이블, 도체, 절연체, 도전성, 절연성 또는 유전성 특성에 대한 재료의 선택	9
H05C	생물을 살해, 기절, 포위, 또는 유도하기 위하여 사용되는 장치에 특별히 설계된 전기회로 또는 전기장치	15

자료 : 한국과학기술정보연구원

3.4 기술수명 추정시 유의점

기술가치평가 실무가이드에서는 매년 CPL지수를 발표하는데, 이는 업종별 기술군내 개별특허의 연차별 인용빈도수를 의미한다. 즉 매년 인용되는 빈도의 평균을 상회하는 기간을 기술수명으로 설정하고, 이를 인용특허기술수명CLT이라고 정의한다. 그리고 CLT지수값을 기준으로 조정지표를 적용하여 기술수명을 추정한다. 조정지표로는 앞서 설명한 바와 같이 ① 기술요인(기술적 우위성, 모방난이도 등), ② 시장요인(경쟁강도, 시장점유율 등) 등이 있다.

그러나 인용특허수명으로 기술수명을 측정하는 경우 몇 가지 유의할 점이 있다. 우선 특허가 인용되는 빈도와 실제 기술의 경제적수명이 직접 상관관계가 성립한다는 경험적 또는 이론적 증거가 없다. 특히 신기술이나 비특허기술의 경우 연도별 인용빈도를 알 수 없으므로 이 방식으로는 기술수명을 측정할 수가 없다. 따라서 시장증거주의 원칙에 따라 가급적 시장거래사례에서 나타난 경제적 기술수명을 구하되, 불가능한 경우 동종산업의 유사기술에 대한 경험적인 기술수명을 적용하는 것이 바람직하다.

Ⅱ 특허권 평가의 이론 및 근거법령

1 특허권 평가의 의의

오늘날 기업경쟁력의 근원은 고전경제학적 관점인 생산3요소(토지, 노동, 자본)로 설명할 수 없으며, '지식'을 제4의 요소 또는 기업의 핵심경쟁력으로 판단하고 있다. 이러한 '지식'을 자산화하고 권리로서 인정한 것을 '지식재산권' 이라 하고, 이 지식재산권 중 가장 민감하고 중요한 권리는 최근 세계3차대전이라 불릴 만큼 전세계에서 벌어지고 있는 특허전쟁에서 알 수 있듯이 '특허권' 이라 할 수 있다.

글로벌경제 시대에 세계시장을 무대로 하는 기업들은 살아남기 위해, 혹은 기업경쟁력을 증진하기 위해 특허의 이전, 공유, 교환, 투자유치를 원활히 하는 것이 점점 더 중요해지고 있다. 이러한 특허의 중요성 확대는 특허거래시장의 확대 추세에서도 나타나고 있다.

특허권은 독점적, 배타적인 성격을 가지고 있기 때문에 그 활용 여하에 따라 가치가 크게 달라질 수 있다. 따라서 특허권의 가치평가 시에는 특허권을 둘러싼 복잡한 경제 · 산업 · 기술환경을 종합적으로 고려하여 이루어져야 한다. 단순히 특허권리 자체의 평가보다는, 특허권이 기업이나 다른 영역에서도 가치를 가질 수 있는 잠재적 가치를 종합적으로 감안하여야 한다.

특허권의 가치는 기술분야에서의 유용성과 수익성, 즉 기술적 · 경제적 가치를 기초로 평가되는 것이기 때문에 특허권 자체의 객관적 가치와 이를 전제로 한 적정 로열티 역시 그 거래시장에서의 수요공급의 원칙에 따라 결정되는 것이 바람직하다. 하지만 특허권의 특성에 비추어 볼 때 합리적으로 수요자와 공급자가 의사합치에 도달할 수 있는 객관적이고 적정 · 타당한 평가기준을 제시하는 것은 매우 곤란하다. 따라서 어떠한 평가방법으로부터 시산가액이 산정되면, 특허기술의 상업적 완성도나 특허의 독립성과 배타성 여하, 그리고 계약의 범위나 소요자금 등의 여러 요소들을 고려하여 최종적 가치를 결정할 수 있다. 물론 이와 같은 요소들은 평가방법에 따라서는 그 평가과정 내에서 충분히 고려될 수도 있다.

2 특허권 평가의 근거법령

감정평가 및 감정평가사에 관한 법률이나 감정평가에 관한 규칙 등의 제반 법규정에서는 감정평가사가 특허권 지식재산권에 대한 가치평가업무를 수행할 수 있도록 정하고 있으며, 감정평가사가 특허권 가치평가시장에서 전문자격자로서 중요한 역할을 담당할 수 있는 법률적 토대를 마련하고 있다.

한편, 국내의 기술가치 평가는 1997년부터 개별 법령에 지정된 평가기관이 특정 목적에 따라 일부 분야에서 제한적으로 수행하여 왔으며, 기술의 이전 및 사업화 촉진에 관한 법률 등 각 개별법령은 현물출자, 담보가치산정, 기술이전 · 거래 기준가격 산정, 발명 · 신기술 사업화 등의 목적으로 제정되었다. 다음의 〈표 6-3〉에는 이러한 특허권 평가에 관한 각종 근거법률과 한국과학기술정보연구원KISTI: Korea institute of science and technology information 등 평가 가능주체들을 요약하였다. 우선 각종 전문 자격자에 관한 특허권 평가의 근거법률과 평가주체는 다음과 같다.

표 6-2
특허권 가치평가 관련 법규정

근거법령	평가목적	평가주체
기술의 이전 및 사업화 촉진에 관한 법률	기술이전 · 거래 기준가격 산정을 위한 평가	• 기술보증기금, 한국산업기술진흥원, 산업은행, KISTI 등(10개 기관)
벤처기업육성에 관한 특별조치법	벤처기업 현물출자 특례대상 산업재산권 등의 평가	• 기술보증기금, 한국산업기술진흥원, 한국산업기술평가관리원, KISTI 등 (16개 기관)
발명진흥법	기타 기술 또는 기술사업 관련 평가(발명의 사업화 등)	• 기술보증기금, 한국산업기술진흥원, KISTI 등 국공립연구기관 (9개 기관)
외국인투자촉진법	외국인 출자 산업재산권 등의 평가	• 기술보증기금, 한국산업기술진흥원, 한국산업기술평가관리원, KISTI 등 (8개 기관)
산업기술혁신촉진법	기술의 담보가치를 산정하기 위한 평가	• 한국산업기술평가관리원 및 기촉법의 기술평가기관 (10개 기관)

표 6-3
특허권 가치평가 근거 법령과 평가주체

법 률	관 련 규 정
감정평가 및 감정평가사에 관한 법률	• 저작권, 산업재산권 등 지식재산권과 어업권, 광업권 등 무형자산의 감정평가에 관한 사항을 규정
감정평가에 관한 규칙	• 영업권, 특허권, 실용신안권, 디자인권, 상표권, 저작권, 전용측선이용권 및 그밖의 무형자산의 평가는 수익환원법으로 평가하되, 거래사례비교법, 원가법을 적용할 수 있도록 규정
동산 · 채권 등의 담보에 관한 법률	• 특허권, 실용신안권, 디자인권, 상표권, 저작권, 반도체 집적회로의 배치설계권 등 지식재산권의 담보평가가 가능하도록 규정
감정평가 실무기준 해설서	• 특허권, 실용신안권, 디자인권, 상표권, 저작권에 대한 정의를 규정함으로써 산업사회 발전에 따른 감정평가 업무 영역의 확장과 이에 따라 대두되는 업무 표준화를 이루도록 규정

최근 급격히 늘어나고 있는 특허권 가치평가 서비스 수요에 대응하기 위하여는 다양한 영역의 전문지식이 요구되는 바 감정평가사 이외에도 기술거래사, 변호사, 변리사, 공인회계사, 기술사 등 각종 전문자격자들의 역할이 요구된다. 특허권 가치평가에 있어 평가의 전문성, 객관성, 신뢰성을 확보하기 위하여 가치평가의 주체간 활발한 연구 및 교류, 그리고 협력이 요구되고 있다. 특허권 평가 관련 자격보유 전문가들의 업무범위에 대한 법적 근거는 〈표 6-4〉에 요약된 내용과 같다.

표 6-4
전문자격자 특허 평가 근거법령

자격자	관 련 법 규
감정평가사	• 타인의 의뢰에 의하여 일정한 보수를 받고 토지 등의 경제적 가치를 판정하여 그 결과를 가액으로 표시하는 것을 업으로 하는 것(감정평가사법 제4조)
기술거래사	• 기술이전 · 사업화에 관한 전문적인 상담 · 자문 · 지도 업무 및 기술이전의 중개 · 알선 등 기술의 거래 등을 지원하는 업무(기촉법 제14조 제3항)
변호사	• 당사자와 그 밖의 관계인의 위임이나 국가 · 지방자치단체와 그 밖의 공공기관의 위촉 등에 의하여 소송에 관한 행위 및 행정처분의 청구에 관한 대리행위와 일반 법률사무를 하는 것을 그 직무로 함(변호사법 제3조).
변리사	• 특허청 또는 법원에 대하여 특허, 실용신안, 디자인 또는 상표에 관한 사항을 대리하고 그 사항에 관한 감정과 그 밖의 사무를 수행하는 것을 업으로 함(변리사법 제2조).
공인회계사	• 회계에 관한 감사 · 감정 · 증명 · 계산 · 정리 · 입안 또는 법인설립 등에 관한 회계와 세무대리 및 이에 부대되는 업무(공인회계사법 제2조)
기술사	• 과학기술에 관한 전문적 응용능력을 필요로 하는 사항에 대하여 계획 · 연구 · 설계 · 분석 · 조사 · 시험 · 시공 · 감리 · 평가 · 진단 · 시험운전 · 사업관리 · 기술판단 · 기술중재 또는 이에 관한 기술자문과 기술지도(기술사법 제3조 제1항)

Ⅲ 특허권의 평가방법

1 수익방식

1.1 기본개념

수익방식은 수익접근법 income approach 이라고도 하는데, 새로운 특허권을 창출하거나 구축하는 비용과는 관계없이 그 자산이 지닌 소득창출 능력에 초점을 두는 산정방식이다. 즉 모든 자산의 공정 시장가액을 그 자산을 보유함으로써 생겨나는 미래 경제적이익의 현재가치로 추산하는 방식이다. 특허권의 가치를 평가함에 있어서는 오직 특허기술이 벌어들이는 미래의 소득만을 고려한다는 점에서 '절대가치 평가법' 이라 하기도 한다. '절대가치 평가' 의 의미는 시장에서 거래되는 사례를 중심으로 가치를 평가하는 방법인 비교방식이 상대적 가치를 평가하는 방법론이라는 점에 대비 시키는 개념이다.

미래 경제적이익의 현금흐름을 산출하는 최선의 방법은 일반적으로 자산을 활용할 때 발생하는 잉여현금흐름을 평가하는 것으로 그 현금흐름을 지속시키는 데에 필요한 추가적 자본투자와 사업수행을 위한 비용을 고려해야만 한다. 그리고 향후 자산을 활용함으로써 발생하게 되는 현금유입cash inflow 총액을 산출한 후 자본투자나 운영에 추가적으로 소요되는 자금을 공제하여 잉여현금흐름free cash flow의 규모를 산정한다. 미래의 잉여현금흐름을 결정하는 것은 경영활동뿐 아니라 기타요인에 의해서도 경제적이익의 수준과 그 지속기간이 달라지게 된다. 이렇게 지속적으로 생성되는 현금흐름은 대상기업을 둘러싼 경제 및 산업환경, 수익성, 경쟁, 자본수요와 같은 인자에 의하여 영향을 받는다고 볼 수 있다.

이 방식의 기본사고는 자산가치를 당해 자산의 경제적 수명이 다할 때까지 얻을 수 있는 경제적이익의 현재가치를 측정하는 것이다. 즉 수익방식은 기업이 그 자산포트폴리오나 지식재산권 등을 활용하여 장래에 얻을 수 있는 미래 현금흐름을 현재가치로 환산하여 평가한 화폐의 시간적 가치라는 개념과 현재가치의 원칙에 근거를 두고 있는 방법으로서, 'DCFdiscounted cash flow 방식'이 대표적이다. 이는 대상 자산 또는 기술이 장래에 산출할 것으로 기대되는 현금흐름을 계산하여 일정한 할인율로 자본화하는 방법이다. 이는 다음의 수식으로 표현할 수 있다.

$$PV = \frac{CF_1}{(1+r)^1} + \frac{CF_2}{(1+r)^2} + \frac{CF_3}{(1+r)^3} + \cdots + \frac{CF_k}{(1+r)^k} = \sum_{t=1}^{n} \frac{CF_t}{(1+r)^t}$$

PV : 현재가치 CFt : t기의 현금흐름 r : 할인율

기대되는 미래의 잉여현금흐름은 자산에 따라 다른 형태를 갖는다. 주식의 경우에는 배당금, 채권의 경우에는 액면이자와 액면가, 실제 프로젝트의 경우에는 세후현금흐름ATCF: after tax cash flow을 의미한다. 할인율은 추정된 현금흐름에 내포된 위험에 비례한다. 위험이 큰 자산일수록 할인율이 크며, 위험이 적은 자산일수록 상대적으로 작다. 이러한 산정방식은 예상수익을 기초로 산정하므

로 지식재산권의 실시권 허여에 의해 실제 로열티 수익이 발생하고 있다면 비교적 용이하게 객관적인 평가가 가능하다. 따라서 이 방법은 제반 가격요인 자료가 객관적으로 뒷받침된다면 이론적으로 가장 타당한 방법이다.

1.2 특허기술에 대한 수익의 배분

위에서 설명한대로 수익방식이란 새로운 자산을 구축하는데 드는 비용이나 제조원가라는 과거를 보고look back 평가하는 관점에서 벗어나서 투입자산 포트폴리오의 장래를 보고look forward 그 수익력income potential을 분석하는 데에 초점을 맞추고 있는 방식이다. 이 장에서 우리는 특허기술로 인해 얻을 수 있는 경제적이익의 현재가치를 기술가치로서 측정 평가하려는 것이다. 그러면 기업이 그 자산포트폴리오나 지식재산권 등을 활용하여 장래에 얻을 수 있는 미래 현금흐름을 평가할 때 특정기술이 창출하는 수익만을 어떻게 가려낼 수 있을 것인가?

앞 장(제 4장 기업가치 평가)에서 우리는 분해법disaggregation method에 대하여 살펴보았다. 다시 요약 설명하면, 재무제표에 나타나 있지 않은 지식재산을 평가하기 위하여 대상 지식재산 전체의 경제적이익에 대한 기여도를 각 구성 자산별로 추정하여 계량화하는 방법이 바로 분해법이다. 이 방식에 따라 특허기술의 잉여현금흐름 분해 방법을 설명하겠다.

〈그림 6-1〉에서는 총잉여현금흐름Te: total free cash flow을 각 구성자산별로 배분하고 있다. 즉 전형적인 기업의 경우 자산포트폴리오에 따라 운전자본이나 고정자산, 그리고 무형자산의 평가가치를 산정한 다음 각 자산의 가치와 위험도에 따른 요구수익률에 의해 *Te*를 배분하게 된다. 즉 총잉여현금흐름은 다음 산식에서와 같이 운전자본의 잉여현금흐름WC_e, 고정자산의 잉여현금흐름FA_e, 무형자산 전체의 잉여현금흐름I_e 등으로 구성된다.

$$T_e = WC_e + FA_e + I_e$$

Te : 총잉여현금흐름　*WCe* : 운전자본의 FCF

Ie : 전체무형자산의 FCF　*FAe* : 고정자산의 FCF

그림 6-1
자산별 수익의 배분

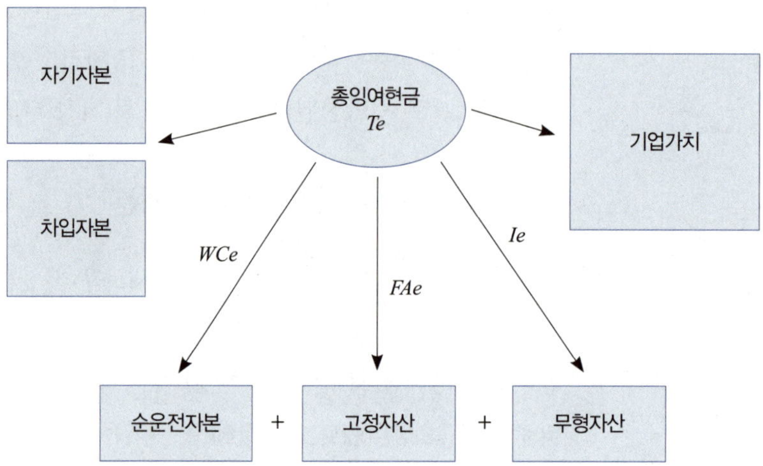

자료: Gordon A. Smith, et al., *op. cit.*, p. 61

그림 6-2
특허기술에 대한 수익의 배분

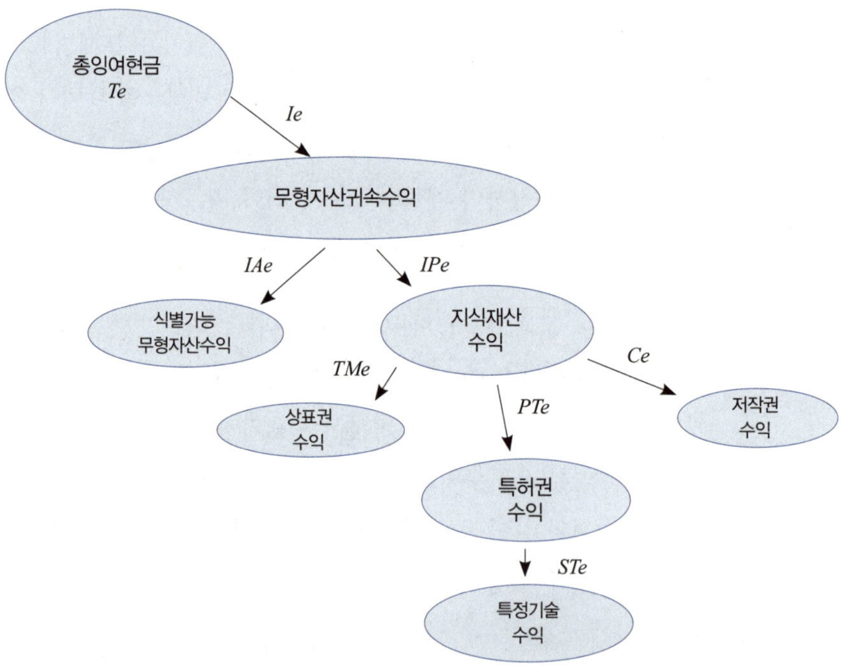

자료: Gordon A. Smith, et al., *ibid*, p. 62

여기서 무형자산을 사용하여 얻을 수 있는 잉여현금흐름^{Ie}은 다시 식별가능한 무형자산의 잉여현금흐름^{IAe}과 지식재산을 통해 창출하는 잉여현금흐름^{IPe}으로 세분될 수 있다.

$$I_e = IA_e + IP_e$$

IA^e : 식별가능 무형자산의 FCF IP^e : 지식재산의 FCF

〈그림 6-2〉에서는 특허기술이 창출하는 잉여현금흐름^{PT_e}을 분해하는 방법을 설명하고 있다. 즉 특허기술에 대한 수익을 배분하려면, 우선 전체 무형자산에 귀속되는 수익 중에서 ① 식별가능한 무형자산의 잉여현금흐름 '*IAe*'(예컨대 노동력, 고객관계, 라이센스 등)를 공제하여 지식재산의 잉여현금흐름 '*IPe*'를 산정하고, ② '*IPe*'에서 상표권이나 저작권 등의 잉여현금흐름을 공제하면 특허권의 잉여현금흐름^{PT_e}이 산정된다. 끝으로 ③ '*PTe*'에서 기타 특허권의 잉여현금흐름^{UPT_e}을 공제하면 최종적으로 특정기술이 창출하는 잉여현금흐름^{ST_e}을 산정할 수 있다. 이를 간단히 산식으로 나타내면 다음과 같다.

$$PTe = Ie - IAe - TMe - Ce$$

PTe : 특허권의 FCF *IAe* : 무형자산의 FCF
TMe : 상표권의 FCF *Ce* : 저작권의 FCF

$$STe = PTe - UPTe$$

STe : 특허기술의 FCF *UPTe* : 기타 비특허기술의 FCF

1.3 특허기술의 가치와 로열티

〈그림 6-2〉에서와 같은 분해방식을 이용하면 지식재산의 마지막 최소단위가 창출하는 수익을 분리해 낼 수 있고, 해당 기술의 로열티율이나 가치추계를 통하여 특허라이선스도 가능하여진다.

기업특유의 무형자산이나 기술제품이 없을 경우 차별화나 경쟁력 확보도 어렵기 때문에 초과이익은 커녕 현재의 영업이익 유지도 기대할 수 없다. 반대로 특허자산을 보유한 기업의 경우에는 제품중심경영 commodity-oriented operation 에서 벗어나 초과이익을 향유할 수 있게 된다. 이때 특허자산에 귀속되는 초과이익의 현금흐름을 적절한 할인율로 자본화한 것이 특허자산의 가치이고, 총 매출액에 대한 초과이익의 비율이 로열티율이 된다. 이를 산식으로 나타내면 다음과 같다.

$$Vst = \frac{STe}{r}$$

$$\text{여기서, } Rr = \frac{STe}{Rv}$$

Vst : 특정기술자산 가치　STe : 특정기술자산의 FCF　r : 적정 할인율
Rv : 총매출　Rr : 로열티율

1.4 증분현금흐름법

1) 개요

증분현금흐름법 incremental cash flow method 은 유무법 with-and-without method , 혹은 할증이익법 premium profits method 이라고도 한다. 이 방법은 현금유입 cash inflow 의 관점에서 해당 무형자산을 보유함으로써 미래에 기대할 수 있는 초과이익의 현재가치를 특허기술의 평가가치로 산정하는 방법이다. 특허기술을 사용하여 제품이나 상품을 생산, 판매하는 기업이 획득가능한 예상 경제적이익의 현금흐름을 그 자산을 사용하지 않는 기업이 획득가능한 그것과 비교함으로써 획득가능한 예상 증분이익 또는 현금흐름을 산정하고, 이를 적정 할인율 또는 자본화배수 capitalization multiple 를 적용하여 가치를 평가하는 방식이다.

예컨대 특허기술을 평가하는 경우 이용되는 기술유무법 with-and-without technology method 도 이 방식을 응용한 기법이다. 기술유무법은 대상 기술자산이 있을 경우의 기업가치 with 시나리오 와 그 자산이 없을 경우의 기업가치 without 시나리오 를 각각 산정하여 그 차액을 해당 기술자산의 가치로 평가하는 방식이다. 이때 양자의 비교를 위하여는 그 특허기술의 사용을 배제하는 경우 발생되는 현금흐름 예측이 다른 대체 기술자산에 의존하는 경우 그 영향 받는 정도도 고려하여

야 한다. 만약 특허기술이 없는 대신 다른 대체기술에 의존하는 경우 발생하는 비용 · 편익을 고려하지 않을 경우 그 특허기술의 가치가 저평가될 수도 있으므로 이에 유의하여야 한다. 이와 마찬가지로 새로운 대체 기술을 도입하는 경우 제조비용을 감소시킬 수도 있지만, 추가적인 기계장비 구입비용이 들어 갈 수 있다는 점을 고려하여야 한다. 따라서 기술의 가치추계에서는 추가적 기계 도입비용에 대한 수지를 고려할 필요가 있다. 이 같은 기술유무법에 의한 무형자산 평가모형은 다음과 같다.

$$Vp = \sum_{t=1}^{n} \frac{FCFF_1}{(1+r)^t} - \sum_{t=1}^{n} \frac{FCFF_2}{(1+r)^t}$$

Vp : 특허기술의 가치 r: 할인율 n: 기업기대수명

$FCFF_1$: 기술보유시 $FCFF$ $FCFF_2$: 기술미보유시 $FCFF$

그림 6–3
기술유무법의 평가모형

	특허기술 보유한 기업가치 (With 시나리오)	$\sum_{t=1}^{n} \frac{FCFF_1}{(1+r)^t}$
–	특허기술이 없는 기업가치 (Without 시나리오)	$\sum_{t=1}^{n} \frac{FCFF_2}{(1+r)^t}$
=	특허기술 가치	$= V_P$

2) 적용절차

증분현금흐름법의 일종인 기술유무법에 의한 특허권가치 산정의 일반적인 적용절차를 7단계로 나누어 설명하면 다음과 같다.

- 1단계 (FCFF추정) 미래의 추정매출액에서 매출원가를 공제하여 매출총이익을 구한 후, 판매비와 일반관리비를 공제하여 EBIT를 구한다. 이렇게 구한 EBIT에서 법인세를 차감하고 감가상각비를 합산하면 총현금흐름유입액이 산정되며, 시설자금과 순운전자본증가액을 차감하면 기업잉여현금흐름[FCFF]이 측정된다.

표 6-5
FCFF의 산정

매출액
− 매출원가(감가상각비 제외)

매출총이익
− 판관비

영업이익 → ① *EBIT*
EBIT대비 세금
+ 이연법인세 증가액

세후순영업이익 → ② *NOPLAT*
+ 감가상각비

총현금흐름 유입액
− 순운전자본 증가액
− 시설자금증가액

기업잉여현금흐름 → ③ *FCFF*

$$FCFF = EBIT(1-t) - (\text{자본적 지출} - \text{감가상각비}) - \text{추가운전자본}$$

- 2단계 (기업가치의 산정) 기업가치는 예측기간의 FCFF를 가중평균자본비용 WACC 에 의한 할인율을 적용하여 예측기간 가치를 구하고, 이에 잔존가치를 더하여 기술보유시(with technology 시나리오) 기업가치를 구한다.
- 3단계 (특허기술 수명 및 매출액의 추정) 대상 특허기술의 경제적 수명을 판단한 다음 예측기간 동안의 정규매출 및 특허기술에 의한 매출액을 추정한다.
- 4단계 (EBITDA의 추정) 3단계에서 추정된 특허기술 자산의 매출액을 기초로 상각전영업이익 EBITDA 을 추정한다.
- 5단계 (ATCF의 산정) 4단계에서 추정된 EBITDA를 기초로 세후영업이익의 현금흐름을 산정한다.
- 6단계 (성장률과 할인율 적용) 성장률은 사업계획서 및 과거실적 등을 분석하여 결정하고, 적정한 할인율을 MCAPM modified CAPM 방법이나 조성법 built-up method 등으로 산정하여 적용한다.
- 7단계 (기업가치의 비교 및 평가가치 결정) 2단계에서 산정된 기술보유시

그림 6-4
증분현금흐름법에 의한 특허권 가치평가 절차

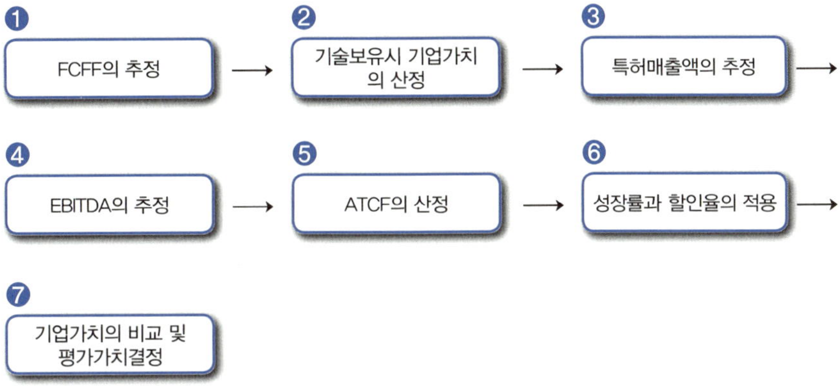

(with technology 시나리오) 기업가치에서 기술미보유시(without technology 시나리오) 기업가치를 차감하여 특허기술가치를 평가한다.

1.5 다기간초과이익법[MPEEM]

1) 개요

다기간초과이익법[multi period excess earnings method: MPEEM]이란 대상 특허기술이 창출할 것으로 예상되는 여러 기간의 현금흐름에서 다른 자산에 귀속될 기여자산공헌율(액)[contributory asset charge: CAC]을 공제한 다음, 대상 특허기술 자산에 귀속되는 초과이익을 현가화하여 특허기술의 가치를 평가하는 방식이다. 특허기술 자산의 가치를 산정하는데 이용되는 이 방식의 평가모형은 다음과 같다.

$$V_p = PV(r)\sum_{t=1}^{n} E_e$$

여기서, $E_e = EBIT - CACs - Tax$

V_p: 특허기술가치 r: 할인율 E_e: 초과이익 n: 수명기간
$EBIT$: 영업이익(이자 및 세공제전) $CACs$: 기여자산공헌액 Tax: 법인세

대상 특허기술 이외 자산의 현금흐름에 대한 기여도를 기여자산공헌율[contributory asset charge: CAC], 또는 경제적 임료[economic rent]라고 말한다. 이러한 기여자산들은 대상무형자산이 현금흐름을 창출하는 것을 지원하는 것이므로 당연히 기

여원가만큼 대상 특허기술의 가치에서 공제되어야 하는 것이다. 기여자산의 적정한 기여도를 결정하기 위해서는, 그것의 가치가 결정되어야 한다. 기여자산의 공정가치를 추계하는 경우에 있을 수 있는 어떤 주관성이나 불확실성이 초과이익법의 신뢰성을 제한할 수 있으므로 다른 이용가능한 방식에 의하여 반드시 시산 조정되어야 한다.

이 방법은 특허 진행 중인 연구개발 프로젝트[in-process research and development, or 'IPR&D'] 의 가치를 평가하는데 유용하다. 왜냐하면 각각의 IPR&D 프로젝트는 대개 독특한 성격이 있으므로 유사한 시장거래사례가 없어 비교방식의 적용이 어렵고, 아직 로열티가 발생되는 것도 아니어서 로열티면제법이나 증분현금흐름법을 적용할 수 없기 때문이다.

2) 적용절차

다기간초과이익법에 의한 특허권가치 평가의 일반적인 적용절차를 6단계로 나누어 설명하면 다음과 같다.

그림 6-5
다기간초과이익법에 의한 특허권 가치평가 절차

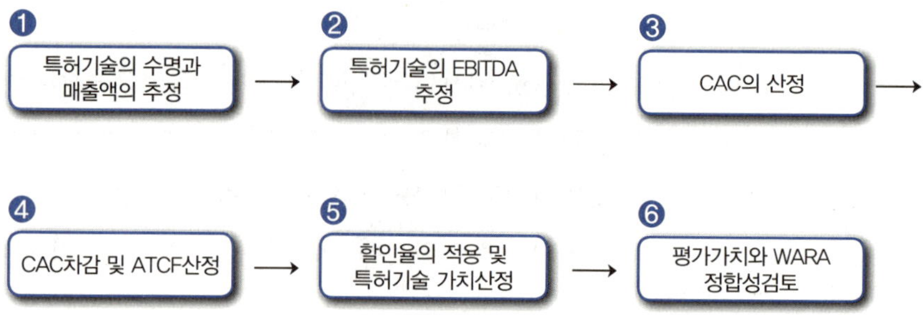

- **1단계 (특허기술의 수명 및 매출액의 추정)** 특허기술로 인한 매출액의 추정은 대상 특허기술의 경쟁력과 산업트렌드, 산업기술주기[ITC], 그리고 제품수명주기[PLC] 등을 종합 고려하여 기술의 수명을 판단하고, 그 예측기간 동안의 매출액을 추정한다.
- **2단계 (특허기술의 EBITDA 추정)** 특허권기술로 인한 매출액을 기준으로 특허기술의 상각전영업이익[EBITDA]을 산정한다.
- **3단계 (CAC의 산정)** 특허기술에 대한 다른 자산들의 기여자산공헌율[(CAC)]

을 산정하기 위해서는 식별가능한 무형자산, 즉 ① 계약기반(고용계약), ② 상표 및 브랜드, ③ 라이선스, ④ 고객관계(고객목록) 등의 존재여부를 확인하고, 각 기여자산의 CAC[순운전자본, 고정자산, 계약기반(고용계약), 상표 및 브랜드, 라이선스]를 산정한다.

- **4단계 (CAC차감 및 ATCF 산정)** EBITDA에서 감가상각을 차감하여 EBIT를 구하게 된다. EBIT에서 법인세를 차감하고, 각 자산의 기여자산공헌율을 산정하여 차감한 잔여액이 세후현금흐름ATCF이 된다.
- **5단계 (할인율의 적용 및 특허기술 가치산정)** ATCF에 대하여 적정 할인율을 적용하여 특허기술에 대한 가치를 최종 결정한다.
- **6단계 (평가가치와 WARA의 정합성 검토)** 산정된 시산가액 평가결과에 대하여 특히 ① CAC 산정결과의 적정성, ② WARA의 산정 및 자산별 ROR 적용의 적정성 등을 중심으로 재검토한다.

1.6 초과이익환원법

1) 개념

초과이익환원법capitalized excess earnings method은 동종산업 내 유사기업의 정상수익률을 초과하는 이익을 환원하여 특허기술의 가치를 산정하는 방식이다. 즉 대상 지식재산이 창출하는 미래 경제적이익을 그 자산이 없는 동일 업종 유사기업의 정상이익과 비교하여 산정한 다음 적정한 할인율을 적용하여 대상 지식재산의 현재가치를 평가하는 방식이다.

여기서 초과이익이란 대상 지식재산이 없는 동종 유사기업이 실현하고 있는 정상수익률보다 더 높게 얻을 수 있는 순이익으로서, 기대되는 미래이익이 비교기업의 정상이익을 초과할 때의 차액을 말한다. 미래 기대정상이익은 대상 지식재산이 미래에 창출할 수 있을 것으로 예상되는 경제적이익이고, 할인율은 초과이익을 자본환원하는데 사용되는 적정한 위험조정할인율risk adjusted discount rate이다.

2) 적용절차

초과이익환원법에 의한 특허권가치 평가의 일반적인 적용절차를 5단계로 나누어 설명하면 다음과 같다.

그림 6-6
초과이익환원법에 의한 특허권 가치평가 절차

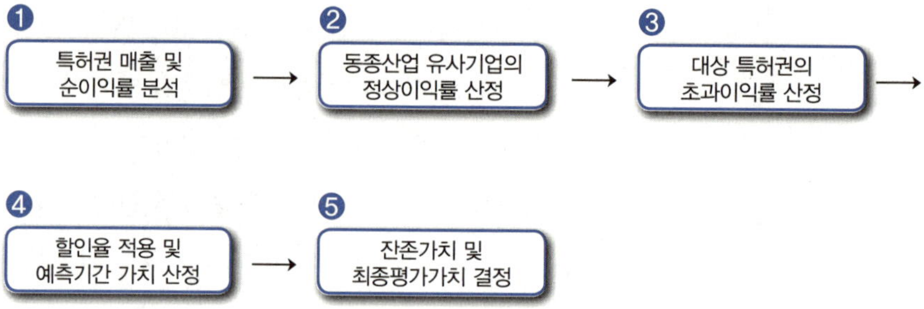

- **1단계 (특허권 매출 및 순이익률 분석)** 평가대상 기업의 과거 특허기술의 매출액과 매출액 순이익률을 분석하여 순이익률을 산정한다. 여기서 순이익률이란, 순매출액에 대한 순이익률 ratio of net income to sales 로서 흔히 '영업이익률'을 가리킨다.

- **2단계 (동종산업 유사기업의 정상이익률 산정)** 대상기업과 유사한 동종산업의 특허기술이 없는 기업에 대한 매출액과 순이익에 대한 시장자료를 구하여 동종산업 유사기업의 정상이익률을 산정한다.

- **3단계 (대상기업 특허권의 초과이익률 산정)** 대상기업의 초과이익률 결정은 동종산업의 정상이익률을 고려하되 최근 순이익률 변동추이를 반영하여 결정한다.

- **4단계 (할인율의 추정 및 적용)** 평가 대상기업의 현금흐름에 적정한 할인율을 결정하여 예측기간 현금흐름의 현재가치 산정에 적용한다.

- **5단계 (잔존가치 및 특허권 가치 결정)** 특허기술의 잔존수명기간 동안의 잔존가치 continuing value 를 산정하고, 4단계의 예측기간 가치와 합산하여 특허권의 가치를 최종 결정한다.

1.7 로열티면제법

1) 개요

로열티면제법relief from royalty method은 제3자로부터 라이선스 되었다면 지급할 로열티를 기술소유자가 부담하지 않음으로써 절감될 수 있는 로열티 지불액을 추정하여 현재가치로 환산하는 방법이다. 여기서 적용되는 일반적 평가모형은 다음과 같다.

$$V_p = PV(r)\sum_{t=0}^{n}[R_v \times \mathrm{R}_t(1 - T)]$$

V_P : 특허기술가치 r: 할인율 t: 수명기간

Rv : 총매출(revenue) Rt : 로열티율 T : 법인세율

로열티면제법에 의한 특허권 평가 예를 〈표 6-6〉에서 살펴보자. 평가대상 특허권으로부터 기대되는 향후 기대 경제적이익이 6억원이고, 시장에서 조사된 유사한 거래사례로부터 추출된 적정 로열티율은 5%라고 한다. 이때 추정 로열티수익은 3천만원이 될 것이고, 만약 환원율이 10%라고 하면 대상특허권의 평가액은 [30,000천원÷0.1]=3억원이 될 것이다.

로열티면제법을 사용하기 위해서는 기술거래시장에서 비교 가능한 기술거래 로열티 사례가 다수 존재하여야 하며, 비교 가능한 기술거래 로열티 자료가 미흡한 경우 업종별 로열티 통계 혹은 상관행법 로열티 통계를 활용할 수 있다.[3]

표 6-6
로열티면제법에 의한 특허권평가의 예

(단위: 천원)

경제변수	추정치
특허권 기대수익 (A)	600,000
시장추출 로열티율 (B)	5%*
추정로열티 수익 (C)=(A)×(B)	30,000
환원율 (D)	10%
특허권가치평가액 (C)÷(D)	300,000

*시장추출 로열티율 5%는 특허권 사용자의 세후순로열티율임

3. 기술평가기준 운영지침 제40조

로열티면제법을 사용하는 경우 대상기술과 비교하여 동일한 혹은 유사한 기술거래 로열티를 초기값으로 하고, 대상기술과 비교기술과의 속성을 비교 분석한 후 그 차이를 반영하여 기본 로열티를 조정하여 산정한다.[4]

비교기술의 거래 로열티 자료가 미흡한 경우 대상기술이 속한 업종의 기술거래 로열티 자료에 근거한 '업종별 로열티 통계' 또는 업종별 기업의 영업이익률의 25% 배분으로부터 산출된 '상관행법 로열티 통계' 로부터 대상기술에 적용할 로열티 범위를 산출할 수 있다. 미래 경제적이익에 대한 25% 경험법칙의 생성원리는 제11장(지식재산 로열티 평가방법)에서 더 자세히 논의하기로 한다.

즉 25% 경험법칙이란, 기업의 경제적이익 창출에 기여하는 경영자원을 4분하여 기술, 자본, 조직(경영), 노동 등의 결합으로 보고 순이익의 25%가 기술로열티로 설정 및 결정되어야 한다는 경험적 논리이다. 이때 로열티의 총액은 다음과 같은 산식으로 결정된다.

$$\text{로열티 총액}(R_t) = \text{순이익}(EP) \times \text{기여도}(CR, 25\%)$$

업종별 로열티 통계 또는 상관행법 로열티 통계를 사용할 경우 로열티 결정에 영향을 미치는 요인분석 결과를 반영하여 최종 로열티를 산출할 수 있고, 로열티 영향요인은 대상 기술의 권리적 · 기술적 · 시장적 속성 등으로 나누어 진다.

2) 적용절차

로열티면제법은 대상기술과 비교할만한 투자위험과 수익성을 가지는 라이선스 거래를 선택하여 그 로열티율을 반영하여야 하며, 로열티면제법의 의한 특허권가치 산정의 일반적인 적용절차를 6단계로 나누어 설명하면 다음과 같다.

- **1단계 (기술수명의 추정)** 과거 동일업종 내 적용사례를 검토하여 우선 특허기술 등의 평균 기술수명을 파악한다. 대상 특허기술과 동일한 업종의 유사 기술에 대한 평균 기술수명에서 대상 특허기술 등의 사용기간을 차감하여 잔존 기술수명을 산정한다. 법정 존속연한에 불구하고 특히 기술수

4. 기술가치평가 실무가이드, 산업통상자원부, 2017.12.

그림 6-7
로열티면제법에 의한 특허권 가치평가 절차

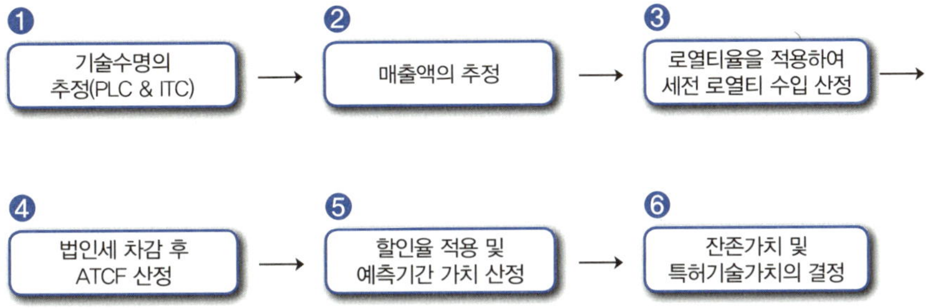

명주기 및 제품수명주기[PLC] 분석을 통하여 대상기술의 경제적 수명을 추정하여야 한다.

- **2단계 (매출액의 추정)** 업종 및 개별 기업의 특성을 고려하여 매출액을 추정한다. 특허기술의 가치는 기술수명 만료일에 한꺼번에 소멸하는 것이 아니라, 내용연수에 걸쳐 점진적으로 소멸한다고 가정하는 것이 합리적이다. 그리고 R&D투자 및 브랜드마케팅 투자예산 투입 정도에 따라 기술가치가 브랜드가치로 전이되는 현상을 감안하여 매출액 증감률을 분석하여야 한다.
- **3단계 (로열티율의 산정)** 로열티면제법에서 로열티율은 가장 중요한 요소이다. 독립적 관계인 소유자[licensor]와 사용자[licensee]는 전략적 측면, 경제적 측면 및 법률적 측면을 고려하여 로열티율을 협상하게 되며, 거래 조건에 따라 거래 당사자들의 위험이 달라지기 때문에 시장에서 해당 특허기술과 비교가능한 유사거래를 찾기가 쉽지 않다. 따라서 업종관행, 과거 경험, 내부적 정보 및 외부적 공개정보를 이용하여 로열티율을 산정한다.
- **4단계 (ATCF의 산정)** 추정순매출액에 로열티율을 곱하여 세전로열티액을 산정하고, 세전로열티액에서 법인세비용을 차감함으로써 세후로열티수입[ATCF]을 산출한다.
- **5단계 (할인율 적용 및 예측기간 산정)** ATCF에 적정한 할인율을 사용하여 미래 세후 로열티액을 기준시점 현재의 가치로 할인하여 로열티 수입의 예측기간 중 현재가치를 산정한다.

- 6단계 (잔존가치 및 특허기술가치 산정) 예측기간 이후 장기고정성장률 g을 추정하여 잔존가치 continuing value를 산정하고, 예측기간가치와 합산하여 대상 특허기술 가치를 최종 산정한다.

3) 방법 적용시 유의사항

로열티면제법은 수익방식으로 분류되기도 하는데, 그 이유는 기술의 경제적 수명기간 중 추정된 로열티 수익의 흐름을 현재가치로 환원하여 가치를 산정하기 때문이다. 로열티면제법에서는 대상기술의 로열티 수익 현금흐름에 근거하여 가치를 추정한다.[5] 따라서 본 방법이 적용될 경우 선택된 라이선스 거래사례는 대상기술과 비교할 만한 유사한 속성(투자 위험과 수익성 등)을 반영하고 있어야 한다.

그리고 대상기술의 기대 경제적 수명기간 동안 발생될 예상 매출액에 로열티율을 곱하면, 그 결과치가 대상기술을 라이선스한다는 가정을 전제로 발생될 로열티 수익의 추정치가 되는 것이다. 이렇게 추정된 로열티 수익은 기술을 보유했기 때문에 지불하지 않아도 되는 로열티 절감액을 의미한다. 이를 현재가치로 환원한 가액이 결과적으로 대상기술 소유에 따른 평가가치로 볼 수 있다.

4) 로열티 통계 산출과 적용

비교방식을 이용하여 로열티를 결정할 때 거래 로열티와 관련된 세부 정보를 수집하기는 어려운 것이 현실이다. 이러한 한계를 극복하기 위해서 거래사례를 직접 비교하기보다는 업종에 따라 수집된 기술거래 로열티 자료에 근거하여 산출된 로열티 통계를 적용할 수도 있다. 업종별 로열티 통계가 객관성을 확보하기 위해서 해당 업종에서 거래된 기술 로열티 사례가 충분히 제시되어야 한다. 따라서 로열티 통계의 신뢰성을 확보하기 위해서 기술거래 로열티 자료가 지속적으로 축적되고 분석되어 통계로 갱신되어야 한다. 업종별 로열티 통계는 기술시장에서 거래된 로열티 자료로부터 산출된 로열티 요약통계를 의미한다. 업

5. 로열티 수익은 공정한 거래에서 대상 기술이 라이선스 되었더라면 발생할 수입금액을 말함.

표 6-7
업종별 거래사례 로열티율 통계

(단위: 건, %)

업종*	자료수	평균	최소	하위 5%	Q1	중앙값	Q3	상위 5%	최대
C10	10	3.62	1.00	1.00	1.63	2.50	4.50	8.95	10.00
C20	63	4.17	1.66	2.24	3.00	3.84	5.00	7.45	12.80
C21	79	7.44	3.00	3.45	5.00	6.00	10.00	14.10	15.00
C22	8	3.25	2.50	2.50	2.88	3.00	3.25	4.65	5.00
C23	31	2.96	2.00	2.00	2.00	2.50	3.00	5.25	10.00
C24/C25	19	4.02	1.00	1.68	2.50	3.00	5.00	9.10	10.00
C26	127	3.72	1.00	1.15	2.50	3.00	5.00	5.84	22.50
C27	28	3.99	1.00	1.50	2.00	4.13	5.00	7.60	10.00
C28	48	3.35	1.00	1.27	2.50	3.00	3.00	9.30	10.00
C29	109	3.40	1.00	1.20	2.00	3.00	5.00	7.00	10.00
C30	129	2.95	1.25	1.50	2.00	3.00	3.00	5.00	10.00
C31	12	3.86	2.00	2.28	2.88	4.00	5.00	5.14	5.30
C33	13	4.3	1.0	1.6	2.5	3.0	5.0	10.0	10.0
C37/C38/C39	19	4.89	2.00	2.00	3.00	5.00	7.00	7.00	7.00
F41/F42	19	3.27	1.00	1.00	1.75	3.00	5.00	5.00	5.00
J58	114	12.38	1.00	1.50	3.00	5.00	25.00	30.00	37.00
J61	8	5.81	2.50	3.03	4.75	5.00	6.25	10.00	10.00
J62	37	3.77	1.50	2.00	2.50	3.00	4.00	9.20	15.00
전체	873	5.05	1.00	1.50	2.50	3.00	5.00	15.00	37.00

* 업종 분류 : 10(식료품 제조업), 20(화학 물질 및 화학제품 제조업; 의약품 제외), 21(의료용 물질 및 의약품 제조업), 22(고무 및 플라스틱제품 제조업), 23(비금속 광물제품 제조업), 24/25(1차 금속 제조업, 금속가공제품 제조업; 기계 및 가구 제외), 26(전자 부품, 컴퓨터, 영상, 음향 및 통신장비 제조업), 27(의료, 정밀, 광학기기 및 시계 제조업), 28(전기장비 제조업), 29(기타 기계 및 장비 제조업), 30(자동차 및 트레일러 제조업), 31(기타 운송장비 제조업), 33(기타 제품 제조업), 37/38/39(하수, 폐수 및 분뇨 처리업, 폐기물 수집, 운반, 처리 및 원료 재생업, 환경 정화 및 복원업), 41/42(종합 건설업, 전문직별 공사업), 58(출판업), 61(우편 및 통신업), 62(컴퓨터 프로그래밍, 시스템 통합 및 관리업).

종별 로열티 통계는 로열티 자료 분포의 속성을 표현한 것이기 때문에 기술 거래가 발생할 가능성이 높은 범위를 선택한 다음 로열티 영향요인 분석 결과에 근거하여 조정할 필요가 있다.

5) 업종별 사례 로열티 통계 적용방법

한국산업기술진흥원에서 수집된 거래사례(매출액 대비 경상로열티) 873건을 18개 업종으로 분류하고, 해당 거래사례로부터 구한 로열티 통계는 〈표 6-7〉과 같다. 업종별 로열티 통계는 표본자료 수, 최소, 하위 5%, Q중앙값, Q3, 상위 5%, 최대, 평균 등으로 구성된다. 업종별 로열티가 포함될 수 있는 적정범위의 하한과 상한은 로열티 분포의 Q1, 하위 5%와 Q3, 상위 5%로 설정한다. 그 이유는 로열티 자료 분포에서 양 극단에 속한 로열티(이상값)를 제외하고 상대적으로 거래발생 가능성이 높은 범위로 산출하기 위한 것이다. 따라서 업종별 로열티 적정범위는 Q1~Q3로 설정하고 그 범위 내에서 대상기술의 로열티 영향요인 분석결과에 따라 최종 로열티를 결정한다.

6) 상관행법 로열티 통계의 적용방법

대상기술과 비교 가능한 기술거래가 없거나 업종별 기술거래 로열티 사례수가 작을 경우 거래사례 로열티 통계를 적용할 때 적정성 문제가 제기될 수 있다. 이러한 경우 업종별 거래사례 로열티 통계를 대신해서 업종별 기업 영업이익률 분포에서 산출된 상관행법 로열티 통계를 적용할 수 있다. 상관행법 로열티 통계는 기술대가에 적용하는 관행적인 방법으로서 대상기술을 사용하여 창출된 기대이익의 25%를 로열티로 설정하는 방법이다. 기술가치평가 실무가이드(2014)에 의하면, 상관행법에 의한 적정 로열티범위를 〈표 6-8〉과 같이 업종별로 나누어 제시하고 있다. 우선 상장기업의 업종별 상관행법 로열티 적정범위는 다음과 같이 산출하여 제시되었다.

1. 업종별 상장기업 상위 50%의 영업이익률 자료 분포로부터 25% 배분원칙을 적용하여 상관행법 로열티 분포를 설정하였다. 상위 50% 업종별 상장기업이 10개 미만인 경우 해당업종 상장기업 전체 자료를 이용

표 6-8
업종별 상관행법 로열티 적정범위 통계

(단위: %)

구분		상장기업			비상장기업		
		하한	중앙	상한	하한	중앙	상한
농업, 임업 및 어업						3.20	
광업						2.87	
제조업	식료품 제조업	1.37	1.65	2.60	2.02	2.24	4.12
	음료 제조업	1.90	4.06	4.81		5.10	
	담배 제조업		8.58				
	섬유제품 제조업 ; 의복제외	0.45	0.98	3.23	1.84	2.07	3.18
	의복, 의복액세서리 및 모피제품 제조업	1.78	2.05	3.58	1.80	2.03	2.98
	가죽, 가방 및 신발 제조업		1.36		1.52	2.33	3.73
	목재 및 나무제품 제조업 ; 가구 제외		1.01		1.35	1.93	2.61
	펄프, 종이 및 종이제품 제조업	1.49	1.66	3.11	1.81	2.02	3.38
	인쇄 및 기록매체 복제업		2.05		2.25	2.44	3.21
	코크스, 연탄 및 석유정제품 제조업		3.05		1.35	2.23	2.89
	화학물질 및 화학제품 제조업 ; 의약품 제외	1.97	2.53	4.97	2.24	2.55	5.38
	의료용 물질 및 의약품 제조업	2.96	3.57	5.12	2.54	4.28	5.35
	고무제품 및 플라스틱제품 제조업	1.73	2.13	3.56	1.99	2.24	4.21
	비금속 광물제품 제조업	1.95	2.29	5.63	2.30	2.51	5.11
	1차 금속 제조업	1.53	2.01	4.06	1.86	2.13	3.32
	금속가공제품 제조업 ; 기계 및 가구 제외	1.51	1.91	2.90	2.26	2.53	4.04
	전자부품, 컴퓨터, 영상, 음향 및 통신장비 제조업	1.88	2.38	5.04	2.06	2.37	4.92
	의료, 정밀, 광학기기 및 시계 제조업	2.55	3.84	5.01	2.50	2.93	5.39
	전기장비 제조업	1.79	2.12	3.01	2.01	2.27	4.13
	기타 기계 및 장비 제조업	2.06	2.61	4.36	2.29	2.54	4.24
	자동차 및 트레일러 제조업	1.33	1.58	3.19	1.84	2.09	3.37
	기타 운송장비 제조업	2.89	3.84	5.07	2.34	2.65	4.40
	가구 제조업		3.20		1.85	2.11	3.89
	기타 제품 제조업		3.80		1.92	2.17	3.16

	상장기업			비상장기업		
	하한	중앙	상한	하한	중앙	상한
전기, 가스, 증기 및 수도사업					3.37	
하수, 폐기물처리, 원료재생 및 환경복원업				2.72	3.64	4.02
건설업	1.22	1.55	2.86	1.73	1.94	3.16
도매 및 소매업				1.71	2.02	4.11
운수업					3.49	
숙박 및 음식점업					1.28	
출판, 영상, 방송통신 및 정보 서비스업				2.12	2.66	5.71
금융 및 보험업					9.29	
부동산업 및 임대업					4.93	
전문, 과학 및 기술 서비스업				2.33	2.76	4.68
사업시설관리 및 사업지원 서비스업				2.17	2.32	2.99
공공행정, 국방 및 사회보장 행정					1.63	
교육 서비스업					1.99	
보건업 및 사회복지 서비스업				1.14	5.45	2.96
예술, 스포츠 및 여가관련 서비스업					3.98	
협회 및 단체, 수리 및 기타 개인 서비스업				1.18	1.53	2.02

자료: 기술가치평가 실무가이드, 2014.12, 산업통상자원부

한 것이다.

2. 상관행법 로열티 분포에서 Q1(하위 25%)을 하한, P95(상위 5%)를 상한으로 설정하였다. 여기서 적정범위란 상장기업 범주에서 발생될 가능성이 높은 로열티 범위를 의미하며, 기술 혹은 계약의 특이 속성으로 인하여 발생될 수 있는 이상값은 고려하지 않은 것이다.

한편 비상장기업의 업종별 상관행법 로열티 적정범위는 다음과 같이 산정하여 제시한 것이다.

1. 업종별 비상장기업 상위 25%의 영업이익률 자료 분포로부터 25% 배분 원칙을 적용하여 상관행법 로열티 분포를 설정하였다. 상위 25% 업종

별 비상장기업이 10개 미만인 경우 해당업종 비상장기업 상위 50% 자료를 이용한 것이다.

2. 상관행법 로열티 분포에서 Q1(하위 25%)을 하한, P95(상위 5%)를 상한으로 설정되었다.

여기서 적정범위란 비상장 기업 범주에서 발생될 가능성이 높은 로열티 범위를 의미하며, 기술 혹은 계약의 특이 속성으로 인하여 발생될 수 있는 이상값은 고려되지 않았다. 업종별 상관행법 로열티 적정범위가 정해지면 대상기술에 대한 로열티를 하나의 값으로 결정하기 위해서 로열티 영향요인 분석결과를 적용한다. 업종별 기업수가 매우 작은 경우(10개 미만), 로열티 범위의 신뢰성을 담보할 수 없기 때문에 상관행법 로열티 적정범위는 제시되지 않았다. 이러한 문제점 등으로 인하여 2017년 개정실무가이드에서는 이 방법에 의한 로열티 통계는 제외되었다.

7) 로열티 적용의 우선순위

로열티면제법에서 로열티 산출과 적용의 우선순위는 다음과 같다.

1. 거래시장에서 대상기술과 동일한 기술이나 유사한 기술의 거래사례 로열티 정보가 다수 탐색된 경우 로열티 산출에 직접 적용이 가능하다.
2. 비교대상 기술의 로열티 사례가 없거나 매우 작은 경우 직접 산출보다는 업종별 거래사례 로열티 통계에서 적정범위를 산출할 수 있다.
3. 업종별 거래사례가 부족한 경우 이상값의 영향이 크고 대상기술과 속성이 다를 수 있기 때문에 업종별 거래사례 로열티 통계 대신에 상관행법 로열티 통계를 적용하여 적정범위를 산출할 수 있다.

업종별 거래사례 통계에서 자료수가 작은 경우(20개 미만인 경우)와 업종이 생략된 경우 상관행법 로열티 통계를 적용할 것을 권장한다. 상장기업과 같은 대기업으로 기술이전을 고려할 때에는 상장기업 로열티 적정범위를 고려할 수 있다. 로열티면제법에서 최종 로열티를 결정하기 위해서는 업종별 거래사례 로열티 통계나 업종별 상관행법 로열티 통계로부터 로열티 적정범위를 정한 다음, 추가로 로열티 영향요인에 대한 평가가 필요하다.

8) 로열티 영향요인의 구성과 평가

업종별로 로열티 적정범위가 설정된 것은 로열티가 다양한 영향요인에 의하여 서로 다르게 결정되고 있다는 것을 반영한 것이다. 로열티 영향요인은 국내외 라이선스 연구와 지식재산가치 평가 핵심요인을 종합하여 〈표 6-9〉와 같이 권리적 속성, 기술적 속성, 시장적 속성 등에 관한 10개 평가 항목으로 구성된다. 로열티 영향요인은 업종별 로열티 적정범위(하한~상한)의 차이를 설명할 수 있는 핵심요인을 의미하고 영향요인 평가결과에 따라 차별적인 로열티를 산출할 수 있다. 개별 평가항목에 대한 평가지표를 통하여 5점 척도로 평가하고, 10개 평가항목에 대한 배점은 50점(10×5점)이다.

표 6-9 로열티 영향요인의 평가항목

평가항목		평가지표(착안사항)
권리적 속성	① 권리의 강도	• 제품범위: 적용 제품 또는 업종 범위, • 지역범위: 특허 패밀리 수, PCT, 삼극특허
	② 권리의 안정성	• 선행기술 여부, 권리 무효 가능성
	③ 침해대응 용이성	• 침해 확인 용이성, 모방 용이성, 회피 가능성
	④ 라이선스 우위성	• 추가개발 비용, 로열티 형태, 잠재 수요자, 로열티 조건
	소 계	20
기술적 속성	① 기술의 완성도	• 상업화 단계, 기술 성숙도(TRL), 경제적 수명, 잔존 권리기간
	② 기술의 혁신성	• 독창성, 차별적 기능, 효율성, 응용성, 특허의 유형(표준특허, 원천특허, 공정특허 등)
	③ 기술의 경쟁성	• 경쟁기술 수, 대체기술 여부
	소 계	15
시장적 속성	① 수익성	• 업종대비 영업이익률
	② 수요의 부합성	• 기술동향 – 사업전략 부합성, 진흥/억제, 인프라 유무, 성장률
	③ 시장경쟁성	• 경쟁기업의 수, 제품경쟁 우위성
	소 계	15
	합 계	50

9) 로열티 영향요인에 의한 최종 로열티 추정

업종별 거래사례 로열티 통계 혹은 상관행법 로열티 통계로부터 설정된 로열티 범위 하한을 *YL*, 상한을 *YU*로 표시하고, 로열티 영향요인 10개 평가항목에서 구한 종합평점을 *X*라고 표시한다. 업종별 로열티 하한 값에 대응되는 영향요인 평점을 20점으로 설정한다. 만약 영향요인 평점이 15~20점 범위로 산출된 경우 기술거래 가능성이 매우 낮다고 판단되고, 15점미만은 라이선스 가능성이 거의 없다고 판단할 수 있다. 따라서 최종 로열티 추정은 아래와 같은 보간법 함수를 이용하여 산출된다.

$$R = Y_L + (Y_U - Y_L) \times \frac{(X - 20)}{(50 - 20)}$$

R : 로열티율　Y_L : 로열티 범위 하한　Y_U : 로열티 범위 상한　X : 종합평점

1.8 수익방식의 한계

앞에서 우리는 특허권 평가를 위한 수익방식 중 로열티면제법의 원리와 평가절차, 그리고 다양한 적용기법들에 대하여 살펴보았다. 이와 같이 수익방식은 그 지식재산의 수익력 분석에 초점을 맞추고 있는 평가방식이다. 경제적 수명기간 동안 예상되는 미래 경제적이익을 현재가치로 평가하는 시간적 가치 개념이 나타나 있다. 따라서 현재가치화하는 시점에 따라 많은 변동이 따를 뿐 아니라 경제적 수명기간 중의 리스크를 수치화하는 할인율을 적절히 예측해야 하는 어려움이 있다. 그리고 현재 및 가까운 미래에는 현금흐름을 창출하지 못하지만 장기적으로 기업에 큰 경제적이익을 제공할 수 있는 잠재력을 가지고 있는 지식재산의 경우 그 가치를 제대로 반영하지 못한다는 문제점도 있다.

수익방식은 특허권의 실시권 허여에 따라 실제 로열티 수익이 발생하고 있다면, 비교적 용이하게 객관적인 가액의 평가가 가능하다. 아울러 경제적이익의 규모나 지속기간, 할인율 등의 요소가 객관적으로 결정될 수 있다면 이론적으로 가장 타당한 방법이라고 할 수 있다. 그러나 현재는 현금흐름을 창출하지는 못하지만, 장래에 적정한 현금흐름을 창출할 가능성이 높은 특허권에 대해서는

그 가치가 과소평가 될 우려가 있다. 또한 수익가치평가의 가장 중요한 요소인 할인율을 구할 때 자칫 객관성이 결여되기 쉽다.

한편 수익방식은 특정기술의 생명주기나 잔존수명을 파악하고 향후 창출할 시장 규모를 예측하여야 하는데, 그러한 예측이 실현될 확률이나 미래에 발생할 소득의 정밀한 계산에도 일정한 한계가 있다는 점을 충분히 고려하여야 한다. 따라서 수익방식 적용 평가보고서 작성 시에는 이러한 수익방식의 한계나 전제조건, 그리고 과업의 범위 등을 명시하여야 한다.

2 비교방식

2.1 기본개념

비교방식은 시장접근법market approach이라고도 하는데, 가장 직접적이고 이해가 쉬운 평가방법이다. 시장에서 일어나고 있는 거래사례를 비교 종합해서 미래이익에 대한 현재가치를 평가하는 것으로 평가할 자산과 유사한 자산의 거래를 조사함으로써 그 가치를 명확히 하며, 자유롭게 공개된 시장거래에서 자산을 평가할 때 활용되는 평가방법이다.

비교방식은 매각의사가 있는 매도자와 매입의도를 가진 매수자의 사이에서 이루어진 유사 지식재산의 거래가격을 비교 검토하여 가치를 평가하는 방법이므로, 특정 특허기술의 가치는 비교 가능한 자산에 대하여 지불된 가격을 참고로 나타나게 된다.

그러나 특정 특허기술이 그것 자체만으로 거래되는 경우는 드물고, 혹시 그러한 거래가 있다고 하더라도 거래조건이 명확하지 않는 경우가 많아 비교방식을 지식재산 평가에 적용할 때에는 비교가능성comparability이 문제가 된다. 여기서 문제가 되는 지식재산권의 비교가능성을 확보하기 위하여 고려해야 할 요소를 세부적으로 살펴보면 아래와 같다.

- 산업분야의 동일성

- 수익성의 유사성
- 시장점유율의 유사성
- 진입장벽의 높이
- 미래성장에 대한 전망
- 법적 보호가능성
- 신기술의 내용
- 경제적 잔존수명

1) 특허권이 속한 산업분야

기업의 가치는 자산이 이용되는 산업분야에 따라 크게 다르며, 산업의 기술주기 ITC 나 경제상태에 따라 기업 및 기업이 보유하는 지식재산의 가치는 저하될 가능성이 있다. 시장거래는 거래되는 자산이 동일한 산업분야인 경우에만 상대적 가치를 나타내기 위한 참고지표로서 유효하게 기능하며, 동일하지 않다면 유효하지 않다.

2) 수익성 profitability

수익성은 금전적 가치를 창출하는 데 없어서는 안 될 요소이며 큰 이익을 지속적으로 창출하는 지식재산에는 매우 큰 가치가 있다. 수익성 기준이 동일하지 않으면 동일산업에서 사용되는 특허나 상표에 관한 시장거래도 비교가능성이 충분하다고 할 수 없을 것이다. 즉 수익성의 크기나 현금흐름 창출력 수준 상의 유사성이 중요한 비교요인이다.

3) 시장점유율 market share

시장점유율도 수익성과 관련된 경우가 많고 거대한 시장의 상당부분을 지배하는 것이 가능하다면 기업은 규모의 경제에 따라 많은 이익을 거둘 수 있다. 특허제품이나 상품은 시장점유율의 유지에 크게 기여하기 때문에 이를 지식재산의 가치에 반드시 반영하여야 한다. 따라서 지식재산의 거래는 시장점유율면에서 유사하지 않으면, 비교가능성이 없다고 할 수 있다.

4) 진입장벽 entry barrier

신규 기술은 지식재산의 가치에 큰 영향을 끼칠 수 있고 신규 기술이 기존의 지식재산과 경쟁할 우려가 있는 경우 기존 지식재산의 경제적 잔존기간에 영향을 줄 가능성이 있다. 지식재산 거래를 시장가치의 지표로 볼 때에는 신규 기술의 영향에 대해서도 평가대상 자산이 비교 가능한 상황에 있는지의 여부에 주의하지 않으면 안된다. 즉, 평가대상 자산을 진부화시킬 수 있는 기술의 연구가 현재 이루어지고 있다면, 그것은 가치를 결정하는데 반드시 고려해야 할 필요가 있다. 진입장벽은 지식재산의 가치를 높이는데 도움이 되고 진입장벽으로는 ① 유통네트워크, ② 고액의 설비투자, ③ 진입기업의 출현에 대한 충분한 대비를 하고 있는 경쟁기업의 존재 등을 들 수 있다.

5) 미래성장에 대한 전망 outlook for future growth

미래성장에 대한 전망도 가치와 직접적인 관계가 있다고 볼 수 있다. 이는 수익흐름이 증가하는 경향이라면 수익흐름이 불변 또는 감소경향인 경우보다도 가치가 있다고 생각될 수 있기 때문이다. 정의 수익흐름을 창출하는 지식재산은 그 현금흐름의 유입을 증가시킬 수 있는지 여부에 따라 일반적으로 투자리스크가 일정하다고 가정한다면, 높은 성장은 자산가치를 크게 한다. 또한 자산으로부터 전망되는 미래의 수입이 전혀 다르다면 그러한 자산의 시장거래사례는 비교에 의한 가치측정의 지표로서는 유효하지 못하다.

6) 법적 보호가능성 legal protection

지식재산의 원천은 제3자에 의한 당해 자산의 사용을 배제할 수 있는 법적 보호에 있다. 특허권에 대한 법적 보호가 이루어지지 않는 경우에는 지식재산의 가치도 떨어진다. 산업 전체의 활동을 커버할 수 있는 기본적 특허기술은 산업활동의 극히 일부를 커버하는 특허보다도 매우 가치가 크다. 그러나 산업전체에 활용될 수 있는 기술이라도 만약 특허기술의 침해를 회피하기 위한 우회설계를 허용한다면, 특허의 상대적 가치는 하락할 것이다.

7) 경제적 잔존수명 remeining economic life

기술의 경제적 수명도 지식재산 및 무형자산의 평가시 고려하지 않으면 안 될 요소이다. 기술의 유효잔존기간이 다른 무형재산은 상호 비교대상으로 적당하지 않다. 두 개의 특허가 산업상 유효성, 성장성, 수익성, 시장점유율 등의 특징이 비슷하더라도 특허의 잔존 보호기간이 다르다면 정확한 비교를 할 수 없다. 그러나 조사대상 자산과 비슷한 특징을 가진 특정 지식재산의 시장거래가 존재하는 경우에는 비교방식을 직접 적용할 수 있다.

만약 지식재산이 전체자산의 일부로서 거래된 경우에는 거래가액 가운데 지식재산의 거래가액을 확정하기 위해 구입가격을 각 자산에 배분하여야 한다. 비교방식은 지식재산이 귀속하는 사업전체의 가치를 결정하고 각 개별 자산의 가치를 산정함으로써 평가할 수 있을 것이다. 즉 기업의 전체가치를 각 자산별(순운전자본, 고정자산, 무형자산 등)로 적절히 배분한 후 남는 가치가 지식재산이 될 것이며, 기업 가치를 평가함에 있어서 필요한 정보를 시장으로부터 얻을 수 있다면 비교방식을 이용하여 식별가능한 무형자산을 평가하고, 나머지 부분이 특허와 상표 등 지식재산 가치에 할당될 수 있다.

2.2 비교방식의 한계

비교방식은 가장 직접적이고 이해하기 쉬운 평가방법으로 시장에서 일어나고 있는 거래의 판단을 종합해서 미래이익에 대한 현재가치를 평가하는 것이다. 그러므로 활발한 공개시장이 존재하여야 하며 비교 가능한 자산이 거래되고 있어야 한다는 기본 조건이 항상 만족되어야 하는 단점을 가지고 있다.

구체적으로 살펴보면 비교방식을 이용하여 가치평가를 하기 위해서는 많은 거래가 있어야 하고, 거래내용이 공개되어야 한다. 그러나 특허권의 거래는 활성화되어 있지 않으며, 거래가 있다고 하더라도 비공개로 진행되는 것이 일반적이어서 특허권의 거래 및 가치평가에서 비교방식을 적용하기 어렵다. 설사 유사한 자산의 거래가 있었다고 하더라도 이 거래를 평가대상 특허권에 맞추어 조정하는 작업이 필요하다.

이뿐만 아니라 대부분의 기업이 하나의 특허권을 가지고 있는 것이 아니라 수많은 지식재산권을 가지고 있어, 하나의 특정한 특허권의 가치에 초점을 맞추어 비교 · 검토하기 위해서는 대상 사업부문만을 따로 분리하여 검토하고 사업부문 중에서 대상이 되는 특허권의 비율을 결정해야 하는 등 많은 추가적 분석작업이 필요하다. 그러나 평가대상 자산에 유사한 자산의 거래에 관한 정보가 풍부하게 존재한다면, 비교방식은 가장 합리적인 평가가치를 산출할 수 있다는 장점이 있다.

우선 비교방식이 적용되기 위해서는 과거의 거래실적이 있고 거래정보의 접근이 가능해야한다. 또한 거래 당사자가 자유의사에 의하여 거래할 수 있는 시장의 특성이 유지되어야 하며, 비교 가능한 기술자산에 대한 활발한 거래시장이 존재해야 한다. 그러나 특허권의 거래는 흔치 않으며 거래가 실제로 이루어졌다고 하더라도 거래조건이 공개되지 않기 때문에 특허권의 비교방식을 이용하는 것은 여러가지로 무리가 있을 수 밖에 없다. 비교방식의 적용시 고려해야 할 문제점은 다음과 같다.

첫째, 유 · 무형 자산을 포함하여 기업의 가치는 그 자산이 속한 산업에 의해 크게 영향을 받기 때문에 산업기술주기(ITC)와 경제환경이 특허권의 가치평가에 영향을 줄 수 있으나 평가 시 이를 고려하기 어렵다.

둘째, 시장점유율은 수익성과 연관되어 규모가 큰 시장에서 점유율을 조절함으로써 기업은 큰 이익을 올릴 수 있고, 특허나 상표는 시장점유율을 유지하는데 많은 기여를 하고 있다. 그럼에도 시장점유율에 대한 비교가 어렵고 이것은 특허권의 비교가 어렵다는 것을 시사한다.

셋째, 지속적인 이익을 발생시키는 특허권의 가치가 매우 높다고 하더라도, 동일산업 내 무형자산 시장거래에서 수익성이나 위험도가 같지 않다면 그 거래사례 자체가 합리적으로 비교될 수 없다.

넷째, 신규기술은 특허권의 가치에 현저한 영향을 미칠 수 있고, 신기술이 유발시키는 잠재적인 경쟁은 지식재산의 잔여 경제적 수명에 영향을 주게 되므로 어떤 자산을 진부화 시킬 수 있는 연구 개발이 진행 중이라면 이를 평가가치 결정에 반영하여야 하나, 이러한 경쟁상황을 구체적으로 분석하여 계량화하기 곤란하다.

3 원가방식

3.1 기본개념

원가방식[cost approach]은 비용접근법이라고도 하는데, 지식재산이 가져오는 미래의 모든 효용능력을 재창출하기 위해 필요한 원가를 산정하여 이를 지식재산으로 보유함으로써 획득할 수 있는 미래가치로 간주하는 평가방법이다. 이 방법은 새로운 자산을 구입, 개발하는 비용과 그 자산의 내용연수기간 중에 얻을 수 있는 이익의 경제적 가치가 일치한다고 가정하여 평가한다. 원가방식을 이용할 경우 신품의 가치를 감가상각으로 감액해야만 하는 문제가 있다. 즉 시간의 경과에 따라 모든 자산의 가치는 저하된다고 가정한다.

지식재산의 경우에 반드시 가치가 감소된다고 할 수는 없지만, 시간이 경과함에 따라 진부화되고 언젠가는 그 가치를 상실할 가능성을 가지고 있다고 할 수 있다. 즉 자산의 가치감소는 ① 물리적 감가, ② 기능적 진부화, ③ 경제적 진부화 등 세 가지 원인에 의해 발생한다고 할 수 있다. 국제평가기준[IVS]에서는 구체적으로 원가방식에 의한 평가의 예로서 다음의 3가지를 들고 있다.(IVS 210, par 70.3)

- 외부개발 소프트웨어 취득비
- 자체개발 내부업무용 소프트웨어 개발원가
- 조직화된 노동력

3.2 원가방식의 한계

원가방식은 대상자산의 미래 서비스력과 동일한 서비스력을 얻기 위한 비용을 산출함으로써 자산보유자의 미래이익을 측정하는 방법이며, 비교방식과 수익방식에 비하면 적용범위가 부족하다고 할 수 있다. 원가방식은 자산에서 얻을 수 있는 경제적이익금액을 문제로 하지 않고, 제품서비스에 대한 원가에 따라 가치가 좌우되기 때문에 과거 지향적[look back]인 방법이다.

또한 경제적이익의 추세에 관한 정보나 경제적이익을 향유할 수 있는 기간가치에 대한 고려도 없으며 기대수익의 획득에 수반되는 위험에 대해서도 고려하지 않는다. 진부화에 의한 영향을 가치에 반영시키기 위해서는 조정이 필요하지만 진부화의 정도를 수치화하기 곤란한 경우도 많다. 원가방식은 일반적으로 사용되고 있는 다른 두 가지 접근법(비교방식과 수익방식)에 비하면 포괄성이 결여되어 있으며, 가치에 영향을 미치는 중요한 요소들이 검토대상에서 제외되어 있으므로 이러한 요소에 대하여는 별도로 검토되어야 할 것이다.

4 기술성 및 사업성 평가기법

4.1 기본개념

기술성 및 사업성 평가기법은 특허받은 기술 또는 특허받지 아니한 기술을 사업화하기 이전 사업의 가능성 여부를 판단하고 평가하는 기법으로 기술검토서와 기술평가서로 나뉜다. 기술검토서 부분에서는 기술개요, 국 · 내외 기술동향, 국내 · 외 시장동향을 살펴보며, 기술평가서 부분에서는 기술에 대한 우수성, 완성도, 활용도, 사업성에 대해 평가하게 된다.

1) 기술검토서

① 기술개요
② 국내 기술동향
③ 해외 기술동향
④ 국내시장동향
⑤ 해외시장동향

2) 기술평가서

① 기술의 우수성
② 기술의 완성도
③ 기술의 활용도

④ 시장진입능력

⑤ 시장경쟁능력

⑥ 이전사업화조건

4.2 기술요소법

1) 개요

기술요소법technology factor approach은 Dow Chemical에서 개발한 방법으로 미래 현금흐름 증가의 순현재가치NPV에 기술요소TF: technology factor라는 조정계수를 곱하여 기술의 가치를 측정하는 방법을 말한다. 기술요소는 기술자산이 사업화 과정을 거쳐 창출한 경제적이익에 공헌한 크기로 정의할 수 있다. 대상기술로 인하여 창출된 기업가치는 무형자산과 유형자산이 유기적으로 결합하여 창출된 것이기 때문에 기술요소법은 역으로 기업가치를 다시 무형자산가치와 유형자산가치로 분해될 수 있다고 가정한다. 무형자산가치는 기술요소, 인적요소, 시장요소로 구성되어 있다는 것을 가정하고, 기술가치는 무형자산가치 중에서 기술요소의 비중으로 산출될 수 있다는 논리를 적용한다.

기술요소법은 산업 특성과 개별기술 특성을 동시에 반영하여 기술기여도를 산출하는 방법이며, 산업 특성을 반영하는 산업기술요소IF: industry factor와 개별기술의 특성을 평가하는 개별기술강도TR : technology rating의 곱으로 구성된다.

$$V_{ip} = BV_t \times TF$$

기술가치 = 기술의 사업가치 × 기술기여도(기술요소)

$$TF = IF \times TR$$

기술기여도 = 산업기술요소 × 개별기술강도

- 산업기술요소 = 최대실현 무형자산가치비율 × 평균기술자산비율
- 무형자산가치 = 기업시장가치(시가총액) − 순자산가치(자기자본+부채의 장부가)
- 무형자산 가치비율 = 무형자산가치/기업가치(시가총액)
- 기업가치 = 기업시장가치(시가총액) + 부채가치
- 평균기술자산비율 = 연구개발비 / (연구개발비+광고선전비+교육훈련비)

산업기술요소는 해당 업종 내에서 기업가치 구성부분 중 무형자산가치의 최대비율에 평균기술자산 비율을 곱하여 산출한다. 그러나 무형자산가치는 직접적인 산출이 어려우므로 자본시장에서 관측된 전체의 기업가치인 시가총액에서 순자산가치(자기자본의 장부가치 + 부채의 장부가치)를 차감하여 산출한다. 평균기술자산비율은 무형자산이 기술요소, 시장요소, 인적요소 등으로 구성되어 있다고 가정하고, 산업기술요소의 대상기업인 코스닥과 코스피 상장기업의 판매관리비 중 연구개발비, 광고선전비, 교육훈련비를 대용치로 사용하여 산출한다.

산업기술요소는 코스닥과 코스피 상장기업을 대상으로 최근 10년간(2007년~2016년)의 데이터를 분석한 후 무형자산 가치가 음(−)인 경우는 제외하고, 업종별 무형자산가치가 상위 5% 기업을 대상으로 한다. 단, 업종별 분석대상 기업이 10개 이하인 경우나 데이터가 부족한 업종의 경우 제조업과 비제조업으로 구분하여 (평균값−σ)로 최저 산업기술요소 값을 적용한다.

2) 기술기여도의 추정

기술기여도는 대상기술이 수익창출 또는 비용절감에 공헌한 정도를 말하며, 기술요소법에서는 미래 현금흐름의 순현재가치에 기여한 유 · 무형자산 중 기술자산(또는 기술요소)이 공헌한 상대적인 비중이라 할 수 있다. 기술가치는 기술사업화를 전제로 창출되는 것으로, 먼저 기술의 사업화에 의해 발생될 것으로 예상되는 미래 기업가치business value를 산정한 다음, 기술기여도를 곱하여 얻어진다. 여기서 기업가치는 미래 잉여현금흐름을 할인한 현재가치를 의미한다.

기업이 기술거래를 통해 기술을 도입하는 주요 동기는 사업상 원가절감reduced cost을 통한 증분이익incremental income과 증분수익incremental revenue의 실현을 통해 기업가치를 극대화하기 위한 것이다. 증분이익은 기술사업화를 통해 창출한 순현금유입액이라 할 수 있으며, 순현금유입액을 현재가치로 자본화한 것이 기업가치에 해당된다. 다만 증분이익은 기술제공자와 기술도입자 모두가 공유하게 되는 것으로 증분이익의 산출이 바로 기술가치의 평가금액이 되는 것이 아니라 다시 배분에 관한 문제가 남는다.

기술기여도는 경제적 공헌이익의 배분에 관한 문제이며, 추정방식은 직접 추정방법과 경험측 방법rule of thumb으로 구분할 수 있다. 평가실무에서 3분법(33%), 4분법(25%) 등의 간접 추정 방법과 객관적 자료나 근거로부터 직접 추정하는 방법이 있으나, 방법에 상관없이 평가에 참여한 전문가들의 합의에 따라 도출하기도 한다. 일반적으로 기술기여도는 산업기술요소와 개별기술강도의 곱으로 산정되는데, 산업기술요소는 산업 특성을 반영하여 산업기술요소표에 세분화되어 있으며, 개별기술강도는 기술성(권리성 포함) 및 사업성(시장성 포함)으로 구성된 평가지표에서 산출된 평가점수에 따라 결정된다.

(1) 직접 추정방법

대상기술이 사업가치를 제품의 기술비중, 원가비중 등으로 분리할 수 있고 충분히 인지 가능한 객관적 자료나 근거가 있는 경우에는 전문가적 판단에 따라 기술기여도를 직접 추정할 수 있다. 만약, 평가자가 기술기여도를 직접 추정하는 경우 그 근거자료와 추정방법 등이 명확히 제시되어야 한다.

(2) 경험측 방법 rule of thumb

기술기여도를 과거의 수많은 기술거래 협상과정에서 나타난 경험률로써 추정하는 방법이다. 즉 기술소유자licensor와 기술사용자licensee간의 합의에 의한 결과로서 기술거래에 의한 창출 이익의 25%는 기술소유자의 몫으로, 75%는 기술사용자의 몫으로 배분하는 것이 합리적이라는 관행을 기준으로 기술기여도를 측정하는 방법이다. 이때 이익의 기준은 기술사업에 의해 발생한 세전영업이익을 말한다. 4분법25% Rule은 공정성에 대한 직감적인 호소력이나 직접적인 성과기준 적용이라는 측면에서 장점이 있으나, 개별기술의 기여도와 일반적 기준과의 차이를 논리적으로 설명하는데 어려움이 있으므로 이를 모든 기술에 적용할 수 없다는 단점이 있다.

3) 산업기술요소

(1) 산업기술요소표

기술요소법에서는 기술이 가져오는 경제적이익을 기업가치로 환산한 다음

표 6-10
산업기술요소표 (제조업)

표준산업분류 코드		최대무형자산 가치비율[1)]	기술자산 비율[2)]	산업기술 요소[3)]
C10	식료품 제조업	67.53%	76.64%	51.75%
C11	음료 제조업	70.04%	45.94%	32.17%
C13	섬유제품 제조업; 의복제외	54.69%	64.79%	35.44%
C14	의복, 의복액세서리 및 모피제품 제조업	70.21%	58.66%	41.18%
C15	가죽, 가방 및 신발 제조업	54.69%	58.83%	32.17%*
C16	목재 및 나무제품 제조업; 가구 제외	54.69%	58.83%	32.17%*
C17	펄프, 종이 및 종이제품 제조업	58.71%	54.80%	32.17%*
C18	인쇄 및 기록매체 복제업	54.69%	58.83%	32.17%*
C19	코크스, 연탄 및 석유정제품 제조업	54.69%	58.83%	32.17%*
C20	화학물질 및 화학제품 제조업; 의약품 제외	72.64%	76.00%	55.21%
C21	의료용 물질 및 의약품 제조업	74.08%	94.14%	69.73%
C22	고무제품 및 플라스틱제품 제조업	57.07%	79.33%	45.27%
C23	비금속 광물제품 제조업	66.72%	59.07%	39.41%
C24	1차 금속 제조업	59.41%	100.00%	69.73%
C25	금속가공제품 제조업; 기계 및 가구 제외	56.36%	99.05%	55.83%
C26	전자부품, 컴퓨터, 영상, 음향 및 통신장비 제조업	65.16%	91.95%	59.91%
C27	의료, 정밀, 광학기기 및 시계 제조업	74.08%	89.76%	66.49%
C28	전기장비 제조업	62.37%	68.20%	42.53%
C29	기타 기계 및 장비 제조업	68.46%	93.93%	64.31%
C30	자동차 및 트레일러 제조업	54.69%	61.59%	33.68%
C31	기타 운송장비 제조업	64.50%	100.00%	68.69%
C32	가구 제조업	54.69%	58.83%	32.17%*
C33	기타 제품 제조업	54.69%	58.83%	32.17%*

* 업종별 해당 기업 수가 10개 미만인 경우, 무형자산비율과 기술자산 비율 산출 과정에서 왜곡이 발생할 수 있어 유사업종과 통합하여 산출된 산업기술요소를 적용하였고, 유사업종이 없는 경우 제조업 내 산업기술요소 최소값(32.17%)을 적용함.

1) 무형자산 가치 비율이 동일 업종에서 상위 95%에 위치하는 기업이 가지는 값
2) 산업기술요소 값이 동일 업종에서 상위 95%에 위치하는 기업이 가지는 값
3) 단순히 3)을 1)로 나누어 얻어진 값으로 참고치이며, 제시하는 의미는 없음

표 6-11
산업기술요소표 (비제조업)

표준산업분류 코드		최대무형자산 가치비율[1)]	기술자산 비율[2)]	산업기술 요소[3)]
A	농업, 임업 및 어업(01~03)	44.46%	83.92%	37.31%**
B	광업(05~08)	44.46%	83.92%	37.31%**
D	전기, 가스, 증기 및 수도사업(35~36)	44.46%	83.92%	37.31%**
E	하수, 폐기물처리, 원료재생 및 환경복원업(37~39)	44.46%	83.92%	37.31%**
F41	종합 건설업	51.76%	72.08%	37.31%**
F42	전문직별 공사업	71.79%	70.13%	50.35%
G45	자동차 및 부품 판매업	44.46%	83.92%	37.31%**
G46	도매 및 상품중개업	79.64%	73.55%	58.58%
G47	소매업; 자동차 제외	71.02%	99.28%	70.51%
H49~52	(육상,수상,항공)운송업 및 창고업	58.05%	64.27%	37.31%**
J581	서적, 잡지 및 기타 인쇄물 출판업	44.46%	83.92%	37.31%**
J582	소프트웨어 개발 및 공급업	77.89%	86.98%	67.75%
J59	영상 · 오디오 기록물 제작 및 배급업	72.55%	65.99%	47.87%
J60	방송업	65.88%	56.64%	37.31%**
J61	통신업	65.82%	80.19%	52.78%
J62	컴퓨터 프로그래밍, 시스템 통합 및 관리업	66.14%	96.87%	64.07%
J63	정보서비스업	82.89%	85.79%	71.11%
M70	연구개발업	82.89%	88.42%	73.29%
M71	전문서비스업	67.85%	85.15%	57.77%
M72	건축기술, 엔지니어링 및 기타 과학기술 서비스업	73.45%	77.57%	56.97%
M73	기타 전문, 과학 및 기술 서비스업	44.46%	83.92%	37.31%**
N74	사업시설 관리 및 조경 서비스업	44.46%	83.92%	37.31%**
N75	사업지원 서비스업	71.85%	82.81%	59.50%
P85	교육 서비스업	73.15%	77.50%	56.69%
기타	기타 업종*	44.46%	83.92%	37.31%**

* 금융업, 보험 및 연금업, 금융 및 보험 관련 서비스업, 부동산업, 임대업; 부동산 제외, 공공행정, 국방 및 사회보장행정, 보건업, 사회복지 서비스업, 창작, 예술 및 여가 관련 서비스업, 스포츠 및 오락 관련 서비스업, 협회 및 단체, 수리

** 업종별 해당 기업 수가 10개 미만인 경우, 무형자산비율과 기술자산 비율 산출 과정에서 왜곡이 발생할 수 있어 유사업종과 통합하여 산출된 산업기술요소를 적용하였고, 유사업종이 없는 경우 비제조업 내 산업기술요소 최소값(37.31%)을 적용함.

1) 무형자산 가치 비율이 동일 업종에서 상위 95%에 위치하는 기업이 가지는 값

2) 산업기술요소 값이 동일 업종에서 상위 95%에 위치하는 기업이 가지는 값

3) 단순히 3)을 1)로 나누어 얻어진 값으로 참고치이며, 제시하는 의미는 없음

기업가치 중 기술기여도만큼을 기술가치로 평가한다. 이때 기술기여도는 산업기술요소와 개별기술강도를 곱하여 산정하는데, 산업기술요소는 일반적으로 해당기술이 속한 산업별 특성을 반영하여 산업통상자원부에서 작성 발표한 '산업기술요소표' 자료를 주로 사용한다. 표준산업분류상의 산업별로 측정된 ① 무형자산 가치비율, ② 기술자산비율, ③ 산업기술요소의 예는 다음 〈표 6-10〉 및 〈표 6-11〉과 같다.[6]

(2) 개별기술강도의 평가 및 적용

기술요소법에 의한 기술기여도 측정방법은 대상기술의 산업 특성과 개별 특성, 즉 개별기술강도[technology rating: TR]에 따라 기술기여도가 결정된다고 가정한다. 대상기술이 기술적으로 매우 우수하더라도 기술을 사업화하는 데 막대한 자본이 필요하거나, 시장진입에 많은 장벽이 존재하는 기술이라면 사업적 효용성은 낮은 수준으로 평가된다. 개별기술강도의 의미는 산업 평균 기술자산에 비

표 6-12
기술성(권리성 포함) 평가항목

구분	평가항목(각 5점 척도)	평가점수				
		매우 우수	우수	보통	미흡	매우 미흡
기술성	1. 혁신성	5	4	3	2	1
	2. 파급성	5	4	3	2	1
	3. 활용성	5	4	3	2	1
	4. 전망성	5	4	3	2	1
	5. 차별성	5	4	3	2	1
	6. 대체성	5	4	3	2	1
	7. 모방용이성	5	4	3	2	1
	8. 진부화 가능성(기술수명)	5	4	3	2	1
	9. 권리범위	5	4	3	2	1
	10. 권리 안전성	5	4	3	2	1

6. 산업통상자원부, 기술가치평가 실무가이드, 2017. 12

표 6-13
사업성(시장성 포함) 평가항목

구분	평가항목(각 5점 척도)	평가점수				
		매우 우수	우수	보통	미흡	매우 미흡
사업성	1. 수요성	5	4	3	2	1
	2. 시장진입 가능성	5	4	3	2	1
	3. 생산용이성	5	4	3	2	1
	4. 예상 시장점유율	5	4	3	2	1
	5. 경제적 수명	5	4	3	2	1
	6. 매출성장성	5	4	3	2	1
	7. 파생적매출	5	4	3	2	1
	8. 상용화 요구시간	5	4	3	2	1
	9. 상용화 소요자본	5	4	3	2	1
	10. 영업이익성	5	4	3	2	1
	개별기술강도	획득점수/100				

해 대상기술이 어느 정도 수준인가를 평가하기 위한 것이다. 따라서 만약 대상기술이 산업 평균기술자산에 비해 기술성과 시장성 등이 낮은 수준이면 1보다 낮은 값이 산출되며, 최대값은 산업 평균기술자산 수준이 된다.

산업 특성은 해당 업종의 산업기술요소로 측정되며, 개별 특성은 일정한 개별기술이 지닌 기술성(권리성 포함) 및 사업성(시장성 포함)에 따라 결정된다. 여기서 기술성은 권리성과 기술적 측면에서 대상기술의 유용성 및 경쟁성의 정도를 평가하는 것이며, 사업성은 시장성과 사업적 측면에서 대상기술이 갖고 있는 유용성 및 경쟁성의 정도를 평가하는 것이다.

개별기술강도는 기술성 관련 10개 평가항목과 사업성 관련 10개 평가항목으로 구성되며, 대상기술의 사업화 과정에서 기술적 우위성, 권리성 및 상업적 가능성을 측정하여 기업가치 창출에 대상기술이 어느 정도 기여하는가를 평가하는 것이다. 기술성(권리성 포함) 및 사업성(시장성 포함) 개별 평가항목을 1~5점 범위에서 선택하여 평가하며, 기술성과 사업성 평점을 합산하여 개별기술강도를 산출한다.

그러므로 평가사는 기술기여도(또는 개별기술강도)의 개념과 평가지표에 대한 충분한 이해를 바탕으로 평가 업무를 수행하여야 한다. 평가지표에 대한 평점 부여는 대상기술에 대한 사전 지식과 이해를 바탕으로 조사와 분석이 선행되어야 하며, 평가 참여자들과의 충분한 논의를 거쳐 결정하게 된다. 평가지표에 대한 평점부여는 권리성, 기술성, 시장성 및 사업성에 대한 분석결과에 근거하여 결정하며, 평가팀 내 전문가 합의에 따라 결정하는 것이 바람직하다. 한편 대상기술이 제품(또는 서비스)을 구성하는 원천기술인가, 파생기술인가, 또는 핵심기술인가, 주변기술인가, 그리고 요소기술인가, 공정기술인가 등에 따라 기여도 산정이나 기술강도 산정시 충분히 반영하도록 하여야 한다.

4.3 문제점

기술성 및 사업성 분석은 평가 기술의 국내와 해외 시장의 환경 및 다수의 평가지표를 이용하여 기술성 및 사업성을 분석평가하는 기법이다. 여러가지 평가지표를 이용하여 평가대상 기술의 가치를 판단하는 기법은 종래의 개별기술가치평가 기법 중 인덱스 index 법을 응용한 기법이므로 그 장단점을 그대로 가지고 있다고 볼 수 있다. 즉 각각의 평가대상 기술에 대한 구체적 특성을 고려할 수 있다는 장점을 가지고 있으나, 기술적 및 경제적 가치를 실현시키기 위해서는 하나의 기술만으로는 해결될 수 없다는 점을 간과하기 쉽다.

또한 경제적이익의 창출에 있어서도 평가대상 기술은 어느 정도의 기여도를 가질 뿐이므로 전적인 영향을 미칠 것이라는 전제는 현실적으로 수용되기 어렵다는 단점도 있다. 일반적으로 각각의 평가지수를 판단하는 기초자료가 대부분 특허출원 현황에 국한되므로 실제 시장환경에서의 기술적 및 경제적 가치와는 괴리될 수 있다는 단점도 지적된다.

즉 기술성 및 사업성 분석에 있어서 국내외 기술동향, 기술의 성격, 권리보호의 형태나 현재상태, 권리보호의 잔존기간, 기술의 명확성, 기술의 실현도, 제품 제조시 추가기술의 필요 여부 등을 판단함에 있어서 대상 기술의 출원명세서 또는 당해 평가 기술이 속해있는 기술범위의 출원동향을 기초로 평가하게 된다. 그러나 특허출원 동향 관련 자료를 다수의 평가항목에서 공통적으로 이용한다는 것은 평가 자료의 다양성에 위배될 뿐만 아니라 실제적인 기술성 및 사업성 가치와는 전혀 상반된 분석을 수행할 수 있다는 문제점이 있다.

5 평가목적과 평가방법의 한계

앞에서 살펴본 평가접근법들은 지식재산의 경제적가치와 기술적 가치가 독립적인 평가대상이라는 가정을 기초로 하고 있다. 기술가치를 평가함에 있어서 첫 단계는 평가 대상의 기술적, 권리적 차원의 명확한 식별이고, 다음 단계로는 평가에 사용할 가치개념을 명확히 하는 것이다. 기술가치는 매우 다양한 형태로 나타나며 특정기술에 대한 가치평가는 어떤 의뢰인이 어떠한 용도로 평가서를 이용하기 위한 것이냐에 따라 결과가 크게 달라진다.

특허기술 담보 대출시 은행은 기업이 보유하고 있는 특허권을 담보로 대출을 결정한다. 이때 은행의 담보물은 특허권에 한정되고 회사 내에 축적된 기술적 노하우는 포함되지 않는다는 점에 유의할 필요가 있다. 따라서 담보대출을 위한 특허권 가치평가에서는 법적으로 보호되는 권리(특허기술)에 한정하여 평가하게 된다.[7]

또한 기업차원의 가치평가와 금융기관 평가, 과세당국의 가치평가는 다를 수 밖에 없으며, 또한 평가목적에 따라서는 특정기술에 대한 상품의 수요예측인지, 아니면 전반적인 경제적 가치평가인지에 따라 결과가 달라진다. 따라서 가치평가의 주체가 누구이고, 어떤 목적으로 평가하느냐에 따라 동일한 기술도 경제적 가치가 달라질 뿐만 아니라, 기술의 본질가치는 위에서 언급된 어느 한 요인에 의해 결정되는 것이 아니라 각 요인들이 상호 결합되어 나타나게 된다.

7. 특허와 기술적 노하우의 차이는 제 10장을 참조할 것.

또한 해당 기술을 판단하는 시점에 따라서도 경제적 가치가 크게 달라 진다. 즉 지식재산이나 기술의 가치평가 시 시간의 경과에 따라 경제적 환경이나 수요공급조건의 특성 등이 변화하므로 반드시 기준시점을 확정할 필요가 있게 된다.

6 특허권의 평가절차

일반적인 특허권 가치평가 절차를 앞에서 설명한 평가작업의 진행 순서에 따라 도시하면 다음 〈그림 6-8〉과 같다. 한편 산업통상자원부 제정 기술가치평가 실무가이드에 의한 기술가치의 일반적인 평가절차도 이와 유사하다.

그림 6-8
특허권 가치평가 절차

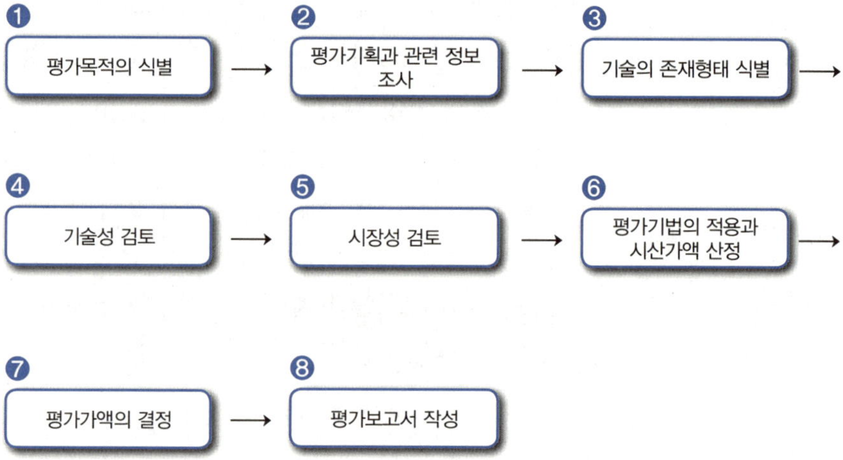

6.1 평가목적과 대상의 식별

구체적인 가치평가 절차에 들어가려면 먼저 평가목적과 평가대상기술을 분명히 해두어야 한다. 가치평가의 목적은 평가업무 수임계약에 의해 주어지지만, 분석과정 전체에 영향을 미치기 때문에 반드시 재검토해야 하는 사항이다. 한편 구체적인 평가대상의 식별이 선행되어야 한다.

예컨대 거래용, 투자용, 지분배분용 등의 평가목적에 따라 가치기준이나 가치분석방법 등에 지대한 영향을 미친다. 따라서 의뢰인에게 평가서의 예정 사용용도나 제출처를 명확히 확인하여 가치평가목적을 분명히 확정하여야 한다.

평가대상기술은 가치평가업무의 의뢰단계에서 규정되나, 평가대상기술의 정확한 범주는 다시 검토해 보아야 한다. 예를 들어, 분석대상기술의 소유자도 모르는 상황에서 이미 다른 사람에 의해 특허등록되어 있는 경우도 흔히 존재한다. 이러한 식별은 가치결론을 도출하기 위한 시장적 판단 이전의 기술적 혹은 법적 측면의 식별이라 할 것이다. 이 단계에서 가치평가 기준시점[valuation date]을 확정하는 것이 좋다.

6.2 평가기획과 관련정보 조사

평가대상 특허기술을 제대로 이해하기 위하여는 많은 내 · 외부 정보를 수집 · 분석하여야 한다. 따라서 평가를 어떻게 할 것인가를 사전 기획할 필요가 있다. 소요되는 인력이 많거나 시간이 오래 걸리는 평가작업일수록 평가를 어떻게 할 것인지를 면밀히 기획하여야 한다.

그 결과 도출된 평가계획은 진행과정에서 수정될 수 있지만, 평가작업 진행 자체에 계획성을 제공하고, 실수로 중요사항이 누락되는 오류를 방지할 수 있게 된다. 평가기획은 구체적인 작업단계에 따라 설정되어야 할 것이다. 그러므로 자료조사나 실사 등에 사용할 체크리스트 작성이 권장된다.

1) 특허정보의 조사

(1) 기술정보DB

기술평가에서 가장 먼저 해야 할 일이면서도 어려운 일은 기술평가에 필수적인 기술의 특허정보, 시장정보 등을 검색하는 작업이다. 그러나 이러한 정보들은 여러 국내외 연구기관, 협회, 각종 논문, 유명저널 등에 산재되어 있다. 기술신용평가에서 DB의 정확성과 검색 및 결과 활용의 편리성은 신뢰성과 평가비용 절감에 있어 매우 중요한 요소이다. 이에 정부는 2014년 1월 '기술금융 활성화를 위한 기술신용평가시스템 구축방안'을 발표하여 기존의 신용정보제공기관과 비슷한 정보제공기관으로서 초기 선투자를 통한 공공재적 성격의 기술정보

그림 6-9
한국신용정보원 TDB 사이트

DB에 해당하는 TDB Tech Data Base 설립을 추진하였다.

TDB란, 기술정보 데이터베이스로서 기술정보, 권리정보, 시장정보 및 기술신용평가 정보를 관리한다. TDB의 핵심 업무는 기술 분야별로 산재된 기술정보를 보유기관과 협력, 네트워크 구축 등을 통해 지속적으로 수집 · 생산하는 것과 이를 금융기관, 보증기관, TCB tech credit bank, 투자기관 등에 제공하여 각 기관의 목적에 맞게 활용하도록 지원하는 것이다.[8]

2014년 7월 전국은행연합회는 동 연합회 내 TDB홈페이지에서 정식 서비스를 개시하였으며, 2016년 1월 한국신용정보원 TDB홈페이지(www.tdb.or.kr)를 운영 중이다. 기계소재, 전기전자, 정보통신, 화공섬유, 바이오의료, 에너지자원의 6대 산업분야별 전문 인력으로 운영되고 있다. TDB가 제공하는 보고서

8. 한국지식재산연구원, 기술금융 활성화를 위한 기술신용평가시스템 발전방안, 2014.11.

표 6-14
TDB 제공 정보

구분	내용	건수
TDB 보고서	• TDB 자체 생산 기술 · 시장, 공공정보 요약 보고서 등	약 600건
기술 · 시장정보	• 외부 기관에서 수집한 기술 · 시장정보 보고서	약 28,000건
특허	• 특허정보원으로부터 구입한 특허, 실용신안 DB 등	약 300만 건*
논문	• 과학기술정보연구원 등에서 수집한 기술 논문 정보	약 87만 건
기업인증정보	• 이노비즈, NEP, NET, 기업부설연구소 인증 정보	약 18,000건
통계	• 무역통계, 산업분류별 통계 등	약 13,000건
기타	• 투자자, 기업인수자	약 16,000건
합계	• TCB평가 분석 보고서, 정보증권사 분석 보고서 등	약 400만 건

*특허정보원으로부터 디자인, 상표 DB 등 약 600만 건 추가 수집(2014년 9월 말)
자료: 금융위원회, 'TDB 서비스 제공 개시' 보도자료(2014.07.18)

는 크게 2가지 내용으로 구성되어 있다. 하나는 기술보고서이고 다른 하나는 시장보고서이다. 기술보고서에 수록되는 내용은 기술내용(기술의 정의, 특성, 구성, 내용, 활용현황), 기술동향(국내외 기술동향, 발전방향 및 진보속도), 기술수준(상용화 단계, 혁신성, 차별성, 첨단성, 파급성) 등이다.

또한 시장보고서에 수록되는 내용은 시장개요(시장의 정의, 산업특성, 산업환경), 시장동향(국내외 시장동향, 통계 현황, 시장점유율 등), 시장규모 및 특성(경쟁상황), 수요전망(국내외 시장전망, 시장의 기회 및 위협요인 등)이다.

(2) 특허전문 검색DB

한국특허정보원에서 제공하는 특허전문 검색 데이터베이스인 KIPRIS는 1947년 이후의 산업재산권(특허, 실용, 디자인, 상표) 정보를 무료로 검색할 수 있는 국내 최대의 검색사이트(www.kipris.or.kr)이다. 〈그림 6-10〉의 초기화면에 나타난 바와 같이 KIPRIS 검색 데이터베이스는 국내 산업재산권 정보(약 350만건)를 서지사항, 초록(대표도면 포함), 전문명세서 전체를 수록한 특허 검색 데이터베이스이다. 이 사이트의 검색방법도 키워드검색, 각종번호(출원, 공개, 공고, 등록, 우선권번호)검색, IPC 검색, 출원인 및 발명자검색, 디자인 및 상표검색 등 다양하다.

그림 6-10
KIPRIS 검색 사이트

한편, 미국특허 검색사이트 USPTO www.uspto.gov는 미국특허청에서 제공하는 특허검색사이트로서 1976년 이후부터 현재까지의 특허등록공보자료에 대해서 서지적 검색 및 전문 full text 검색이 무료로 가능하다. USPTO검색사이트는 'Quick Search' Two- term Boolean Searching와 'Advanced Boolean Searching'로 구분되어 있고 'Quick Search'는 초록을 포함한 서지사항에서 검색함으로 신속하게 검색이 가능하며, 'Advanced Boolean Searching'에서는 명세서 전체에 대하여 검색이 가능하다.

일본 특허청 특허검색사이트(www.jpo.go.jp)는 일본특허청에서 보유하고 있는 산업재산권(특허, 실용, 디자인, 상표) 정보를 다양한 검색방법을 통하여 무료로 검색할 수 있는 검색사이트이다. 일본특허 검색사이트는 초보용 검색항목이 별도로 있으며, 특허검색에 있어서 IPC검색 및 F-term검색 등 다양한 검색이 가능하나 주로 번호검색 위주로 구성되어 있다.

2) 공적 정보의 활용 및 관련자 면담

특정 기술에 대한 견해는 해당기술의 전문가 사이에서도 조화될 수 없는 극단으로 엇갈려 나오는 경우가 많다. 그러한 경우는 가급적 해당분야의 권위있는 전문 학술지나 공공기관의 공식적인 의견을 우선적으로 반영하여야 한다. 그러한 견해를 찾아서 판단하기 어려운 경우는 관련 의견 전체를 소개하고 판단하여야 한다. 권위있는 전문학술 데이터베이스는 아주 작은 분야뿐 아니라 주변 분야까지도 포괄하여 정보를 갖고 있다. 따라서 이러한 데이터베이스의 검색은 내용만 이해된다면 적극 권장된다. 아울러 공공기관, 학회, 민간의 영리 및 비영리기관 등에서 수시로 발표되는 기술예측 보고서나 책임있는 기술분석정보 등을 활용할 것도 권장된다.

기술가치평가에 있어서는 분석대상기술의 개발자나 소유자, 혹은 가치평가 의뢰자가 제공하는 정보에 의존하는 경우가 많다. 따라서 이들이 동일하지 않다면 각각에 대한 직접 면담을 통해 필요한 정보를 획득할 필요가 있다. 왜냐하면 해당기술의 전문가 면담을 통해 관련 정보를 충분히 얻을 수 있고, 기술적인 내용에 대한 분석의 범주나 대상에 대한 정보를 획득할 수도 있으며, 분석 자체의 통찰력을 얻기 때문이다. 해당기술의 개발자나 소유자는 관련기술뿐 아니라 시장에 대한 정보를 갖고 있는 경우가 많다. 그러나 과학기술자는 자신의 기술에 대한 과도한 자신감과 우월감을 보이는 경우가 많으므로 기술의 시장성이나 다른 기술과의 비교시 이를 충분히 감안하여야 한다.

6.3 기술성 및 시장성의 검토

기술의 혁신적 속성, 환경적 속성 및 사회적 속성에 관한 검토가 이루어져야 한다. 이 내용에 관한 검토는 분석대상기술 자체에 대한 이해이기 때문에 어떠한 방법론이 적용되든 반드시 평가기법의 적용 이전에 이루어져야 한다. 기술성이 기술 자체의 속성이라면 시장성 marketability 은 그 기술이 시장에서 얼마나 팔릴 수 있느냐의 문제이다.

1) 기술성과 시장성의 관계

기술성이 우수한 기술이라도 시장에서 전혀 반응이 없는 경우도 있다는 점에 유의하여야 한다. 기술성과 시장성이 모두 좋게 평가되는 경우도 있지만, 기술성과 시장성에 대한 평가가 서로 엇갈리는 경우 기술가치평가에서는 당연히 시장성을 우선시하여야 한다. 기술성이 좋고 시장성이 나쁘다면 가치는 높게 평가되지 못하지만 기술성이 나빠도 시장성이 좋다면 가치는 높게 평가될 수도 있다.

2) 기술의 신뢰도 · 안전도 · 경제성

기술성이 아무리 좋아도 시장에서 받아들일 수 없는 기술성이 있다. 이는 특히 응용단계의 구현신뢰성, 대량생산 또는 실용화 생산에 진입하였을 경우 작동의 신뢰성, 안전성, 나아가 사용상의 경제성 등에 기인한다. 기술성이 아무리 높아도 사용자의 신뢰도를 충족시키지 못하면 시장성은 나타나지 않는다. 신뢰성은 기술의 생산자가 아니라 사용자들의 판단이다. 한편 안전성은 사용상의 안전도 문제이다. 조금이라도 안전도에 문제가 발생하는 경우 시장성은 소멸된다. 그리고 경제성이 없는 기술성은 부정적으로 평가된다. 일례로 속도만을 강조하고 안전성이나 경제성을 무시한 기술은 시장에서 결국 외면당하게 된다.

6.4 평가기법의 적용 및 시산가액 산정

기술가치에 대한 평가기법으로서 ① 수익방식, ② 비교방식, ③ 원가방식, ④ 로열티면제법, ⑤ 기술요소법 등을 다양하게 적용하여 시산가액을 도출하게 된다. 각각의 평가기법에 대해서는 앞서 특허권의 이론적 평가방법에서 설명한 바 있으나 각 방식 고유의 특성에 따라 장 · 단점도 있으므로 어느 한 방식에 의존하기 보다는 가급적 2가지 이상의 기법을 적용하여 도출된 시산가치indicated values를 자료의 신뢰성이나 객관성에 따라 조정하는 과정이 매우 중요하다.

6.5 최종 평가액의 결정 및 평가서 작성

앞에서 도출된 시산가액을 기초로 하여 최종 평가가액을 결정할 때에는 특허기술에 대한 기술성과 시장성분석이 제대로 이루어졌으며, 평가방법 적용 시 채택된 증거나 사례자료의 적부 및 신뢰도 등에 대한 충분한 검토가 이루어진 다음 최종적으로 가치결론을 도출해야 한다. 그리고 평가결과 보고서는 의뢰인과 이해관계인이 충분히 이해할 수 있도록 다음 사항이 필수적으로 기재되어야 한다.

- 대상 지식재산권 목록
- 평가목적 · 범위 · 전제조건
- 평가의 기준가치
- 평가기준시점
- 평가 대상권리의 범위(지역 · 기간 · 수량)
- 평가방법의 적용
- 기업분석 · 산업분석
- 특허기술분석
- 특허권 가치평가방법의 적용
- 시산조정 및 감정평가가액
- 감정평가가액의 산출근거 및 결정의견

Ⅳ 특허권 평가사례

1 평가개요

[대상기업 개요]

표 6-15 사업체 개요

상 호	SH시스템 주식회사		
대표자	홍길동		
사업장소재지	서울특별시 구로구 고척동		
설립일	1985년 10월	업 태	제조, 도매
자본금	200,000,000원	업 종	전기변환장치, 계측기 등
상장여부	비상장		

표 6-16
사업체 연혁

1985. 10.	SH시스템㈜ 설립
1989. 02.	절연형 신호변환기 개발시판
1992. 01.	신호용 피뢰기 개발시판
1993. 03.	적산지시계(CPU TYPE 16 BIT)개발시판
1995. 03.	지시계 LG하니웰 OEM생산
1996. 07.	공장준공이전
1997. 03.	미국 DEVER사와 판매대리점 계약체결
1998. 02	싱가폴UMS사와 싱가폴지역 독점판매 대리점 계약체결
1998. 04.	ISO-9001 품질인증 시스템 인증획득
2004. 02	FLOW Computer 개발착수
2004. 06.	실용신안등록(주파수/ANALOG 신호변환기)
2004. 08.	실용신안등록(바 그래픽 판넬메타)

[평가대상 권리]

본건 평가의 대상권리는 특허권 일체에 대한 사용 · 수익 · 처분의 권리를 말하며, 특허발명에 있어서는 그 물건을 생산 · 사용 · 양도 · 대여 · 수입 또는 전시하는 권리를 독점하고 가스터빈 온도감지장치 및 방법을 사용하는 권리를 독점하며, 그 방법에 의하여 생산한 물건을 사용 · 양도 · 대여 · 수입 또는 전시하는 권리를 독점하는 배타적 산업재산권이다.

본 발명은 가스터빈의 온도감지 장치 및 방법에 있어서, 특히 가스터빈에 설치되는 온도감지 센서부의 감지정보를 처리하는 콘트롤 박스의 커넥터를 상하면에 배치하되 사선 계단형태로 구성하여 보다 많은 온도센서 라인이 연결될 수 있도록 하였다. 자세한 발명의 내용은 기술성 분석 부분에 기술하였다.

표 6-17
평가대상 특허권 내역

NO	명칭	등록 번호	특허권자	출원일	등록일	존속 기간
1	가스터빈의 온도감지 장치 및 방법	특허 제10-0983635호	홍길동 (123456-1******) 서울 동작구 사당동	2010.05.31 제2010-0051289호	2010.09.15	2030.05.31

[평가목적 및 기준가치]

본건 평가는 SH시스템㈜이 홍길동이 소유 중인 특허권을 매수하기 위한 일반거래(시가참조) 목적의 감정평가로서 '시장가치'를 기준가치로 한다. 여기서 시장가치라 함은 '대상 물건이 통상적인 시장에서 충분한 기간 거래를 위하여 공개된 후 그 대상 물건의 내용에 정통한 거래당사자 사이에 신중하고 자발적인 거래가 있을 경우 성립될 가능성이 가장 높다고 인정되는 대상물건의 가액'을 말한다.

[기준시점 및 조사평가기간]

본건의 기준시점은 감정평가 의뢰일인 20x6년 7월 1일이며, 조사기간은 20x6년 7월 1일~20x6년 7월 20일이다.

[평가범위 및 가정과 전제조건]

(1) 평가의 목적은 기술사업에 대한 투자, 기술이전 · 거래, 기술사업화, 기술개발 과제의 선정, 기술담보 · 보증, 기업 내부의 지식재산권 관리 등 다양한 의사결정을 지원하기 위한 것이다.

(2) 본건은 특허기술의 가치를 평가하여 기술사업 투자 및 기술 이전시 참고할 수 있도록 하기 위한 것으로, 관련 분야의 정보를 활용하여 기술성 및 사업성을 조사 분석한 후 종합적으로 검토한 평가의견과 기술의 경제적 가치를 금액으로 환산하기 위한 것이다. 본건의 평가는 기술투자 및 일반거래 등을 위한 참고자료로 작성된 것으로서, 기술의 가치에 대한 법적 구속력 있는 견해나 근거의 제시를 목적으로 하는 것은 아니다.

(3) 본 평가는 SH시스템㈜이 가스터빈의 온도감지장치 및 방법 특허기술을 이용하고 향후에도 현재의 서비스 및 영업조직을 이용하여 경영함으로써 수익을 지속적으로 창출하는 계속기업$^{\text{going concern}}$을 전제로 한다. 다만, 평가일 현재 예측이 불가능한 향후 산업환경의 변화나 노사관계의 변화 관련 기술환경의 급변으로 인한 인력 유출의 영향 등은 본 평가의 범위에 해당하지 않는다. 따라서 이러한 영향으로 인해 본 평가서의 추정결과와 향후의 실제 발생손익 사이에 차이가 발생할 수도 있음에 유의해야 한다.

(4) 평가대상 무형자산은 여타 기여자산들과 함께 수명기간 중에 현금흐름을 창출하고 있으므로 본 평가에서는 평가대상 이외의 기여자산공헌율[CAC]이나 평가가치를 공제하고, 대상 무형자산에 귀속되는 경제적이익만을 자본환원하는 방식에 의하여 평가하고, 각 적용방식의 기본전제나 가정을 명시하였다.

(5) 본 평가는 대상 특허권과 관련하여 법적으로 보호되는 기술이 창출하는 경제적이익에 대한 시장가치를 산정하는 목적의 평가이므로 대상 특허권의 최유효이용을 전제로 하되, 대상 기업이 보유하고 있는 기술적 노하우는 평가에서 제외하였다.

(6) 본건 특허권의 평가방법 적용에 있어서 수익방식의 경우 미래의 기대현금흐름, 미래의 기대비용 등 예상 잉여현금흐름 및 할인율의 추정 등 일정한 가정과 조건하에 미래를 추정함에 있어 적용변수를 주관적 판단보다는 가능한한 객관적인 통계자료를 인용하려고 노력하였으나, 일부 자료의 불충분, 시간적인 한계, 조사비용의 한계가 있는 경우에는 일정한 합리적 평가조건의 전제하에 평가하였다.

[평가근거 법규]

본건 특허권의 평가방법 적용에 있어서 그 근거가 되는 법률은 「감정평가에 관한 규칙」 제23조에서 규정하고 있는 무형자산의 감정평가이다. 그 구체적인 내용을 살펴보면, 제③항에서 "영업권, 특허권, 실용신안권, 디자인권, 상표권, 저작권, 전용측선이용권, 그 밖의 무형자산을 감정평가할 때에는 수익환원법에 의한다"라고 규정하고 있다. 다만 수익환원법에 의한 평가가 적정하지 아니한 경우에는 거래사례비교법 또는 원가법에 의할 수 있다.

[평가방법]

(1) 본건 특허권의 평가는 '감정평가 및 감정평가사에 관한 법률', '감정평가에 관한 규칙' 등 관계법규와 일반적으로 인정된 감정평가이론에 의거하여 평가하였다.

(2) 본건 특허권의 평가방법은 ① 대상 무형자산이 있을 경우와 없을 경우를 상정하여 기업가치에서 그 차액을 해당 자산의 가치로 평가하는 '증분현금흐름법', ② 대상무형자산이 창출하는 수명기간 중의 예상 현금흐름에서 다른 자산에 귀속되는 기여자산공헌율(액)[CAC]을 공제한 후 대상 무형자산에 귀속되는 초과이익을 현재 가치화하여 대상 무형자산의 가치를 결정하는 '다기간초과이익법', ③ 동종유사기업의 정상이익률을 초과하는 이익을 환원하는 '초과이익환원법', ④ 제3자로부터 라이선스 되었다면 지급할 로열티를 기술소유자가 부담하지 않음으로써 절감될 수 있는 로열티 지불액을 추정하여 현재가치로 환산하는 방법인 '로열티면제법', ⑤ 기술자산이 사업화 과정을 거쳐 창출한 경제적이익에 공헌한 정도를 고려한 '기술요소법' 등으로 시산가액을 산정하고, 이에 대한 시산조정을 통해 평가대상 지식재산권의 최종 평가액을 결정한다.

2 기업분석 및 산업분석

2.1 기업분석

■ 사업분야(제조 및 판매)

- 현장계기류

  온도계류 : NAGANO(Japan/Korea), SHINHO

  압력계류 : NAGANO, SIEMENS, HISCO

- 온도센서 및 보상도선류
- 판넬계기류(피뢰기)
- 판넬계기류(신호변환기)

  온도/습도, 유량/레벨분야, 통신관련, 분배/절연, 시스템 호환성 관련 분야

- 판넬계기류(지시적산계)

• 인증서

명칭	발행번호	내 용	발행일자	발행처
ISO 9001	QMS-0088	품질경영시스템	1998.04.16	기업인증진흥센터
이노비즈	R6011-2696	기술혁신 중소기업	2009.11.28	중소기업청
디자인등록증	0238654	신호변환기	1999.03.09	특허청
상표등록증	0486805	신호변환기등 7건	2001.02.02	특허청
품질인증서(EM)	제98-67	신호변환기	1998.08.06	국립기술품질원
안전인증서(S마크)	제CC0223호	ARRESTER/ SHN-SIG-TCR	1999.10.27	한국산업안전공단
CE마크(안전마크)		SURGE ARRESTER (PSP SERIES)	2008.02.04	EC DECLARATION OF CONFORMITY

2.2 산업분석

• 전자산업의 특색
• 세계 전자산업 시장현황 및 전망
• 세계 전자산업 생산 및 주요국 현황
• 분야별 세계 전자산업 현황
• 국내 전자산업 현황 및 전망
• 국내 전자산업 수출입 현황 및 분야별 국내 전자산업 현황
• 지능형센서의 산업동향
• 센서의 최신 기술동향
• IT융합을 위한 지능형 센서 산업동향
• 원격 온도측정을 위한 열 적외선 센서thermopiles
• 활용 범위를 넓혀가고 있는 산업자동화 센서
• 계측기기 산업 동향
• 센서 기술동향과 전망

3 특허기술 분석

3.1 평가대상 기술

NO	유형	발명의 명칭	출원번호	등록번호	등록일자
1	특허	가스터빈의 온도감지 장치 및 방법	2010-0051289	10-0983637	2010.09.15

표 6-18
특허등록사항

권리사항	출원 연 월 일	2010년 05월 31일	출원번호	10-2010-0051289
	공고 연 월 일	2010년 09월 24일	등록공고번호	10-0983637
	심결 연 월 일	2010년 08월 24일	청구범위의 항수	5
	IPC분류	F02C-009/00	등록의 구분	
	발명의 명칭	가스터빈의 온도감지 장치 및 방법	존속기간 만료일	2030년 05월 31일
	등록일	2010년 09월 15일		
특허권자	성 명	홍 길 동		
	주민등록번호	123456-1******		

3.2 경쟁기술의 분석

본 발명은 콘트롤 박스의 상하면에 온도감지 센서라인을 결합하는 커넥터를 설치하되, 구조를 다단 사선형으로 배치하여 많은 개수의 센서 입력라인을 효율적으로 연결할 수 있다. 또한, 온도감지 센서 신호를 입력받되 2개의 입력신호를 비교하여 정상신호이면 평균한 온도값을 디스플레이하고, 어느 한 개의 입력신호만이 노이즈가 입력되거나 또는 단선되거나, 또는 오신호가 입력되거나, 또는 급격히 변화된 신호가 입력되면 나머지 다른 한 개의 온도값을 디스플레이하여 가스터빈의 작동은 정상적으로 유지시킴과 동시에 한 개 입력신호의 이상신호를 출력하여 사용자가 인지할 수 있도록 함으로써 잦은 온도감지 에러로 인한 발전 정지사고를 미연에 방지토록 하는 효과가 있다. 상세한 기술분석 내용은 지면관계상 생략한다.

4 기업가치의 평가

특허권의 가치평가는 전체 기업가치 중에서 특정기술이 창출하는 현금흐름의 가치를 분리해 내는 작업이라고도 할 수 있다. 그러므로 우선 전체기업가치를 산정하도록 한다. 여기서는 대상 무형자산이 있을 경우와 없을 경우를 상정하여 각각의 기업가치를 산정하고, 그 차액을 해당 자산의 가치로 평가하는 증분현금흐름법incremental income method의 일종인 기술유무법with-and-without technology method을 적용하기로 한다. 우선 특허기술 보유 시의 대상기업 기업가치를 산정하기 위한 기본가정은 다음과 같다.

〈기본가정〉

① 매출액의 추정 : 정규매출증가율은 과거 매출액 변동추이, 최근 5개년간 추이, 상품 매출액 변동추이, 제품 매출액 변동추이, 수출 매출액 변동추이 및 향후 경기변동 등을 고려하여 결정

② 매출원가 : 과거 추세를 반영하여 20x1년부터 5개년 평균치와 최근 20x5년도 매출원가율을 각각 50%씩 가중평균하여 산정

③ 운영경비 : 임원급여는 물가상승률 등을 고려하여 추정하고, 직원급여, 상여금, 제수당, 성과급은 과거변동추이를 고려하여 추정하였으며, 복리후생비, 감가상각비, 기타비용은 개별추정

④ 감가상각비 · 자본적지출 · 운전자본 : 과거 5개년의 평균을 기준으로 매출액 변동추이와 동일하게 변동하는 것으로 가정

⑤ 고정성장률(g) : R&D 및 시설투자 능력 및 의지, 사업부문 다각화 및 마케팅 역량, 그리고 과거 5개년 매출성장률 등을 감안하여 추정

⑥ 할인율 : CAPM모형에 의한 WACC에 기초하여 산정

(1) 매출액 추정

당해 기업의 매출액 추정은 기준시점 현재 사업부문별 과거 매출실적 추이

에 따라 추정하였다. 즉 기존 SH시스템㈜과 관련한 매출액은 과거매출액 변동추이 등을 고려하여 결정하였으며, 본 특허제품의 매출액이 포함된 것으로 보고 추정하였다. 기존 SH시스템㈜을 통한 매출액은 최근 5개년간 매출액 변동추이, 즉 상품 매출액 변동추이, 제품 매출액 변동추이, 그리고 수출 매출액 변동추이 및 향후 경기변동전망 등을 고려하여 결정한다.

- 매출액 성장률의 추정: 주요 성장추이는 〈표 6-19〉와 같은 바 20x3년 이후 수출액의 성장이 가장 큰 것으로 나타났으며, 최근 기술개발 투자와 성장가능성 등을 고려하여 총 매출액성장률을 연 5.0%로 판단하였다.

표 6-19 매출액 변동추이

(단위: 백만원)

구 분	20x1	20x2	20x3	20x4	20x5
상품매출액	461	137	162	212	91
변동률	-	-70.28%	18.25%	30.86%	-57.08%
제품매출액	2,067	1,926	2,141	2,547	2,215
변동률	-	-6.82%	11.16%	18.96%	-13.03%
수출매출액	32	24	105	123	204
변동률	-	-25.00%	337.50%	17.14%	65.85%
총매출액	2,560	2,087	2,408	2,882	2,510
변동률	-	-18.48%	15.38%	19.68%	-12.91%

(2) 매출원가 및 판관비 추정

① 매출원가 추정: 매출원가율은 과거의 추세를 반영하여 20x1년부터 5개년 평균치 62.9%와 최근 20x5년도 원가율 60.7%을 각각 50%씩 가중평균하여 매출액 대비 61.8%로 결정한다.

매출원가율 = [62.9%(과거 5개년 평균) × 0.5] + [60.70% × 0.5] = 61.8%

② 판매비와 일반관리비: 판매비와 일반관리비는 대상기업의 장래 성장성 및 동종 유사업종의 경쟁관계 등을 감안하여 최근자료 및 동종산업의 평균 수치 등을 감안하여 연간증가율을 결정하였다. 즉 임원급여는 물가상승률

등을 고려하여 4%로 추정하고, 직원급여, 상여금, 제수당, 성과급은 과거 변동추이를 고려하여 8.3%로 추정하였으며, 복리후생비는 10%, 감가상각비는 1%씩 각각 증가하는 것으로 보았다. 한편 기타비용은 4%씩 증가하는 것으로 추정한다.

(3) 미래손익 추정

당해 기업의 미래손익에 대한 추정은 기준시점 현재로부터 5년간 추정하였고, 그 이후는 매출성장 추이, 미래 시장동향, 물가상승률 등 기업환경에 영향을 미치는 부분을 보수적으로 고려하여 안정적인 성장을 하는 것으로 전제하였다.

(4) FCFF의 산정

당해 기업의 미래에 산출 가능한 기대이익은 과거 회계자료를 분석함으로써 추정하게 되는데 분석의 중심대상은 손익계산서이다. 기대이익으로 산정되는 대상 이익은 손익계산서상의 영업이익, 경상이익, 당기순이익 등으로 나누어 볼 수 있는 바, 영업활동과 관계없는 특별손익 등을 제외한 경상적인 이익을 분석 대상으로 결정하였다. 당해 기업의 매출액의 추정은 당해 기업의 과거 매출액 변동추이, 수임업체의 구성비율 및 증가추이, 매출액 구성비율, 정부기관 및 전문기관에서 발표한 전문 과학 및 기술서비스업의 매출액증가율, 소비자물가상승률, 경제성장률 등을 종합 고려하여 결정하였다. 감가상각비 등 비현금흐름, 자본적지출, 추가운전자본은 과거 5개년의 평균을 기준으로 매출액 변동추이와 동일하게 변동함을 가정하여 기대이익을 추정하였다.

(5) 할인율의 결정

① 자기자본비용^{Ke}의 산정

- 무위험 이자율 산정: 무위험율의 추정은 3년 만기 국채수익률의 과거 10개년 평균과 정기예금 금리의 과거 10개년 평균을 각 50%씩 가중평균하여 2.75%로 결정한다.
- β계수의 산정: 위험은 체계적위험과 비체계적위험으로 구분되며 베타계수

표 6-20
FCFF의 산정

(단위 : 백만원)

구 분	1기	2기	3기	4기	5기	6기 이후
매출액	2,635	2,766	2,904	3,049	3,201	3,361
정규매출	2,339	2,429	2,517	2,617	2,724	2,860
기술관련매출	296	337	387	432	477	501
매출원가	1,628	1,709	1,795	1,884	1,978	2,077
매출총이익	1,007	1,057	1,109	1,165	1,223	1,284
판관비	451	480	511	543	579	616
R&D	87	93	98	104	110	117
EBITDA	469	484	500	518	534	551
감가상각비	44	44	44	45	45	45
EBIT	425	440	456	473	489	506
Taxes(22%)	93	96	100	104	107	111
NOPLAT	332	344	356	369	382	395
감가상각비	44	44	44	45	45	45
퇴직급여충당금	27	29	31	33	35	38
Gross Cash Flow	403	417	431	447	462	478
자본적지출	30	30	30	30	30	30
운전자본증감	19	62	64	66	68	70
Free Cash Flow	354	325	337	351	364	378

는 체계적위험에 대한 계수로서, 시장상황의 변동성에 대한 당해 기업의 변동가능성을 나타내는 것을 말한다. 당해 기업은 비상장회사로서 β계수의 추정에 어려움이 있는 바, 본 평가에서는 동종산업인 전자산업으로서 상장된 ㈜GS전자회사의 β계수를 고려하여 1.02로 결정하였다.

- 자기자본비용 산정: 자기자본비용의 산정은 수정CAPM modified capital asset pricing model : MCAPM 방식과 조성법 build-up method 을 이용하여 산정하였다.

다음과 같이 자기자본비용 Ke 은 MCAPM 방식에서 11.88%, 조성법에서는

표 6-21
자기자본비용의 산정

MCAPM 자기자본비용 : $K_e = R_f + \beta(RP_m) + RP_s + RP_u$		
(1) 무위험수익률(R_f)		2.75%
(2) 베타(β)	1.02	
(3) 시장위험할증(RP_m)	4.00%	4.08%
(4) 규모위험할증(RP_s)		3.30%
(5) 기업고유비체계적위험할증(RP_u)		1.75%
		K_e = 11.88%
조성법(build-up) 자기자본비용 : $K_e = R_f + R_i + RP_m + RP_s + RP_u$		
(1) 무위험수익률(R_f)		2.75%
(2) 산업위험할증(R_i)		3.50%
(3) 시장위험할증(RP_m)		4.00%
(4) 규모위험할증(RP_s)		3.30%
(5) 기업고유비체계적위험할증(RP_u)		1.75%
		K_e = 15.30%
	자기자본비용의 결정	K_e = 13.59%

15.30%로 각각 산정되었으므로 이를 산술평균하여 13.59%로 결정하였다.

② 타인자본비용의 산정: 20x5년말 현재 SH시스템㈜이 보유하고 있는 차입금의 가중평균 금리는 6.34%이며, 법인세율을 감안한 타인자본비용은 아래와 같이 산정되었다.

③ 가중평균자본비용[WACC]: 현금흐름을 현가화하기 위한 할인율은 주주의 기대수익률(자기자본비용)과 채권자의 기대수익률(타인자본비용) 모두를 적절하게 반영하여야 한다. SH시스템㈜의 수정 재무상태표를 분석한 결과 자기자본비용 60%, 타인자본비용 40%가 가장 적합한 대상기업의 자본구조로 판단되어 이를 적용하여 산정한 결과, WACC는 아래와 같이 10.10%로 결정한다.

표 6-22
타인자본비용의 산정

타인자본비용 : $K_d = R_b(1 - t)$	
(1) 차입금이자율(R_b)	6.34%
(2) 법인세율(t)	22.0%
	K_d = 4.95%

표 6-23
WACC의 산정

자본구조		자본비용	가중평균	
자기자본	60%	13.59%		8.15%
타인자본	40%	4.95%		1.98%
			WACC =	10.10%

(6) 고정성장률g

본 평가에서 채택한 평가모형은 2단계 성장모형으로서 미래의 각 기간 동안의 현금흐름을 모두 정확히 예측하기란 현실적으로 불가능함에 따라 20x0년까지는 개별추정(1기~5기, 각각 5%)하고 그 이후에는 현금흐름의 성장패턴에 대해 일정한 가정을 전개시킨 것이다. 일반적으로 예상할 수 있는 성장패턴은 ① 향후 불변, ② 지속적 증가, ③ 지속적 감소, ④ 증가/감소의 반복 등으로 구분할 수 있으며 평가대상기업의 해당업종과 영업 상황 및 전망에 따라 일정한 가정을 적용하게 된다. 따라서 동사가 화력발전소를 포함하여 안정적 거래처를 확보한 가운데 해외수출 거점의 확보(싱가폴 등), 꾸준한 시설투자, 사업부문 다각화 등을 통해 매출신장세를 유지하고 있기 때문에 이를 고려하되, 과거 5개년 매출액 성장률, 향후 동종산업의 성장전망 등을 종합적으로 감안하여 20x1년(6기) 이후 고정성장률g은 3.0%로 추정한다.

(7) 기업가치의 결정

20x6년 7월 1일을 기준시점으로 향후 5개년도의 추정 FCF와 20x0년 이후의 FCF를 7.1%로 할인하여 산정한 잔존가치를 합산하면, 동사의 기업가치는 최종 4,820백만원으로 산정된다.

(단위 : 백만원)

표 6-24
SH시스템㈜
추정DCF 및 기업가치

구 분	1기	2기	3기	4기	5기	그 이후
Free Cash Flow	354	325	337	351	364	378
고정성장률	5.0%	5.0%	5.0%	5.0%	5.0%	3.0%
잔존가치	–	–	–	–	–	5,323
할인기간	0.5	1.5	2.5	3.5	4.5	4.5
할인율	10.1%	10.1%	10.1%	10.1%	10.1%	7.1%
	0.95	0.87	0.79	0.71	0.65	9.13
현재가치	337	281	264	250	236	3,452
예측기간가치	1,368					
잔존가치	3,452					
Business Value	4,820					

5 특허권의 가치평가

5.1 증분현금흐름법(기술유무법)

여기서는 증분현금흐름법 incremental income method의 일종인 기술유무법 with-and-without technology method을 사용하여 대상기업의 특허기술 가치를 평가한다. 즉 대상 무형자산이 있을 경우와 없을 경우를 상정하여 각각의 기업가치를 산정하고 그 차액을 해당 자산의 가치로 평가하는 방식이다. 즉 대상 기술자산이 있을 경우의 기업가치와 그 자산이 없을 경우의 기업가치를 각각 산정한 다음, 그 차액을 해당 기술자산의 가치로 평가하는 것이다. 이 방식은 현금유입 cash inflow의 관점에서 해당 무형자산을 보유함으로써 미래에 기업이 기대할 수 있는 초과이익의 현재가치를 추정하는 것이 기본원리이다. 기술유무법에 의한 SH시스템㈜의 특허기술가치는 다음과 같은 7단계 평가절차를 적용한다.

[평가절차]

- 1단계 (FCFF추정) FCFF는 미래추정매출액에서 매출원가를 공제하여 매출총이익을 구한 후 이에 판매비와 일반관리비를 공제하여 EBIT를 구한다. 이렇게 구한 EBIT에서 법인세를 차감하고 감가상각비를 합산하면 총현금흐름 유입액이 산정된다. 여기서 시설자금과 순운전자본증가액을 차감하면 생산과 판매라고 하는 본업활동으로 인한 기업잉여현금흐름 FCFF 이 측정된다. 여기서는 앞서 기업가치의 평가에서 산정된 FCFF를 그대로 적용한다.
- 2단계 (기업가치의 산정) 기업가치는 특허기술 보유시 with technology 시나리오 가치로서 매년도의 FCFF를 가중평균자본비용 WACC 을 할인율로 이용하여 예측가치를 구하고, 이에 잔존가치를 더하여 산정한다. 여기서도 앞서 Ⅳ-4.(기업가치의 평가)에서 산정된 기업가치를 그대로 적용한다.
- 3단계 (기술미보유시 매출액의 추정) 기술미보유시의 정규매출에 대한 추정과 대체 기술개발에 의한 매출액을 추정한다. 대체 기술매출의 추정은 평가대상 특허기술을 대체할 수 있는 기술개발 기간을 예측하여 추정한다.
- 4단계 (EBITDA 추정) 3단계에서 추정된 매출액을 기초로 EBITDA를 추정한다.
- 5단계 (ATCF 산정) 4단계에서 추정된 EBITDA를 기초로 세후영업이익의 현금흐름을 산정한다.
- 6단계 (성장률과 할인율) 성장률은 사업계획서 및 과거실적 등을 분석하여 결정하고, 할인율은 MCAPM modified CAPM 방식이나 조성법 built-up method 에 의하여 산정하여 적용한다.
- 7단계 (기업가치의 비교) : 기술유무법에 의한 기술미보유시 without technology 시나리오 기업가치와 기술보유시 with technology 시나리오 기업가치를 비교하여 양 기업가치간 차액을 산정하여 이를 기술가치로 평가한다.

〈기본가정〉

① 특허기술의 경제적 수명 : 평가대상 특허기술 등을 대체할 수 있는 기술을 새로 개발하는 것으로 가정한다. 즉 계속기업을 전제로 대체기술의 개발기간에 소요되는 기간을 추정하여 결정
② 운영경비 : 판매비 및 관리비, R&D비용은 총매출액 비율 기준으로 개별추정
③ 법인세 : 22.0%
④ 고정성장률(g) : R&D 및 시설투자 능력 및 의지, 사업부문 다각화 및 마케팅 역량, 그리고 과거 5개년 매출성장률 등을 감안하여 추정
⑤ 할인율 : MCAPM(modified CAPM)방식에 의하여 산정
⑥ with technology 가치 : DCF에 의한 기업가치분석에 의하여 산정

[평가절차의 적용]

- 1단계 (FCFF의 추정) 앞서 (4. 기업가치의 평가)에서 산정된 FCFF를 그대로 적용한다〈표 6-22 참조〉.
- 2단계 (기업가치의 산정) 앞서 (4. 기업가치의 평가)에서 산정된 기업가치 평가액을 그대로 적용한다〈표 6-26 참조〉.
- 3단계 (기술미보유시 매출액의 추정) 정규매출의 미래 수익에 대한 추정은 1단계(FCFF추정)에서 추정된 정규매출을 그대로 적용하되, 기술매출의 미래수익에 대한 추정은 평가대상 특허기술을 대체할 수 있는 신규기술 개발기간을 2~5년으로 보고, 2018년 3기 부터 매출이 발생하는 것으로 추정한다.
- 4단계 (EBITDA 추정) 3단계에서 추정된 총매출에서 매출원가를 차감한 다음, 대체기술 개발에 소요되는 R&D비용 증가분과 특허기술관련 매출과 연동되는 판관비 감소분을 반영하여 EBITDA를 추정한다.
- 5단계 (ATCF 산정) 4단계에서 추정된 EBITDA에서 감가상각비를 차감하여 상각후영업이익을 산정한 후 세금을 차감하여 세후영업이익의 현금흐름을 산정한다.

• 6단계 (성장률과 할인율) 성장률은 사업계획서 및 과거실적 등을 분석하여 결정하고, 할인율은 앞서 증분현금흐름법에서 가중평균자본비용[WACC]산식에 의해 산정한 10.10%, 그리고 특허권의 무형자산에 대한 고유의 추가 리스크프리미엄을 가산하여 14.50%로 산정한다. 고정성장률은 앞의 기업가치평가에서 산정된 3.0%를 적용한다.

표 6–25
할인율의 결정

할인율 결정요소	%
① WACC	10.10
② 자기자본비용(*Ke*)	13.59
③ 추가리스크프리미엄(*RPs*)	3.00
적용 할인율(*R*)	14.50

위에서 특허권자산 고유의 추가 리스크프리미엄[*RPs*]은 다음과 같은 대상 특허권에 대한 고유 위험요인을 반영하여 3.0%로 결정한 것이다.

- 대상특허기술의 노후화 정도
- 특허제품 구성의 다양성
- 특허제품 유통경로
- 시장점유율 및 경쟁상황
- 특허제품의 장래전망

• 7단계 (기업가치의 비교) 기술유무법에 의한 기술미보유시[without technology 시나리오]의 기업가치를 구하여 2단계에서 구한 기술보유시[with technology 시나리오]의 기업가치를 비교한 다음 양 기업가치 차액을 산정하여 기술가치로서 평가한다.

$$Vp = \sum_{t=1}^{n} \frac{FCFF_t^1}{(1+r)^t} - \sum_{t=1}^{n} \frac{FCFF_t^2}{(1+r)^t}$$

$$= 4{,}820 - 4{,}085$$

$$= 735\text{백만원}$$

표 6-26
특허기술가치의 평가 : 증분현금흐름법 (기술유무법)

(단위 : 백만원)

구 분	1기	2기	3기	4기	5기	6기 이후
총매출액	2,339	2,429	2,710	2,919	3,105	
정규매출	2,339	2,429	2,517	2,617	2,724	
기술관련매출	–	–	193	302	381	
매출원가	1,445	1,500	1,675	1,803	1,918	
판관비	361	384	409	410	463	
R&D	116	118	129	174	168	
EBITDA	417	427	497	531	556	
감가상각	39	38	41	43	43	
상각후영업이익	378	389	456	488	513	
세금(22.0%)	83	85	100	107	113	
세후현금흐름(ATCF)	295	304	356	381	400	
감가상각	39	38	41	43	43	
퇴직급여충당금	23	25	28	31	33	
자본적지출	30	30	30	30	30	
운전자금	16	54	59	63	65	
Free Cash Flow	311	283	336	362	381	
고정성장률(3.0%)	–	–	–	–	–	5,323
할인기간	0.5	1.5	2.5	3.5	4.5	4.5
현가율(@14.5%)	0.93	0.82	0.71	0.62	0.54	0.54
현재가치	290	230	239	225	207	2,894
Without Technology	4,085					
With Technology	4,820					
특허기술 가치	735					

이상과 같이 기술자산보유시 기업가치 with technology business value 는 4,820백만원이며, 기술자산 미보유시의 기업가치 without technology business value 는 4,085백만원으로 산정되었으므로 그 차액은 735백만원이다. 따라서 기술가치평가액은 735백만원으로 산정된다.

5.2 다기간초과이익법

다기간초과이익법 multi period excess earnings method: MPEEM 은 대상 특허기술이 창출

하는 수명기간 중의 예상 현금흐름에서 다른 자산에 귀속되는 CAC를 공제한 후 대상 특허기술에 귀속되는 초과이익을 현재 가치화하여 대상 무형자산의 가치를 결정하는 방법이다. 이 방법에 의한 특허권가치 평가의 일반적인 산식은 다음과 같다.

$$Vp = PV(r)\sum_{t=1}^{n} EBIT - CACs - Taxes$$

V_P : 특허기술가치 $EBIT$: 영업이익 n : 수명기간
$CACs$: 기여자산공헌율(액) $Taxes$: 법인세 r : 할인율

기업분석 결과 대상회사인 SH시스템㈜는 10년이상 장기 근무한 조직화된 기술노동력이 상당수 있으며, 평가대상 특허기술(가스터빈센서) 이외에도 상표권이나 브랜드, 다양한 고객관계 및 유통망(고객목록)을 확보하고 있는 것으로 조사되었다. 따라서 다음 6단계 평가절차에 의하여 각종 식별가능한 무형자산에 대하여는 원가방식, 그리고 수익방식 중 로열티면제법과 초과이익법excess earning method: EEM 등에 의하여 평가하고, 인식불능 무형자산unidentifiable intangible assets을 잔여가치residuals로서 영업권에 배분한다.

[평가절차]

1단계 (특허기술로 인한 매출액의 추정)
2단계 (1단계에서 추정된 특허권기술로 인한 매출액 기준 EBITDA 추정)
3단계 (초과이익의 산정을 위한 CAC산정) 운전자본, 고정자산, 계약기반(고용계약), 상표 및 브랜드, 라이선스, 고객관계(고객목록)
4단계 (CAC차감 및 ATCF산정)
5단계 (할인율의 적용 및 특허기술 가치의 산정)
6단계 (WARA 분석 및 최종평가가치의 정합성 분석)

• 1단계 (특허기술로 인한 매출액 추정)

특허기술로 인한 매출액의 추정은 3단계 성장모형으로써 5년간은 개별추정하고, 그 후 10년간은 3%씩 성장한다고 보며, 그 후에는 0% 성장으로 추정한

〈기본가정〉

① 특허기술의 경제적 수명 : 계속기업을 전제로 하되, 경쟁기술의 출현으로 인한 기술수명을 고려한다. 즉 기술진부화로 인한 매출감소율을 모든 수명기간에 걸쳐 개별추정함

② 매출원가 : 잔존기술 수익을 기준으로 추정

③ 운영비 · 관리비 : 총매출 비율을 기준으로 산정

④ 판매비 : 매출비율 기준으로 산정하되, 기술기여도를 감안하여 산정

⑤ R&D비용 : 기술수명의 연장을 위한 R&D비용은 기술매출 감소율 적용과 중복되므로 고려하지 않음

⑥ 법인세 : 22.0%

⑦ 고정성장률(g) : 기술진부화로 인한 매출감소율을 감안하여 산정

⑧ 할인율 : 기술유무법에서 MCAPM모형에 의해 산정된 할인율 적용

⑨ 평가방법과 요구수익률 : SH시스템㈜의 식별가능한 무형자산은 다음 표와 같이 ①계약기반(고용계약), ②상표 및 브랜드, ③라이선스, ④고객관계(고객목록), ⑤특허기술가치 등이며, 각 무형자산별 평가방법과 추정 요구수익률은 다음 표와 같다.

〈자산별 ROR 및 무형자산 평가방법〉

자산별	평가방법	IRR
순운전자본		2.7%
고정자산		6.5%
무형자산		
① 계약기반(고용계약)	원가법	12.5%
② 상표 및 브랜드	로열티면제법	13.5%
③ 라이선스	그린필드법	15.05%
④ 고객관계(고객목록)	유통업자방법	13.0%
⑤ 특허기술가치	기술유무법	14.5%

다. 이는 일정기간이 지나면 특허권이 소멸되며, 새로운 경쟁자로 인해 초과수익은 사라지기 때문에 평가기준일 이후 15년이면 특허권의 초과매출은 없는 것으로 본다. 기술매출 감소율은 추정 1기에는 15%, 그 이후에는 매년 10%씩 감소하는 것으로 가정하여 특허기술로 인한 매출액을 산정한다.

표 6-27
특허기술의 매출액 추정

(단위 : 백만원)

구 분	1기	2기	3기	4기	5기	6기
특허기술매출	296	337	387	432	477	501
감소율	85%	77%	69%	62%	56%	50%
추정매출액	251	257	266	267	266	251

• 2단계 (특허기술의 EBITDA 추정)

특허기술의 상각전영업이익[EBITDA]은 위에서 추정한 특허권기술로 인한 매출액을 기준으로 산정한다. 매출원가는 잔존기술 수익의 10%로 추정하고, 운영비 · 관리비는 총매출비율을 기준으로 산정한다. 판매비는 매출비율을 기준으로 산정하되 1/3 정도만 기술에 기여한다고 가정하며, 기술 수명의 연장을 위한 R&D 비용은 기술매출 감소율 적용과 중복되므로 고려하지 않는다.

표 6-28
특허기술의 EBITDA

(단위 : 백만원)

구 분	1기	2기	3기	4기	5기	6기
잔존기술	251	257	266	267	266	251
매출원가(10%)	25	25	26	26	26	25
판관비	14	15	16	16	16	15
R&D	0	0	0	0	0	0
EBITDA	212	217	224	225	224	211

• 3단계 (CAC의 산정)

특허기술의 기여자산공헌율[CAC]을 산정하기 위해서는 식별가능한 무형자산

① 계약기반(고용계약), ② 상표 및 브랜드, ③ 라이선스, ④ 고객관계(고객목록) 등의 가치를 각각 산정하고 각 기여자산(순운전자본, 고정자산, 계약기반 고용계약), 상표 및 브랜드, 라이선스의 CAC를 산정한다. 각 자산의 CAC는 다기간초과익법을 적용하는 고객관계(고객목록)에서 산정하여 적용하기로 한다.

(1) 계약기반(고용계약) – 대치원가법

계약기반(고용계약)의 무형자산이란 SH시스템㈜의 조직화된 노동력assembled workforce 중 유리한 고용계약이 체결된 것으로 분석된 인원 12명으로서 이에 대한 가치평가는 채용비용과 교육비용을 고려한 대치원가법을 적용하였으며, 대치원가법 적용을 위한 기본 가정은 다음과 같다.

〈기본가정〉

① 유리한 고용계약 인원 : 12명(운영4, 연구개발3, 영업2, 행정3)
② 채용비용 : 평균임금의 10% ~ 15%
③ 교육기간 : 1.0 ~ 1.5개월
④ 대치비용단가 : 채용비용 + 교육비용
⑤ 법인세율 : 22.0%

표 6-29
고용계약 – 대치원가법

(단위 : 백만원)

분야별	정규직	평균임금 (A)	비용 (A)	채용비용 (C)=(A×B)	교육기간 (월)	교육비용 (D)	단가 (E)=(C+D)	대치원가 (정규직×E)
운영직	4	60	10%	6	1.0	5	11	44
연구직	3	55	15%	8	1.0	5	13	39
영업직	2	35	10%	4	1.5	4	8	16
행정직	3	30	10%	3	1.0	3	6	17
합 계	12	565	–	–	–	–	–	114
							법인세절감효과	25
							계약기반(고용계약)	89

SH시스템㈜ 계약기반(고용계약)의 무형자산 최종평가액은 위의 표와 같이 89백만 원으로 산정되었다.

(2) 상표 및 브랜드 – 로열티면제법

SH시스템㈜가 보유하고 있는 등록상표 등을 관련 장부나 서류 등을 통해 검토하고, 향후 관리계획에 대하여도 분석하였다. 그 결과 총매출revnues은 등록상표권과 각종 브랜드자산, 미등록 주지周知상표권 등으로 인해 창출될 미래 현금흐름으로 판단되었으며, 이에 대하여 적절한 정상로열티율arms-length royalty rate을 곱하여 매년 절감할 수 있는 세후로열티금액을 산정하고, 이를 현재가치화하는 방법으로 등록상표 등에 대한 가치를 산정한다. SH시스템㈜의 상표 및 브랜드 가치의 평가는 로열티면제법relief from royalty method: RFRM에 의하였으며, 우선 로열티면제법 적용을 위한 기본가정은 다음과 같다.

〈기본가정〉

① 시장로열티율 : 1.0%
② 법인세율 : 22.0%
③ 고정성장률(g) : 3.0%
④ 할인율 : 13.5%

(단위 : 백만원)

표 6-30
상표 및 브랜드 가치 – 로열티면제법

구 분	1기	2기	3기	4기	5기	6기 이후
매출액	2,635	2,766	2,904	3,049	3,201	3,361
로열티율	1.0%	1.0%	1.0%	1.0%	1.0%	1.0%
로열티 절감액	26	27	29	30	32	33
세금(22.0%)	5	5	6	6	7	7
세후로열티절감액	21	22	23	24	25	26
고정성장률(3.0%)						247
기간	0.5	1.5	2.5	3.5	4.5	4.5
현가율(@13.5%)	0.94	0.83	0.73	0.64	0.57	0.57
현재가치	19	18	16	15	14	139
상표 및 브랜드가치	221					

SH시스템㈜ 상표 및 브랜드tradename/brand asset의 무형자산 최종평가액은 위의 표에서와 같이 221백만원으로 산정된다.

(3) 라이선스 - 그린필드법

그린필드법greenfield method이란, 라이선스나 기술 등의 가치를 평가할 때 무형자형자산 이외에는 아무런 자산을 갖고 있지 않는 벤처기업이나 신생기업의 예상 미래 경제적이익을 추정하고, 이를 적정 할인율로 현재가치화하여 대상 무형자산의 가치를 평가하는 방법이다. 즉 가상의 신생기업은 평가대상 라이선스나 프랜차이즈 이외에는 어떠한 다른 자산도 갖고 있지 않으므로 고려 대상인 자산의 가치가 곧 신생기업의 기업가치와 같게 된다. 이를 직접현금흐름법direct cash flow method이라고도 한다. 일반적인 가치평가 모형은 다음과 같다.

$$V_L = PV(r)\sum_{t=1}^{n} FCFF$$

V_L : 라이선스가치 n : 잔존연한 r : 할인율(신생기업 적용)
$FCFF$: 잉여현금흐름

그린필드법GM의 평가절차는 국제평가기준IVS에서 다음과 같이 규정하고 있다.(IVS 210, par 60.32)

- 1단계 (현금흐름의 추정) 평가기준시점 현재 라이선스 등의 평가대상 무형자산이 대상기업의 유일한 자산이라는 가정하에 매출, 운영경비, 자본적 지출, 그리고 운전자본을 추정하고, 사업의 안정화 진입기간ramp-up period을 결정
- 2단계 (소요자산 투하자본 추정) 사업개시를 위하여 평가대상인 무형자산 이외에 필요한 자산을 구입, 임차, 건축하는 데에 소요되는 금액 및 시기를 추정
- 3단계 (할인율의 결정) 미래현금흐름의 현가화를 위한 할인율 결정
- 4단계 (TAB 가산 및 평가가치 산정) TAB의 가산 및 최종평가가치 산정

SH시스템㈜는 미국 S사와 D사, 싱가폴 U사 등의 형식 및 규격승인(라이선스) 및 국내 독점계약권(프랜차이즈), 각종 CE-마크 및 인증 그리고 환경경영시

스템 인증 등의 라이선스를 보유하고 있다. 따라서 이러한 라이선스 및 프랜차이즈에 대한 가치산정을 그린필드법으로 평가하였다. 매출액 추정은 그린필드법의 적용원리상 과거 5개년의 매출실적을 근거로 산정하되 제1기 및 2기 R&D 및 판관비 지출은 이상의 프랜차이즈와 라이선스 획득을 위한 투자비용을 가산하여 추정하였으며, 기본가정은 다음과 같다.

〈기본가정〉

① 매출액추정 : 그린필드법의 적용원리상 프랜차이즈와 라이선스 획득을 통한 사업의 안정화 진입(ramp-up)기간을 1년으로 보고,. 제2기부터는 안정화 단계로 추정

② 라이선스 이외의 필요자산 : 일체 구입하여 취득하는 것으로 추정

③ 제1기의 사업개시비용(start-up costs) : 라이선스 관련 비용으로 판단되어 이를 제외함

④ 할인율 : 20.0%

⑤ 법인세율 : 22.0%

⑥ 잔존가치 산정을 위한 환원율 : CAPM방식에 의함

표 6-31
라이선스 – 그린필드법

(단위 : 백만원)

구 분	1기	2기	3기	4기	5기	6기
매출액	185	370	840	1,176	1,428	1,681
매출원가	114	228	519	727	883	1,039
매출총이익	71	141	321	449	546	642
판관비	30	71	126	164	185	218
R&D	22	23	25	26	28	29
상각전영업이익	19	47	170	259	333	395
감가상각	66	66	66	66	66	66
상각후영업이익	(47)	(19)	104	193	267	329
세금(22.0%)	(10)	(4)	22	42	58	72
세후영업이익	(37)	(15)	82	151	209	257
감가상각	66	66	66	66	66	66

(단위 : 백만원)

구 분	1기	2기	3기	4기	5기	6기
자본적지출	1,002	26	26	26	26	26
운전자금	12	40	42	43	44	46
현금흐름	(985)	(15)	81	149	205	252
잔존가치(@10.1%)	–	–	–	–	–	2,492
기간	0.5	1.5	2.5	3.5	4.5	4.5
현가율(@20.0%)	0.91	0.76	0.63	0.53	0.44	0.44
현재가치	(899)	(11)	51	78	90	1,097
라이선스가치	406					

SH시스템㈜가 보유하는 라이선스 가치에 대한 최종평가액은 위의 표에서와 같이 406백만원으로 산정되었다.

(4) 고객관계 (고객목록) – 유통업자방법

① 고객목록의 EBITDA 고객목록에 대하여 법적 · 계약적 기준을 충족시키는지 여부를 분석하였다. 그 결과 SH시스템㈜이 고객과의 제품 공급계약을 통해 관계가 형성된 고객 목록이 이 기준을 충족하는 식별가능한 무형자산으로 확인되었다. 고객관계(고객목록)의 무형자산 평가는 수익방식이 적합하므로 유통업자방법[distributor method]을 적용하여 그 가치를 평가하고, 자산수익률법[return on asset method]에 의한 각 자산의 기여자산공헌율(액)[contributory asset charge]을 차감하여 초과이익을 산정한다.

표 6-32
고객관계(고객목록) – EBITDA

(단위 : 백만원)

구 분	1기	2기	3기	4기	5기	6기
정규매출	2,339	2,429	2,517	2,617	2,724	2,860
기존고객이탈율	90%	77%	65%	55%	47%	40%
기존고객 수익	2,105	1,858	1,636	1,446	1,279	1,142
매출원가	1,300	1,148	1,011	893	790	705
운영비 및 관리비	360	322	287	257	231	209
EBITDA	445	389	338	296	258	228

② **기여자산공헌율의 차감** 기여자산공헌율CAC을 산출하기 위하여는 자산수익률법return on asset method을 이용한다. 자산수익률법은 기여자산에 대한 이자비용만을 기여자산공헌율의 개념으로 보기 때문에 CAC는 감가상각비 차감 후 이익인 영업이익EBIT으로부터 차감된다.

- 순운전자본 : 순운전자본은 기초유동자산에서 기초유동부채를 차감한 가액에다 순운전자본 증가액을 더한 기말순운전자본이며, 자산요구수익률은 단기차입금 금리를 고려하여 2.7%로 산정하였다. 그 결과 아래 표에서와 같이 순운전자본의 기여자산공헌율 CAC_{WC}은 0.67%로 산정된다.

(단위 : 백만원)

표 6-33
순운전자본 CAC

구 분	1기	2기	3기	4기	5기	6기
기초 운전자금	575	594	656	720	786	854
증가액	19	62	64	66	68	70
기말운전자본	594	656	720	786	854	924
Return on(2.7%)	16	17	19	21	23	24
매출액	2,635	2,766	2,904	3,049	3,201	3,361
CAC - 순운전자본	0.61%	0.61%	0.65%	0.69%	0.72%	0.71%
	0.67%					

- 고정자산 : 고정자산은 기초고정자산가액에다 자본적지출은 가산하고, 감가상각을 차감한 기말고정자산이며, 고정자산 요구수익률은 자산유동화 금리를 고려하여 6.5%로 산정하였다. 그 결과 아래 표와 같이 고정자산의 기여자산공헌율 CAC_{FA}은 4.24%로 산정된다.

(단위 : 백만원)

표 6-34
고정자산 CAC

구 분	1기	2기	3기	4기	5기	6기
기초 고정자산	1,993	1,979	1,965	1,951	1,936	1,921
자본적지출	30	30	30	30	30	30
감가상각	44	44	44	45	45	45

(단위 : 백만원)

구 분	1기	2기	3기	4기	5기	6기
기말자산	1,979	1,965	1,951	1,936	1,921	1,906
Return on(6.5%)	128	127	126	125	124	123
매출액	2,635	2,766	2,904	3,049	3,201	3,361
CAC - 고정자산	4.86%	4.59%	4.34%	4.10%	3.87%	3.66%
	4.24%					

• 계약기반(고용계약) : 노동력의 기여자산공헌율 $^{CAC_{AW}}$은 앞에서 원가법으로 구한 채용비용과 교육비용 등의 대치원가 89백만원을 최근(20x5년) 매출액으로 나눈 다음 노동력의 IRR을 곱한 값으로 구한다. 따라서 노동력의 기여자산공헌율은 0.44%로 산정된다.

$$CAC_{AW} = \frac{\text{대치원가}}{\text{매출액}} \times \text{노동력의 IRR}$$

$$= (89/2,510) \times 12.5\%$$

$$≒ 0.44\%$$

• 상표 및 브랜드 ^{tradename} : 로열티면제법에 의한 로열티율 1.0%에 세금 22.0%를 고려한 상표 및 브랜드의 기여자산공헌율 $^{CAC_{TB}}$은 0.78%로 산정된다.

$$CAC_{TB} = \text{로열티율} \times (1 - \text{법인세율})$$

$$= 1.0\% \times (1 - 22.0\%)$$

$$≒ 0.78\%$$

• 라이선스 : 그린필드법으로 구한 라이선스 현재가치의 합계 406백만원에 요구수익률 15.05%를 곱하여 각 연도별 매출액에서 차지하는 비율의 평균으로 하여 2.06%로 산정된다.

(단위 : 백만원)

표 6-35
라이선스의 CAC

구 분	1기	2기	3기	4기	5기	6기
매출액	2,635	2,766	2,904	3,049	3,201	3,361
라이선스 가치	406					
Return On (15.05%)	61	61	61	61	61	61
CAC - 라이선스	2.31%	2.21%	2.10%	2.00%	1.91%	1.81%
	2.06%					

③ 고객관계 (고객목록)의 ATCF 상각전세전영업이익 EBITDA에서 감가상각을 차감하여 상각후영업이익 EBIT을 구한 후 세금을 차감한 기존고객 수익은 자산수익률법 return on asset에 의한 각 자산의 기여자산공헌율로 배분되는 바 CAC차감 후 잔여액이 초과이익법에 의한 고객목록 관련 세후현금흐름이 된다.

(단위 : 백만원)

표 6-36
고객관계(고객목록)의 ATCF

구 분	1기	2기	3기	4기	5기	6기
EBITDA	445	389	338	296	258	228
감가상각	35	29	24	21	17	15
상각후현금흐름	410	360	314	275	241	213
(1)세금(22.0%)	90	79	69	60	53	46
(2)순운전자본(0.67%)	14	12	10	9	8	7
(3)고정자산(4.24%)	89	78	69	61	54	48
(4)계약기반(고용계약, 0.44%)	9	8	7	6	5	5
(5)상표 및 브랜드(0.78%)	16	14	12	11	9	8
(6)라이선스(2.06%)	43	38	33	29	26	23
고객관계ATCF	149	131	114	99	86	76

할인율은 13.0%를 적용하여 고객관계(고객목록)에 대한 가치를 최종 결정한다.

표 6-37
고객관계(고객목록)의 가치 – 다기간초과이익법

(단위 : 백만원)

구 분	1기	2기	3기	4기	5기	6기
고객관계ATCF	149	131	114	99	86	76
할인기간	0.5	1.5	2.5	3.5	4.5	4.5
현가율(@13.0%)	0.94	0.83	0.74	0.65	0.58	0.58
현재가치	140	109	83	64	49	43
PVATCF	445					
잔존가치	191					
기존고객가치	636					

SH시스템㈜ 고객관계(고객목록)의 무형자산 최종평가액은 위의 표와 같이 349백만원으로 산정된다. 이상에서 산정된 특허기술의 기여자산공헌율[CAC]은 고객관계에서 산정한 바와 같으며, 요약하면 다음의 표와 같다. 다만 고객관계의 CAC는 기술투자가 모두 기존고객에 대한 비용이므로 제외한다.

표 6-38
각 자산별 CAC

	순운전자본	고정자산	계약기반 (고용계약)	상표 및 브랜드	라이선스	고객관계 (고객목록)
%	0.67	4.24	0.44	0.78	2.06	–

• 4단계 (CAC차감 및 ATCF 산정)

상각전영업이익[EBITDA]에서 감가상각을 차감하여 상각후영업이익[EBIT]을 구하게 된다. 이렇게 구한 EBIT에서 법인세를 차감하고, 기존고객 수익은 자산수익률법[return on asset]에 의한 각 자산의 기여자산공헌율로 배분되는 바 CAC차감후 잔여액이 다기간초과이익법에 의한 특허기술 관련 세후현금흐름이 된다.

(단위 : 백만원)

표 6-39 특허기술의 ATCF

구 분	1기	2기	3기	4기	5기	6기
상각전영업이익(EBITDA)	212	217	224	225	224	211
감가상각	4	4	4	4	4	3
상각후영업이익(EBIT)	207	213	220	221	220	207
(1)세금(22.0%)	45	46	48	48	48	45
(2)순운전자본(0.67%)	1	1	1	1	1	1
(3)고정자산(4.24%)	10	10	11	11	11	10
(4)계약기반(고용계약)(0.44%)	1	1	1	1	1	1
(5)상표 및 브랜드(0.78%)	1	2	2	2	2	1
(6)라이선스(2.06%)	5	5	5	5	5	5
세후현금흐름(ATCF)	144	148	152	153	152	144

• 5단계 (할인율의 적용 및 특허기술 가치산정)

고정성장률[g]은 앞서 매출액 추정에서와 같이 기술진부화로 인한 매출감소율을 고려하여 −10%로 결정하였으며, 할인율은 기술유무법에서 MCAPM방식으로 산정된 할인율 14.5%를 적용하여 특허기술에 대한 가치를 최종 결정한다.

$$V_P = PV(r)\sum_{t=1}^{n}(EBIT - CAC_s - Taxes) = 860\text{백만원}$$

이상에서 다기간초과이익법[MPEEM]에 의한 특허기술가치는 860백만원으로 산정되었다.

(단위 : 백만원)

표 6-40 다기간초과이익법 – 유기환원법

구 분	1기	2기	3기	4기	5기	6기
세후현금흐름(ATCF)	144	148	152	153	152	144
고정성장률(−10.0%)						560
할인기간	0.5	1.5	2.5	3.5	4.5	4.5
현가율(@14.5%)	0.93	0.82	0.71	0.62	0.54	0.54
현재가치	135	120	108	95	82	320
기술가치	860					

주) 고객관계(고객목록) CAC는 기술투자가 기존고객에 대한 비용이므로 제외함.

• 6단계 (WARA 분석 및 최종평가가치의 정합성 분석)

이상에서 산정된 무형자산가치 평가결과를 조정하고, 그 적정성을 분석 · 검토하기 위하여 ① 부채 및 자본의 기여자산공헌율[CAC]을 분석하여 보고, ② WARA적용의 적정성을 분석하기로 한다.

SH시스템㈜의 무형자산가치는 다음 표의 기술유무법에 의해 나타난 평가결과와 같이 같이 특허기술이 735백만원으로 가장 높으며, 다음으로는 고객관계(고객목록) 636만원, 라이선스가 406백만원, 상표 및 브랜드 221백만원, 계약기반(고용계약) 89백만원 순이다.

특허기술가치의 할인율은 개발 위험[development risk], 잔존가치를 포함한 기술유무에 따른 사업의 전반적인 위험 증가 등을 감안한 할인율이다. 따라서 기술유무법과 다기간초과이익법의 요구수익률을 달리 적용하였다. 고객관계 가치 산정에서는 유통업자방법을 적용하였으며, 기술가치에 대한 평가에서는 기술유무평가법을 적용하였다. 즉 MPEEM법은 앞에서 도출한 기술유무법에 의한 가치에 대한 검토수단으로서 사용하기로 한다. 따라서 최종 기술가치평가액은 기술유무법에 의한 735백만원으로 산정된다.

영업권의 가치는 총기업가치 4,820백만원에서 유형자산(유동자산, 고정자산) 등과 식별가능한 무형자산을 공제한 384백만원으로 산정된다. 각 자산의 요구수익률은 다음 표와 같이 운전자본이 가장 낮은 2.7%이며, 고정자산 6.5%, 식별가능한 무형자산은 12.5%~14.5%이며, 영업권은 가장 높은 30.5%의 요구수익률로 나타났다. 가중평균자산수익률[WARA]을 적용하여 평가된 무형자산 가치는 다음 〈표 6-41〉과 같다.

이와 같이 유형자산의 가치는 2,568백만원으로 평가되었으며, 각 자산별 기여자산공헌율[CAC]은 고정자산 〉 특허기술 〉 고객관계 〉 라이선스 〉 영업권 〉 상표 및 브랜드 〉 순운전자본 〉 계약기반 순으로 나타났다. 이는 총기업가치에서 유형자산보다 무형자산의 위험도가 높은 만큼 요구수익률도 높아지는 것을 의미하며, 그만큼 WACC에 대한 구성비율도 높게 나타난 것으로 분석된다.

(단위 : 백만원)

표 6-41
가중평균수익률의 분석 및 무형자산 평가가치

자 산	WARA – 기술유무법			WARA – 다기간초과이익법		
	가치평가액 (백만원)	IRR (세후)	WACC 기여율	가치평가액 (백만원)	IRR (세후)	WACC 기여율
순운전자본	575	2.7%	0.32%	575	2.7%	0.32%
고정자산	1,993	6.5%	2.69%	1,993	6.5%	2.69%
무형자산						
계약기반(고용계약)	89	12.5%	0.23%	89	12.5%	0.23%
상표 및 브랜드	221	13.5%	0.62%	221	13.5%	0.62%
라이선스	406	15.1%	1.27%	406	15.1%	1.27%
고객관계(고객목록)	636	13.0%	1.71%	636	13.0%	1.71%
특허기술	**735**	**14.5%**	**2.21%**	**860**	**14.5%**	**2.59%**
영업권	165	30.5%	1.05%	40	20.5%	0.67%
기업가치	4,820			4,820		
가중평균자산수익률			10.10%			10.10%
WACC			10.10%			10.10%

(단위 : 백만원)

표 6-42
가치평과 결과(요약)

자 산	가치평가액	자산별 IRR	구성비%	WACC기여율
순운전자본	575	2.7%	11.9%	0.32%
고정자산	1,993	6.5%	41.3%	2.69%
유형자산 합계	2,568	–	53.3%	3.01%
계약기반(고용계약)	89	12.5%	1.8%	0.23%
상표 및 브랜드	221	13.5%	4.6%	0.62%
라이선스	406	15.1%	8.4%	0.94%
고객관계(고객목록)	636	13.0%	13.2%	1.71%
특허기술	735	14.5%	15.2%	2.21%
영업권	165	30.5%	3.4%	1.05%
무형자산 합계	2,252	–	46.7%	7.09%
총기업가치	4,820	–	100.0%	10.10%

결과적으로 SH시스템㈜의 총기업가치는 4,820백만원이며, 이 중 유형자산은 2,568백만원, 무형자산이 2,252백만원으로 총기업가치에서 무형자산의 가치가 약 46.7%를 차지하고 있으며, 전체 무형자산가치 중에서 SH시스템㈜의 평가대상 특허권가치는 기술유무평가법에 의한 735백만원으로 결정한다.

5.3 초과이익환원법

초과이익환원법capitalized excess earning method을 이용하여 대상기업의 5개년 재무제표의 순이익률과 동종 산업(전기장비) 유사기업의 순이익률을 비교 분석하여 초과이익을 산정한 다음 이를 적정한 할인율로 현가화하여 특허권가치를 평가하기로 한다.

여기서 초과이익 산정의 기준이 되는 순이익률은 매출액순이익률ratio of net income to net sales을 말한다. 초과이익환원법을 적용하여 대상 특허권의 가치를 평가하는 과정을 간단히 5단계로 나누어 요약하면 다음과 같다.

[평가절차]

1단계 (특허권 매출 및 순이익률 분석)
2단계 (동종산업 유사기업의 정상이익률 산정)
3단계 (대상 특허권의 초과이익률 산정)
4단계 (할인율 적용 및 예측기간(추정1기) 가치 산정)
5단계 (추정2기의 예측가치 및 최종평가액 결정)

• 1단계 (특허권 매출액 및 순이익률 분석)

① 특허권 매출액 추정: 특허기술로 인한 매출액의 추정은 앞서 다기간초과이익법에서 산정된 바와 동일하다.

② 순이익률의 산정: SH시스템㈜의 과거 5개년의 매출액순이익률 추이 분석결과는 다음 표와 같으며, 대상기업의 최근 5개년 평균 순이익률은 24.63%인 것으로 분석되었다.

(단위 : 백만원)

표 6-43
대상기업의 순이익률 분석

구 분	20x1	20x2	20x3	20x4	20x5	평 균
총매출액	2,560	2,087	2,408	2,882	2,510	2,489
당기순이익	602	521	572	869	521	617
순이익률	23.52%	24.96%	23.75%	30.15%	20.76%	24.63%

주) 순이익은 매출액순이익으로서 순이익률은 당기순이익을 총매출액으로 나눈 값임.

• 2단계 (동종산업 유사기업의 정상이익률 산정)

정상이익률은 그 산정방식에 따라 편차가 심하므로 이를 합리적으로 조정하기 위하여 되도록 여러가지 방식으로 구한 정상이익률을 비교분석하여 최종 정상이익률을 결정하기로 한다. 여기서 동종산업 유사기업의 정상이익률은 다음과 같은 3가지 방식에 의하여 산정한다.

1. 요구수익률법(RRR법)
2. 유사사례비교법
3. 한국은행 평균순이익률법(BOK법)

① 요구수익률법(RRR법)

요구수익률법은 대상기업의 최근 5년간 평균 매출액에서 순운전자본의 적정요구수익 ^{WCr}과 고정자산에 대한 적정요구수익 ^{FAr}을 공제한 잔액으로 대상기업의 정상이익을 구하는 방식이다.

(단위 : 백만원)

표 6-44
요구수익률법에 의한 정상이익률

RRR에 의한 정상이익	
최근 5년간 평균 매출액	2,489
순운전자본	575
요구수익률*	2.7%
순운전자본의 요구수익	15.53
고정자산	1,993
요구수익률*	6.5%

RRR에 의한 정상이익	
고정자산의 요구수익	129.55
자산수익 합계(정상이익)	145.07
정상이익률	5.83%

*요구수익률(RRR)은 MPEEM법에서 적용된 IRR임.

위의 표에서와 같이 순운전자본과 고정자산 적정요구수익의 매출액에 대한 비율을 동종 유사기업의 정상이익률로 간주하는 요구수익률법에 의한 정상이익률은 5.83%로 산정된다.

② 유사사례비교법

유사사례에 의한 정상이익률은 대상기업과 유사한 기업의 영업이익률을 조사·비교하여 정상이익률을 구하는 방식이다. 다음과 같이 대상기업과 유사한 기업의 3개년 평균 영업이익률은 2.39% ~ 2.77% 수준으로 조사되었으며, 3개년 평균 정상이익률은 2.54%로 산정된다.

표 6-45 유사기업의 영업이익률

구 분	20x2년	20x3년	20x4년	평균
SR터빈	2.52%	3.02%	2.78%	2.77%
CKC텍	2.02%	2.63%	2.52%	2.39%
SC시스템	1.77%	2.57%	3.03%	2.46%
평균	2.10%	2.74%	2.78%	2.54%

③ 한국은행 평균순이익률법(BOK법)

한국은행에서 발표한 최근 20x1년~20x5년까지 5년 동안의 동종산업(전기장비, 중소기업) 영업이익률을 대용치로 사용하여 정상이익률을 구하는 방식이다. 이 방식에 의한 평균정상이익률은 2.63%로 나타났다.

표 6-46
업종별 순이익률

(단위 : 백만원)

구 분		20x1	20x2	20x3	20x4	20x5	평균
전기장비	매출액	25,066,527	27,444,619	26,922,374	26,952,467	28,125,751	25,066,527
	당기순이익	786,797	572,090	772,735	693,671	694,773	786,797
	순이익률	3.14%	2.08%	2.87%	2.57%	2.47%	2.63%

주) 순이익은 매출액순이익으로서 순이익률은 당기순이익을 매출액으로 나눈값임.
자료: 한국은행

④ 정상이익률 결정

이상과 같이 정상이익률은 통계자료를 바탕으로 대상 지식재산을 갖지 않은 동종산업 유사기업의 평균순이익률을 구하여 대용치로 삼는 방식이나, 이는 어디까지나 평균치이므로 업종만 유사할 뿐 평가대상기업의 특성이나, 규모, 투자위험성 등의 측면에서 유사한 것은 아니다. 따라서 앞서 ①~③의 3가지방법에 의한 정상이익률을 산술평균하여 정상이익률을 3.67%로 결정한다.

표 6-47
정상이익률

구 분	평 균
① 요구수익률법(RRR법)	5.83%
② 유사사례비교법	2.54%
③ 한국은행 평균순이익률법(BOK법)	2.63%
평균	3.67%
정상이익률	3.67%

• 3단계 (대상기업 특허권의 초과이익률 산정)

대상기업의 초과이익률 결정은 동종산업의 순이익률을 고려하되, 최근 순이익률 변동추이를 반영하여 결정한다. 대상기업의 순이익률은 안정세를 보이고 있다. SH시스템㈜의 최근 20x1~20x5년 5년 동안의 평균 순이익률은 24.63%이고, 앞서 산정한 정상이익률 3.67%와 비교하면 SH시스템㈜의 초과이익률은 동종 업계보다 20.96% 더 많은 이익을 내고 있으므로 이를 SH시스템㈜의 초과이익률로 결정한다.

초과이익률 = 대상기업의 평균순이익률 − 정상이익률
= 24.63% − 3.67%
= 20.96%

• 4단계 (할인율의 추정 및 적용)

평가대상인 SH시스템㈜의 할인율은 앞서 수정CAPM에 의하여 산정된 가중평균자본비용[WACC]은 10.10%이지만 특허권자산의 위험도를 감안한 요구수익률과 자기자본비용[Ke] 13.59%, 고정성장률[g] 3.0% 등을 종합적으로 고려하여 12.00%를 적용한다.

• 5단계 (추정2기 예측가치 및 최종평가액 결정)

표 6-48 할인율의 결정

할인율 결정요소		%
① WACC		10.10
② 자기자본비용(*Ke*)		13.59
③ 장기고정성장률(*g*)		3.00
④ 특허권자산고유 위험프리미엄		2.00
적용 할인율	추정1기	12.00
	그 이후	9.00

초과이익환원법에 의한 대상 기업의 무형자산 가치산정은 초과이익률 20.96%를 기준으로 하며, 초과이익의 향후 지속 가능기간(수명기간)을 고려하여 잔존가치는 없는 것으로 한다. 따라서 예측기간 이후를 추정2기(6기~15기)로 하여 추정1기의 예측기간 가치와 합산하였다. 평가대상 특허권의 초과이익은 앞서 FCFF법에 의한 평가에서 추정된 특허기술 매출점유비율과 앞서 가중평균자본비용산식에 의해 산정한 10.10%, 그리고 특허권자산의 요구수익률을 감안한 위험프리미엄 등을 종합적으로 고려한 할인율 12.0%를 적용하여 〈표 6-49〉와 같이 초과이익환원법에 의한 SH시스템㈜의 특허권 가치를 결정한다.
다만, 추정2기에 적용할 할인율은 앞서 기술유무법에서 산정한 고정성장률[g]

표 6-49
초과이익환원법에 의한 특허권의 평가가치

(단위 : 백만원)

구 분	1기	2기	3기	4기	5기	6~15기
총매출액	2,635	2,766	2,904	3,049	3,201	3,361
초과이익률	20.96%	20.96%	20.96%	20.96%	20.96%	20.96%
초과이익	552	578	608	639	671	704
특허권매출 점유비율	11.23%	12.18%	13.32%	14.16%	14.90%	14.90%
특허권초과이익	61	70	40	90	99	104
할인기간	0.5	1.5	2.5	3.5	4.5	4.5
할인율	12.00%	12.00%	12.00%	12.00%	12.00%	9.00%
현가율	0.94	0.84	0.75	0.67	0.60	3.85
현재가치	57	59	60	60	59	400
특허권 가치	695					

3.0%를 차감하여 9.0%를 적용함에 따라 추정2기의 가치는 400백만원으로 산정된다. 따라서 초과이익환원법에 의한 특허권의 최종평가가치는 695백만원으로 산정된다.

5.4 로열티면제법

로열티면제법 relief from royalty method은 제3자로부터 라이선스 되었다면 지급할 로열티를 기술소유자가 부담하지 않음으로써 절감될 수 있는 로열티 지불액을 추정하여 현재가치로 환산하는 방법이다. 여기서 적용하는 특허기술가치의 일반적 평가모형은 다음과 같다.

$$V_P = PV(r)\sum_{t=0}^{t}[R_v \times R_t(1 - T)]$$

V_p : 특허기술가치 r : 할인율 t : 수명기간

R_v : 총매출 R_t : 로열티율 T : 법인세율

로열티면제법을 사용한 특허권의 가치평가는 다음과 같은 6단계 절차에 따라 평가하기로 한다.

[평가절차]

(1단계) 기술수명의 추정

(2단계) 매출액의 추정

(3단계) 로열티율의 산정 및 세전로열티수입 산정

(4단계) 법인세를 차감한 ATCF 산정

(5단계) 할인율 적용 및 예측기간가치 산정

(6단계) 잔존가치 합산 및 특허기술가치 평가액의 결정

• 1단계 (기술수명의 추정)

기술수명은 기술가치평가 표준모델에 제시된 특허인용수명 CLT; cited patent life-time 지수 통계를 활용하는 방법이 주로 사용되고 있다. 평가대상인 SH시스템㈜ 특허인용수명의 국제특허분류 IPC; international patent classification와 그에 해당하는 기술명, 중앙값TCT은 아래의 표와 같다.

표 6-50
특허인용수명(CLT) 지수

IPC	G01K	F02C
세부 IPC	G01K 1/14, G01K 7/00	F02C 9/00, F02C 7/00
기술명	온도의 측정, 열량의 측정, 달리 속하지 않는 감온소자	가스터빈 설비 ; 제트 추진 설비를 위한 공기의 도입 ; 공기 흡입 제트 추진 설비에 있어서의 연료 공급 제어
중앙값(TCT)	8	10

자료 : 한국과학기술정보연구원

CLT는 8~10년으로 나타났으나, 평가대상인 SH시스템㈜의 기술수명은 ①SH시스템㈜이 R&D투자를 매출액의 5% 수준으로 지속적으로 실행하고 있고, ②상표 및 브랜드 강화를 위한 적정 예산도 지속적으로 투입되고 있는 상황을 종합 감안하여 앞의 증분현금흐름법이나 MPEEM, 초과이익환원법의 추정에서와 동일하게 15년으로 결정하되, 잔존가치는 없는 것으로 하였다.

• 2단계 (매출액의 추정)

평가대상인 SH시스템㈜의 매출액 추정은 앞서 FCFF 방식에 의한 가치평가에서 다룬 바와 같이 매출액의 추정은 3단계 성장모형으로서 5년간은 추정하고,

그 후 10년간은 5%씩 성장한다고 보며, 그 후에는 0%성장으로 보고 평가하였다. 이는 일정기간이 지나면 특허권이 소멸되며, 새로운 경쟁자로 인해 초과수익은 사라지기 때문에 평가기준일 이후 15년이 되면 특허권의 초과수익은 없는 것으로 한다. 따라서 이렇게 추정한 평가대상의 매출액은 앞서 FCFF법에 의한 평가방식에서 추정된 〈표 6-51〉과 같다.

표 6-51
매출액의 추정

(단위 : 백만원)

구 분	1기	2기	3기	4기	5기	6~15기
매출액	2,635	2,766	2,904	3,049	3,201	3,361

• 3단계 (로열티율의 산정)

① 상관행법에 의한 로열티율: 업종별 거래사례 로열티 통계 혹은 상관행법 로열티 통계로부터 설정된 로열티 범위 하한을 *YL*, 상한을 *YU*로 표시하고, 로열티 영향요인 10개 평가항목에서 구한 종합평점을 *X*라고 표시한다. 업종별 로열티 하한 값에 대응되는 영향요인 평점을 20점으로 설정한다. 만약 영향요인 평점이 15~20점 범위로 산출된 경우 기술거래 가능성이 매우 낮다고 판단되고, 15점미만은 라이선스 가능성이 거의 없다고 판단할 수 있다. 평가대상인 SH시스템㈜의 기술이 속한 전기장비 제조업의 상관행법 로열티 적정범위 통계는 다음과 같다.

표 6-52
상관행법 로열티 적정범위 통계

(단위 : %)

구 분		상장기업			비상장기업		
		하한	중앙	상한	하한	중앙	상한
제조업	전기장비 제조업	1.79	2.12	3.01	2.01	2.27	4.13

자료: 기술가치평가 실무가이드, 2014.12, 산업통상자원부

평가대상인 SH시스템㈜의 기술이 속한 산업은 표준산업분류상 C28(전기장비 제조업)에 해당하며, 상관행법 비상장기업 로열티 범위에서 하한이 2.01%이고, 상한이 4.13%로 설정되어 있다.

SH시스템㈜에 대한 로열티 영향요인에 대하여 항목별 평가결과 평점은 〈표

표 6–53
로열티 영향요인의 평가항목별 평가

구 분	영향요인	평 점				
권리적 속성	권리의 강도	1	2	3	4	5
	권리의 안정성	1	2	3	4	5
	침해대응 용이성	1	2	3	4	5
	라이선스 우위성	1	2	3	4	5
	소 계			17/20		
기술적 속성	기술의 완성도	1	2	3	4	5
	기술의 혁신성	1	2	3	4	5
	기술의 경쟁성	1	2	3	4	5
	소 계			12/15		
시장적 속성	수익성	1	2	3	4	5
	수요의 부합성	1	2	3	4	5
	시장경쟁성	1	2	3	4	5
	소 계			13/15		
합 계				42/50		

6–53〉과 같으며, 상관행법 로열티 산출식을 이용하여 구한 최종 로열티 추정값^{R}은 다음과 같다.

$$R = YL + (YU - YL) \times \frac{(X - 20)}{(50 - 20)}$$

$$= 2.01 + (4.13 - 2.01) \times \frac{(42 - 20)}{(50 - 20)} = 3.56(\%)$$

R : 추정로열티　X : 종합평점
YU : 상관행법 로열티 적정범위 상한(비상장기업 상한)
YL : 상관행법 로열티 적정범위 하한(비상장기업 하한)

② 유사거래사례에 의한 로열티율: 전기장비 제조업 중 최근 거래사례 조사결과 〈표 6–54〉와 같은 비교가능성이 높은 로열티 거래사례가 수집되었다.

③ 로열티율의 결정: SH시스템㈜의 로열티율은 상관행법에 의한 로열티율

표 6-54
유사 로열티 계약 사례

거래일자	업종	로열티율	특허권자	특허사용자
2013.04	가스터빈 제조	출고가의 5.0%	KYC에너지	SR터빈
2013.09	스팀터빈 제조	출고가의 7.0%	MR터빈	CKC텍
2014.02	발전기 제조	출고가의 4.0%	JC터보기계	SC시스템
평균	-	5.33%	-	

자료: 전자공시시스템 등, 2015

3.56%와 유사거래사례에 의한 로열티율의 평균값인 5.33%를 산술평균하여 4.45%로 결정한다.

$$R = (\text{상관행법 로열티율} + \text{거래사례 로열티율}) \div 2$$
$$= (3.56\% + 5.33) \div 2$$
$$= 4.45\%$$

• 4단계 (법인세차감 후 ATCF 산정)

2단계에서 추정한 매출액에 3단계에서 산정한 로열티율을 곱하여 세전로열티수입을 산정한다. 세전로열티수입에서 법인세를 차감하여 세후로열티수입[ATCF]을 산정한다. 법인세차감후 ATCF는 다음의 표와 같다.

(단위 : 백만원)

표 6-55
법인세차감후 ATCF

구 분	1기	2기	3기	4기	5기	6~15기
매출액	2,635	2,766	2,904	3,049	3,201	3,361
로열티율	4.45%	4.45%	4.45%	4.45%	4.45%	4.45%
세전로열티수입	117	122	129	135	142	149
법인세(22.0%)	25	26	28	29	31	32
ATCF	92	96	101	106	111	117

• 5단계 (할인율 적용 및 예측기간가치 산정) 평가대상인 SH시스템㈜의 로열티 수입에 대한 할인율은 앞서 가중평균자본비용[WACC] 산식에 의해 산정한 10.1%, 그리고 특허권자산의 요구수익률을 감안한 위험프리미엄 등을 종합적으로 고려하여 12.0%를 적용한다. 예측기간 5년(1~5기)의 현금흐

름을 12.0%로 할인하여 산정된 예측기간 현재가치는 〈표 6-57〉과 같이 379백만원이다.

표 6-56
할인율의 결정

할인율 결정요소		%
① WACC		10.10
② 자기자본비용(Ke)		13.59
③ 고정성장률(g)		3.00
④ 위험프리미엄		2.00
적용 할인율	추정1기	12.00
	추정2기	9.00

• 6단계 (잔존가치 합산 및 특허기술가치 결정)

잔존가치는 없는 것으로 하였으며, 추정 2기(6~15기)의 현재가치는 450백만원으로 산정되었으므로 5단계에서 산정된 예측기간(1~5기)의 가치 379만원과 합산하여 로열티면제법에 의한 특허권 가치는 829백만원으로 산정된다.

표 6-57
특허권의 평가가치

(단위 : 백만원)

구 분	1기	2기	3기	4기	5기	6~15기
ATCF	92	96	101	106	111	117
현가율	0.94	0.84	0.75	0.67	0.60	3.85
현재가치	86	80	76	71	66	450
특허권가치	829					

5.5 기술요소법

기술요소법은 산업업종 특성과 개별기술 특성을 동시에 반영할 수 있는 방법으로 기술요소법에 의한 기술기여도 측정은 산업특성을 파악하는 산업기술요소 도출과 개별기술의 특성을 파악하는 개별기술강도를 도출하는 과정으로 구성되며, 수익접근법에 의한 기술가치 평가모형은 다음과 같다.

$$Vip(\text{기술가치}) = \sum_{t=1}^{n} \frac{CF_t}{(1+r)^t} \times \text{지식재산기여도}$$

$$Vip(\text{기술가치}) = BVtc(\text{기술의 사업가치}) \times TF(\text{기술요소})$$

$$\text{여기서, } TF(\text{기술요소}) = Find(\text{산업기술요소}) \times TR(\text{개별기술강도})$$

- 산업기술요소 = 최대실현 무형자산가치비율 × 평균기술자산비율
- 무형자산가치 = 기업가치(시가총액) - 유형자산가치
- 무형자산 가치비율 = 무형자산가치/기업가치
- 기업가치 = 기업시장가치(시가총액) + 부채가치
- 평균기술자산비율 = 연구개발비 / (연구개발비+광고선전비+교육훈련비)
- 산업기술요소 = 최대실현 무형자산가치비율 × 평균기술자산비율
- 개별기술강도(TR) = 개별기술지수(technology rating)

[평가절차]

기술요소법을 적용하는 4단계 절차는 다음과 같다.

1단계 (대상기술의 산업기술요소의 추정)
2단계 (기술기여도의 산정)
3단계 (지식재산기여도의 추정)
4단계 (특허권 평가가액의 결정)

- **1단계 (대상기술의 산업기술요소 추정)** 기술요소법에 의한 기술기여도의 측정 방법의 합리성은 대상기술의 산업특성과 개별특성(개별기술강도)에 따라 결정된다고 보고 각각의 특성을 반영한다는데 있으며, 여기서 산업특성은 산업기술요소로 측정된다. 산업기술요소는 코스닥과 코스피 상장기업을 대상으로 최근 10년간(2003~2012년)의 데이터를 분석한 후 무형자산 가치가 음(-)인 경우는 제외하고, 업종별 무형자산가치가 상위 5% 기업을 대상으로 하였다. 단, 업종별 분석대상 기업이 10개 이하인 경우 유사업종과 통합하거나 유사업종이 없는 경우 제조업과 비제조업에서 최저 산업기술요소 값을 적용한다. 평가대상인 SH시스템㈜의 기술이 속한 업종별 기술요소는 다음과 같다.

표 6-58
표준산업분류 코드

표준산업분류 코드		최대무형자산 가치비율	기술자산 비율	산업기술요소
C28	전기장비 제조업	62.37%	68.20%	42.53%

자료: 기술가치평가 실무가이드, 산업통상자원부, 2017. 12.

평가대상인 SH시스템㈜의 기술이 속한 기술은 표준산업분류상 C28(전기장비 제조업)에 해당하고, 최대무형자자산 가치비율은 62.37%, 기술자산비율은 68.20%, 산업기술요소는 42.53%로 설정되어 있다.

• 2단계 (기술기여도의 산정)

기술기여도는 위의 산업기술요소에 개별기술강도 비율을 곱하여 산정된다. 기술요소법에 의한 개별특성(개별기술강도)은 일정한 개별기술이 지닌 기술성(권리성 포함) 및 사업성(시장성 포함)에 따라 결정된다. 기술의 개별특성은 개별기술의 내재적 가치를 기술성(기술적 우위성_권리성 포함) 및 사업성(상업적 우위성)으로 구분하여 평가한다. 만약 기술적으로 매우 우수한 것이라 할 수 있다하더라도 기술을 사업화하는 데 막대한 자본이 필요하거나 시장진입에 많은 장벽이 존재하는 기술이라면 사업적 효용성이 떨어진 기술에 해당한다.

개별기술강도는 일반적인 방법에 따라 다음과 같이 3단계 절차에 의하여 결정한다.

① **기술성 평가에 의한 개별기술의 기술성 강도비율 결정** 기술성은 기술적 측면에서 사업가치를 판단하기 위한 평가지표 개념으로 사업적 측면에서 기술자체가 보유하고 있는 다양한 유용성 및 경쟁성을 어느 정도 확보하고 있는가를 평가하는 것이다.

② **사업성 평가에 의한 개별기술의 사업성 강도비율 결정** 사업성은 상업적 측면에서 시장성과 사업적 측면에서 기술 자체가 내재하고 있는 유용성 및 경쟁성을 어느 정도 확보하고 있는가를 평가하는 것이다. 기술의 경쟁성은 대상기술이 사업적 측면에서 비교 가능한 또는 유사한 기술과 비교를 통한 상대적인 우위성이라 할 수 있으며, 기술의 유용성이 기술자체가 가지고

있는 고유한 특성이라면 경쟁성은 타 기술과의 상대적 우위성에 관한 특성이라 할 수 있다.

③ 개별기술강도[TR] 기술성강도비율 및 사업성강도비율에 일정 가중치를 적용하여 개별기술강도 비율을 결정한다.

기술성 10개 항목과 사업성 10개 항목으로 구성되는 개별기술강도 평가지표들은 대상기술의 사업화 과정에서 당면한 상황을 토대로 상업적 생존가능성을 측정하여 사업가치 창출에 어느 정도 기여하는가를 평가하는 것으로 기술성 측면과 사업성 측면 각각의 20개를 분석하여 5점 척도를 적용하여 1~5점 범위에서 점수를 부여하고 이 점수를 토대로 개별기술강도를 측정한다.

① **기술성(권리성 포함) 평가항목**

	평가항목	평가점수	점수
1	혁 신 성	0.5 1 1.5 2 2.5 3 3.5 4 4.5 5 ⓔ ⓓ ⓒ ⓑ ⓐ	3
2	파 급 성	0.5 1 1.5 2 2.5 3 3.5 4 4.5 5 ⓔ ⓓ ⓒ ⓑ ⓐ	2.5
3	활 용 성	0.5 1 1.5 2 2.5 3 3.5 4 4.5 5 ⓔ ⓓ ⓒ ⓑ ⓐ	2.5
4	전 망 성	0.5 1 1.5 2 2.5 3 3.5 4 4.5 5 ⓔ ⓓ ⓒ ⓑ ⓐ	2.5
5	차별성 (독창성)	0.5 1 1.5 2 2.5 3 3.5 4 4.5 5 ⓔ ⓓ ⓒ ⓑ ⓐ	3
6	대 체 성	0.5 1 1.5 2 2.5 3 3.5 4 4.5 5 ⓔ ⓓ ⓒ ⓑ ⓐ	3
7	모방이용성	0.5 1 1.5 2 2.5 3 3.5 4 4.5 5 ⓔ ⓓ ⓒ ⓑ ⓐ	2.5
8	진부화 가능성 (기술수명)	0.5 1 1.5 2 2.5 3 3.5 4 4.5 5 ⓔ ⓓ ⓒ ⓑ ⓐ	2.5

	평가항목	평가점수										점수
9	권리범위	0.5	1	1.5	2	2.5	3	3.5	4	4.5	5	3
			ⓔ		ⓓ		ⓒ		ⓑ		ⓐ	
10	권리안정성	0.5	1	1.5	2	2.5	3	3.5	4	4.5	5	2.5
			ⓔ		ⓓ		ⓒ		ⓑ		ⓐ	
	소계											27.0

② 사업성(시장성 포함) 평가항목

	평가항목	평가점수										점수
1	수 요 성	0.5	1	1.5	2	2.5	3	3.5	4	4.5	5	3
			ⓔ		ⓓ		ⓒ		ⓑ		ⓐ	
2	시장진입성	0.5	1	1.5	2	2.5	3	3.5	4	4.5	5	2.5
			ⓔ		ⓓ		ⓒ		ⓑ		ⓐ	
3	생산이용성	0.5	1	1.5	2	2.5	3	3.5	4	4.5	5	2.5
			ⓔ		ⓓ		ⓒ		ⓑ		ⓐ	
4	시장점유율 영향	0.5	1	1.5	2	2.5	3	3.5	4	4.5	5	3
			ⓔ		ⓓ		ⓒ		ⓑ		ⓐ	
5	경제적 수명	0.5	1	1.5	2	2.5	3	3.5	4	4.5	5	2.5
			ⓔ		ⓓ		ⓒ		ⓑ		ⓐ	
6	매출성장성	0.5	1	1.5	2	2.5	3	3.5	4	4.5	5	3.5
			ⓔ		ⓓ		ⓒ		ⓑ		ⓐ	
7	파생적 매출	0.5	1	1.5	2	2.5	3	3.5	4	4.5	5	3
			ⓔ		ⓓ		ⓒ		ⓑ		ⓐ	
8	상용화 요구 시간	0.5	1	1.5	2	2.5	3	3.5	4	4.5	5	2.5
			ⓔ		ⓓ		ⓒ		ⓑ		ⓐ	
9	상용화 소요 자본	0.5	1	1.5	2	2.5	3	3.5	4	4.5	5	2.5
			ⓔ		ⓓ		ⓒ		ⓑ		ⓐ	
10	영업이익성	0.5	1	1.5	2	2.5	3	3.5	4	4.5	5	3
			ⓔ		ⓓ		ⓒ		ⓑ		ⓐ	
	소계											28.0

③ 개별기술강도

구 분	기술성	사업성
개별기술의 특성 점수	27.0점	28.0점
가중치	1	1
개별기술강도 (기술성 및 사업성 평점의 합산)	55.0점(55.00%)	

표 6–59 지식재산비중의 평가항목

평가항목	의미	세부항목
권리 안정성	대상기술의 제품화 및 사업화를 위해 대상지식재산의 법적인 권리 안정성과 같은 지식재산적 요소와 비밀유지체계와 같은 비지식재산적 요소의 중요성을 상대적으로 평가	대상지식재산의 법적 안정성 확보가 절대적으로 필요하고 비지식재산적 요소는 전혀 필요하지 않다면 10점, 비밀유지체계, 노하우 등 비지식재산적인 요소의 확보가 절대적으로 중요하고 지식재산 요소는 전혀 필요하지 않다면 0점, 지식재산요소와 비지식재산요소의 필요성이 거의 동일하다면 5점으로 평가할 수 있음
모방 용이성	경쟁기술이나 경쟁제품의 모방으로 부터 대상사업을 보호하기 위해 대상 지식재산의 보유와 비지식재산적 요소의 상대적인 중요성을 평가	대상지식재산의 보유가 절대적으로 필요하고 비지식재산적 요소는 전혀 필요하지 않다면 10점, 비지식재산적 요소만이 중요하고 지식재산의 보유가 전혀 필요하지 않다면 0점, 지식재산요소와 비지식재산요소의 필요성이 거의 동일하다면 5점으로 평가할 수 있음
독립성 (분리이전 가능성)	대상지식재산 만으로 기술이전이나 제품화가 가능한지, 비지식재산 요소가 필요한지 등을 상대적으로 평가	대상지식재산만으로 기술이전 및 제품화가 가능하고 비지식재산 요소는 전혀 필요하지 않다면 10점, 비밀유지체계, 노하우 등 비지식재산적인 요소가 절대적으로 필요하며 지식재산의 확보는 전혀 필요하지 않다면 0점, 지식재산요소와 비지식재산요소의 필요성이 거의 동일하다면 5점으로 평가할 수 있음
이익 기여도	생산성 향상과 원가개선 등 이익창출 측면에서 대상지식재산과 비지식재산 요소가 어느 정도 기여하는지 상대적으로 평가	생산성 향상과 원가개선 등 이익창출을 위해 대상지식재산이 절대적으로 필요하고 비지식재산적 요소는 전혀 필요하지 않다면 10점, 비밀유지체계, 노하우 등 비지식재산적인 요소가 절대적으로 필요하고 지식재산 요소는 전혀 필요하지 않다면 0점, 지식재산요소와 비지식재산요소의 필요성이 거의 동일하다면 5점으로 평가할 수 있음
권리범위	기술구현(제품화)을 위해 지식재산과 비지식재산요소가 어느 정도 기여하는 지 상대적으로 평가	대상기술에 기반한 제품이나 서비스를 구현함에 있어서 대상지식재산의 권리범위를 벗어나면 대상기술의 구현(제품화) 이 불가능하다면 10점, 대상지식재산의 권리범위를 벗어나도 동일한 성능을 가지는 기술 또는 제품의 구현이 가능 하다면 0점, 지식재산요소와 비지식재산요소의 필요성이 거의 동일하다면 5점으로 평가할 수 있음

$$\text{기술기여도}(TF) = \text{산업기술요소}(IF) \times \text{개별기술강도}(TR)$$
$$= 52.94\% \times 55.00\% = 29.12\%$$

• 3단계 (지식재산기여도의 추정)

지식재산기여도는 위에서 산정한 기술기여도에 지식재산비중을 곱하여 산정된다.

$$\text{지식재산기여도}(IPF) = \text{기술기여도}(TF) \times \text{지식재산비중}(IPR)$$
$$= 29.12\% \times 56.00\% = 16.31\%$$

지식재산비중이란 기술의 가치에서 지식재산이 기여한 부분을 추출하기 위한 지표로서 개별기술을 지식재산 부문과 비지식재산 부문으로 구분하는 것을 전제로 한다. 전문가들에 대한 설문조사[AHP: analytic hieracly process 계층분석법]를 거쳐 기술의 가치 중 지식재산의 기여분과 비지식재산의 기여분을 구분할 수 있는 평가항목을 선정하고 지식재산비중의 평가항목을 도출하였다. 지식재산과 비지식재산을 구분하기 위해 고려할 수 있는 주요 평가항목의 의미 및 세부 내용은 〈표 6-60〉과 같다.

표 6-60 지식재산비중

평가항목	점수	가중치	평점
권리 안정성	6	20%	12
모방 용이성	5	20%	10
독립성(분리 · 이전 가능성)	6	10%	6
이익기여도	6	30%	18
권리범위	5	20%	10
합계	–	100%	56.0%(=56/100)

• 4단계 (특허권 평가가치 결정)

특허권가치는 사업가치[BVt]에다 위에서 산정한 지식재산기여도[IPF]를 곱하여 산정한다. SH시스템㈜ 의 기업가치는 앞서 현금흐름할인법에서 산정한 바와 같이 4,820백만원으로 산정되었다. 결과적으로 기술요소법에 의한 특허권 가치는 786백만원으로 산정된다.

$$
\begin{aligned}
\text{특허권가치}(Vp) &= \text{사업가치}(BVt) \times \text{지식재산기여도}(IPF) \\
&= 4{,}820 \times 16.31\% \\
&= 786\text{백만원}
\end{aligned}
$$

5.6 시산조정 및 최종 평가가액의 결정

특허권의 가치를 측정하기 위하여 본건 평가에서는 다음과 같이 다섯 가지 평가방법으로 접근하였다.

1. 대상지식재산이 있을 경우와 없을 경우를 상정하여 각각 기업가치를 산정하여 그 차액을 특허권의 가치로 평가하는 방법(증분현금흐름법)
2. 대상특허권이 창출하는 수명기간 중의 예상 다른 자산에 귀속되는 기여자산공헌율(CAC)을 공제한 후 대상 무형자산에 귀속되는 초과이익을 현재 가치화하여 대상 무형자산의 가치를 결정하는 방법(다기간초과이익법)
3. 동종 유사기업의 정상이익률을 초과하는 이익을 자본환원하여 대상 특허권의 가치를 평가하는 방식(초과이익환원법)
4. 제3자로부터 라이선스 되었다면 지급할 로열티를 기술소유자가 부담하지 않음으로써 절감될 수 있는 로열티 지불액을 추정하여 현재가치로 환산하는 방식(로열티면제법)
5. 무형자산가치는 기술요소, 인적요소, 시장요소로 구성되어 있다는 가정하에 무형자산가치 중에서 기술요소의 비중에 따라 도출하는 방법(기술요소법)

특허권의 시장가치는 자료획득의 가능성, 자료의 신뢰도, 평가방법 적용의 적절성, 관련법규 등을 감안하여 적절한 방법으로 평가하는 것이 바람직하다. 따라서 본건 평가에 있어서는 평가대상 회사의 특성과 자료의 신뢰성을 감안하여 수익환원법 중 증분현금흐름법, 다기간초과이익법, 그리고 로열티면제법 등을 적용하여 평가한 결과 다음과 같이 시산가액이 산정되었다. 다만 기술요소법은 실제 데이터에 의하지 않고 가상적 데이터를 이용하여 평가되어 자료의 신뢰성이 낮을 뿐만 아니라 IVS에서 인정하는 평가방법도 아니므로 시산조정대상에서 제외한다.

(단위 : 원)

표 6-61
시산가액의 산정결과

구 분	시산가액		
	TAB 미포함	TAB 포함	격차
증분현금흐름법	735,000,000	875,000,000	19.0%
다기간초과이익법	860,000,000	1,023,000,000	19.0%
초과이익환원법	695,000,000	835,000,000	20.1%
로열티면제법	829,000,000	995,000,000	20.0%

로열티면제법을 이용하여 특허권의 가치를 구하기 위해서는 대상기술과 비교하여 동일하거나 유사한 기술거래 로열티를 초기값으로 하고, 대상기술과 비교기술과의 속성을 비교 분석한 후 그 차이를 조정하여 기본 로열티를 산정하게 된다. 비교기술의 거래 로열티 자료가 미흡한 경우 대상기술이 속한 업종의 기술거래 로열티 자료에 근거한 '업종별 로열티 통계' 또는 업종별 기업의 영업이익률의 25% 배분으로부터 산출된 '상관행법 로열티 통계'를 적용하여 대상기술에 적용할 로열티 범위를 산출할 수 있으나, 평가대상 특허권과 같이 초과이익이 동종산업에 비하여 절대적으로 높을 경우 상관행법 로열티통계를 적용하기 곤란하다. 또한 영향요인인 권리적 속성, 기술적 속성, 시장적 속성을 비교분석하는 과정에서 그 근거자료와 추정방법 등이 명확하게 제시되지 않을 경우 평가사의 주관이 개입될 여지가 클뿐만 아니라, 로열티 영향 요인의 차이를 논리적으로 설명하기 어렵다는 단점이 있다.

한편 기술요소법을 이용한 가치평가는 근거자료나 추정방법이 가상적인 데이터에 의존함으로써 평가사의 주관이 개입될 여지가 클뿐만 아니라, 개별기술의 기여도와 일반적 기준과의 차이를 논리적으로 설명할 수 없고, IFRS의 '시장증거주의' 원칙이나 '실제데이터 적용기준'을 충족하지 못하는 단점이 있어 제외되었다.

따라서 본건 특허권가치 평가에 있어서는 각 방식의 장단점을 감안하고, 특히 대상회사의 특성이나 가격자료의 객관성이나 신뢰성을 기준으로 판단할 때 증분현금흐름법과 로열티면제법에 의한 시산가액(735백만원~829백만원)에 중점을 두어 평가가액을 결정하는 것이 적정하다고 판단된다. 그리고 다른 방식에 의한 시산가액의 범위는 695백만원~860백만원(TAB 제외), 그리고 TAB 포함 시 835백만원~1023백만원으로 나타나, 2가지 평가방법에 의한 시산가액들을 상당히 지지하고 있다고 판단되므로 증분현금흐름법과 로열티면제법에 의한 시산가액 범위 내에서 평가가액을 최종 결정할 수 있을 것이다. 그리고 세제상 무형자산의 상각이 허용될 경우 상각절세효과Tax Amortization Benefits : TAB가 적용될 수 있으나, TAB의 가산은 상각절세효과를 이용할 수 있는 기업에 대하여만 이루어져야 할 것이다.

VALUATION ISSUES

세기의 특허소송…애플 · 퀄컴 34조원 특허전쟁

애플"특허사용료 과다 요구"에 퀄컴"공급계약위반" 맞소송

미국을 대표하는 기술 기업인 애플과 퀄컴이 약 300억달러(약 34조원)에 달하는 역대 최대 규모 특허소송전을 시작했다. 소송 결과에 따라 배상 금액은 물론 양사 핵심 비즈니스에 치명타를 안길 수 있어 '세기의 소송'으로 불린다. 팀 쿡 애플 최고경영자(CEO)와 스티븐 몰런코프 퀄컴 CEO가 직접 증언대에 설 예정인 데다 양사가 한 치의 양보 없는 자존심 싸움을 벌이고 있어 결과가 주목된다.

월스트리트저널(WSJ), 파이낸셜타임스(FT) 등에 따르면 이날부터 미국 캘리포니아주 샌디에이고 연방법원에서 애플이 퀄컴을 상대로 제기한 특허 소송이 시작됐다.이날 전직 프로야구 선수, 항공 파일럿 등으로 구성된 배심원 9명이 선정됐으며 앞으로 5주간 소송을 진행하게 된다. 법원과 배심원은 애플이 "스마트폰 모뎀칩 공급업체인 퀄컴이 독점 지위를 이용해 특허사용료를 과도하게 요구했다"며 270억달러(최대 30조원)의 손해배상을 청구한 소송에 대해 판단하고 배상액을 정할 예정이다.

퀄컴도 "잘못한 것은 없으며 애플이 오히려 특허 사용 계약을 위반했다"며 70억달러에 해당하는 맞소송을 제기했다. 핵심 쟁점은 퀄컴의 '로열티' 산정 방식이다. 퀄컴은 스마트폰 제조사에 도매 공급가의 약 5%를 특허사용료로 요구하고 있는데, 애플은 이것이 과도하다고 주장한다. 퀄컴이 '칩(통신 모뎀칩)'을 공급하고 있으므로 이에 대한 로열티만 부과해야 하는데 아이폰 판매 대수의 5%를 로열티로 부과해 무선통신 기술과 무관한 디스플레이, 터치센서 등 애플이 개발한 혁신으로 퀄컴이 돈을 벌고 있다는 주장이다. 모뎀칩은 4G LTE 스마트폰의 데이터를 송수신하는 데 필요한 핵심 부품으로, 퀄컴이 지난해 기준 전 세계 점유율 약 35%로 1위를 차지하고 있다. 모뎀칩 없이는 스마트폰 제조가 불가능하다.

〈애플 vs 퀄컴 글로벌 소송전〉

시기	애플이 퀄컴을 상대로 2017년 첫 소송 제기
이유	애플, "스마트폰 공급가의 약 5%인 특허 사용료가 과도하다"
	퀄컴, "공급 계약 위반"
액수	애플 약 270억달러, 퀄컴 약 70억달러

시기	지역	승자	소송 핵심 내용
2018. 9.	미국	애플	아이폰 판매 가처분 소송 기각
2018. 12.	중국	퀄컴	애플이 퀄컴의 특허 침해, 중국 내 판매 금지
2018. 12.	독일	퀄컴	구형아이폰 판매 금지 소송 승소
2019. 3	미국	퀄컴	애플이 퀄컴 특허 침해 결정

이에 퀄컴은 스마트폰은 퀄컴의 모뎀칩 기술을 제외하고 제조할 수 없으며 디스플레이, 터치센서 등도 모뎀칩과 연결돼 있기 때문에 특허료를 받아야 한다고 주장하고 있다. 특히 "로열티를 받아 5G 이동통신 같은 혁신에 투자해 소비자에게 혜택을 주고 있다"며 기존 로열티 부과 방식에 문제가 없다고 맞섰다. 이번에는 '손해배상' 소송이지만 양사 간 법적 분쟁은 이번이 처음은 아니다. 지난해 9월부터 퀄컴은 미국 · 중국 · 독일 등에서 자사 특허가 포함된 애플 아이폰에 대해 판매금지 가처분 소송을 했으며, 중국과 독일에서는 퀄컴이 승소하기도 했다. 특히 구형 아이폰은 중국에서 판매 금지된 상태다.

애플 패소 땐 아이폰 전략 타격, 퀄컴은 로열티 모델 치명타

손해배상액이 역대급인 데다 이번 소송전은 결과에 따라 손해배상액을 뛰어넘는 의미도 있다. 법원과 배심원이 애플 측 손을 들어주면 칩이 아닌 단말기 기준으로 산정되는 퀄컴의 로열티 방식이 치명타를 입을 뿐만 아니라 회사 사업 모델이 붕괴된다. 반면 퀄컴이 이기면 애플은 아이폰 제조에 큰 타격을 입게 된다. 퀄컴이 5G 모뎀칩을 애플에 공급하지 않아 애플의 5G 아이폰은 이르면 2020년에야 시장에 선보일 수 있게 됐다. 애플은 인텔 칩을 사용하고 있는데 인텔 칩 공급이 원활하지 않아 애플의 차기 아이폰 전략은 이미 차질을 빚고 있다.

또 쿡 CEO와 몰런코프 CEO가 증언에 나설 예정이어서 '기업 간 소송전'이 'CEO 간 맞대결'로까지 불붙었다. 이 둘은 친분이 전혀 없는 데다 개인적 경쟁 관계에 집착해 평행선을 달리고 있다. WSJ는 "쿡은 몰런코프가 CEO로 지내는 동안은 퀄컴과 계약할 수 없다는 입장이어서 현재로선 둘 사이에 접점을 찾기 힘들 것"이라고 보도했다.

WSJ는 두 CEO 간 악연은 쿡이 2016년 한국 공정거래위원회의 퀄컴 과징금 소송에서 퀄컴의 독점적 지위 남용을 증언한 것이 계기가 됐다고 전했다. 이 소식을 들은 몰런코프 등이 격분했고 애플이 중국에서 아이폰7을 생산하고 있는 것에 대해 계약 위반(인텔 칩을 사용했기 때문)을 주장하며 10억달러의 로열티 리베이트 지급을 보류했다. 애플도 수십억 달러의 로열티 지급을 중단하면서 양사 간 전쟁이 시작됐다. 애플이 퀄컴 칩을 제외했다는 소식이 알려지자 퀄컴은 주가가 폭락하기 시작해 결국 지난해 브로드컴에서 적대적 인수 · 합병(M&A) 시도를 받으며 회사가 휘청거렸다. (매일경제 2019.04.16 요약)

7장

상표권의 평가방법과 사례

Trademark Valuation and Case Studies

Ⅰ 상표권의 의의와 종류

Ⅱ 상표권의 평가방법

Ⅲ 상표권 평가사례

상표권을 비롯한 무형자산의 평가방법을 선택할 때 가장 중요한 기준은 평가방법의 신뢰성 reliability과 투입변수의 견고성 robustness이다. 기준시점 현재 완전히 동일한 비교사례의 거래가격을 시장에서 관찰할 수 있는 경우는 드물다. 그러므로 평가사는 방법론적 신뢰성과 각 방식에 적용되는 투입변수가 얼마나 객관적인가를 고려하여 가장 적절한 평가방법을 선택할 필요가 있다. 그리고 사용된 평가방법과 그 방식이 적절하다고 판단한 이유를 평가서에 명시하여야 한다.

주방식에서 계산된 무형자산에 대한 시산가액으로부터, 다른 부방식을 적용하기 위해 요구되는 변수들을 도출하는 경우도 있다. 이것을 역분석 reverse engineering이라고 한다. 유사한 거래사례가 없는 비활성시장의 경우에는 주로 수익방식에 의하여 평가된다. 그러나 동일성이 없는 거래사례를 대상 상표권 평가에 적용하기 위해서는 흔히 정성적 qualitative이고 주관적인 subjective 수정이 요구되기 때문에 평가결과의 신뢰성에도 부정적인 영향을 주게 된다. 따라서 가능하면 다른 평가방법을 보완적으로 사용하여 평가결과를 비교검토함으로써 평가방법의 신뢰성을 높여야 한다. 본 장에서는 상표권의 평가방법을 주로 수익방식에 의한 실제 평가사례를 통하여 학습하기로 한다.

I 상표권의 의의와 종류

1 상표권의 정의

상표 trademarks 란 우리나라 상표법 제2조에 의하면 다음과 같이 정의되고 있다.

> "상표"란 자기의 상품(지리적 표시가 사용되는 상품의 경우를 제외하고는 서비스 또는 서비스의 제공에 관련된 물건을 포함한다. 이하 같다)과 타인의 상품을 식별하기 위하여 사용하는 표장(標章)을 말한다. "상표의 사용"이란 다음 각 목의 어느 하나에 해당하는 행위를 말한다.
>
> 가. 상품 또는 상품의 포장에 상표를 표시하는 행위
>
> 나. 상품 또는 상품의 포장에 상표를 표시한 것을 양도 또는 인도하거나 양도 또는 인도할 목적으로 전시 · 수출 또는 수입하는 행위
>
> 다. 상품에 관한 광고 · 정가표(定價表) · 거래서류, 그 밖의 수단에 상표를 표시하고 전시하거나 널리 알리는 행위

즉 국내 상표법상 기호상표, 문자 상표, 도형 상표와 이들의 결합 상표, 색채상표나 입체 상표와 같이 시각적으로 인식될 수 있는 대부분의 것은 상표로 인정되지만, 소리상표, 냄새상표, 맛상표 등과 같이 청각, 미각, 후각으로 지각할 수 있는 표장은 국내 상표법상 상표로서 등록받을 수 없다.

또한 자기의 상품과 타인의 상품을 식별하기 위하여 사용되지 않는 표장은 상표가 아니므로 상품에 사용된 것이라 하여도 그것이 단순히 상품의 심미감을 불러 일으키게 하기 위하여 사용된 디자인이거나, 자타상품 식별의사와 무관한 가격표시 등은 상표법상 상표가 아니다. 광의의 상표개념으로서는 상표 외에 서비스표, 단체표장, 업무표장을 포함한다.

표 7–1
상표권과 브랜드 자산 관련 용어

항 목	내 용
상표	자기의 상품(지리적 표시가 사용되는 상품의 경우를 제외하고는 서비스 또는 서비스의 제공에 관련된 물건을 포함한다. 이하 같다)과 타인의 상품을 식별하기 위하여 사용하는 표장(標章).
표장	기호, 문자, 도형, 소리, 냄새, 입체적 형상, 홀로그램 · 동작 또는 색채 등으로서 그 구성이나 표현방식에 상관없이 상품의 출처를 나타내기 위하여 사용하는 모든 표시
단체표장	상품을 생산 · 제조 · 가공 · 판매하거나 서비스를 제공하는 자가 공동으로 설립한 법인이 직접 사용하거나 그 소속 단체원에게 사용하게 하기 위한 표장.
지리적표시	상품의 특정 품질 · 명성 또는 그 밖의 특성이 본질적으로 특정지역에서 비롯된 경우 그 지역에서 생산 · 제조 또는 가공된 상품임을 나타내는 표시
동음이의어 지리적표시	같은 상품에 대한 지리적 표시가 타인의 지리적 표시와 발음은 같지만 해당 지역이 다른 지리적 표시를 말한다.
지리적표시 단체표장	지리적 표시를 사용할 수 있는 상품을 생산 · 제조 또는 가공하는 자가 공동으로 설립한 법인이 직접 사용하거나 그 소속 단체원에게 사용하게 하기 위한 표장
증명표장	상품의 품질, 원산지, 생산방법 또는 그 밖의 특성을 증명하고 관리하는 것을 업으로 하는 자가 타인의 상품에 대하여 그 상품이 품질, 원산지, 생산방법 또는 그 밖의 특성을 충족한다는 것을 증명하는 데 사용하는 표장.
지리적표시 증명표장	지리적표시를 증명하는 것을 업으로 하는 자가 타인의 상품에 대하여 그 상품이 정해진 지리적 특성을 충족한다는 것을 증명하는 데 사용하는 표장.
업무표장	영리를 목적으로 하지 아니하는 업무를 하는 자가 그 업무를 나타내기 위하여 사용하는 표장.
등록상표	상표등록을 받은 상표
상표의 사용	가. 상품 또는 상품의 포장에 상표를 표시하는 행위 나. 상품 또는 상품의 포장에 상표를 표시한 것을 양도 또는 인도하거나 양도 또는 인도할 목적으로 전시 · 수출 또는 수입하는 행위 다. 상품에 관한 광고 · 정가표 · 거래서류, 그 밖의 수단에 상표를 표시하고 전시하거나 널리 알리는 행위

자료 :상표법 제2조(2016.9.1 개정)

상표권의 가장 중요한 내용은 지정상품에 대하여 그 등록상표를 사용하는 것인데, 그 외에도 상표권은 재산권의 일종으로서 특허권 등과 같이 담보에 제공될 수 있으며, 지정상품의 영업과 함께 이전할 수도 있다.

2 상표권의 종류

2.1 전용사용권

상표의 전용사용권은 상표 설정행위로 정한 범위 내에서 지정상품에 관한 등록상표를 사용할 권리를 독점할 수 있는 권리를 말한다. 상표권자는 타인에게 상표권에 관하여 전용사용권을 설정할 수 있다. 전용사용권자는 설정행위로 정한 범위 내에서 지정상품에 관한 등록상표를 사용할 권리를 독점한다. 따라서 전용사용권자는 상표권자와 마찬가지로 타인이 등록상표와 동일하거나 이와 유사한 상표나 상품에 사용하는 등의 권리침해에 대하여 금지 또는 예방을 청구할 수 있다. 또한 상표권자의 동의를 얻어 그 전용사용권을 타인에게 이전하거나 통상사용권을 설정할 수 있다. 전용사용권의 설정·이전 등은 등록하여야 효력이 발생하며(등록은 효력발생요건), 전용사용권은 등록상표를 사용하는 상품에 자기의 성명 또는 명칭을 표시하여야 한다.

2.2 통상사용권

통상사용권은 통상사용권의 설정행위로 정한 범위 내에서 지정상품에 관하여 등록상표를 사용할 권리를 갖는다는 데에는 전용사용권과 동일하다. 통상사용권이 설정된 상표의 권리침해에 대한 금지청구권이 없다는 점에서 전용사용권과 구별된다.

상표권자 또는 전용사용권자는 타인에게 그 상표권에 관하여 통상사용권을 설정할 수 있고, 통상사용권자는 설정행위로 정한 범위 내에서 지정상품에 관하여 등록상표를 사용할 권리를 가지며, 상표권자 및 전용사용권자의 동의를 얻어 그 통상사용권을 타인에게 이전할 수 있다. 통상사용권의 설정·이전 등은 등록하지 아니하면 제3자에게 대항할 수 없으며(등록은 제 3자 대항요건), 통상사용권자는 등록상표를 사용하는 상품에 자기의 성명 또는 명칭을 표시하여야 한다. 또한 통상사용권자는 지정상품에 등록상표를 사용할 권리만 가지므로 권리

침해에 대한 금지청구권은 없으며, 상표권자나 전용사용권자만이 권리침해에 대한 금지청구 등을 할 수 있다.

3 브랜드와 디자인권

3.1 상표권과 브랜드

브랜드를 미국 경영학사전에서는 다음과 같이 정의하고 있다.[1]

> "자신의 상품을 다른 경쟁자와 구별해서 표시하기 위하여 사용하는 독특한 디자인, 서명, 상징,명칭, 용어 혹은 그의 결합체이다"

이는 상표에 대한 일반적인 정의와 매우 근접하며, 실제로 많은 사람들이 브랜드를 상표의 동의어로 간주하여 혼용하고 있다. 다만 브랜드는 마케팅 개념이 더 강한 것으로, 상표가 갖는 다소 딱딱한 법률적 개념과 달리 자산으로서 기술하기 위해 발전된 개념인데, 최근에는 상표보다 더욱 널리 사용하게 되었다. 이와 관련하여 '브랜드자산'이라 함은 일반적으로 "고객이 어떤 브랜드에 대하여 호감을 갖게 됨으로써 그 상표를 붙이고 있는 상품의 가치가 증가된 부분"을 지칭한다. 하지만 브랜드자산의 정의가 학문적 배경 및 목적에 따라 다르기 때문에 하나의 통일된 정의로 정립되지 않고 있다. 따라서 본서에서는 필요에 따라 상표, 브랜드, 브랜드자산을 같이 사용하여 설명하기로 한다.

우리나라에서는 상표나 등록상표 등 브랜드와 관련된 법률용어는 상표법과 상법에서 언급되어 있다. 회계학적으로는 산업재산권의 항목으로 다루고 있다. 즉 우리나라에서는 브랜드를 상표, 서비스표, 등록상표, 상호 등으로 섞어서 사용하고 있으며, 상표, 서비스표와 등록상표는 상표법에서 규정하고, 상호는 「상법」 제18조에서 28조까지 규정하고 있다. 이중 상호는 반드시 문자로 구성되어야 하고, 나머지는 문자, 도형, 기호, 입체적 형상 등으로 구성된다.

---

1. http://www.businessdictionary.com(Unique design, sign, symbol, words, or a combination of these, employed in creating an image that identifies a product and differentiates it from its competitors.)

기업회계기준은 법률에 의한 보호여부와는 관계없이 경제적 가치가 존재하는 모든 무형의 권리에 대하여 자산성을 인정하고 있는 입장이다. 산업재산권은 법률에 의하여 일정한 기간 동안 독점적·배타적으로 이용할 수 있는 권리로서 특허권, 실용신안권, 디자인권, 상표권 등을 포함한다. 한편 KS마크 획득비용, Q마크 획득비용 등 연구개발비는 무형자산에 속하지 않기 때문에 발생연도에 비용처리 하여야 한다.

말로써 표현할 수 있는 것을 브랜드명, 말로써 표현할 수 없는 기호, 디자인, 레터링 등을 브랜드 마크라고 한다. 브랜드명, 브랜드 마크 가운데에서 그 배타적 사용이 법적으로 보증되어 있는 것은 상표라 한다. 기업이 자사 제품에 브랜드를 부여하는 것은 경쟁 상대의 제품과 명확히 구별하기 위해서이지만, 그것은 소비자의 브랜드 충성도brand loyalty의 존재와 무관하지 않다. 즉 브랜드 충성도는 브랜드 선택에 있어 소비자가 어느 특정한 브랜드에 대해 갖는 호의적인 태도, 그에 따른 같은 브랜드의 반복적 구매 성향을 의미한다. 구매빈도가 높고 그 품질을 사전에 확인할 수 없는 제품일수록 브랜드 충성도는 높아지는 경향이 있다.

브랜드는 그것이 제조업자에 속하느냐 유통업자에 속하느냐에 따라 메이커 브랜드maker brand와 프라이빗 브랜드private brand로 나누어진다. 전자는 메이커가 자사 제품에 대하여 사용하는 것임에 반하여, 후자는 대형 소매점, 도매점 등의 유통업자가 자신들이 판매하는 제품에 대하여 사용하는 것이다. 프라이빗 브랜드 상품의 대부분은 이들 유통업자의 기획 아래 메이커에 위탁 생산되는 것이며, 품질에 비해서 가격이 싼 것이 특징이다.

3.2 디자인권과 브랜드

디자인권design rights이란 산업적 물품 또는 제품의 독창적이고 장식적인 외관 형상의 보호를 위하여 등록을 통하여 허용된 권리이며 산업재산권의 하나이다. 디자인이란 물품의 형상 · 모양 · 색채 또는 이들을 결합한 것으로서 시각을 통하여 미적 감각을 향상시키는 것을 말한다.

디자인권 보호제도는 물품의 미적 외관에 재산적 가치를 인정하여 참신하고 우수한 기능을 주는 디자인 창작자의 노력을 보호하기 위하여 창작자에게 일정기간 창작된 디자인에 대한 독점적인 권리를 부여하는 것이다. 이 권리는 등록함으로써 발생하며, 디자인권자는 그 등록디자인으로 된 물건을 생산수단으로 제작, 사용, 판매할 권리를 독점한다. 디자인보호법상 디자인권의 존속 기간은 디자인권 등록출원일로부터 20년이다. 다만, 관련디자인의 디자인권의 존속기간만료일은 그 기본디자인의 디자인권의 존속기간 만료일로 한다.(디자인보호법 제91조)

감성과 문화적 가치가 중시되는 디지털 시대를 맞아 디자인을 통하여 브랜드 가치를 높이려는 것에 대한 관심이 커지고 있다. 사람들의 마음속에는 은연중에 디자인이 뛰어난 고급브랜드를 갖고 있으면 자신의 사회적 지위나 신분이 높아지는 것으로 생각하는 심리가 있기 때문이다. 이는 고급 브랜드가 선호되는 현상으로 이어지고 있다. 이처럼 디자인과 브랜드는 비즈니스의 성공을 이끌어가는 핵심적인 요소이다. 디자인은 물리적, 시각적, 촉각적인 특성을 결정하는 요소로서 감성적인 만족을 충족시켜주는 반면, 브랜드는 개념적, 비시각적, 비촉각적인 특성을 통하여 이성적인 만족에 커다란 영향을 미친다.

브랜드의 가치를 형성하는 데 있어서 디자인이 수행하는 역할은 시각적인 커뮤니케이션의 질적인 수준을 높여주는 것이다. 이미지의 형성에서 시각적인 커뮤니케이션의 중요성은 커지고 있다. 특히 상품이나 서비스의 경우, 고객에게 선택되는 과정에서 이미지의 중요성이 대단히 크다. 그러므로 브랜드 가치를 좌우하는 이미지 형성을 위해서는 시각적 커뮤니케이션의 질을 좌우하는 디자인을 전략적으로 활용해야만 한다.

이와 같이 서로 밀접한 관련을 맺고 있는 디자인과 브랜드는 전략적으로 고객들과의 관계를 고려해야 한다. 먼저 고객들은 디자인이라는 창을 통해 브랜드와 접촉하게 된다. 그것은 곧 특정 브랜드에 대한 고객의 첫인상이 디자인을 통하여 결정된다는 것을 의미한다. 디자인은 바로 고객과 브랜드를 이어주는 연결고리라고 할 수 있다. 따라서 디자인이 좋은 브랜드는 고객에게 호감을 가져다 주어 구매욕구를 촉진시켜준다. 디자인이 좋은 상품과 서비스는 선택이 되어 사용되는 과정에서는 물론 그 이후에도 고객을 만족시켜 브랜드에 대한 신뢰와 충성도loyalty를 높여 준다.

브랜드는 그 특성상 주로 문자 형태로 존재한다. 기업이나 제품의 이름이 곧 브랜드이기 때문이다. 브랜드를 시각화하는 과정에서 디자인의 역할은 ① 개성identity의 부여, ② 차별화differentiation로 대별된다. '개성의 부여'는 브랜드가 갖는 의미를 최대한 살리는 방향으로 독특한 특징을 만들어 주는 것이다. 한편 '차별화'는 다른 것들과 구별되는 개성을 창출하여 비슷한 브랜드들이 모인 무리들 중에서 두드러져 보이게 해주는 것이다. '브랜드'라고 하는 추상적인 개념을 실체로 만들어주는 것이 디자인이기 때문에 브랜드의 힘은 디자인에 의해 강화될 수 있다.

4 상표권의 발생과 보호

4.1 상표권의 발생과 존속

상표권은 설정등록에 의하여 발생하는데(상표법 제82조, 시행 2016.9.1) 상표권의 존속기간은 설정등록이 있는 날로부터 10년이며, 상표권의 존속기간 갱신등록출원에 의하여 10년간씩 그 기간을 갱신할 수 있으므로 계속 사용을 하는 한 반영구적인 효력이 있다.

한편 상표권의 이전이란, 상표권 내용의 동일성을 유지하면서 소유주체만을 교체하는 것을 말한다. 상표권도 무체재산권의 일종으로 일반재산권과 마찬가지로 자유로운 이전이 허용되어야 할 것이나, 상표법의 목적에 비추어 소유자의 이익 보호 등을 위해 필요한 경우에 일정한 제한이 있다. 일반적으로 그 자체만을 특정하여 영업과 함께 하지 아니하고도 매매, 증여 등에 의하여 자유롭게 양도될 수 있고, 또한 지정상품마다 분할이전 할 수도 있다.

상표권은 존속기간 갱신을 하지 않아 존속기간이 만료하거나 스스로 상표권을 포기하는 경우에 소멸하며, 또한 상표권자의 사망일로부터 3년 이내에 상속인이 그 상표권자의 이전등록을 하지 아니하는 경우에도 소멸된다.

4.2 상표권의 보호

상표권을 등록하게 되면 사용독점권과 타인의 사용금지권을 갖는다. 즉 상표를 등록할 경우 상표권자는 적극적으로 지정상품에 관하여 그 등록상표를 사용할 권리를 독점하는 독점권과 타인이 등록상표와 동일 또는 유사한 상표를 사용하는 경우 그 사용을 금지할 수 있는 금지권을 행사할 수 있다. 아울러 타인이 자기의 등록상표 또는 등록상표와 유사한 상표를 사용하는 등 상표권을 침해하는 경우 상표권자는 그 자를 상대로 하여 침해금지청구권· 손해배상청구권 등을 행사할 수 있는 소극적인 효력을 갖는다.

이러한 등록 상표권은 상표권자만이 등록상표를 지정상품에 관하여 사용할 권리를 독점하게 된다. 따라서 상표권자 이외의 자가 정당한 권한 없이 등록상표와 동일 또는 유사한 상표를 그 지정상품과 동일 또는 유사한 상품에 사용하는 경우는 물론 등록상표와 동일 또는 유사한 상표를 그 지정상품과 동일 또는 유사한 상품에 사용할 목적이나 사용하게 할 목적으로 교부 · 판매 · 위조 · 소지하거나 보관하는 행위인 예비적 행위도 상표권 침해로 규정하고 있다.

이러한 상표권 침해에 대한 구제방법은 다양하다. 즉 민형사상의 구제가 가능한 것이다. 타인이 자기의 등록된 상표와 동일하거나 이와 유사한 상표를 동일하거나 이와 유사한 상품에 사용하고 있음이 명백하여 사업상의 손해를 입었을 경우에는 상표권자는 상표법이 정하는 바에 따라 정당한 보호를 받을 수 있다(상표법 230조). 상표권 침해에 대한 구체적인 구제방법으로는, 침해자에 대하여 사직당국에 고소하여 형사상 제재를 가하도록 함과 동시에, 민사상으로는 금지청구 또는 타인이 고의 또는 과실로 상표권을 침해하여 초래된 재산적·정신적 손해에 대하여 법원에 손해배상청구의 소를 제기하여 손해에 대한 응분의 배상을 받을 수 있다. 영업상의 신용을 실추하게 한 자에 대하여는 신용회복조치 등을 강구할 수 있다.

5 상표권의 경제적 수명과 잔존가치

5.1 상표권의 경제적 수명

수익방식으로 상표권 자산의 가치를 추계하기 위해서는, 해당 자산의 잔존 경제적 수명economic life을 결정해야 한다. 대상 상표권의 잔존 경제적 수명을 추계할 경우에는 ① 법정수명legal statutory life뿐만 아니라 ② 계약상의 수명, ③ 물리적 수명, ④ 기능적 수명 등을 모두 고려해야 한다.

상표권의 경제적 수명은 법정존속기간을 무한히 갱신할 수 있으므로 수익창출력이 유지되는 한 영구히 지속되는 것으로 볼 수도 있다. 그러나 상표권의 경제적 수명은 ① 제품수명주기PLC, ② 제품소비 특성, ③ 상표권의 특성, 즉 엄브렐라 브랜드umbrella brand인가, 아니면 특정제품 브랜드specific brand인가? ④ 시장 경쟁의 강도와 규모는 어느 정도인가? ⑤ 상표의 범용성versatility, ⑥ 브랜드 강화 지원책 등에 따라 크게 좌우된다.

상표권 자산의 가치는 미래 경제적이익의 크기도 중요하지만, 미래 경제적이익이 지속될 수 있는 잔존연한(현금흐름의 지속가능기간), 즉 경제적 수명의 판단이 못지 않게 중요한 것이다. 앞에서도 설명하였지만, 지식재산의 경제적 수명은 법정연한보다도 훨씬 짧을 수도 있다.

왜냐하면 신기술의 출현이나 제품과 서비스 소비 행태의 변화, 디자인의 변화 등 산업환경이 급변하면 이런 모든 요소들이 상호복합적으로 작용함으로써 상표나 브랜드의 진부화를 가져오거나 경제적 수명과 가치를 결정짓기 때문이다.

한편 다른 지식재산권의 법정연한은 끝나더라도 대상지식재산의 가치가 시간의 경과에 따라 브랜드가치나 영업권가치로 옮아가는 현상도 생기게 된다. 이것이 바로 다음에서 설명하는 '무형자산 가치의 전이' 현상이다.

5.2 무형자산가치의 전이

경제적이익의 지속기간은 초과이익의 분석에 중요한 요소로서 지식재산의 보유자가 그 자산에서 발생한 경제적이익이 언제까지 지속될 수 있는 지를 명확히 해두지 않으면 안 된다. 비록 지식재산의 법정연한이 만료될 경우라도 시간이 지날수록 대상지식재산의 가치가 다른 지식재산이나 영업권으로 이전되고, 초과이익이 지속되는 현상을 가치의 전이 value transference 라고 한다.

즉 하나의 무형자산에 귀속되어야 할 경제적이익이 시간의 경과에 따라 다른 무형자산으로 이전되는 상황이 바로 '가치의 전이' 현상이다. 예컨대 의약품 특허의 경우에 상표를 붙여 시판되는데 시간의 경과에 따라 경제적이익은 특허에서 상표로 이전된다. 이런 상황에서는 의약품 특허보유자가 누리는 초과이익이 원천특허의 만료 후에도 지속된다. 이 경우 원래는 의약품특허가 만료되었을 때에 발생할 수 있는 급격한 매출이나 수익의 감소가 상표권이나 브랜드의 영향에 의해 완화될 수 있다. 이러한 현상은 '특허권 가치의 상표가치로의 전이' 라고 말할 수 있다.

그림 7-1
무형자산가치의 전이(轉移)

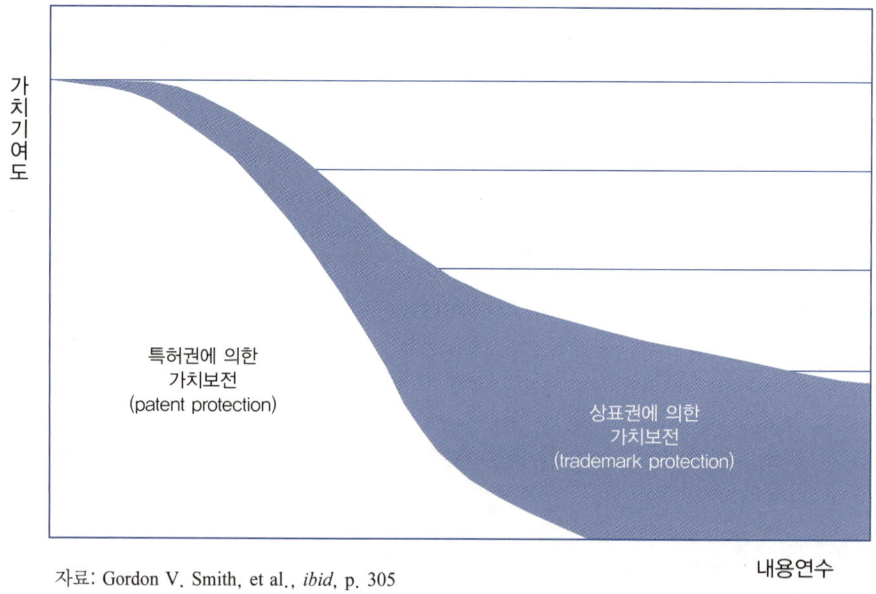

자료: Gordon V. Smith, et al., *ibid*, p. 305

5.3 상표권의 평균수명과 소멸

특허청에 따르면, 우리나라에서 1949년 상표법이 제정된 이후 2016년 말까지 존속하고 있는 등록상표는 1,096천 건으로 세계 6위로 나타났다.

등록상표 중 가장 오래된 국내 상표는 샘표(1960년)이고, 뒤를 이어 진로, 무궁화, 곰표 등이며, 외국 상표로는 펩시콜라(1959년), 아이비엠, 코카콜라 등으로 나타났다고 한다.

가장 오래된 국내 상표인 '샘표'는 1954년 4월 6일에 간장, 된장, 고추장을 지정상품으로 출원하여 1954년 5월 10일에 등록되었으며, 5번의 갱신절차를 거쳐 60년 이상, 현재까지 존속하고 있다.

상표의 수명(존속기간)은 상표가 등록된 후 소멸하기까지의 기간을 말하는데 국내 등록상표의 평균수명은 11.7년이며, 상표권자가 법인(12.1년)인 경우가 개인(10.7년)보다 다소 긴 것으로 나타났다. 상표권은 재산권이므로 타인에게 양도할 수 있고, 계약 등에 의해 상표의 사용을 허락하는 사용권을 설정할 수 있으며, 또한 자기 상표권의 침해 또는 침해가 우려되는 때에는 손해배상이나, 침해금지를 청구할 수 있다.

상표권의 소멸 사유는 존손기간의 만료나, 상표권의 포기(상표법 § 59), 상속인이 없거나 상속인이 이전등록 절차를 밟지 않는 경우(상표법 § 64 ①), 청산절차가 진행중인 법인이 상표권의 이전등록을 하지 아니한 경우(상표법 § 64 ②) 등이다.

그러나 이러한 법적 수명요인 이외에도 대상상표권 가치의 원천이 되는 계약이 만료되는 경우, 또는 물리적 · 기능적 · 기술적 수명요인의 상호작용으로 인하여 미래 경제적이익 창출능력이 소실되거나 진부화되는 경우에도 상표권은 소멸되는 것이다.

표 7-2
가장 오래된 국내 상표
(2014년 5월 기준)

등록번호	상표	등록일자	상표권자	지정상품	존속기간
40-0000362		1954-05-10	샘표식품주식회사	간장, 된장 등	60년0월
40-0000457		1954-09-15	하이트진로	맥주, 소주 등	59년8월
0-0000628	무궁화표	1954-11-30	대선제분주식회사 동아원 주식회사	소맥분	59년6월
40-0000629	별표	1954-11-30	대선제분주식회사 동아원 주식회사	소맥분	59년6월
40-0000849	곰표	1955-07-11	대한제분주식회사	맥분, 밀가루 등	58년10월
40-0001276	美 香	1956-04-14	애경유지공업 주식회사	세탁비누, 화장비누	58년1월
40-0001554	무궁화	1956-08-14	주식회사 무궁화	세탁비누, 화장비누	57년9월
40-0001946	DIAMOX	1957-03-20	에스케이케미칼 주식회사	비뇨생식기용 약제	57년2월
40-0002113	판피린 PANPYRIN	1957-05-30	동아제약 주식회사	해열성 진통제 등	57년0월
40-0002284		1957-08-07	주식회사 노루홀딩스	페인트, 에나멜 등	56년9월
40-0002476	TRADE MARK	1957-12-03	동화약품주식회사	소화기관용 약제 등	56년5월

자료: 특허청 상표디자인심사국, 보도자료, 2014. 7.

표 7–3
개인/법인 및 상표유형별 평균 존속기간
(2013.12.31. 기준)

개인/법인	상표유형	평균 존속기간(연)	개인/법인	상표유형	평균 존속기간(연)
개인	도형복합	10.62	법인	도형복합	11.87
	도형상표	10.84		도형상표	12.09
	복합문자	10.76		복합문자	12.18
	영문상표	10.23		영문상표	12.09
	일어상표	11.05		일어상표	14.46
	한글상표	10.63		한글상표	11.73
	한자상표	11.30		한자상표	14.04
	기타	11.28		기타	12.35
평균		10.73	평균		12.09

자료: 특허청 상표디자인심사국, 보도자료, 2014. 7.

Ⅱ 상표권의 평가방법

1 원가방식

상표권 가치를 평가하기 위하여 적용하는 원가방식cost method이란, 대상 상표권의 미래 경제적이익 창출 능력을 대체하는데 필요한 금액을 측정함으로써 대상을 평가하는 방법이다. 이것은 대치원가로서 정의할 수 있다. 이 방식은 어떤 자산이 수명 기간 중 공급할 수 있는 서비스의 경제력 가치와 자산의 가격이 서로 적합하다는 것을 가정하고 있다. 시장은 이러한 가정이 실현되는 공간이다. 예를 들어, 만약 어떤 기계의 가격이 그 기계가 미래에 가져다 줄 이익보다 초과한다면 아무도 그것을 사려하지 않을 것이고, 그 반대라면 오히려 수요가 초과할 것이다. 따라서 자연스레 기계의 가격은 조정될 것이다.

원가법에서는 시간의 흐름에 따른 가치하락분 즉 감가수정depreciation을 해야만 하는데, 이는 물리적 감가, 기능적 노후, 경제적 노후로 나누어 볼 수 있다.

이 세 가지를 적절히 반영해야만 원가방식에 의한 평가가 원활히 이루어 질 수 있다. 원가법에 따른 가치평가의 산식은 다음과 같다.

RC(재생산비용 / 대치원가)
− PD(물리적 감가)
− FO(기능적 진부화)
= RCLD(감가 후 대치원가)
− EO(경제적 진부화)
= MV(상표권의 시장가치)

상표권의 가치추계 시에는 역사적 원가에 의한 비용도출 개념이 이용될 수 있다. 이는 현재의 브랜드자산을 재생산하기 위해 투입해야 하는 비용개념이다. 원가방식이란 평가대상의 형성에 사용되는 각종 제반 소요비용을 기초로 하여 평가대상을 평가하는 방법이므로 주로 조직화된 인적자원이나 경영정보, 유통망, 특별목적의 부동산등의 평가에 적합하다. 그러나 상표권(브랜드자산)의 평가에도 유용한 방식이다. 현재 활용되고 있는 브랜드와 동일한 시장점유율이나 가격 프리미엄, 수익성, 또는 소비자의 인지도나 충성도를 확보하기 위해 투입해야 하는 비용이 해당 상표가 갖는 브랜드자산의 가치라는 관점에서 자주 활용되는 방법이다.

원가법의 활용을 위해서는 우선적으로 재조달원가 replacement cost new의 두 가지 개념, 즉 재생산원가 reproduction cost와 대치원가 replacement cost 개념에 대한 이해가 필요하다. 재생산원가는 현재의 브랜드와 똑같은 동일한 모양, 제품에 사용할 상표(브랜드)를 만드는데 소요되는 비용을, 대치원가는 현재의 상표와 동일한 효용을 주는 브랜드를 창출하기 위해 소요되는 비용을 각각 의미한다.

상표권의 가치추계시에는 역사적 원가에 의한 재생산원가방식 reproduction cost method이 이용된다. 이는 현재의 브랜드자산을 재생산하기 위해 투입해야 하는 비용을 산출하는 방식으로 해당 상표권의 브랜드자산을 형성하는데 소요된 과거의 비용을 조사하여 이를 현가화하는 방법이다. 역사적 원가방식의 적용을 위해 이를 다시 개발관점에서 구분하면 크게 상표권(브랜드제품) 개발과정과 상표권 유지 관리 과정에서 발생되는 다음과 같은 단계적 업무가 포함된다.

1.1 상표권(브랜드) 개발단계

신규 제품을 위한 브랜드나 기업이미지 개선을 위한 기업브랜드의 변경 등을 위해 브랜드를 개발하는 경우 우선적으로 실시되는 것은 브랜드제품의 수요 및 경쟁 브랜드제품에 대한 소비자 인식 등을 파악하고, 이에 대한 분석결과를 토대로 독자적인 아이덴티티를 갖는 경쟁력 있는 제품 및 제품명, 브랜드의 개발전략을 수립하는 것이다. 실제로 제품컨셉을 통해 예비적인 브랜드명이 선정되었다 하더라도(확정 브랜드명이 아님) 다음과 같은 세부적인 작업을 위한 비용이 소요된다.

① 선정된 명칭이 현재 사용되고 있는 명칭인지에 대한 법적인 검토조사
② 고객, 협력업체, 업계 전문가, 심리학자 등과의 브레인스토밍
③ 예정된 명칭의 외국어 의미를 판단하기 위한 언어학적 조사
④ 소비자, 주주, 경영자, 증권가 전문가들의 반응에 대한 시장조사
⑤ 글자체와 크기 선택에 관한 조사
⑥ 명칭을 통해 제품에 연상되는 색채 선택을 위한 조사

1.2 상표(브랜드) 출시 및 관리단계

이 단계부터는 본격적인 광고 · 홍보 전략이 요구되며, 브랜드 제품이 소비자층에 충분히 인지되어 이미지를 형성한다. 또한 지속적인 마케팅 전략과 홍보 및 제품경험에 의한 브랜드 선호도를 형성하여 제품에 대한 충성도를 갖도록 끊임없는 활동이 필요하며, 이에 따라 제반 비용이 소요된다.

브랜드자산가치 측정을 위한 비용적 접근관점에서 볼 때 브랜드의 개발과 출시 과정의 비용은 상대적으로 주요 항목과 투입범위에 대한 개략적인 진단과 계측이 가능하다. 반면, 관리단계의 브랜드자산 유지비용은 기업활동과 기업이미지 등 보다 포괄적이고 종합적인 차원에서 이루어지기 때문에 비용항목의 명확

한 구분 및 범위의 한정이 매우 어렵다. 이는 결과적으로 비용접근법에 의한 브랜드자산 가치평가의 한계라 할 수 있다.

1.3 대치원가

브랜드의 재생산비용을 도출하는 또 다른 방법은 상표권 창출에 필요한 비용과 노력에 대하여 직접적인 추계를 하는 것이다. 만일 특정 산업의 브랜드제품

표 7-4 글로벌브랜드 전략 패키지 개발과 소요비용 예시

구 분	주요 과업	기간	예산
환경분석 (Environmental Analysis)	세계 10개국가 글로벌브랜드 마케팅리서치 작업 정성조사: 경영진 해외관계자 / 정량조사: 해외소비자 10개국가 소비자: 20~60세까지의 성인남녀 (200명/1개국) 구조화된 설문지를 통한 대인방문 면접조사	1개월	2억원
Global Benchmark Analysis	주요 경쟁사 및 선진업계의 10년간 광고전략, 브랜드전략	1개월	1억원
글로벌브랜드전략 브랜드아이텐티티 시스템개발연구	전략적 브랜드 분석 브랜드 전략 연구 및 개발 브랜드 아이텐티티 연구 및 개발 브랜드 아이덴티티 적용시스템 개발 단계별 자문 실시	1개월	1억원
종 합		3개월	4억원

자료: 한국감정평가연구원, "브랜드 가치 평가방법의 연구", 2001.

표 7-5 글로벌브랜드 개발 패키지 소요비용 예시

구 분	주요 과업	기간	예산
글로벌브랜드 벤치마크	해외 선진업계 6개사 선정 경쟁 브랜드의 마케팅, 브랜드 광고전략, 브랜드 아이덴티티	3개월	4억원
글로벌브랜드 아이덴티티	글로벌 브랜드의 아이덴티티 시스템과 적용시스템 개발		
글로벌브랜드 네이밍	세계10개국 브랜드검색 및 해외언어권별 이미지 평가 후 브랜드 네임개발. 국제적 감각의 후보안 개발 및 검색		
글로벌브랜드 벤치마크디자인	글로벌 디자인컨셉트		

자료 : 한국감정평가연구원, "전게서", 2001.

이 출시되는데 5억원의 비용이 소요되고, 출시제품 중 1/5만이 시장진입에 성공한다면 결국 성공한 제품의 브랜드를 확보하는 것은 25억원 가량의 비용을 절감하고 있는 셈이다. 현실적으로 역사적 원가에 근거한 기법을 적용하는데 필

표 7–6
신제품개발 패키지 소요비용 예시

구 분	주요 과업	기간	예산
신제품개발 및 신규브랜드 설정을 위한 제반조사	신제품 아이디어 및 컨셉트 조사 / 신제품의 경쟁력 조사 / 신제품 수용도 조사 / 신제품 test / 네임 test / 패키지 test / 신제품 마케팅전략 수립과 전략적 브랜드 분석 · 조사	3개월	3억원
신제품개발 및 신규브랜드개발 컨설팅	신제품 개발전략 / 신제품 브랜드전략 및 체계 / 신제품 브랜드 아이덴티티 구축 / 신규브랜드의 적용방안 및 관리체계 구축		
신규브랜드의 전략적네이밍	신규 브랜드의 네임 및 슬로건 개발 / 네임아이디어 및 후보안 개발 / 후보안 브랜드검색 및 소비자평가		
신규브랜드의 벤치마크디자인	경쟁디자인 컨셉트 및 벤치마크 디자인전략 / 기본 · 응용디자인 개발 및 패키지디자인		

자료: 한국감정평가연구원, "전게서", 2001.

표 7–7
브랜드디자인 개발 패키지 소요비용 예시

구 분		주요 과업	기간	예산
국내용 벤치마크 디자인	Basic System	프로모션 아이템 / Sign류(옥내용/옥외용) 패키지	1개월	3천만원
	Application System	Brand Symbol / Brand Logotype/ Signature / Brand Color / Typeface	1개월	2천만원
해외용 글로벌 디자인	글로벌 CI 디자인	글로벌 심벌, 워드마크, 로고타입, 컬러 및 응용디자인 시스템 개발 / 해외에서 사용될 종합적 기업디자인 프로그램 개발	6개월	2억원
	글로벌 BI 디자인	글로벌 심벌, 마크, 로고타입, 컬러 및 응용디자인 시스템 개발 / 신제품 서비스, 국내 및 해외에서 사용될 종합적 브랜드디자인 프로그램 개발	6개월	1억원
	글로벌패키지디자인	제품용기, 병, 캔, Soft & Hard포장, 쇼핑백, 제품 아이디어케이스, 고급제품패키지, 고급선물용 포장 등	6개월	1억원
	글로벌제품디자인	글로벌 제품디자인 등	6개월	1억원
	글로벌환경공간디자인		6개월	2억원
홈페이지 개발			6개월	2억원

자료 : 한국감정평가연구원, "전게서", 2001.

수적인 과거 비용지출에 대한 정확한 기록 유지가 이루어지지 않았을 경우 이와 같은 방법이 필요하다.

평가대상 브랜드의 대치원가를 산정하기 위해서는 해당 브랜드와 유사한 특성을 지닌 브랜드를 현재 구축하는 데 소요되는 비용을 파악하는 것이 필요하다. 이 때 유사 브랜드제품 선택을 위해 고려되어야 할 중요한 특성들은 ① 브랜드가 경쟁하고 있는 시장의 규모, ② 브랜드가 갖는 시장점유율, ③ 브랜드제품이나 서비스의 가격 프리미엄, ④ 광고기능, ⑤ 브랜드제품(또는 서비스)의 수익성, ⑥ 소비자 인지도에 대한 시장조사 지표, ⑦ 브랜드확장 가능성 등이 있다. 이러한 브랜드 자산의 구축에 소요되는 대치원가에 관한 국내 연구기관의 조사자료를 예시하면 다음 〈표 7-4〉에서 〈표 7-7〉까지에 나타난 것과 같다.

2 시장접근법

시장접근법은 가장 직접적이고 이해하기 쉬운 평가방식이다. 이것은 시장에서 다른 비교할 수 있는 거래사례를 획득함으로써 현재가치를 측정하는 방법이다. 이를 위해서는 두 가지 요소를 필요로 하는데 첫째, 활성화[active]되고 공개된[public] 시장, 둘째, 유사한 자산의 교환이 그것이다. 주거용 부동산 시장은 이런 상태가 표출된 좋은 예로 볼 수 있다. 이런 시장은 일정 지역에서 매매, 교환 등이 활성화 되어 있고, 또한 공개되어 있다. 물론 모든 주거용 부동산이 유사한 것은 아니지만, 활성화된 시장에서는 유사한 예를 충분히 찾을 수 있다. 그러나 일반적으로 비교방식은 그 특이성으로 인해 상표권 평가의 경우에는 잘 사용하지 않는다. 시장접근법에 의한 평가는 다음의 몇 가지 요소를 필요로 한다.

2.1 활성화되고 공개된 시장

가격분석에 있어 가장 이상적인 것은 무수히 많은 자산의 거래가 일어남으로써 많은 거래사례가 누적되는 것이다. 단지 몇 번의 거래만으로는 신뢰할 수 없다. 예를 들면, 주식 시장에서 1년에 단 한번의 거래가 있는 주식은 그 교환가격이 가치평가 사례자료로서의 타당성을 충분히 인정하지 못할 것이다.

또한 주식시장의 경우 상세한 거래사례들이 잘 공개되어 있으나, 다양한 무형자산의 경우 거래 가격을 발견하기가 쉽지 않다. 심지어 부동산의 경우에도 매도자와 매수자가 서로 거래가격의 공개를 꺼리기 때문에, 외부로 공개되는 가격은 실제와 동떨어진 경우가 많다. 또한 공장, 생산라인, 주변장치 등과 같은 경우에는 세부적인 비밀을 유지하기 위한 경쟁사들의 압력으로 가격 공개가 쉽지 않다. 따라서 적절한 비교 대상을 찾기 위해서는 현재 활성화되고 가격이 공개된 시장이 있어야만 한다.

2.2 사정보정과 시점수정

무형자산의 가치평가에 있어 가장 좋은 방법은 정확히 똑같은 무형자산의 거래사례를 찾는 것이다. 그러나 이는 현실적으로 어렵고 '유사한 거래'만이 있을 뿐이다. 그러므로 이것을 바로 적용하기에는 무리가 따른다. 유사한 거래라 할지라도 지역, 호감도, 규모, 모양 등에서 여러 가지 차이점을 갖고 있기 때문이다. 따라서 유사한 거래사례를 사용하기 위해서는 여러 차이점을 대상과 동등하게 만드는 과정을 거쳐야만 한다.

한편 거래사례가 필요로 하는 시점에서 일어나지 않았다면 그 가격 정보를 이용하기가 곤란하므로 시점수정작업이 필요하게 된다. 즉 이러한 경우 평가자는 시간에 따른 가격변화를 평가시점에 맞게 보정해 주게 된다. 이 작업이 바로 시점수정 절차, 즉 시장상황 보정작업market condition adjustment이 필요하게 된다.

3 수익방식

수익방식income approach은 대상 무형자산의 미래 경제적이익의 창출능력에 중점을 두고 접근하는 방법이다. 이 방법은 상표(브랜드)의 경제적 수명기간 동안 벌어들일 수 있는 미래 경제적이익의 현재가치를 계산함으로써 자산의 가치를 평가할 수 있다는 것을 전제로 한다. 미래에 벌어들일 수익을 현재가치로 계산하는데 있어서 할인율을 사용하게 되는데, 이 경우 환원율은 영구적인 수익흐름이 지속될 때에만 사용된다.

수익방식에서 가장 중요한 세 가지 요소는 첫째, 자산에 의해 발생하는 수익 현금흐름, 둘째, 수익 흐름의 지속성, 셋째, 미래 수익실현에 수반되는 위험도 등이다. 다음에서는 상표권 평가 시 적용되는 대표적인 기법으로, ① 다기간초과이익법[MPEEM], ② 초과이익환원법, ③ 로열티면제법 등에 대하여 설명하기로 한다.

3.1 다기간초과이익법[Multi Period Excess Earnings Method: MPEEM]

다기간초과이익법은 대상무형자산이 창출하는 수명기간 중의 예상 현금흐름에서 다른 자산에 귀속되는 기여자산 공헌율(액)[CAC]을 공제한 후 대상 무형자산에 귀속되는 초과이익을 현재가치화하여 대상 무형자산의 가치를 결정하는 방법이다.[2] 여기서 기여자산공헌율[CAC]이란, 상품권으로 창출된 현금흐름 중에서 대상 상표권 이외의 다른 기여자산들에 의해 공헌된 부분으로, 예컨대 순운전자본이나 유형자산, 그리고 조직화된 노동력 등에 대한 기대수익을 말한다. 대상상표권의 가치를 구하기 위한 이 방법의 일반적인 평가모형은 다음과 같다.

$$V_{TR} = PV(r)\sum_{t=0}^{n} FCF_{TR}$$

$$\text{여기서 } FCF_{TR} = EBITDA - CAC_s - Taxes$$

V_{TR} : 상표권가치,　r : 할인율,　t : 존속연한　FCF_{TR} : 상표권의 잉여현금흐름

다기간초과이익법을 적용하기 위한 상표권 평가의 일반적인 절차를 5단계로 나누어 설명하면 다음과 같다.

- 1단계 (상표권으로 인한 매출액 추정) 회사가 제시한 과거 실적과 산업및 기업분석 결과를 바탕으로 상표권으로 인한 매출액을 추정한다.
- 2단계 (EBITDA의 추정) EBITDA[earning before interests, taxes, depreciation and

2. IVSC, IVS 210 : C31~C34, IVS 2013.

amortization는 지급이자, 법인세 등, 감가상각비, 무형자산상각비 차감전이익으로 영업이익EBIT에 감가상각비와 무형자산상각비를 합산하여 산출할 수 있다. 회사가 제시한 과거 실적 및 중장기 계획 등을 바탕으로 매출액대비 EBITDA 이익률을 추정한다. 일반적으로 추정 매출액에 추정 EBITDA 이익률을 곱하여 EBITDA를 산정한다.

- 3단계 (기여자산공헌율의 차감) 상표권으로 인한 추정 현금흐름에서 기여자산공헌율contributory asset charge: CAC을 차감하여 "세전현금흐름BTCF"을 산정한다. 기여자산공헌율은 상표권과 관련한 현금흐름 중에서 대상 무형자산 이외의 자산에 의해 공헌된 원가를 의미한다. 기여자산공헌율은 기존 고객으로부터 현금흐름을 창출하기 위하여 필요한 모든 기타자산(순운전자본, 유형자산, 조직화된 노동력 등)의 시장기대수익을 의미한다. 기여자산공헌율을 산출하는 주요 방법으로는 총리스료법gross lease method과 자산수익률법return on asset method이 있다.
- 4단계 (ATCF 산정 및 상표권 평가액 결정) 3단계에서 산정된 "세전현금흐름"에서 "법인세 비용"을 차감함으로써 "세후현금흐름ATCF"을 산출한다.
- 5단계 (ATCF의 할인) "ATCF"에 적절한 할인율을 사용하여 상표권으로 인한 미래 ATCF을 기준시점 현재의 가치로 할인한다. 상표권 등의 경우 현금흐름 추정의 불확실성을 고려하여 회사의 가중평균자본비용weighted average cost of capital에 추가 리스크 프리미엄을 합산하여 적용하는 것이 일반적이다.

3.2 초과이익환원법

초과이익환원법capitalized excess earning method: CEEM은 평가대상 상표권이 창출하는 동종 유사기업의 정상수익률을 초과하는 이익을 자본환원하여 대상 상표권의 가치를 산정하는 방식이다. 즉 대상 자산이 창출하는 초과이익과 그 지속기간, 그리고 할인율 또는 환원율, 투하자본 등을 미리 판단하여 동일 업종 유사한 기업의 정상적 이익을 초과하는 경제적이익의 총합을 현재가치화하는 평가방식이다. 초과이익환원법의 일반적인 평가모형은 다음과 같다.

$$V_{TR} = \sum_{t=1}^{n} \frac{CF_t}{(1+r)^t}$$

V_{TR} : 상표권 가치　CFt : N기의 초과이익　n : 수명기간　r : 할인율

이 방식이 다기간초과이익법MPEEM과 다른 점은 '초과이익excess earning'을 어떻게 보는가에 달려있다. 초과이익환원법에서의 '초과이익'은 단순히 두 유사기업의 영업이익 차이를 전부 대상 상표권에 의한 초과이익으로 규정하므로, 두 회사 모두 상표권 이외에 다른 무형자산이 없는 경우에 적용하기 적합한 방식이다. 그러나 MPEEM에서 말하는 초과이익은 두 유사기업의 영업이익 차이에서 대상 상표권이외의 다른 자산들에 의한 기여자산공헌율(액)CAC을 차감한 순이익을 의미하는 개념이다.

여기서 중요한 과제는 대상 상표권이 창출하는 정상적인 수익률을 계산하는 방법의 적용이다. 즉 상표권으로 인한 경제적이익만을 분리해 낼 수 있는가가 문제시 된다. 이러한 어려움 때문에 실무적으로는 주로 로열티면제법 relief from royalty method에 의존하는 경향이 있다.

예컨대 상표권만 보유하지 않았을 뿐이지 대상기업 A사와 똑같은 제품을 생산 · 판매하는 유사 규모의 B사가 있다고 하자. 이런 경우를 가정하면, 〈그림 7-2〉에서 보는 바와 같이 대상 상표권을 보유한 A사의 기업가치에서 상표권만

그림 7-2
초과이익환원법을 이용한 상표권 평가

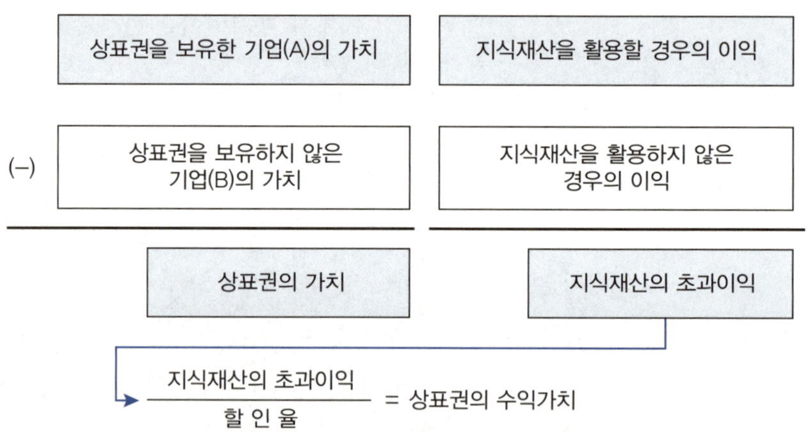

보유하지 않았을 뿐 유사한 기업 B사의 가치를 공제하면 상표권의 가치가 된다.

만약 코카콜라 브랜드를 평가할 경우 코가콜라의 영업이익률과 일반 무명 콜라음료사의 영업이익률을 비교분석하는 것을 상정하여 보면 쉽게 이해할 수 있을 것이다. 즉, 상표권을 이용한 A사의 예상 경제적이익에서 상표권을 이용하지 않는 B사의 예상 경제적이익을 공제하면 상표권의 초과이익이 된다. 바로 이 초과이익을 적정한 할인율로 자본화하면 대상상표권의 가치를 구할 수 있다.

상표권 가치평가를 위한 초과이익환원법의 일반적인 적용절차는 다음과 같이 4단계로 나눌 수 있다.

- **1단계 (상표권 매출액 추정 및 영업이익률 산정)** 대상상표권의 정상적인 매출액을 추정하고 영업이익률을 산정한다.
- **2단계 (동종산업 유사기업의 정상이익 산정)** 상표권이 없는 동종산업 유사기업의 정상영업이익률을 구한 다음 1단계에서 구한 대상상표의 영업이익률을 비교분석 한다.
- **3단계 (상표권의 초과이익 산정)** 대상상표권의 영업이익률에서 유사상표권의 정상이익률을 차감하여 초과이익률을 산정한다.

  초과이익률 = 대상상표권의 영업이익률 − 유사기업의 영업이익률

- **4단계 (적정할인율 적용 및 상표권 가치산정)** 초과이익률에 의한 대상상표권의 현금흐름을 적정한 할인율로 자본화하여 상표권의 가치를 산정한다.

3.3 로열티면제법

로열티면제법relief from royalty method : RFRM은 해당 상표권을 소유하지 않았다면 지불하였을 로열티를 상표권의 소유로 인하여 회피할 수 있는 비용으로 보아 로열티 금액을 기준으로 상표권의 가치를 평가하는 방법이다. 이 방식에 따라 적용되는 일반적인 평가모형은 다음과 같다.

$$V_{TR} = PV(r)\sum_{t=0}^{n}[R_v \times R_t(1 - Tax)]$$

V_{TR} : 상표권가치　n : 존속연한　R_v : 상표권매출액(revenue)
R_t : 시장로열티율　Tax : 법인세율

시장로열티율은 자발적인 상표권 소유자licensor가 자발적인 상표권 사용자licensee에게 해당 자산의 사용에 대해 적용되는 요율이며, 일반적으로 순매출액의 일정비율로 표시된다. 이러한 로열티면제법에 의한 평가절차는 다음 **〈그림 7-3〉**과 같다.

그림 7-3
로열티면제법의 평가절차

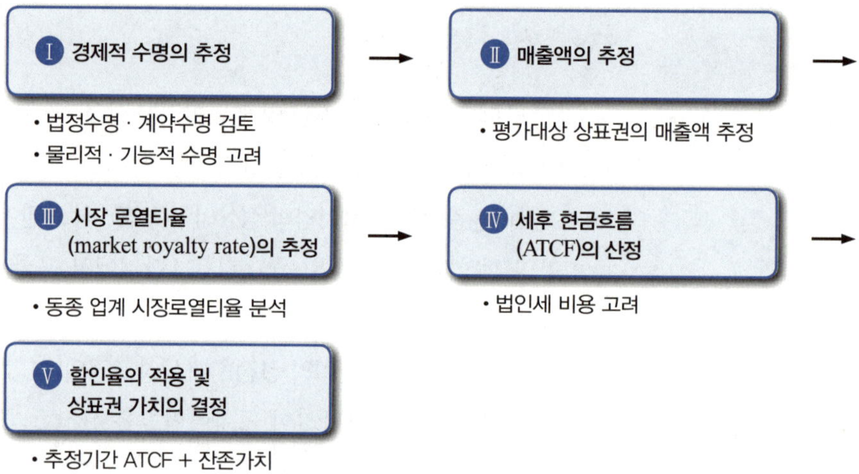

이 방식의 구체적인 적용방법은 다음의 상표권 평가 사례분석에서 자세히 설명하기로 한다. 정상로열티율의 비교분석 시 로열티 거래사례와 대상 상표권의 격차율 산정방식은 다양하지만, 다국적 브랜드 컨설팅회사인 인터브랜드Interbrand사의 방식을 적용할 수 있다. 이때 격차율 비교분석 요소들은 다음 〈표 7-8〉과 같다.

위의 경쟁력 분석요소 7가지에 대한 구체적 내용은 다음과 같다.

① 리더쉽leadership : 기업이 현재 속하고 있는 시장영역에 있어서 브랜드 포지셔닝에 대한 평가로서 매상고와 시장점유율 동향, 가격 결정력, 시장에 미치는 영향 정도 등을 말한다.

표 7-8
인터브랜드사 모델의 브랜드 경쟁력 분석 요소

평가항목 (가중치)	내 용	세부 항목
리더쉽(L) (25%)	기업이 속한 해당 시장 영역에서 브랜드 포지셔닝의 평가	• 매상고, 시장점유율 동향, 가격 결정력, 시장에 미치는 영향 정도 등
안정성(S) (15%)	시장에 있어서 브랜드의 안정성, 신뢰성의 평가	• 시장투입기간, 브랜드 특성, 브랜드 상기도, 브랜드 호감도, 매출액과 시장점유율 변동
시장성(M) (10%)	브랜드가 특화하고 있는 시장환경, 경제 환경, 경쟁타사의 상황 등 시장성 평가	• 시장규모 추이(시장 동향), 주변/타업종에서의 참여현황, 시장진입의 용이성, PLC 등
국제성(I) (25%)	해외에서 마케팅 전략 전개 능력 또는 전략적용의 가능성 평가	• 지역별 매출액/시장점유율 동향, 브랜드 이미지 (인지도, 특성), 상품특성의 적응성 등
트렌드(T) (10%)	브랜드 사업영역의 확대 가능성, 방향성의 평가	• 브랜드이미지 적용범위, 브랜드의 현대성, 브랜드 화제성, 브랜드 적용성 등
지원능력(S) (10%)	브랜드를 어떻게 통제하고 경영자원분배를 행하고 있는지를 질적, 양적인 측면에서 평가	• 경영자원의 투입정도, 투자 효율성, 광고홍보, 투입정도, 판촉활동능력, 유통채널력, 개발체계력 등
법적보호성(P) (5%)	브랜드의 법률적 보호 및 상표관리체계의 평가	• 국제적 상표등록 여부, 브랜드 관리능력, 회사 내에 상표담당 직원수, 투입비용 등

② 안정성[stability] : 장기간 시장에서 안정된 브랜드는 고객으로부터 충성도를 얻게 되어 제품에 대한 가격프리미엄을 구축하게 된다. 즉 안정성은 단기에 일시적으로 구축되기보다는 오랜 기간 제품의 신뢰를 바탕으로 구축된다. 따라서 단기간에 일시적으로 성공한 브랜드는 여기에 포함된다고 볼 수 없다. 단기간에 형성된 브랜드는 장기적으로 형성된 브랜드보다 오래 유지 된다고 볼 수 없기 때문에 안전성은 해당 브랜드의 미래가치를 측정하는 것이라고 할 수 있다. 안전성의 평가기준은 시장투입기간, 브랜드 특성, 브랜드 상기도, 브랜드 호감도, 매출액과 시장점유율 변동 등이다.

③ 시장성[market] : 시장성이란 현재의 시장에서 특정 제품이 타 제품보다 시장의 장애요인에 덜 영향을 받는 정도라고 볼 수 있다. 일례로 식품, 음료업종은 불황일 경우에도 지속적인 판매를 통하여 시장점유율을 유지할 수 있지만, 의류업종은 식음료 업종에 비하여 시장성이 낮다고 볼 수 있

다. 또한 식음료 업종은 제품수명주기PLC: product life cycle가 비교적 긴 반면에, 컴퓨터와 같은 첨단제품은 짧은 PLC를 보유하고 있어 업종마다 시장성에 대하여 상이한 가치를 지니고 있다. 시장성의 평가기준은 시장규모 추이(시장 동향), 주변 타업종에서의 침입상황, 시장진입의 용이성, PLC 등 다양하다.

④ 국제성internationality: 인종, 지역, 문화, 종교, 국가에 상관없이 국제적으로 인지도와 선호도를 갖고 있는 브랜드를 말한다. 즉 이러한 국제성을 이루기 위해서는 막대한 투자가 오랜기간 지속적으로 선행되어야 한다. 대개 국제적으로 성공한 전통적 브랜드는 경쟁자의 공격에 쉽게 무너지지 않으며, 문화나 이념도 장애가 될 수 없다. 국제성은 해외의 마케팅전략성 또는 전략가능성을 평가하는 척도로서 평가기준은 지역별 매출액, 시장점유율 동향, 브랜드 이미지(인지도, 특성), 상품특성의 적응성 등이다.

⑤ 트렌드trend: 브랜드의 활용가능성으로 현재의 브랜드를 통하여 미래의 사업영역으로 확대할 수 있는 가능성을 말한다. 즉 브랜드전략 중에서 확장, 장기화 전략에 해당한다. 방향성의 평가기준은 브랜드이미지 적용범위, 브랜드의 현대성, 브랜드 화제성, 브랜드 적용성 등이 있다.

⑥ 지원능력support: 브랜드를 어떻게 관리하고 지원하는지를 파악하여 경영자원의 분배가 적절히 이루어지고 있는가를 평가하는 척도로서 이는 과거에 브랜드에 투입된 양적, 질적인 측면에서 살펴보는 것이다. 지원성의 평가기준은 경영자원의 투입정도, 투자 효율성, 광고홍보, 예산투입정도, 판촉활동능력, 유통채널력, 개발체계력 등이 있다.

⑦ 법률적 보호성protection: 브랜드가 법률적으로 보호를 받고 있는가를 살펴보는 것으로서 이는 기업이 사전에 브랜드를 상표등록함으로써 법률적으로 배타적 독점권을 확보하면 나타난다. 법률적 보호성의 평가기준은 국제적 상표등록 여부, 브랜드 관리능력, 회사내에 상표담당 직원수, 투입비용 등이 있다.

4 평가방법의 선택

상표권을 비롯한 무형자산평가방법의 선택 시 가장 중요한 기준은 평가방법의 신뢰성reliability과 투입변수의 견고성robustness이다. 기준시점 현재 완전히 동일한 비교사례의 거래가격을 시장에서 관찰할 수 있는 경우는 드물다. 그러므로 평가사는 방법론적 신뢰성과 각 방식에 적용되는 투입변수가 얼마나 객관적인가를 고려하여 가장 적절한 평가방법을 선택할 필요가 있다. 그리고 사용된 평가방법과 그 방식이 적절하다고 판단한 이유를 평가서에 명시하여야 한다.

주방식에서 계산된 무형자산에 대한 시산가액으로부터, 다른 부방식을 적용하기 위해 요구되는 변수들을 도출하는 경우도 있다. 이것을 역분석reverse engineering이라고 한다. 예컨대 주방식을 로열티공제법이나 증분현금흐름법incremental income method을 사용하여 무형자산을 평가하는 경우, 매출액이나 판관비 공제 후의 기여자산공헌율이 도출될 수 있으며, 이것을 확인된 비교가능 시장 거래사례 자료의 그것과 비교할 수도 있다. 또한 주방식으로 다기간초과이익법이나 대치원가를 사용하여 평가하는 경우 로열티공제법을 사용할 때 적용했던 묵시적 로열티율이 다시 적용될 수 있을 것이고, 그러한 로열티율은 합리성이 있는 것으로 간주될 것이다.

동종기업의 유사 거래사례가 없는 비활성시장의 경우에는 많은 무형자산이 주로 수익방식에 의하여 평가된다. 이것은 동일성이 없는 자산의 거래자료를 적용하기 위해서는 흔히 정성적qualitative이고 주관적인subjective 수정이 요구되기 때문이며, 이는 신뢰성에 부정적 영향을 주게 된다. 그러나 수익방식 자체는 적용을 위해 요구되는 투입자료의 수가 많다면, 제한적이지만 신뢰성이 부여될 수 있다. 따라서 가능하면 또 다른 평가방법을 사용하여 수익방식에 의한 무형자산의 평가결과를 비교검토함으로써 평가방법의 신뢰성을 제고해야 한다. 〈표 7–9〉는 상표권 평가에 이용가능한 여러 가지 다양한 평가방법들을 보여주고 있다.

표 7-9
상표권 평가시 적용가능 평가방법

자료유형	자료 이용가능성(예)	자료의 신뢰성	평가방법에 대한 영향
거래사례가격과 가격배수	이용가능한 유사한 자산의 거래사례 2개(각각 평가기준시점 1년 이전)	• 낮음 • 사례 자산들은 긴밀한 비교가능성이 낮음	비교방식은 주방식보다 부방식으로 적용가능
미래 재무정보	재무예측을 대상기업 제시자료에 근거하되 기업특정요인을 배제하고 조정할 수 있는 경우	• 중간/높음 • 대상기업이 시장참여자이며 조정할 특정요인도 거의 없음	요구자료 미비시 이외에는 수익방식 적용가능
로열티율	상세한 10개의 비교가능 라이선스계약사례 이용가능	• 높음	로열티공제법을 주방식으로 적용가능
할증이익	비교가능성 있는 노브랜드 기업을 시장에서 확인. 단, 이 기업 PFI 예상자료는 입수 곤란	N/A	할증이익법 적용 불가
자본화배수	다른 브랜드 보유 기업들의 PER 이용가능	• 중간 • 시장의 PER과 대상브랜드의 자본화배수 간 일부 수정 필요.	가격배수를 비교방식 및 수익방식에서 적용가능
할인율	유사한 브랜드를 사용하는 상장회사의 WACC와 대상기업의 WACC에 근거하여 조성법으로 산정가능	• 높음	수익방식 적용가능
기여자산공헌율(CAC)	현금흐름에 기여하는 다른 자산의 자본가치가 요구됨. 단, 기여자산 중 하나는 고객관계로 상세정보 없음	• 투입변수 중 하나를 추계할 수 없는 경우 신뢰성이 없음	다기간초과이익법은 고객관계 가치를 모르면 적용불가
대체비용	어떤 대체증거도 이용가능하지 않다	N/A	비용접근법 적용 불가

자료: IVSC, Revised Guidance Note 4(*Valuation of Intangible Assets, Exposure Draft*), 2009, p. 28

〈표 7-9〉에서 보여주듯 자본화배수방식의 적용은 어렵지만 자본화할 수 있는 현금흐름을 산정할 수 있다면, 로열티공제법은 주방식이 될 수 있고, 비교방식을 적용하여 자본화배수 방식의 시산가액을 비교 검토할 수 있다. 수익방식의

결과를 비교 검토하기 위해 매매사례 비교방식을 사용하는 경우, 비교방식 적용 결과는 상각절세효과TAB 수정 후의 추산액과 비교 검토하여야 한다.

그리고 평가보고서에는 주방식과 부방식 각각을 적용하여 평가한 결과 나타난 차이점에 대한 비교 검토사항을 기술하여야 한다. 이러한 설명은 가치추계 투입변수가 매우 견고하고, 따라서 획득된 상이한 결과 중 상대적으로 신뢰성이 있다고 인정되는 것을 강조하는 내용이어야 한다. 결론적으로 상표권 평가시 적용할 평가방법의 신뢰도 순서는 다음과 같다.

1. 시장에서 거래된 동일성이 있거나 유사한 시장거래사례와의 비교
2. 원가방식 또는 수익방식, 이 방법의 적용을 지지할만한 신뢰성있는 자료의 이용가능성에 따라 주방식으로도 사용할 수 있다.
3. 가능한 경우 주방식을 사용하여 얻어진 결과는 다른 평가방식과 그 합리성에 대하여 비교 검토하여야 한다.

VALUATION ISSUES

앙드레김 상표권 상속세 사건과 지식재산 평가

특허권, 상표권, 디자인권, 저작권 등의 지식재산권은 소유자의 사망과 동시에 상속된다. 즉 상속재산으로서 상속세 부과 대상이 된다. 여기서 문제는 부동산이나 예금과 달리 지식재산권은 그 가치를 확정하기 어렵고, 이와 같은 특성 때문에 상속세와 관련된 어려운 문제가 많다. 그간 국세청에서 지식재산에 대해 적극적으로 상속세를 부과한 사례가 많지 않았지만, 최근 저명한 상표의 가치를 높게 평가하여 그 상속인에게 고액의 상속세를 부과한 사례가 있었다. 이에 상속인들이 국세청의 상속세액에 불복하여 소송을 제기하면서 상표권 상속에 따른 상속세 부과에 관한 법원판결이 나왔다.

사건 개요

2010년 타계한 디자이너 고 앙드레김의 자녀들에게 고인의 상표권이 상속되고, 이에 대해 총7억원

대의 상속세가 부과되었다. 상속인들이 과세당국을 상대로 상속세액이 과도하다고 주장하는 행정소송을 제기하였으나 패소했다. (서울행정법원 2014. 11. 20. 선고 2014구합50552 판결). 상속인들은 2010년 7월 고인이 세운 비상장법인 '앙드레김디자인아뜨리에'의 일부지분을 취득하였고, 고인은 위 법인에 자신이 운영하던 '앙드레김 의상실'에 관한 모든 권리와 의무를 넘기면서 의상실 영업권 가격을 10억5300만 여원으로 평가했다. 다만 의상실 매출에서 한축을 이루던 "앙드레 김" 상표권에 대한 가격은 별도로 매기지 않았다. 그 후 같은 해 8월 고인이 사망하고, 국세청은 "고인이 46억 3000만 여원에 달하는 앙드레김 상표권을 위 법인에 사전 증여 방식으로 무상 양도했다."며 7억5000만 여원의 세금을 추가 부과했고, 이에 원고들이 불복하여 취소소송을 제기한 것이다. 재판부는 "상표권도 별개의 증여대상으로 봐야 한다"며 과세당국의 손을 들어 주었다. 이에 상속인들은 불복하여 항소를 제기하였다.

판결이유

재판부는 "2007–2009년 의상실 수입 중 무려 92.2%가 앙드레김 상표권을 다른 제조업체에 대여해 받은 것"이라며 "상표권을 앙드레김 의상실 영업권과는 별개의 독립된 재산권으로 보고 상속세 등을 부과한 것을 적법하다."고 판단했다. 이어서 "디자이너가 사망했다고 해서 상표권 가치가 곧바로 낮아진다고 보기 어렵기 때문에 상표권 사용료는 최근 3년간 수입금액 합계액을 평균한 금액을 기준으로 보는 것이 타당하다"고 설명했다.

상표권 가치평가

상표권(trademark right)은 업으로서 상품을 생산, 제조, 가공 또는 판매하는 자가 자기의 상품을 타 업자의 상품과 식별하기 위하여 사용하는 기호, 문자, 도형 또는 이들을 결합한 표장(標章)을 특정 상품에 대하여 독점적으로 이용할 수 있는 권리를 말한다. 상표권은 설정등록에 의해 발생하며, 존속기간은 상표권의 설정등록이 있는 날로부터 10년으로 한다. 또한 존속기간은 상표권의 존속기간갱신등록출원에 의하여 10년간씩 갱신할 수 있다(「상표법」제42조). 그러나 상표권은 무형자산으로서 그 가치를 평가하고 그 비용을 산정하는 기준인 공인 감정평가사의 평가서가 없으면 객관적이지 않다는 점에서 과세근거가 미비할 소지가 많다는 문제가 있다. 이 사건의 경우에는 해당 상표를 제3자에게 라이선스를 넘겨주면서 받은 로열티가 있어서 최근 3년간 받은 수입금액(로열티 총액)을 기준으로 과세한 것이나, 그렇지 않는 경우라면 객관적 자료를 구하는 것이 어렵게 된다.

Ⅲ 상표권 평가사례

1 평가 대상 및 개요

본건은 ㈜ J글로벌의 'JEXO' 브랜드 및 상표권의 시장가치를 평가대상으로 하는 것으로 대상기업의 개요는 다음과 같다.

표 7–10 평가 대상 및 기업 개요

대상회사	㈜J글로벌		
평가대상	상표권(JEXO) 및 브랜드		
주요매장	명동, 목동, 구로, 강서, 송파 등 52개소		
매출액	90,551백만원	매출원가	50,868백만원
판관비	38,411백만원	영업이익	1,272백만원
결산일	12월 31일	설립년도	1980년

[평가대상 권리]

본건은 ㈜ J글로벌이 소유하고 사용 및 수익 중인 JEXO 상표권 및 브랜드 일체의 소유권에 대한 시장가치를 평가하는 것으로 전용사용권과 통상사용권 일체를 포함한다. 상표권의 개황은 다음 〈표 7–11〉과 같다.

[평가목적]

본건은 ㈜ J글로벌 소유 JEXO 브랜드의 상표권 무형자산에 대한 시장가치를 일반거래(시가참조) 목적으로 평가하는 것이다.

[기준시점]

"감정평가에 관한 규칙" 제9조 제2항에 따라 대상물건의 가치산정 기준시점은 귀사의 제시일인 20x5년 12월 31일이다.

표 7-11
평가 대상 상표권

출원일	2011.01.01	등록일	2012.01.01	등록번호	1234567	류	[25]
JEXO	JEXO JEXO JEXO JEXO	좋은 소재에 트렌디한 디자인을 담아 부담 없는 가격으로 남녀노소 누구나 일상 속에서 편안하게 입을 수 있는 패션 라이프를 제안하는 국내 최초 글로벌SPA 브랜드. 한국, 중국, 홍콩, 대만 등 해외 각국 70 여개 매장에 진출해있으며, 캐주얼, 비즈니스, 잡화 및 다양한 콜라보레이션을 통해 패션의 즐거움과 재미를 전하고 있음.					

[평가근거 및 기준가치]

본건의 평가는 "감정평가 및 감정평가사에 관한 법률", "감정평가에 관한 규칙" 및 제반 감정평가 이론 등에 의거하여 평가하였으며, 시장가치를 기준으로 감정평가액을 결정하였다. 여기서 시장가치라 함은 "대상 물건이 통상적인 시장에서 충분한 기간 거래를 위하여 공개된 후 물건의 내용에 정통한 거래당사자 간에 신중하고 자발적인 거래가 있을 경우 성립될 가능성이 가장 높다고 인정되는 대상물건의 가액"으로 한다.

[평가방법]

본건 상표권가치의 평가는 "감정평가에 관한 규칙" 제23조 제3항에 의거 수익환원법을 적용하였으며, 구체적인 적용방법은, ① 대상상표권에 의해 기대되는 현금흐름에서 다른 자산에 귀속되는 기여자산 공헌율CAC을 공제한 후 귀속되는 초과이익을 현재가치화하여 평가하는 다기간초과이익법MPEEM, ② 동종산업 유사기업의 정상수익률을 초과하는 이익을 자본환원하는 초과이익환원법, ③ 로열티 절감금액을 기준으로 상표권의 가치를 평가하는 로열티면제법relief from royalty method 등으로 산정된 시산가액들에 대한 조정을 통해 평가대상 상표권의 최종 감정평가가액을 결정하였다.

[평가범위 및 전제]

(1) 당 평가보고서는 귀 제시자료인 재무상태표, 손익계산서, 사업계획 등에 근거하고 있으며, 이러한 자료의 진정성에 대한 확인은 하지 않았다. 평가작업은 귀 제시자료나 당법인의 산업분석 및 기업분석의 결과 등을 참고하여 수행하였으므로 평가업무의 범위도 이에 한정된다. 따라서 본건 평가가 회사가 제시한 상표권에 관련된 과거 재무상태나 경영성과를 보증하는 것은 아니다.

(2) 미래의 사건이나 상황은 회사가 예측한대로 발생되지 않을 수 있기 때문에 당 평가사는 귀사가 예측한 성과에 대하여 어떠한 확신도 제공하지 않는다. 즉 예측 성과와 실제 결과 사이에는 중요한 차이가 발생할 수 있으며, 예측 결과 달성 여부는 경영진의 행동계획, 그리고 경영진이 전제한 가정에 따라 가변적이다.

(3) 본 상표권 평가업무에 귀사가 제시한 정보가 이용된 경우, 당 평가사는 이러한 추정 정보를 조사하거나 작성하는데 관여하지 않았다. 사건이나 상황은 예상과 다르게 발생할 수 있으며, 따라서 일반적으로 추정 정보와 실제 결과 사이에 차이가 존재할 수 있다. 또한 그러한 차이는 중요할 수 있음에 유의하여야 한다.

(4) 본 감정평가서는 (주) J글로벌이 현재의 사업구조나 사업계획을 동일하게 유지하면서 사업한다는 계속기업의 가정하에 매출 및 자본구조, 그리고 자본비용 등을 추정하였다. 우발채무의 발생이나 향후 거시경제 지표의 변동 등 계량화할 수 없는 위험요인 등에 따라 이러한 추정치들은 영향을 받을 수 있고, 평가결과도 또한 달라질 수 있다.

(5) 본 감정평가서에는 상표권의 상각절세효과TAB: tax amortization benefit를 포함한 가치와 TAB를 제외한 가치를 최종 평가가액으로 제시하였다. TAB는 상표권이 관련법령에 의해 상각기간 내에 상각되고, 세법상 비용으로 인정되는 경우를 전제로 한 것이므로 상표권 양수기업이 향후 실제 절세효과가 발생할 것을 보증하는 것은 아니다.

2 산업의 동향

[패션산업의 개요]

국내 패션의류산업은 내수 의존도가 높기 때문에 경제성장률과 실질 소득수준, 그리고 연령별, 성별 의류 소비심리와 패턴의 변화에 큰 영향을 받고 있다.

패션시장 규모는 조사업체 및 방법에 따라 상이한 수치를 나타내고 있다. 통계청이 조사한 의복, 신발, 가방에 대한 소매판매액 추이를 살펴보면, 의복, 잡화 등의 소매판매액이 62조원으로, 이 가운데 의복이 50조원, 신발 및 가방 등의 잡화가 12조원을 차지하고 있다. 최근 경기침체 등에 따른 소비부진으로 의복제품의 성장률은 3%의 낮은 수준을 나타내고 있으며, 잡화제품의 경우 의복제품보다는 높은 수준이나 성장세가 둔화되고 있다.

패션시장은 크게 성별, 용도별, 연령별로 구분할 수 있으며, 이를 기준으로 남성복, 여성복, 캐주얼, 스포츠, 유아동복, 이너웨어, 패션잡화 등 총 7개 시장으로 세분된다. 최근에는 남성복과 여성복, 정장시장과 캐주얼시장, 스포츠시장과 캐주얼 시장 등이 혼조세를 보이면서 과거 전통 복종 간의 경계가 모호해지고 있다.

[패션산업의 특성]

현대사회의 의복제품은 몸을 보호하는 필수재적 성격보다는 미, 개성, 사

표 7-12
패션제품군 연도별 국내 판매액

(단위: 백만원)

구분	20x2	20x3	20x4	20x5
의복	43,397,638	45,934,405	47,772,897	50,501,993
성장률	–	5.8%	4.0%	5.7%
신발 및 가방	8,419,142	9,651,920	10,886,860	11,827,417
성장률	–	14.6%	12.8%	8.6%
합계	51,816,780	55,586,325	58,659,757	62,329,410
성장률	–	7.3%	5.5%	6.3%

자료: 통계청, 소매액기준

회 및 경제적 지위 등을 표현하는 패션상품으로서의 성격이 강조되고 있다. 이에 따라 패션산업은 타 산업 대비 경기변동에 보다 탄력적으로 연동하는 특성을 지니고 있다. 패션산업의 성장률은 국내 거시지표의 움직임과 유사한 흐름을 보이고 있으며 실적 변동의 폭은 경기변동의 폭보다 더 높은 수준으로 나타나고 있다.

패션산업은 자체 생산설비를 갖추지 않아도 외주형태로 생산이 가능하기 때문에 소자본 창업이 가능하여 시장진입과 철수가 용이한 구조이다. 이에 따라 다수의 기업이 존재하고, 시장의 진입과 철수가 비교적 자유로우며, 디자인과 기능성 등에 따라 상품이 차별화된다는 점에서 독점적 경쟁시장의 성격을 지니고 있다. 글로벌 경기 침체의 장기화와 불확실성 확대로 인해 20x2년, 20x3년 양년에 걸쳐 국내 경제의 실질 GDP성장률이 2%대 수준에 머무르고 내수 소비심리가 크게 위축되면서 패션의류산업의 성장에도 부정적인 영향을 미쳤다. 이에 따라 국내 패션의류시장(제화, 잡화 포함)의 성장률은 크게 둔화되어 전년대비 기준으로 20x4년에는 1.6%, 20x5년에는 2.0%에 머물렀으며, 이는 GDP성장률을 하회하는 수준이다.

[패션산업의 전망 및 동향]

20x5년 3분기 민간소비증감률이 12분기만에 1% 이상을 나타내었고, 20x4년 10월부터 20x5년 6월까지 9개월 평균 의류소비지출전망 CSI가 101.8로 기록되는 등 소비심리의 회복세가 감지되고 있다. 국내 GDP 성장률 상승세 및 소

그림 7-4
향후 경기 및 의류비 지출전망

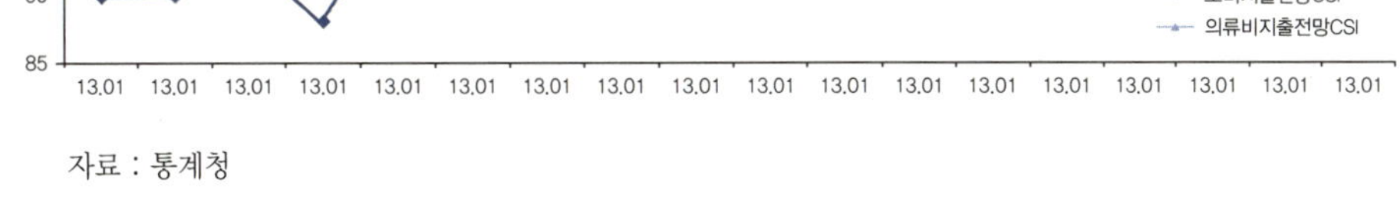

자료 : 통계청

(단위: 조원)

표 7-13
국내 SPA 시장규모 및 성장률

구분	20x0	20x1	20x2	20x3	20x4	20x5(E)
국내패션시장	27.7	28.1	30.2	33.7	34.3	35.0
성장률(%)	-3.0	1.4	7.5	11.8	1.6	2.0
국내SPA시장	0.5	0.9	1.5	2.0	2.3	3.0
성장률(%)	66.7	80.0	66.7	33.3	15.0	30.4
SPA비중(%)	1.8	3.2	5.0	5.9	6.7	8.6

자료: 업계자료

비심리 개선전망 등을 감안할 때 20x6년 패션시장은 향후 완만한 회복세를 보일 것으로 전망된다.

백화점 유통이 위축되고 있는 가운데, 가두 유통망의 대형화 및 토탈화, 프리미엄 아울렛 및 인터넷시장의 성장 등 다양한 유통채널의 경쟁적 확장 추세는 지속될 전망이다. 또한, 고가 제품군에서 기존의 수입국이었던 미국, 프랑스뿐 아니라 독일, 스웨덴 등 여타 유럽 국가의 컨템포러리 contemporary 브랜드가 국내 진출을 활발하게 전개하고 있으며, 저가 제품군에서도 글로벌 SPA 브랜드들이 지방까지 상권을 확장하고 있어 해외 브랜드 유입에 따른 업계 내 경쟁은 보다 치열해질 것으로 예상된다. 일명 '패스트 패션 fast fashion'이라고도 불리는 SPA Speciality retailer of Private label Apparel 는 의류의 기획 · 디자인, 생산 · 제조, 유통 · 판매까지 전 과정을 제조회사가 맡는 제조 직매형 패션의류 전문기업을 말한다.

최근 경제불황의 장기화로 인해 국내 패션의류시장의 성장이 위축되고 있는 반면, 국내 SPA 시장은 지속적으로 성장하여 그 규모를 확대하고 있다. 20x2년 기준으로 국내패션시장 중 SPA가 차지하는 비중은 약 6.7%로 추정되며 5개년 평균 성장률은 약 45%에 달한다. 이는 5%에 못 미치는 국내 패션의류산업의 평균 성장률과는 대조적이다. 국내 소비 시장이 침체되면서 명품과 초저가 브랜드 구매로 양극화되면서 SPA의 성장 발판을 마련하게 되었다.

20x5년 SPA 시장 규모를 3조원(글로벌 3대 SPA 브랜드 1조원)으로 추정하고 있으며, 향후 국내 의류 시장 내 글로벌 SPA 브랜드의 시장점유율이 늘어나고 미진출했던 SPA 브랜드(애버클롬비&피치, 홀리스터 등)까지 한국 시장에 진출한다면 20x6년 약 5조원 이상으로 성장할 것으로 전망한다. uniqlo, ZARA, H&M 등 해외 SPA 빅3가 20x3년 사상 처음으로 국내 매출 1조원을 넘어섰다. 이는 외국계 SPA인 uniqlo가 국내에 처음 진출한지 8년 만이다. 또 국내 전체 SPA 시장 20x3년 3조원에서 2분의 1에 해당하는 규모다.

3 기업분석

[매출형태별 실적]

유통사업부문의 20x4년 말 매출은 1조9,857억 원이었고, 그 중 상품매출은 1조8,729억 원 수준이며, 유통부문 전체 매출에서 상품매출이 차지하는 비율은 대략 90%대 초중반 수준이다.

[판매경로 및 판매전략]

판매는 특정 브랜드의 경우 협력업체가 입점하여 수수료를 지급하고 직접판매 한다. 직매입의 경우 MD가 물건을 소싱하고 물류센타를 거쳐 지점으로 배송하고, 지점에서 최종소비자에게 판매되고 있다. 판매방법 및 조건은 소매업인 바, 판매 경로는 각 영업점을 통한 직접판매 형태이다. 판매전략은 '1/2 가격을 통한 2배의 고객 가치 창조' 라는 경영 이념을 바탕으로하는 국내 아울렛

표 7-14
J글로벌의 최근 매출형태별 실적

(단위: 백만원, %)

구분	매출형태	품목	20x3		20x4	
			매출액	비율	매출액	비율
유통 부문	상품매출	패션의류, 식품, 생활용품 등	1,784,800	94.38	1,872,900	94.32
	기타	문화센터, 임대수입, 소극장 등	106,276	5.62	112,828	5.68
	소 계		1,891,076	100	1,985,728	100

자료: 금융감독원, 전자공시시스템, 2014

업계 1위의 유통업체로서, 유통 Big 3 진입을 목표로 다음과 같은 전략을 추진하고 있다.

1. 입지선정과 외형 확대
2. 새로운 사업 모델 도입
3. 그룹 내 관계사와의 시너지 효과

[JEXO 매출상황]

국내 패션시장 규모는 20x5년 현재 약 35조원 규모로 추정되며, 그 중 국내 SPA 시장규모는 3조원 정도로 추정된다. 국내패션시장의 성장률은 최근 저성장 추세를 보이고 있는 반면, SPA 시장은 고성장을 보이고 있다. JEXO의 20x2~20x4년 매출현황은 각각 458억, 699억, 905억원 수준이며, 20x4년 52.5%, 20x5년 29.5%의 급속한 매출성장률을 보이고 있다.

표 7–15
시장규모 및 JEXO 매출 현황

구분	20x0	20x1	20x2	20x3	20x4	20x5(E)
국내패션시장	27조7천	28조1천	30조2천	33조7천	34조3천	35조
성장률(%)	–3.0	1.4	7.5	11.8	1.6	2.0
국내SPA시장	5천	9천	1조5천	2조	2조3천	3조
성장률(%)	66.7	80.0	66.7	33.3	15.0	30.4
JEXO(억원)	–	–	–	458	699	905
성장률(%)	–	–	–	–	52.5	29.5

자료 : 업계자료

4 기업가치 및 무형자산가치 산정

수익방식에 의한 상표권의 평가방법을 적용함에 있어 그 전제가 되는 것이 당해 기업이 갖는 미래 경제적이익의 추정이다. 또한 상표권의 가치를 구하기 위해서는 이렇게 산출된 기업가치^{BV}에서 유형자산^{TA}과 식별가능한 무형자산^{IA}, 그리고 기타지식재산의 가치를 공제하여 산정한다.

$$BV = WC(\text{운전자본}) + TA(\text{유형자산}) + IA(\text{무형자산}) + IP(\text{지식재산})$$

$$\text{여기서 } IP = BV - (WC + TA + IA)$$

$$V_{TR}(\text{상표권가치}) = IP(\text{지식재산}) - V_{IA}(\text{식별가능 지식재산})$$

4.1 기업가치의 산정

기업가치평가는 기업의 자기자본가치를 평가하는 FCFE[free cash flow to equity]모형과 기업의 전체가치(기업가치)를 평가하는 FCFF[free cash flow to firm]모형이 있다. 본 평가에서는 기업의 전체가치(기업가치)를 평가하는 FCFF 모형을 채택하여 평가하였으며, 산정방식은 아래와 같다.

$$FCFF = EBIT(1-t) + \text{감가상각비} - \text{자본적지출 증감} - \text{운전자본 증감}$$

$$EBIT = \text{영업이익(이자 및 법인세 차감전이익)}$$

예측기간 중 잉여현금흐름액[FCFt]의 현재가치 합계액을 예측기간가치라고 하는데 이것이 전체 기업의 가치가 되는 것이 아니고, 여기에 잔존가치[terminal value]를 합산한 것이 잉여현금흐름법으로 계산한 전체 기업가치이다.

$$\text{기업가치}(BV) = \text{예측기간가치} + \text{잔존가치}$$

$$BV = \sum_{t=1}^{n} \frac{FCFF_t}{(1+WACC)^t} + \frac{FCFF_{t+1}/(WACC-g_n)}{(1+WACC)^n}$$

그리고 미래의 각 기간의 현금흐름을 정확히 예측하기 어려우므로 2016~2020년까지 5년간은 개별추정하고, 그 이후의 잔존가치로 하여 현금흐름의 가정을 전개시키기로 한다. 기업가치 산정을 위한 기본가정은 다음과 같다.

〈기본가정〉

① 현금흐름산정 기준시점 : 20x5.12.31

② 개별추정기간 : 20x6.01.01~20x0.12.31(현금흐름산정기준일 이후 5년간)

③ 잔존가치 : 20x0.1 그 이후

④ 할인율(WACC) : 수정 CAPM(Modified CAPM) 방식 및 조성법 의거 산정

⑤ 고정성장률 : 패션산업의 특성상 위험할증률과 동일한 것으로 추정

(1) 매출액의 추정

통계청에서 발표한 최근 3년(20x2~20x4)의 의복, 액세서리 및 모피제품의 매출액증가율 평균은 종합 9.38%, 대기업 10.47%, 중소기업 8.63% 수준이다. 그리고 국내에 진출한 글로벌 SPA브랜드 3사의 최근 평균 매출성장률은 H&M 49.4%, ZARA 31.4%, Uniqlo 45.5%이며 JEXO의 최근 2개년 평균 매출성장률은 41.0%로 조사되었다.

표 7-16
의복, 액세서리 및 모피제품 매출액 증가율

(단위: %)

	1기	2기	3기	평균
종합	10.17	15.12	2.86	9.38
대기업	11.05	17.14	3.23	10.47
중소기업	9.61	13.73	2.55	8.63

자료: 통계청

표 7-17
글로벌 SPA브랜드와 JEXO의 최근 매출추이

(단위: 백만원)

	20x1	20x2	20x3	20x4	평균
H&M 매출액	37,298	63,185	89,983	122,686	–
성장률	–	69.4%	42.4%	36.3%	49.4%
ZARA 매출액	133,815	167,337	203,875	227,309	–
성장률	67.4%	25.1%	21.8%	11.5%	31.4%
uniqlo 매출액	226,020	327,967	504,908	694,043	–
성장률	–	45.1%	54.0%	37.5%	45.5%
JEXO 매출액	–	45,836	69,902	90,551	–
성장률	–	–	52.5%	29.5%	41.0%

자료: 전자공시시스템, J글로벌

JEXO의 20x5년 매출은 905억원 수준으로 글로벌 SPA브랜드의 매출에는 미치지 못하나 최근 매출성장률은 높은 성장률을 보이고 있는 바, 과거 매출성장률을 참고로 아래와 같이 매출성장률을 도출하여 향후 매출액을 추정한다.

(단위: 백만원)

표 7-18
JEXO 매출성장률

1기	2기	3기	4기	5기	그 이후
25%	24%	21%	18%	14%	3%

(단위: 백만원)

표 7-19
매출액 추정

1기	2기	3기	4기	5기	그 이후
113,189	140,071	170,011	200,900	228,276	235,124

(2) 매출원가의 추정

국내에 진출한 글로벌 SPA브랜드의 최근 4개년 평균 매출액 대비 매출원가의 비율은 H&M 32.1%, ZARA 41.8%, Uniqlo 44.1%로 조사되었으며, 본건 JEXO는 글로벌 SPA브랜드의 매출원가비율 보다 다소 높은 수준인 60.5%임. 본건 JEXO의 매출원가 추정은 20x4년 매출원가비율 56.2%를 기준으로 매출액 증가대비 원가증가율을 고려하여 다음과 같이 추정한다.

(단위: 백만원)

표 7-20
대상기업의 매출원가 추정

구분	1기	2기	3기	4기	5기	그 이후
매출액	113,189	140,071	170,011	200,900	228,276	235,124
매출원가	61,741	74,132	87,442	100,787	112,241	115,036
매출원가율(%)	54.5%	52.9%	51.4%	50.2%	49.2%	48.9%

(3) 판매비와 관리비의 추정

① 인건비 : 인건비의 추정은 매출액의 증가에 따라 상승하며, 매출액 대비 인건비는 20x2년 7.9%, 20x3년 6.1%, 20x4년 6.5%이며, 3개년 평균은 6.8%인 바 이를 기준으로 매출액 대비 인건비율은 3개년 평균인 6.8%로 결정하였다.

인건비 상승률은 한국은행에서 발표한 직종별 평균임금 상승률을 근거로 4.0%로 추정한다.

② 고정비 : 고정비의 추정은 한국은행 자료 생산자물가지수를 근거로 고정비 상승률을 2.4%로 추정한다.

③ 변동비 : 변동비의 추정은 과거 3개년을 기준으로 산정하였으며, 매출액 대비 변동비는 20x2년 35.6%, 20x3년 32.9%, 20x4년 29.9%으로 나타났는 바, 3개년 평균인 32.8%를 변동비율로 추정한다.

④ 감가상각비 : 감가상각비의 추정은 과거 3개년을 기준으로 산정하였으며, 매출액 대비 감가상각비는 20x2년 4.1%, 2013년 3.5%, 20x4년 3.69%이며, 3개년 평균인 3.6%를 감가상각비율로 추정한다.

표 7-21
판매비와 관리비 산정

(단위: 백만원)

구분	1기	2기	3기	4기	5기	그 이후
인건비	8,030	9,937	12,061	14,253	16,195	16,681
고정비	2,570	2,632	2,695	2,760	2,826	2,894
변동비	37,113	45,928	55,745	65,873	74,849	77,094
감가상각비	4,102	5,076	6,161	7,281	8,273	8,521
합 계	51,816	63,573	76,663	90,166	102,143	105,191

(4) 로열티수입

로열티수입은 JEXO 중국 현지 매출에 대한 부분으로서, 대개 패션산업의 브랜드 로열티수수료는 매출액의 1~3% 수준이다. 국내에 진출한 Uniqlo의 경우 로열티 수수료는 매출액의 1.0%인 것으로 조사되었는 바 이를 감안하여 로열티수입은 중국 현지 매출의 1.0%로 추정한다.

(5) 퇴직급여충당금

㈜J글로벌의 전체 인건비 중 JEXO 사업부의 인건비비율은 3.5%이며, JEXO 사업부의 인건비 대 퇴직급여충당금비율은 0.2%인 바 이를 기준으로 퇴직급여충당금을 산정한다.

(6) 자본적지출 및 추가운전자본

자본적지출은 미래의 이윤 창출, 가치의 취득을 위해 지출된 투자 과정에서의 비용이며, 자본적지출의 추정은 신규 점포 설치와 매 시즌 매장 리뉴얼 및 비품 등 매출성장률을 고려하여 다음과 같이 산정한다.

$$\text{자본적지출}_t = (\text{유형자산}_t - \text{유형자산}_{t-1}) + (\text{무형자산}_t - \text{무형자산}_{t-1})$$

$$\text{자본적지출}_t = \frac{(\text{추정매출액}_t - \text{추정매출액}_{t-1})}{\text{유형자산회전율}_t}$$

한편 추가운전자본의 추정은 재고자산 및 현금 보유분 등을 고려하여 다음과 같이 산정한다.

$$\text{추가운전자본} = \text{매출채권증가액} + \text{재고자산증가액} - \text{매입채무증가액}$$

$$\text{추가운전자본} = (\text{추정매출액}_t - \text{추정매출액}_{t-1}) \times \text{운전자본소요율}$$

$$\text{운전자본소요율} = \frac{1}{\text{매출채권회전율}} + \frac{1}{\text{재고자산회전율}} - \frac{1}{\text{매입채무회전율}}$$

이상에 의거 JEXO의 FCFF에 대한 추정 결과는 다음 〈표 7-22〉와 같이 산정된다.

표 7-22 FCFF의 추정

(단위: 백만원)

구 분	1기	2기	3기	4기	5기	그 이후
매출액	113,189	140,071	170,011	200,900	228,276	235,124
매출원가	61,741	74,132	87,442	100,787	112,241	115,036
매출총이익	51,448	65,939	82,569	100,113	116,035	120,088
판관비	51,816	63,573	76,663	90,166	102,143	105,191
로열티수수료	210	221	232	243	255	268
영업이익	−158	2,587	6,138	10,190	14,147	15,166
퇴직급여충당금	16	20	24	28	32	33
EBIT	−174	2,567	6,114	10,161	14,115	15,133
법인세	−42	621	1,480	2,459	3,416	3,662
NOPLAT(세후영업이익)	−132	1,946	4,635	7,702	10,699	11,470
감가상각비	4,102	5,076	6,161	7,281	8,273	8,521
퇴직급여충당금	16	20	24	28	32	33
Gross Cash Flow	3,986	7,042	10,820	15,011	19,004	20,025
자본적지출	2,534	2,940	3,330	3,935	4,471	4,605
운전자본	2,511	1,219	1,358	1,401	1,241	311
FCFF	−1,059	2,883	6,132	9,676	13,291	15,108

(7) 할인율의 결정

① 자기자본비용 : 자기자본비용의 산정은 수정CAPM modified capital asset pricing model : MCAPM 방식과 조성법 build-up method 을 이용하여 다음과 같이 산정한다.

표 7-23
자기자본비용의 산정

MCAPM 자기자본비용 : $K_e = R_f + \beta(RP_m) + RP_s + RP_u$		
(1) 무위험수익률(R_f)		2.75%
(2) 베타(β)	1.20	
(3) 시장위험할증(RP_m)	5.80%	6.96%
(4) 규모위험할증(RP_s)		2.25%
(5) 기업고유비체계적위험할증(RP_u)		2.75%
		K_e = 14.71%
조성법(build-up) : $K_e = R_f + R_i + RP_m + RP_s + RP_u$		
(1) 무위험수익률(R_f)		2.75%
(2) 산업위험할증(R_i)		4.25%
(3) 시장위험할증(RP_m)		5.80%
(4) 규모위험할증(RP_s)		2.25%
(5) 기업고유비체계적위험할증(RP_u)		2.75%
		K_e = 17.80%
	자기자본비용의 결정	K_e = 16.26%

주) Ri, RPu, RPs, RPm, 등은 동종산업에 대한 시장증거자료에 의거 산출

위와 같이 자기자본비용 Ke 은 MCAPM 방식에 의하면 14.71%, 조성법에서는 17.80%로 각각 산정되었는 바 이를 산술평균하여 16.26%로 결정한다.

② 타인자본비용: 타인자본비용은 20x5년말 현재 대상 기업이 보유하고 있는 차입금의 가중평균 금리는 5.00%이며, 법인세 세율을 감안한 타인자본비용은 3.79%로 다음과 같이 산정된다.

표 7-24
타인자본비용의 산정

타인자본비용 : $K_d = R_b(1-t)$	
(1) 차입금이자율(R_b)	5.00%
(2) 법인세율(t)	24.2%
K_d	= 3.79%

③ WACC의 산정 : 현금흐름을 현가화시키는 할인율은 주주의 기대수익률(자기자본비용)과 채권자의 기대수익률(타인자본비용) 모두를 적절하게 반영하여야 한다. 대상기업 수정 재무상태표를 분석한 결과 자기자본비율 70%, 타인자본비율 30%가 가장 적합한 대상기업의 자본구조로 판단되었으며, 이를 적용하여 산정한 결과, WACC은 아래와 같이 12.50%로 결정되었다.

표 7-25
WACC의 산정

자본구조		자본비용	가중평균		
자기자본	70%	16.26%			11.38%
타인자본	30%	3.79%			1.14%
			WACC	=	12.52%
			Rounded	=	12.50%

(8) 기업가치의 산정

20x5년 12월 31일을 기준시점으로 향후 5개년도의 추정 FCF와 2020년 이후의 FCF를 12.50%로 할인하여 산정한 잔존가치를 합산하면 동사의 기업가치는 최종 86,131백만원으로 산정된다.

(단위: 백만원)

표 7-26
기업가치의 산정

구분	1기	2기	3기	4기	5기	그 이후
FCFF	-1,059	2,883	6,132	9,676	13,291	15,108
할인율(12.50%)	12.50%	12.50%	12.50%	12.50%	12.50%	12.50%
현가계수	0.8889	0.7901	0.7023	0.6243	0.5549	4.4394
Present FCF	-941	2,278	4,306	6,041	7,376	67,071
Business Value	86,131					

4.2 무형자산의 가치산정

JEXO의 자산가치는 의뢰인이 제시한 재무상태표에 명시된 자산을 기준으로 기준시점 현재 재평가한 유형자산가치로서 다음과 같다.

표 7-27
유형자산 가치의 산정

(단위: 백만원)

구 분	장부가액(A)	재평가액(B)	차이(B-A)
유동자산	37,185	37,185	-
비유동자산	14,844	14,844	-
합 계	52,029	52,029	-

상기 과정에서 산정된 기업가치는 유형자산과 무형자산의 가치를 모두 포함하고 있는 것으로서, 평가대상가치인 무형자산의 가치를 구하기 위해서는 기업가치에서 식별가능한 유형자산의 가치를 공제하여 산정한다. 이때 유형자산의 가치는 기준시점 현재의 시장가치를 기준으로 한다. 본건 평가에서 무형자산 가치는 상기의 기업가치에서 유형자산의 수정후 가치를 공제하고 남은 값이 된다.

$$V_{IA} = BV - V_{TA}$$

$$\text{무형자산가치} = \text{기업가치} - \text{수정후 유형자산가치}$$

$$= 86,131 - 52,029$$

$$= 34,102$$

표 7-28
무형자산 가치의 산정

(단위: 백만원)

	금 액	비 율
기업가치평가액(A)	86,131	100%
유형자산가치평가액(B)	52,029	60.4%
무형자산가치평가액(C=A-B)	34,102	39.6%

5 대상 상표권 가치평가

본건 상표권가치 평가는 수익환원법을 적용하여 산정되었으며, 구체적인 적용방법은, ① 다기간초과이익법[MPEEM], ② 초과이익환원법, ③ 로열티면제법

relief from royalty method 등으로 시산가액을 결정한다.

5.1 다기간초과이익법 multi period excess earnings method : MPEEM

다기간초과이익법은 대상 상표권이 창출하는 경제적 수명기간 중의 예상 현금흐름에서 다른 자산에 귀속되는 기여자산공헌율(액) CAC을 공제한 후 대상 상표권에 귀속되는 초과이익을 현재 가치화하여 대상 무형자산의 가치를 결정하는 방법이다. 이 방법에 의한 상표권가치의 기본가정은 다음과 같다.

〈기본가정〉

① 경제적 수명의 추정 : 유사상품권의 평균경제수명에서 경과년수를 공제하여 산정
② 추정1기 : 20x6. 01. 01 ~ 2x20. 12. 31(현금흐름산정기준일 이후 5년간)
③ 추정2기 : 20x1. 12. 01 ~ 20x0. 12. 31(추정1기 경과 직후 10년간)
④ 식별가능한 무형자산 : 계약기반(고용계약), 상표권
⑤ CAC산정을 위한 자산별 요구수익률 : 시장추출법에 의한 각 자산별 ROR을 적용하여 산정
⑥ 할인율 : MCAPM방식에 의거 산정

MPEEM에 의한 대상상표권 가치평가절차를 5단계로 나누어 보면 다음과 같다.

〈평가절차〉

(1단계)	경제적 수명의 추정
(2단계)	상표권으로 인한 매출 및 세전영업이익(EBITDA) 추정
(3단계)	초과이익의 산정을 위한 CAC 산정 : 운전자본, 고정자산, 계약기반(고용계약)
(4단계)	CAC 차감 및 ATCF 산정
(5단계)	할인율의 적용 및 상표권의 가치산정

• 1단계 (경제적 수명의 추정)

경제적 수명의 추정은 업종별, 기업별로 상이할 수 있으나, 세분화된 지수 또

는 정량화 지표가 존재하지 아니하는 바, 본 평가에서는 대상 상표권의 법적 존속기간을 참작하되 유사 상표권의 경제적 수명을 참작하여 결정한다. 잔존가치는 유사업종 상표의 경제적 존속기간을 고려하여 없는 것으로 가정한다.

대상 상표권과 같은 패션브랜드의 경우에는 역사적 브랜드행태historic brand behavior를 고려하여 제품의 최종사용자인 시장 소비자를 분석해야 한다. 또한 ①기능적 진부화, ②경제적 진부화, ③기술적/제품 진부화, ④M&A나 부도 등 사건 진부화event obsolescence도 고려해야 한다. 최종적으로는 동일업종의 유사 상표권에 대한 평균 경제적수명도 조사 · 분석해야 한다. 따라서 이러한 경제적 수명 증감요인에 대한 조사 · 분석 결과를 종합 고려하여 대상 상표권의 경제적 수명은 동일 업종 내 유사 상표권의 평균수명(15~20)에서 경과 연수를 차감하여 15년으로 결정하였다.

법적 존속기간	10년	법정 존속기간(10년) 계속 갱신 가능
경제적 존속기간	약 20년	도입기~쇠퇴기의 기술 수명주기
특허인용수명(CLT) 지속	9~11년	B29C~F16L
등록 후 경과기간	4년	상표 최초출원일(20x2.01)~기준시점(20x5.12)
추정 경제적 수명	(15년)	경제적 수명기간

• 2단계 (상표권으로 인한 매출 및 EBITDA 추정)

상표권으로 인한 매출 및 EBITDA 추정은 상기 기업가치산정 FCFF의 추정에서와 같이 산정하였다.

표 7-29 상표권 – EBIT

(단위: 백만원)

구 분	1기	2기	3기	4기	5기	그 이후
1. 매출액	113,189	140,071	170,011	200,900	228,276	235,124
2. 매출원가	61,741	74,132	87,442	100,787	112,241	115,036
3. 판관비	51,816	63,573	76,663	90,166	102,143	105,191
4. 세전영업이익(EBIT)	(368)	2,366	5,906	9,947	13,892	14,897

• 3단계 (초과이익 산정을 위한 CAC 산정)

JEXO의 식별가능한 무형자산을 조사 · 분석한 결과 ① 계약기반(인적재산), ② 상표권으로 확인되었으며, 각 무형자산별 평가방법 및 요구수익률[IRR]은 아래의 표와 같다.

표 7-30
무형자산 평가방법과 요구수익률

구 분	평가방법	IRR
① 계약기반(고용계약)	원가법	18.0%
② 상표권	다기간초과이익법	18.5%

(1) 계약기반(고용계약) – 대치원가법

계약기반(고용계약)의 무형자산이란, JEXO의 조직화된 노동력[assembled workforce] 중 유리한 고용계약이 체결된 것으로 분석된 인원 55명으로서 이에 대한 가치평가는 채용비용과 교육비용을 고려한 대치원가법을 적용하였다. 대치원가법 적용을 위한 기본 가정은 다음과 같다.

〈기본가정〉

① 인적자산 : 55명(운영25, 영업15, 행정15)
② 채용비용 : 평균임금의 10% ~ 15%
③ 교육기간 : 1.5 ~ 2.0개월
④ 대치비용단가 = 채용비용+교육비용
⑤ 법인세율 : 24.2%
⑥ 고용계약가치 = 고용계약(노동력)가치 + 상각절세효과(TAB)

(단위: 백만원)

표 7-31
고용계약 – 대치원가법

분야별	정규직 (명)	평균임금 (A)	비용 (B)	채용비용 (C)=(A×B)	교육기간 (월)	교육비용 (D)	단가 (E)=(C+D)	대치원가 (정규직×E)
운영직	25	55	15%	8.3	1.5	6.9	15	378
영업직	15	45	15%	4.5	1.5	5.6	10	152
행정직	15	35	10%	3.5	2.0	5.8	9	140
합 계	55							670

(단위: 백만원)

분야별	정규직 (명)	평균임금 (A)	비용 (B)	채용비용 (C)=(A×B)	교육기간 (월)	교육비용 (D)	단가 (E)=(C+D)	대치원가 (정규직×E)
						법인세절감효과		162
						고용계약가치		508
						상각절세효과(TAB)		62
						평가가액		570

(2) 기여자산공헌율(CAC)의 산정

기여자산공헌율CAC을 산출하기 위하여 자산수익률법return on asset method을 이용하였다.

- 순운전자본net working capital : 순운전자본은 기초유동자산에서 기초유동부채를 차감한 가액에다 순운전자본 증가액을 가산한 기말순운전자본이며, 자산요구수익률은 단기차입금 금리를 고려하여 4.5%로 산정하였다. 그 결과 아래의 〈표 7-32〉에서와 같이 운전자본의 기여자산공헌율CAC_{WC}은 0.8%로 산정된다.

표 7-32 운전자본의 CAC

(단위: 백만원)

		1기	2기	3기	4기	5기	그 이후
기초 운전자본		26,479	28,990	30,209	31,567	32,968	34,209
증가액		2,511	1,219	1,358	1,401	1,241	311
기말운전자본		28,990	30,209	31,567	32,968	34,209	34,520
Return On	4.5%	1,305	1,359	1,421	1,484	1,539	1,553
매출액		113,189	140,071	170,011	200,900	228,276	235,124
CAC - 운전자본	0.8%	1.2%	1.0%	0.8%	0.7%	0.7%	0.7%

- 고정자산fixed asset : 고정자산은 기초고정자산가액에다 자본적지출은 가산하고, 감가상각을 차감한 기말고정자산이며, 고정자산 요구수익률은 자산유동화금리를 고려하여 8.5%를 적용한다. 그 결과 고정자산의 기여자산공헌율CAC_{FA}은 아래의 표와 같이 0.4%로 산정되었다.

(단위: 백만원)

표 7-33
고정자산의 CAC

		1기	2기	3기	4기	5기	그 이후
기초 고정자산		14,844	13,276	11,140	8,309	4,963	1,161
자본적지출		2,534	2,940	3,330	3,935	4,471	4,605
감가상각		4,102	5,076	6,161	7,281	8,273	8,521
기말 자산		13,276	11,140	8,309	4,963	1,161	(2,755)
Return On	8.5%	1,128	947	706	422	99	(234)
매출액		113,189	140,071	170,011	200,900	228,276	235,124
CAC－고정자산	0.4%	1.0%	0.7%	0.4%	0.2%	0.0%	−0.1%

• 계약기반(인적자산) : 인적자산의 기여자산공헌율은 앞에서 원가법으로 구한 채용비용과 교육비용 등의 대치원가 508백만원을 최근 매출액으로 나눈 다음 노동력의 IRR을 곱한 값으로 구한다. 따라서 인적자산의 기여자산공헌율 $^{CAC_{AW}}$ 은 0.1%로 산정된다.

$$CAC_{AW} = (\text{대치원가/매출액}) \times \text{노동력의 } IRR$$
$$= (508 / 90,551) \times 18.5\%$$
$$\fallingdotseq 0.1\%$$

이상에서 산정된 각 자산별 기여자산공헌율 ^{CAC} 을 요약하면 다음과 같다.

표 7-34
각 자산별 CAC

구 분	순운전자본	고정자산	계약기반(인적자산)
CAC	0.8%	0.4%	0.1%

• 4단계 (CAC 차감 및 ATCF 산정)

세전영업이익 ^{EBIT} 에서 세금을 차감하고, 자산수익률법 $^{\text{return on asset}}$ 에 의하여 산정된 각 기여자산의 CAC를 차감한 잔여액이 다기간초과이익법에 의한 상표권의 세후현금흐름 ^{ATCF} 이 된다

(단위: 백만원)

표 7-35
상표권의 ATCF

		1기	2기	3기	4기	5기	그 이후
EBIT		(368)	2,366	5,906	9,947	13,892	14,897
(−) 세금	24.2%	(89)	573	1,429	2,407	3,362	3,605
(−) 고정자산	0.4%	423.0	523.4	635.3	750.7	853.0	878.6
(−) 운전자본	0.8%	949.3	1,174.7	1,425.9	1,684.9	1,914.5	1,971.9
(−) 인적자산	0.1%	113	140	170	201	228	235
상표권 ATCF		(1,764)	(45)	2,246	4,903	7,534	8,206

• 5단계 (할인율의 적용 및 상표권 가치산정)

〈기본가정〉

① 장기고정성장률 : −10.0%

② 할인율 : MCAPM에 의하여 산정된 WACC 12.5%에 대하여 상표권의 자산특성을 고려한 요구수익률(RRR) 18.5%를 적용함.

여기서 적용된 현금흐름에 대한 할인율은 다음의 공식에 의거 WACC 12.50%를 기준으로 산정한 결과로서, 상표권관련 ATCF에 대한 요구수익률은 18.50%로 산정된다.

$$WACC = \frac{V_m}{V_{BEV}}(R_m) + \frac{V_t}{V_{BEV}}(R_t) + \frac{V_i}{V_{BEV}}(R_i)$$

$$R_i = \frac{(WACC \times V_{BEV}) - (V_m \times R_m) - (V_t \times R_t)}{V_i}$$

R_i : 무형자산의 수익률　R_m, R_t : 순운전자본, 유형자산 각각의 수익률

V_{BEV} : 전체기업가치　V_m, V_t, V_i : 순운전자본, 유형자산, 무형자산 각각의 가치

〈표 7-36〉 및 〈표 7-37〉에서와 같이 장기성장률은 −10.0%로 추정하고, 할인율 18.50%를 적용하면 다기간초과이익법에 의한 대상 상표권의 20x5년 12월 31일 현재 상표권 시장가치 평가액은 16,864백만원으로 산정된다. 그러나 이 방식에 의한 시산가액은 여러가지 문제점이 있다. 즉 ① 상표권에 의한 매출

표 7-36
상표권의 시장가치

(단위: 백만원)

		1기	2기	3기	4기	5기	6기
상표권 ATCF		(1,764)	(45)	2,246	4,903	7,534	8,206
장기성장률	-10.0%						
잔존가치(추정2기)							11,324
		1	2	3	4	5	
할인율	18.5%	0.84	0.71	0.60	0.51	0.43	1.38
현재가치		(1,489)	(32)	1,350	2,486	3,224	11,324
상표권가치		16,864					
상각절세효과		2,968					
시장가치*		19,832					

* 시장가치는 상각절세효과를 반영한 상표권의 가치임.

표 7-37
상표권 가치평가 결과(요약)

(단위: 백만원)

자산	가치평가액	자산별 IRR	구성비%	WACC기여율
순운전자본	37,185	4.5%	43.2%	1.9%
고정자산	14,844	8.5%	17.2%	1.5%
운전자본과 유형자산	52,029	–	60.4%	3.4%
계약기반(고용계약)	508	18.0%	0.7%	0.1%
상표권*	16,864	18.5%	23.0%	4.3%
영업권	16,730	29.6%	15.9%	4.7%
무형자산	34,102	–	39.6%	9.1%
총기업가치	86,131	12.5%	100.0%	12.5%

* 총기업가치구성 % 및 WARA의 정합성을 검토하기 위하여 TAB를 제외한 평가액임.

부분을 추정하기 어렵고, ② 각 자산별 요구수익률[IRR] 및 CAC 산정에 있어 평가자의 자의적인 요소가 개재되기 쉬우며, ③ 유통망이나 고객관계 등 영업권적 요소를 분리하는데 난점이 있다. 따라서 이러한 점을 충분히 고려하여 상표권 등의 시산가액을 도출하였다.

5.2 초과이익환원법에 의한 평가

대상 상표(브랜드)의 과거 3개년간 재무제표상 영업이익률과 동종 산업 전체 및 유사 브랜드의 영업이익률을 비교 분석하여 초과이익을 산정한 다음, 동일 업종 유사기업군의 정상이익률과 대상 상표(브랜드)의 영업이익률을 비교분석하여 상표권의 가치를 평가하기로 한다. 기본가정 및 평가절차는 다음과 같다.

〈기본가정〉

① 경제적 수명의 추정 : MPEEM에서 추정된 경제적 수명

② 현금흐름산정 기준시점 : 20x5. 12 .31

③ 추정1기 : 20x6. 01. 01 ~ 20x0. 12. 31(5년간 개별추정)

④ 추정2기 : 20x1. 1. 1 ~ 20x0. 12. 31(추정1기 이후 10년간 일괄추정)

⑤ 할인율 : 15.0%

〈평가절차〉

(1단계) 대상 상표권 매출 및 영업이익률 추정

(2단계) 동종 유사 기업의 정상영업이익률 산정

(3단계) 대상 상표권의 초과이익 산정

(4단계) 적정할인율에 의한 자본환원 및 상표권가치 산정

- **1단계 (대상 상표권 매출 및 영업이익률 추정)** 대상 브랜드의 과거 3개년의 매출액 및 영업이익률 추이 분석은 아래와 같이 3개년 평균 매출성장률은 41.02%이며, 3개년 평균 영업이익률은 7.90%인 것으로 조사되었다.

- **2단계 (동종 유사기업의 정상영업이익률 산정)** 동종산업 유사기업의 정상이익률은 다음과 같은 3가지 방식에 의하여 산정한다.

  1. 요구수익률법(RRR법)
  2. 유사사례비교법
  3. 한국은행 평균순이익률법(BOK법)

정상이익률은 그 산정방식에 따라 편차가 심하므로 이를 합리적으로 조정하기 위하여 이상과 같은 3가지 방식으로 구한 정상이익률을 비교분석하여 최종 정상이익률을 결정하기로 한다.

표 7-38 대상 브랜드의 과거 3개년 매출액 및 영업이익률

(단위: 백만원)

구 분	20x2	20x3	20x4	평균
매출액	45,836	69,902	90,551	68,763
매출성장률	N/A	52.50%	29.54%	41.02%
영업이익률	7.50%	7.95%	8.25%	7.90%

① 요구수익률법(RRR법)

요구수익률법은 대상기업의 최근 3년간 평균 매출액에서 순운전자본의 요구수익^{WCr}과 고정자산에 대한 요구수익^{FAr}을 공제한 잔액으로 대상기업의 정상이익을 구하는 방식이다.

표 7-39 요구수익률법에 의한 정상이익률

(단위: 백만원)

RRR에 의한 정상이익	
최근 3년간 평균 매출액	68,763
순운전자본	37,185
요구수익률*	4.5%
순운전자본의 요구수익(*WCr*)	1,673
고정자산	14,844
요구수익률*	8.5%
고정자산의 요구수익(*FAr*)	1,262
자산수익 합계(정상이익)	2,935
정상이익률	4.27%

* 요구수익률(RRR)은 MPEEM법에서 적용된 IRR임.

위의 표와 같이 순운전자본과 고정자산의 적정요구수익률에 의한 자산수익의 합을 정상이익이라 보고 요구수익률법에 의한 정상이익률은 4.27%로 산정된다.

② 유사사례비교법

유사사례에 의한 정상이익률은 해당 기업과 유사한 기업의 영업이익률을 조사 · 비교하여 정상이익률을 구하는 방식이다. 조사대상기업의 특성이나 제품 포트폴리오 등에 따라 영업이익률의 변동폭이 크기 때문에 다음과 같이 해당 기업과 비교적 유사한 기업을 대상으로 조사한 결과, 3개년 평균 영업이익률은 4.46%~5.08% 수준으로 분석되었으며, 이들 기업의 3개년 평균 정상이익률은 4.72%로 산정되었다.

표 7-40
타사 브랜드의 매출액 영업이익률

구 분	20x2	20x3	20x4	평균
H어패럴	4.72%	5.03%	5.48%	5.08%
Z통상	4.84%	4.38%	4.15%	4.46%
Q코리아	4.98%	4.54%	4.34%	4.62%
평균	4.85%	4.65%	4.66%	4.72%

③ 한국은행 평균순이익률법(BOK법)

한국은행에서 발표한 최근 20x2년~20x4년 3년 동안의 동종산업의 영업이익률을 대용치로 사용하여 정상이익률을 구하는 방식이다. 이 방식에 의한 평균정상이익률은 종합 기준으로 5.02%로 나타났다.

표 7-41
동종산업의 최근 매출액 영업이익률

구 분	20x2	20x3	20x4	평균
종합	5.35%	4.80%	4.92%	5.02%
대기업	6.90%	6.25%	6.01%	6.39%
중소기업	4.25%	3.61%	3.76%	3.87.%

④ 정상이익률 결정

여기서 정상이익률이란 본건과 같은 상표권을 갖지 않은 동종산업 유사기업의 평균순이익률을 말한다. 그러나 BOK법은 통계자료를 이용한 대용치이므로 업종만 유사할 뿐 평가대상기업의 특성이나, 규모, 투자위험성 등의 측면에서 유사하다는 것은 아니다. 따라서 이러한 문제점을 해소하기 위하여 규모에 불구하고 동종산업 전체(종합) 평균치(5.02%)를 BOK법에 의한 정상이익률로 산정하였다. 따라서 다음 표에서와 같이 ① RRR법과 ② 유사사례비교법, 그리고 ③ BOK법 등 3가지 방식에 의한 이익률의 산술평균치인 4.67%를 정상이익률로 결정한다.

표 7-42
정상이익률의 결정

구 분	평균
① 요구수익률법(RRR법)	4.27%
② 유사사례비교법	4.72%
③ 한국은행 평균순이익률법(BOK법)	5.02%
평균	4.67%
적용정상이익률 : (①+②+③)/3	4.67%

• 3단계 (대상 상표권의 초과이익 산정)

(1) 대상 상표(브랜드)의 초과이익률

대상기업의 초과이익률 결정은 동종산업의 순이익률을 고려하되 최근 순이익률 변동추이를 반영하여 결정한다. 대상기업의 순이익률은 안정세를 보이고 있다. 대상기업의 최근 20x2~20x4년 3개년 동안의 평균 순이익률은 7.90%이다. 이를 앞서 산정한 정상이익률 4.67%와 비교하면, 대상기업은 동종 유사기업보다 3.23% 만큼 더 높은 이익을 내고 있는 것으로 판단된다.

초과이익률 = 대상기업의 평균순이익률 − 정상이익률
= 7.90% − 4.67%
= 3.23%

(2) 대상 상표(브랜드)의 초과이익 추정

앞서 산정한 초과이익률을 기준으로 하여 예측기간 동안에는 비교적 안정적인 매출성장을 보일 것으로 보인다. 그러나 향후 의류패션 시장에서의 SPA 브랜드의 과다경쟁으로 본건 JEXO의 초과이익도 최종연도에 한꺼번에 소멸되는 것이 아니고, 잔존 경제적 수명기간에 걸쳐 점진적으로 감소할 것으로 예상된다. 따라서 1기 이후에는 3.03~3.18%로 점차 초과이익이 감소될 것으로 추정하였다. 그리고 5기 이후의 초과이익은 보수적으로 2.88%로 추정하였는 바 아래 〈표 7-43〉과 같이 적용한다.

표 7-43
초과이익의 추정

(단위: 백만원)

구 분	1기	2기	3기	4기	5기	그 이후
매출액	113,189	140,071	170,011	200,900	228,276	235,124
초과이익률(%)	3.23	3.18	3.13	3.08	3.03	2.88
초과수익	3,656	4,454	5,321	6,188	6,917	6,772

- 4단계 (적정할인율에 의한 자본환원 및 상표권가치 산정) 평가대상인 상표권의 할인율은 가중평균자본비용[WACC] 산식에 의해 산정한 12.50%에다가 상표권자산의 고유위험도를 감안한 리스크프리미엄 2.50%를 가산하여 15.00%를 적용하기로 한다.

표 7-44
할인율 결정요소

자본비용 결정요소	%
① *WACC*	12.50
② 자기자본비용(*Ke*)	15.11
③ 상표권 자산고유 위험할증	2.50
적용 할인율(*R*)	15.00

이상에서 산정된 할인율 15.0%를 적용하여 초과이익환원법에 의한 대상 브랜드의 무형자산가치를 산정하였는 바 초과수익의 현가는 아래 표와 같이 33,919백만원으로 산정되었다.

표 7-45
초과이익환원법에 의한 상표권가치

(단위: 백만원)

구 분	1기	2기	3기	4기	5기	그 이후
매출액	113,189	140,071	170,011	200,900	228,276	235,124
초과이익률	3.23%	3.18%	3.13%	3.08%	3.03%	2.88%
초과수익	3,656	4,454	5,321	6,188	6,917	6,772
할인율(%)	15.00	15.00	15.00	15.00	15.00	15.00
현가계수	0.8696	0.7561	0.6575	0.5718	0.4972	2.4952
현재가치	3,179	3,368	3,499	3,538	3,439	16,897
초과수익의 현가	33,919					
(-)고용계약 가치*	508					
(-)영업권 가치**	16,730					
상표권가치	16,681					
상각절세효과	2,942					
평가가액*	19,623					

* ** : MPEEM에서 산정된 평가액을 적용한 수치임.

이상에서와 같이 초과수익의 현가는 33,919백만원으로 산정되었으나, 초과이익의 현재가치에는 상표권 가치 이외에 기타 무형자산(고용계약, 영업권)의 가치도 포함되어 있으므로 여기서 MPEEM법에 의하여 산정된 ①고용계약 가치와 ②영업권의 가치를 차감한 상표권의 가치는 상각절세효과를 반영하여 19,623백만원으로 산정되었다.

5.3 로열티면제법

로열티면제법 relief from royalty method 은 제3자로부터 상표권의 라이선스가 허여되었을 때 지급하여야 하는 로열티를 소유자 licensor 가 부담하지 않음으로써 절감된 로열티 지불액을 추정하여 현재가치로 환산하는 방법이다. 일반적인 산식은 다음과 같다.

무형자산가치 = (유사 비교사례의 로열티율 × 매출액)의 현재가치이 방법 적용 시에는 대상과 비교할 만한 투자위험과 수익성을 가지는 적절한 라이선스 거래사례를 선택하여 그 로열티율을 대상 자산에 조정 · 반영하여야 한다. 기본가정은 초과이익환원법과 같으며, 구체적인 적용절차를 6단계로 나누어 보면 다음과 같이 요약된다.

〈평가절차〉

(1단계) 경제적 수명의 추정
(2단계) 상표권 관련 매출액의 추정
(3단계) 로열티율의 추정
(4단계) 법인세를 차감한 ATCF 산정
(5단계) 할인율 적용
(6단계) TAB 가산 및 상표권 평가가격 결정

- **1단계 (경제적 수명의 추정)** 대상 상표권과 동일 업종내 유사 상표권의 사례를 조사분석한 결과 상표권의 평균 경제적 수명average economic life은 15~20년으로 나타났는 바 다기간초과이익법과 초과이익환원법에서와 같이 경제적 수명은 15년으로 추정한다.
- **2단계 (상표권 관련 매출액의 추정)** 상표권 관련 순매출액의 추정은 앞서 4.1 다기간초과이익법에 의한 평가에서 산정한 매출액을 기준으로 한다.

(단위: 백만원)

표 7-46 매출액 추정

1기	2기	3기	4기	5기	그 이후
113,189	140,071	170,011	200,900	228,276	235,124

- **3단계 (시장로열티율의 추정)** 패션의류 시장의 라이센스 계약사례를 수집분석한 결과 로열티율의 범위는 대개 매출액의 1.0~8.5%까지 매우 진폭이 큰 것으로 나타났다. 대상물건과 비교가능성이 있다고 판단되는 정상 거래사례는 다음과 같다.

표 7–47
유사 로열티 계약 사례

상표	계약내용	상표권자	상표사용자	로열티율
OKlellesse	상표권사용	OKlellesse Co.	EL코리아	출고가의 7% (미니멈:1,100,000USD)
Converghaus	상표권사용	Converghaus Co.	EL코리아	출고가의 7% (미니멈:1,130,000USD)
WABAROOS	상표권사용	WABAROOLIMITED	EL코리아	출고가의 7% (미니멈:1,103,000USD)
uniqlo	상표 및 도메인 네임 등	Fast Retailing Co., Ltd.	에프알엘코리아	순매출액의 1%
DELCO	상표권사용	EL코리아	데코앤이	순매출액의 1.9%
FILA	수영복 및 용품 제조판매	휠라코리아	SNT Sports	순매출액의 8.5%
LANVIN	여성의류제조 및 판매	JEANNE LANVIN S.A	한섬	순매출액의 3%
로베르따 디 까메리노	섬유제품 가공생산	(주)펜코	슈페리어	미니멈 로열티 + 초과매출액의 2%

자료: 전자공시시스템 등, 2015

대상 JEXO의 다른 상표권의 로열티 계약 내용, 동종 업계의 정상 로열티율 arm's length royalty, 평가 대상 상표의 브랜드 인지도 등을 고려하여 볼 때 위의 사례 중 가장 비교가능성이 높은 DELCO를 비교사례로 채택하였다. 개별요인 비교는 인터브랜드사의 브랜드 자산 측정방법을 활용하여 본건에 적용할 정상 로열티율을 결정하였다. 인터브랜드사의 브랜드 측정방법은 브랜드강도brand strength에 브랜드이익brand earnings을 곱하여 측정된다. 개별요인비교 세부항목은 리더쉽 등 7개항목으로 다음과 같이 구성 되어 각각의 가중치를 달리 부여하고 있다. 이상의 7가지 항목에 대한 DELCO 사례와 평가대상과의 격차율을 비교하면 다음과 같다.

표 7-48
비교항목별 격차율

평가항목(가중치)	내용	세부항목	평점
리더쉽(L)(25%)	기업이 속한 해당 시장 영역에서 브랜드 포지셔닝의 평가	매상고, 시장점유율 동향, 가격 결정력, 시장에 미치는 영향 정도 등	0.85
안정성(S)(15%)	시장에 있어서 브랜드의 안정성, 신뢰성의 평가	시장투입기간, 브랜드 특성, 브랜드 상기도, 브랜드 호감도, 매출액과 시장점유율 변동	0.85
시장성(M)(10%)	브랜드가 특화하고 있는 시장환경, 경제 환경, 경쟁타사 상황의 시장성 평가	시장규모 추이(시장 동향), 주변/타업종에서의 참여현황/시장진입의 용이성, PLC 등	0.85
국제성(I)(25%)	해외에서 마케팅 전략 전개 능력 또는 전략적용의 가능성 평가	지역별 매출액/시장점유율 동향, 브랜드 이미지(인지도, 특성), 상품특성의 적응성 등	0.90
트렌드(T)(10%)	브랜드 사업영역의 확대 가능성, 방향성의 평가	브랜드이미지 적용범위, 브랜드의 현대성, 브랜드 화제성, 브랜드 적용성 등	0.90
지원성(S)(10%)	브랜드를 어떻게 통제하고 경영자원분배를 행하고 있는지를 질적, 양적인 측면에서 평가	경영자원의 투입정도, 투자 효율성, 광고홍보, 투입정도, 판촉활동능력, 유통채널력, 개발체계력 등	1.00
법적보호성(P)(5%)	브랜드의 법률적 보호 및 상표관리체계의 평가	국제적 상표등록 여부, 브랜드 관리능력, 회사내에 상표담당 직원수, 투입비용 등	1.00

표 7-49
사례 DELCO 대비 본건 요인 비교

구분	리더쉽(L)	안정성(S)	시장성(M)	국제성(I)	트렌드(T)	지원성(S)	법적보호성(P)
요인비교(A)	0.85	0.85	0.85	0.90	0.90	1.00	1.00
가중치(B)	25	15	10	25	10	10	5
가중평점(C)=(A)×(B)	21.25	12.75	8.50	22.50	9.00	10.00	5.00
평접합계	L(21.25)+S(12.75)+M(8.50)+I(22.50)+T(9.00)+S(10.00)+P(5.00) = 89.00						
종합격차율	본건평점(89.00)/사례평점(100) ≒ 0.89						

주) 사례 DELCO =100

위의 요인비교와 같이 대상 JEXO는 비교사례 DELCO보다 약 11.00% 열세인 것으로 판단되는 바 아래와 같이 본건에 적용할 정상로열티율을 1.35%로 결정한다.

표 7–50 정상로열티율

본건	비교사례	사례로열티율	종합격차율	산정로열티율	적용율
JEXO	DELCO	1.90%	0.89	1.69%	1.70%

- **4단계 (ATCF 산정)** 본건 JEXO 브랜드의 과거 매출성장률, 국내의 경제성장률 추이 및 전망, SPA 시장의 성장률 및 동향, 패션 브랜드의 라이프사이클 등을 종합 고려하여, 세후현금흐름은 다음 〈표 7–51〉과 같이 산정된다.

(단위: 백만원)

표 7–51 RFRM에 의한 상표권가치의 산정

구 분	1기	2기	3기	4기	5기	그 이후
매출액	113,189	140,071	170,011	200,900	228,276	235,124
로열티율	1.70%	1.70%	1.70%	1.70%	1.70%	1.70%
로열티 수입	1,924	2,381	2,890	3,415	3,881	3,997
법인세율	24.2%	24.2%	24.2%	24.2%	24.2%	24.2%
세후현금흐름	1,459	1,805	2,191	2,589	2,942	3,030

- **5~6단계 (할인율 추정 및 평가가격결정)** 할인율은 앞서 4.2 초과이익환원법에서 산정한 15.00%를 적용하기로 한다.

이상에서와 같이 로열티면제법에 의한 상표권의 가치는 상각절세효과 2,823

(단위: 백만원)

표 7–52 RFRM에 의한 상표권가치의 산정

구 분	1기	2기	3기	4기	5기	그 이후
세후현금흐름	1,459	1,805	2,191	2,589	2,942	3,030
할인율	15.0%	15.0%	15.0%	15.0%	15.0%	15.0%
현가율	0.870	0.756	0.658	0.572	0.497	2.495
현재가치	1,268	1,365	1440	1,480	1,462	7,560
상표권가치	14,576					
상각절세효과	2,823					
평가가액	17,399					

백만원을 고려하여 17,399백만원으로 산정되었다. 시장가치를 평가하는 경우 TAB로 인한 절세효과는 시장참여자가 이용 가능한 경우에 한하여 고려하여야 한다. 즉 TAB포함 평가가격은 대상기업이 법인기업으로서 세금상각효과를 이용할 수 있는 경우에만 제시되어야 한다.

6 시산가액 조정 및 평가가액의 결정

상표권의 가액산정시 감정평가규칙 제23조에 의하면 무형자산을 감정평가할 때에 수익환원법을 적용하여야 한다고 규정하고 있으므로 수익환원법에 의한 수익가격은 다음과 같이 산정되었으며, 세금효과를 고려할 경우 평가결과가 달라질 수 있다. 즉 TAB를 고려하지 않을 경우 14,576백만원부터 16,864백만원까지 편차를 보이고 있으며, TAB를 고려할 경우 17,399백만원부터 19,832백만원의 범위로 나타났다.

다기간초과이익법[MPEEM]은 대상무형자산이 창출하는 경제적 수명기간 중의 예상 현금흐름에서 다른 자산에 귀속되는 기여자산 공헌율[CAC]을 공제한 후 대상 무형자산에 귀속되는 초과이익에 대한 현재가치의 합으로 측정하는 방식이다. 그러나 상표권이 창출하는 경제적이익만을 추정하는 방법상에 여러가지 어려움이 있고, 매출에 기여하는 다른 자산들의 기여분을 분리해 내는 CAC산정상 자의적 판단이 개입될 수 있으므로 평가결과의 신뢰도를 떨어뜨릴 수 있다. 특히 무형자산 중 식별불가능한 영업권 가치요소의 상호결합효과를 상표권 가치요소와 분리하는 것이 가장 큰 난점이다.

초과이익환원법[CEEM]은 동종기업의 정상적 수익률을 초과하는 이익을 환원하는 방식으로 초과이익의 주요 발생원인은 독점적 지위에 있는 기술 및 상표 뿐만 아니라 우수한 인적 요인, 영업노하우 등 영업권적 요소들이 복합적으로 창출하는 것인 바 상표권만의 가치를 분리하는 데에 난점이 있다.

한편 로열티면제법[RFRM]은 해당 지식재산권으로 인해 절감 가능한 사용료를

(단위: 원)

표 7-53
시산가액의 산정

구 분	시산가액		
	TAB 제외	TAB 포함	격차
다기간초과이익법(MPEEM)	16,864,000,000	19,832,000,000	17.6%
초과이익환원법(CEEM)	16,681,000,000	19,623,000,000	19.4%
로열티면제법(RFRM)	14,576,000,000	17,399,000,000	19.4%

기준으로 상표권가치를 산정하는 방법으로서 감정평가실무기준(640-4.3.2) 수익환원법의 적용 방법에 규정되어 있는 적정한 평가방식이다. 각 방식의 장단점과 채택자료의 객관성 및 신뢰성을 감안할 때 로열티면제법에 의한 평가가치가 가장 적합하고 신뢰도가 높다고 판단되며, MPEEM 및 초과이익환원법에 의한 시산가액도 이를 충분히 지지하고 있으므로 이 방식에 의한 시산가액으로 대상 상표권의 시장가치평가액을 결정할 수 있을 것이다.

VALUATION ISSUES

구두 밑창까지 특허...명품 브랜드 '특허 전쟁'

날로 거세지는 럭셔리 공룡들의 '디자인 카피 시비'

패션기업들이 보이지 않는 전쟁을 치르고 있다. 최근 국내 패션기업과 글로벌 럭셔리 명품 브랜드들은 수년간 전 동종 기업들을 대상으로 '권리 분쟁'을 벌이며 세계 각지에서 총성 없는 전쟁을 이어가고 있다. 영국의 유명 명품 브랜드 버버리(BURBERRY)는 2013년과 2014년 국내 기업 LG패션(현 LF)과 쌍방울을 상대로 각각 상표권 침해 소송을 제기했다. 당시 버버리는 LG패션에는 LG 패션의 라이센스 브랜드 닥스(DAKS) 셔츠의 체크무늬를, 쌍방울에 대해서는 트라이 브랜드의 체크무늬를 문제 삼았다.

이에 LG패션은 "체크무늬는 누구나 사용할 수 있는 디자인 요소로 전 세계 패션 브랜드 제품에 활용되고 있다"고 반박했다. 또한 "적용이 모호한 디자인 요소를 갖고 상표권 침해 소를 불쑥 제기하는 것은 악의가 있는 영업방해 의도로 해석할 수 밖에 없다"며 강경한 태도로 맞소송을 제기했다. 양사간 '체크무늬 주인 논쟁'은 같은 해 10월 법원의 강제 조정 결론안이 나오면서 일단락됐다. 이듬해 2014년 3월 버버리는 다시 같은 상표권 침해 소송을 쌍방울에 제기했다. 버버리는 "쌍방울의 트라이(TRY) 브랜드가 온라인을 통해 판매한 속옷 제품의 디자인이 '버버리 체크무늬'를 도용했다"고 주장했다.

당시 LG 패션의 버버리 논쟁을 한 차례 지켜본 쌍방울은 "해당 제품을 트라이란 이름으로 유통했기 때문에 상표권 침해에 해당되지 않는다"고 반박하며' 체크무늬 자체는 상표권이 되지 않는다'는 논리로 맞섰다. 재판부는 이번에는 확실히 버버리의 손을 들어줬다. 재판부는 "쌍방울의 제품에 사용된 체크무늬는 베이지색 바탕에 일정한 간격으로 검은색, 빨간색 선이 교차하는 모양이며, 이것은 단순 디자인을 넘어 버버리 상표로 볼 수 있다"고 지적하며, "쌍방울은 버버리에 1000만원을 지급하라"며 원고 승소 판결을 내렸다.

佛 명품 자존심 전쟁…붉은 밑창 구두의 주인

명품 브랜드 간 디자인 · 상표권 분쟁은 비단 우리나라만의 화두는 아니다. 프랑스의 명품 브랜드로 꼽히는 크리스찬 루부탱(christian–louboutin)과 입생로랑(Yves Saint Laurent)도 레드솔 구두(Red Sole · 붉은 밑창)을 놓고 특허소송전에 휩싸였다. 크리스찬 루부탱은 1991년 파리에서 시작돼 아직 역사가 아직 채 30년이 안 된 신생 브랜드지만 모나코의 캐롤라인 공주의 입김을 타고 빠르게 성장했다. 비욘세, 제니퍼로페즈 등 셀러브리티들의 사랑을 받으며 큰 인기를 누렸다. 크리스찬 루부탱은 2007년 3월 브랜드 시그니쳐인 레드솔의 붉은 색을 미국 특허청에 상표로 출원했다. 2008년 1월 미국 특허청에 색채상표를 등록 받아 영속적인 권리를 확보한 루부탱의 레드솔은 특허권 보호 대상이 되었다.

루부탱은 2011년 4월 입생로랑이 붉은 색의 여성구두를 내놓자 입생로랑이 상표법을 위반해 레드솔을 사용했다며 입생로랑에 1백만달러(약 11억 원)의 손해배상을 요구하는 소송을 걸었다. 이에 대해 미국 지방법원은 2011년 8월 "패션산업에서 색은 장식적이고 미학적인 필수 요소"라며 "단 하나의 색상이 트레이드마크가 될 수 없다"고 판결해 루부탱의 판매금지 가처분신청을 기각했다. 루부탱은 항소심을 신청했고 2012년 9월 미국 뉴욕 맨하탄 고등법원은 "루부탱 구두의 상징인 레드솔이 특허권 보호대상이다"고 판결했다. 다만 입생로랑의 슈즈의 경우와 같이 신발 윗부분과 밑창이 모두 빨간 경우에는 루부탱의 권리를 인정하지 않는다는 예외를 달았다. 이로써 루부탱은 레드솔에 대한 특허권을 확인 받았고, 입생로랑은 '구두가 모두 붉은색일 경우는 특허권 침해가 아니다'는 판결을 받아 해당 제품의 판매를 계속하게 됐다. (출처 : http://news.chosun.com/site/data/html_dir/2017/02/24/2017022401914.html)

8장

영업권의 평가방법과 사례

Goodwill Valuation and Case Studies

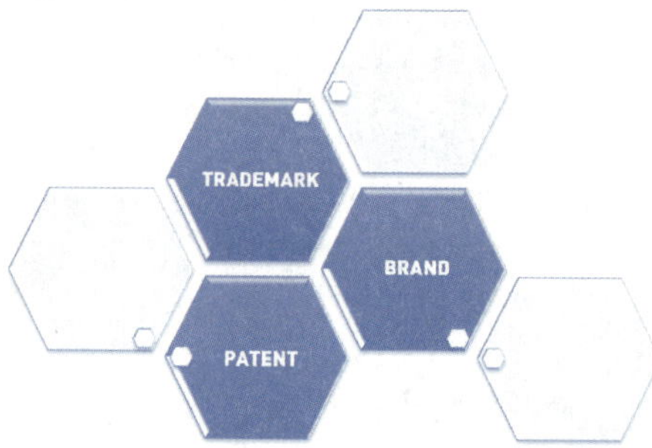

IVS에서는 영업권을 '다른 자산과 따로 구분할 수 없는 자산의 미래 경제적이익 future economic benefits'으로 보고 있다. 즉 '일단의 자산을 이용하거나 사업을 영위함으로써 발생되는 미래 경제적이익으로서 다른 자산과 분리가 불가능한 것'이라고 정의한다.

일반적인 무형자산은 그 발생원인이 비교적 명확하고 식별이 가능한 경우도 많이 있기 때문에 실무에서 수익방식을 많이 적용하지만, 때로는 비교방식이나 원가방식을 적용하기도 한다. 이러한 대표적인 무형자산은 개별적인 인식 및 측정이 가능한 특허권, 디자인권, 상표권 등이 있다. 반면 영업권은 식별 불가능한 경우가 많아서 영업권 평가 실무에서 비교방식이나 원가방식을 적용하는 것이 용이하지 않다. 그리고 영업권은 기업가치와 더불어 평가의뢰되는 경우가 대부분이다. 현실적으로 영업권만 거래되는 경우는 거의 없고, 기업체의 양수 · 양도 과정에서 영업권 평가가 의뢰되는 경우가 많다. 왜냐하면 기업가치는 개별 자산가치의 합이 아니라, 자산의 총체적 결합에 의한 집합 aggregation으로서 사용되어 형성되기 때문이다.

I 영업권 평가의 기초

1 영업권의 정의와 특성

1.1 영업권의 정의

영업권goodwill은 일반적으로 유형자산과는 달리 특허권 · 실용신안권 · 디자인권 · 상표권 · 저작권 · 전용측선이용권 이외의 무형자산으로서 동종 · 유사규모 기업의 정상이익을 넘어서는 초과이익의 원인이 된다. 그러나 영업권은 일률적으로 그 개념을 정의하기가 어렵고, 관점에 따라서 매우 다양하게 정의될 수 있다. 또한 영업권의 개념과 평가목적을 어떻게 정하는지에 따라 평가방법 적용상 많은 차이점이 생기므로 영업권의 다양한 의의를 고찰해 볼 필요성이 있다. 국제평가기준IVS에 의하면 영업권은 다음과 같이 정의된다.[1]

> "영업권은 기업이나 기업의 어떤 권리, 또는 다른 자산에서 별도로 인식되지 않는 자산집합 a group of assets을 이용함으로써 발생되는 미래의 모든 경제적이익이다. 영업권 가치는 일반적으로 기업가치에서 모든 식별 가능한 유형자산, 무형자산 및 화폐성자산의 가치(실제 또는 우발부채 수정후)를 공제한 후 잔여가액으로 측정된다.[2]

결국 영업권은 '식별할 수 없는 무형자산으로서 기업이 동종의 다른 기업보다 초과수익력을 갖고 있는 경우 이를 자본화하여 계산한 것'으로 정의할 수 있다. 즉 우수한 경영진, 뛰어난 판매조직, 양호한 신용, 원만한 노사관계, 기업의 좋은 이미지 등 동종 산업 유사기업에 비해 특별히 유리한 사항을 집합한 무형

1. IVS 210(Intangible Assets), par. 20.6
2. 현금 및 현금등가물 · 매출채권 등과 같이 화폐가치의 변동과 상관없이 자산금액이 계약 기타에 의하여 일정액의 화폐액으로 고정되어 있는 자산을 화폐성자산(monetary asset)이라 한다.

표 8-1
무형자산의 분류와 회계처리

구분	세부분류	회계처리	사례
식별가능 무형자산	내부창출 무형자산	원칙적으로 비용처리 (자산성 있는 개발비 제외)	연구비, 경상개발비, 광고비, 교육훈련비 등
	외부구입 무형자산	자산 처리	산업재산권, 라이선스, 프랜차이즈, 저작권 등
영업권	내부창출 영업권	자산 불인식	경영능력, 고객충성도, 시장점유율 등
	사업결합 영업권	자산 처리	영업권

의 자원을 말하는 것으로, 동종업계의 다른 회사보다 더 높은 수익을 창출할 수 있는 능력을 자산적 개념으로 파악한 것이다.

이와 같이 영업권이란 대상 기업이 경영상의 유리한 관계 등 배타적 영리기회를 보유하여 같은 업종의 다른 기업들에 비하여 초과이익을 확보할 수 있는 능력으로서 경제적 가치가 있다고 인정되는 권리를 말한다. 영업권은 경영상의 유리한 관계 등 사회적 실질가치를 가지는 자산을 의미한다. 이러한 영업권의 종류는 크게 두 가지 관점에서 구분할 수 있다. 즉 매입여부에 따라 '매입영업권'과 '자가창설 영업권'으로 나눌 수 있으며, 회계처리방식에 따라서는 '회계적 영업권'과 '경제적 영업권'으로 나눌 수 있다.

우선 ① 매입영업권은 기업이 다른 기업을 매수하거나 합병하는 경우에 발생하는 영업권을 말하고, ② 자가창설영업권은 기업이 내부적으로 영업권을 스스로 계상하는 것으로 볼 수 있다. 현행 기업회계기준상 자가창설 영업권은 인정되지 않는다.

한편, '회계적 영업권'은 구체적으로 합병 · 매수대금 중에서 피합병기업의 순자산 공정가치를 초과하는 부분을 말하고, 합병을 통해 미래에 발생하게 될 초과이익력의 현재가치를 '경제적 영업권'이라 한다. 결론적으로 영업권은 특정 기업이 동종산업에 종사하는 타 기업과 비교하여 정상적인 투자수익률 이상을 획득할 수 있는 초과이익 창출능력, 즉 초과이익력excess earning power을 화폐가치로 표시한 것이다.

1.2 영업권의 구성요소

국제평가기준에서는 영업권의 구성요소는 평가목적에 따라 달라질 수 있으며, 흔히 다음과 같은 요소들을 포함하고 있다고 예시한다.[3]

1. 시너지
2. 사업확장성
3. 조직화된 노동력
4. 새로운 고객 · 기술 등의 미래자산 효익
5. 계속기업/ 합병가치

그러나 영업권이란, 일반적으로 우수한 경영진이나 인적자원 등 동종산업의 타기업에 비하여 특별히 유리한 사항을 집합한 무형자산의 조합일 뿐이어서 그 기업을 떠나서는 더 이상 존재할 수 없는 계속기업을 일컫는 말이다. 이러한 관점에서 영업권의 주요 구성요소를 요약하면 다음과 같은 3가지 가치요소로 구분할 수 있다.

1. 이용 가능한 기존자산의 존재로서 영업권의 계속기업 가치요소라고 한다. 이는 자본, 노동, 경영 등으로 구성되며 결합적으로 이용됨으로써 개별가치요소의 가치보다 더 커서 일부는 영업권을 형성하게 된다. (계속기업 가치요소)
2. 정상이익을 넘어서는 초과이익 중 유형자산과 기타 무형자산에 귀속되는 것을 제외한 것이 영업권의 구성요소가 된다. (초과이익 가치요소)
3. 현재 영업과 직접적인 관련이 없는 미래에 대한 기대, 즉 미래에 예상되는 투자, 재편성 및 신규제품이나 서비스, 고객등과 관련된 전망이 영업권의 일부를 구성한다. (미래기대가치요소)

그러나 영업권은 회계적인 측면에서 보면, 기업이 매수나 영업양수 등의 경우에 유상으로 취득한 것만 인정하고 있기 때문에, 기업이 스스로 계상하는 자

3. IVS 210, par. 20.8

가창설영업권 self-generated goodwill은 인정되지 않는다. 영업권의 발생원인에 대한 보다 상세한 논의는 뒤에서 계속 제기될 것이다.

1.3 영업권의 특성

영업권은 특정 기업에 고유한 경제적 자원으로서 미래의 경제적이익을 가져올 수 있다. 영업권의 형성과 작용은 그 기업의 특정 환경이나 경영요소들과 관련되어 있지만 영업권의 매개체는 그 특정 요소가 아닌 기업체이다. 이러한 요소들 가운데 일부는 우수한 입지조건과 같이 하드한 것도 있지만 우수한 평판이나 조직문화와 같은 소프트한 것도 있다. 또한 어떤 것은 눈에 보이지만, 대부분 눈에 보이지 않는 내부경제적 자원이다. 영업권만 단독으로는 존재할 수 없으므로 다른 유 · 무형자산과 결합되어 창출된다. 그러므로 어떤 특정 유 · 무형자산에 의하여 생성되는 부가가치 부분을 확인할 수도 없다.

영업권은 외부에서 매수하거나 무수히 많은 요인들의 상호결합에 의하여 내부에서 형성될 수도 있다. 따라서 영업권의 가치 형성요인은 기업 생산 및 경영관리의 각 단계에서 일어나는 모든 비용지출 행위와도 직 · 간접적인 관련이 있다고 할 수 있다.

시스템이론적 관점에서 볼 때 회사의 이러한 전반적인 경영관리 및 효율성 향상은 영업권 형성의 기초 원천이라고 할 수 있다. 한편 기업의 영업환경 변화와 함께 영업권의 가치도 부단히 변동한다. 영업권은 화폐적 가치로 측정할 수 있으며, 그 기준은 특정시점의 기업가치에서 각종 유형자산 및 식별가능 무형자산의 공정가치를 공제한 잔여가치로 결정될 수 있으므로 그 값이 부(−)가 될 수도 있다. 즉 부의 영업권가치도 나타날 수 있다. 이러한 영업권의 복잡한 속성을 다음 다섯 가지로 요약하여 설명할 수 있다.

1. 종속성 dependability
2. 누적성 cumulativeness
3. 총체성 integrity

4. 지속성 durability
5. 상관성 correlation

① **종속성** dependability 영업권은 그 기업과 분리하여 단독으로 존재할 수 없으며, 다른 식별가능 자산과 별도로 매각될 수도 없다. 따라서 영업권을 자본화하여 별도 외부투자를 하거나 양도할 수 없다. 다만 특정기업 내에 객관적인 잔여가치로서 존재하는 식별할 수 없는 무형자산일 뿐이다. 그리고 기업실체는 영업권과 그 가치의 매개체일 뿐이어서 그 기업을 떠나서는 영업권 가치가 존재할 수 없다는 특성이 영업권의 종속성 dependability이다. 따라서 영업권은 무형자산의 조합으로 간주되며, 계속기업의 전제하에서만 그 가치가 존재하므로 영업권만의 독립적인 양도가치는 없다고 할 수 있다.

② **누적성** cumulativeness 영업권은 영업을 시작하자마자, 또는 그 직후 형성되는 것이 아니라 기업의 장기적인 경영과 함께 점진적으로 그 가치가 상승하는 경향이 있는 바 이것이 영업권의 누적성 cumulativeness이다. 특히 기업의 제품이나 서비스의 품질, 상표의 사용범위, 기업조직구조의 우수성 여부에 그 가치가 좌우된다. 영업권의 이러한 누적성은 회사 인력의 질과 교육수준, 서비스 태도, 그리고 조직문화도 큰 영향을 받게 된다.

③ **총체성** integrity 영업권의 가치는 사업실체를 전체적으로 볼 때에만 성립되는 총체적 결과물이라는 특성이다. 이는 영업권 자체가 수익을 창출하는 별도의 무형자산이 아니라 전체 식별가능 개별자산들의 가치를 초과하는 잔여가치가 존재하는 경우에만 성립될 수 있는 특수자산이라는 특성이다.

④ **지속성** durability 기업의 평판은 오랜 기간에 걸쳐 형성되는 것으로 일정한 법정존속기한이 없다. 회사가 신용도를 장기적으로 유지하고 제품이나 서비스의 품질을 지속적으로 개선하면, 영업권의 가치가 지속될 수 있지만, 미래의 지속가능기간을 설정하기는 어렵다.

⑤ **상관성** correlation 영업권은 사업결합에 의해 외부로부터 취득한 경우 여기에 소요된 매수원가와 부대비용을 기초로 원가 인식이 가능하다. 그러나 지속

적 경영활동을 통하여 장기적으로 형성된 경우 일종의 부외자산이 창출된 것이라 할 수 있으므로 영업권의 가치는 그 기업의 수익성과 양(+)의 상관성 correlation 이 있다는 특성이다.

1.4 영업권의 회계학적 개념

현대 회계학적 관점에서 보면 영업권의 개념은 초과이익 개념과 잔여 개념, 그리고 시스템결합 개념 등으로 세분된다. 다음의 표에서 처럼 영업권은 이러한 3가지 개념에 따라 영업권 평가방법이 상이해질 수 있는데, 구체적으로 살펴보면 다음과 같다.

1) 초과이익 개념 excess earnings concept

영업권을 초과이익 개념으로 보는 경우에는 회계상 동일 또는 유사한 산업의 장래 기대이익이 정상이익을 초과하는 이익, 즉 초과이익을 할인한 현재가치를 영업권으로 인식한다. 그러나 이러한 관점으로 영업권 평가를 수행할 경우 정상이익률이란 무엇이며 어떻게 산정할 것인가, 그리고 초과이익에 대한 할인율이나 환원율은 과연 어떻게 합리적 객관적으로 추정할 수 있는가? 이러한 문제들에 대하여 논란의 여지가 많고, 평가자의 자의적 주관이 개입될 소지도 크다는 비판을 받는다.

2) 잔여가치 개념 residual value

영업권을 잔여 개념으로 파악하는 견해는 초과이익 개념의 영업권은 영업권

표 8–2
영업권의 개념

개념구분	세부 내용
초과이익 개념	정상이익을 초과하는 부분의 이익을 환원율로 환원하거나 할인한 현재가치
잔여 개념	전체 기업가치가 개별적으로 확인되는 유형자산 및 무형자산의 적정가치 합계를 초과하는 경우, 그 차액이 영업권 발생 요소
시스템결합 개념	기업의 활동 목표를 달성하기 위하여 제공되고 있는 기업 내 모든 자원이나 속성의 유기적 결합시스템이 창출하는 이익과 개별자산이 창출하는 이익의 차액이 영업권 발생요소

의 본질을 설명하기 위한 것이 아니고, 단순히 영업권의 가치를 계산하기 위해 이론적으로 그 개념을 합리화한 것에 불과하다는 비판에서 나온 것이다. 이 개념에 의하면, 유형자산으로 기록되지 않았다 하더라도 영업권과 유사한 자산인 특별한 기술, 풍부한 경영능력, 독점적 상황, 사회와 기업간의 관계, 그리고 명성과 평판 등은 잔여 개념의 자산이 된다고 파악한다.

즉 영업권 개념은 전체기업의 적정가치 legitimate value가 개별적으로 확인되고, 이렇게 파악된 전체기업의 적정가치가 유형자산 적정가치의 합계를 초과하는 경우 그 차액을 잔여가치 residual value 개념의 무형자산이나 영업권으로 본다. 이러한 잔여가치 원리 residual value principle는 영업권의 평가에 있어서 기본 바탕이 되는 개념이므로 매우 중요하다. 기업가치 business value에서 측정할 수 있는 모든 유·무형자산의 가치를 빼고 난 다음에 마지막까지 더 이상 배분할 수 없는 식별 불가능한 자산부분이 남게 되는데 이 잔여부분 residual이 바로 영업권이 된다는 원리이다. 간단한 기본 산식은 다음과 같다.

$$V_G = BV - (WC + TA + IA)$$

V_G : 영업권 가치　BV : 기업가치　WC : 순운전자본　TA : 유형자산　IA : 무형자산가치

앞의 산식을 보면 기업을 매수하는 경우, 유형자산에 대한 대가와 식별 가능한 무형자산 대가 이외에도 아직 영업권의 가격이 남아 있으므로 이에 대하여 별도로 대가를 지불해야 한다는 뜻이 된다. 따라서 모든 기업가치 평가방법은 결국 잔여법의 일종이며, 평가과정상 약간의 차이일 뿐이라는 것이다.

3) 시스템결합 개념 system value concept

시스템결합 개념은 기업실체 business entity의 조직이 개별적 자산 stand-alone basis과는 다른 별개의 가치체계를 가지고 있기 때문에 영업권을 개별자산의 합산치로 인식하는 것은 적합하지 않다. 이는 다른 자산들과 함께 집합체로서 사용된다는 전제에서 출발한다. 다시 말해서 기업조직은 경제적 활동 목표를 달성하기 위하여 제공되고 있는 것, 또는 속성의 상관요소로 구성되는 하나의 작용체계로 볼 수 있는데, 이러한 기업가치는 구성요소의 단순한 합계 이상의 속성이

나 목적을 소유한다고 본다.

따라서 영업권의 발생원천인 초과이익이란, 개별자산이 창출하는 것이 아니라 인적자산과 물적 · 기타 자산의 집합시스템aggregation system으로써 결합되어, 대상기업이 다른 유사기업의 정상이익률보다 높게 창출하는 이익으로 보아야 한다는 것이다. 왜냐하면 기업조직은 실체의 활동 목표를 달성하기 위하여 제공되고 있는 일체의 경영자원, 또는 속성의 상관요소들로 구성되는 하나의 작용체계로 볼 수 있기 때문이다. 이는 기업의 내적 및 외적 관련성, 환경시스템과 관련된 사람, 마케팅, 생산 및 자금조달 능력 등이 전체적으로 자산이나 부채 못지않게 중요하다는 것을 전제로 하는 개념이다.

1.5 IVS의 영업권 관련규정

국제평가기준IVS의 무형자산 편IVS 210에 규정되어 있는 내용에 의하면, 영업권은 다른 자산과 따로 구분할 수 없는 자산의 미래 경제적이익future economic benefits으로 보고 있다. 즉 일단의 자산집합group of assets을 이용하거나 사업을 영위함으로써 발생되는 미래 경제적이익으로서 분리가 불가능한 것이라고 정의하고 있다. 영업권에 반영되는 경제적이익의 예는 다음과 같다.

- 사업결합의 결과로 발생되는 운영경비 절감이나, 다른 자산 가치에 반영되지 않는 규모의 경제 등으로 인한 시너지 효과
- 새로운 시장 영역에서의 성장기회
- 조직화된 네트웍 형성 등으로 인한 조직자본

그리고 영업권의 가치는 일반적으로 기업가치에서 식별가능한 유형자산이나 무형자산, 그리고 화폐성자산monetary assets 등의 가치를 공제한 잔여액residual amount으로 평가한다고 규정하였다.[4]

4. IVS 210 (Intangible Assets), par. 20.6

2 영업권과 무형자산의 관계

영업권은 무형자산의 일종으로 대표적인 무형자산으로 꼽힌다. 경우에 따라서는 평가대상기업이나 평가목적에 따라 무형자산이 모두 영업권으로 구성되는 경우도 있다. 그런데 이러한 무형자산은 그 형태가 객관적으로 드러나지 않은 채 미래수익을 발생시키는 자산의 개념으로 그 의미 자체가 매우 추상적이다. 그 중에서 영업권은 그 발생원인이 우수한 경영진, 뛰어난 판매조직, 양호한 신용, 원만한 노사관계, 기업의 좋은 이미지 등 다양하다. 즉 무형자산 중에서도 추상 정도가 가장 강하다고 할 수 있다. 그래서 일부에서는 무형자산을 '식별가능한 무형자산'identifiable intangible assets 으로 축소 해석하면서 영업권을 식별 불가능한 무형자산으로 파악하기도 한다.

무형자산과 영업권의 이러한 개념적 차이는 그 평가방법을 적용하는 데 있어서도 그대로 적용된다. 즉 일반적인 무형자산은 그 발생원인이 비교적 명확하고 식별이 가능한 경우가 많기 때문에 실무적으로 대개 수익방식을 많이 적용하지만, 비교방식이나 원가방식을 적용하기도 한다. 이러한 대표적인 무형자산은 개별적인 인식 및 측정이 가능한 특허권, 디자인권, 상표권 등이 있다. 반면 영업권은 식별 불가능한 경우가 많아서 실무적으로는 비교방식이나 원가방식을 적용하여 평가하기란 쉽지 않다.

2.1 영업권과 기업가치

실무적으로 영업권은 기업가치와 더불어 평가의뢰되는 경우가 많다. 현실적으로 영업권만 거래되는 경우는 거의 없고, 주로 기업체 양도 · 양수 과정에서 영업권 평가가 의뢰되거나, 개인사업자의 법인전환 시 현물출자를 위하여 의뢰된다. 그리고 동업자간 지분청산의 경우도 있다.

기업가치는 개별적 자산가치stand−alone asset value의 합이라기 보다는 자산 총결합가치grouped asset assemble value 형태로 재구성되어 경제적이익을 창출하게 된다.

그림 8-1
영업권과 기업가치

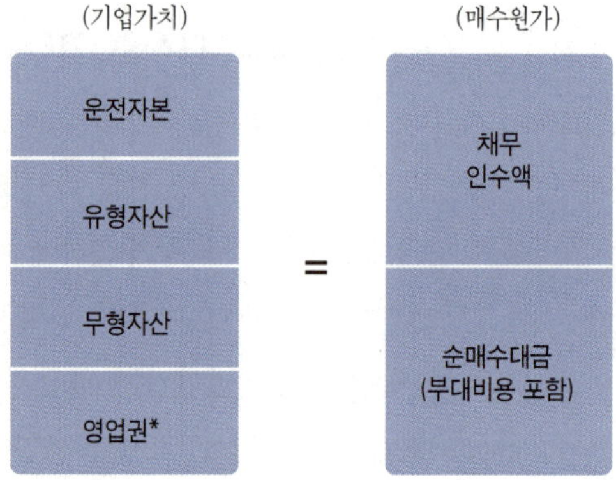

*영업권 = 사업결합원가(매수원가) − (식별가능 순자산의 공정가치 × 취득지분)

따라서 전체 기업가치를 알지 못하는 상황에서는 구성자산 각각의 가치를 구분하기도 어려우며, 정확한 영업권 가치를 산정하기도 어렵다. 그러므로 영업권 가치는 사업결합시 매수대금 지급액과 구성자산의 순공정가치 및 채무인수액을 초과한 금액으로 평가된다. 즉 기업인수를 통한 사업결합원가를 배분하는 경우 기업가치와 매수원가와의 차이가 바로 영업권으로 평가되는 바 〈그림 8-1〉에서와 같이 나타낼 수 있다.

이에 따라 영업권의 가치를 산정하기 위해서는 일반적으로 기업가치 산정과 장부가치 조정을 통한 수정 후의 운전자본, 투자자산, 유형자산 등에 대한 가치와 식별 가능한 무형자산 가치를 산정하는 작업이 선행될 필요가 있다. 이러한 과정을 달리 해석한다면, 정확한 기업가치를 산정하기 위해서는 운전자본이나 유형자산뿐만 아니라 기타 무형자산이나 영업권 등의 평가가 그 선행조건이 된다는 것을 의미한다.

2.2 영업권과 상표권

영업권과 상표권은 모두 무형자산의 중요한 유형 중 하나이다. 이러한 두 가지 유형의 무형자산 중에서 영업권은 일반적으로 개별적 식별과 측정이 불가능함에 반하여 상표권 가치는 별도의 인식과 측정이 가능하다는 차이가 있다. 물론 식별가능 여부는 일률적으로 판단할 수 없고 평가목적이나, 성격, 해당 기업

표 8-3
영업권과 상표권의 비교

	영업권	상표권
발생원천/실현주체	기업자체의 초과수익력	제품,상품의 초과수익력
식별가능성	식별불능	식별가능
독립성	기업조직 외부로 분리 불가	기업조직 외부로 분리 가능
소유권 및 사용권	소유권이전/ 사용권 허여 불능	소유권이전/ 사용권 허여 가능

의 업종이나 제품구성 상황 등에 따라 달라질 수도 있다. 두 가지 개념의 무형자산은 평가목적에 따라 영업권 이외 기타 무형자산을 일괄하여 영업권에 포함 평가하기도 한다. 그러나 등록상표권의 경우 매입하였거나 식별가능한 무형자산의 정의를 충족하는 때에는 별도로 그 공정가치를 평가하여 인식하거나 거래의 대상으로 삼아야 할 것이다.

2.3 영업권과 권리금 및 프리미엄

영업권은 일반적으로 유형자산과는 달리 특허권 · 실용신안권 · 디자인권 · 상표권 · 저작권 · 전용측선이용권 이외의 무형자산으로서 동종 유사규모 기업의 통상이윤을 넘어서는 초과이익의 원인으로 정의된다. 권리금은 점포 임대차와 관련해 임차인이 특별하게 누리게 될 장소 또는 영업상의 이익에 대한 대가로 임차보증금과는 별도로 지급되는 금전적 대가를 말한다. 즉 점포를 매도함으로써 포기해야 하는 시설비나 영업권을 뜻하는 것이다. 영업권 개념이 강한 권리금은 무형자산에 대한 대가로서 일반적 의미의 영업권과 유사하지만 객관적으로 인정되지 않는다. 이는 점포의 임대차 관계에서 발생하는 사적 계약 등에 의해서 발생한다는 점에서 차이를 가지고 있다.

일반적으로 프리미엄은 화폐, 외국환, 사채, 주식 등에 있어서 그 시장가치 또는 액면가격 이상의 할증가격이 성립할 때 그 초과분이나 할증금을 말한다. 프리미엄의 유형은 ① 화폐프리미엄, ② 환프리미엄, ③ 주식프리미엄, ④ 사채프리미엄 등이 있다. 시장가치 이상의 초과이익을 유발시키는 것을 기초개념으로 하는 점에서 영업권과 유사하다고 볼 수 있으나, 그 발생원인이 되는 대상이나 형태 등에서 차이를 보이고 있다.

3 영업권의 평가목적과 근거

3.1 영업권의 평가목적

영업권평가가 의뢰되는 경우 그 목적은 매우 다양하다. 각각의 평가목적에 따라 의뢰인에게 요구할 자료와 적용해야 하는 평가방법에 있어서 차이가 있을 수 있고, 기준가치나 평가가액에 대하여도 영향을 미치게 되므로 구체적인 평가작업의 착수 이전에 반드시 평가목적을 명확히 할 필요가 있다.

기업회계기준상 자가창설영업권이 인정되지 않고, 매입영업권만이 재무제표에 계상되어 상각자산으로 인식되고 있는데, 영업권 평가가 가장 많이 의뢰되는 것은 업체간 · 사업체간 합병을 통해 영업권에 대한 적정가치를 산정할 필요성이 있는 경우이다. 또한 세금 · 매각 · 재정분석 · 법적 필요 등 다양한 목적에 의하여 기업가치를 산정해야 하는 경우도 많다. 기업내부관리 및 구조조정 분석자료 등으로 활용하기 위하여 평가가 의뢰되기도 한다.

이 외에도 타인의 불법행위에 따른 손해가 발생하는 경우, 예를 들어 계약의 파기, 법적 권리의 침해, 업무 방해 등의 행위로 인한 영업권 손실액 측정이 불가피한 경우 영업권 평가가 의뢰되기도 한다. 이러한 경우에는 불법행위 전후의 가치를 비교하는 방식을 사용한다. 이러한 분석은 장기간 노조의 파업이나 자연재해로 인한 손해가 발생하는 경우나 기타 이와 유사한 경우에도 적용이 가능하다.

외국의 경우를 살펴보면 공익사업을 위한 토지수용 등의 경우 다른 지역으로 이전한 후에도 발생할 수 있는 손실액을 분석하기도 한다. 우리나라에서는 아직 적용되고 있지 않으나, 영업권 감정평가 목적의 한 유형으로 인식할 필요성이 있을 것이다. 이 외에도 기업에 대한 담보가치를 추정하는 경우 기업 내 영업권이 차지하는 비중이 큰 경우 등에는 영업권에 대한 평가를 보다 면밀히 수

표 8-4
영업권의 평가목적

평가목적	세부 내용
인수 · 합병 · 분할 · 매각액 추정	• 업체간, 사업간 합병시 합병부분에 대한 지분평가
손해액 분석	• 타사(인)의 불법행위에 따른 손해 발생액을 추정
담보가치 추정	• 기업에 대한 담보가치를 추정하는 경우 영업권에 대한 평가도 동시에 평가 의뢰됨
기업가치 산정	• 기업가치는 세금, 매각, 재정분석, 법적 필요 등 다양
손실액 분석	• 공익사업으로 인한 영업폐지 · 휴업 손실보상
기업 분석	• 기업내부관리 및 구조조정 분석 자료
과세가치 산정	• 상법, 법인세법, 상속세 및 증여세법 등 관계법률에 근거한 영업권 가치 산정 및 감가상각액 산정

행하여야 한다. 「상법」이나 「법인세법」, 그리고 「상속세 및 증여세법」 등 관련 법령에 의거하여 과세가치를 산정하는 경우에도 영업권 평가가 의뢰되기도 한다.

그러나 영업권 평가는 기업간 인수 · 합병 등의 일반거래 목적 평가에 가장 큰 비중이 있다. 이 때 매수자와 매도자는 각각의 평가전문기관에 의뢰하여 영업권을 비롯한 무형자산가치와 기업가치를 산정하며, 이를 기초로 하여 상호협상에 의해서 최종 거래가격이 결정된다. 따라서 사업장의 규모와 전통이 오래되거나 사업의 특성상 영업권이 기업가치에 미치는 영향이 큰 경우 영업권에 대한 평가 수요도 그만큼 커진다고 볼 수 있다.

3.2 영업권평가의 법률적 근거

「감정평가에 관한 규칙」(이하 「감칙」) 제23조 ③항에 의하면 영업권은 수익환원법을 적용하여 평가하도록 규정되어 있다. 기본적으로 영업권의 개념 자체가 미래 초과이익을 중심으로 파악하여야 한다는 점을 고려해 볼 때, 취득원가로 그 가치를 산정하는 원가방식은 한계가 있다. 비교방식 또한 영업권 거래사례 자체를 찾기가 쉽지 않으며, 기업간 개별성이 매우 크기 때문에 유사한 거래사례를 찾는 것도 쉽지 않다는 점 등의 적용상 한계를 가지고 있다.

표 8-5
영업권에 관한 주요 법령 내용

법 령	내 용
감정평가에 관한 규칙	제23조(무형자산의 감정평가) ③ 감정평가업자는 영업권, 특허권, 실용신안권, 디자인권, 상표권, 저작권, 전용측선이용권, 그 밖의 무형자산을 감정평가 할 때에 수익환원법을 적용하여야 한다. 제 24조(유가증권 등의 감정평가) ③ 감정평가업자는 기업가치를 감정평가 할 때에 수익환원법을 적용하여야 한다.
감정평가 실무기준	640-3.3.1 (영업권의 감정평가원칙) 영업권을 감정평가 할 때에는 수익환원법을 적용하여야 한다. ② 제1항에도 불구하고 수익환원법으로 감정평가 하는 것이 곤란 하거나 적절하지 아니한 경우에는 거래사례비교법이나 원가법으로 감정평가 할 수 있다.
자본시장과 금융투자업에 관한 법률	제125조(거짓의 기재 등으로 인한 배상책임) ①항3. 그 증권신고서의 기재사항 또는 그 첨부서류가 진실 또는 정확하다고 증명하여 서명한 공인회계사 · 감정인 또는 신용평가를 전문으로 하는 자 등 대통령령이 정하는 자(그 소속 단체를 포함한다) 제249조의 22(기업재무안정 경영참여형 사모집합투자기구 등에 대한 특례) 제2조 제3호에서 기업재무안정 경영참여형 사모집합투자기구의 집합투자 재산의 운용방법으로 부동산 영업권 등 경제적 가치가 있는 자산의 매매를 규정하고 동법 시행령 제260조(집합투자 재산의 평가방법) 제2항 제3호 라목에서 집합투자재산의 "대통령령으로 정하는 공정가액" 평가시 감정평가 및 감정평가사에 관한 법률에 따른 감정평가업자가 제공한 투자대상 자산에 대한 가격을 고려할 수 있음을 규정한다.
상속세 및 증여세법	제64조(무체재산권의 가액) 무체재산권의 가액은 다음 각 호에 따른 금액 중 큰 금액으로 한다. 1. 재산의 취득가액에서 취득한 날부터 평가기준일까지의 「법인세법」 상의 감가상각비를 뺀 금액 2. 장래의 경제적 이익 등을 고려하여 대통령령으로 정하는 방법으로 평가한 금액

영업권 감정평가와 관련하여 상장기업의 경우에는 주식가치 산정시 공인회계사, 감정평가사, 그리고 신용평가기관 등 전문기관에 의뢰할 것을 명문으로 규정하고 있다. 따라서 법률적으로 감정평가사는 상장기업의 주식가치 산정시 의견을 피력할 수 있는 권한이 부여되고 있으며 그 전문성을 인정받고 있음을 알 수 있다. 이와 관련된 법령의 주요 내용은 다음과 같다.

세법상 영업권을 상각자산으로 인식하여 유상 매입한 무체재산권의 가액은 매입가액에서 매입한 날부터 평가기준일까지의 법인세법상의 감가상각비를 차감한 금액으로 평가하도록 되어 있다. 「상속세 및 증여세법」 시행령

제59조에서는 비교적 상세하게 영업권 평가방법을 규정하고 있다. 영업권의 평가는 다음 산식에 의하여 계산한 초과이익금액을 평가기준일 이후의 영업권 지속연수(원칙적으로 5년)를 감안하여 기획재정부령이 정하는 방법에 의하여 환산한 가액으로 다음의 식과 같이 평가하도록 규정하고 있다.

[최근 3년간의 순손익액의 가중평균액의 100분의 50에 상당하는 가액
– (평가기준일 현재의 자기자본 × 1년만기정기예금이자율을 감안하여 기획재정부령이 정하는 율)]

* 순손익액이 최근 3년에 미달하는 경우에는 당해 연수로 계상된 순손익액을 적용

다만 매입한 무체재산권으로서 그 성질상 영업권에 포함시켜 평가되는 무체재산권의 경우에는 이를 별도로 평가하지 않고, 당해 무체재산권의 평가액이 환산한 가액보다 큰 경우에는 전자를 영업권의 평가액으로 한다. 결론적으로 영업권과 관련된 법률은 크게 평가방법을 규정한 사항과 개념적으로 감가상각 자산으로 인정할 것인지에 관한 사항으로 구분이 가능하다.

4 영업권의 요소

영업권은 대표적인 무형자산으로서 여러가지 발생원인에 의해서 동종 유사규모 기업의 통상이윤을 넘어서는 초과이윤을 발생시키고 있다. 앞에서도 언급한 것처럼 영업권은 일률적으로 그 개념을 정의하기가 어렵고, 관점에 따라서 매우 다양하게 정의될 수 있지만, 그 개념을 구체적으로 파악해 보면 초과이익이라는 개념이 기본적으로 규정되어 있다는 것을 알 수 있다. 즉 영업권은 초과이익의 발생에서 그 개념을 찾아야 하므로 이는 영업권의 기본적인 요소가 되는 것이다.

영업권이 성립되기 위해서는 초과이익이 존재해야 하는 것 이외에도 이렇게 발생한 초과이익이 법적 · 경제적으로 이전이 가능해야 하고, 계속적으로 발생해야 한다.

4.1 초과이익의 존재

동종 유사규모의 기업에 대비하여 초과이익의 존재가 인정되어야 한다. 이때 초과이익은 구체적이고 법적으로 보호되어야 하며 명확한 근거가 있어야 한다. 즉 영업권은 근거를 밝힐 수 없는 단순한 사실관계나 추상적인 영향관계를 근거로 해서는 안 된다.

초과이익이 발생하는 요인은 ① 회사의 우수한 조직이나 인재, 프로그램 등과 같이 회사 내부요인internal factors에 의해서 발생하는 것, ② 높은 신용도와 신뢰도, 우수한 판매조직 등 외부와의 관계external relationship에서 발생하는 것, ③ 유리한 세무조건이나 정부규제의 조건, 경쟁회사의 경영상의 취약점 등 외부요인external factors에 의해서 발생하는 것으로 크게 나누어볼 수 있다. 이런 점으로 미루어볼 때 영업권은 여러 가지 요인이 상호 유기적으로 복합되어 발생하고, 그 발생원인도 다음과 같이 매우 다양하다는 것을 알 수 있다.

- 우수한 경영진
- 우수한 판매조직
- 경쟁회사의 경영상의 취약점
- 효과적인 광고
- 영업상 또는 제조상의 비법
- 양호한 노사관계
- 높은 신용도
- 좋은 교육훈련 프로그램
- 지역사회에 있어서의 높은 신뢰도
- 우수한 인재나 자원의 확보
- 유리한 세무조건
- 유리한 정부규제의 조건
- 다른 기업과의 좋은 협조관계
- 전략적 지리상의 위치
- 경쟁회사의 영업상 문제점 발생

여기에서 주의할 점은 영업권이 과거의 이익이나 실적에 의해서만 결정되는 것이 아니라는 사실이다. 설사 과거 실적이 없는 회사라 하더라도 미래의 수익을 합리적으로 예상할 수 있고, 초과이익의 발생요인이 존재하는 경우에는 엄연히 영업권이 존재할 수 있다.

4.2 양도성transferability과 계속성durability

양도성이란, 영업권에 의한 초과이익은 영업권이 양도되는 경우 그 영업권을 양도받은 사람에게 이전되어야 함을 말하는 것으로, 초과이익이 계속 발생해야 하는 것 이외에도 그 양도성transferability 이 인정되어야 하는 것을 말한다.

표 8-6
초과이익의 이전성

구 분	발생원인
영업권 이전성이 높은 것	상호, 상표(미등록), 장소관계, 제조비결, 노하우(knowhow)
영업권 이전성이 낮은 것	경영자 · 종업원 능력 등 인적 요소

위에서 보는 것처럼 상호, 상표, 장소관계, 제조비결 등 초과이익을 발생시키는 요인이 외부적으로 드러날 수 있는 경우에는 그 양도성도 높다. 반면 경영자 · 종업원의 능력 등 내부적으로 축적된 요소 등에 의해 발생한 초과이익은 그 이전성이 낮게 된다.

한편, 영업권은 초과이익이 지속되리라고 기대한 것에 대한 대가이므로 그 수익력이 얼마나 지속될 수 있는지도 함께 고려되어야 한다. 즉 초과이익의 계속성durability을 분석할 필요가 있다. 초과이익이 어느 정도 지속될 것인지를 살펴보기 위해서는 초과이익에 대한 가치감소의 정도와 속도를 고려해야 한다. 특히 특허 등 법적으로 그 권리에 대한 독점이 허용된 경우에도 만료기간과 특허기간 동안의 모방을 통한 유출효과에 주의하여야 한다. 〈표 8-7〉은 「법인세법」에서 규정하고 있는 주요 무형자산의 종류와 그 내용연수를 표로 나타낸 것이다.

「법인세법 시행규칙」 별표 3에 의하면 영업권은 그 내용연수가 5년으로 규정되어 있는데, 이는 엄밀한 의미에서는 초과이익의 계속성을 예측할 수 있는 초

표 8-7
세법상의 무형자산과 그 내용연수

구분	내용연수	무형자산
1	5년	영업권, 디자인권, 실용신안권, 상표권
2	7년	특허권
3	10년	어업권, 해저광물자원개발법에 따른 채취권(생산량비례법 선택적용), 유료도로관리권, 수리권, 전기가스공급시설이용권, 공업용수도시설 이용권, 수도시설이용권, 열공급시설이용권
4	20년	광업권(생산량비례법 선택적용), 전신전화전용시설이용권, 전용측선 이용권, 하수종말처리장시설관리권, 수도시설관리권
5	50년	댐사용권

출처: 「법인세법 시행규칙」(2019.03.20)

과이익의 존속기간을 의미하는 것이 아니고, 단순히 자산으로 계상된 영업권을 얼마 동안의 기간으로 상각하여야 하는지를 나타내는 것이라고 보아야 한다.

따라서 영업권을 평가하는 경우에는 산업분석 및 개별기업의 경쟁력과 초과이익 발생원인을 면밀히 검토하여 그 존속기간을 결정하여야 하고, 이에 따라 영업권 평가방법으로 가장 적정한 방식이 어떤 것인지를 신중히 판단해야 한다.

초과이익의 계속성을 판단하는 경우 특히 주의할 점은, 초과이익의 규모가 크고 창출기간이 길수록 영업권의 가치는 크게 평가된다. 동시에 초과이익이 클수록 경쟁 유발 정도가 커져서 지속성이 떨어지므로 오히려 그 가치가 감소될 가능성도 높아진다. 따라서 초과이익을 분석하는 경우에는 향후 경쟁자의 출현 가능성과 그 정도, 소비자 행태의 변화, 유행의 변천, 그리고 수요의 변화 등에 유의하여야 한다.

Ⅱ 영업권의 평가방법

영업권goodwill을 평가할 때에는 「감정평가에 관한 규칙」 제23조에서 수익환원법을 적용하여야 한다고 규정하고 있다. 영업권의 개념을 초과이익의 현재가치로 보고 잔여가치 개념에서 파악하는 것이 일반적이다. 이러한 영업권의 정의에 따르면 수익방식이 이론적으로 가장 우수하다고 할 수 있다. 실무적으로도 조사 비교자료의 제한으로 인하여 원가방식이나 비교방식의 적용이 어려우므로 수익방식이 주로 사용되고 있다.

그러나 적정한 평가가격을 도출해 내기 위해서는 가능한 한 다양한 평가방법을 적용하여야 한다. 또한 시산가액의 적정성을 여러가지 방법으로 검토하고 검증하는 것이 평가결과의 객관성을 제고시킬 수 있으므로 영업권의 감정평가방법도 다양하게 적용할 필요성이 있다.

1 원가방식 cost method

원가방식은 영업권을 기준시점 현재 재생산하는 데에 드는 비용으로 산정하는 방법이다. 이는 평가대상을 기회비용 측면에서 접근하여 파악하는 것으로 영업권을 평가하는 경우 당해 영업권 구축에 소요되는 기간에 취득할 수 있었던 상대적 경제적이익으로 산정한다. 감정평가 실무기준에서는 원가법의 적용방법을 다음과 같이 규정하고 있다.

「감정평가 실무기준」 640-3.3.4 (원가법의 적용)

영업권을 원가법으로 감정평가할 때에는 다음 각 호의 방법으로 감정평가할 수 있다. 다만, 대상영업권의 원가에 근거하여 합리적으로 감정평가할 수 있는 다른 방법이 있는 경우에는 그에 따라 감정평가할 수 있다.

1. 기준시점에서 새로 취득하기 위해 필요한 예상비용에서 감가요인을 파악하고 그에 해당하는 금액을 공제하는 방법
2. 대상 무형자산의 취득에 든 비용을 물가변동률 등에 따라 기준시점으로 수정하는 방법

이 방법은 평가목적과 평가대상에 따라 한정적으로 적용될 수 있다. 예를 들어 계약의 무단 해지나 각종 권리의 침해에 관한 소송제기를 목적으로 하여 비교적 시장에서 대체하기 쉬운 평가대상인 경우에 적용될 수 있다. 그 밖에 타방식에 의한 평가액의 적정성 검증 수단으로도 활용될 수 있다.

그러나 영업권 평가 시 사업장의 영업권이 매우 오랜 전통을 보유하고 있거

나 독특한 요소의 결합으로 발생된 것이라면 이 방법을 적용하기는 어렵다. 그 이유는 당해 영업권 구축에 소요되는 기간에 취득할 수 있었던 상대적 경제적 이익의 산정이 쉽지 않기 때문이다. 또한 영업권 평가의 목적이 인수 · 합병 · 매각 · 교환 등인 경우에는 이 방법을 적용하기가 곤란하다. 이러한 거래에서 주로 고려되는 것은 매입자의 과거비용이 아니라 미래의 경제적이익이고, 이러한 사고를 바탕으로 하여 거래에 대한 의사결정을 하기 때문이다. 원가방식의 적용방법을 예를 들어 설명하면 다음과 같다.

① 영업권을 구성하는 각각의 구성요소를 나열한다.
(예를 들어 상표, 상호, 고객사 · 협력사 · 종업원과의 관계 등)
② 각각의 구성요소 구축에 필요한 비용을 추정한다.
③ 이를 합산한다.

만약 해당 기업 특유의 고객관계 구축 프로세스에 침해된 권리에 대한 소송에 관한 사안이라면, 해당 프로세스 구축에 소요되는 인력과 시간, 그 동안의 기회비용을 모두 감안하여 그 금액을 추정한다. 그리고 이러한 프로세스 이외에 협력사 구축 프로세스에 대해서도 침해가 있었다면 이에 따른 금액을 추산하여 이와 합산하는 방식을 적용한다. 이를 좀 더 구체적으로 설명하면 다음과 같다.

해당 영업권을 구축하는 데 든 시간이 2년이라고 가정하면, 그 2년 동안 소요된 비용은 ① 설비의 구입 및 설치, ② 부동산 구입, ③ 협력업체 선정, ④ 유통시스템 구축, ⑤ 종업원에 대한 교육실시, ⑥ 고객의 인지도와 신뢰도 제고를 위한 노력 등이 모두 포함된다. 이 경우 영업권은 동일한 유형자산으로 벌어들일 수 있었던 금액, 즉 2년간 기회비용의 현재가치로 추산된다.

원가방식을 적용하여 영업권을 평가할 때에는 재생산비용^reproduction cost^을 원본의 재현으로 설정할 것인지, 원본 효용의 재현, 즉 대치원가^replacement cost^로 할 것인지에 대한 결정이 필요하다. 또한 이 방법 적용시 원가에는 인건비와 제조비 등의 생산비, 간접비와 생산자의 적정이윤 등이 포함되는 것에 유의해야 할 것이다.

또한 원가법 적용의 경우 기업활동의 노하우 및 효율성, 경영능력 등에 의하여 발생하는 영업권에 대하여 취득비용을 감안한다는 논리적 모순이 있다. 따라서 초과이익이 발생하는 한 영속적으로 존재하는 영업권에 대하여 감가수정을 적용한다는 문제가 발생할 수 있다. 과거의 취득비용에서 물가상승률을 반영할 경우, 영업권의 가격변동이 경기변동과 반드시 일치하지 않기 때문에 가격산정에 왜곡이 생길 수 있으므로 이 점에 유의하여야 한다.

2 비교방식 market comparison method

비교방식은 '거래사례비교법'이라고도 한다. 이 방식은 동종산업 유사 규모의 영업권 거래사례를 선택하여 개별적 차이에 따른 보정을 하는 방식이다. 보정의 기준으로는 주로 시장배수market multiples를 사용한다. 기업가치는 계속기업을 전제로 기업의 모든 자산을 이용하여 기업이 창출하는 가치의 합이다. 그러나 기업을 매수 하면서 영업권을 제외한 기업가치를 상회하여 대가를 지불했다면 그 지불가격과 기업가치의 차이가 영업권의 가치가 된다. 「감정평가 실무기준」 640-3.3.3에서는 비교방식을 적용하고자 하는 경우의 감정평가 방법을 다음과 같이 규정하고 있다.

「감정평가 실무기준」 640-3.3.3 (거래사례비교법의 적용)

영업권을 거래사례비교법으로 평가할 때에는 다음 각 호의 어느 하나에 해당하는 방법으로 감정평가한다. 다만, 영업권의 거래사례에 근거하여 합리적으로 감정평가를 할 수 있는 다른 방법이 있는 경우에는 그에 따라 감정평가할 수 있다.

1. 영업권이 다른 자산과 독립하여 거래되는 관행이 있는 경우에는 같거나 비슷한 업종의 영업권만의 거래사례를 이용하여 대상 영업권과 비교하는 방법
2. 같거나 비슷한 업종의 기업전체 거래가격에서 영업권을 제외한 순자산 가치를 차감한 가치를 영업권의 거래사례 가격으로 보아 대상 영업권과 비교하는 방법
3. 대상 기업이 유가증권시장이나 코스닥시장에 상장되어 있는 경우에는 발행주식 수에 발행주식의 주당가격을 곱한 가치에서 영업권을 제외한 순자산가치를 차감하는 방법

비교방식은 동종 유사업종과 규모의 기업에 대한 이와 같은 영업권 거래사례를 보정함으로써 당해 사업체에 대한 영업권을 산출하는 방식이다. 원가방식이나 수익방식이 주로 해당 기업 자체의 자료를 근거로 하지만, 비교방식은 비교대상 회사가 필요하다는 점에서 차이가 있다. 또한 이 방식은 원가방식과 더불어 주로 수익방식에 의한 영업권 가격의 적정성을 검증하는 수단으로도 활용된다. 「감정평가 실무기준」 상의 비교방식에 의한 감정평가 방법을 다시 요약하면 다음과 같다.

㉠ 영업권만의 거래사례가 있는 경우 : 영업권이 다른 자산과 독립하여 거래되는 관행이 있는 경우 유사한 업종의 영업권 거래사례를 이용하여 평가.

㉡ 영업권을 포함한 기업전체에 대한 거래사례까지 있는 경우 : 영업권만의 거래가격을 추출한 후, 거래사례비교법을 적용하여야 한다. 같거나 비슷한 업종의 기업전체 거래가격에서 영업권을 제외한 순자산가치를 차감한 가치를 영업권의 거래사례 가격으로 보아 대상 영업권과 비교하는 것이다.

㉢ 상장기업 : 시장에서 거래가 되고 있는 것으로 볼 수 있는 바 해당 정보를 참고하여 영업권만의 가격을 구한 후 거래사례비교법을 적용하는 방법이다. 대상기업이 상장되어 있는 경우 발행주식수에 주당가격을 곱한 다음 영업권을 제외한 순자산가치를 차감한다.

그러나 실제로 영업권은 계속기업going-concern을 가정하므로 영업권만의 단독 거래사례를 찾기 어렵다. 결국 영업권만의 거래사례를 이용하는 방법은 기업가치와 매매가격과의 차이를 이용한 방식의 변형이라 볼 수 있다. 이 때 기업전체 가치는 업종 및 규모 면에서 유사한 기업을 선정하고, 매출액 등의 비교가능 지표를 선정한 후 배수multiples를 산정하여 평가하는 방식을 주로 사용한다. 그러므로 비교방식으로 평가를 하는 경우 사례 선정시 사정개입 여부와 현금등가분석 등 사례를 정상화 시키는 것이 전제되어야 한다.

그리고 영업권만의 단독 거래사례가 흔하지 않다는 점에서 결국 영업권을 제외한 기업가치와 사정을 보정한 정상적 사례의 매매가격 산출이 관건이 된다. 그리고 자료의 수집과 분석 시 자료 수집의 범위를 너무 좁힐 경우 비교 가능성은 제고되지만 사정을 배제하기 어렵다. 반대로 너무 범위를 넓힐 경우 사례의 정상화 여부를 판단할 수는 있으나 그만큼 비교 가능성이 낮아지므로 사례 수집 범위의 적정성을 기해야 한다. 또한 사례 선정 시에는 단순히 업종과 규모뿐만 아니라 거래의 특수성, 외국기업 여부, 그 밖의 업종별 특성에 유의하여야 한다. 특히 매각 당시의 시장변화 및 법제의 변화도 함께 고려하여야 한다.

3 수익방식 income approach

수익방식은 영업권을 초과이익excess earning의 현재가치, 또는 잔여residuals 개념으로 보고 수익에 기반을 둔 영업권의 가치를 산정하는 방법이다. 영업권을 초과이익의 현재가치 환원, 또는 잔여가치 개념으로 이해할 때 영업권의 정의상 이론적으로 가장 합당한 방법이 수익방식이다.

「감정평가 실무기준」 640-3.3.2에서는 수익방식을 적용하고자 하는 경우의 감정평가 방법을 다음 2가지에 의하도록 규정하고 있다.

1. 기업전체가치 산정 후 영업권을 제외한 자산을 공제하는 잔여법
2. 초과이익을 환원하는 방식capitalized excess earning method

「감정평가 실무기준」 640-3.3.2 (수익환원법의 적용)

영업권을 수익환원법으로 감정평가할 때에는 다음 각 호의 어느 하나에 해당하는 방법으로 감정평가한다. 다만, 대상 영업권의 수익에 근거하여 합리적으로 감정평가를 할 수 있는 다른 방법이 있는 경우에는 그에 따라 감정평가할 수 있다.

1. 대상 기업 전체의 순수익을 같은 업종 다른 기업의 정상수익률로 환원한 수익가치에서 영업권을 제외한 순자산의 가치를 차감하는 방법 (잔여법)
2. 대상 기업이 달성할 것으로 예상되는 지속가능기간의 초과수익을 현재가치로 할인하거나 환원하는 방법 (초과이익환원법)

수익방식은 이론적 우수성 이외에도 실무상의 장점도 있다. 즉 비교방식이나 원가방식이 특정 목적의 영업권 평가시에만 적용되는 데 비해 상대적으로 수익방식은 인수 · 합병 · 교환 · 매각 등 거래 transaction의 대부분에 비교적 폭넓게 쓰일 수 있는 평가방법이다. 반면 초과이익의 크기나 지속성, 산정기간 등의 결정 과정에서 주관이 개입될 수 있고 그 추산과정도 지나치게 복잡하다는 단점이 있다.

3.1 잔여법

1) 개요

영업권 평가에서 잔여법 residual from business enterprise method이란, 전체 기업가치에서 영업권을 제외한 유형 · 무형의 기여자산 가치를 공제하고 남는 가치를 영업권의 가치로 평가하는 방법이다. 즉 기업가치를 구한 다음 영업권을 제외한 순자산의 가치를 일일이 평가하여 공제함으로써 그 나머지를 영업권가치로서 도출하는 것이다. 잔여법에 의한 일반적인 영업권 가치 평가모형은 다음과 같다.

$$V_G = BV - (WC + TA + IA)$$

영업권 = 기업가치 − (운전자본 + 유형자산 + 식별가능한 무형자산)

여기서 $BV = Te/R$

V_G : 영업권가치 BV : 기업가치 WC : 운전자본가치 TA : 유형자산가치
IA : 무형자산가치 Te : 총잉여현금흐름 R : 환원율

위 모형에 따르면 영업권은 산출된 기업가치에서 운전자본 · 유형자산 그리고 식별 가능한 무형자산을 제외한 가치이다. 이 산식을 바꿔서 표현하면, 기업의 매수자는 매수가격으로 유 · 무형자산이나 식별가능한 무형자산 identifiable intangible assets 이외에도 영업권의 가격을 지불해야 한다는 뜻이 된다. 이 방식을 적용하기 위해서는, ① 전체 기업가치 BV의 산정과 ② 유 · 무형자산의 재평가, 그리고 ③ 식별가능한 무형자산의 평가가 전제되어야 한다.

영업권 goodwill 평가에서 잔여법이 주방식으로 등장한 배경은 무엇인가? 영업

권은 앞에서도 논의한 바와 같이 무형자산에 속하지만, 그 자체가 독립된 무형자산으로 특정된 것은 아니다. 그렇다면 영업권이라는 가치를 인정하지 않을 수 없는 이유는 무엇인가? 그것은 무형자산이나 지식재산을 완벽하게 식별하여 평가하거나 가치를 분리해 내는 것이 불가능하기 때문이다. 여기서 바로 영업권을 평가하는 유용한 방법으로서 잔여법이 등장하게 된다.

그러나 IVS에서는 '잔여법'을 영업권의 가치평가 방법으로 적극 규정하지는 않고 있다. '각종 식별가능 유형 및 무형자산 가치를 기업가치에서 뺀 잔여가치로 측정된다'라고 규정할 뿐 '잔여법'에 의하여 영업권의 가치를 '능동적'으로 평가한다는 것이 아님에 유의할 필요가 있다. 이는 영업권 가치가 여러가지 기업내의 식별가능 자산들을 어떻게 인식하고 평가하느냐에 따라 달라지는 영업권의 종속성 dependability이라는 특성 때문이다. 즉 영업권은 대상기업과 분리하여 별도로 존재할 수 없으며, 양도할 수도 없다는 자산고유의 성격에 기인하는 것이다.

예컨대 기업에는 일단의 조직화된 노동력 assembled workforce이라는 무형자산이 있다. 업무의 내용이나 매뉴얼에 따라 일하는 방법을 터득한 일단의 조직화된 노동력은 매우 가치 있는 무형자산이라는 것을 이해할 필요가 있다. 아울러 제품 생산에 있어 경쟁기업보다 뛰어난 원가절감 및 품질 향상의 특별한 비법이나 노하우, 비특허기술 등도 마찬가지로 그 기업의 핵심적인 무형자산이 될 수 있다. 그러나 이를 구분하여 가치를 산정하거나 회계적으로 식별하기 어렵기 때문에 일반적으로 영업권 가치라고 규정할 뿐이다.

국제평가기준 IVS에서는 영업권평가에 관한 방법으로서 특정한 방법을 제시하는 대신 M&A시 인수기업이 다른 확인된 자산과 부채의 가치를 초과하여 지불한 가격의 초과분으로 정의하는 이유도 이 때문이다. 즉 제1장에서 설명한대로 IVS는 영업권을 '자산집합', 또는 시스템의 개념으로 파악하여 식별가능한 모든 자산 이외의 자산들을 이용하여 얻는 미래 경제적이익으로 인식하고 있다. 영업권이란 '기업실체가 경영목적 달성과정에서 조직 내 모든 자산과 속성을 유기적으로 결합하여 창출하는 경제적이익이 식별가능한 자산들의 적정가치를 초과하는 잔여가치'로 볼 수 있다는 관점이다. IVS에서 영업권가치 산정방법을 제시한 내용은 다음과 같다.[5]

1. 영업권은 종종 기업의 다른 확인된 자산과 부채의 가치를 초과 하여 실제 또는 가상의 기업 인수로 지불된 가격의 초과분으로 나타난다. 어떤 목적을 위해서는, 영업권이 양도할 수 있는 영업권(제3자에게 양도될 수 있는 영업권)과 양도할 수 없는 영업권 또는 개인영업권으로 추가 구분되어야 할 경우도 있다.
2. 영업권의 가액은 다른 유형 및 무형자산 가치의 인식에 달려 있으므로 평가목적에 따라 그 가치가 달라질 수 있다.

이와 같이 IVS에서는 영업권의 가치를 전체 기업가치에서 유형자산과 식별가능 무형자산 등 각 영업자산들의 가치를 공제한 후의 잔여부분으로 보고 있으나 구체적으로 영업권의 산정방법을 제시하고 있지는 않다. 결국 IVS에서 말하는 영업권의 가치평가는 각종 식별가능자산들의 가치를 일일이 산정하여 기업가치에서 뺀 후의 잔여가치로 측정되는 것을 기본으로 하고 있다. 적극적으로 잔여법에 의하여 영업권의 가치를 평가하라는 의미는 아니다. 왜냐하면 영업권가치는 결국 각종 식별가능한 자산들을 어떻게 인식하고 산정하느냐에 따라 달라질 뿐 아니라 가치전제나 조건, 그리고 기업인수 합병 등 평가목적에 따라서도 얼마든지 달라질 수 있기 때문이라고 해석된다.

한편 우리나라 「감정평가 실무기준」 640−3.3.2 (수익환원법의 적용)에서도 다음과 같이 잔여법(제1호)과 초과이익환원법(제2호)을 규정하고 있다.

1. 대상기업의 영업관련 기업가치에서 영업투하자본을 차감하는 방법
   가. 영업관련 기업가치 : [660−3.3.2]를 준용하여 산정. 단, 비영업용자산은 제외[6]

5. IVSC, IVS 210(Intangible Asset), paras 20.6~ 20.7.
6. 『감정평가실무기준』, 기업가치: [660−3.3.2] (수익환원법의 적용) 기업가치를 수익환원법으로 감정평가할 경우에는 할인현금흐름분석법, 직접환원법, 옵션평가모형 등으로 감정평가한다.

나. 영업투하자본 : 영업자산에서 영업부채를 차감하여 산정

2. 대상기업이 달성할 것으로 예상되는 지속가능기간의 초과수익을 현재 가치로 할인하거나 환원하는 방법

실무기준에서는 "수익환원법으로 영업권을 감정평가 하는 방법은 영업권을 초과이익의 현재가치 또는 잔여개념으로 보고 수익에 기반을 둔 영업권의 가치를 산정하는 방법"이라 하고, "영업권을 초과이익의 현재가치 환원 또는 잔여가치 개념으로 이해할 때, 영업권의 정의상 이론적으로 가장 합당한 방법"이라고 강조하고 있다. 제1호의 방법은 잔여법으로, 제2호의 방법은 직접환원법 및 유기환원법으로 이해할 수 있으며 다음과 같이 분석하고 있다.[7]

제1호 : 대상기업 전체의 순수익을 같은 업종 다른 기업의 정상수익률로 환원한 수익가치에서 영업권을 제외한 순자산의 가치를 차감하는 방법이다. 이를 산식으로 표현하면 다음과 같다.[8]

영업권 = 기업가치 − (유동자산 + 투자자산 + 유형자산 + 식별가능한 무형자산)

제2호 : 초과이익을 환원하여 영업권을 산정하는 방식은 영업권이 동종 기업의 정상적 이익을 초과하는 이익의 현재가치라는 정의에 부합하는 평가방법이다. 이 방법은 영업권만을 단독으로 감정평가 할 때 기업가치와 영업권을 제외한 자산의 가치를 모두 산정해야 하는 잔여방식을 활용한 방식에 비해 상대적으로 간단하다는 장점이 있다.

이와 같이 영업권의 가치평가 방식에 있어 국제평가기준과 우리나라 「감정평가실무기준」은 일정한 차이가 있다. 실무기준이 '잔여법'을 구체적으로 영업권의 산정방법으로 제시하고 있는 반면, IVS에서는 '영업권 가치를 기업가치에서

7. 한국감정평가협회, 감정평가실무기준해설서, 2014. 2, p.239~240
8. 제1호의 방법(잔여법)에 대한 실무기준해설은 실무기준개정(2016.12.14) 전의 내용인 바 개정후 기업가치를 투하자본법에 의하여 파악하는 경우 이 같은 산식은 "영업권 = 기업가치 − (운전자본 + 영업용유형자산)" 으로 바꾸어 이해하여야 할 것임

각 영업자산들의 가치를 공제한 잔여부분으로 본다'는 규정일 뿐 구체적 산정방법으로 제시하고 있지는 않다.

이와 같은 차이는 어디에서 생기는 것인가? IVS에서 말하는 영업권의 가치평가는 결국 가치전제나 조건, 그리고 평가목적에 따라 달라질 수 있으므로 각종 식별가능 자산들에 대한 보다 공정한 인식과 평가에 중점을 두어야 한다는 점을 강조하는 것이라고 본다. 즉 영업권의 평가에 있어서는 전체적인 기업가치 평가과정의 공정성과 객관성이 있어야 하며, 각 항목별 자산가치를 공제한 후의 최종 잔여가치를 합리적으로 도출하는 것이 중요함을 강조하고 있다고 본다.

2) 적용절차

이상에서 설명한 잔여법을 이용한 영업권의 가치를 평가할 경우 적용할 수 있는 일반적인 평가절차를 4단계로 나누어 분석하면 다음과 같다.

(1단계) 매출액 및 FCFF의 추정과 기업가치의 산정
(2단계) 유형자산 및 식별가능 무형자산 가치 산정
(3단계) 유형 · 무형자산가치 차감 및 영업권의 시산가치 산정
(4단계) WARA 분석 및 최종평가가치의 결정

그림 8–2
잔여법 적용절차

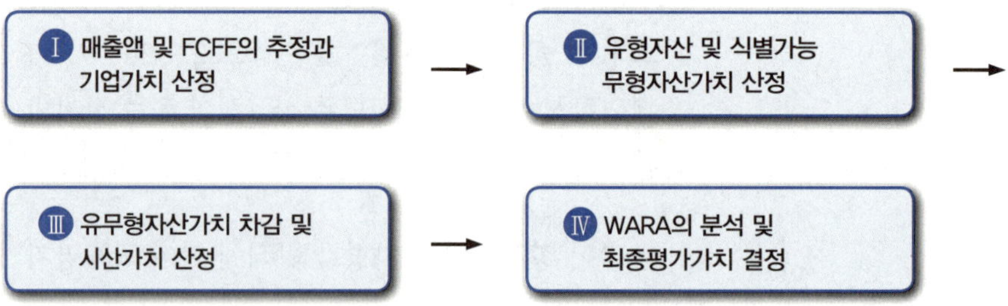

• 1단계 (매출액 및 FCFF 추정과 기업가치 산정) 평가대상 영업권이 속한 기업의 매출액 및 FCFF를 추정하여 전체 기업가치를 산정한다. 매출액 추정은 대상기업의 과거 매출액 및 매출원가율 변동추이, 동종산업의 장단기 전망이나 소비자물가상승률, 경제성장률 등을 종합 고려하여 결정한다. 전체

기업가치 business value의 산정을 위하여는 잉여현금흐름을 가중평균자본비용에 의하여 적정하게 할인하거나 환원하여 현가화한다.

- **2단계 (유형자산 및 식별가능 무형자산 가치 산정)** 대상기업의 유형 및 무형의 자산들에 대한 가치를 각 자산의 특성에 따라 수익방식(초과이익법, 로열티면제법, 유무법 등), 원가방식, 비교방식 등의 방법을 이용하여 재산정한다.
- **3단계 (유형 · 무형자산가치 차감 및 시산가치 산정)** 1단계에서 산정된 전체 기업가치에서 2단계에서 산정된 대상기업의 유형 및 무형의 자산가치를 공제하여 영업권의 시산 가치를 산정한다.
- **4단계 (WARA 분석 및 최종평가가치 결정)** 3단계에서 구한 영업권 시산가치의 적정성을 1~3단계에서 적용된 각종 변수들에 대한 합리성 관점에서 재음미하여 최종 평가가치를 결정한다. 전체기업가치에 대한 구성자산의 비중에 따른 가중평균자산수익률 WARA과 현금창출단위 전체의 내부수익률, 즉 WACC가 일치하는지 여부를 분석한 과정을 거쳐 영업권 가치의 객관성과 합리성을 검증하는 것이 필요하다. 즉 유 · 무형 영업자산들의 요구수익률이 각 자산별 유동성 및 위험도에 따라 일관성 있게 적용되었는지를 분석하는 절차이다. 그리고 만일 3단계에서 산정된 시산가치에 다른 식별가능한 무형자산의 가치, 즉 ① 계약기반, ② 상표 및 브랜드, ③ 특허권, ④ 소프트웨어 등의 가치가 포함된 가액이면 이를 뺀 나머지 가치가 영업권의 평가가치가 된다.

3) 예제

예제 8-1 잔여법 : ABC기업

ABC기업의 20x8년말 영업권 이외 영업자산의 장부가치는 270억원이고, 수정후 평가가치는 290.8억원이라 한다. 영업자산의 장부가치와 수정후 평가가치 산정내역은 아래의 〈표 8-8〉과 같고, ABC기업의 예측기간(20x9~ 20x3) 및 20x4 이후의 추정잉여현금흐름은 〈표 8-9〉와 같다고 한다. 대상기업의 WACC

를 11%라고 할 때 ABC기업의 20x8년말 현재 잔여법을 이용한 ABC기업의 전체 기업가치와 영업권의 가치는 얼마인가?

표 8-8
ABC기업 순영업자산의 장부가치 및 평가가치 (20x8년말)

(단위:백만원)

	장부가치	평가가치	증가가치
순운전자본	7,000	7,500	500
고정자산	15,000	16,580	1,580
기타무형자산(S/W)	5,000	5,000	–
영업자산	27,000	29,080	2,080

표 8-9
ABC기업 잉여현금흐름 추정표

(단위:백만원)

기간별	1	2	3	4	5	6
매출액	22,650	23,783	24,972	26,220	27,531	27,531
매출원가	17,500	18,375	19,294	20,258	21,271	21,271
SG&A	1,000	1,050	1,103	1,158	1,216	1,216
EBIT	4,150	4,358	4,575	4,804	5,044	5,044
D&A	300	300	300	300	300	300
EBITDA	4,450	4,658	4,875	5,104	5,344	5,344
세금 22.0%	913	959	1,007	1,057	1,110	1,110
자본적지출	240	240	240	240	240	240
운전자본증가	197	109	129	107	95	95
FCFF	3,100	3,350	3,500	3,700	3,900	3,900

풀이

잔여법을 이용한 ABC기업의 20x8년말 현재 영업권의 가치를 평가할 경우 적용할 평가절차를 4단계로 나누어 분석하면 다음과 같다.

(1단계) FCFF의 추정 및 전체 기업가치의 산정

(2단계) 유형자산 및 식별가능 무형자산 가치 산정

(3단계) 유형 · 무형자산가치 차감 및 영업권의 시산가치 산정

(4단계) WARA 분석 및 최종평가가치의 산정

1단계 (FCFF 추정 및 기업가치 산정)

표 8–10
기업가치의 산정

(단위 : 백만원)

	1	2	3	4	5	잔존가치
FCFF	3,100	3,350	3,500	3,700	3,900	3,900
할인율	11%	11%	11%	11%	11%	11%
현가계수	0.9009	0.8116	0.7312	0.6587	0.5935	5.3950
현재가치	2,793	2,719	2,559	2,437	2,314	21,041
기업가치	33,863					

2~3단계 (유 · 무형자산가치 차감 및 영업권 시산가치 산정)

$$\text{영업권가치}(V_G) = \text{기업가치}(BV) - \text{영업자산가치}(OAV)$$
$$= 33{,}863 - 29{,}080$$
$$= 4{,}783\text{백만원}$$

4단계 (WARA 검토 및 최종평가가치 결정) 아래 〈표 8–11〉과 같이 무형자산 중 영업권의 가치는 약 47.8억원으로 나타났으며, WACC는 11%로서 WARA와 일치하였다. RRR 역시 위험자산으로 인식되는 무형자산(소프트웨어)이 20.0%, 영업권은 22.18%로 가장 높게 적용되었는 바, 각 자산별 유동성 및 위험도에 따른 요구수익률 적용의 일관성이 유지되었다고 판단된다.

표 8–11
영업권 가치평가 결과 및 WARA 분석

(단위:백만원)

자산	평가액	IRR	구성비	WACC기여율
운전자본	7,500	4.50%	22.15%	1.00%
고정자산	16,580	8.00%	48.96%	3.92%
소프트웨어	5,000	20.00%	14.77%	2.95%
영업권	4,783	22.18%	14.13%	3.13%
기업가치	33,863			
WARA				11.00%
WACC				11.00%

그리고 위에서 구한 시산가치 4,783백만원에는 특허기술이나 상표권 등 다른 식별가능한 무형자산들이 없는 것으로 확인되었다. 다만, 미등록 상표, 비특허 기술 및 제조노하우 등에 대하여는 별도 식별이 불가능하므로 이러한 식별불능 무형자산을 포함한 대상기업의 20x9년 12월 31일 현재의 영업권가치는 4,783 백만원으로 산정된다.

3.2 초과이익환원법 CEEM

1) 개요

초과이익환원법 capitalized excess earning method은 단일기간의 예상현금흐름 중 운전자본 등 순영업자산의 적정수익을 초과하는 이익 IVS, 또는 동종산업 내 유사기업의 정상수익을 초과하는 이익을 환원하여 영업권의 가치를 평가하는 방식이다. 초과이익환원법은 간단한 공식에 의하여 영업권 가치를 평가하므로 '공식법'이라고도 부른다. 원래 이 방식은 미국에서 1920~1933년 주류의 양조나 판매, 수출입 등을 막는 금주법을 시행함으로써 영업손실을 입은 양조장이나 주점 등에 공식적인 보상을 하게 되어 적용하던 영업권가치 보상평가방법이므로 재무부법 treasury method이라고도 한다.

이 방식은 대상 영업권이 창출하는 미래 경제적 이익을 그 영업권이 없는 동일 업종 유사기업의 정상이익과 비교하거나 운전자본 등 순영업자산의 적정이익과 비교하여 초과이익을 산정한 다음 이를 적정한 안정화 환원율을 적용하여 영업권가치를 평가하는 방식이다. 이 방식의 기본 평가모형은 다음과 같다.

$$V_G = \frac{T_e - (WC_e + TA_e + LA_e)}{R_{stable}}$$

V_G : 영업권가치 T_e : 예상 $NOPAT$ WC_e : 운전자본 정상이익,
TA_e : 유형자산 정상이익 IA_e : 무형자산 정상이익 R_{stable} : 안정화 환원율

한편 초과이익환원법 가운데 다기간수익할인법을 적용하기 위한 기본 산식은 다음과 같다.

$$V_G = \sum_{t=1}^{n} \frac{R_i}{(1+r)^i}$$

V_G : 영업권가치　　i : 수익기한연도　　R_i : i년도 예상초과이익

n : 수익지속기간　　r : 할인율

이 방식은 주로 초과이익의 발생기간이 5년 이내의 비교적 단기로 예측되는 영업권 평가시 유용한 방식이라 할 수 있으나, 단기로서 분리가능한 법적권리에서 나오는 초과이익인 경우 다른 고정자산 등 다른 기여자산들의 공헌율이 포함될 수 있어 과대평가될 수도 있으므로 적용시 특히 유의하여야 한다.

초과이익환원법 capitalized excess earning method에서 말하는 '초과이익'이란, 매출의 증가뿐만 아니라 제조원가나 투자의 감소를 가져오는 요소를 모두 포괄한다. 또한 영업권과 그 밖의 여러 가지 무형자산(기여자산)을 포괄하여 가치를 산정하는 경우에는 초과이익의 발생 원인을 판매가능액의 증가나 원가절감 등으로 세분하여 초과이익을 파악하여야 다른 기여자산의 공헌 정도를 판단할 수 있다. 미래 기대정상이익은 대상 영업권이 미래에 창출할 수 있을 것으로 예상되는 경제적이익이고, 환원율은 초과이익을 자본환원하는데 사용되는 적정한 위험조정할인율 risk adjusted discount rate이다.

그런데 초과이익환원법의 적용에서 기본이 되는 요소인 '초과이익'은 영업자산의 적정수익을 초과하는 이익(IVS 기준)이거나, 동종유사기업의 정상이익을 초과하는 부분(실무기준)이므로 혼동을 가져오기 쉽다. 즉 실무기준에서는 기대 미래 경제적 이익이 비교기업의 정상이익을 초과할 때의 차액을 지칭하므로 IVS에서 말하는 초과이익과는 일정한 차이가 있다는 점에 유의하여야 한다. 다음의 간단한 재무정보들을 기초로 초과이익환원법에 의한 영업권 가치를 산정하여 보면 <표 8-12>와 같이 예시할 수 있다.

〈재무정보〉

① 세후영업이익(NOPAT)	₩750,000
② 영업자산(WC + TA + IA) 가치	₩5,000,000
③ 정상수익률	10%
④ 환원율	20%

표 8-12
초과이익환원법에 의한 영업권가치 산정

세후영업이익(NOPAT) (ⓐ)	₩750,000
영업자산(WC + TA + IA) 가치	5,000,000
정상이익률	10%
영업자산에 귀속될 현금흐름 (ⓑ)	₩500,000
초과이익 (ⓒ = ⓐ − ⓑ)	250,000
환원율	20%
영업권의 가치	₩1,250,000

이상과 같은 간단한 절차에 의하여 영업권 가치를 평가하므로, 흔히 이 방법을 '공식법' formula method이라고도 부른다. 그 이유는 이해하기 쉽고 적용이 간편하여 특히 미국 IRS에서 조세목적으로 오랜 기간 널리 사용되어 왔기 때문이다. 그러나 이 방법은 지나치게 단순한 가치평가기법으로서 정확한 가치산정을 요하는 경우 적용상 각별한 주의가 필요하며, 가치분석 관련자료나 회계적 증거자료가 부족하여 부득이한 경우 제한적으로 사용되는 것이 바람직하다. 특히 FCFF 등 평균적으로 안정된 현금흐름이 아닌 전년도 손익계산서 상의 세후영업이익 등을 기준으로 초과이익을 구하여 현재가치로 자본화하는 지나치게 단순한 방법이므로, ① 안정적 성장률(또는 쇠락률)을 나타내고, ② 지속적인 영업이익률을 시현하는 기업으로서 기여자산들의 공헌율이 일정한 기업에 대하여만 제한적으로 적용하여야 할 것이다.

2) 다기간초과이익법 MPEEM과의 비교

그렇다면 위에서 설명한 초과이익환원법상의 '초과이익'은 다기간초과이익법에서의 초과이익 개념과 같은 것일까? 결론적으로 이 둘은 초과이익의 성격이나 가치산정 방식이 서로 다르다. 왜냐하면 CEEM에서는 단일기간의 예상현금흐름 중에서 순영업자산의 적정수익을 초과하는 이익 IVS, 또는 동종 유사기업의 정상이익(실무기준)을 초과하는 부분을 단일의 환원율로 자본화하여 가치평가를 수행한다. 그러나 MPEEM에서는 '여러 기간의 예상현금흐름 중 운전자본 등 다른 기여자산의 적정이익을 공제한 이익'을 적정요구수익률로 할인하여 가치를 산정하는 방식이므로 일정한 차이가 있다.

이러한 차이는 〈표 8-13〉에 비교 요약 설명된 바와 같다. 아울러 초과이익환원법은 영업권 이외의 다른 식별가능한 무형자산이 없는 기업에 적용하기 적합한 기법이다. 그 이유는 영업권 이외의 다른 무형자산이 있는 기업에도 적용할 수 있는 다기간초과이익법과는 달리 영업권 이외의 식별가능한 무형자산이 있는 기업의 경우 각각의 가치를 구분하여 평가하기 어렵기 때문이다. 〈표 8-13〉에는 이와 같은 초과이익환원법과 다기간초과이익법의 여러가지 차이를 비교하였다.

표 8-13
초과이익환원법과 다기간초과이익법의 비교

	초과이익환원법 CEEM	다기간초과이익법 MPEEM
초과이익 개념	단일기간의 예상현금흐름 중 ① 순영업자산의 적정수익을 초과하는 이익(IVS), 또는 ② 동종유사기업의 정상이익을 초과하는 부분(실무기준)	여러 기간의 예상현금흐름 중 운전자본 등 다른 기여자산의 적정이익을 공제한 이익
적용대상 기업	영업권 이외 다른 무형자산이 없는 기업	영업권 이외 다른 무형자산이 있는 기업에도 적용가능
평가대상 자산	영업권 등 단일 무형자산 평가에 적용	영업권 이외 무형자산 각각의 가치평가 가능

3) 초과이익의 지속기간 및 환원율

이상에서 설명한대로 초과이익을 환원하여 영업권을 산정하는 초과이익환원법을 적용하기 위해서는 다음과 같은 3가지 사항의 판단이 관건이 된다.

1. 초과이익
2. 지속기간(경제적 수명)
3. 자본환원 또는 할인율

앞에서 초과이익에 대하여는 자세히 살펴보았으므로 여기서는 지속가능기간, 즉 경제적 수명에 대하여 살펴보기로 하자. 초과이익의 경제적 수명을 결정하는 경우에 유의할 것은 기간의 장단뿐 아니라 수익발생의 정기성periodicity이다. 지속가능기간이란, 해당 영업권의 존속가능 기간으로서 필연적으로 그 기간과 시간경과에 따른 수익의 변화 등을 포괄하는 개념이다. 이러한 지속가능기간 결정을 하는 경우에는 수익발생 기간이 영업권 가치에 비례한다는 것을 감안해야 한다. 이 때 그 기간의 구분은 평가대상 수익의 변화 정도에 따라 달라진다. 즉 수익변화가 월별·분기별 등으로 이루어지는 경우 그에 따라야 하고, 그러한 변화가 없는 편이라면 그 기간을 장기로 구분할 수 있을 것이다.

환원율은 투자자가 특정한 자산을 보유함으로써 발생하는 위험을 보상 받고자 요구하는 미래의 기대수익률을 말한다. 즉 기업이 계속적으로 영업활동을 한다going concern고 가정할 때 미래에 예상되는 수익을 해당 기업의 위험도를 고려한 적절한 할인율로 현가화하여 수익가치를 산출하게 되는데, 이러한 할인율을 환원율이라고 한다. 통상적으로 투자위험이 있는 주식을 보유하려는 투자자들은 위험이 없는 화폐성자산에 투자하는 투자자들에 비해 보다 높은 수익률을 요구한다는 관점에서 환원율은 아래의 식으로 나타낼 수 있다.

$$\text{환원율}(K_c) = \text{무위험이자율}(R_f) + \text{위험프리미엄}(\alpha)$$

환원율은 이론적으로 화폐의 시간가치를 반영하는 무위험이자율과 미래 수익흐름이 불확실한 데에 대한 보상의 성격인 위험프리미엄에 의해 결정되는데, 위험도는 해당기업의 사업특성에 따라 다르고 동일업종 내에서도 기업마다 다를 수 있기 때문에 환원율은 해당기업에 내재하는 위험도, 즉 자본비용과 연계되어야 한다. 이에 대하여는 앞의 제2장 '영업권 평가와 기업가치평가'의 자본비용 측정 부분에서 이미 다룬 바 있으므로 생략하기로 한다.

4) 정상이익률의 산정

초과이익을 구하기 위한 동종산업 유사기업의 정상이익률은 그 산정방식에 따라 편차가 매우 심하게 나타나는 경우가 많다. 이를 객관적으로 추정하기 위하여는 다음과 같은 여러가지 방식으로 구한 정상이익률을 상호 비교분석하여 최종 정상이익률을 결정하는 것이 합리적이다. 정상이익률은 주로 다음과 같은 3가지 방식에 의하여 산정한다.

1. 요구수익률법(RRR법)
2. 유사사례비교법
3. 한국은행 평균순이익률법(BOK법)

실무적으로는 대상기업과 직접 비교가능한 동종산업의 유사기업 사례를 구하기 어려울 경우가 많다. 이런 경우에는 대용치 surrogates 로서 한국은행 등 공신력 있는 조사기관이 발표한 산업별 · 규모별 매출액영업이익률 net income to net sales ratio 통계를 활용하기도 한다. 아울러 요구수익률법 RRR method 에 의하여 구할 수도 있다.

요구수익률법에는 두가지가 있다. 첫째, 대상기업의 자본비용, 즉 CAPM에 의한 WACC를 적용하는 방식이 있다. 둘째, 과거 평균순이익에서 순운전자본의 적정요구수익 WCr 과 고정자산에 대한 적정요구수익 FAr 등 영업자산의 적정수익을 공제한 잔액으로 대상기업의 정상이익을 구하는 방식이 있다. 어떤 방식에 의하든 평가목적이나 대상기업의 특성에 따라 결정하면 된다. 이렇게 요구수익률법으로 산정된 평가가치에서 기타 무형자산의 가치를 제외한 잔여가치가 평가대상 무형자산의 평가가치가 된다.

5) 적용절차

이상에서 설명한 초과이익환원법을 이용한 영업권의 가치를 평가할 경우 적용할 수 있는 일반적인 평가절차를 5단계로 나누어 설명하면 다음과 같다.

(1단계) 매출추정 및 순이익(률)의 산정
(2단계) 정상이익(률)의 산정
(3단계) 초과이익(률) 산정
(4단계) 환원율의 적용 및 영업권 가치 산정
(5단계) 최종평가가치 결정

그림 8-3
초과이익환원법에 의한 영업권가치 평가절차

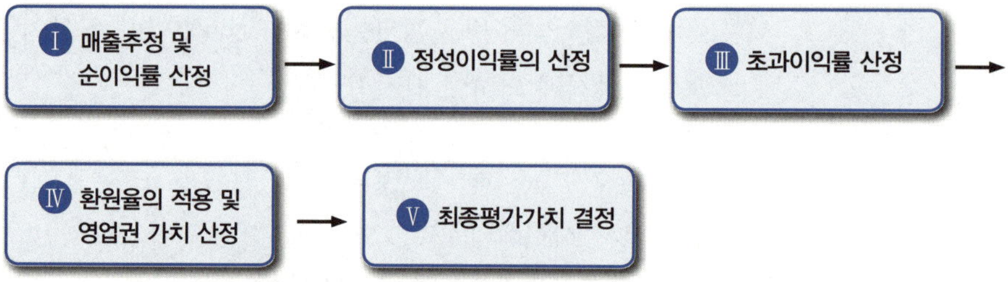

1단계 (매출추정 및 순이익(률) 산정) 대상기업의 과거매출액 변동추이와 향후 전망 등을 토대로 매출액과 성장률을 추정하고, 순이익(률)을 산정한다. 여기서 순이익(률)은 매출액순이익 net income to net sales 또는, 순자산순이익(투하자본 순이익)을 말한다. 어떤 순이익(률)을 쓰든 상관이 없다. 다만, 2단계(정상이익(률)의 산정)에 있어서도 반드시 같은 종류의 순이익(률)을 사용해야 한다.

2단계 (정상이익(률) 산정) ① 단일기간의 예상현금흐름 중 순운전자본이나 고정자산 등의 적정수익(률)(IVS) ② 동종산업 내 유사기업이 거둘 수 있는 정상이익(률)(실무기준)을 구한 다음, 1단계에서 구한 순이익(률)과 비교하여 분석한다. 단, 1단계에서 구한 대상기업의 순이익이 세후영업이익 NOPAT 이었다면, 여기서 정상이익을 구할 때에도 NOPAT를 기준으로 순이익을 산정한다.

3단계 (초과이익(률) 산정) 대상기업의 순이익률에서 2단계에서 구한 정상이익(률)을 차감하여 초과이익(률)을 산정한다.

$$E_e\text{(초과이익)} = I\text{ (대상기업 평균순이익)} - I_o\text{(정상이익)}$$

비교가능한 동종산업 유사사례를 구하기 어려울 경우에는 요구수익률법 RRR method 에 의하여 구할 수도 있다. 즉 대상기업의 자본비용(CAPM에 의한 WACC)이나 순운전자본과 고정자산 등 영업자산에 대한 적정요구수익으로 대상기업의 정상이익을 구한다.

4단계 (환원율의 적용 및 영업권가치 산정) 초과이익에 의한 대상 영업권의 적정한 환원율을 적용하여 영업권 가치를 산정한다. 한편 향후 관련 산업전망 등에 관한 분석결과로 도출된 고정성장률 g 을 종합적으로 고려하여 적용 환원율을 산정하여야 한다.

5단계 (최종평가가치 결정) 4단계에서 구한 예측기간가치와 잔존가치를 합산하여 최종 평가가치를 결정한다. 만일 4단계에서 산정된 가치가 식별가능한 무형자산의 가치, 즉 ① 계약기반(고용계약), ② 상표 및 브랜드, ③ 라이선스, ④ 고객관계(고객목록), ⑤ 기술적 노하우(비특허) 등의 가치가 포함된 가액이라면 이를 공제한 잔여가치가 영업권의 가치가 된다. 그러나 이러한 무형자산들이 없는 것이 확인된다면, 무형의 계속기업가치 전부를 포괄한 광의의 영업권 가치로서 4단계에서의 가액으로 최종 영업권 가치를 결정한다.

6) 초과이익환원법의 적용조건 및 한계

초과이익환원법에서 적용할 정상이익률을 시장에서 동종 유사기업과 비교하여 추출하거나 거래사례를 발견하여 대상기업의 영업이익률과 비교 분석하는 것은 실무적으로 그리 간단치 않다. 따라서 IVS에서는 순영업자산의 적정 IRR을 정상이익으로 보고 이를 초과하는 이익을 영업권에 귀속되는 초과 잔여이익으로 보고 있다. 또한 이 방법을 다음과 같은 조건아래 제한적으로 사용할 것을 규정하고 있다는 사실을 다시 한번 강조한다.[9]

1. 안정적 성장률 또는 쇠퇴율 growth/ decay rate을 보일 것
2. 지속적인 영업이익률을 시현할 것
3. 기여자산공헌수준 및 기여자산공헌율(액) CAC이 지속적일 것

초과이익환원법을 적용함에 있어서 이러한 엄격한 조건을 규정한 이유는 무엇일까? 비교적 실무적용이 단순하고 간편법이라 하여 이 방법의 한계를 무시하고 평가과제에 적용하게 된다면, 평가자 간 평가가치가 극심할 수도 있을 뿐 아니라 특히 정상이익률이나 할인율 등의 변수들을 시장에서 추출함에 있어서 평가자의 자의성이 개입되기 쉬우므로 이를 미리 차단하기 위한 것으로 볼 수 있다.

대개 영업권은 가치형성에 오랜 세월이 필요하다. 그러나 쇠락하는 경우 경

9. IVS 210, par. 60.9.

제적 수명이 급격히 단축되는 경향이 있다. 더구나 기업마다 성장 쇠퇴 패턴이나 기여자산의 구성내용 및 공헌수준이 다르다. 따라서 이러한 다양한 변동성을 정확하게 반영하여 객관적인 평가가치를 도출할 수 있는 방법으로서는 부적절한 초과이익환원법의 한계를 명백히 한 데에 위의 엄격한 조건 규정의 배경이 있다고 본다.

3.3 다기간초과이익법 MPEEM

1) 개요

다기간초과이익법이란, 대상 무형자산이 창출할 것으로 예상되는 여러 기간의 현금흐름에서 다른 자산에 귀속될 기여자산공헌율(액) CAC을 공제한 후 대상 무형자산에 귀속되는 초과이익을 현가화하여 그 가치를 평가하는 방식이다. 무형자산의 가치를 산정하는데 이용되는 이 방식의 일반적 평가모형은 다음과 같다.

$$V_{IA} = PV(r)\sum_{t=1}^{n} E_e$$

$$\text{여기서 } E_e = EBIT - CAC_s - Tax$$

V_{IA} : 무형자산가치 r : 할인율 E_e : 초과이익 n : 수명기간
$EBIT$: 영업이익 CAC_S : 기여자산공헌율(액) Tax : 법인세

IVS에 따르면, 초과이익법에서 말하는 정상이익의 개념은 감정평가실무기준에서 규정한 방식과는 달리 각 자산별 적정요구수익률 RRR에 의한 순이익을 말한다. 즉 대상기업으로부터 발생할 것으로 기대되는 총현금흐름을 측정하고, 대상무형자산 외에 여타 유 · 무형자산에 대한 기여자산공헌율 CAC을 공제한 순현금흐름을 대상 무형자산에 귀속되는 것으로 보고 이를 현가화하여 평가하는 방식이다. 따라서 영업권의 가치는 이러한 식별가능 유 · 무형자산에 대한 평가과정에서 부수적으로 얻게 되는 '잔여가치 원리' residual value principle에 따라 계산된다. 즉 그 기업의 핵심 무형자산의 가치를 평가하기 위하여 전체 영업이익에서 유 · 무형기여자산에 의한 CAC를 공제한 순현금흐름을 그 무형자산에 귀속되

는 이익으로 보고 이를 현가화하여 가치를 평가한다.

따라서 다기간초과이익법은 엄밀히 말하여 영업권만의 가치산정을 위하여 독립적으로 사용되는 것은 아니다. 즉 이 방식은 기업간 M&A과정에서 인수기업이 지불한 총액에서 영업권의 대가로 얼마를 주고 받을 것인가를 추정하거나, M&A거래 이후 각종 유 · 무형자산 및 영업권의 가치를 적정히 배분하기 위하여 평가하는 경우 사용되는 방식이다.

본래 초과이익법 EEM은 단일기간의 예상 현금흐름에 적용되거나, 여러 기간의 예상현금흐름에 적용될 수 있다. 현금흐름 분석기간이 단기 單期이면 단기간 單期間 초과이익법 SPEEM, 다기간이면 다기간초과이익법 MPEEM으로 나뉜다. 그러나 실무에서는 다기간초과이익법이 더 많이 활용된다. 다기간초과이익법은 재무상태표의 관점과 손익계산서의 관점에서 살펴 볼 수 있다.

첫째, 재무상태표의 관점은 평가대상 무형자산을 이용하지 않거나 동종산업의 무형자산을 이용하지 않는 기업들과 비교했을 때 해당 무형자산을 이용함으로써 창출가능한 증분이익을 자본화하여 대상 무형자산의 가치를 결정하는 방법이다.

둘째, 손익계산서 관점은 해당 무형자산과 관련하여 발생되는 이익을 자본화한 가치에서 다른 자산들이 기여한 부분을 차감하여 결정하는 방법이다. 일반적으로 사업결합 시 취득하는 무형자산은 손익계산서 관점에서 평가하는 경우가 많다.

감정평가실무기준 해설서상의 영업권 평가방법 중 초과이익환원법에서는 '초과이익'을 '유사한 자산 규모를 가진 통상의 기업의 정상이익을 상회하는 이익'으로 정의하고 있다. 이러한 초과이익의 개념으로는 실제로 비교 대상 유사기업을 찾기 어렵고, 설사 유사한 기업의 정상이익을 구했다고 하더라도, 그 기업의 재무구조나 영업권의 존재여부, 발생요인 등을 조사 분석하기 어렵다는 문제가 있다.

또한 대상기업의 이익이 유사 기업의 정상이익을 하회한다고 해서 영업권이 없는 것은 아니라는 문제도 발생된다. 예를 들어 어떤 기업이 신제품 생산라인의 설치로 이익이 감소하거나, 일시적인 비용 증가가 발생하는 경우 비록 적자가 계속되더라도 영업권은 존재하는 것이다. 아울러 유사기업의 정상이익에 다른 무형자산, 예컨대 상표권이나 특허권 등의 기여이익이 포함되어 있을 경우에는 영업권 가치의 비교분석 작업 자체도 매우 어렵다. 그러므로 실제 영업권 평가시 초과이익환원법보다는 초과이익법 EEM을 실무적으로 많이 적용하게 된다.

2) 적용대상

다기간초과이익법에서는 여러 기간의 현금흐름에서 유형 및 무형의 기여자산에 대한 CAC를 공제하여 산정된 세후현금흐름을 평가대상 무형자산에 배분하게 된다. 대개 고객계약이나 고객관계, 그리고 개발중인 R&D 프로젝트 IPR&D 등과 같은 그 기업의 핵심 무형자산 core intangible asset에 대하여만 적용하여야 한다.[10]

일반적으로 기업내의 다양한 무형자산 중에서 고객관계나 상표권, 특허나 비특허기술, 또는 IPR&D 등이 가장 큰 기업의 핵심가치를 창출하게 된다. 그러나 이러한 무형자산은 유사한 시장거래사례나 라이센싱 사례를 구하기 어려우므로 로열티면제법 등을 적용하는 대신 대개 MPEEM을 적용하게 되는 것이다. 따라서 평가사는 대상기업의 무형자산을 조사 분석하면서 가장 기본적인 무형자산이 과연 무엇들로 구성되어 있는지를 정확히 파악하고, 그 중에서도 핵심 무형자산을 추출해내는 작업이 매우 중요하다.

이때 과연 영업권적 요소, 즉 숙련된 노동력이나 높은 신용도 등에 대하여 CAC를 적용하여 어떤 무형자산의 가치평가에 적용할 수 있는가 하는 문제가 있다. 이런 경우 영업권의 CAC는 소송목적 평가시와 같이 특정 상황이나 조건이 주어진 경우를 제외하고는 기계적으로 적용하지 말 것을 다음과 같이 규정하고 있다.[11]

---

10. IVSC, IVS 210(Intangible Asset), par 60.17
11. *ibid*, par 60.13

"영업권의 요소에 대한 CAC가 적절한지 여부의 결정은 관련 사실 및 특정상황에 대한 환경의 분석에 근거해야 하며, 평가사는 주변상황이 그러한 공헌율을 보증하지 않는 경우에는 CAC 또는 영업권의 요소에 대한 대체적 조정을 기계적으로 적용하지 않아야 한다. 수량화할 수 있을 경우, 조직화된 노동력은 일반적으로 CAC가 적용되는 영업권의 유일한 요소이다. 따라서, 평가사는 조직화된 노동력 이외의 모든 영업권적 요소에 대해 CAC를 적용하기 위하여는 충분한 근거가 있어야 한다."

다기간초과이익법은 앞서 언급한대로 영업권만의 가치산정을 위하여 독립적으로 사용되지 않으므로 우선 식별가능 유 · 무형자산에 대한 평가를 마친 후 '잔여가치 원리' residual value principle에 따라 영업권 가치가 되는 것이다. 그렇다 하더라도 이 방식이 영업권 평가방식으로 의미가 없다는 뜻은 아니다. 즉 이 방식이 다소 난해하고, 여러가지 복잡한 절차가 필요하다는 단점에도 불구하고 객관적이고 정확한 무형자산 가치평가 방법으로서 존재의의가 있다. 다기간초과이익법은 다음 〈표 8-14〉의 각종 자산평가방식 적용 예시에서 보듯이 우선 각 자산의 특성에 따라 원가법이나 수익법 등 적정한 방식으로 각종 자산을 평가하되, 무형자산 중 핵심무형자산만 MPEEM으로 평가한다. 즉 〈표 8-14〉에서와 같이 '고객목록'이 대상기업에서 가장 중요한 핵심무형자산이라면 이 자산만 다기간초과이익법으로 평가되어야 한다.

표 8-14
MPEEM에 의한 영업권가치 산정(예)

자산	평가방법	WARA		WACC
		평가가액	IRR	WACC기여율
운전자본	장부가치	76	2.9%	0.2%
고정자산	시가평가	438	6.5%	2.4%
상표(미등록)	RFRM	198	16.5%	2.7%
비특허기술	RFRM	161	13.5%	1.8%
고객목록	MPEEM	213	15.0%	2.7%
노동력	원가법	56	15.5%	0.7%
영업권		80	22.9%	1.5%
기업가치		1,199		12.00%

주) MPEEM에 의한 영업권가치 산정사례 설명을 위한 예시로서 다른 사례와는 무관함.

그리고 상표(미등록)나 기술(비특허) 등 대상기업에 식별가능한 무형자산이 확인되는 경우 각 무형자산의 특성에 따라 RFRM 등의 소득접근법이나 원가법 등으로 가치를 평가한다. 그 다음 운전자본 및 고정자산과 함께 이를 전체 기업가치에서 빼서 영업권의 가치를 얻는다. 이때 각 자산의 평가가액 및 IRR적용의 적정성은 WARA분석 및 검토조정을 통하여 이루어지고, 그 분석과정에서 영업권의 가치 산정이 얼마나 합리적으로 산정되었는지가 드러나게 되는 것이다. 이러한 MPEEM의 구체적 적용절차에 대하여 다음에서 다루기로 한다.

3) 적용절차

이상에서 설명한 다기간초과이익법은 영업권만의 가치산정을 위한 독립적인 평가방법이 아니다. 그러므로 전체 기업가치를 산정한 다음 핵심무형자산과 식별가능 유 · 무형자산의 가치를 공제하고, 그 잔여가치로서 영업권 가치가 산정된다는 점에 특히 유의하여야 한다. 다기간초과이익법에 의한 영업권의 가치평가 절차를 4단계로 나누어 제시하면 다음과 같다.

(1단계) 매출액 및 FCFF의 추정

(2단계) 전체 기업가치의 산정

(3단계) 자산별 ROR분석 및 핵심무형자산가치의 산정

(4단계) WARA분석 및 최종 영업권가치의 결정

그림 8-4
다기간초과이익법에 의한 영업권 평가절차

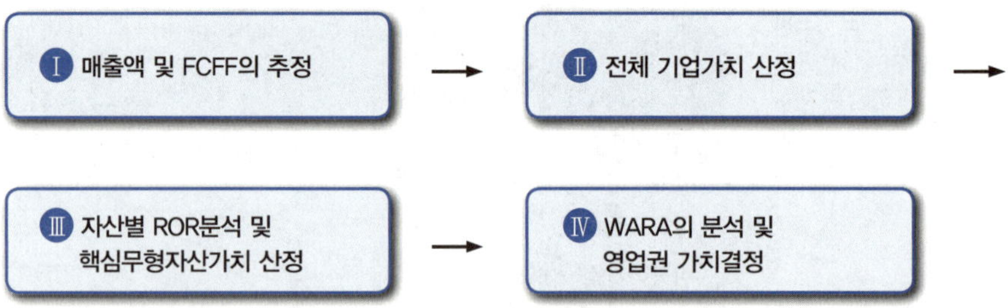

• 1단계 (매출액 및 FCFF의 추정) 대상기업 전체의 매출액과 FCFF를 추정한다. 매출액의 추정은 대상기업의 과거 매출액 및 매출원가율 변동추이 등 기업

분석, 동종산업의 장단기 전망이나 소비자물가상승률, 경제성장률 관련 산업분석 결과 등을 종합하여 결정한다.

• **2단계 (전체 기업가치 산정)** 대상기업의 전체 기업가치를 구하기 위하여 제1단계에서 구한 잉여현금흐름을 적정한 가중평균자본비용 WACC에 의하여 할인하여야 한다.

• **3단계 (자산별 ROR분석 및 핵심무형자산가치 산정)** 각 자산유형별 수익률은 자본조달 원천에 따라 대상기업의 자기자본비용과 타인자본비용을 적용하여 산출한다. 다만 무형자산에 대하여는 상표를 제외하고는 담보대출이 불가능하므로 100% 자기자본으로 조달하는 것을 원칙으로 자산별 ROI를 구하되, 무형자산 고유의 특성과 위험을 고려한 할인율을 적용한다. 그리고 2단계의 기업가치 산정과정에서 나타난 핵심무형자산에 의한 EBIT에서 각 기여자산들의 CAC 및 법인세비용을 차감하여 핵심무형자산의 가치를 산정한다. 기여자산 산정시 자산수익률법에서는 기여자산에 대한 이자비용만을 CAC의 개념으로 보기 때문에 상각후이익인 EBIT로부터 차감한다.

• **4단계 (WARA분석 및 영업권가치 결정)** 전체 기업가치 구성자산들의 비중에 따른 가중평균자산수익률[WARA]과 현금창출단위 전체의 내부수익률, 즉 WACC가 일치하는지 여부를 검증하고, 일치하지 않을 경우에는 전체적으로 재조정하는 WARA분석 및 검토를 수행한다. 그리고 2단계에서 구한 전체 기업가치에서 3단계에서 구한 식별가능 자산의 가치를 차감한 잔여부분으로 대상영업권의 가치를 최종 결정한다.

4) 예제

다기간초과이익법[MPEEM]의 실제 적용방법에 대하여 다음의 예제를 통하여 자세히 살펴보기로 한다. 앞서 잔여법 [예제 1-1]에서와 같이 ABC기업의 순영업자산 장부가치 및 평가가치(20x8년말), 그리고 잉여현금흐름 추정치를 여기서도 그대로 적용한다. 그 이유는 MPEEM과 잔여법의 차이를 명백히 하기 위한 것이다. 단, 대상기업의 핵심무형자산은 고객관계(고객목록)로 가정한다. 고객관계자산은 기존 회원제 고객에 대한 목록 customer lists이다.

예제 8-2 다기간초과이익법

ABC기업㈜의 20x8년말 영업권 이외 순영업자산의 장부가치는 270억원이고, 수정후 평가가치는 290.8억원이라 한다. 순영업자산의 장부가치와 수정후 평가가치 산정내역은 아래 〈표 8-15〉와 같고, ABC기업의 예측기간(20x9~20x3) 및 20x4이후의 추정잉여현금흐름은 〈표 8-16〉과 같다고 한다. 각종 재무정보가 다음과 같다면 기준시점 20x8년말 현재 다기간초과이익법을 이용한 ABC기업의 영업권 가치는 얼마인가?

표 8-15 순영업자산의 평가가치 (20×8년말)

(단위 : 백만원)

항목	장부가치	평가가치	증감
순운전자본	7,000	7,500	500
고정자산	15,000	16,580	1,580
기타무형자산(소프트웨어)	5,000	5,000	–
순자산	27,000	29,080	2,080

표 8-16 ABC기업㈜ 잉여현금흐름 추정표

(단위 : 백만원)

기간별	1기	2 기	3 기	4 기	5 기	6 기
매출액(백만원)	22,650	23,783	24,972	26,220	27,531	27,531
매출원가	17,500	18,375	19,294	20,258	21,271	21,271
SG&A	1,000	1,050	1,103	1,158	1,216	1,216
EBIT	4,150	4,358	4,575	4,804	5,044	5,044
D&A	300	300	300	300	300	300
EBITDA	4,450	4,658	4,875	5,104	5,344	5,344
세금 (22.0%)	913	959	1,007	1,057	1,110	1,110
자본적지출	240	240	240	240	240	240
운전자본증가	197	109	129	107	95	95
FCFF	3,100	3,350	3,500	3,700	3,900	3,900

〈재무정보〉

① 자기자본비율	60%
② 타인자본비율	40%
③ WACC	11.0%
④ 고객관계 할인율	17.0%
⑤ 고객이탈률(연간)	20.0%
⑥ CAC 고정자산	5.18%
⑦ CAC 순운전자본	1.42%
⑧ CAC Software/R&D	4.65%
⑨ CAC 숙련된 노동력	0.06%

풀이

다기간초과이익법에 의한 ABC기업㈜의 20x8년말 현재 영업권의 가치평가 절차를 4단계로 나누어 적용하면 다음과 같다.

(1단계) 매출액 및 FCFF의 추정

(2단계) 전체 기업가치의 산정

(3단계) 자산별 ROR분석 및 핵심무형자산가치의 산정

(4단계) WARA분석 및 최종 영업권가치의 결정

다만, 영업권평가에 바로 다기간초과이익법을 적용하는 것이라기보다는 잔여법에 의한 평가의 검증수단으로 이용하는 것에 불과하므로 여기서는 잔여법에서 구한 FCFF나 기업가치를 그대로 인용하되, ABC기업의 핵심무형자산을 고객관계(고객목록)이라는 전제하에 기타무형자산 가치를 산정한다.

1단계 (매출액 및 FCFF 추정) 대상기업 전체의 매출액과 FCFF를 추정한다. 매출액의 추정은 대상기업의 과거 매출액 및 매출원가율 변동추이 등 기업분석, 동종산업의 장단기 전망이나 소비자물가상승률, 경제성장률 등 산업분석 결과 등을 종합하여 결정한다.

(단위 : 백만원)

표 8-17
매출액 및 FCFF 추정

	1	2	3	4	5	6
매출액	22,650	23,783	24,972	26,220	27,531	27,531
매출원가	17,500	18,375	19,294	20,258	21,271	21,271
SG&A	1,000	1,050	1,103	1,158	1,216	1,216
EBIT	4,150	4,358	4,575	4,804	5,044	5,044
D&A	300	300	300	300	300	300
EBITDA	4,450	4,658	4,875	5,104	5,344	5,344
세금(22.0%)	913	959	1,007	1,057	1,110	1,110
자본적지출	240	240	240	240	240	240
운전자본증가	197	109	129	107	95	95
FCFF	3,100	3,350	3,500	3,700	3,900	3,900

2단계 (전체 기업가치 산정) 대상기업의 전체 기업가치를 구하기 위하여 제1단계에서 구한 잉여현금흐름 FCFF을 적정한 가중평균자본비용 11.0%로 할인하여야 한다.

(단위 : 백만원)

표 8-18
전체 기업가치 산정

	1	2	3	4	5	잔존가치
FCFF	3,100	3,350	3,500	3,700	3,900	3,900
할인율	11%	11%	11%	11%	11%	11%
현가계수	0.9009	0.8116	0.7312	0.6587	0.5935	5.3950
현재가치	2,793	2,719	2,559	2,437	2,314	21,041
기업가치	33,863					

3단계 (자산별 ROR분석 및 핵심무형자산가치 산정) 각 자산유형별 수익률은 자본조달 원천에 따라 대상기업의 자기자본비용과 타인자본비용을 적용하여 산출한다. 다만 무형자산에 대하여는 상표를 제외하고는 담보대출이 불가능하므로 100% 자기자본으로 조달하는 것을 원칙으로 자산별 ROR을 구하되, 무형자산 고유의 특성과 위험을 고려한 할인율을 적용한다.

그리고 2단계의 기업가치 산정과정에서 나타난 핵심무형자산에 의한 EBIT에서 각 기여자산들의 CAC 및 법인세비용을 차감하여 핵심무형자산의 가치를 산정한다.

CAC 산정시 자산수익률법에서는 기여자산에 대한 이자비용만을 CAC의 개념으로 보기 때문에 상각후이익인 EBIT로부터 차감한다. 자산별 ROR 산정은 전체 기업가치구성자산별 자금조달원천에 따라 산정된다. 〈표 8-19〉에서 나타난 바와 같이 운전자본 4.50%, 고정자산 8.00% 그리고 고객관계, Software/R&D, 숙련된 노동력은 자기자본비용과 유사한 수준으로 각각 17.00%, 20.00%, 17.00%로 산정된다.

표 8-19
각 자산별 ROR의 분석

	기업가치	운전자본	고정자산	고객관계	Software	노동력
타인자본비율(%)	40.00	90.00	65.00	0.00	0.00	0.00
세후타인자본비용	3.32	3.32	3.32	3.32	3.32	3.32
(가중평균타인자본비용)	1.33	2.99	2.16	0.00	0.00	0.00
자기자본비율(%)	60.00	10.00	35.00	100.00	100.00	100.00
자기자본비용(%)	16.11	16.11	16.11	16.11	16.11	16.11
자산별 위험할증	0.00	0.00	0.00	1.00	3.75	1.00
자본비용(%)	16.11	16.11	16.11	17.11	19.86	17.11
(가중평균자기자본비용)	9.67	1.61	5.64	17.11	19.86	17.11
WACC	11.00	4.60	7.80	17.11	19.86	17.11
Rounded	11.00	4.50	8.00	17.00	20.00	17.00

여기서는 특히 자산별 고유위험할증률의 분석 및 평가가 중요하다. 〈표 8-19〉에서 고객관계, 노동력, Software/R&D에 각각 1%, 1%, 3.75%씩이 자산별 위험할증률로 가산된 점에 유의하여야 한다. 또한 전체 구성자산들의 비중에 따른 가중평균자산수익률 WARA과 현금창출단위 전체의 내부수익률, 즉 WACC가 일치하는지 여부를 검증하고, 일치하지 않을 경우에는 전체적으로 재조정하는 WARA분석 과정을 거쳐야 한다.

대상기업의 식별가능무형자산은 숙련된 노동력, Software/R&D, 고객관계(고객목록) 등이라고 가정하며, 이중 핵심무형자산은 고객관계(고객목록)인 것으로 파악된다. 핵심무형자산에 대한 매출액의 추정은 대상기업의 과거 매출액 및 매출원가율 변동추이, 동종산업의 장단기 전망이나 소비자물가상승률, 경제성장률 등을 종합 고려하여 수행되었다. 그 결과 기존 고객관계(고객목록) 자산에 의한 매출은 전체매출의 80%로 분석되었으며, 고객감소율(이탈률)attrition은 추정매출액의 20% 수준으로 분석되었다. 과거 신규고객획득비용은 영업비용에서 뺀 것과 동일한 수준으로 향후 신규고객획득 마케팅활동비용을 1~6기에 가산하여 아래와 같이 현금흐름을 추정한다.

$$Rv_{t+1} = Rv_{CR} \times (1 - CR_{DR})$$

Rv_{t+1} : 추정매출액 Rv_{CR} : 고객관계매출 CR_{DR} : 고객감소(이탈률)

표 8-20 ABC기업의 현금흐름 추정표

(단위 : 백만원)

	1기	2기	3기	4기	5기	6기
매출액	22,650	23,783	24,972	26,220	27,531	27,531
고객이탈률(20%)	80%	64%	51%	41%	33%	26%
기존고객수익	18,120	15,221	12,785	10,740	9,021	7,217
기존고객매출원가	14,000	11,760	9,878	8,289	6,970	5,576
기존고객판관비	800	672	564	474	398	319
EBIT	3,320	2,789	2,343	1,968	1,653	1,322

자산별 ROR을 적용한 각 자산의 평가가치와 각각의 CAC는 아래와 같이 산정된다. 여기서 각 기여자산이란, ① 고정자산, ② 순운전자본, ③ 소프트웨어/R&D, ④ 숙련된 노동력 등을 말한다. 이들은 평가대상인 고객관계 무형자산이 창출하는 ATCF에 제각기 일정부분 공헌하고 있다고 판단되므로 각 자산의 평가가치에 ROR을 곱하여 CAC를 산정한다.

표 8-21
유 · 무형자산의 평가방법 및 CAC의 산정

	평가방법	평가액	ROR	CAC
고정자산	시장가치평가	16,580	8.0%	5.18%
순운전자본	장부가치	7,500	4.5%	1.42%
무형자산				
① Software/R&D	원가법	5,000	20.00%	4.65%
② 숙련된 노동력	원가법	87	17.00%	0.06%

다음과 같이 추정 EBIT에서 각 기여자산에 대한 CAC를 공제하여 세전현금흐름이 산정되고, 다시 법인세비용을 차감하면 평가대상 고객관계(고객목록)로부터 창출되는 세후현금흐름[ATCF]이 산정된다.

표 8-22
고객관계(고객목록)의 ATCF

	CAC	1기	2기	3기	4기	5기	6기
EBIT		3,320	2,789	2,343	1,968	1,653	1,322
① 고정자산	5.18%	938	788	662	556	467	374
② 순운전자본	1.42%	256	215	181	152	128	102
③ software/R&D	4.65%	843	708	595	500	420	336
④ 숙련된 노동력	0.06%	11	9	8	7	6	4
⑤ 세금(22.00%)		730	614	515	433	364	291
ATCF		541	455	382	321	270	216

아래와 같이 고객관계(고객목록)에 대하여 ROR 17.00%의 할인율을 적용하면 핵심무형자산인 고객관계(고객목록) 가치는 1,572백만원으로 산정된다.

표 8-23
고객관계(고객목록)의 가치_핵심무형자산

	1기	2기	3기	4기	5기	6기
ATCF	541	455	382	321	270	216
할인율(17.00%)	0.8547	0.7305	0.6244	0.5337	0.4561	0.3898
현재가치	463	332	239	171	123	84
예측기간가치	1,412					
잔존가치	161					
고객관계(고객목록)가치	1,572					

4단계 (WARA분석 및 최종 영업권가치 결정) 전체 기업가치 구성자산들의 비중에 따른 가중평균자산수익률 WARA과 현금창출단위 전체의 내부수익률, 즉 WACC가 일치하는지 여부를 검증하고, 일치하지 않을 경우에는 전체적으로 재조정하는 WARA분석 및 검토를 수행한다. 그리고 2단계에서 구한 전체 기업가치에서 3단계에서 구한 식별가능 자산의 가치를 차감한 잔여부분으로 대상 영업권의 가치를 최종 결정한다. ABC기업의 다기간초과이익법에 의한 순영업권 가치는 총기업가치 33,863백만원에서 유형자산(순운전자본 7,500백만원, 고정자산 16,580백만원)과 식별가능한 무형자산을 제외하면 3,133백만원으로 산정된다. 아울러 평가대상 핵심무형자산의 가치산정 후에는 대상 영업권 및 다른 구성자산들에 대한 가중평균자산수익률 WARA과 현금창출단위 전체의 내부수익률, 즉 WACC 11.00%가 일치하는지 여부를 검증하고, 조정과정을 거친다.

표 8-24
영업권가치평가 결과 및 WARA 분석– MPEEM

(단위:백만원)

자산	평가액	ROR	구성%	WACC 기여율
순운전자본	7,500	4.50%	22.15%	1.00%
고정자산	16,580	8.00%	48.96%	3.92%
유형자산 합계	24,080		71.11%	
고객관계	1,572	17.00%	4.64%	0.79%
Software/R&D	5,000	20.00%	14.77%	2.95%
숙련된 노동력	78	17.00%	0.23%	0.04%
순영업권	3,133	24.91%	9.25%	2.31%
영업권(광의)	4,783		14.13%	
기업가치	33,863			
WARA				11.00%
WACC				11.00%

마지막으로 4단계에서는 WARA분석을 수행한 결과 〈표 8-24〉에서와 같이 가중평균자산수익률과 WACC가 일치하면서 자기자본비용 16.11%와 유형자산의 ROR 4.5~8.0%, 무형자산의 ROR 17~20%, 영업권의 ROR 24.91%로 나타났으며, 고위험 고수익의 투자원리에 부합되는 것으로 분석되었다. 따라서 순

영업권의 가치는 3,133백만원, 식별가능 무형자산(고객관계 1,572백만원, 숙련된 노동력 78백만원)을 포함한 광의의 영업권 가치는 잔여법과 동일한 4,783백만으로 산정됨이 검증된다.

5) 잔여법과의 차이분석

ABC기업의 20x8년말 현재 영업권 가치는 잔여법에 의하면 4,783억원, 다기간초과이익법에서는 2,836백만원으로 각각 산정되었다. 그러면 과연 이러한 평가액의 차이는 어디서 생긴 것일까? MPEEM에 의한 고객관계(고객목록)의 가치를 별도로 인식함으로써 그 만큼 영업권의 가치가 감소된 것이지만 전체 무형자산의 가치는 동일하다.

이는 평가방법상 잔여법 residual from business enterprise method의 평가원리와 다기간초과이익법의 평가원리 간 근본적 차이에서 비롯된다. 예제에서 본 바와 같이 잔여법에서 영업권의 가치는 전체기업가치에서 순투하자본을 차감한 가치를 평가액으로 하는 방식이다. 다기간초과이익법은 식별가능무형자산 중 핵심자산(여기서는 고객목록)의 가치를 별도로 인식한 후 전체기업가치에서 각 유·무형자산과 별도로 핵심무형자산 가치를 차감한 나머지만 영업권 가치로 산정하는 방법이다.

따라서 '잔여가치의 원리'는 두 방식이 동일하게 적용된다. 만약 고객관계(고객목록) 가치를 광의의 영업권으로 인식하게 되면 두 방식 다 동일한 결과가 도출되는 것이다. 다만, 다기간초과이익법에 의한 영업권의 평가액은 앞서 설명한 대로 식별가능한 무형자산을 평가한 후, 그 잔여가치를 영업권으로 인식하는 방법인 바 WARA 검토과정을 통하여 잔여법보다 더 영업권 평가의 객관성과 정확도를 높일 수 있다고 할 수 있다.

앞서 강조한 바와 같이 다기간초과이익법의 적용은 식별가능한 무형자산 중 가장 중요하다고 인식되는 핵심무형자산 core intangible asset의 평가에만 적용되어야 한다. 따라서 앞에서와 같이 '고객목록'이 대상기업의 매출액 창출에서 가장 중요하다고 확인된 무형자산이라면 이를 다기간초과이익법으로 평가해야 한다.

그리고 등록상표나 특허기술 등 대상기업에 식별가능한 무형자산이 확인되는 경우 각 무형자산의 특성에 따라 RFRM이나 원가법 등으로 가치를 평가하여 이를 전체 기업가치에서 빼서 영업권의 가치를 얻는다. 이때 각 영업자산 평가 가액 및 IRR적용의 적정성 검토는 앞에서 예시한 바와 같은 WARA분석과정을 통하여 이루어진다.

3.4 단기간초과이익법 SPEEM

1) 개요

단기간초과이익법은 기준시점 현재 재무상태표와 손익계산서를 분석하여 잉여현금흐름 FCFF을 산정한다. 여기에서 다시 적정 요구수익률에 의한 순운전자본과 고정자산의 정상이익을 차감한 것을 대상 영업권 등 무형자산에 의한 초과이익으로 본다. 이렇게 산정된 초과이익을 적정한 환원율로 할인한 가액이 영업권이 된다. 다만 여기서 산정된 영업권의 가치에는 식별가능한 무형자산이 포함될 수 있다는 점에 유의해야 하며, 따라서 이 평가방법은 특허권이나 상표권 기타 지식재산권 등 식별가능한 무형자산이 없는 기업이나, 규모가 작은 소기업의 영업권 평가에 있어 보충적 방법으로 특히 유용하다. 특히 초과이익의 산정시 평균 순이익, 즉 대상기업의 안정화된 평균적 FCF를 구해야 한다는 점에 유의해야 한다.

단기간초과이익법에 의한 평가액에는 식별가능한 무형자산이 포함되어 있다. 여러 해의 현금흐름을 고려하지 않은 직전 연도의 현금흐름만을 기준으로 함으로써 대상기업의 장기적 수익추이가 잘 반영되지 못할 위험이 있다. 그러나 정확한 현금흐름의 예측 및 적정한 할인율 적용시 간단한 방법으로 영업권 가치를 쉽게 산정할 수 있다는 간편성과 능률성의 장점도 있다.

$$V_G = \frac{FCFF - (WC_r + TA_r)}{R}$$

V_G : 영업권가치 $FCFF$: 기업잉여현금흐름 WC_r : 순운전자본의 정상이익
TA_r : 유형자산의 정상이익 R : 환원율

단기간초과이익법[SPEEM]에 의한 영업권 가치평가 방법을 간단한 예제를 통하여 살펴 보자. 다음과 같이 어떤 기업의 투하자본과 잉여현금흐름, 그리고 투하자본에 대한 요구수익률과 환원율 등 재무정보들에 대한 기본가정 하에 영업권 가치를 산정하여 보면 <표 8-25>와 같이 예시할 수 있다.

〈재무정보〉

① 유동자산	3,500,000
② 유동부채	2,000,000
③ 고정자산(장부가액)	3,000,000
④ 고정자산(재평가액)	3,500,000
⑤ 잉여현금흐름	750,000
⑥ 순운전자본 가치	1,500,000
⑦ 요구수익(률)[WCr]	3.0%
⑧ 고정자산 가치	3,500,000
⑨ 요구수익(률)[FAr]	7.0%
⑩ 환원율	20.0%

표 8-25
단기간초과이익법에 의한 영업권가치 산정

잉여현금흐름	750,000
순운전자본가치	1,500,000
요구수익	45,000
고정자산 가치	3,500,000
요구수익	245,000
정상이익	290,000
초과이익	460,000
환원율	20%
영업권 가치	₩2,300,000

(2) 적용절차

이상에서 설명한 단기간초과이익법을 이용한 영업권의 가치를 평가할 경우 적용할 수 있는 일반적인 평가절차를 5단계로 나누어 설명하면 다음과 같다.

(1단계) 재무제표 분석 및 매출액 추정

(2단계) FCFF의 산정

(3단계) 초과이익의 산정

(4단계) 환원율의 적용 및 영업권 시산가치 산정

(5단계) 최종평가가치 결정

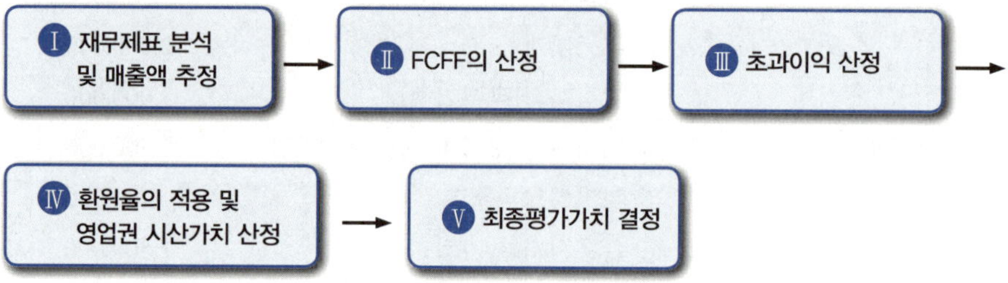

그림 8–5
단기간초과
이익법에 의한
영업권 평가절차

• **1단계 (재무제표 분석 및 매출액 추정)** 1단계는 재무제표 분석 및 매출액 추정 단계이다. 즉 대상기업의 미래 예상이익은 과거 회계자료를 분석함으로써 매출액을 추정하게 되는데, 분석의 중점은 손익계산서에 주어진다. 기대이익으로 산정되는 대상 이익은 손익계산서상의 영업이익, 경상이익, 당기순이익 등으로 나누어 볼 수 있다. 영업활동과 관계없는 특별손익 등을 제외한 경상적인 이익을 분석 대상으로 한다. 매출액의 추정은 대상기업의 과거 매출액 변동추이, 수임업체의 구성비율 및 증가추이, 매출액 구성비율, 정부기관 및 전문기관에서 발표한 예측자료, 과학 및 기술서비스업의 매출액증가율, 소비자물가상승률, 경제성장률 등을 종합 고려하여 결정한다.

• **2단계 (FCFF의 산정)** FCFF의 산정은 미래추정매출액에서 매출원가를 공제하여 매출총이익을 구한 후 여기에서 다시 판매비와 일반관리비를 공제하여 EBIT를 구한다. 이렇게 구한 EBIT에서 법인세를 차감하고 감가상각비를 합산하면, 총현금흐름 유입액이 산정된다. 여기서 시설자금소요액과 순운전자본증가액을 차감하면 생산과 판매라는 본업활동으로 인한 기업잉여현금흐름[FCFF]이 측정된다.

• 3단계 (초과이익의 산정) 초과이익의 산정은 순운전자본에 대한 요구수익률과 고정자산에 대한 요구수익률을 적용한 정상이익을 대상기업 전체의 FCFF에서 차감하여 산정한다.

• 4단계 (환원율 적용 및 영업권 시산가치 산정) 단기간초과이익법에서 환원율은 단기[單期]의 할인율인 바 대상기업의 각종 자본비용지표 및 고정성장률 g 등을 종합적으로 고려하여 환원율을 결정하고, 3단계에서 산정된 초과이익을 환원하여 영업권의 최종 시산가치를 산정한다.

• 5단계 (최종평가가치의 결정) 4단계에서 구한 시산가치의 적정성을 1단계에서 4단계까지 적용한 각종 변수들에 대한 합리성을 재검토하여 최종 평가가치를 결정하는 단계이다. 만일 4단계에서 산정된 시산가치에 다른 식별가능한 무형자산의 가치, 즉 ① 계약기반, ② 상표 및 브랜드, ③ 특허권, ④ 소프트웨어 등의 가치가 포함된 가액이라면 이를 공제한 잔여가치가 영업권의 가치가 된다. 그러나 이러한 무형자산들이 없는 것이 확인되면, 계속기업가치 전부를 포괄한 영업권 가치로서 4단계에서 산정된 시산가치를 최종 영업권 가치로 결정한다.

3) 예제

예제 8-3 단기간초과이익법

자동차부품제조회사인 JB주식회사의 20x9년도 재무상태표(20x9.12.31)와 손익계산서(20x9.1.1~12.31)는 다음과 같다. 단, 추정매출액은 2,510백만원, 감가상각비 14백만원, 예상 자본적지출 21백만원, 순운전자본 추가소요액은 17백만원으로 추정된다. 그리고 적정한 순운전자본 요구수익률은 2.5%이며, 고정자산 요구수익률이 4.5%라고 한다. 여기서 다음 두가지 물음에 답하여라.

① JB기업의 FCFF와 초과이익은 각각 얼마인가?

② 자기자본비용이 22.0%이고, 기대 장기고정성장률이 2.0%라고 할 때 단기간초과이익법에 의한 대상기업의 20x9년 12월 31일 현재 영업권 가치는 얼마인가?

표 8-26
재무상태표
(20x9. 12. 31)

(단위 : 백만원)

자산	
유동자산	653
고정자산	493
자산합계	1,146
부채	
유동부채	130
장기부채	591
부채합계	721
자본	425
부채와 자본 합계	1,146

표 8-27
손익계산서
(20x9. 1. 1~12. 31)

(단위 : 백만원)

매출액	2,510
매출원가	1,524
매출총이익	986
판관비	552
EBIT(세전영업이익)	434
TAX(24.2%)	105
NOPAT(세후영업이익)	329

풀이

1단계 (재무제표 분석 및 매출액 추정) 예제에서 이미 제시되어 있으므로 생략한다.

2단계 (FCFF의 산정) FCFF의 산정은 세후영업이익에서 감가상각비를 가산하고, 자본적지출과 순운전자본 증가액은 차감하여 다음과 같이 산정한다.

$$FCFF = NOPAT + Dep - Cap\ Exp - WC$$
$$= 329 + 14 - 21 - 17$$
$$= 305\text{백만원}$$

표 8-28
FCFF (20x9. 12. 31)

(단위 : 백만원)

세후영업이익	329
감가상각비(+)	14
자본적지출(-)	21
순운전자본 증가액(-)	17
FCFF	305

3단계 (초과이익의 산정) 초과이익 산정은 영업자산(순운전자본, 고정자산)의 ROR을 적용하여 정상이익을 구한 후, FCFF에서 이를 차감하여 산정한다. 즉 다음과 같은 산식에 의해 초과이익을 산정한다.

$$I_o = I_{WC} + I_{FA}$$

(정상이익) = (순운전자본의 정상이익) + (고정자산의 정상이익)

$$I_o = (V_{WC} \times WC_r) + (V_{FA} \times FA_r)$$
$$= (523 \times 2.5\%) + (493 \times 4.5\%)$$
$$= 35\text{백만원}$$

$$E_o = FCFF + I_o$$

(초과이익) = (대상의 현금흐름) - (정상이익)

$$= 305 - 35$$
$$= 270\text{백만원}$$

표 8-29
초과이익의 산정

(단위 : 백만원)

FCFF	305
순운전자본	523
요구수익률	2.5%
순운전자본 요구수익	13
고정자산	493
요구수익률	4.5%
고정자산 요구수익	22
정상이익	35
초과이익	270

4단계 (환원율의 적용 및 시산가치 산정) 초과이익에 대한 대상 영업권의 적정한 환원율을 적용하여 영업권 가치를 산정한다. 환원율은 WACC에서 장기고정성장률(2.0%)를 고려하여 추정한다.

표 8-30
영업권의 시산가치

(단위 : 백만원)

초과이익	270
환원율	20.0%
영업권	1,350

5단계 (영업권 평가가치의 결정) 위에서 구한 시산가치 13.5억원에는 특허기술이나 상표권 등 다른 식별가능한 무형자산들이 없는 것으로 확인되었다. 다만, 미등록 상표, 비특허기술 및 제조노하우 등을 별도 식별이 불가능하여 이러한 식별불능 무형자산을 포함한 대상기업의 20x9년 12월 31일 현재 영업권가치는 13.5억원으로 최종 결정한다.

4 세법상의 영업권 평가방법(보충적 방식)

「상속세 및 증여세법」 제64조에 의하면 '무체재산권 가액은 다음 각호에 의한 금액 중 큰 금액으로 한다'라고 규정하고 있다.

1. 취득가액에서 법인세법상 감가상각비를 뺀 금액
2. 장래의 경제적이익을 고려한 대통령령으로 정하는 방법으로 평가한 금액

「상증법」에서 영업권을 평가하는 방식은 비용접근법과 초과이익 개념을 이용한 수익방식이 있다. 초과이익 개념이란 회사가 벌어들이는 이익이 동일한 산업의 정상이익을 초과하는 금액을 기초로 영업권을 평가하는 방식이다. 영업권은 기업이 통제할 수 있고 경제적 가치도 있는 무형고정자산이라고 할 수 있다. 이러한 자산은 법률적으로 또는 계약상 권리로 존재할 수도 있고 경제적 사실상의 권리로 존재할 수도 있다. 영업권은 사실상의 권리로

서 영업 양수나 합병 시에 그 대가를 지급하게 된다. 상속세 및 증여세법 시행령 제59조 (무체재산권의 평가) 규정은 다음과 같다.

상속세 및 증여세법 시행령 제59조

② 영업권의 평가는 다음 산식에 의하여 계산한 초과이익금액을 평가기준일 이후의 영업권지속연수(원칙적으로 5년으로 한다)를 감안하여 기획재정부령이 정하는 방법에 의하여 환산한 가액에 의한다. 다만, 매입한 무체재산권으로서 그 성질상 영업권에 포함시켜 평가되는 무체재산권의 경우에는 이를 별도로 평가하지 아니하되, 당해 무체재산권의 평가액이 환산한 가액보다 큰 경우에는 당해 가액을 영업권의 평가액으로 한다.

[최근 3년간(3년에 미달하는 경우에는 당해 연수로 한다)의 순손익액의 가중평균액의 100분의 50에 상당하는 가액-(평가기준일 현재의 자기자본 ×1년만기 정기예금이자율을 감안하여 기획재정부령이 정하는 율)]

③ 제2항을 적용함에 있어서 최근 3년간의 순손익액의 가중평균액은 제56조제1항 및 제2항을 준용하여 평가한다. 이 경우 같은 조 제1항 중 "1주당 순손익액"과 같은 조 제2항 중 "1주당 추정이익"은 "순손익액"으로 본다. (개정 1999.12.31., 2014.2.21.)

구체적으로 「상속세 및 증여세법」에서 말하는 초과이익금액은 다음과 같은 식으로 산출한다.

초과이익금액 = (최근 3년간의 순손익액의 가중평균금액 × 50%)
− (평가기준일 현재 자기자본 × 10%)

여기서 최근 3년간의 순손익액의 가중평균금액은 비상장주식의 순손익가치를 평가할 때 적용하는 규정을 준용해서 산출한다. 동법 시행규칙 제 19조제1항에서는 자기자본비용을 "100분의 10"이라 규정하고 있으므로 초과이익의 현재가치를 구하기 위한 할인율은 10%로 적용한다. 그리고 평가기준일 현재 자기자본이란 「상속세 및 증여세법」에 의해서 계산한 순자산가액을 말하는데 자산총계에서 부채총계를 차감하여 계산한다. 만약 이렇게 자기자본을 확인할 수 없는 경우에는 다음 중 큰 값을 자기자본으로 사용한다.

$$① \text{ 자기자본} = \frac{\text{사업소득금액}}{\text{자기자본이익률}} \text{ or } ② \text{ 자기자본} = \frac{\text{수입금액}}{\text{자기자본회전률}}$$

$$\text{자기자본} = \text{MAX } [①, ②]$$

이러한 방식을 따라서 초과이익금액이 산출되면 이 금액을 평가기준일 이후의 영업권지속연수를 감안해서 현재가치로 환산하여 영업권의 가치로 본다. 단, 영업권지속연수는 원칙적으로 5년으로 한다. 따라서 영업권의 가치를 평가하는 식은 다음과 같이 나타낼 수 있다.

$$V_G = \sum_{t=1}^{n} \frac{\text{각 연도초과이익금액}}{(1+0.1)^t}$$

여기서, n은 영업권 지속연수이므로 5년

예제 8-4 보충적 방식에 의한 영업권 평가

세법상 영업권의 평가는 보충적 방식으로 상증법에서 초과이익환원법의 개념을 이용해서 평가하도록 다음과 같이 규정되어 있다.

$$\begin{aligned}\text{초과이익금액} &= (\text{최근 3년간의 순손익액의 가중평균금액} \times 50\%) \\ &\quad - (\text{평가기준일 현재 자기자본} \times 10\%)\end{aligned}$$

이에 따라 다음 SK시스템(주)의 최근 3년간 순손익을 근거로 세법상의 영업권을 평가하라. 평가기준일 현재 자기자본은 2억원이다.

연도	순손익(원)
20x4	278,000,000
20x5	497,000,000
20x6	295,000,000

*순손익액: 각 사업연도소득 + 가산할 금액 − 차감할 금액

풀이

1단계 (최근 3년간 가중평균손익 산출)

$$\frac{278,000,000 + (497,000,000 \times 2) + (295,000,000 \times 3)}{6} = 359,500,000$$

2단계 (초과이익의 산정) 초과이익은 가중평균손익금액의 50%에 해당하는 금액에서 자기자본의 10%에 해당하는 정상이익을 차감하여 구한다.

$$(359,500,000 \times 50\%) - (200,000,000 \times 10\%) = 159,750,000$$

3단계 (영업권 가치산정) 상증법에서는 초과이익이 5년간 지속된다고 본다. 따라서 초과이익 159,750,000원에 해당하는 5년간 미래 현금흐름을 10%의 할인율로 현재가치를 구하면 된다. 즉 다음과 같이 영업권은 605,578,000원으로 산정된다.

$$\frac{259,500,000}{(1+0.1)} + \frac{259,500,000}{(1+0.1)^2} + \frac{259,500,000}{(1+0.1)^3} + \frac{259,500,000}{(1+0.1)^4} + \frac{259,500,000}{(1+0.1)^5} = 605,578,000$$

다만, 세법상의 보충방식은 평가목적이 상속세 및 증여세법에 의한 무체재산권의 평가이므로 참고가격군의 하나로 활용하고, 대개 최종평가액 산정시 시산가액으로서는 고려하지 않는다.

5 권리금의 감정평가

감정평가실무기준에서는 권리금에 대한 감정평가의 원칙과 방법을 규정하고 있다. 즉 2015년 5월에 「상가임대차보호법」이 상가임차인에게 권리금 회수 기회를 보장하고, 임대인에게는 정당한 임대차계약체결을 방해할 수 없도록 개정됨에 따라 다음과 같이 평가방법을 규정하였다.

5.1 정의

(1) **권리금** : 권리금이란 '임대차 목적물인 상가건물에서 영업을 하는 자 또는 영업을 하려는 자가 영업시설, 비품, 거래처, 신용, 영업상의 노하우, 상가건물의 위치에 따른 영업상의 이점 등 유형 · 무형의 재산적 가치의 양도 또는 이용대가로서 임대인, 임차인에게 보증금과 차임 이외에 지급하는 금전 등의 대가'를 말한다(상가임대차보호법 제10조의 3). 또한 권리금 계약이란, '신규임차인이 되려는 자가 임차인에게 권리금을 지급하기로 하는 계약'을 말한다.

(2) **유형재산** : 유형재산이란 영업을 하는 자 또는 영업을 하려고 하는 자가 영업활동에 사용하는 영업시설, 비품, 재고재산 등 물리적 · 구체적 형태를 갖춘 재산을 말한다. 유형재산을 평가 할 때에는 원가법을 적용하여야 한다. 원가법을 적용하는 것이 곤란하거나 부적절한 경우에는 거래사례비교법 등으로 감정평가 할 수 있다.

(3) **무형재산** : 무형재산이란 영업을 하는 자 또는 영업을 하려고 하는 자가 영업활동에 사용하는 거래처, 신용, 영업상의 노하우, 그리고 건물의 위치에 따른 영업상의 이점 등 물리적 · 구체적 형태를 갖추지 않은 재산을 말한다.

5.2 권리금의 요소

1) 지역권리금(바닥권리금)

지역권리금은 그 점포의 위치, 상권을 토대로 형성되는 '장소적 이익' locational benefits을 말한다. 이 권리금을 '바닥권리금'이라고도 한다. 즉 특정한 영업과 관련한 그 점포의 가치를 반영한 권리금이다. 바닥권리금은 차임과는 성격이 다르다. 차임은 건물의 사용에 대한 대가이지만, 바닥권리금은 그 지역의 상권을 넘기는 것에 대한 대가라고 볼 수 있다.

이러한 지역권리금은 영업양도계약이나 임차권양도계약 또는 전대차계약에 명시적으로 언급되지 않지만, 권리금에 대한 대가로 포괄적으로 "영업상 권리 일체"라는 표현에 포함된 것으로 볼 수 있다. 하지만 상인들의 인식은 이러한 지역권리금을 권리금의 중요한 요소로 생각하고 있다. 실제로 점포에 있어서 제일 중요한 것은 입지 location이며, 이것은 영업이익의 크기를 결정하는 중요한 요소이다. 따라서 지역권리금은 장소적 이점에 대한 대가, 또는 그로 인한 높은 영업이익에 대한 대가라고 할 수 있을 것이다.

이러한 '장소적 이익'에 대한 대가를 임차인에게 귀속시키는 것이 정당한가? 바닥권리금은 건물의 소유자에게 귀속되는 것이 타당하다는 견해도 있다. 영업이 잘 되는 상가라면, 그러한 장점이 임대료에 반영되어야 하기 때문이다. 즉 영업이 잘 된다면 임대료를 높게 책정해도 임차인이 기꺼이 임차사용할 것이다. 그러나 이 견해도 반드시 맞는 것은 아니다. 만약 장소적 이익이 임차인의 객관적인 투자에 의해서 형성된 것이라면, 임차인도 지역권리금의 이익을 누릴 수 있다고 할 것이기 때문이다.

장소적 이익이라는 것은 외부적 환경에 의해서 설정되는 경우도 있지만, 일정 구역의 입점상인들의 공동노력에 의해서 형성되는 경우도 있다. 예를 들어 특정지역의 상가번영회가 오랜 시간 노력하여 특성화에 성공한 경우에 점포의 장소적 이익은 건물 소유자가 아니라, 실제로 점포를 운영한 입점상인에게 귀속되는 것이 타당할 것이다.

이러한 지역권리금은 동종업종의 경우에만 지급되는 것은 아니다. 예를 들어 신新임차인이 업종을 변경하여 임대인과 임대차계약을 체결하는 경우에 전前임차인과 신新임차인 사이에 영업양도계약이 별도로 체결되지 않더라도 그 점포가 장소적 이점을 갖고 있다면 일정금액의 지역권리금이 지급되기도 한다. 예를 들어 1층 점포의 경우에는 다른 업종으로 변경하여 임대하는 경우에도 소정의 자릿세를 지급하는 경우가 있다.

2) 영업권리금

영업권리금이라는 것은 기존 점포의 무형의 자산, 즉 브랜드가치나 영업노하우, 거래처, 신용 등에 대한 대가로 지급되는 권리금이다. 그리고 이미 체결된 프랜차이즈계약을 인수하거나, 영업을 위한 허가를 이전해주는 대가로 지급되는 권리금도 영업권리금이라고 할 수 있다. 예를 들어 담배를 판매할 수 있는 담배소매업소에는 권리금이 붙어 있는 경우도 있다. 담배소매업소의 지정 및 기준, 절차가 복잡하기 때문이다. 또한 식품위생법상 유흥주점영업에 대한 허가(식품위생법 시행령 제7조, 제9조)의 경우에도 권리금이 붙어 있다.

이러한 영업권리금도 권리금계약에 포함되는 경우가 많다. 경우에 따라서는 영업권리금과 이익권리금이 동일한 의미로 사용되기도 한다. 여기서는 영업권리금을 무형의 재산적 가치에 대해서 지급되는 권리금이라는 의미로 사용한다.

3) 시설권리금

시설권리금이라는 것은 점포 내에 설치되어 있는 영업시설이나 비품 등 유형물을 임차권을 양수하면서 또는 영업양도계약을 체결하여 그대로 양수하면서 지급하는 권리금이다. 이러한 시설권리금은 영업양도계약, 임차권양도계약, 전대차계약에 명시되는 경우가 많다. 시설권리금은 사실상 매매계약의 성격을 갖는다. 예를 들어 치과의 경우에 의료장비 등에 해당하는 권리금이 지급되기도 한다. 전前 임차인은 신新 임차인에게 이러한 시설과 설비에 대한 대가를 권리금의 형식을 통해서 받을 수 있다. 그러나 임대인에게 목적물을 반환해야 하는 경우에는 임대인으로부터 이러한 시설권리금을 반환받을 수 없다. 임대차계약에서는 임차인의 원상회복의무를 규정하는 경우가 많으며, 그러한 경우에는 부속물매수청구권이나 비용상환청구권을 행사할 수 없기 때문이다.

4) 이익권리금

이익권리금이라는 것은 앞으로 창출될 이익을 기준으로 산정되는 권리금이다. 이 부분도 권리금계약에서 명시적으로 기재되지 않는다. 이 이익권리금은 지역권리금과 밀접한 관련이 있다. 영업이익이 높다는 것은 장소적 이익이 크다는 것을 의미하기 때문이다. 그러나 지역권리금을 산정하기 위한 구체적인 기준이 없지만, 이익권리금의 경우에는 구체적인 기준에 따라서 정해지는 경우가 많다. 이익권리금은 보통 3개월이나 6개월 분의 순수익에 해당하는 금액으로 산정된다. 약국의 경우에는 처방전 수 기준 청구액과 일반 약마진을 기준으로 10개월분의 순이익이 권리금으로 산정되기도 한다. 이와같이 이익권리금은 업종별 · 지역별로 달리 형성되며, 크게 볼 때 지역권리금의 일종이라고 볼 수 있다.

5.3 권리금의 발생원인

1) 수요공급법칙

상인들이 영업활동을 하면서 제일 중요하게 생각하는 것은 어느 정도의 영업이익을 창출할 수 있는가 하는 점이다. 이를 위해서는 입지선정과 수요파악이 중요하다. 따라서 상인들은 많은 영업이익을 창출할 수 있는 곳을 선호할 수 밖에 없다. 즉 상인들이 선호하는 지역은 점포의 공급이 적고 수요가 크다고 할 수 있다. 이러한 지역에서는 상인들이 어느 정도 권리금을 지급하더라도 영업이익에 의해서 충분히 회수할 수 있기 때문에 높은 권리금의 지급을 통해서 영업권을 취득하기 위해서 노력한다.

2) 창업초기의 비용회수

상인들이 영업을 개시하기 위해서는 많은 초기비용을 지출하게 된다. 신규점포의 창업인 경우에는 많은 시설비와 물품구입비용이 소요된다. 그리고 일정한 구매력이 생성되기 전까지는 일정한 손실을 감수해야 하는 경우도 있다. 이러한 초기비용의 감수를 통해서 일정한 영업이익을 창출하게 된 경우에 임대인이나 임차인은 새로운 임차인으로부터 그러한 창업초기 비용을 회수하려고 한다. 만약 기존 임대인이 임차인이 창업을 위한 비용을 투입하지 않았다면 새로운 임차인이 그러한 비용을 투입하여 영업을 개시해야 하기 때문이다. 그리고 실제로 임대인이나 임차인이 투입한 비용은 점포에 그 가치가 남아 있는 경우가 많다. 임대인이나 임차인은 이러한 가치를 권리금을 통해서 회수하고자 한다.

3) 이미 지급한 권리금의 회수

임차인이 점포의 임차를 위해서 권리금을 지급한 경우에 임차인들이 그러한 권리금을 영업이익을 통해서 언제나 회수할 수 있는 것은 아니다. 물론 경우에 따라서는 영업이익을 통해서 권리금의 상당부분을 회수할 수 있지만, 임차인들은 새로운 임차인으로부터 권리금을 회수할 수 있다는 기대를 고려하여 권리금의 액수를 결정하게 된다. 따라서 이미 권리금을 지급한 임차인은 영업이익을 통한 회수 여부를 떠나서 새로운 임차인으로부터 권리금을 회수하려고 한다.

4) 심리적 요소

권리금을 주고 받는 이유 중의 하나는 임차인이 점포가 창출할 수 있는 장래의 영업이익도 일정부분 나에게 귀속되어야 한다는 점 때문이기도 하다. 즉 임차인이 자신의 영업을 그만두고 새로운 임차인에게 그 점포의 영업을 양도하는 경우에 새로운 임차인이 얻게 되는 영업이익을 자신의 영업양도 때문으로 생각하는 경향이 있다. 또한 그 점포의 발전성, 상가부족의 예상, 주변의 개발로 인한 영업이익의 증가에 대해서도 일정부분 자신의 몫이 있다고 생각하고 새로운 임차인이 취득할 영업이익의 일정부분을 권리금의 명목으로 취득하게 된다.

5.4 감정평가방법

1) 권리금의 감정평가 원칙

권리금을 감정평가할 때에는 유형 · 무형의 재산마다 개별로 감정평가하는 것을 원칙으로 한다. 만약 권리금을 개별로 감정평가하는 것이 곤란하거나 적절하지 아니한 경우에는 일괄하여 감정할 수 있다. 이 경우 감정평가액은 합리적인 배분기준에 따라 유형재산가액과 무형재산가액으로 구분하여 표시할 수 있다.

2) 수익환원법의 적용

무형재산을 감정평가 할 때에는 수익환원법을 적용하여야 한다. 수익환원법을 적용하는 것이 곤란하거나 부적절한 경우에는 거래사례비교법이나 원가법 등으로 감정평가 할 수 있다. 무형재산을 수익환원법으로 감정평가 할 때에는 무형재산으로 인하여 발생할 것으로 예상되는 영업이익이나 현금흐름을 현재가치로 할인하거나 환원하는 방법으로 감정평가한다. 다만, 무형재산의 수익성에 근거하여 합리적으로 감정평가 할 수 있는 다른 방법이 있는 경우에는 그에 따라 감정평가 할 수 있다.

3) 거래사례비교법의 적용

무형재산을 거래사례비교법으로 감정평가 할 때에는 다음 각 호의 어느 하나에 해당하는 방법으로 감정평가한다. 다만, 무형재산의 거래사례에 근거하여 합리적으로 감정평가할 수 있는 다른 방법이 있는 경우에는 그에 따라 감정평가 할 수 있다.

① 동일 또는 유사 업종의 무형재산만의 거래사례와 대상 무형재산을 비교하는 방법

표 8-31 권리금 평가시 기본적 사항

기본적 사항	구체적인 내용
의뢰인	• 「상가임대차법」 제10조의4 제3항에 따른 손해배상액 산정과 관련한 이해당사자(임대인 · 임차인) 또는 법원 • 적정권리금 수준을 알고자 하는 신규임차인 등
대상물건	• (유형적 재산가치) 영업시설 · 비품 · 재고자산 등 • (무형적 재산가치) 거래처 · 신용 · 영업상의 노하우 · 건물의 위치에 따른 영업상의 이점 등
감정평가목적	• 「상가임대차법」 제10조의4 제3항에 따른 손해배상액 산정 • 임차인과 신규임차인간 권리금 수수를 위한 시가참고 등
기준시점	• 「상가임대차법」 제10조의4 제3항에 따른 감정평가 임대차 종료 당시 • 그 밖의 경우, 「감칙」 제9조 제2항에 따라 평가대상의 가격조사를 완료한 날짜
감정평가조건	• 평가대상물건의 현황에도 불구하고 일정한 경우 현황과 다르게 가정하거나 한정하는 조건
기준가치	• 감정평가의 기준이 되는 가치로 시장가치 원칙
자문 등의 사항	• 특수한 물건 또는 특수 목적으로 감정평가 하게 되는 경우 외부 전문가의 자문 등

② 동일 또는 유사 업종의 권리금 일체 거래사례에서 유형의 재산적 가치를 차감한 가액을 대상 무형재산과 비교하는 방법

4) 원가법의 적용

무형재산을 원가법으로 감정평가 할 때에는 대상 상가의 임대차 계약 당시 무형재산의 취득가액을 기준으로 취득 당시와 기준시점 당시의 수익변화 등을 고려하여 감정평가한다. 다만, 무형재산의 원가에 근거하여 합리적으로 감정평가할 수 있는 다른 방법이 있는 경우에는 그에 따라 감정평가 할 수 있다.

5.5 권리금 평가절차

(1) **기본적 사항의 확정** : 의뢰인과 협의하여 다음 사항을 결정하고, 되도록 의뢰인이 목록을 작성하여 제시 하도록 한다. 특히 권리금은 등기사항전부증명서 등의 공부에 등록되는 것이 아니므로 의뢰인이 제시하는 목록이 대상물건의 확정에 있어서 중요하다.

(2) **처리계획의 수립** : 대상물건의 확인에서 감정평가액의 결정 및 표시에 이르기까지 일련의 감정평가 작업과정에 대한 처리계획을 수립한다.

(3) **대상물건의 확인** : 첫째, 대상물건을 감정평가할 때에는 실지조사 전에 사전조사를 통해 필요한 사항을 조사한다. 둘째, 의뢰인이 제시한 목록상의 유형재산 및 무형재산을 실지조사를 통해 직접 확인한다.

(4) **자료수집 및 정리** : 대상물건의 물적사항 · 권리관계 · 이용상황 분석 및 감정평가액 산정을 위해 필요한 확인 · 요인 · 사례자료 등을 수집하고 정리한다.

① (확인자료) : 사업자등록증, 공사비내역서, 비품구입명세서 등의 자료

② (요인자료) : 점포위치, 상권, 배후지, 신용도, 노하우, 거래처관계, 시설상태 및 규모 관련 자료, 매출액 · 영업이익 등의 수익자료 등

③ (사례자료) : 탐문조사 등을 통해 수집한 권리금 거래사례, 수익사례 등의 자료

(5) 자료검토 및 가치형성요인 분석 : 수집된 자료의 신뢰성 · 충실성 등을 검증하여 감정평가 근거로 활용할 것인지를 결정하고, 가치형성요인을 분석한다.

① (일반요인) : 대상물건이 속한 전체 사회에서 대상물건의 이용과 가격수준 형성에 전반적으로 영향을 미치는 일반적인 요인

② (지역요인) : 대상물건이 속한 지역의 가격수준 형성에 영향을 미치는 자연적 · 사회적 · 경제적 · 행정적 요인

③ (개별요인) : 대상물건의 구체적인 가치에 영향을 미치는 대상물건의 고유한 개별적 요인

(6) 감정평가방법의 선정 및 적용 : 대상권리금의 특성이나 감정평가목적 등에 따라 적절한 하나 이상의 평가방법을 선정(유형재산은 원가법, 무형재산은 수익환원법이 주된 방법)하고, 그에 따라 가치형성요인 분석 결과 등을 토대로 시산가액을 산정한다.

표 8-32
개별요인 비교항목

조건	소항목	세부항목
입지 조건	위치	• 지하철역세권, 버스노선, 유동인구, 편익시설 등
	상권	• 상권의 크기, 주요고객 유형, 유효구매력 수요, 상가적합성 등
	배후지	• 배후지의 성격, 세대수, 구성원 등
영업 조건	신용도	• 고객인지도(브랜드 등), 신용도 등
	노하우	• 영업노하우 등
	거래처관계	• 업종간 경쟁관계, 점포수급 동향, 고객 수준, 영업 난이도 등
	상가면적/ 관리상태	• 상가면적, 건물규모, 관리상태, 임차자 혼합정도, 주차장 여건 등
	임대차계약정도	• 초기 권리금수준, 임대차계약내용(계약기간, 보증금과 월임대료, 특약 등)
시설 조건	시설상태, 규모 등	• 인테리어 수준, 영업시설의 형식, 비품구비수준, 경쟁업체와의 시설수준 등
기타 조건	기타요인	• 허가 난이도 등, 장래 동향, 그 밖의 사항

(7) **감정평가액의 결정 및 표시** : 산출된 시산가액을 합리적으로 조정하여 대상물건이 갖는 구체적 가치를 최종 결정하고, 감정평가서에 그 가액을 표시한다. 감정평가액은 유 · 무형자산에 대한 평가가치의 합으로 결정함을 원칙으로 하며, 개별감정평가가 곤란하거나 부적절한 경우에만 일괄감정평가가 가능하다.

Ⅲ 영업권의 손상평가 measurement of impairment

영업권의 손상평가는 영업권의 장부가액이 회수가능액보다 큰 금액으로 표시되지 않도록 하는데 목적이 있다. 자산의 장부가액이 자산의 매각 또는 사용으로 회수될 금액을 초과한다면, 이러한 경우에는 자산이 손상되었다고 하며 「기업회계기준서」 제1036호에서는 이를 손상차손으로 인식할 것을 규정하고 있다. 장부에 계상된 영업권은 자산이므로 손상의 징후가 있을 때에는 장부가액과 회수가능금액을 비교하여 손상차손을 인식하는 손상평가를 행하게 된다.

1 손상징후 impairment triggering event

영업권 손상평가의 시작은 영업권이 배분되어 있는 현금창출단위Cash Generating Unit:CGU 또는 현금창출단위그룹Cash Generating Unitgroup:CGUG 자산의 손상징후triggering event 검토부터 시작된다. K-IFRS 제1036호 "자산손상"에서는 매 회계연도마다 내부 및 외부정보를 수집하여 영업권의 손상징후가 있는지를 검토하도록 규정하고 있다.

여기서 손상징후로 볼 수 있는 내부정보란 첫째, 자산의 진부화 및 물리적인 손상, 둘째, 기업에 불리한 영향을 미치는 유의적인 변화가 자산에서 발생하였거나 미래에 발생할 가능성이 매우 큰 경우, 셋째, 자산의 경제적 성과가 기대수준에 미치지 못할 경우 등을 의미한다. 또한 내부보고를 통해 검토할 수 있는 내부적 손상 징후의 예는 다음과 같다.

① 자산이 진부화되었다는 증거가 발견된 경우
② 자산사용의 중지나 처분 계획이 확정된 경우
③ 자산의 매입, 운영 및 관리에 쓰이는 현금지출액이 당초 예상수준을 유의적으로 초과한 경우
④ 자산에서 실제 발생하고 있는 순현금흐름이나 영업손익이 당초 예상에 비해 유의하게 감소한 경우
⑤ 자산에서 발생할 것으로 예상되는 순현금흐름이나 영업손익이 유의적으로 악화되었다고 판단되는 경우
⑥ 자산을 통해 창출되는 순현금흐름 또는 영업손익의 당기 실적치와 미래 예상치를 합산한 결과 순현금유출이나 영업손실이 유의적으로 예상되는 경우

한편 자산손상의 외부적 징후는 다음과 같다.

① 자산의 시장가치가 정상적인 경우보다 유의적으로 더 많이 하락한 경우
② 기업을 둘러싼 경영환경, 시장환경에서 기업에게 불리한 영향을 미치는 변화가 나타났거나 앞으로 나타날 것이 확실한 경우
③ 시장이자율이 상승하여 자산의 회수가능액을 중요하게 감소시킬 가능성이 큰 경우
④ 기업의 총시장가치가 자본의 장부가치보다 작은 경우
⑤ 미래현금흐름에 영향을 미치는 환율, 원자재가격, 물가상승 등이 기업에게 불리하게 변화하는 경우

2 손상검사 impairment test

손상징후를 검토하여 손상징후가 확실시 될 때에는 다음 단계로 손상검사 impairment test를 실시한다. 손상검사를 통해 영업권이 배분된 현금창출단위 또는 현금창출단위그룹의 회수가능금액과 장부가액을 비교하여 회수가능금액이 장부가액보다 하락한 경우에는 손상차손을 인식하고, 그렇지 않은 경우에는 손상차손을 인식하지 않는다. 만약 손상차손을 인식하게 된다면 그 손상차손 만큼을 먼저 영업권의 장부가액에서 감소시키고, 그 나머지 부분을 다른 자산의 장부가액에 비례하여 감소시키게 된다.

여기서 회수가능금액은 자산 또는 현금창출단위의 순공정가치와 사용가치 중에서 큰 금액을 의미한다. 순공정가치란 합리적인 판단과 거래의사가 있는 독립된 당사자간의 거래에서 자산 또는 현금창출단위의 판매로 인해 얻을 수 있는 대가에서 부대비용을 차감한 금액이다. 이는 일반적으로 시장에서 거래되는 매수호가 또는 최근의 거래가격을 근거로 추정할 수 있다.

사용가치란 자산이나 현금창출단위에서 미래에 창출될 것으로 기대되는 현금흐름을 현재가치로 할인한 금액을 나타낸다. 사용가치를 추정하기 위해서는

그림 8-6
손상검사 시 장부가액과 회수가능금액의 비교

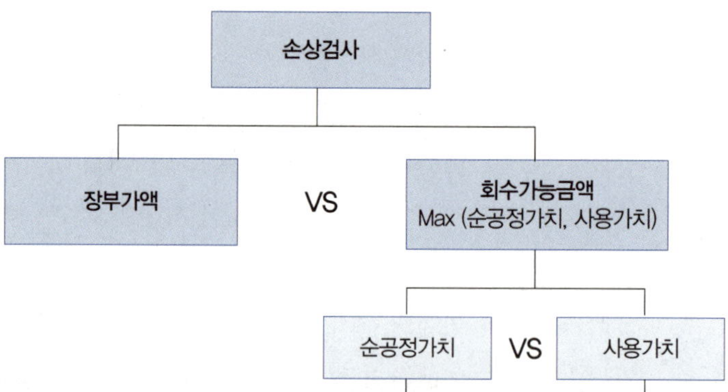

자료: 권수영 외, 사업결합 시 무형자산의 평가절차 및 평가기법과 영업권손상평가, 2011

미래기대 현금흐름과 할인율을 추정해야 하는데, 이를 위해서는 기업내 · 외부의 경영 · 경제 상황에 대한 합리적이고 객관적인 가정이 요구된다.

한국채택국제회계기준[K-IFRS] 제1036호 "자산손상"에서는 회수가능금액으로 순공정가치와 사용가치 중 어느 하나를 이용하도록 하고 있다. 따라서 영업권의 손상평가시 영업권이 배분된 현금창출단위 또는 현금창출단위그룹의 순공정가치나 사용가치 중 어느 하나의 금액이 장부가액을 초과한다면 자산손상이 일어나지 않았다고 판단할 수 있다. 이상의 내용을 그림으로 나타내면 〈그림 8-6〉과 같다.

3 손상평가 measurement of impairment

3.1 장부가액의 산정

현금창출단위의 회수가능금액은 그 현금창출단위의 순공정가치와 사용가치 중 큰 금액으로 결정하고, 이를 장부가액과 비교함으로써 손상여부를 판단하게 된다. 현금창출단위의 장부가액은 비교의 일관성을 위해 회수가능금액을 결정하는 방법을 동일하게 적용하여 측정한다. 이를 손상평가[measurement of impairment]라고 한다. 즉 회수가능금액 측정시 이자발생부채[intest-bearing dabt]를 차감한 경우에는 장부가액 산정에서도 마찬가지로 이자발생부채를 차감해서 결정해야 한다. 반대로 회수가능금액 측정 시 이자발생부채를 차감하지 않는 경우에는 장부가액 결정에서도 이자발생부채를 차감하지 않고 결정한다. 또한 현금창출단위의 장부가액 결정 시에는 다음 사항들을 고려해야 한다.

① 현금창출단위에 직접 귀속되거나 합리적이고 일관된 기준에 따라 배분될 수 있고, 현금창출단위의 사용가치를 결정하는 데 사용되는 미래현금을 창출하는 자산의 장부가액을 포함하는가?

② 현금창출단위의 장부가액에는 이미 인식된 부채를 고려하지 않고서는 현금창출단위의 회수가능액을 결정할 수 없는 경우를 제외하고 부채를

장부가액 계산시 포함하지 않는가?

〈그림 8-7〉는 손상평가 시 장부가액을 결정하는 방법을 나타낸 것이다.

그림 8-7
손상평가 시 장부가액 결정 방법

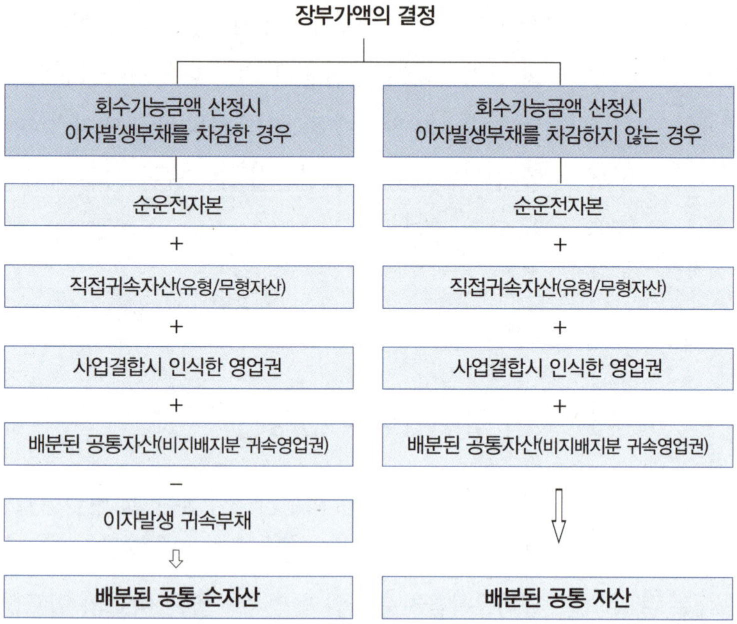

자료: 권수영 외, 전게서

3.2 순공정가치의 산정

장부가치와 비교되는 회수가능금액이 될 수 있는 순공정가치 fair value less cost to sell 는 공정가치에서 처분부대원가를 차감하여 결정한다. 여기서 공정가치란 독립된 당사자 사이의 거래에서 구속력 있는 매매계약을 통해 합의된 가격을 말하며, 보통 자산이 활성시장에서 거래가 되고 있을 경우 현행 호가를 의미한다. 만약 현행 매수호가가 없다면 동종산업 내에서 근래에 있었던 유사자산의 거래 가격을 근거로 순공정가치를 추정할 수 있다.

또한 처분부대원가란 법률비용, 인지세, 거래세 등과 같이 자산을 처분하는데 소요된 원가이거나, 자산을 매각 가능한 상태로 만드는 과정에서 발생한 직접원가를 의미한다. 그러나 이 처분부대원가에는 이미 부채로 인식된 원가나 자산처분에 따른 사업축소비용, 그리고 조직변경과 관련된 종업원 해고 관련 비용은 포함되지 않는다. 이상의 내용을 그림으로 나타내면 〈그림 8-8〉과 같다.

그림 8-8
순공정가치 산정 방법

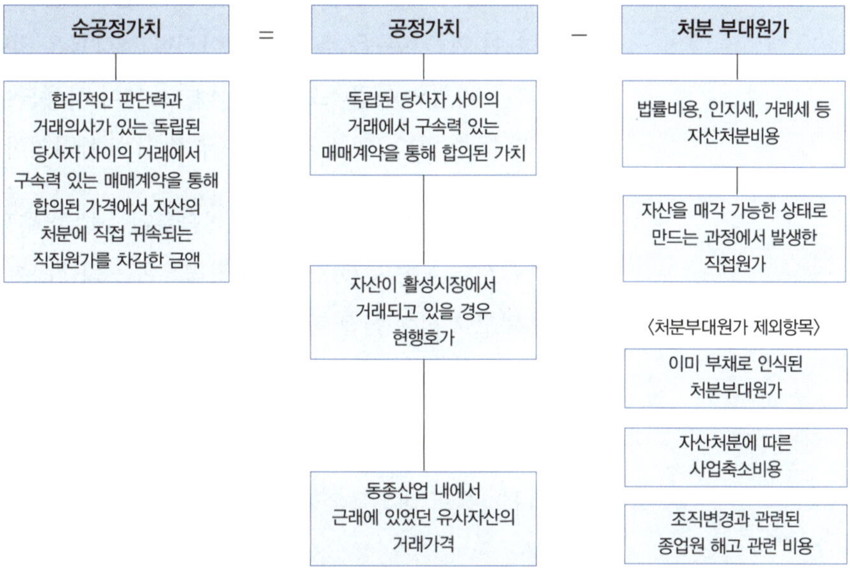

자료: 권수영 외, 전게서

3.3 사용가치의 산정

순공정가치와 더불어 회수가능금액으로 이용될 수 있는 사용가치[value in use]는 자산이나 현금창출단위에서 창출될 것으로 예상되는 미래현금흐름의 현재가치를 의미한다. 사용가치를 산출하기 위해서는 미래현금흐름과 미래현금흐름을 현재가치로 할인하기 위한 할인율의 추정이 필요하다. 이 두 가지 요인의 추정에는 많은 가정과 변수가 있을 수 있으므로 예측시 여러가지 사항을 고려해야 한다.

1) 미래현금흐름 추정시 고려해야 할 사항

첫째, 미래현금흐름은 자산의 잔여 내용연수 동안의 경제상황에 대한 경영진의 최선추정치가 반영된 객관적인 가정을 기초로 해야 한다.

둘째, 현금흐름은 경영진이 승인한 최근의 재무예측을 기초로 추정하며, 추정기간은 정당한 사유가 없는 한 최대 5년으로 한다.

셋째, 최근의 재무예측 대상 기간 후의 성장률은 고정되거나 계속 감소한다고 가정하여 현금흐름을 추정하며, 이러한 성장률은 정당한 사유가 있는 경우를 제외하고는 기업의 제품, 소속된 산업, 자산이 사용되는 시장의 장기 평균성장률을 초과할 수 없다. 미래현금흐름 추정 시 포함시켜야 할 요소는 다음과 같다.

① 자산의 계속 사용으로 인한 현금유입에 대한 추정
② 자산의 계속 사용으로 인한 현금유입을 창출하기 위해 필수적으로 발생하고 자산에 직접 귀속되거나 합리적이고 일관된 기준에 따라 당해 자산에 배분될 수 있는 현금유출에 대한 추정
③ 내용연수 말에 당해 자산의 처분으로 수취 또는 지급될 순현금흐름

그러나 다음의 내용들은 미래현금흐름 추정시 제외되어야 할 요소들이다.

① 아직 확정되지 않은 미래의 구조조정 때문에 발생할 것으로 예상하는 미래현금유출이나 관련된 원가절감 또는 효익
② 자산성능을 향상시키는 과정에서 발생한 미래현금유출 또는 그러한 향상으로 인해 발생할 것으로 예상되는 미래현금유입
③ 재무활동으로부터의 현금유입이나 유출
④ 법인세환급액 또는 법인세 납부액

만약 기업이 구조조정을 확정하는 경우에는 경영진이 승인한 최근의 재무예측을 근거로 자산의 사용가치를 결정하며, 이 경우에는 구조조정으로 예상되는 원가절감이나 그 밖의 효익을 반영하여 미래현금유입을 추정해야 한다.

2) 할인율 추정시 고려사항

사용가치 추정 시 적용되는 할인율은 다음에 대한 현행 시장의 평가를 반영

한 세전 할인율로 한다.

① 화폐의 시간가치

② 미래현금흐름 추정시 조정되지 않은 자산특유위험

③ 추정일 현재의 시장상황

일반적으로 이러한 사항이 반영된 할인율로서 무형자산이 소속된 기업의 가중평균자본비용WACC:weighted average cost of capital이 이용된다. 가중평균 자본비용은 자본자산가격결정모형CAPM: capital asset pricing model을 통해 산출되는 것으로서 부채조달비용(세공제후)과 자기자본 조달비용의 가중평균치를 의미한다. 이것은 기업이 현재의 자산을 보유한 상태에서 현재 주가를 유지하기 위해 창출해야 하는 전반적인 수익률 또는 기업이 현재 수행하고 있는 영업활동과 동일한 위험을 갖는 모든 투자안에 대해 요구되는 수익률이라 할 수 있다. 가중평균 자본비용은 시장상황에 대한 가정에 따라 달라질 수 있으므로 이용되는 변수의 수치에 대한 가정이 변화하면 함께 변화할 수 있다. 따

그림 8-9
사용가치 산정

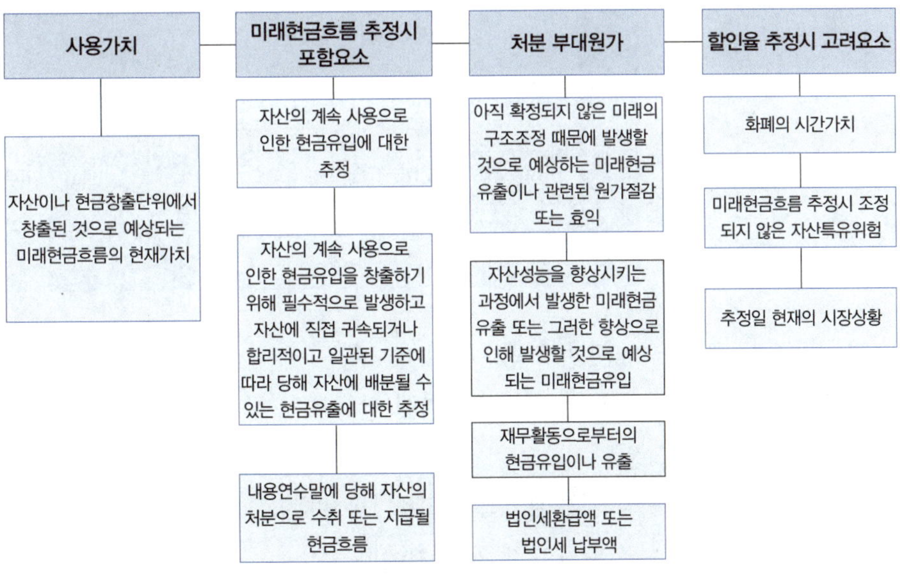

자료: 권수영 외, 전게서

라서 가중평균 자본비용을 계산할 때에는 그러한 상황 또는 가정의 변화까지 고려해야 한다. 이상의 내용을 그림으로 나타내면 〈그림 8-9〉와 같다.

Ⅳ 영업권 평가사례

1 대상회사 및 평가개요

대상회사인 'SM시스템㈜'은 1991년 10월에 설립하여, 신호변환기, 피뢰기, 적산지시계 등의 제품을 개발하는 회사로서, 1997년 미국 DEVER사와 판매대리점 계약체결, 1998년 싱가폴UMS사와 싱가폴지역 독점판매 대리점 계약체결을 하는 등 해외로 사업영역을 확장하고 있는 국내 전기통신기기 및 계측기 제조회사이다.

[사업체 개요]

상 호	SM시스템 주식회사		
대표자	홍길동		
사업장소재지	서울특별시 영등포구 문래동		
설립일	1991년 10월	업 태	제조, 도매
자본금	2억원	업 종	전기통신기기, 계측기 등
상장여부	비상장	연매출	25억원

[평가목적]

본건은 서울특별시 영등포구 문래동에 소재하는 'SM시스템㈜' 영업권의 일반거래(시가참고) 목적의 감정평가이다. 본 평가의 목적은 내부 구조조정 및 지분매각을 위하여 계속기업을 전제로 기업가치 및 영업권의 시장가치를 평가하기 위한 것이다.

[기준가치]

본 평가의 기준가치 basis of value는 대상회사의 기업가치 및 영업권에 대한 시장가치 market value이다. 따라서 시장가치가 아닌 개념으로 사용되는 특수가치나 투자가치, 보증가치 등 비시장가치로 해석될 수 없다. 여기서 시장가치는 대상물건이 통상적인 시장에서 충분한 기간 동안 거래를 위하여 공개된 후, 그 대상물건의 내용에 정통한 당사자 사이에 신중하고 자발적인 거래가 있을 경우 성립될 가능성이 가장 높다고 인정되는 대상물건의 가액을 말한다.

[기준시점 및 조사평가기간]

본건의 기준시점은 감정평가 의뢰일인 20x8년 07월 01일이며, 조사기간은 20x8년 07월 01일~ 07월 20일이다.

[평가대상]

본건 평가대상은 SM시스템㈜의 영업권이다. 여기서 영업권이란 동종 산업에 더해 타기업에 비해 특별히 유리한 사항을 집합한 무형의 자원을 말하는 것으로, 동종업계의 다른 회사보다 더 높은 수익을 창출할 수 있는 초과이익력 및 계속가치 등을 포함한다.

[초과이익의 발생원인]

대상기업 영업권에 대한 조사결과 다음과 같은 발생요인에 의해 초과이익이 존재함을 확인하였다.

1. 'SM시스템'의 상호가 국내외에 널리 알려져 있다.
2. 신호변환기 등의 제품제조상 노하우 및 비특허기술을 갖고 있다.
3. 우수한 경영진, 연구직 및 숙련 노동력을 확보하고 있다.
4. 비교적 높은 신용도와 고객유대관계를 형성하고 있다.
5. 효율적인 마케팅 조직 및 전략을 갖고 있어 영업활동이 원활하다.
6. 미국 DEVER사의 판매대리점 계약을 맺고 있다.

대상회사는 계속적인 R&D 투자와 신제품 연구, 그리고 효율적인 마케팅 활동과 해외시장개척 등으로 기업가치가 계속 유지 및 성장하고 있으므로 영업권의 발생원인에 의한 초과이익도 일정수준으로 지속될 것으로 판단된다.

[평가방법]

1) 대상회사인 'SM시스템㈜'은 계속기업으로서 향후에도 현재의 생산시설 및 인원 · 조직을 이용하여 운영함으로써 지속적으로 수익을 창출하는 것을 전제로 시장가치를 기준가치로 하여 평가하였다.

2) 본건 영업권의 평가는 '감정평가 및 감정평가사에 관한 법률', '감정 평가에 관한 규칙' 등 관계법규와 일반적으로 인정된 감정평가이론에 의거하여 평가하였다.

3) 본건 영업권의 평가방법은 ① 전체기업기치에서 고정자산 등 영업자산을 뺀 나머지 잔여가치로 영업권 가치를 평가하는 잔여법, ② 잉여현금흐름법[FCFF]을 통하여 산정한 전체기업가치에서 대상무형자산의 수명기간 중 예상 현금흐름에서 다른 자산에 귀속되는 기여자산공헌율[CAC]을 공제한 후 대상 무형자산에 귀속되는 초과이익으로 대상 무형자산의 가치를 산정하는 다기간초과이익법[MPEEM: multi-period excess earning method], ③ 기준시점의 단기 잉여현금흐름[FCFF]을 산정한 후 적정 요구수익률에 의한 순운전자본과 고정자산의 자산가액을 차감한 초과이익을 환원율로 자본화하여 대상영업권의 가치를 산정하는 단기간초과이익법[SPEEM: single period excess earning method], ④ 영업자산의 정상이익률을 초과하는 이익을 자본환원하는 초과이익환원법 등 4가지 방식으로 산정된 시산가액에 대한 시산조정을 통해 평가대상 영업권의 최종평가액을 결정한다.

4) 일반적으로 경기침체로 인한 소비위축, 매출감소 등 보수적 측면에서 기업 수익 증감을 예상하되 매출액, 원가 등 추정액은 경제성장률, 유사 동종업계의 변동률 등을 고려하였다.

[일반가정 및 전제조건]

1) 본 건은 감칙 제7조의 개별물건기준 원칙에 따라 평가하되, 영업권의 자산 특성상 전체 구성자산들과 상호 용도상 불가분의 관계가 있으므로 본건 평가에 있어서는 대상회사가 계속기업으로서 향후에도 현재의 자산집합 a group of assets을 현행 방식으로 이용하여 경영함으로써 지속적으로 수익을 창출하는 것을 평가의 전제 premise of valuation로 하였다.

2) 본 평가서는 20x8년 7월 1일자 용역계약서나 본 평가서에 명시된 목적과 관련하여 사용되어야 하며, 법에 의하여 요구되거나 사전에 문서로 동의하지 않는 한 제3자에게 제공될 수 없다. 이를 위반하여 본 평가서를 사용하거나 일부를 인용한 제3자에게 대하여 어떠한 책임도 지지 않음에 유의해야 한다.

3) 평가일 현재 예측이 불가능한 미래경영환경, 즉 향후 동종 산업의 사업환경 등의 변화로 인한 영향은 본 평가의 범위에 해당하지 않으며, 따라서 이러한 영향으로 인해 본 평가서의 추정결과와 향후 실제 발생손익 사이의 차이가 발생할 수도 있음에 유의해야 한다.

4) 당 평가보고서는 귀 제시자료인 재무상태표, 손익계산서, 사업계획 등에 근거하고 있으며, 이러한 자료의 진정성을 기반으로 분석하였으므로 만일 사실과 다른 경우 평가결과도 달라질 수 있음에 유의하여야 한다. 따라서 본건 평가가 회사 제시 영업권에 관련된 과거 재무상태나 경영성과를 보증하는 것은 아니다.

2 국내경제 현황과 전망

우리나라 경제성장률은 20x8년중 2.9%, 20x9년에는 2.8%를 나타낼 것으로 전망된다. 금년중 국내경제는 투자가 둔화되겠으나 수출이 양호한 증가세를 이어가고 소비도 개선흐름을 보이면서 꾸준한 성장세를 지속할 것으로 보인다. 부문별로 보면 민간소비는 양호한 소비심리 지속, 재정지출 확대 등에 힘입어 개

표 8-33
경제전망

(전년동기대비, %)

	20x7	20x8[e)]			20x9[e)]		
	연간	상반	하반	연간	상반	하반	연간
GDP	3.1	2.9	2.8	2.9	2.8	2.8	2.8
민간소비	2.3	3.1	2.2	2.7	2.5	2.8	2.7
설비투자	14.6	1.8	0.6	1.2	0.8	2.7	1.7
지식재산생산물투자	3.0	2.8	2.6	2.7	2.7	2.5	2.6
건설투자	7.6	0.7	−1.5	−0.5	−2.6	−1.8	−2.2
상품수출	3.8	3.0	4.0	3.5	3.9	3.1	3.5
상품수입	7.4	2.5	3.4	3.0	2.1	3.7	2.9
취업자수 증감[1)]	32	14	21	18	25	22	24
실업률	3.7	4.1	3.5	3.8	4.2	3.4	3.8
고용률	60.8	60.4	61.3	60.9	60.6	61.5	61.1
소비자물가	1.9	1.4	1.8	1.6	2.0	1.8	1.9
식료품 · 에너지 제외	1.5	1.3	1.6	1.4	1.9	1.9	1.9
농산물 · 석유류 제외	1.5	1.3	1.6	1.4	1.9	1.8	1.9
경상수지[2)]	785	285	365	650	255	385	640
상품수지[2)]	1,199	559	550	1,110	500	575	1,075
서비스 · 본원 · 이전소득[2)]	−414	−275	−185	−460	−245	−190	−435

주 : 1) 만명기준, 2) 억달러 기준

선흐름을 이어갈 전망이다.

- 설비투자는 지난해의 투자 급증에 따른 기저효과/ 일부 업종의 투자 지연 등으로 증가세가 둔화될 전망
- 건설투자는 건물 착공면적 감소세 , SOC 예산 감축 등의 영향으로 소폭 감소할 전망
- 상품수출은 세계교역 회복세 지속 등에 힘입어 양호한 증가세를 이어가겠으며, 서비스수출은 외국인 관광객 증가 등으로 개선될 전망

20x9년에도 수출 및 소비의 증가세가 이어지면서 잠재수준의 성장률을 보일 것으로 예상되며, 취업자수는 20x8년중 18만명 내외 20x9년에는 24만명 내외 증가가 예상된다. 금년중 취업자수는 일부 업종의 업황 부진 및 구조조정 등

의 영향으로 증가폭이 축소될 것으로 보이며, 내년중에는 일부 제조업종이 구조조정의 영향에서 벗어나고 서비스업 고용도 다소 회복되면서 증가세가 확대될 것으로 예상된다.

소비자물가 상승률은 20x8년중 1.6%, 20x9년에는 1.9%를 나타낼 것으로 전망되고, 소비자물가 상승률은 금년 상반기중 1% 대 중반 수준을 보이다가 유가 상승 등의 영향으로 오름세가 점차 확대될 것으로 예상된다. 경상수지 흑자규모는 20x8년중 650억달러, 20x9년중 640억달러로 전망되며, GDP 대비 경상수지 흑자 비율은 20x7년 5% 내외에서 20x8~x9년에는 3% 대 후반 수준을 기록하며 점진적으로 하락할 전망이다.

3 기업분석

기업분석 부분에서는 본 사례연구가 단순히 국제평가기준에서 제시하고 있

표 8-34
SM시스템(주)
과거 5년간 현금흐름

(단위: 백만원)

	2011	2012	2013	2014	2015
매출액	2,560	2,087	2,408	2,882	2,510
매출원가	1,608	1,376	1,566	1,731	1,524
매출총이익	952	711	842	1,151	986
판관비	440	385	417	408	455
R&D	81	76	76	74	83
상각전영업이익	431	250	349	669	448
감가상각	20	48	11	10	14
세전영업이익	411	202	338	659	434
세금	99	49	82	159	105
감가상각	20	48	11	10	14
자본적지출	18	17	20	23	21
운전자금	15	15	17	19	17
Free Cash flow	299	169	230	468	305

는 보편적으로 적용가능한 영업권의 평가원리와 기준의 실무적 적용을 연구하기 위한 것이므로 기업연혁이나 사업분야(제조 및 판매), 경영진 및 종업원, 제품 및 경쟁력 분석 등에 대한 구체적인 내용 기술은 이를 생략하고, 재무분석 관련 자료는 앞의 표와 같이 요약 제시한다.

4 기업가치의 산정

수익방식에 의한 영업권의 평가방법을 적용함에 있어 그 전제가 되는 것이 당해 기업이 갖는 미래 경제적이익의 추정이다. 기업전체에서 발생되는 미래 경제적 이익의 가치를 구하기 위해서는 기업잉여현금흐름법 FCFF method을 사용한다. 즉 기업의 모든 청구권자에게 귀속되는 잉여현금흐름을 그에 해당하는 위험을 반영한 적정 할인율로 자본화하여 산정한다.

여기서 기업전체에 발생되는 FCFF란, 기업의 영업활동으로 인해 주주와 채권자 모두에게 귀속되는 현금흐름을 의미하며 다음과 같이 계산된다.

$$FCFF = EBIT(1-t) + Dep - CapEx - WC$$

$EBIT$: 영업이익　t : 법인세율　Dep : 감가상각비

$CapEx$: 자본적지출　WC : 순운전자본증감

기업의 가치는 영업을 통해 창출하는 미래 현금흐름을 해당 기업의 경영위험을 반영하는 적정할인율로 나누어 산출하며, 정확한 가치평가를 위해서는 가능한 한 오랜 기간의 미래 현금흐름을 추정하여야 한다. 그러나 지나치게 장기간에 걸친 현금흐름 추정작업은 미래 현금흐름의 현재가치 기여도를 감안할 때 노력에 비해 큰 의미를 지니지 못하는 것이 일반적이다. 따라서 미래추정에 있어서 현금흐름의 추정기간은 기준시점 이후 5년간(1기~5기)을 산정하였고, 그 이후 잔존가치를 합하여 기업가치를 산정하였다. 기업가치 산정의 기본가정과 적용절차는 다음과 같다.

4.1 기본가정

① 현금흐름 예측기간 : 1기~5기(20x8.7.1 ~ 20x3. 6.30)

② 매출증가율 : 최근 5년간 매출액 변동추이, 상품매출액 변동추이, 제품 매출액 변동추이, 수출 매출액 등을 고려하여 각각의 매출액성장률 추정.

③ 매출원가 : 과거 5개년 평균치와 최근 20x7년 원가율을 각각 50%씩 가중평균하여 적용.

④ 판관비 : 대상기업의 장래 성장성, 동종 유사업종의 경쟁관계 및 평가대상 업체의 최근비용율 등을 감안하여 결정.

⑤ 감가상각비 및 운전자본 : 매출액 변동추이와 동일하게 변동.

⑥ 고정성장률 : 과거 5개년의 매출액 성장률, 향후 동종산업의 성장전망 등을 종합적으로 감안하여 추정.

⑦ 할인율 : MCAPM(Modified CAPM) 및 조성법에 의거 산정.

4.2 평가절차

(1단계) FCFF의 추정

(2단계) 환원율 및 할인율의 결정

(3단계) 예측기간가치 추정

(4단계) 예측기간 이후의 잔존가치

(5단계) 전체기업가치의 산정

• 1단계 (FCFF의 추정)

(1) 매출액의 추정 : 최근 5개년간 매출실적과 매출액 변동추이, 상품 매출액 변동추이, 제품 매출액 변동추이, 수출 매출액 변동추이 및 향후 경기변동 등을 고려하여 추정한 매출액성장률은 2.0%이며, 이를 적용하면 SM 시스템㈜의 향후 매출액은 다음과 같이 추정된다.

(단위: 백만원)

표 8-35
대상기업의 매출액 추정

	1기	2기	3기	4기	5기	6기 이후
매출액	2,560	2,611	2,664	2,717	2,771	2,827

(2) 매출원가의 추정 : 매출원가율은 과거의 추세를 반영하여 과거 5개년 평균치와 최근 20x7년도 원가율을 각각 50%씩 가중평균하여 추정한 결과, 매출액 대비 61.5%로 산정되었으므로 이를 적용한다.

(3) 판매비 및 관리비의 추정 : 판매비와 관리비는 대상기업의 장래 성장성, 동종 유사업종의 경쟁관계 및 평가대상 업체의 최근자료 등을 감안하여 결정하였다. 임원급여는 물가상승률 등을 고려하여 4%로 추정하고, 직원급여, 상여금, 제수당, 성과급은 과거변동추이를 고려하여 8.3%, 복리후생비는 10.0%, 기타비용은 4.0%씩 각각 증가하는 것으로 추정한다.

(4) 감가상각비 : 감가상각비는 보수적으로 최근 3년간의 재무상태표상 감가상각비를 기준으로 하되, 건물 및 기계장치 등의 노후화 등을 감안하여 추정한다.

(5) 자본적지출 : 자본적지출은 미래의 이윤창출, 용역잠재력의 유지를 위해 소요되는 투자원가로서 아래와 같이 증가할 것으로 추정하였으며, 재무상태표상 차량운반구 · 비품 · 시설장치 등의 취득일자, 경과년수로 보아 신규취득이 필요할 것이라 판단되는 비품 · 시설장치에 대한 시설대체충당금 소요액을 반영하였다.

$$\text{자본적지출}_t = (\text{유형자산}_t - \text{유형자산}_{t-1}) + (\text{무형자산}_t - \text{무형자산}_{t-1}) + \text{시설대체충당금}$$

$$\text{자본적지출}_t = \frac{(\text{추정매출액}_t - \text{추정매출액}_{t-1})}{\text{유형자산회전율}_t} + \text{시설대체충당금}$$

(6) 추가운전자본 : 운전자본은 기업자본 중에서 일상적인 기업운영에 필요한 부분이며, 영업자본 · 경영자본이라고도 한다. 추가운전자본의 추정은 재고자산 및 현금 보유분 등을 고려하여 다음과 같이 산정하였다.

$$추가운전자본 = 매출채권증가액 + 재고자산증가액 - 매입채무증가액$$

$$추가운전자본 = (추정매출액_t - 추정매출액_{t-1}) \times 운전자본소요율$$

$$운전자본소요율 = \frac{1}{매출채권회전율} + \frac{1}{재고자산회전율} - \frac{1}{매입채무회전율}$$

(7) 법인세비용 : 20x1년 12월 31일자로 공포된 법인세법 개정에 따른 세율을 기준으로 결정하였다.

(8) FCFF Free Cash Flow to Firm : 기업잉여현금흐름 FCFF 은 〈표 8-36〉와 같이 추정되었다.

표 8-36
FCFF 추정표

	1기	2기	3기	4기	5기	그 이후
매출액(백만원)	2,560	2,611	2,664	2,717	2,771	2,827
매출원가	1,575	1,606	1,638	1,671	1,704	1,738
매출총이익	986	1,005	1,025	1,046	1,067	1,088
판관비	422	431	439	448	457	466
R&D	64	65	67	68	69	71
EBITDA	499	509	519	530	540	551
감가상각비(-)	21	21	22	22	23	23
EBIT	478	488	498	507	518	528
Taxes	105	107	109	111	113	116
NOPLAT	373	381	389	396	405	412
감가상각비(+)	21	21	22	22	23	23
Gross Cash Flow	394	402	410	419	427	435
자본적지출	15	15	15	15	15	15
운전자본증감	5	5	5	5	5	6
Free Cash Flow	374	382	390	398	407	415

• 2단계 (환원율 및 할인율의 결정)

① **자기자본비용의 산정** 자기자본비용의 산정은 MCAPM 모형과 조성법을 이용하여 다음 〈표 8-37〉과 같이 산정하였다. 여기서 β는 국내에는 비상장 중소기업에 대한 관련 자료가 없으므로 상장기업중 유사전자회사인 BC전자(주)의 베타 1.15와 Duff & Phelps가 발표한 전자부품 및 설비업종의 베타 levered β(Small~Median, 0.5~1.3)를 참고하여 1.10으로 결정한다.

표 8-37
Duff & Phelps 전자부품설비업 베타(levered)

Betas(Levered)	Raw (OLS)	Blume Adjusted	Peer Group	Vasicek Adjusted
Median	1.3	1.2	1.1	1.2
SIC Composite	1.1	1.1	1.1	1.1
Large Composite	1.0	1.0	1.1	1.0
Small Composite	0.5	0.7	1.1	0.7
High Financial Risk	2.1	1.7	1.1	2.0

자료: Duff & Phelps, 20x8 Valuation Handbook: Industry Cost of Capital

표 8-38
Duff & Phelps 전자부품설비업 자기자본비용

Cost of Equity Capital		CRSP Deciles		Risk Premium RPT	
Cost of Equity Capital	CAPM	CAPM+Size Prem	Build-Up	CAPM+Size Prem	Build-Up
Median	10.8	13.2	11.7	14.0	13.6
SIC Composite	10.0	10.0	10.0	11.0	10.1
Large Composite	9.8	9.5	9.8	10.2	9.4
Small Composite	7.7	12.0	14.3	13.4	16.6
High Financial Risk	–	–	–	23.0	19.9

자료: Duff & Phelps, 20x8 Valuation Handbook: Industry Cost of Capital

표 8-39
자기자본비용의 산정

MCAPM : $K_e = R_f + \beta(RP_m) + RP_s + RP_u$		
(1) 무위험수익률(R_f)		3.00%
(2) 베타(β)	1.10	
(3) 시장위험할증(R_m)	5.75%	6.33%
(4) 규모위험할증(RP_s)		3.50%
(5) 기업고유비체계적위험할증(RP_u)		2.00%
	K_e	= 14.83%
조성법(build-up) : $K_e = R_f + R_i + RP_m + RP_s + RP_u$		
(1) 무위험수익률(R_f)		3.00%
(2) 산업위험할증(R_i)		4.50%
(3) 시장위험할증(RP_m)		5.75%
(4) 규모위험할증(RP_s)		3.50%
(5) 기업고유비체계적위험할증(RP_u)		2.00%
	K_e	= 18.75%
자기자본비용의 결정	K_e	= 16.79%

주) Ri, R_m, RP_s, RP_u 등은 동종산업에 대한 시장증거자료에 의거 산출

위와 같이 자기자본비용[Ke]은 MCAPM 14.83%, 조성법 18.75%로 각각 산정되었는 바 두가지 자료가 각각 산정방법상의 장단점이 있으므로 이를 산술평균하여 16.79%로 결정한다.

② **타인자본비용의 산정** 20x7년말 현재 SM시스템㈜이 보유하고 있는 차입금의 가중평균 금리는 6.34%이며, 법인세율을 감안한 타인자본비용은 아래와 같이 4.95%로서 이는 대상회사의 적정한 타인자본 조달비용 수준으로 판단된다.

표 8-40
타인자본비용의 산정

타인자본비용 : $K_e = R_f\,(1-t)$	
차입금이자율	6.34%
법인세율	22.0%
	Kd = 4.95%

③ **WACC의 산정** 현금흐름을 현가화시키는 할인율은 주주의 기대수익률(자기자본비용)과 채권자의 기대수익률(타인자본비용) 모두를 적절하게 반영하여야 한다. SM시스템㈜의 수정 재무상태표를 분석한 결과 자기자본비율 70%, 타인자본비율 30%가 가장 적합한 대상기업의 자본구조로 판단되어 이를 적용하여 산정한 결과, WACC(가중평균자본비용)은 아래와 같이 13.25%로 결정하였다.

표 8-41
WACC의 산정

자본구조		자본비용	가중평균
자기자본	70%	16.79%	11.75%
타인자본	30%	4.95%	1.48%
			WACC : 13.23%
			13.25% Rounded

④ **자산유형별 수익률**[ROR] 순영업자산의 소득흐름에 대한 할인율은 자본제공자인 주주나 채권자 입장에서 보면 요구수익률이고, 자본조달자인 회사입장에서는 자본비용이 된다. 따라서 대상기업의 순영업자산인 운전자본과 고정자산에 대한 자산별 수익률[ROR]은 자금조달원천에 따라 구분하여 산정한다. 즉 운전자본은 자기자본에 100% 의존하는 것으로 보아 4.95%로 산정되며, 고정자산은

LTV 70% 적용부분은 타인자본비용(4.95%)을, 나머지 30% 부분은 자기자본비용(16.79%)을 적용하면 아래와 같이 8.50%로 산정된다.

표 8-42
자산유형별 ROR의 산정

	기업가치	운전자본	고정자산
타인자본비율	30.00%	100.00%	70.00%
세후타인자본비용 (K_d)	4.95	4.95	4.95
(가중평균타인자본비용)	1.48	4.95	3.46
자기자본비율	70.00	0.00	30.00
자기자본비용 (K_e)	16.79	16.79	16.79
(가중평균자기자본비용)	11.75	0.00	5.04
WACC	13.23	4.95	8.50
Rounded	13.25	5.00	8.50

• 3단계 (예측기간 가치의 추정)

추정 1기~5기의 예측기간 중 FCFF의 현재가치는 위에서 산정된 WACC 13.25%를 할인율로 적용하면 다음 〈표 8-43〉과 같이 1,442백만원으로 산정된다.

$$\text{예측기간 가치} = \sum_{t=1}^{n} \frac{FCFF_t}{(1+WACC)^t}$$

표 8-43
예측기간의 현재가치

(단위 : 백만원)

	1기	2기	3기	4기	5기
Free Cash Flow	374	382	390	398	407
할인율(%)	13.25	13.25	13.25	13.25	13.25
현재가치	351	317	285	257	232
합계	1,442				

• 4단계 (예측기간 이후의 잔존가치)

① **고정성장률** 고정성장률 g은 대상회사가 안정적 거래처를 확보한 가운데 해

외수출 거점의 확보(일본, 싱가폴 등), 꾸준한 시설투자, 사업부문 다각화 등을 통해 매출신장세를 유지하고 있으나 과거 5개년의 매출액 성장률과 향후 동종산업의 성장전망 및 경쟁상황, 그리고 치열한 동종업계의 경쟁상황 등을 종합적으로 감안하여 추정 1~5기는 2.0%, 그 이후는 0.0%로 추정하였다.

② **환원율 및 잔존가치** 잉여현금흐름이 앞으로 어느 정도 지속될 것인가에 따라 기업가치가 달라지며, 기업가치는 계속기업이라는 전제하에 환원율 13.25%를 적용한 추정 6기 이후 잔존가치 CV는 다음과 같이 1,787백만원으로 산정된다.

$$CV = \frac{FCFF_{n+1}/(WACC - g_n)}{(1+WACC)^n}$$

표 8-44
예측기간 이후 잔존가치

(단위 : 백만원)

	잔존가치
잉여현금흐름(FCFF)	415
WACC	13.25%
고정성장률(g)	0.0%
환원율(WACC-g)	13.25%
잔존가치(CV)	1,787

• 5단계 (전체기업가치의 산정)

추정 1기~5기 FCF는 1,442백만원, 잔존가치는 1,787백만원으로 각각 산정되었으므로 SM시스템㈜의 기업가치는 다음과 같이 3,229백만원으로 평가된다.

기업가치 = 예측기간 가치 + 그 이후 잔존가치
= 1,442 + 1,787
= 3,229백만원

표 8–45
기업가치 산정

(단위 : 백만원)

	1기	2기	3기	4기	5기	그 이후
Free Cash Flow	374	382	390	398	407	415
성장률(%)	2.0	2.0	2.0	2.0	2.0	0.0
할인기간	0.5	1.5	2.5	3.5	4.5	4.5
할인율(%)	13.25	13.25	13.25	13.25	13.25	13.25
현가계수	0.94	0.83	0.73	0.65	0.57	4.31
Present FCF	351	317	285	257	232	1,787
예측기간가치	1,442					
잔존가치	1,787					
기업가치	3,229					

5 영업권 가치의 평가

본건 영업권가치의 평가는 수익환원법을 적용하였으며, 구체적인 적용방법은 ① 잔여법 ② 다기간초과이익법 MPEEM ③ 초과이익환원법 ④ 단기간초과이익법 SPEEM 등이다. 이러한 4가지 방식에 의하여 산정된 시산가액들에 대한 조정을 통해 평가대상 영업권의 최종 감정평가액을 결정한다.

5.1 잔여법

1) 평가방법

잔여법은 대상기업의 전체 기업가치에서 영업권을 제외한 유형자산가치 및 식별가능 무형자산가치를 공제하고 남는 가치를 영업권의 가치로 평가하는 방법이다. 즉 기업가치를 시장가치로 구한 다음 영업권을 제외한 순영업자산의 가치를 공제함으로써 그 나머지 잔여가치로 영업권가치를 평가하는 것이다. 이 방식에 의한 영업권 가치 평가모형은 다음과 같다.

$$V_G = BV - (WC + TA + IA)$$

영업권 = 기업가치 − (운전자본 + 유형자산 + 식별가능무형자산)

2) 평가절차

잔여법을 이용한 영업권의 가치를 평가할 경우 적용할 평가절차를 4단계로 나누어 제시하면 다음과 같다.

(1단계) FCFF의 추정 및 기업가치 산정
(2단계) 유형자산 및 식별가능 무형자산 가치산정
(3단계) 유 · 무형자산가치 차감 및 영업권의 시산가치 산정
(4단계) WARA 검토 및 최종평가가치의 결정

• **1단계 (FCFF 추정 및 기업가치 산정)** 평가대상 영업권이 속한 기업의 매출액 및 FCFF를 추정하면 앞의 기업가치 산정 결과 〈표 5-15〉 (기업가치 산정)에 제시한 바와 같이 3,229백만원이 전체 기업가치로 산정된다.

기업가치 = 예측기간 가치 + 그 이후 잔존가치
= 1,442 + 1,787
= 3,229백만원

• **2단계 (유형자산 및 식별가능 무형자산 가치산정)** 대상기업의 유형 및 무형의 자산들에 대한 가치를 각 자산의 특성에 따라 수익방식, 원가방식, 비교방식 등의 방법을 이용하여 재산정한다. 다만 여기서 식별가능 무형자산은 평가목적상 영업권에 포함하여 평가한다. 따라서 BC시스템㈜의 유형자산가치는 의뢰인이 제시한 재무상태표에 명시된 자산을 기준으로 기준시점 현재 다음과 같이 1,516백만원으로 산정된다. 이는 장부가치 1,398백만원에 비하여 118백만원 증가된 것이며, 주로 토지 및 건물의 가치변동에 기인한다.

표 8-46
유형자산 가치 산정

	장부가액(A)	평가액(B)	차이(B-A)
운전자본	481	423	-58
고정자산	917	1,093	176
합 계	1,398	1,516	118

앞에서 산정된 기업가치에는 유형자산과 무형자산의 가치가 모두 포함되어 있는 것으로, 평가대상가치인 영업권의 가치를 구하기 위해서는 기업가치에서 유형 및 식별가능무형자산의 가치를 공제하여 산정한다. 이때 유형자산의 가치는 기준시점 현재의 시장가치를 기준으로 재평가한다. 본건은 평가목적이 지분매각을 위한 시장가치 평가로서 앞서 산정된 잔여법의 평가결과를 검증하기 위하여 비록 대상기업에는 고객관계(고객목록) 등 식별가능무형자산이 존재하지만, 평가목적상 이를 별도 평가하지 않았으며, 모두 영업권에 포함하여 산정한다.

표 8-47 무형자산 가치 산정

(단위 : 백만원)

	평가액	구성비
기업가치 평가액 (A)	3,229	100%
유형자산가치 평가액 (B)	1,516	46.9%
식별가능무형자산 (C)	0	0
무형자산가치 평가액 (D=A–B–C)	1,713	53.1%

• **3단계 (유 · 무형자산가치 차감 및 영업권 시산가치 산정)** 여기서는 식별가능한 무형자산을 영업권에 포함하여 평가하므로 대상기업의 유형자산은 2단계에서와 같이 1,516백만원이며, 이를 전체기업가치 3,229백만원에서 차감하게 되면 영업권의 시산가치는 1,713백만으로 산정된다.

$$V_G = BV - (V_{TA} + V_{IA})$$

영업권가치 = 기업가치 – (수정후 유형자산가치 + 식별가능무형자산)

= 3,229 – (1,516 + 0)

= 1,713백만원

• **4단계 (WARA 검토 및 최종평가가치 결정)** 대상기업에는 고객관계(고객목록) 등 식별가능한 무형자산이 존재하나, 평가목적(지분매각을 위한 시장가치산정)상 영업권에 포함하여 평가하므로 대상기업의 유형자산은 2단계에서 수정 평가된 바와 같이 1,516백만원이다. 이를 전체기업가치 3,229백만원에서 차감하게 되

면, 영업권의 시산가치는 1,713백만으로 산정된다. 대상 영업권 및 다른 구성자산들에 대한 가중평균자산수익률 WARA과 현금창출단위 전체의 내부수익률, 즉 WACC 13.25%가 일치하는지 여부를 검증하고, 일치하지 않을 경우 조정과정을 거쳐 자산유형별 ROR을 결정하였다. 즉 WARA 분석결과, 다음과 같이 기업가치 구성자산 유형별 특성이나 위험도에 따라 ROR적용의 일관성이 유지된 것으로 판단된다.

운전자본(5.0%) < 고정자산(8.5%) < 영업권(18.3%)

표 8-48
가치평가 결과 및 WARA 분석

(단위 : 백만원)

자산	평가액	ROR	구성비	WACC기여율
운전자본	423	5.0%	13.1%	0.66%
고정자산	1,093	8.5%	33.8%	2.87%
영업권	1,713	18.3%	53.1%	9.72%
기업가치	3,229			
WARA				13.25%
WACC				13.25%

5.2 다기간초과이익법 MPEEM

1) 평가방법

다기간초과이익법 MPEEM이란, 대상 무형자산이 창출할 것으로 예상되는 여러 기간의 현금흐름에서 다른 자산에 귀속될 기여자산공헌율 contributory asset charges: CAC을 공제한 후 대상 무형자산에 귀속되는 초과이익을 현가화하여 대상물건의 가치를 평가하는 방식이다. 이 방식은 영업권만의 가치산정을 위하여 독립적으로 사용되지 않으며, 우선 식별가능 유형 · 무형자산에 대한 평가후 잔여가치 원리 residual value principle에 따라 영업권 가치가 되는 것이다.

그렇다고 하더라도 이 방식이 의미 없다는 뜻은 아니다. 오히려 앞서 잔여법에서 도출된 영업권 가치가 구체적으로 어떠한 무형자산들로 구성되어 있는지, 무형자산 중 핵심무형자산은 무엇인지를 파악하여 평가가치의 적정성을 검증하는 기법으로서 그 의의가 크다. 본건 평가가 지분매각을 위한 일반거래 목적의 시장가치 평가이므로 이 방식을 적용하지 않아도 무방하지만, 여기서는 고객관계(고객목록)자산을 대상기업의 핵심무형자산이라는 가정하에 MPEEM을 다음 절차에 따라 적용함으로써 앞서 잔여법에 의한 영업권 평가결과를 검증하고, 구체적으로 영업권의 구성내용을 확인하기로 한다.

2) 평가절차

다기간초과이익법에 의한 영업권의 가치평가 절차를 4단계로 나누어 제시하면 다음과 같다.

(1단계) 매출액 및 FCFF의 추정
(2단계) 전체 기업가치의 산정
(3단계) 자산별 ROR분석 및 핵심무형자산가치의 산정
(4단계) WARA분석 및 최종 영업권가치의 산정

• **1단계 (매출액 및 FCFF의 추정)** 대상기업 전체의 매출액과 FCFF를 추정한다. 매출액은 대상기업의 과거 매출액 및 매출원가율 변동추이 등 기업분석, 동종산업의 장단기 전망이나 소비자물가상승률, 경제성장률 등에 대한 산업분석 결과 등을 종합 고려하여 다음 〈표 8-49〉와 같이 추정한다.

표 8-49
FCFF의 추정

(단위 : 백만원)

	1기	2기	3기	4기	5기	그 이후
매출액(백만원)	2,560	2,611	2,664	2,717	2,771	2,827
매출원가	1,575	1,606	1,638	1,671	1,704	1,738
매출총이익	986	1,005	1,025	1,046	1,067	1,088
판관비	422	431	439	448	457	466
R&D	64	65	67	68	69	71
EBITDA	499	509	519	530	540	551

	1기	2기	3기	4기	5기	그 이후
감가상각비(–)	21	21	22	22	23	23
EBIT	478	488	498	507	518	528
Taxes	105	107	109	111	113	116
NOPLAT	373	381	389	396	405	412
감가상각비(+)	21	21	22	22	23	23
Gross Cash Flow	394	402	410	419	427	435
자본적지출	15	15	15	15	15	15
운전자본증감	5	5	5	5	5	6
Free Cash Flow	374	382	390	398	407	415

• 2단계 (전체 기업가치 산정) 대상기업의 전체 기업가치를 구하기 위하여 제1단계에서 구한 잉여현금흐름을 적정한 가중평균자본비용 WACC에 의하여 할인하면 앞의 〈표 8–49〉에 나타난 바와 같이 전체 기업가치는 예측기간 가치와 그 이후 잔존가치를 합하여 3,229백만원으로 산정된다.

기업가치 = 예측기간 가치 + 그 이후 잔존가치
= 1,442 + 1,787
= 3,229백만원

• 3단계 (자산별 ROR 분석 및 핵심무형자산가치 산정) 각 자산별 수익률은 자본조달 원천에 따라 대상기업의 자기자본비용과 타인자본비용을 적용하여 산출한다. 다만 무형자산에 대하여는 상표(15%)를 제외하고는 담보대출이 불가능하므로 100% 자기자본에 의한 조달을 원칙으로 자산별 ROR을 구하되, 무형자산 고유의 특성과 위험을 고려한 할인율을 적용한다.

여기서 자산별 ROR은 전체 기업가치 구성자산별 자금조달원천에 따라 산정된다. 그 결과 〈표 8–50〉에서 나타난 바와 같이 각 자산별 ROR은 운전자본 5.00%, 고정자산 8.50%, 상표 15.00%, 그리고 고객관계, 기술가치 및 노동력(고용계약)은 자기자본비용과 유사한 수준인 16.75%로 각각 산정된다.

표 8-50
각 자산별 ROR 분석

	기업 가치	운전 자본	고정 자산	상표	고객 관계	기술 가치	노동력
타인자본비율(%)	30.00	100.00	70.00	15.00	0.00	0.00	0.00
세후타인자본비용(Kd)	4.95	4.95	4.95	4.95	4.95	4.95	4.95
(가중평균타인자본비용)	1.49	4.95	3.47	0.74	0.00	0.00	0.00
자기자본비율(%)	70.00	0.00	30.00	85.00	100.00	100.00	100.00
자기자본비용(Ke)	16.79	16.79	16.79	16.79	16.79	16.79	16.79
(가중평균자기자본비용)	11.75	0.00	5.04	14.27	16.79	16.79	16.79
WACC	13.24	4.95	8.50	15.01	16.79	16.79	16.79
Rounded	13.25	5.00	8.50	15.00	16.75	16.75	16.75

2단계의 기업가치 산정과정에서 나타난 핵심 무형자산을 분석하고, 대상기업의 EBIT에서 각 기여자산에 대한 CAC 및 법인세비용을 차감하여 핵심무형자산의 시산가치를 산정한다. 기여자산 산정시 자산수익률법 return on asset method 에서는 기여자산에 대한 이자비용만을 CAC의 개념으로 보기 때문에 감가상각 후 이익인 EBIT로부터 차감한다. 또한 전체 구성자산들의 비중에 따른 가중평균자산수익률 WARA과 현금창출단위 전체의 내부수익률, 즉 WACC가 일치하는지 여부를 검증하고, 일치하지 않을 경우에는 전체적으로 재조정하는 WARA분석 과정을 거쳐야 한다.

평가대상기업의 식별가능무형자산은 숙련된 노동력, 상표, 고객관계(고객목록), 기술(비특허) 등이며, 이중 핵심무형자산은 고객관계(고객목록)인 것으로 파악된다. 핵심무형자산에 대한 매출액의 추정은 대상기업의 과거 매출액 및 매출원가율 변동추이, 동종산업의 장단기 전망이나 소비자물가상승률, 경제성장률 등을 종합 고려하여 수행되었다. 그 결과 기존 고객관계(고객목록) 자산에 의한 매출은 전체매출의 90%로 분석되었으며, 고객이탈률은 추정매출액의 15% 수준으로 분석되었다. 과거 신규고객획득비용은 영업비용에서 뺀 것과 동일한 수준으로 향후 신규고객획득 마케팅활동비용을 1~6기에 가산하여 아래와 같이 현금흐름을 추정한다.

$$ER_{t+1} = RV_{CR} \times (1 - CR_{DR})$$

ER_{t+1} : 추정매출액 RV_{CR} : 고객관계매출 CR_{DR} : 고객이탈률

표 8-51
SM시스템의 현금흐름 추정표

(단위 : 백만원)

	1기	2기	3기	4기	5기	6기
매출액(백만원)	2,264	2,274	2,277	2,285	2,294	2,326
고객이탈률(15%)	90%	77%	65%	55%	47%	40%
기존고객수익	2,037	1,739	1,480	1,262	1,077	928
매출원가	1,252	1,069	910	776	662	570
판관비	336	287	244	208	177	153
EBITDA	449	383	326	278	238	205
감가상각비	16	14	12	10	8	7
EBIT	433	369	314	268	230	198

앞서 산정된 자산별 ROR을 적용한 각 자산의 수정후 평가액과 각각의 CAC는 아래와 같이 산정된다.

표 8-52
유 · 무형자산의 평가방법 및 CAC의 산정

(단위 : 백만원)

	평가방법	평가액	ROR(%)	CAC(%)
순운전자본	장부가치	423	5.0	0.80
고정자산	시장가치평가	1,093	9.0	3.36
무형자산				
① 노동력(고용계약)	원가법	90	16.75	0.47
② 상표 및 브랜드	로열티면제법	150	15.00	0.78
③ 기술(비특허)	기술유무법	440	16.75	N/A

주) 고객관계는 기존고객에 대한 수익이므로 기술(비특허)과의 관련은 없는 것으로 분석됨.

아래와 같이 추정 EBIT에서 각 기여자산에 대한 CAC를 공제하여 세전현금흐름이 산정되고, 다시 법인세비용을 차감하면 평가대상 고객관계(고객목록)로부터 창출되는 세후현금흐름이 산정된다.

표 8-53
고객관계의 ATCF

(단위 : 백만원)

	CAC	1기	2기	3기	4기	5기	6기
EBIT		433	369	314	268	230	198
(1) 순운전자본	0.80%	16	13	11	10	8	7
(2) 고정자산	3.36%	68	58	49	42	36	31
(3) 노동력(고용계약)	0.47%	9	8	7	5	5	4
(4) 상표 및 브랜드	0.78%	15	13	11	9	8	7
(5) 세금(22.00%)		95	81	69	58	50	43
ATCF		230	196	167	144	123	106

아래와 같이 핵심무형자산인 고객관계(고객목록)에 대하여 ROR 16.75%를 할인율로 적용하면 고객관계(고객목록)의 평가 가치는 아래와 같이 769백만원으로 산정된다.

표 8-54
고객관계의 평가가치

(단위 : 백만원)

	1기	2기	3기	4기	5기	6기
ATCF	230	196	167	144	123	106
할인율(16.75%)	0.93	0.79	0.68	0.58	0.50	0.43
현재가치	212	155	113	83	61	45
예측기간가치	669					
잔존가치	100					
현재가치	769					

• **4단계 (WARA분석 및 최종 영업권가치 산정)** 전체 기업가치 구성자산들의 비중에 따른 가중평균자산수익률 WARA과 현금창출단위 전체의 내부수익률, 즉 WACC가 일치하는지 여부를 검증하고, 일치하지 않을 경우에는 전체적으로 재조정하는 WARA분석 및 검토를 수행한다. 그리고 2단계에서 구한 전체 기업가치에서 3단계에서 구한 식별가능 자산의 가치를 차감한 잔여부분으로 대상영업

권의 가치를 최종 결정한다.

표 8–55
영업권평가 및 WARA 분석

(단위 : 백만원)

자산	평가액	ROR	구성비	WACC기여율
운전자본	423	5.00%	13.1%	0.66%
고정자산	1,093	8.50%	33.8%	2.87%
유형자산합계	1,516		46.9%	
상표 및 브랜드	150	15.00%	4.6%	0.70%
기술	440	16.75%	13.6%	2.28%
고객관계	769	16.75%	23.8%	3.99%
노동력(고용계약)	90	16.75%	2.8%	0.47%
순영업권	264	27.90%	8.2%	2.28%
영업권(광의)	1,713		53.1%	
기업가치	3,229			
WARA				13.25%
WACC				13.25%

SM시스템㈜의 다기간초과이익법에 의한 순영업권 가치는 총기업가치 3,229백만원에서 유형자산(순운전자본 423백만원, 고정자산 1,093백만원)과 식별가능한 무형자산을 제외하면 264백만원으로 산정된다. 아울러 평가대상 핵심무형자산의 가치산정 후에는 대상 영업권 및 다른 구성자산들에 대한 WARA와 WACC가 일치하는지 여부를 검증한다.

WARA분석 및 검토 수행 결과 〈그림 8–10〉에 나타난 바와 같이 각 자산별 ROR은 운전자본 5.00%, 고정자산 8.50%, 상표 15.00%, 그리고 고객관계, 기술가치 및 노동력(고용계약)은 자기자본비용과 유사한 수준인 각각 16.75%로 산정되고, 영업권은 27.9%로 나타나 위험 · 수익 상충원리에 따른 일관성이 유지된 것으로 판단된다. 그 결과 〈표 8–55〉에서와 같이 최종 영업권의 가치는 264백만원으로 나타났으며, 식별가능 무형자산(상표 150백만원, 기술가치, 440백만원, 고객관계 769백만원 등)은 1,449백만원으로 평가되는 바 이를 포함한 광의의

그림 8-10
WARA분석 및 자산별 ROR

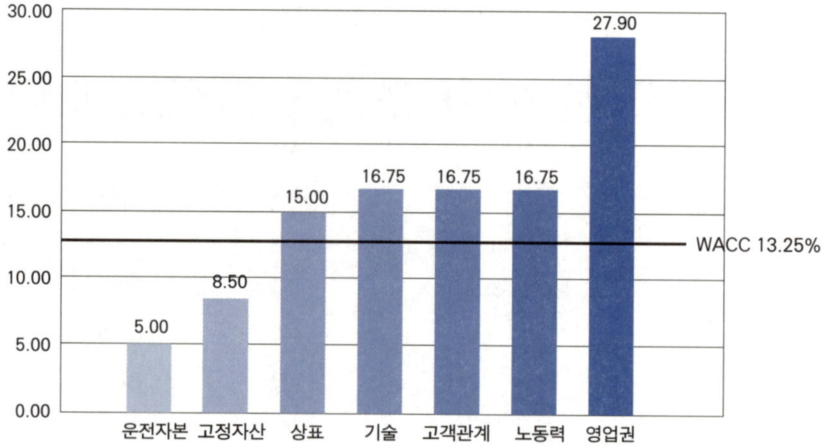

영업권 가치는 잔여법과 동일한 1,713백만으로 산정되어 적정한 가치결론이 도출된 것으로 분석된다.

5.3 초과이익환원법 (IVS기준)

1) 평가방법

IVS기준에 따르면 초과이익환원법은 세후영업이익[NOPAT]을 기준으로 산정한 순이익에서 영업자산에 대한 ROR을 적용한 정상이익을 차감하여 평가대상의 초과이익을 산출한 후 여기에 적정한 환원율을 적용하여 영업권 가치를 산정한다. 이 방식에 의한 영업권가치 평가모형은 다음과 같다.

$$V_G = \frac{T_e\ (WC_e + TA_e + IA_e)}{R_{stable}}$$

V_G : 영업권가치 T_e : 예상$NOPAT$ WC_e : 운전자본 정상이익,
TA_e : 유형자산 정상이익 IA_e : 무형자산 정상이익 R_{stable} : 안정화 환원율

2) 평가절차

(1단계) 매출액 추정 및 순이익의 산정

(2단계) 정상이익의 산정

(3단계) 초과이익의 산정

(4단계) 환원율의 적용 및 시산가치 산정

(5단계) 영업권 평가가치의 결정

• **1단계 (매출액 추정 및 순이익 산정)** 매출액 추정 및 순이익의 산정은 앞서 기업가치평가에서의 1기 추정과 동일한 것으로 보고 세후영업이익[NOPAT]을 373백만원으로 산정한다.

표 8-56
매출액 추정 및 순이익의 산정

(단위 : 백만원)

세후영업이익	
매출액	2,560
매출원가	1,575
매출총이익	986
판관비	486
감가상각	21
EBIT	478
TAX (22.0%)	105
NOPAT(세후영업이익)	373

• **2단계 (정상이익의 산정)** 정상이익은 영업자산, 즉 순운전자본과 고정자산에 대한 ROR을 적용하여 다음과 같이 114백만원으로 산정하며, 무형자산은 평가목적상 영업권에 포함하여 평가한다.

$$
\begin{aligned}
I_o(\text{정상이익}) &= I_{WC}(\text{순운전자본의 정상이익}) + I_{FA}(\text{고정자산의 정상이익}) \\
&= (V_{WC} \times WC_r) + (V_{FA} \times FA_r) \\
&= (423 \times 5.0\%) + (1{,}093 \times 8.5\%) \\
&= 114\text{백만원}
\end{aligned}
$$

• **3단계 (초과이익의 산정)** 초과이익은 대상의 순이익에서 영업자산에 대한 정상이익을 차감하여 평가대상 기업의 초과이익을 다음과 같이 산정한다.

$$E_o(\text{초과이익}) = I(\text{대상기업 순이익}) - I_o(\text{정상이익})$$
$$= 373 - 114$$
$$= 259\text{백만원}$$

• **4단계 (환원율의 적용 및 시산가치 산정)** 초과이익에 대하여 영업권 자산의 자본화를 위한 적정한 환원율을 적용하여 시산가치를 산출한다. 환원율은 기업가치 산정시 적용된 WACC와 자기자본비용, 잔여법에서 도출된 영업권의 ROR 및 장기고정성장률 등을 종합고려하여 결정한다. 이중에서도 특히 자기자본비용[Ke] 16.79%와 기술가치 등 기타무형자산에 적용된 ROR 16.75%에 중점을 두되, 영업권자산 고유위험할증률을 가산하여 20.0%의 환원율을 적용한다.

표 8-57
환원율의 결정

환원율 결정요소	%
① WACC	13.25
② 자기자본비용 [Ke]	16.79
③ 기타무형자산(고객관계 · 기술가치 · 노동력 등)의 ROR	16.75
④ 영업권자산 고유위험할증	3.25
적용 환원율	20.00

평가대상의 초과이익 259백만원을 20.00%의 환원율로 자본화하면 영업권의 가치는 다음 산식에 의거 1,295백만원으로 산정된다.

$$V_G = \frac{E_o}{R_{stable}}$$

V_G : 영업권가치 E_o : 초과이익 R_{stable} : 안정화 환원율

$$V_G = \frac{259}{20.00\%}$$
$$= 1{,}295\text{백만원}$$

• **5단계 (영업권 평가가치 결정)** 시산가치에 다른 식별가능한 무형자산의 가치, 즉 ① 계약기반(노동력), ② 상표 및 브랜드, ③ 특허권, ④ 소프트웨어 등의 가치가 포함되었다면, 이를 공제한 잔여가치가 영업권의 가치가 된다. 그러나 본건

의 평가목적이 일반거래(지분매각)를 위한 시장가치의 산정이므로 식별가능 무형자산가치 전부를 포괄한 영업권 가치로서 4단계에서 산정된 시산가치 1,295 백만원으로 초과이익환원법에 의한 최종 영업권 가치를 결정한다.

5.4 단기간초과이익법 SPEEM

1) 평가방법

단기간초과이익법에서는 기준시점 현재의 재무상태표와 손익계산서를 분석하여 잉여현금흐름을 산정하고, 여기에서 다시 적정 요구수익률에 의한 순운전자본과 고정자산의 정상수익을 차감한 것을 대상 영업권 등 무형자산에 의한 초과이익으로 본다.

이렇게 산정된 초과이익을 적정한 환원율로 할인한 가액이 영업권이 된다. 그러나 여기서 산정된 영업권의 가치는 식별가능한 무형자산이 포함되어 있다는 점을 유의해야 하며, 이 평가방법은 특허권이나 상표권 기타 지식재산권 등 식별가능한 무형자산이 없는 기업, 또는 규모가 영세한 중소기업의 영업권 평가에 있어 간편법으로 적용할 수 있다. SPEEM에 의한 영업권가치 평가모형은 다음과 같다.

$$V_G = \frac{FCFF - (WC_r + TA_r)}{R}$$

V_G : 영업권가치 $FCFF$: 기업잉여현금흐름 WC_r : 순운전자본의 정상이익
TA_r : 유형자산의 정상이익 R : 환원율

2) 평가절차

(1단계) 재무제표 및 손익계산서 분석

(2단계) FCFF의 산정

(3단계) 초과이익의 산정

(4단계) 환원율 적용 및 영업권 시산가치 산정

(5단계) 최종평가가치의 결정

• 1단계 (재무제표 및 손익계산서 분석) 재무제표 및 손익계산서 분석내용은 이미 기업가치 평가과정에서 제시되어 있으므로 여기서는 생략하기로 한다.

• 2단계 (FCFF의 산정) FCFF는 세후영업이익에서 현금흐름이 없는 감가상각비는 가산하고, 자본적지출과 순운전자본증가액은 차감하여 다음과 같이 산정된다.

표 8-58
FCFF의 산정

(단위 : 백만원)

	현금흐름
세후영업이익	373
감가상각비(+)	21
자본적지출(-)	15
운전자본증가액(-)	5
FCFF	374

• 3단계 (초과이익의 산정) 초과이익의 산정은 순운전자본에 대한 요구수익률 5.0%와 고정자산에 대한 요구수익률 8.5%를 고려하여 아래 〈표 8-59〉과 같이 260백만원으로 산정된다.

$$E_o = I - (I_{WC} + I_{FA})$$
$$= 374 - (21 + 93)$$
$$= 260\text{백만원}$$

표 8-59
초과이익의 산정

(단위 : 백만원)

	요구수익 및 초과이익
FCFF	374
순운전자본	423
요구수익률	5.0%
자산수익액	21
고정자산	1,093
요구수익률	8.5%
자산수익액	93
순운전자본과 고정자산의 요구수익	114
초과이익	260

• 4단계 (환원율의 적용 및 시산가치 산정) 초과이익에 대한 환원율은 기업가치 산정시 적용된 WACC와 자기자본비용, 그리고 영업권자산 고유위험할증 등을 종합고려하여 결정한다. 특히 기타무형자산의 자본화에 적용된 ROR 16.75%에 중점을 두고, 영업권자산 고유위험할증 3.25%를 가산하여 20.0%로 환원율을 결정한다. 따라서 3단계에서 산정된 초과이익에 대하여 영업권 환원율 20.0%를 적용한 본건 영업권의 시산가치는 1,300백만원으로 산정된다.

표 8-60
환원율의 결정 및 시산가치 산정

환원율 결정요소	%	시산가치
WACC	13.25	
자기자본비용	16.79	
기타무형자산(고객관계 · 기술 · 노동력)의 ROR	16.75	
영업권자산 고유위험할증	3.25	
적용 환원율	20.00	
초과이익		260
환원율		20.0%
영업권		1,300

• 5단계 (최종평가가치 결정) 시산가치에 다른 식별가능한 무형자산의 가치, 즉 ① 계약기반(노동력), ② 상표 및 브랜드, ③ 특허권, ④ 고객관계 등의 가치가 포함되었다면 이를 공제한 잔여가치가 영업권의 가치가 된다. 그러나 본건의 평가목적은 일반거래(지분매각 등)를 위한 시장가치의 산정이므로 식별가능 무형자산가치 전부를 포괄한 영업권 가치로서 4단계에서 산정된 시산가치 1,300백만원으로 SPEEM에 의한 최종 영업권 가치를 결정한다.

5.5 시산조정 및 평가가액의 결정

영업권의 가치산정은 감정평가에 관한 규칙 제23조에 의하면 무형자산을 감정평가 할 때에 수익환원법을 적용하여야 한다고 규정하고 있으므로 본 평가에서는 잔여법, 다기간초과이익법 MPEEM과 초과이익환원법, 단기간초과이익법 등을 적용하여 다음과 같이 시산가액을 산정하였다.

표 8-61
평가방법별 시산가액

평가방법		평가가액(백만원)	환원율
잔여법		1,713	18.3%
다기간초과이익법	영업권(광의)	1,713	18.3%
	(순영업권가치)	(264)	27.9%
초과이익환원법		1,295	20.0%
단기간초과이익법		1,300	20.0%

첫째, 잔여법에 의한 SM시스템㈜의 영업권 가치는 식별가능 무형자산을 포함하여 1,713백만원이며, 영업권의 ROR은 WACC 13.25% 보다 약 5.05% 높은 18.3%로 산정된다.

둘째, 다기간초과이익법에 의한 SM시스템㈜의 무형자산가치는 총기업가치 3,229백만원에서 유형자산(순운전자본 423백만원, 고정자산 1,093백만원)과 식별가능한 무형자산(고용계약 90백만원, 상표 및 브랜드 150백만원, 고객관계(고객목록) 769백만원, 기술(비특허) 440백만원 등)을 제외한 나머지 264백만원은 순영업권 가치로 볼 수 있다.

순영업권가치 = 기업가치 - 유형자산가치 - 식별가능한 무형자산가치
= 3,229 - 1,516 - 1,449
= 264백만원

이러한 MPEEM은 본래 영업권 가치평가 방법은 아니다. 다만, 잔여법에 의하여 산정된 무형자산 가치의 내용을 보다 명확히 확정할 목적으로 적용된다. 본 평가에서도 순영업권의 가치는 264백만원이지만, 본건의 평가목적은 어디까지나 사업결합시 공정가치의 평가가 아닌 일반거래를 위한 시장가치 평가이므로 식별가능 무형자산가치 1,449백만원을 포함한 1,713백만원 전부를 영업권 가치로 평가하였다. 즉 식별가능한 무형자산이라 하더라도 본건과 같이 유

상으로 취득하지 않고, 내부적으로 창출된 영업권은 분리하여 자산으로 인식하지 않으므로 이를 포함하여 모두 영업권 가치로 평가한다.

셋째, 다기간초과이익법에 의한 순영업권의 ROR은 27.9%로서 잔여법에서 산정된 영업권의 ROR 18.3%보다 상당히 높은 것이다. 이는 식별가능한 무형자산 전부를 영업권에 포함하여 평가하는 잔여법의 특성상 고객관계(고객목록) 등 기타무형자산의 ROR 15.00~16.75%이 영업권의 ROR에 반영된 결과, 전체적으로는 낮게 희석되었기 때문이다.

넷째, 초과이익환원법 및 단기간초과이익법은 향후의 자본투자 등 장기 사업전망이나 수익분석을 전제로 하지는 않는 간편법으로 적용하였다. 단순히 어느 한 기간 單期의 초과이익을 구하여 현재가치로 자본화하는 방법이므로, 엄격한 조건아래 제한적으로 적용해야 한다. 따라서 이 방식에 의한 가치는 시산조정 과정에서 참작의 비중을 낮추는 것이 합리적이다.

이상 네 가지 사항을 종합적으로 고려하여 볼 때 기준시점 현재 본 평가대상 영업권의 시장가치는 잔여법과 다기간초과이익법에 의한 시산가액 1,713백만원으로 결정하는 것이 타당할 것이다.

9장

사업결합과 무형자산의 평가

Business Combination and Intangible Asset Valuation

Ⅰ 사업결합시 무형자산 평가

Ⅱ 매수가격배분법 PPA method

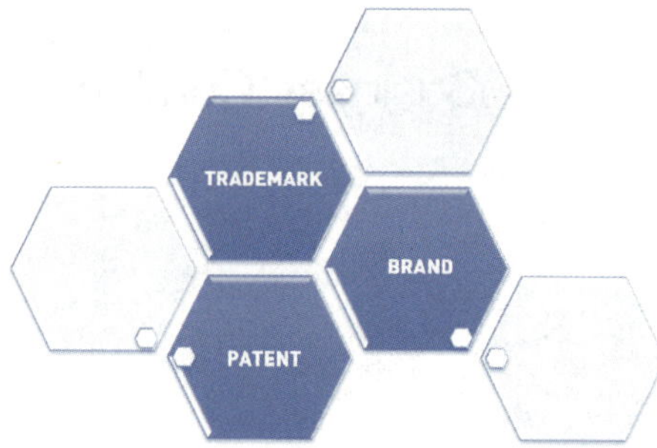

사업결합으로 취득하는 무형자산의 공정가치 측정은 활성시장이 있는지 없는지에 따라 나누어 설명할 수 있다. 만약 활성시장이 존재하는 경우에는 활성시장의 시장가격으로 측정하며, 활성시장이 존재하지 않는 경우에는 합리적인 판단력과 거래의사가 있는 독립된 당사자 사이의 거래에서 그 자산에 대하여 지급하였을 금액으로 측정하도록 되어 있다.

본 장에서는 사업결합으로 취득하는 무형자산의 평가를 위한 매수가격배분법[PPA]에 대하여 학습한다. 사업결합시 종속기업의 자산과 부채를 공정가치로 측정하고, 매수가격과의 차액은 무형자산에 적의 배분하도록 규정하고 있다. 여기서는 실제 사업결합의 사례를 분석하고 IVS에서 규정하고 있는 다양한 수익방식의 적용방법에 대하여도 논의한다.

그러나 무형자산에 귀속되는 경제적이익을 브랜드나 특허기술, 제조 노하우 등 각각의 식별가능 무형자산에 배분하기 어려운 실무상의 한계가 있으므로 다양한 평가기법을 적절히 상호보완적으로 적용하는 방법을 학습하기로 한다.

Ⅰ 사업결합시 무형자산 평가

1 사업결합시 무형자산의 인식과 평가

1.1 무형자산의 인식

우리나라 회계기준 K-IFRS 1038호와 1103호에서는 M&A(기업합병 및 인수)라는 용어 대신 사업결합 business combinations이라는 용어를 사용하고 있다. 동 기준서에 의하면 사업결합이란 "취득자가 하나 이상의 사업에 대한 지배력을 획득하는 거래나 그 밖의 사건"이라고 정의하고 있다. 즉 어떤 거래나 사건이 사업결합이 되기 위해서는 사업을 취득하고 그로 인하여 지배력을 획득하여야 한다.

그리고 K-IFRS 1038호에서는 무형자산의 정의 및 인식조건에 대하여 설명하고 있다. 즉 개별 취득하는 무형자산의 원가와 사업결합으로 인한 취득, 내부적으로 창출한 영업권과 무형자산에 대하여 기술하고 있는데, 일반적으로 개별 취득하는 무형자산의 원가는 신뢰성있게 측정이 가능하나, 내부적으로 창출한 영업권은 신뢰성있게 측정하기 어렵고 식별가능한 자원이 아니기 때문에 자산으로 인식할 수 없다고 규정하였다. 또한 K-IFRS 1038호는 사업결합으로 취득하는 무형자산의 공정가치 측정을 활성시장이 있는지 없는지에 따라 나누어 설명하고 있다. 만약 활성시장이 존재하는 경우에는 활성시장의 시장가격으로 측정하며, 활성시장이 존재하지 않는 경우에는 합리적인 판단력과 거래의사가 있는 독립된 당사자 사이의 거래에서 그 자산에 대하여 지급하였을 금액으로 측정하도록 되어 있다.

구체적으로 사업결합에서 취득한 무형자산을 인식하기 위해서는 식별가능한 무형자산이어야 한다. K-IFRS 1103호는 식별가능한 무형자산에 대하여 크게 다음과 같은 세 가지의 경우를 규정하고 있다.

1. 계약적 · 법적 기준을 충족하는 무형자산
2. 분리가능성이 있는 경우
3. 분리할 수 없는 무형자산이라 하더라도 관련 계약, 식별가능한 자산이나 부채와 결합하여 분리할 수 있다면 분리가능성 기준을 충족한다고 본다. 예를 들면, 예금자 관계 무형자산, 특허를 얻지 않은 기술적 전문지식 등이다.

만약 계약적 · 법적 기준을 충족하는 무형자산은 피취득자로부터 또는 그 밖의 권리와 의무로부터 이전하거나 분리할 수 없다 하더라도 식별 가능한 무형자산이라고 볼 수 있다. 한편 분리가능성 기준이란, 취득한 무형자산이 피취득자에게서 분리되거나 분할될 수 있고, 개별적으로 또는 관련된 계약, 또는 식별가능한 자산이나 부채와 함께 매각하거나 이전, 라이선스, 임대, 교환할 수 있는 경우를 의미한다.

취득자가 매각, 라이선스 또는 교환할 의도가 없더라도, 취득자가 매각, 라이선스 또는 기타 가치있는 것과 교환할 수 있는 무형자산은 분리가능성 기준을 충족한다고 볼 수 있다. 취득한 무형자산은 바로 그 형태의 자산 또는 유사한 형태의 자산과의 교환거래에 대한 증거가 있는 경우, 그러한 교환거래가 드물고 취득자가 그 거래와 관련이 있는지 무관하게 분리가능성 기준을 충족시킬 수 있다.

1.2 무형자산의 평가방법

IFRS에서는 사업결합으로 취득한 자산과 부채를 공정가치로 인식하고 난 다음에 공정가치를 초과하여 지급한 인수대가를 영업권으로 계상한다. 공정가치로 인식하는 자산에는 피취득기업의 장부에 계상되어 있는 무형자산, 재고자산 등만 해당되는 것이 아니라 피취득기업의 가치창출에 기여하는 무형자산들도 포함된다. 따라서 피취득기업의 장부에 계상되어 있지 않더라도 계약적 · 법적

표 9-1
식별가능 무형자산의 종류

구 분	무형 자산
고객관련 무형자산 (customer related IA)	• 고객리스트 • 주문 및 상품 기록(backlog) • 고객 계약 및 관련 고객과의 관계 • 비계약상(non-contractual)의 고객관계
마케팅관련 무형자산 (marketing related IA)	• 상표권과 상표명(trade name / trademark) • 비경쟁합의(noncompete agreement) • 인터넷 도메인명
계약기반 무형자산 (contract based IA)	• 라이선싱, 로열티, 정지협정(standstill agreement) • 광고, 매니지먼트, 서비스 또는 공급 계약 • 대여(lease) 협정 • 운영권 또는 사용권
기술기반 무형자산 (technology based IA)	• 특허된 기술 • 컴퓨터 소프트웨어 • 특허받지 않은(unpatented) 기술 • 데이터베이스(타이틀 플랜트 포함) • 상표상의 비밀(비밀공정, 제조법 등 포함) 기타

권리에서 발생하거나 다른 자산과 분리가능한 무형자산의 경우에는 공정가치로 평가하여 인식해야 한다. 그러나 무형자산은 실체가 없는 자산으로서 각각의 무형자산에 귀속되는 현금흐름을 구분하기 어려운 한계가 있으므로 각각의 무형자산을 개별적으로 평가하여 단순 합산할 경우 가치가 이중으로 반영되거나 과소 계상될 가능성이 있다. 이에 따라 사업결합 과정에서 인식해야 할 무형자산의 공정가치를 산정하기 위한 체계적인 방법이 필요하다.[1]

사업결합시 무형자산의 공정가치를 구하기 위한 가치평가 기법에는 원가방식 cost approach, 비교방식 market approach, 수익방식 income approach이 있다. 여기서 중요한 것은 이들 세가지 평가방법을 적절히 병용하여 상호보완적으로 적용하여야 한다는 것이다. 그리고 공정가치를 평가하기 위한 가치평가 기법에는 기업으로부터의 정보뿐만 아니라, 당해 기업이 속한 산업의 동향 및 향후 전망 등 시장으로부터의 정보도 정확히 반영되어야 한다. 이에 대하여는 이미 제 5장에서

1. 고영일, "한국채택 국제회계기준(K-IFRS)하의 무형자산과 영업권의 평가", 지방재정과 지방세 (통권 제43호), 2011, p.115

자세히 설명하였으므로 여기서는 일반적으로 사용되는 가치평가 기법들을 간단히 요약하여 설명하고자 한다.

1) 원가방식 cost approach

원가방식은 대치원가 replacement cost 가 공정가치를 대표할 수 있다고 가정한다. 원가방식은 신중한 투자자라면 특정 자산에 대해 동일한 효용을 갖는 여타자산의 현행취득가액이나 현행대치원가보다 더 많이 지불하지 않을 것이라는 가정을 전제로 한다. 기존에 보유하고 있는 자산이 신규 취득하는 자산보다 적은 효용을 제공한다는 점에서 현행대치원가는 물리적 감가상각, 경제적 진부화, 그리고 기능적인 진부화 등을 고려하여 조정되어야 한다.

원가방식은 자산의 재생산, 또는 재구축 비용을 산정하여 자산의 가치를 산출하는 방법이다. 가치 산정 시에는 물리적 감가상각, 경제적 및 기능적인 진부화를 고려하여야 한다. 원가방식은 특정자산에 대한 대체가능성이 존재할 경우 개발단계가 초기이기 때문에 향후의 이익을 추정할 수 없는 연구개발 프로젝트나 특정 자산이 판매되는 거래시장이 존재하지 않을 경우 적용되기에 유용한 방법이다.

2) 비교방식 market approach

비교방식은 시장접근법이라고도 하는데 공정가치는 유사자산의 최근 매매를 분석하거나 현재 매각대상으로 나와 있는 유사한 자산의 호가를 바탕으로 하여 추정된다. 가치평가는 기본적으로 해당 자산과 유사 자산의 비교를 통해 이루어진다. 비교방식은 대상자산과 직접 비교가능한 동종의 유사한 자산으로부터 도출한 가격이 평가대상 자산의 가격에 대한 경험적 증거로 사용되는 것이다. 해당 자산의 현행가치를 적절하게 반영할 수 있도록 비교가능한 자산의 지리적 위치, 매매시점, 물리적, 법적 특성 등에서 유사성이 있어야 한다. 이 방법은 유사자산에 대한 충분한 매매사례가 존재하고, 이를 독립적으로 검증할 수 있는 활성화된 시장이 존재할 때 적용할 수 있다. 비교방식에서는 기본적으로 다음의 공식을 이용하여 무형자산의 가치를 산출한다.

무형자산 가치 = 유사 무형자산의 시장 거래가액 × 격차요인 비교치

이러한 비교방식을 적용하는 데 있어서는 다음과 같은 사항들을 주의해야 한다.

1. 브랜드, 특허권, 노하우 등 무형자산의 거래에 있어서는 대개 당사자간에만 비밀리에 진행되는 경우가 대부분이므로 관련 거래자료를 수집하기 어려우며, 수집했다 하더라도 자료의 진실성을 판단하기 어렵다.
2. 수집된 유사 거래사례의 거래가격은 무형자산의 계약조건이나 기술수준, 시장상황 등에 따라 다를 수 있기 때문에 평가대상 무형자산에 적용하기 위해서는 해당 무형자산에 적용되는 기준에 따라 거래조건에 대한 조정이 필요하다.
3. 유사한 거래사례의 거래가 정상적인 상황이 아닌 비정상적 시장상황에서 이루어진 것이 아닌지 면밀히 분석 보정해야 한다. 즉 거래당사자의 재무상태, 기업상황, 시장상황, 경제상황 등에 따라 유사 거래의 사례가격이 비정상적인 상황에서 이루어졌을 가능성을 충분히 고려하여야 한다.

3) 수익방식 income approach

수익방식은 자산의 내용연수 동안 동 자산에서 기대할 수 있는 현금흐름, 즉 대상자산의 미래 경제적이익을 토대로 공정가치가 평가된다. 일반적으로 현금흐름할인법과 같은 현재가치방법이 사용되는데, 동 방법에서는 예상되는 내용연수 동안의 추정현금흐름을 위험과 화폐의 시간가치를 반영한 요구수익률로 할인하여 공정가치를 산정한다. 또한 수익방식에서는 자산을 사용함으로써 발생하는 경제적이익을 근거로 자산의 공정가치를 산정한다. 미래 경제적 이익은 해당 자산을 사용함에 따라 발생하는 원가절감이나 증분이익 등과 같은 재무적인 잉여현금흐름을 의미한다.

수익방식에는 ① 다기간초과이익법(multi period excess earnings method: MPEEM), ② 로열티면제법(relief from royalty method: RFRM), ③ 직접현금흐름법 direct cash flow method, ④

증분현금흐름법 incremental cashflow method 등이 있다. 실무적으로는 이 중에서 다기간초과이익법과 로열티면제법이 가장 많이 사용되며, 직접현금흐름법과 증분현금흐름법은 많이 사용되지는 않는다. 각 방법의 적용절차에 대하여는 앞 장에서 사례와 함께 이미 설명한 바와 같다.

1.3 무형자산 평가 관련 이슈

사업결합을 통하여 인식된 무형자산의 평가를 위해서는 사업결합의 식별, 취득자의 식별, 취득일의 결정, 피취득자의 식별가능한 자산 및 부채의 인식과 측정, 비지배지분의 인식 및 측정 등과 같은 사항들에 대하여 검토되어야 하며, 특히 다음의 세 가지 이슈에 대하여는 충분히 사전 고려되어야 할 것이다.

1. 무형자산의 인식 및 식별
2. 할인율의 추정
3. 고객감소율의 추정
4. 기여자산공헌율(액)의 추정

특히 매수가격배분법을 적용할 때 식별 가능 무형자산을 인식하기 위해서는 깊이 있는 관련 산업지식이 요구되지만, 상당한 전문가를 동원하기 전에는 곤란한 분야이다. 이러한 산업분석의 심도도 문제이지만, 상업적 적합성 commercial relevance 에 대한 판단 문제도 평가사에게는 대단히 도전적인 과제이다. 아울러 적절한 가치평가방법 선택이나, 다음과 같은 적절한 가치평가 기준을 선택하는 것도 중요한 이슈가 되고 있다.

1) 무형자산의 식별

일반적으로 사업결합으로 인한 무형자산의 평가는 인식할 무형자산의 파악으로 시작된다. 평가대상 무형자산을 식별 identification 하기 위해서는 동일 혹은 유사한 산업에서의 과거사례를 통하여 식별가능한 무형자산들을 파악하게 된다.

실무적으로는 무형자산의 식별이 무형자산 평가과정의 대부분을 차지하기도 한다. 무형자산의 식별은 과거사례, 기준서 및 관련규정 검토와 함께 담당자와

그림 9-1
무형자산의 인식요건

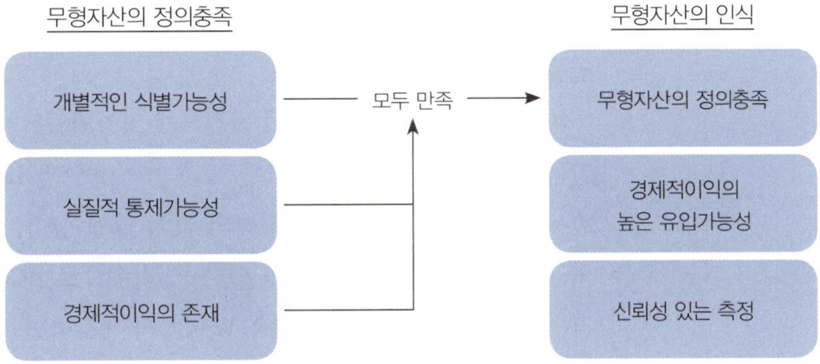

의 인터뷰 절차를 거치게 된다. K-IFRS 1103호 16-44에서는 크게 다음과 같은 5가지 유형의 무형자산을 예시하고 있다.

1. 마케팅관련 무형자산(marketing-related intangible assets)
2. 고객관련 무형자산(customer-related intangible assets)
3. 예술관련 무형자산(artistic-related intangible assets)
4. 계약기반 무형자산(contract-based intangible assets)
5. 기술기반 무형자산(technology-based intangible assets)

이상의 유형별로 예시된 사례를 토대로 회사담당자와의 인터뷰를 통하여 식별가능한 무형자산을 파악하게 되는데, 이때 물리적 실체가 없는 비화폐성 자산으로서 기업의 통제가능 여부, 식별가능성 조건의 만족 여부 등의 조건을 충족하는지를 판단하여 만약 이러한 인식요건을 충족하는 경우 이를 분리하여 별도의 무형자산으로 인식하게 된다.

2) 할인율의 추정

식별한 무형자산은 종류별로 각기 다른 할인율이 적용되어야 한다. 일반적으로 고객관계, 등록상표의 경우에는 회사의 가중평균자본비용에 일정한 프리미엄을 가산 적용하고 있으며, 이러한 자산은 무형자산이므로 위험이 회사 전체의 할인율 보다 일반적으로 높다고 가정하기 때문이다. 즉 각 자산의 유동성 및 위험도에 비례하여 운전자본<고정자산<무형자산<영업권의 순서대로 할인율이 높아진다.

따라서 각 자산의 할인율이 적절하게 평가되었는지 판단하기 위해서는 가중평균자산수익률[WARA: weighted average return on assets]과 IRR, 그리고 가중평균자본비용[WACC]을 상호 비교하여 각각의 값이 크게 상이하다면 자산별 추정 할인율의 적정성을 재검토할 필요가 있다. 일반적으로 IRR=WACC=WARA의 경우가 가장 이상적이다. 만일 IRR〉WACC의 경우라면 사업계획이 낙관적으로 평가된 것으로 판단되며, IRR〈WACC인 경우에는 비관적으로 평가되었다고 판단할 수 있다.

그 이유는 〈그림 9-2〉에서 보는 바와 같이 WARA는 유형자산은 물론 각종 무형자산들의 종합수익률이기 때문이다. WARA 산정의 전제는 각종 유 · 무형자산의 요구수익률은 고유의 위험도나 자본조달 가능성, 즉 이자비용에 따라 다르다는 것이다. 제5장에서 이미 설명한대로 유형자산은 일반적으로 낮은 요

그림 9-2
WACC와 WARA, 할인율의 상호관계

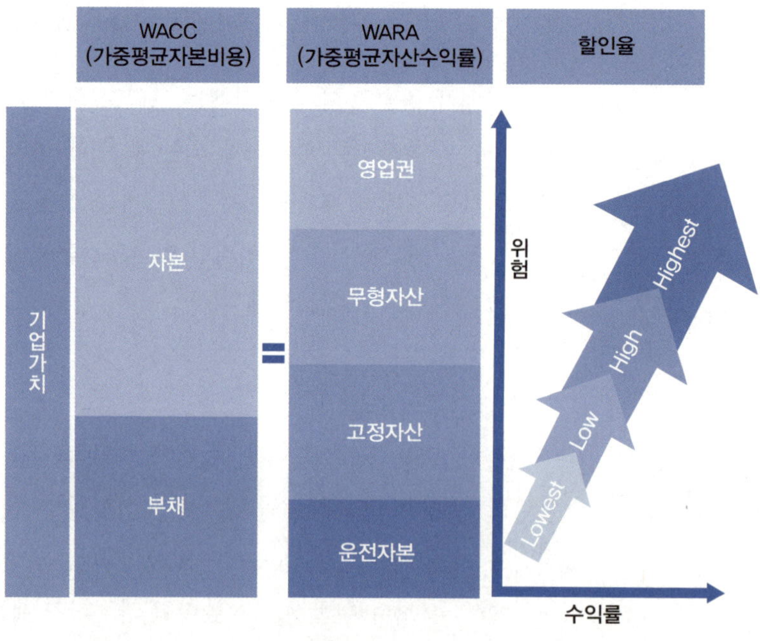

구수익률을 나타내는데 반하여, 무형자산은 담보자산이 되기 어렵고, 안정적 수익성도 기대하기 곤란하므로 요구수익률이 높아진다. 각 자산의 요구수익률을 전체 자산에 대한 비중에 따라 가중평균하게 되면 WARA가 산정되고, 결국 WACC와 근사치가 된다. 왜냐하면 기업가치는 기본적으로 총자산가치라고 볼 때, 총자산을 구성하는 각 자산들의 위험도 측정치를 합산하면 전체 기업의 위험도 측정치와 근사치가 되기 때문이다.

3) 고객감소율attrition의 추정

고객감소율이란, 고객이탈률이라고도 한다. 사업결합을 통하여 취득한 고객관련 무형자산의 평가를 위해 피인수회사의 기존고객이 얼마나 인수회사의 이익창출에 기여할 수 있는지를 분석하는 계량지표이다. 즉 피인수 회사의 과거 고객수 변동추이에 대한 분석을 통하여 기존고객의 증감율을 추정하는 지표이다. 이때 고객감소율이 고객관계의 가치에 미치는 영향은 매우 크기 때문에 과거자료를 정밀하게 분석해야 할 것이다. 또한 회사가 속한 산업의 동향 분석 및 향후 전망도 기업의 고객증감과 향후의 기업가치를 좌우하는 중요한 변수가 될 것이기 때문이다.

4) 기여자산공헌율(액) contributory asset charges: CAC

기여자산공헌율(액)이란, 그 이익을 창출하는데 사용된 다른 모든 자산들의 시장 기대이익을 의미한다. 즉 특정 무형자산으로 인해 실현된 전체적인 가치 중에서 대상자산 이외의 기타자산에 의한 공헌도를 의미한다. 다기간초과이익법을 적용하여 대상 무형자산을 평가하기 위해서는 무형자산 현금흐름에 기여한 다른 자산의 기여자산공헌율을 차감해야 하며, 일반적으로 가장 중요다고 판단되는 핵심무형자산core intangible asset에 대하여 다기간초과이익법을 적용하기 때문에 유의하여야 한다. 또한 다른 무형자산을 다기간초과이익법으로 중복 사용할 수 없으므로 평가방법 선택 시 신중하게 판단해야 할 것이다.[2]

---

2. 권수영 외, 사업결합 시 무형자산의 평가절차 및 평가기법과 영업권 손상평가, 2011, pp. 64~66.

2 매수가격 배분법 PPA method 의 적용

2.1 계약기반 무형자산 contract based intangible assets

계약가격이 시장조건에 비하여 유리하기 때문에 고용자의 관점에서 유리한 고용계약은 계약에 기초한 무형자산의 한 유형이다. 다만 조직화된 노동력 assembled workforce 중에서 구체적으로 식별가능한 유리한 계약부분에 한정하여 산정된다. 따라서 유리한 고용계약의 완전성을 확인하기 위하여는 회사가 보유하고 있는 고용계약서를 검토하여 과연 시장조건에 비하여 유리한 고용계약이 성립되어 있는지 여부를 검토하여야 한다.

그러나 기업은 대개 숙련된 종업원으로부터 발생하는 미래 경제적이익에 대해서 일반적으로 무형자산의 정의를 충족하기에 충분한 통제를 가지고 있지 않다. 이 경우 계약보너스는 무형자산으로 인식되지 않고, 발생 시에 비용으로 처리되어야 할 것이다. 새로 고용되는 종업원은 계약기간 중 퇴사할 수도 있고, 관련 기술을 다른 곳에서 사용할 수도 있으므로, 계약보너스는 기업이 통제할 수 있는 미래 경제적이익에 대한 권리를 확보하는 것이 아니다.[3]

그러나 만약 고용계약서에 종업원이 퇴사하는 경우 계약보너스를 회수할 수 있고 경쟁자에게 이 종업원을 고용하지 못하도록 할 수 있는 강제적인 비경쟁합의 non-compete agreement 가 있다면, 이러한 고용계약은 무형자산으로 인식될 수 있을 것이다. 사업결합에서도 고용관계와 관련된 무형자산이 발생할 수 있다. 사업결합에서 취득한 무형자산이 식별가능하다면, 즉 분리가능하거나 계약상 또는 기타 법적 권리에서 발생한다면, 별도의 무형자산으로 인식된다. 만약 사업결합에서 발생한 고용계약의 계약가격이 시장조건에 비하여 유리하다면 고용자의 관점에서 계약에 기초한 무형자산이 인식될 것이다.

그러나 실무에서 고용계약을 무형자산으로 부채로 인식하는 경우는 드물다.

---

3. 한국채택국제회계기준 제1038호 문단15

왜냐하면, 종업원은 비교적 짧은 기간의 통보로 퇴사할 수도 있으며, 고용계약은 강제할 수 없고, 특정 종업원에 대한 시장의 보상기준을 확인하는 것도 어렵기 때문이다. 그러나 대상기업이 다음과 같이 프로스포츠단을 취득하였을 때를 가정하면 상황은 전혀 다를 수 있다.

> "A그룹은 B프로축구단을 취득하였다. B프로축구단 소속의 선수들은 계약기간 중에 이 프로축구단을 떠날 수 없고, 다른 축구단에 입적하여 프로선수로 활동할 수도 없는 고용계약이 체결되어 있다."

이러한 계약은 고용관계 무형자산이나 부채로 인식하게 될 것이다. 왜냐하면, 이러한 계약관계가 계약에 기초하여 무형자산의 식별가능성을 충족하고 관측 가능한 시장에서 거래될 수 있어 분리가능하기 때문이다. 또한 이러한 계약이 비경쟁합의조항을 포함할 수도 있다. 이러한 비경쟁합의는 가치를 가질 것이며, 그러한 계약이 사업결합의 일부일 경우에는 비경쟁합의의 가치는 별도의 무형자산으로 측정되어야 할 것이다.

이와 같이 시장조건에 비하여 유리한 고용계약의 평가에는 대치원가법cost estimated to replace asset이 적용될 수 있다. 대치원가법이란 해당 무형자산을 재창출하거나 대체할 경우 소요되는 원가를 의미하며, 그 평가절차는 다음과 같이 7단계로 나누어 설명할 수 있다.[4]

- **1단계 (분야별 총연인건비 산정)** 시장조건에 비하여 유리한 고용계약이 되어있는 종업원들에 대해 분야별로 분류하고 분야별 총연인건비를 산정한다.
- **2단계 (분야별 인원 및 평균연인건비 산정)** 시장조건에 비하여 유리한 고용계약이 되어있는 종업원들의 분야별 인원수를 산정하고 총인건비를 해당 인원수로 나누어 분야별 평균연인건비를 산정한다.
- **3단계 (채용비용 산정)** 인건비대비 채용비용 비율을 파악하여 분야별 채용비용recruitment costs을 산정한다.

---

4. *ibid*, pp. 112~ 114.

- 4단계 (교육훈련비용 산정) 인건비대비 교육훈련비용 비율을 파악하여 분야별 교육훈련비용training costs을 산정한다.
- 5단계 (총대치원가 산정) 앞에서 산정한 채용비용과 교육훈련비용을 합산하여 총대치원가를 산정한다.
- 6단계 (대치원가 발생에 따른 절세효과 차감) 채용비용과 교육훈련비용의 발생에 따른 법인세 절세효과tax shield effect를 총대치원가에서 차감한다. 해당 절세효과는 해당 무형자산이 아닌 비용발생에 따른 법인세 감소분이기 때문이다.
- 7단계 (상각절세효과 가산) 해당 무형자산으로부터 기대할 수 있는 절세효과를 고려해야 한다. 상각절세효과Tax Amortization Benefit: TAB는 일반적으로 상각절세효과 증가요소step−up factor TAB를 적용하여 산출한다.

〈예시〉 계약기반무형자산–대치원가법

조직화된 노동력assembled workforce 중에서 식별가능한 유리한 고용계약에 대해 대치원가법을 적용하여 가치를 평가하기로 한다. 여기서는 우선 인수 기업 SW 통신㈜의 유리한 고용계약에 대한 대치원가 평가방법을 간단한 사례를 통하여 설명하기로 한다. 대치원가법 적용을 위한 기본 가정은 다음과 같다.

〈기본가정〉

① 채용비용 : 평균임금의 10~20%
② 교육기간 : 1.5 ~ 3.0개월
③ 대치비용단가 : 채용비용+교육비용
④ 법인세율 : 24.2%
⑤ 고용계약의 평가가치 : 고용계약(노동력)가치 + 상각절세효과

〈표 9−2〉에서 예시한 바와 같이 대치원가법에 의한 조직화된 노동력의 평가절차를 7단계로 나누어 적용하면 다음과 같다.

- 1단계 (총연간인건비) 비경쟁 합의조항이 포함된 유리한 고용계약을 체결한 종업원은 운영직, 연구직 등 분야별 연간인건비를 산정한 결과, 〈표 9-2〉에서와 같이 총 115명이었으며 직원 1인당 총연봉은 (8천만원~2억원/인)이었다.
- 2~3단계 (채용비용) 채용비용은 분야별 연평균임금의 10~20%로 산정하되, 운영직은 8백만원/인, 연구직은 12백만원/인, 판매홍보직은 13.5백만원/인, 행정직은 4천만원/인으로 계산하였다.
- 4단계 (교육훈련비용) 분야별로 1개월 반~3개월의 교육기간이 소요됨에 따라 1인당 1천만원~5천만원의 교육훈련비용이 소요되는 것으로 산정되었다.
- 5단계 (총대치원가) 2~4단계에서 산정한 채용비용과 교육훈련비를 합산한 고용계약 대치원가 단가는 최소 18백만원/인~최대 9천만원/인이었으며, 이를 115명 직원의 분야별로 대입하면 총대치원가는 29억원으로 계산되었다.
- 6단계 (법인세절세효과 차감) 대치원가 29억원×(1− 24.2%) = 22억원
- 7단계 (상각절세효과 가산) 고용계약가치+ TAB = 22억+3억 = 25억원

표 9-2
고용계약가치 평가 –대치원가법

(단위: 백만원)

	인원	연간 인건비 (A)	% 인건비 (B)	채용비용 (C)=(A×B)	교육비용 기간 (월)	교육비용 비용 (D)	대치원가 단가 (E)=(C+D)	대치원가 원가(억원) (F)=정규직×E
운영직	63	80	10%	8.0	1.5	10.0	18	11
연구직	13	80	15%	12.0	3.0	20.0	32	4
판매홍보	33	90	15%	13.5	1.5	11.3	25	8
행정직	6	200	20%	40.0	3.0	50.0	90	5
합계	115			73.5		91		29
							법인세절감효과	7
							고용계약가치	22
							상각절세효과	4
							공정가치	26

2.2 마케팅관련 무형자산 marketing related intangible assets

마케팅관련 무형자산이란, 등록상표 established trademarks, 상표명 trademarks, 서비스마크, 단체마크 collective marks 및 인증마크를 포함한다. 등록상표, 상표명은 제품의 원천을 나타내고 다른 제품과 구분하기 위하여 거래에서 사용하는 단어, 이름, 상징, 또는 그 밖의 도안을 말한다. 서비스마크는 제품보다는 용역의 원천을 식별하고 구분한다. 단체마크는 단체 구성원들의 제품과 용역을 식별한다. 인증마크는 제품과 용역의 원산지나 그 밖의 특성을 증명한다. 등록상표, 상표명, 서비스마크, 단체마크 및 인증마크는 정부기관에 등록 하거나 상업적으로 계속 사용하거나 또는 그 밖의 방법에 의해 법적으로 보호받을 수 있다. 등록이나 그 밖의 방법에 의해 법적으로 보호받는 경우, 사업결합에서 취득한 등록상표나 그 밖의 마크는 계약적 · 법적 기준을 충족하는 무형자산이다. 그렇지 않다면 사업결합에서 취득한 등록상표나 그 밖의 마크는 일반적으로 그렇듯이 분리가능성 기준을 충족한다면 영업권과 별도로 인식할 수 있다.

등록상표 그리고 그 밖의 마크와 동의어로 종종 사용되는 '브랜드'나 '브랜드명'이라는 용어는 등록상표(또는 서비스마크), 이와 관련된 상표명, 공식, 조리법 그리고 기술적 전문지식과 같이 서로 보완적인 자산 집합을 전형적으로 나타내는 일반적인 마케팅 용어이다. 기업회계기준서 제1103호는 집합을 구성하는 자산들이 유사한 내용연수를 갖는 경우 일반적으로 브랜드로 불려지는 서로 보완적인 무형자산 집합을 영업권과 분리하여 단일 자산으로 인식하는 것을 배제하지 않는다.[5]

회사가 보유하고 있는 등록상표 등을 관련 서류, 장부, 회사 담당자와의 인터뷰 등을 통해 검토한다. 또한 과거사용 내역 및 향후 사용 계획에 대해서도 검토가 이루어져야 한다. 특히 재무상태표에 계상되어 있는 산업재산권을 중심으로 구성내역을 살펴본다. 산업재산권은 좁은 의미에서는 특허권, 실용신안권, 디자인권, 상표권 및 서비스표권을 말하며, 넓은 의미에서는 노하우 know-how 권,

5. 기업회계기준서 제1103호 IE19~IE21

미등록주지상표권 등 산업상 보호 가치가 있는 권리를 모두 포함한다.

등록상표와 같이 소유자가 사용자에게 사용허가권을 줄 수 있는 자산에 대한 가치평가 시 주로 로열티면제법relief from royalty method: RERF을 사용한다. 로열티면제법이란 등록상표 등으로 인해 창출될 미래현금흐름에 적절한 로열티율royalty rate을 곱하여 매년 절감한 로열티 금액을 산정하고 이를 현재가치로 할인하여 해당 등록상표 등의 가치를 산출하는 방법이다. 로열티 절감액은 해당 등록상표 등과 관련된 제품, 상품, 서비스의 판매로 인해 기대되는 매출액에 독립된 제3자간의 거래인 정상 로열티율 arm's-length royalty rate을 적용하여 계산한다. 정상 로열티율은 자발적인 소유자licensor가 자발적인 사용자licensee에게 해당 자산의 사용에 대해 적용되는 요율이며, 대개 순매출액의 일정비율로 표시된다. 로열티면제법을 사용하여 등록상표 등을 평가하는 방법을 6단계로 나누어 설명하면 다음과 같다.[6]

- **1단계 (내용연수의 추정)** 과거 동일업종 내 사례를 검토하여 등록상표 등의 평균 내용연수를 파악한다. 평균 내용연수에서 해당 등록상표 등의 사용기간을 차감하여 잔존 내용연수를 산정한다.
- **2단계 (매출액의 추정)** 업종 및 개별 기업의 특성을 고려하여 매출액을 추정한다. 특히 통신업종, 인터넷 관련업종, 유통업종 등의 경우 가입자당 또는 고객당 평균수익average revenue per unit: ARPU의 추이를 고려하여 등록상표 등의 잔존 내용연수 동안의 매출액을 추정한다. ARPU는 판매단가의 개념이며 과거 매출액 변동추이, 향후 산업 전망, 업종 내 경쟁기업 간 경쟁강도 등을 통해 추정할 수 있다. 또한 매출액 추정 시에는 유지율retention factor을 고려해야 한다. 등록상표 등의 가치는 최종 내용연수에 한꺼번에 소멸하는 것이 아니라, 내용연수에 걸쳐 점진적으로 소멸한다고 가정하는 것이 합리적이다. 매년 "추정 총매출액"에 연평균 유지율을 곱하여 "추정 순매출액"을 산정한다.

6. ibid, p.95

- 3단계 (로열티율의 추정) 로열티면제법에서 로열티율은 가장 중요한 요소이다. 독립적 관계인 소유자 licensor 와 사용자 licensee 는 전략적 측면, 경제적 측면 및 법률적 측면을 고려하여 로열티율을 협상하게 된다. 거래 조건에 따라 거래 당사자들의 위험이 달라지기 때문에 시장에서 해당 등록상표 등과 비교가능한 유사거래를 찾기가 쉽지 않다. 법적으로 특정 등록상표 등의 대여가 금지되어 있는 경우도 있다. 업종관행, 과거 경험, 내부적 정보 및 외부적 공개정보를 이용하여 로열티율을 산정한다.
- 4단계 (ATCF의 산정) 추정순매출액에 로열티율을 곱하여 세전로열티액을 산정하고, "세전 로열티액"에서 "법인세 비용"을 차감함으로써 "ATCF"을 산출한다. "법인세 비용" 산정 시 향후 인하 정책 등을 고려한 법인세율을 적용한다.
- 5단계 (할인율의 추정) "ATCF"에 적정한 할인율을 사용하여 미래 세후 로열티액을 기준시점 현재의 가치로 할인한다. 등록상표 등의 경우 현금흐름 추정의 불확실성을 고려하여 회사의 가중평균자본비용 WACC 에 추가 리스크 프리미엄을 합산하여 적용하는 것이 일반적이다. 자기자본비용의 산출 방법에는 배당평가모형 dividend valuation model 과 자본자산가격결정모형 CAPM 이 있다. 배당평가모형의 경우 우리나라 실정과 같이 기업의 안정적인 배당정책이 없는 경우 배당정책에 대한 가정을 해야 되므로 통상 CAPM을 사용한다. CAPM에 의하여 산출되는 주식의 기대수익률은 투자자가 그 주식에 대하여 요구하는 요구수익률 required rate of return 이며, 무위험수익률에 주식의 위험프리미엄을 추가하여 산출한다. 한편 주식의 위험프리미엄은 주식시장의 위험프리미엄에 해당 기업의 베타 값을 곱하여 산출할 수 있다.

$$E(R_i) = R_f + \beta i[E(Rm) - R_f]$$

$E(R_i)$: i주식의 기대수익률 R_f :무위험수익률 β_i : i주식의 베타 값
$E(R_m)$:시장의 기대수익률 $E(R_m) - R_f$: 주식시장 위험프리미엄

여기서 무위험수익률은 정부발행채권 수익률, 공채수익률, 또는 은행보증

회사채 수익률 등을 사용한다. 시장에서 무위험증권의 대용으로 사용할 수 있는 증권으로는 미국에서는 국채treasury security를 이용하며, 국내에서는 국고채 수익률이나 만기가 긴 국민주택채권 수익률을 대용치로 사용할 수 있다. 주식시장 위험프리미엄은 과거 종합주가지수 수익률 등 주식시장의 시장 수익률을 근거로 측정할 수 있으나, 측정기간에 따라 결과치가 달라지고 변동성이 매우 심하므로 주관성이 개입될 여지가 크다. 따라서 실무에서는 일반적으로 국내 신용평가기관 및 Bloomberg 등 명성있는 기관들이 발표한 기대치를 조정한 수치를 이용하게 된다.

한편 β값은 주식의 체계적 위험을 나타내는 계수로서 개별주식의 수익률이 시장수익률의 변동에 얼마나 민감하게 반응하는가를 나타낸다. 과거의 주가 자료를 이용하여 개별 주식수익률과 시장수익률의 회귀분석으로 계산되며 측정기간, 측정간격(연간, 월간, 주간, 일일) 등에 따라 다른 결과가 나온다. 주식이 시장에서 거래되지 않는 비상장주식의 경우에는 자기자본비용을 추정하기 위하여 대용회사(주식이 시장에서 거래되고 영업위험과 재무 레버리지 측면에서 유사한 기업)의 베타 값을 이용하며 통상 다음의 Hamada공식을 적용하여 산출한다.[7]

$$\beta_L = \beta_u[1 + (1-T) \cdot \frac{B}{S}]$$

$$\beta_u = \beta_L[1 + (1-T) \cdot \frac{B}{S}]$$

β_L : 지분베타(*levered bata*) β_u : 무부채베타 T : 세율

B : 부채의 시장가치 S : 자기자본의 시장가치

- 6단계 (상각절세효과의 가산) 수익방식으로 무형자산을 평가할 경우 해당 무형자산으로부터 기대할 수 있는 절세효과를 고려해야 한다. 상각절세효과Tax Amortization Benefit: TAB를 추정하기 위해서는 각 자산의 상각 가능성, 적정할인율, 세법상 상각기간, 해당 법인세율 등을 고려해야 한다. 현행 세법에

7. *ibid*, p.95.

의하면 내용연수가 5년 미만일 경우 5년, 5년 이상일 경우 해당 기간이 세법상 상각기간에 해당한다. 무형자산상각비는 무형자산의 평가액을 대상으로 계산이 이루어져야 하나, 무형자산의 가치를 산정하기 위해서는 상각절세효과가 합산되어야 하므로 순환문제가 발생하게 된다. 따라서 이러한 순환문제를 해결하기 위해 증가요소[step-up factor]를 적용하여 상각절세효과를 산정한다. 세후 현금흐름인 로열티액의 현재가치 합에 상각절세효과를 합산하여 최종적으로 등록상표 등의 평가액을 산정한다. 그러나 시장가치를 평가하는 경우 TAB로 인한 가치증가는 시장참여자에게 통상 이용가능한 경우에 한정된다. 즉 TAB 가산은 세금상각효과를 이용할 수 있는 기업에 대하여만 이루어져야 한다.

〈예시〉 등록상표 등–로열티면제법[RFRM]

대상회사가 보유하고 있는 등록상표 등을 관련 장부나 서류, 회사담당자와의 인터뷰 등을 통해 검토하고, 향후 관리계획에 대하여도 분석한다. 그 결과 총매출[revnues]은 등록상표권과 각종 브랜드자산, 미등록주지[周知]상표권 등으로 인해 창출될 미래 현금흐름으로 판단되었으며, 이에 대하여 적절한 정상로열티율[arms-length royalty rate]을 곱하여 매년 절감할 수 있는 세후로열티금액을 산정하고, 이를 현재가치화 하는 방법으로 등록상표 등에 대한 가치를 산정한다.[8] 다음에는 이상에서 설명한 RFRM방식을 인수기업의 상표권가치의 평가에 적용하기로 한다. 우선 로열티면제법 적용을 위한 기본가정은 다음과 같다.

〈기본가정〉

① 시장로열티율 : 3.5%

② 법인세율 : 24.2%

③ 장기고정성장률 : 2.5%

④ 할인율 : 14.5%

⑤ 등록상표의 평가가치 = 상표가치 + 상각절세효과

8. 등록상표에 대한 로열티면제법 적용평가방법과 실제 평가사례는 제7장에서 더 자세히 설명하고 있다.

- 1단계 (내용연수의 추정) 대상회사와 유사한 전자통신산업의 상표 및 브랜드 자산의 평균 내용연수를 조사 · 분석한 결과, 통신산업의 특성상 상표 등 마케팅 관련 자산은 법정연한에 따라 소멸되는 것은 아니며 상표 및 브랜드자산에 대한 지속적 관리 및 예산 투입 시 가치가 증대되고, 평균고객유지율도 상승하는 것으로 가정하였다.
- 2단계 (매출액 추정) 대상회사 매출액[revenues]은 정규고객에 대한 월정수신료(정규매출)와 주문형컨텐츠 이용료수입(주문형매출)이 주요 항목이다. 과거 실적 추이와 최근 시장점유율(35%), 고객당평균수익[ARRU], 산업전망 등의 조사분석 결과, 총매출액은 제1기 1,016억원으로 추정되었으며, 장기고정성장률[g]은 2.5%를 적용하여 향후 5년 간의 매출액추정치를 산정하였다.
- 3단계 (로열티율 추정) 전자통신산업의 상표에 대한 유사한 라이선스 계약사례 및 거래조건을 조사 · 분석한 결과, 매출액에 대한 시장로열티율은 3.5%로 산정된다.
- 4단계 (ATCF 산정) 추정순매출액 1,016억원에 3.5%의 로열티율을 곱하여 초년도 로열티율을 산정하고, 법인세 24.2%를 차감하면 세후로열티절감

표 9-3
상표 등의 평가

(단위: 억원)

구분		1기	2기	3기	4기	5기	잔존가치
상표매출		1,016	1,091	1,146	1,203	1,264	1,327
로열티율		3.5%	3.5%	3.5%	3.5%	3.5%	3.5%
세금	24.2%	9	9	10	10	11	11
세후로열티 절감액 (A)		27	29	30	32	34	35
장기성장률	2.5%						251
기간		0.5	1.5	2.5	3.5	4.5	4.5
할인율(B)	14.5%	0.9	0.8	0.7	0.6	0.5	0.5
현재가치(C)=(A)×(B)		25	24	22	20	18	160
상표권가치		268					
상각절세효과		55					
공정가치		323					

액은 27억원으로 계산된다.

- 5단계 (할인율의 적용 및 상표권가치 산정) CAPM에 의거 대상회사의 WACC에 위험할증율을 적용한 14.5%의 할인율로 ATCF를 현가 할인하면, 상표권가치는 268억원으로 산정된다.
- 6단계 (TAB의 가산) 현행세법에 의하여 상각기간을 5년으로 가정하고, 상각절세효과는 55억원으로 산정되었다. 이를 5단계에서 산정된 세후현금흐름가치 268억원과 합산하면, 상표권의 공정가치는 최종 323억원으로 산정된다.

2.3 고객관련 무형자산 customer related intangible assets

1) 고객관계(고객목록) 등의 인식

고객관련 무형자산이란, 고객목록, 고객계약 및 관련 고객관계, 비계약적 고객관계를 포함한다. 고객목록은 고객명단과 계약정보와 같은 고객에 관한 정보로 구성된다. 또한 고객목록은 고객의 주문내력과 인구통계학적 정보와 같은 고객에 관한 그 밖의 정보를 포함한 데이터베이스의 형태로 존재할 수도 있을 것이다. 고객목록은 일반적으로 계약이나 그 밖의 법적 권리에서 발생하는 것이 아니다. 그러나 고객목록은 종종 리스되거나 교환된다. 따라서 사업결합으로 취득한 고객목록은 분리가능성 기준을 일반적으로 충족한다.

고객계약 및 고객관계, 즉 기업이 계약을 통해 고객과의 관계를 형성하는 경우, 그러한 고객관계는 계약적 권리에서 발생한다. 따라서 비밀유지 조건이나 그 밖의 계약적 조건으로 인해 피취득자와 분리하여 계약의 판매나 이전이 금지되는 경우에도 사업결합에서 취득한 고객계약 및 관련 고객관계는 계약적 · 법적 기준을 충족한다. 고객계약 및 관련 고객관계는 두 가지로 구분되는 무형자산을 나타낼 수 있다. 두 자산의 내용연수와 경제적이익이 소비되는 행태는 모두 다를 수 있다.

첫째, 기업이 고객에 대한 정보를 가지고 고객과 정기적으로 접촉하며, 둘째, 고객은 그 기업과 직접적인 접촉을 할 수 있는 능력이 있다면, 기업과 고객 사이에 고객관계가 존재한다. 취득일에 계약이 존재하는지에 상관없이 기업이 고객과 계약을 체결하는 관행이 있다면, 고객관계는 계약적 · 법적 기준을 충족한다.

고객관계는 판매나 서비스 담당자에 의한 정기적인 접촉과 같이 계약 이외의 방법에 의해 발생할 수도 있다. 비계약적 고객관계, 즉 사업결합에서 취득한 고객관계가 계약에서 발생하지 않은 경우라 할지라도 그 관계가 분리가능하기 때문에 식별가능할 수도 있다. 다른 기업이 특정 유형의 비계약적 고객관계를 매각하였거나 이전하였다는 것을 나타내는 동일한 자산이나 유사한 자산의 교환거래가 있다면 그러한 거래는 그 관계가 분리가능하다는 증거가 될 것이다.

2) 완전성 검토

고객목록 및 이에 해당하는 정보가 완전한지를 검토하기 위하여 회사가 이를 어떻게 보유하고 있는지를 우선 검토한다. 일반적으로 고객목록은 고객관계의 원천이 되는 자료이므로 고객관계의 일부로 보아 고객관계에서 평가한다. 기업이 계약을 통해 고객과의 관계를 형성하는 경우 기업이 고객에 대한 정보를 가지고 고객과 정기적으로 접촉하고 있는지를 평가한다. 기존의 계약에 근거하여 향후 창출될 것으로 예상되는 경제적이익을 측정하여 무형자산으로 계상하여야 한다. 비계약적 고객관계는 현재 고객계약이 없더라도 고객과의 관계로 인하여 향후 달성될 수 있는 경제적이익을 신뢰성 있게 측정하여 무형자산으로 계상하는 것이며, 일반적으로 고객계약 및 관련 고객관계와 같이 평가가 이루어진다.

3) 평가방법 및 절차

고객목록 등과 같이 분리가능성기준을 충족하면서 수익을 창출하는 자산에 대해 다기간초과이익법multi-period excess earning method이 사용될 수 있다. 이 방법은 일반적으로 수익을 창출하는 자산의 공정가치 평가에 적용되며, 가장 중요한 자산에 대하여 가장 마지막에 수행되는 무형자산 평가방법이다. 또한 해당 무형자산이 독창적인 제품을 생산하는데 사용되거나, 해당 무형자산이 산업 내에서 경쟁하기 위한 것이라면 다기간초과이익법이 이용될 수 있다. 다기간초과이익법은 해당 무형자산의 내용연수 동안 해당 자산으로부터만 발생하는 수익과 비용을 추정해야 한다. 따라서 추정이익에서 기여자산공헌율(액) contributory asset charge을 차감해야 한다. 기여자산공헌율은 기존 고객으로 인한 추정이익을 창출하는데 사용된 모든 다른 자산의 시장기대이익을 가리킨다. 다기간초과이익법 MPEEM의 적용을 위한 평가절차를 8단계로 나누어 설명하면 다음과 같다.[9]

- **1단계 (기존 고객으로 인한 매출액 추정)** 회사가 제시한 과거 실적을 바탕으로 기존 고객으로 인한 매출액을 추정 하며, 과거 실적 분석시 관계기업 간 매출은 기존 고객으로 인한 매출이 아니므로 제외하는 것이 일반적이다. 통신업종, 인터넷 관련업종, 유통업종 등의 경우 가입자당 또는 고객당 평균수익 average revenue per unit: ARPU의 추이를 고려하여 매출액을 추정한다. ARPU는 판매단가의 개념이며 과거 매출액 변동추이, 향후 산업 전망, 업종 내 경쟁기업 간 경쟁강도 등을 통해 추정할 수 있다.
- **2단계 (고객감소율의 추정)** 고객감소율 attrition은 고객이탈율이라고도 한다. 사업결합 당시 기존 고객이 향후 100% 모두 잔류하지 않는 이상 기존 고객으로 인한 매출액은 점진적으로 감소할 것이며, 신규 고객으로 인한 매출액은 평가대상에서 제외된다. 따라서 기존 고객으로 인한 매출을 추정하기 위해서 고객감소율을 고려해야 한다. 고객의 수명분석 lifing analysis을 위해서 보험통계기반의 퇴직율방법 actuarial-based retirement rate method을 적용하며, 이 때 일반적으로 Iowa Curve가 이용된다. Iowa Curve는 가장 일반적으로 이용되는 표준 생존곡선으로 실제 데이터를 통해 분석된 생존곡선에 가장 부합하는 곡선으로 알려져 있다. 이러한 수명분석의 목적은 고객의 미래 이탈 특성을 예측할 생존곡선을 추정하는 것이다.
- **3단계 (EBITDA의 추정)** EBITDA earning before interests, taxes, depreciation and amortization는 지급이자, 법인세 등, 감가상각비, 무형자산상각비 차감전이익으로 영업이익 EBIT에 감가상각비와 무형자산상각비를 합산하여 산출할 수 있다. 회사가 제시한 과거 실적 및 중장기 계획 등을 바탕으로 매출액대

---

9. *ibid*, pp.101~106.

비 EBITDA 이익률을 추정한다. 일반적으로 추정 매출액에 추정 EBITDA 이익률을 곱하여 EBITDA를 산출하며 영업비용은 역산하여 산출한다.

- 4단계 (신규 고객 획득비의 가산) EBITDA를 추정한 이후에는 신규 고객 획득비를 가산해 준다. 고객목록 등의 무형자산 공정가치 평가는 기존 고객만을 대상으로 하므로 추정매출액도 기존 고객만을 대상으로 산정하였듯이 신규 고객 유치를 위한 비용은 영업비용에서 제외되어야 한다. 따라서 신규 고객 획득비는 다시 가산해 주어야 한다. 신규 고객 획득비의 추정을 위하여 과거 영업비용 대비 신규 고객 획득비의 비중을 검토하고 회사의 향후 계획 등을 고려한다.
- 5단계 (기여자산공헌율의 차감) 기존 고객으로 인한 추정 현금흐름에서 기여자산공헌율contributory asset charge: CAC을 차감하여 '세전현금흐름BTCF'을 산정한다. 기여자산공헌율은 특정 무형자산과 관련한 현금흐름 중에서 해당 무형자산 이외의 자산에 의해 공헌된 원가를 의미한다. 기여자산공헌율은 기존 고객으로부터 현금흐름을 창출하기 위하여 필요한 모든 기타자산(순운전자본, 유형자산, 노동력 등)을 가상의 독립된 제3자로부터 리스 혹은 임차한다는 가정 하에 산출하게 된다. 기여자산공헌율을 산출하는 주요 방법으로는 다음에 설명하는 총리스료법gross lease method과 자산수익률법return on asset method이 있다.

① **총리스료법**gross lease method : 총리스료법의 경우, 기여자산공헌율을 리스료와 유사한 개념으로 정의한다. 리스 이용자가 지불하는 리스료에는 기여자산을 할부 구매한다고 가정할 경우의 연간구매원가 및 이에 대한 이자비용이 함께 포함되어 있다고 볼 수 있다. 이때 기여자산에 대한 연간 구매원가는 해당 자산에 대한 감가상각비와 유사한 개념으로 볼 수 있다. 따라서 총리스료법에서의 기여자산공헌율은 감가상각비 차감전이익인 EBITDA로부터 차감한다.

② **자산수익률법**return on asset method : 자산수익률법의 경우에는 기여자산에 대한 이자비용만을 기여자산공헌율의 개념으로 보기 때문에 기여자산공헌율은 감가상각비 차감 후 이익인 영업이익EBIT으로부터 차감된다.

이론적으로 두 방법 중 어떠한 방법을 이용하더라도 기여자산공헌율(액)CAC의 산정치는 유사한 결론에 도달하게 된다. 총리스료법에 의한 CAC 산정절차 및 방법에 대하여는 제5장(무형자산 평가의 원리와 기법)에서 자세히 설명하고 있다.

- **6단계 (세후현금흐름ATCF 산정)** "세전현금흐름"에서 "법인세 비용"을 차감함으로써 "세후현금흐름ATCF"을 산출한다. "법인세 비용" 산정 시 향후 인하 정책이 발표되어 있다면 이를 고려한 법인세율을 적용한다.
- **7단계 (ATCF의 할인)** "ATCF"에 적절한 할인율을 사용하여 기존 고객으로 인한 미래 ATCF을 검토기준일 현재의 가치로 할인한다. 고객목록 등의 경우 현금흐름 추정의 불확실성을 고려하여 회사의 가중평균자본비용WACC에 추가 리스크 프리미엄을 합산하여 적용하는 것이 일반적이다.
- **8단계 (상각절세효과 가산)** 수익방식으로 무형자산을 평가할 경우 해당 무형자산으로부터 기대할 수 있는 절세효과tax shield effect를 고려해야 한다. 상각절세효과는 일반적으로 상각절세효과 증가요소step-up factor TAB를 적용하여 산출한다.

〈예시〉 고객목록-다기간초과이익법

법적 · 계약적 기준의 충족여부 분석결과, 대상기업이 고객과의 컨텐츠서비스 공급계약을 통해 관계가 형성된 고객목록이 대상기업의 핵심 무형자산으로 분석되었으므로 위에서 설명한 MPEEM방식을 적용하여 그 가치를 평가하기로 한다.

〈기본가정〉

① 기존고객감소율 : 연 20%씩 자연 감소함.

② 매출원가 : 기존고객 점유율을 기준으로 기존고객 수익대비 58.2%의 매출원가율을 적용하여 산정함.

③ 운영비 및 관리비 : 총매출에서 정규매출이 차지하는 비율과 고객감소율을 고려하여 산정함.

④ 판매비 : 신규고객 창출비용이므로 고려하지 않음.

• 1 · 2단계 (기존 고객으로 인한 매출액 및 고객감소율 추정) 기존 고객으로 인한 매출액의 산정은 회사가 제시한 과거 실적을 바탕으로 매출액을 추정하였으며, 과거매출액대비 연간 고객감소율은 20%로 추정하여 기존고객에 대한 매출액을 〈표 9–4〉와 같이 산정하였다.

(단위 : 억원)

표 9–4
고객목록의 EBITDA

구분	2016	2017	2018	2019	2020	잔존가치
정규매출	945	992	1,042	1,094	1,149	1,206
고객이탈율	20%	20%	20%	20%	20%	20%
기존고객 수익	756	635	533	448	376	316
매출원가(–)	440	369	309	261	219	183
운영비	74	60	49	40	33	27
판매비(–)	0	0	0	0	0	0
관리비	19	15	12	10	8	7
EBITDA	223	191	164	137	117	100

• 3 · 4단계 (EBITDA 추정 및 신규고객 획득비 가산) 판매관리비는 기존고객 점유율을 고려하여 산정하되, 신규고객에 대한 판매비는 제외하였다.

• 5단계 (기여자산공헌율 차감) 기여자산공헌율^CAC^을 산출하기 위하여는 자산수익률법^return on asset method^을 이용하였다.

① 순운전자본^net working capital^의 CAC : 순운전자본은 기초유동자산에서 기초유동부채를 차감한 가액에다 순운전자본 증가액을 가산한 기말순운전자본이며, 자산요구수익률은 단기차입금 금리를 고려하여 3.5%로 산정하였다. 그 결과 〈표 9–5〉에서와 같이 순운전자본의 기여자산공헌율은 0.3%로 산정되었다.

표 9-5
순운전자본의 CAC

(단위 : 억원)

구분		2016	2017	2018	2019	2020	잔존가치
기초운전자본		76	82	88	92	97	101
증가액		6	6	4	5	5	5
기말운전자본		82	88	92	97	101	107
Return On	3.5%	3	3	3	3	4	4
매출액		945	992	1,042	1,094	1,149	1,206
CAC - 운전자본	0.3%	0.3%	0.3%	0.3%	0.3%	0.3%	0.3%

② **고정자산**fixed asset의 CAC : 고정자산은 기초고정자산 가액에다 자본적 지출은 가산하고, 감가상각을 차감하면 기말고정자산이 산정되며, 고정자산 요구수익률은 자산유동화 금리를 고려하여 6.0%로 산정하였다. 그 결과 〈표 9-6〉에서와 같이 고정자산의 기여자산공헌율은 2.5%로 산정된다.

표 9-6
고정자산의 CAC

(단위 : 억원)

구분		2016	2017	2018	2019	2020	잔존가치
기초고정자산		438	440	442	444	445	446
자본적지출		100	100	100	100	100	100
감가상각		98	98	98	99	99	99
기말고정자산		440	442	444	445	446	447
Return On	6%	26	27	27	27	27	27
매출액		945	992	1,042	1,094	1,149	1,206
CAC - 고정자산	2.5%	2.8%	2.7%	2.6%	2.4%	2.3%	2.2%

③ **노동력**workforce의 CAC : 노동력의 기여자산공헌율은 앞에서(2.2) 원가법으로 구한 채용비용과 교육비용 등의 대치원가 22억원을 최근 매출액으로 나눈 다음 노동력의 *ROR*을 곱한 값으로 구한다. 따라서 노동력의 기여자산공헌율은 0.31%로 산정된다.

$$CAC_{AW} = \frac{AW}{R_V} \times ROR_{AW}$$

$$\frac{\text{대치원가} \times \text{노동력의 } ROR}{\text{매출액}} = \frac{22 \times 13.5\%}{945} = 0.31\%$$

④ **상표 및 브랜드**[tradename]의 CAC : 로열티면제법에 의한 로열티율 3.5%에 세금 24.2%를 고려한 기여자산공헌율은 2.7%로 산정된다.

상표 및 브랜드 CAC = 로열티율 × (1 − 법인세율)
= 3.5% × (1 − 24.2%) ≒ 2.7%

• 6단계 (ATCF의 산정) 상각전세전영업이익[EBITDA]에서 감가상각을 차감하여 상각후영업이익[EBIT]을 구한 후 세금을 차감하고, 기존고객 수익은 자산수익률법[return on asset]에 의한 각 자산의 기여자산공헌율로 배분되는 바 차감 후 잔여액이 초과이익법에 의한 기존고객 관련 세후현금흐름이 된다.

표 9-7
고객목록의 ATCF

(단위 : 억원)

	CAC	1기	2기	3기	4기	5기	6기
EBITDA		223	191	164	137	117	100
감가상각(−)		73	57	46	37	29	24
EBIT		150	134	118	100	87	76
세금(24.2%)		36	33	29	24	21	18
고정자산	2.5%	19	16	13	11	9	8
상표	2.7%	20	17	14	12	10	8
운전자본	0.3%	2	2	2	1	1	1
노동력	0.3%	2	2	2	1	1	1
기존고객 ATCF		70	65	59	50	44	39

• 7단계 (ATCF의 할인) 할인율은 WACC 12.0%에 추가 위험할증률 2.0%를 가산하여 14.0%를 적용하였으며, 상각절세효과를 반영하여 기존고객에 대한 고정가치를 최종 결정한다.

표 9-8
고객목록 가치–다기간초과이익법

(단위 : 억원)

	1기	2기	3기	4기	5기	6기
기존고객 ATCF	70	65	59	50	44	39
할인기간	0.5	1.5	2.5	3.5	4.5	5.5
할인율(14.0%)	0.94	0.82	0.72	0.63	0.55	0.49
현재가치	66	53	42	32	25	19
PVATCF	237					
잔존가치	55					
기존고객가치	292					
상각절세효과(TAB)	61					
공정가치	352					

이와 같이 자산수익률법 return on asset method에 의한 각 자산의 기여자산공헌률을 차감하게 되면 고객목록에 의한 초과이익은 1기에 70억원으로 나타났으나, 매년 점차 감소되어 5기에는 44억원으로 추정된다. 이를 14.0%의 할인율로 현가화하게 되면 〈표 9-8〉과 같이 고객목록에 대한 최종평가가치는 상각절세효과를 고려하여 352억원으로 산정된다.

2.4 기술기반 무형자산 technology based intangible assets

기술기반 무형자산이란 법적으로 보호받는 특허권이나 저작권과 같이 사업결합으로 취득한 식별가능한 기술관련 무형자산으로서, 여기서는 대상회사의 계약적 법적 기준을 충족한 주문형컨텐츠서비스 관련 자체개발 특허기술, 저작권, 관련 소프트웨어, 기술 라이선스약정 등 특허받지 않은 기술을 모두 포함한다. 대상회사의 기술기반 무형자산을 평가하기 위하여 유무법 with-and-without method을 적용하였으며, 보충적 평가방법으로 다기간초과이익법 MPEEM을 활용하여 그 적정성을 검토하였다. 각 방식의 적용방법과 평가절차는 다음과 같다.

1) 유무법 with-and-without method의 적용

유무법이란 증분현금흐름법이라고도 하는데, 대상 무형자산이 있을 경우와 없을 경우를 상정하여 기업가치를 산정하고 그 차액을 해당 자산의 가치로 평가하는 방식이다. 기술유무법with-and -without technology method에 의한 무형자산 평가모형은 다음과 같다.

$$V_o = PV_1(r)\sum_{t=0}^{t} FCFF_1 - PV_2(r)\sum_{t=0}^{t} FCFF_2 + PV(r)TAB$$

V_0 : 무형자산의 가치 r : 할인율 t : 기업기대수명

$FCFF_1$: 기술보유시 $FCFF$ $FCFF_2$: 기술보유시 $FCFF$ TAB : 상각절세효과

여기서 대상기업의 기술자산은 주로 주문형on−demand 컨텐츠 서비스기술 등으로 개발관련 R&D비용은 과거 연간 20억원씩 3년간 총 60억원이 소요되었으며, 유무법에 의하여 기술가치를 평가하되, 다음 예시에서와 같은 5단계 평가절차를 적용한다.

〈예시〉 기술관련 자산–유무법

〈기본가정〉

① 주문형컨텐츠 저작권 및 서비스기술 등을 완전히 신규 개발하는 것으로 가정한다. 즉 개발기간은 3년이 소요되며, 기술 매출은 4년차부터 발생되는 것으로 함.

② 운영비, 판매비, 관리비 : 총매출비율 기준으로 산정

③ R&D비용 : 3개년 동안 20억원/년(총60억원), 4년차부터는 13억원씩 투입하는 것으로 추정함.

④ 법인세 : 24.2%

⑤ 장기성장률 : 2.5%/연

⑥ 할인율 : 13.5%

⑦ With technology 시나리오: 1,413억(추정DCF 및 기업가치분석에 의한 가치)

• **1단계 (총매출추정)** ① 정규매출의 미래 수익에 대한 추정with technology과 같으며(2016년 매출액 945억원), ② 기술매출(주문형 컨텐츠 매출)의 미래 수익

표 9-9
기술가치-유무법

(단위: 억원)

		2016	2017	2018	2019	2020	잔존가치
정규매출		945	992	1,042	1,094	1,149	
주문형매출		–	–	–	55	86	
총매출		945	992	1,042	1,149	1,235	
정규원가		520	546	573	602	632	
주문형원가		–	–	–	35	35	
총매출원가		520	546	573	637	667	
운영비		93	94	95	103	107	
판매홍보비		127	127	131	141	148	
관리비		23	24	24	26	27	
R&D		20	20	20	13	13	
EBITDA		161	182	199	229	272	
감가상각		98	98	98	99	99	
상각후영업이익		63	84	101	130	173	
세금	24.2%	15	20	24	31	42	
세후영업이익		146	161	174	197	230	
자본적지출		100	100	100	100	100	
운전자금		4	4	4	9	7	
FCF		42	57	70	88	123	
장기성장률	2.5%	–	–	–	–	–	1,696
할인기간		0.5	1.5	2.5	3.5	4.5	4.5
할인율	13.5%	0.94	0.83	0.73	0.64	0.57	0.57
현재가치		39	47	51	57	70	959
Without Technology (A)		1,224					
With Technology (B)		1,413					
기술가치 (C = B – A)		189					
상각절세효과 (TAB)		40					
공정가치		229					

에 대한 추정(4기 55억원 매출)을 수행한다.

- 2단계 (EBITDA 추정) 1단계에서 추정된 총매출을 기초로 EBITDA를 추정한다.
- 3단계 (ATCF 산정) 세후영업이익의 현금흐름을 산정하면 1,224억원이 된다.
- 4단계 (성장률과 할인율) 장기고정성장률은 사업계획서 및 과거실적 분석결과 2.5%로 결정하였으며, 할인율은 WARA 분석결과에 의하여 13.5%를 적용한다.
- 5단계 (기업가치 비교평가) 기술유무법에 의한 'without technology 시나리오'와 'with technology 시나리오'의 기업가치를 비교 평가한 결과, 기술가치는 다음과 같이 산정된다.

$$V_o = PV_1(r)\sum_{t=0}^{t} FCFF_1 - PV_2(r)\sum_{t=0}^{t} FCFF_2 + PV(r)TAB$$
$$= 1,413 - 1,224 + 40 = 229$$

이상 〈표 9-9〉과 같이 기술자산보유시 기업가치[with 시나리오]는 1,413억원이며, 기술자산미보유시 기업가치[without 시나리오] 는 1,224억원인 바, 이 두 가지 가치의 차액은 189억원이다. 여기에 상각절세효과[TAB] 40억원을 가산하면 기술의 평가액은 229억원으로 산정된다.

2) 다기간초과이익법[MPEEM]의 적용

다기간초과이익법은 대상무형자산이 창출하는 수명기간 중의 예상 현금흐름에서 다른 자산에 귀속되는 기여자산공헌율[CAC]을 공제한 후 대상 무형자산에 귀속되는 초과이익을 현재가치화하여 대상 무형자산의 가치를 결정하는 방법이다. MPEEM법에 의한 무형자산 평가모형은 다음과 같다.

$$V_o = PV(r)\sum_{t=0}^{t} FCFF + PV(r)TAB$$

V_o : 무형자산가치 r : 할인율

$FCFF$: $(EBIT - CACs - Tax)$ $PV(r)TAB$: 상각절세효과의 현가

다음 예시를 통하여 대상기업의 기술관련 무형자산에 대한 MPEEM법 적용 방법과 평가절차를 설명한다.

〈예시〉 기술관련-다기간초과이익법[MPEEM]

〈기본가정〉

① 기술매출 감소율 : 1기에는 10%, 그 이후에는 20%로 산정
② 매출원가 : 잔존기술 수익의 20%로 추정
③ 운영비, 관리비 : 총매출에 대한 비율 기준으로 산정
④ 판매비 : 매출비율 기준이나, 1/3 정도만 기술에 기여한다고 가정
⑤ R&D비용 : 기술 수명의 연장을 위한 비용인 바, 유기환원(finite life)이므로 고려하지 않음
⑥ 운전자본 CAC는 포함, 고정자산은 기술가치에 기여분이 없는 것으로 보고 고정자산의 CAC는 제외
⑦ 법인세 : 24.2%
⑧ 장기고정성장률 : 2.5%
⑨ 할인율 : 15.5%(WACC 12.0% + 위험할증율 3.5%)

- 1단계 (기술에 귀속되는 수익의 추정)
  ① 미래 수익에 대한 추정
  ② 기존고객의 연간 유지율을 추정하여 기존고객으로 인한 수익효과 추정
- 2단계 (EBITDA 추정) 1단계에서 추정된 기존고객으로 인한 수익을 기초로 EBITDA를 추정하고, 신규고객 유지를 위한 추가 비용은 차감[add-back] 한다.
- 3단계 (초과이익 산출)
  ① 추정된 EBITDA에서 기여자산공헌율을 차감함
  ② 기여자산: 운전자본, 상표 및 브랜드, 조직화된 노동력 등
- 4단계 (법인세 비용 차감)
- 5단계 (추정된 미래 현금흐름의 현재가치 계산)

(단위 : 억원)

표 9-10
기술가치-다기간초과이익법

		2016	2017	2018	2019	2020	잔존가치
기술매출		71	99	104	109	115	121
매출원가	40.0%	28	40	42	44	46	48
운영비		7	9	10	10	10	10
R&D		12	12	13	13	13	14
판매홍보비	33.3%	3	4	4	4	5	5
관리비		2	2	2	2	3	3
EBIT		19	31	34	36	39	41
세금	24.2%	5	8	8	9	9	10
상표	2.7%	2	3	3	3	3	3
노동력	0.31%	0.2	0.3	0.3	0.3	0.3	0.3
고정자산	0.0%	–	–	–	–	–	–
운전자본	0.3%	0.2	0.3	0.3	0.3	0.3	0.4
ATCF		12	20	22	24	26	27
장기성장률	2.5%	–	–	–	–	–	–
잔존가치		–	–	–	–	–	195
		0.5	1.5	2.5	3.5	4.5	4.5
할인율	15.5%	0.93	0.81	0.70	0.60	0.52	0.52
현재가치		11	16	15	14	13	111
기술가치		181					
TAB		36					
공정가치		217					

• 6단계 (TAB 가산) 상각 절세효과를 산정하여 가산한다.

〈표 9-10〉과 같이 다기간초과이익법MPEEM에 의한 기술가치는 181억원으로 산정되었고, 상각절세효과 36억원을 가산한 특허기술의 공정가치는 217억원으로 평가되었다. 앞서 기술유무법에 의한 평가가치 229억원과 비교하면 이 방식

에 의한 평가가치가 약간 낮게 산정되었다. 양 방법에 의한 평가가치에 차이가 발생한 주요 원인은 두 가지이다. 첫째, 현금흐름 발생시기의 차이이고, 둘째, 적용할인율상의 차이 등이다. 즉 기술유무법에서는 기술의 신규개발을 가정하므로 사업 4년차부터 매출이 발생된다. 그러나 MPEEM법에서는 사업초년도부터 매출이 시현되므로 요구수익률도 그만큼 높아져 적용할인율은 15.5%로 기술유무법의 할인율보다 2% 높은 수준을 적용하였다. 기술관련 무형자산의 최종 공정가치는 기술유무법에 의한 229억원으로 결정한다.

2.5 무형자산별 평가기법

이상에서 살펴 본 내용을 중심으로 K-IFRS 제1103호(사업결합)에서 예시된 무형자산 유형별로 일반적으로 적용할 수 있는 평가기법을 정리하면, 다음 〈표 9-11〉과 같다. 여기서 제시된 평가기법의 선택과 적용은 평가대상 무형자산의 특성이나 평가사의 전문가적 판단professional judgement에 따라 결정되는 것이다. 그리고 평가대상 무형자산별로 단 하나의 평가기법만을 적용할 수 있다거나, 다른 방식의 사용이 거부되는 절대적인 것은 아니다. 최종가치의 결정은 시산가치 조정의 원리에 따라 적용 가능한 모든 기법을 통한 시산가격을 도출하고, 그 결과를 비교 분석한 다음 판단하는 것이 더욱 바람직하다. 무형자산 유형별로 적용할 수 있는 일반적인 평가기법을 예시하면 다음 〈표 9-11〉과 같이 나타낼 수 있다.

3 사업결합시 취득한 영업권의 평가

3.1 무형자산 인식기준과 영업권

사업결합시 물리적 실체는 없지만, 기업이 통제하고 있으며, 식별가능성과 미래 경제적이익의 유입가능성이 높고 화폐가치로 측정가능한 자산은 무형자산으로 인식한다. 이 중에서 사업결합시 무형자산을 인식하기 위한 가장 중요한

표 9-11
무형자산별 적용가능 평가기법

종류	무형 자산	원가 방식	수익방식			비교 방식
			RFRM	DCF	MPEEM	
고객관련	• 고객리스트		o	o	o	o
	• 고객 계약 및 관련 고객과의 관계				o	
	• 비계약상의 고객관계				o	
	• 주문잔고나 생산잔고			o	o	
마케팅관련	• 브랜드		o			o
	• 상표권		o			o
	• 비경쟁합의			o		
계약기반	• 고용계약	o				
	• 라이선스, 서비스 또는 공급 계약			o	o	o
	• 시추, 벌목, 물 등에 대한 운영권, 사용권			o		o
기술기반	• 특허된 기술	o	o		o	o
	• 특허되지 않은(unpatented) 기술				o	o
	• 컴퓨터 소프트웨어, 마스크 작업물	o	o			
	• 비밀공식, 비밀공정 등 거래상 비밀	o	o			

* RFRM: 로열티면제법, MPEEM: 다기간초과이익법

조건은 식별가능성이다. 무형자산이 식별가능성을 충족하기 위해서는 ① 계약적 · 법적 기준과 ② 분리가능성이라는 두 가지 조건을 만족시켜야 한다.

첫째, 계약적 · 법적 기준이란 계약상의 권리 또는 기타 법적 권리로부터 발생해야 하며, 그렇지 않은 경우 개별적 또는 관련 계약, 자산, 부채와 함께 매각, 임대 또는 교환 등이 가능해야 한다는 것을 의미한다. 둘째, 분리가능성이란 취득한 무형자산이 피취득자에게서 분리되거나 분할될 수 있고, 개별적으로 또는 관련된 계약이나, 식별가능한 자산 및 부채와 함께 매각, 이전, 라이선스, 임대, 교환할 수 있어야 무형자산으로 인식될 수 있다는 것이다.

그러나 피취득자 또는 결합기업에서 개별적으로 분리할 수 없는 무형자산이

관련 계약, 식별가능한 자산이나 부채와 결합하여 분리할 수 있다면, 분리가능성 기준을 충족한다고 할 수 있다. 이렇게 사업결합시 계약적 · 법적기준과 분리가능성을 충족하는 무형자산은 일반적으로 미래 경제적이익의 유입가능성이 항상 충족된다고 가정하며, 또한 신뢰성 있게 측정할 수 있는 측정가능성도 충족된다고 전제된다. 사업결합시 사업취득자는 식별가능한 무형자산을 영업권과 분리하여 인식해야 한다. 영업권은 개별적으로 식별하여 별도로 인식할 수 없으나, 사업결합에서 획득한 그 밖의 자산에서 발생하는 미래 경제적이익을 창출하는 잔여자산을 나타낸다.

영업권은 사업결합원가purchase price에서 취득한 식별가능한 자산(사업 취득시 인식한 무형자산 포함), 부채 및 우발부채의 공정가치 순액 중 취득자지분을 초과하여 지급한 금액으로 산정한다. 즉 사업결합 과정에서 무형 자산과 영업권을 인식하는 과정은 계약적 · 법적기준과 분리가능성의 조건을 만족하는 무형자산을 먼저 인식하고, 그 나머지 잔여가치를 영업권으로 평가한다. 이와 같이 평가된 영업권은 사업결합시 취득한 것만 인정되며, 기업내부에서 자체적으로 창출한 영업권은 인정되지 않는다.

3.2 영업권 구성요소와 배분

사업결합시 취득한 영업권에 대하여 손상징후가 있을 경우에는 매년 손상검사를 하여야 한다. 영업권은 그 자체로는 독립적으로 현금흐름을 창출 할 수 없기 때문에 손상검사 목적상 사업결합시 취득한 영업권은 현금창출단위cash generating unit: CGU, 또는 현금창출단위그룹cash generating unit group: CGUG에 배분하여야 한다. 100%미만 지분소유 사업결합시 취득한 영업권은 비지배지분이 포함된 현금창출단위(그룹)에 배분된다.

이렇게 부분지분소유 사업결합을 통해 취득 한 영업권의 손상평가 시에는 영업권의 손상평가뿐만이 아니라 손상차손을 지배지분controlling interest과 비지배지분에 배분하는 것까지 고려해야 한다. 영업권은 사업결합시 모든 식별 가능한 자산, 부채, 우발채무 등을 제외 한 잔여가치로서 사업결합시 사업취득자는 영업권을 인식하게 된다. 비록 영업권이 독자적으로 현금흐름을 창출할 수는 없지만, 영업권은 다음의 구성 요소들을 포함하고 있다고 볼 수 있다.[10]

1. 사업결합을 통한 미래 시너지 효과의 공정가치
2. 식별할 수 없는 무형자산(예: 조직화된 노동력, 비계약적 고객관계, 고객인지도, 환경적, 지리적 입지조건 등)
3. 공정가치로 측정할 수 없는 자산과 부채(예: 이연법인세, 종업원복지 등)

이와 같은 영업권 구성요소의 인식과정은 사업결합으로 취득한 영업권을 사업결합을 통해 시너지를 얻거나, 식별가능하지는 않지만 존재하고 있는 무형자산들이 가지고 있는 가치를 현금창출단위(그룹)에 배분하는데 도움을 줄 수 있다. 배분된 영업권은 현금창출단위(그룹)의 장부금액을 구성한다. 잠재적인 손상징후의 파악은 사업결합시 취득한 영업권이 배분된 현금창출단위의 장부금액과 사용가능금액을 비교함으로써 시작된다. 어떤 경우에는 사업결합시 인식한 식별가능한 순자산의 공정가치가 완전히 확정되지 않은 취득시의 잠정적 · 임시적인 가치일 수 있다.

이 경우 잔여가치로서의 영업권도 마찬가지로 사업결합 이후 상당기간 동안 잠정공정가치 provisional fair value 로서 존재하게 된다. 따라서 종속기업 순자산의 공정가치를 확정하였을 때 영업권의 가치도 함께 결정된다. 이 경우 사업결합시 잠정적으로 결정된 영업권의 가치가 나중에 완전한 공정가치로 결정됨으로써 발생하는 변동액은 손상으로 보지 않는다.

또한 영업권의 가치가 잠정적인 공정가치 상태로 있는 동안에는 현금창출단위(그룹)에 배분되지 않는다. 그러나 잠정가치로 기록된 영업권은 사업결합 이후 차년도 회계연도 말까지는 결정되어 현금창출단위(그룹)에 배분되어야 한다. 만일 그 기간 전이라도 영업권이 배분되는 현금창출단위에 손상징후가 있고, 손상검사 결과 손상차손이 명확한 경우에는 잠정적인 공정가치일지라도 현금창출단위에 영업권을 배분하여 손상검사를 하여야 한다.

10. *ibid*, p. 123.

Ⅱ 매수가격 배분법PPA method

1 매수가격 배분의 목적

앞에서 사업결합시 인수대상 회사의 자산 및 부채가 모두 공정가치로 평가되고, 기존에 인식되지 않았던 무형자산이 새로이 추가됨에 따라 매수대가와 장부가액의 차이를 공정가치로 평가된 자산에 배분하는 방법에 대하여 살펴보았다. 이렇게 대상회사의 자산과 부채를 공정가치로 평가한 후 매수가격을 공정가치로 배분하는 방법을 매수가격배분법purchase price method: PPA이라고 한다.

만일 사업결합시 매수가격과는 관계없이 종속기업의 식별가능한 무형자산을 개별적으로 평가하여 다른 자산의 공정가치와 단순 합산한다면, 취득한 유 · 무형자산의 공정가치 합계가 매수가액과 일치하지 않을 수 있기 때문에 공정가치 평가의 신뢰성을 크게 저하시킬 우려가 있다. 그러므로 이러한 문제점을 사전에 방지하고자 K-IFRS 1103호(사업결합)에서는 사업결합시에 매수가격배분법에 의하여 매수가격을 무형자산에 적의 배분하도록 규정하고 있다.

이와 같이 매수가격배분법은 사업결합 과정에서 인수대상 종속기업의 재무제표에 기록된 자산과 부채뿐만 아니라 식별가능한 무형자산을 공정가치로 측정하여 매수가격을 배분하는 것이다. 즉 사업결합시 취득기업은 종속기업의 자산과 부채의 공정가치를 측정하고, 공정가치를 기준으로 매수가격을 배분한다. 공정가치로 측정하는 자산에는 재무제표에 기록된 자산 · 부채뿐만이 아니라 식별가능한 무형자산과 우발부채의 공정가치도 함께 측정한다.

여기서 식별 가능한 무형자산이란 피취득기업의 장부에 계상되어있지 않더라도 계약상 또는 기타 법적권리에서 발생하거나 다른 자산과 분리가능한 무형자산을 의미한다. 사업결합시 취득기업이 지급한 매수가격은 이 공정가치를 기준으로 해당 자산과 부채에 우선적으로 배분하고, 그 나머지 가액은 영업권으로 산정한다. 여기서 공정가치의 측정은 취득기업의 입장에서 종속기업의 자산과 부채를 재평가하여 산정하는 것이므로 사업결합 이전에 종속기업의 재무제표에 계상한 영업권이나 이연법인세 등을 계상해서는 안 된다. 사업결합시 매수가격배분은 다음과 같은 4단계 절차를 거쳐 이루어진다.

(1단계) IRR과 가중평균자본비용 추정을 위한 종속기업 가치 평가
(2단계) 종속기업의 식별가능한 무형자산 인식
(3단계) 무형자산 공정가치 평가
(4단계) 평가결과의 검토 및 조정

2 매수가격 배분법의 적용 절차

매수가격배분법을 적용하여 인수대상회사의 매수가격을 각 자산에 배분하고 무형자산과 영업권을 평가하는 절차를 4단계로 나누어 자세히 설명하면 다음과 같다.[11]

- 1단계 (IRR 및 WACC 추정을 위한 종속기업 가치평가) 종속기업의 가치평가는 종속기업의 내부수익률internal rate of return: IRR과 가중평균자본비용weighted average cost of capital: WACC을 추정하고 이를 통해 식별가능한 무형자산의 공정가치 평가를 위한 기본 가이드라인을 제공하기 위해 수행된다. 종속기업의 가치평가는 취득기업과는 독립된 관점에서 미래 현금흐름의 현재가치를 추정함으로써 산출된다. 미래 현금흐름의 현재가치는 취득기업이 지출한 매수가격과 일치하도록 할인율을 조정해야 하며, 이렇게 조정된 할인율은 이 사업결합 거래에서의 내부수익률이 된다. 내부수익률이 결정되면 종속기업의 가중평균자본비용을 산출한다. 내부수익률은 종속회사의 규모에 따른 프리미엄과 다음과 같은 기업고유의 비체계적 위험을 함께 고려

11. *ibid*, pp. 51~52.

하여 산출한다.

1. CEO의 자질과 능력
2. 핵심 고객에 대한 의존도
3. 핵심 공급자에 대한 의존도
4. 품목 및 서비스의 다양성
5. 임직원의 능력과 노사관계

이렇게 산출된 종속기업의 가중평균자본비용을 내부수익률과 비교한다.

- **2단계 (종속기업의 식별가능한 무형자산 인식)** 종속기업의 무형자산을 파악하기 위해서는 종속기업의 핵심가치동인main business value driver이 무엇인지를 먼저 파악해야 한다. 그 다음 종속기업이 속한 산업, 시장, 국가의 경제상황 등과 같은 거시적인 지표들을 분석하고, 순차적으로 영업과 관련된 고객자료, 공급자들과의 계약 등 기업내부의 자료를 검토한다. 무형자산의 식별은 먼저 취득 또는 개발 사유를 분석하고, 개발 및 취득과 관련된 이사회 회의록이나 계약서 등의 문서가 존재하는지를 확인한다. 다음으로 K-IFRS 제1038호 "무형자산"에서의 인식 및 식별 요건을 충족하는지를 확인한다. 마지막으로 식별가능한 무형자산을 인식한 후에는 상대적인 중요성에 근거하여 인식의 우선순위를 결정한다.

- **3단계 (무형자산의 공정가치 평가)** 인식된 무형자산은 자산 종류와 특성에 따라 수익방식(로열티면제법, 현금흐름할인법), 원가방식, 비교방식 등의 평가방법을 이용하여 적절하게 평가한다. 해당 무형자산이 거래되는 활성시장이 존재하는 경우에는 시장 호가나 비교대상 거래를 이용한 비교방식을 적용할 수 있지만, 해당 무형 자산이 거래되는 활성시장이 존재하지 않는 경우에는 수익방식과 원가방식을 이용하여 공정가치를 평가한다.

- **4단계 (평가결과의 검토 및 조정)** 무형자산의 공정가치가 결정되면 앞서 종속기업의 전체가치를 산출하는데 이용된 내부수익률과 가중평균자본비용

이 상호 일치하는지를 확인하기 위해 각 무형자산의 가중평균자산수익률 WARA을 계산한다. 가중평균자산수익률은 각 무형자산에 대한 요구수익률에 의해 계산된 평가가치비율을 이용하여 계산한다. 만약 가중평균자산수익률과 내부수익률이 일치하지 않을 경우 이를 재조정하는 과정을 거친다. 조정과정을 거친 후 산출된 평가결과는 동종 산업 내의 다른 거래에서 적용된 내부수익률이나 다른 사례에서의 무형자산 평가가액과 비교 · 검토한다. 다른 사례들과 비교할 때에는 매수금액에서 무형자산의 평가가액이 차지하는 비중, 매수금액에서 영업권 평가액의 비중, 전체 무형자산 중에서 영업권 평가액의 비중 등을 재검토하여 조정하여야 한다.

VALUATION ISSUES

PPA가 무엇인가?

기업 인수 · 합병할 때 인수가격을 배분하는 방법

최근 국내 여러 대기업들의 인수 · 합병(M&A) 소식이 경제뉴스의 헤드라인을 장식하는 경우가 많다. 내수시장이 포화되고 대부분의 사업영역이 성숙기에 들어간 국내 상황상 새로운 자체 성장동력을 찾기는 쉬운 일이 아니다. 그래서 많은 기업들이 사업결합M&A를 통해 새로운 활로를 모색하고 있으며, 2019년 현재 대한민국에서 중견기업 이상의 회사에 M&A는 이제 낯선 단어가 아니다.

회계적으로는 하나의 기업이 다른 기업을 인수 또는 합병할 때 반드시 해야 하는 작업이 있다. 바로 PPA(Purchase Price Allocation), 이는 회계업계에서는 일상적으로 쓰이는 단어이기는 하지만 관련 경험이 없는 사람에게는 다른 나라 언어처럼 들리기도 한다 한 가지 예를 들어 보겠다. A라는 사람이 자주 다니는 카페를 하나 인수하려고 마음을 먹었다. 주변 부동산 시세를 찾아보고 보증금 1억원에, 기계 및 인테리어 5000만원 정도 추정하여 1억5000만원을 카페 주인에게 제시하였다. 카페 주인 B는 대답한다. "3억원 아래로는 팔지 않습니다." 이 3억원과 1억5000만원의 차이는 무엇일까? 우리는 흔히 말해 권리금이라고 부른다. 가게 주인은 자신이 그동안 노력하여 이렇게 손님이 많아진 것이니 그 노력의 가치를 보상받고자 하는 것이다. 그렇다면 A는 그 영업의 가치가 1억5000만원이 넘을지 아닐지를 고민 후에 인수 여부를 최종적으로 판단하게 된다.

기업도 마찬가지이다. 기업이 다른 기업을 인수할 때 대상이 가진 가격(자본금)을 그대로 주고 인수하는 경우는 거의 없다. 가치 있는 기업의 경우 주로 그것보다 더 비싸게 사는데, 회계에서는 권리금이라는 단어는 쓰지 않고 영업권이라는 단어를 쓴다. 의미는 거의 같다. 여기까지 보면 간단하다. 그러나 현행 회계는 이보다 조금 더 복잡하게 발전하였다. 정보이용자에게 더 자세하고 더욱 정확하게 정보를 제공하기 위해서이다.

기업인수 시 보이지 않던 무형자산을 식별하는 과정

'비싸게 샀는데 무엇 때문에 비싸게 산 거지? 그 회사의 브랜드 때문일 수도 있고, 고급 기술 때문일 수도 있고, 거래처와 좋은 장기계약을 맺었기 때문일 수도 있다. 그래서 현행 회계기준은 식별 가능한 무형자산을 식별하고 평가하도록 하고 있다. 기존 재무제표에 표시되지는 않았지만 기업의 인수자가 고려했던 항목 중 회계적으로 표시할 수 있는 무형자산은 모두 구분해서 금액까지 측정하여 인수 시점의 재무제표에 반영하라는 뜻이다. 대표적으로는 ① 상표권 등 마케팅관련 가치 ② 주요 고객관련 가치 ③ 기술관련 가치 ④라이선스 및 로열티 등 계약관련 가치 등이며, 각각에 대해 해당 사항이 있는지를 모두 체크하고 금액까지 평가하여야 한다. 그런 것들은 어떻게 평가하는가? 예를 들면 브랜드가 있을 때와 없을 때 그 회사의 현금흐름이 어떻게 바뀔지 추정하고 계산하는 방식 등을 주로 사용한다.

그리고 회계에서 대부분의 자산 및 부채는 최초 취득원가로 표시된다. 예를 들어 20년 전 토지를 10억원 주고 매입하였다면, 현재의 재무제표에서도 그 토지는 별다른 일이 없는 이상 10억원으로 표시된다는 뜻이다. 그렇지만 사실 그 토지는 지금 매각하면 50억원일 수도 있고, 100억원이 될 수도 있다. 아마 기업을 인수하려는 회사는 그 점을 분명히 알고 매입가격을 제시했을 것이므로, 회계는 인수 대상의 회사를 공정가치(쉽게 말해 현재시가)로 다시 재측정하도록 되어 있다.

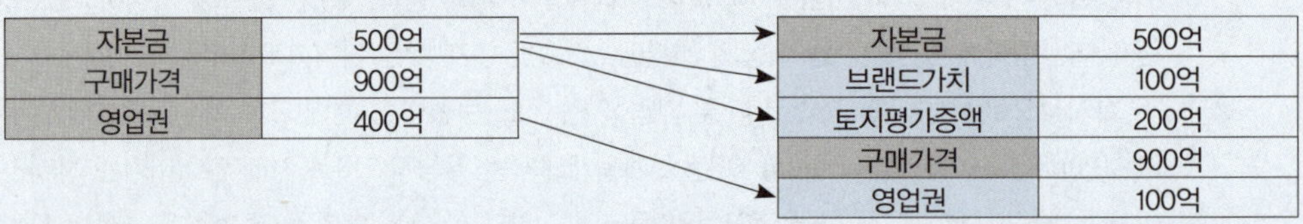

정리하자면, 회계에서는 인수하려는 회사의 액면금액이 아닌 보이지 않는 금액까지도 다시 측정하도록 하고 있다. 첫째는 기존 자산의 공정가치 평가이며, 둘째는 보이지 않았던 무형자산의 식별이다. 이러한 과정 전반을 우리는 PPA 작업이라고 한다. 예를 들면, 아래 그림과 같이 자본금 500억원의 기업을 900억원에 인수했다면 과거에는 영업권 400억원만 표시되었겠지만 현행 회계기준에서는 기존 자산의 평가(토지 200억원) 및 새로운 무형자산인식(100억원)으로 인해 최종적으로 영업권이 100억원으로 감소할 수도 있다는 뜻이다. (출처: 매일경제, 2019. 4. 9 요약)

10장

지식재산 금융과 가치평가

Intellectual Property Financing and Collateral Value Appraisal

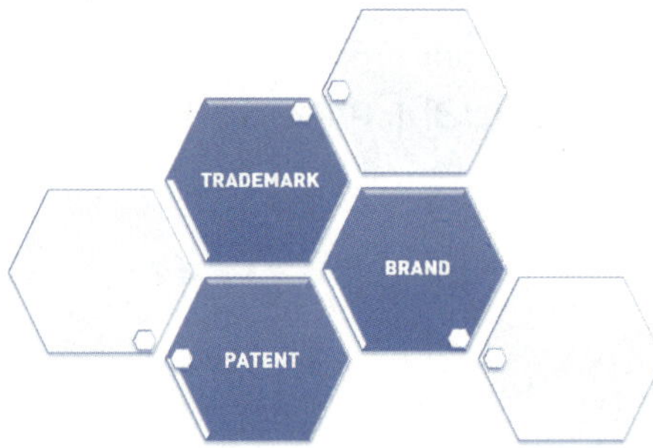

지식재산금융은 권리화가 가능한 기술 또는 아이디어의 연구개발을 통하여 권리화(창출)되었거나, 권리화 가능성이 있는 기술의 사업화를 촉진하기 위하여 자금을 지원하는 것을 말한다. 또한 권리화된 기술을 통한 자산가치상승이나, 권리화된 기술의 양도 및 이전 등에 필요한 자금을 지원하기도 한다.

이러한 지식재산권을 담보 등으로 기업에 금융을 지원할 때 가장 큰 난점은 기술이나 지식재산에 대한 공신력 있는 평가나 평가 결과에 대하여 책임을 부여하는 시스템이 구축되어 있지 못하다는 점이다. 특허권 등 지식재산에 대한 신뢰성 있는 '지식재산 가치평가시스템'이 없어 거래시장이 형성되기 어려운 실정이다.

특허권의 담보가치는 특허로 보호받은 기술(권리)에 대한 평가액이므로 기업이 보유하고 있는 기술적 노하우와는 엄격히 구분되어야 한다. 왜냐하면 특허권은 기업과 분리되어 거래의 대상이 될 수 있으나, 기술적 노하우는 기업과 함께 일체로서 거래의 대상이 되기 때문이다. 이 장에서는 지식재산 담보가치평가 방법으로 널리 활용되고 있는 로열티면제법 relief from royalty method 과 IP가치평가모델방식을 중심으로 그 이론과 실무 적용방법을 담보가치 평가사례를 통하여 학습하기로 한다.

I 지식재산 금융과 가치평가

1 지식재산 금융의 의의와 발전

1.1 지식재산 금융의 의의

지식재산금융은 특허권, 상표권 등 지식재산권이나 아이디어와 기술의 개발 및 사업화 등을 촉진하기 위하여 필요한 자금을 지원하는 것을 말한다. 보다 협의로는 기술금융을 의미하는데, 이는 미래수익 창출이 기대되는 기술이나 아이디어 등에 대한 가치평가에 근거하여 필요한 자금을 수요자에게 공급하는 행위로 볼 수 있다.

오늘날 세계경제는 글로벌화와 인터넷화의 급속한 진전에 따라 자산기반경제asset-based economy에서 지식기반경제knowledge-based economy로 급격히 패러다임이 전환되고 있다. 이에 따라 산업구조도 지식기반산업knowledge-based industry을 중심으로 재편되면서 지식재산에 대한 인식도가 날로 높아지고 있다. 그러나 지식기반산업의 빠른 성장에도 불구하고 벤처기업과 같은 기술집약형 기업은 미래가치인 지식재산만을 가지고 있을 뿐 유형자산이 부족하므로 외부자금을 조달하는 데에 어려움이 많다.[1]

지식재산권을 담보 등으로 기업에 금융을 지원할 때 가장 큰 이슈는 기술이나 지식재산에 대한 공신력 있는 평가나 평가 결과에 대하여 책임을 부여하는 시스템이 구축되어 있지 못하다는 점이다. 특허권 등 지식재산에 대한 신뢰성 있는 '지식재산가치평가시스템'이 없어 거래시장이 형성되기 어려운 실정이다. 기술금융은 혁신금융innovation financing으로 지칭되기도 한다. 그러나 혁신금융에

1. 한국지식재산연구원, 기술금융 활성화를 위한 기술신용평가시스템 발전방안, 2011, p. 1

서 발생하는 어려움은 무형자산 창출이나 혁신 프로세스를 지원할 수 있는 외부 금융을 이용하기 어렵다는 데에 있다.

최근 기술금융 활성화를 위하여 정부에서는 공공재적 성격의 기술정보 DB[TDB: Technology Data-Base] 구축 및 민간 기술신용평가기관[TCB:technology credit bureau]을 지정하여 운영하고 있다. 현재 TCB는 기술신용보증기금, 한국기업데이터[KED], 나이스신용평가정보가 지정되어 있다. TCB는 기업 기술의 경제적 가치에 대한 정보를 수집 · 생성 · 평가 · 분류하는 기관으로서 해당 정보를 금융회사에 제공함으로써 기술평가 및 기업심사 비용을 줄이는 역할을 하고 있다.

1.2 지식재산 금융의 법적근거

「지식재산기본법」은 (2011. 7월 시행)은 지식재산의 유동화, 지식재산 금융활성화 방안과 관련하여 정부의 의무를 선언적으로 규정하고 있다(제 25조). 즉 정부는 지식재산의 이전[移轉], 거래, 사업화 등 지식재산의 활용을 촉진하기 위하여 다음 각 호의 사항을 포함하는 시책을 마련하여 추진하도록 규정하고 있다.

1. 지식재산을 활용한 창업 활성화 방안
2. 지식재산의 수요자와 공급자 간의 연계 활성화 방안
3. 지식재산의 발굴, 수집, 융합, 추가 개발, 권리화 등 지식재산의 가치 증대 및 그에 필요한 자본 조성 방안
4. 지식재산의 유동화[流動化] 촉진을 위한 제도 정비 방안
5. 지식재산에 대한 투자, 융자, 신탁, 보증, 보험 등의 활성화 방안

한편 기술의 이전 및 사업화 촉진에 관한 법률은 기술자산유동화 및 금융지원의 촉진에 관한 사항을 수립시행 하여야 함을 규정하고 있고(제5조①항), 제27조는 기술자산유동화 촉진사업을, 그리고 제28조는 기술담보대출 촉진사업을 실시할 수 있음을 명시하고 있다.

아울러 2012년 6월부터 시행된 「동산 · 채권 등의 담보에 관한 법률」에 따라 동산에 대한 담보가 가능해졌으며, 지식재산권의 담보에 관한 특례가 규정되어

지식재산권을 자산으로 활용하여 자금을 지원할 수 있도록 하였다. 담보는 특허권 · 실용신안권 · 디자인권 · 상표권 · 저작권 · 반도체 집적회로 배치설계권 등 지식재산권(법률에 따라 질권을 설정할 수 있는 경우로 한정)을 목적물로 하고 있다. 한편 담보등기의 존속기간은 5년이며, 존속기간 만료 전에 연장등기를 하면 5년을 초과하지 않는 기간 내에 존속기간을 연장할 수 있으며 연장횟수에는 제한이 없다.

또한 「자본시장과 금융투자업에 관한 법률」에 의하면 신탁업자가 신탁 가능한 재산을 7가지로 규정하고 있는데, 이 중에서 무체재산권은 동 2005년 「신탁업법」 개정 시에 추가된 항목이다(자본시장법 제103조).[2]

1.3 지식재산 금융의 종류

지식재산 금융은 크게 투자investment와 대출loan로 구분된다. 여기서 투자는 벤처캐피탈VC, 펀드 등 창조적 자산이 창출하는 미래수익에 기초하여 자금을 제공하는 직접금융에 해당한다. 또한 대출은 은행이 재무정보를 기초로 원리금 등 채무상환능력을 평가하고 자금을 공급하는 간접금융에 해당한다. 또한 공급주체에 따라 정책금융, 일반금융, 보증금융으로 구분할 수 있다.[3]

정책금융은 정부의 출연금, 보조금, 기금 융자금 등으로 정책적 의지에 의해 공급되며, 수요자에게 가장 부담이 적으나 경쟁력은 떨어진다는 약점이 있다. 일반금융은 은행 대출금, 창업투자회사 등의 투자금융이 있다. 마지막으로 보증금융은 기술신용보증기금의 기술평가보증 등으로 정책금융과 일반금융의 중간적 형태이다.[4]

금융기법의 고도화에 따라 최근 지식재산권을 담보로 하는 대부업, 첨단기술의 R&D단계에서 지식재산권 취득을 목표로 투자하는 펀드 등도 출현하고 있

---

2. 신탁업무에 대해 정의한 「신탁업법」은 2009.2.3. 폐지, 자본시장법에 통합 시행되고 있다. 7가지 신탁가능 자산은 1.금전, 2.증권, 3.금전채권, 4.동산, 5.부동산, 6.지상권, 전세권, 부동산임차권, 부동산소유권 이전등기청구권, 그 밖의 부동산 관련 권리, 7.무체재산권(지식재산권을 포함한다) 등이다.
3. 관계부처합동, 기술금융 활성화를 위한 기술평가시스템 구축방안, 2014. 1
4. 한국지식재산연구원, 전게서, pp.5~6

다. 특히 지식재산권 기반 구조화금융IP–based structured finance은 주로 대규모 투자와 장기간에 걸친 R&D가 특징인 생명공학분야 등에서 활발히 진행되고 있다. 지식재산금융은 다양한 모델이 존재하며, 미래에도 금융모델로서 다양한 관점에서 접근할 수 있을 것이다. 최근 해외에서 제시되고 있는 모델의 유형은 특허담보, 발명투자펀드, 특허권행사기반 자금조달 등이 있다.

첫째, 기술융자(대출)는 기업의 기술력을 평가하여 실행하는 대출 제도로서 특허담보대출IP-backed lending의 경우, 내개 대출의 형태로 IP소유자들에게 조달자금을 제공하는데, 이 때 IP자산 전체 또는 일부분을 담보로 한다. 우리나라에는 크게 다음과 같은 세 가지 상품이 있다.

1. 기술평가인증서부 대출 : 기술보증기금이 발급하는 기술평가인증서를 바탕으로 기보와 협약을 체결한 은행에서 대출을 실행
2. 기술력 평가대출 : 한국산업은행이 내부 기술평가서를 바탕으로 산업은행 영업점에서 여신을 제공
3. 혁신형 중소기업 기술금융 : 일반 및 특수은행이 한국산업기술진흥원 등 4개 기술평가전문기관이 제공하는 기술평가 결과와 자체 여신심사를 토대로 특허담보 또는 신용대출 지원

둘째, 발명투자펀드Innovation investment fund의 경우, 유망한 발명, 특히 미래지향적인 기술과 관련된 발명들에 대해 자본시장으로부터 자금을 조달하는 방법이다. 지식재산의 공급자인 대학이나 연구기관, 개인 발명가, 작은 신생회사 등의 개발기술을 투자대상으로 하며 투자한 발명에 관련된 IP를 획득하는데, 특정한 기술에 관련된 IP의 보완적인 부분을 묶어 강한 특허 포트폴리오를 구축할 목적을 갖고 있는 경우가 대부분이다. 따라서 사업수익 모델은 묶어진 특허에 공동접근을 제공하는 특허라이선싱 프로그램을 실행함으로써 수익을 창출하게 된다.

셋째, 특허권행사기반 자금조달 모델이다. 즉 해당 분야 회사들이 수익을 창

출하고 있는 특허권이나 기존의 로열티 수익 등을 기초로 IP소유권자들에게 금융자본을 제공하는 유형이다. 이러한 회사들은 수익을 창출하고 있는 IP소유자들이 IP의 미래 현금흐름을 주고 현금을 얻는 방법을 제공해 주는데, 이는 IP의 구조금융을 제공함으로써 이루어진다.

한편 특허보유기업투자Investment in IP-intensive companies 모델도 있는데, 특허보유기업들이 투자자로부터 자금을 조성하여 특허, 상표, 저작권 등에 대한 침해를 주장하거나 라이선싱을 할 수 있는 가치 있는 IP보유기업들에게 대출해 주는 방식이다. 그 목표는 특허 침해 소송과 특허라이선싱과 같은 자금 차용자의 IP활용이득을 얻는 것이다.

이러한 지식재산기반 금융모델은 관련 시장이 구축되어 있고, 이에 대한 가치평가가 이루어져 적정가격을 설정할 수 있는 경우 잘 작동될 수 있으나, 국내 환경은 아직 지식재산 금융시장이 활성화되기에는 가치평가시스템 구축 등 선결조건이 제대로 갖추어져 있지 못한 실정이다.

1.4 지식재산의 유동화

미국에서는 1990년대부터 지식재산권을 기반으로 하는 자본조달방식, 즉 저작권이나 특허권 등을 담보로 하는 대출제도가 널리 활용되어 왔다. 이 자금조달 방식은 지식자산을 보유한 기업의 이윤창출 극대화 및 시장에서 경쟁력 유지 측면에서 그 중요성이 점차 부각되고 있다. 일반적인 미국의 지식재산권 자금조달 방식은 유동화, 담보대출, 헤지펀드, 사모펀드 등으로 유동화의 경우는 CP도관회사, 연금펀드, 보험사 등에서 주로 투자하고 있다.

미국의 지식재산 유동화는 1990년대 후반부터 2000년대 전반까지 주로 영화와 음악의 저작권 또는 미래 수익권을 중심으로 이루어졌다. 미국의 지식재산권 유동화 사례는 상표권, 프랜차이즈권, 제약특허권, 저작권 등 지식재산권 각 권리에서 다양하게 나타나고 있다. 다음의 〈표 10-1〉에는 이러한 미국의 지식재산권을 활용한 유동화 사례를 요약 정리한 것이다.

(단위 : US $백만)

표 10-1
미국의 지식재산권을 활용한 유동화 사례

구분	연도	발행자	규모	비고
상표권	2003	Guess Royalty Finance LLC	75	발행 당시 Guess의 투자등급보다 높은 BBB급 채권 발행
	2006	Iconix Brand Group	218	신규자산 추가신탁(Master Trust) 방식 적용
	2006	sears	1800	Sears가 보유하던 3가지 상표권을 SPC에 양도하고, SPC는 Sears로부터 받는 상표권 사용수익을 기초로 유동화증권을 발행
프랜차이즈권	2000	Arby's	209	최초의 레스토랑 프랜차이즈권 유동화 사례
	2005	Quiznos	250	프랜차이즈 수수료에 대한 유동화
	2006	Dunkin Donuts	1700	LBO로 인해 부채 리파이낸스를 위해 PEF투자자를 대상으로 Dunkin의 프랜차이즈 수익을 유동화
제약특허권	2000	Bio Pharma Royalty Trust	79	예일대가 보유한 특허권을 BMS가 사용함으로써 발생하는 특허사용료를 기반으로 채권을 발행
	2003	Bio Pharma Finace Trust	225	13개의 제약특허권(4개는 FDA 승인 진행중이었음) 풀(Pool) 내의 특허권 사용료에 기반한 유동화
	2004	Bio Pharma Finace Trust I	228	Paul Royalty Fund가 갖고 있는 헬스케어 관련 로열티 수익을 기반으로 유동화
저작권	2003	Dreamworks	1000	기존 영화 및 촬영 예정 영화를 기반으로 유동화(채권보증업체인 Ambac의 신용보장)
	2003	Universal Firm Funding	950	Vivendi Universal의 125개 영화에 대한 저작권 수익을 기반으로 유동화 증권 발행(Ambac 신용 보장)
	2005	Disney	370	향후 32개 영화에 대한 State Financing 방식으로 발생하는 저작권 수익을 유동화

자료: 펜타노바, 전게서, 2012.11, p. 97

우리나라의 경우에는 지식재산을 이용한 유동화 성공사례는 매우 드물다. 2005년 제정된 기술이전촉진법 상에서도 정부가 기술자산의 유동화를 촉진할 수 있다고 명시되어 있으나, 실제로는 '특허권에 의하여 보호받는 기술'에 대하여 조차도 유동화 증권 발행에 성공한 사례는 드물다. 다양한 지식재산 중에서 상표권의 유동화에 성공한 사례로서 2009년 이랜드 사례 외에, 기술, 저작권 등

그림 10-1
(주)이랜드 상표권 유동화 구조

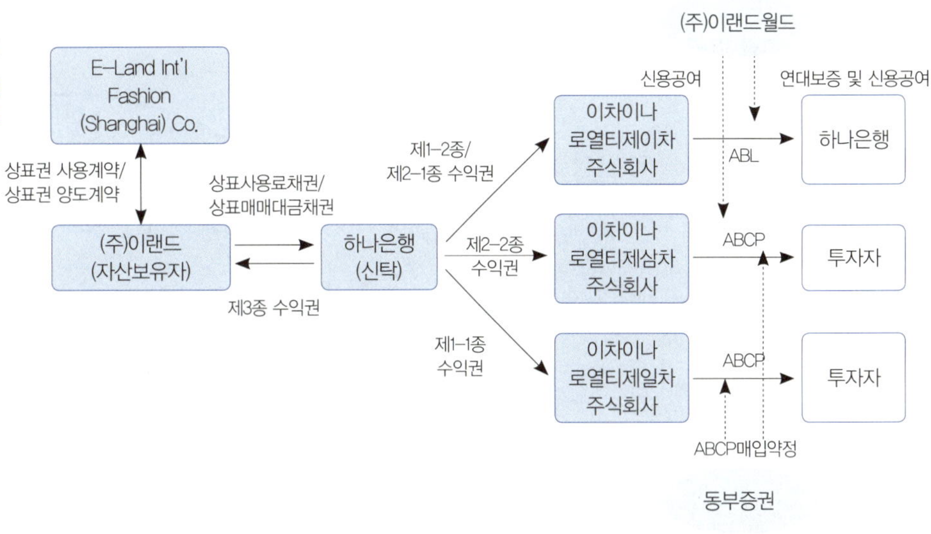

- 발행시점: 2009년 12월 (발행금액: 500억 원)
- 신탁재산: (주)이랜드와 (주)이랜드월드가 자회사인 중국법인에 대해 보유한 6종의 상표권 로열티 수익권
- 유동화 특수목적법인(발행자): 이차이나로열티제일차㈜, 제이차㈜, 제삼차㈜

자료: 김정동 · 김형준, 「지적재산권 유동화」, Issue Report, 한국기업평가, 2010, p. 18.

에 대한 유동화 사례는 자주 발견되지 않고 있다. 즉 이랜드 그룹은 지식재산을 이용한 유동화기업어음ABCP 발행 및 유동화대출ABL 조달에 성공한 유일한 사례로서, 상표권을 은행 신탁계정에 위탁한 뒤 동 신탁 재산을 SPC에 양도하여 유동화하는 2단계 구조를 취하였다.

2 지식재산 금융과 기술금융

기술금융은 흔히 IP금융이라고 불리는 지식재산권 금융과 구별된다. 기술금융은 기술 또는 아이디어의 연구개발R&D → 창업 → 사업화 → 기술혁신 등 기술경영 전 과정을 대상으로 지원되는 금융으로서 권리화 되었거나 권리화가 가능한 기술의 창출과 창출된 기술의 창업 및 사업화를 위해 기업이 필요한 전반적인 자금을 지원하기 때문에 일반적인 기업금융의 범위와 중복되는 부분도 있다.

반면 지식재산금융은 권리화가 가능한 기술 또는 아이디어의 연구개발을 통

그림 10-2
지식재산 금융과 기술금융의 영역

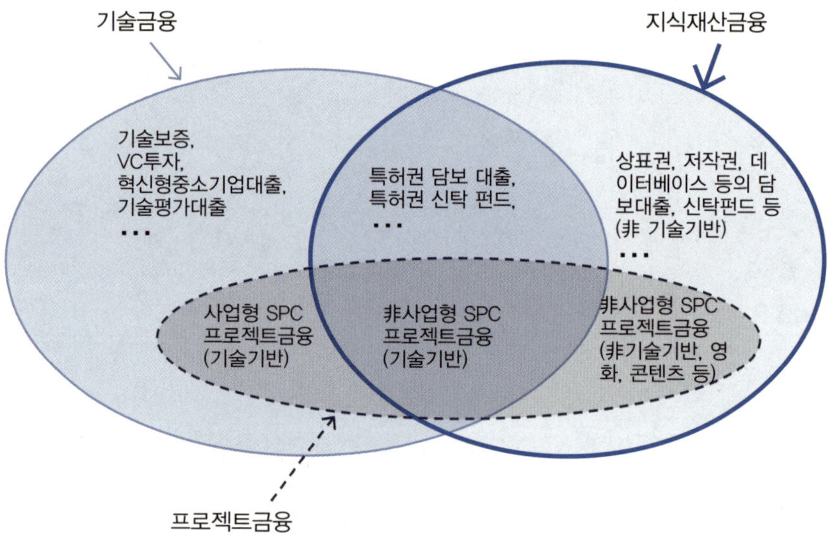

자료: 펜타노바, 지식재산 금융 국내외 실태조사 및 활성화 방안, 2012, p. 24

하여 권리화(창출)되었거나 권리화 가능성이 있는 기술의 사업화, 권리화된 기술을 통한 자산가치상승, 권리화된 기술의 양도 및 이전 등 '권리화된 기술'을 대상으로 한다.

연구개발 → 창업 → 사업화 단계에서 기술금융의 범위와 지식재산금융의 범위가 중복되어 나타날 수 있으나, 권리화되고 자산 가치를 인정받은 무형자산의 활용이라는 측면에서 보면 기술금융의 확대라고 해석할 수 있다. 지식재산금융은 지식재산 기업에 대한 지원(벤처캐피탈형)과 지식재산 자체에 대한 투자 및 대출(창의자본형)로 구분이 가능하다.

지식재산은 기술 범주에 포함되지만, 재산적 성격으로 일반 기술보다 금융 측면의 활용도가 높다. 즉 기술금융은 기술의 연구개발과 창업 그리고 사업화를 위한 직 · 간접지원을 모두 포함한다면, 지식재산금융은 지식재산권의 창출이 전제된 아이디어를 포함하여 지식재산권에 대한 사업화활용을 위한 직 · 간접지원이라고 할 수 있다.[5]

5. 펜타노바, 지식재산 금융 국내외 실태조사 및 활성화 방안, 2011.

3 지식재산 담보가치평가

특허권의 담보가치를 평가하는 데에 가장 많이 사용되는 방법은 합리적인 로열티면제법이다. 로열티접근법은 특허침해에 대한 손해액 평가에서 사용되는 개념이다. 여기서 합리적인 로열티reasonable royalty란, 서로 라이선스 의사가 있는 당사자 간의 원칙willing buyer–willing seller rule이 적용되는 가상의 경우 어떤 강요도 없이 라이선스 의사가 있는 거래 당사자간에 서로 받아들일 수 있는 금액을 말한다.

다른 측면에서 보면, 합리적 로열티란 특허권의 사용자가 특허권을 소유하지 않음으로써 부담하게 되는 합리적 로열티를 추정하여 그 가액을 특허권의 가치로 추정하는 방법이다. 추정된 로열티 수익은 특허권을 보유했기 때문에 지불하지 않아도 되는 가치를 의미한다. 즉 기회비용opportunity cost의 관점에서 특허권의 가치를 추정하는 접근법이다.

로열티접근법은 법원에서 특허권 침해 시 일반적으로 사용되는 손해액 사정 방법이다. 특허담보 대출 시 은행은 기업이 보유하고 있는 특허권을 담보로 대출을 결정한다. 이때 은행의 담보물은 특허권에 한정되고 회사 내에 축적된 기술적 노하우는 포함되지 않는다. 따라서 담보대출을 위한 특허권 가치평가에서는 법적으로 보호되는 권리(특허기술)에 한정하여 평가하는 것이 바람직하다.[6] 〈표 10–2〉는 특허와 기술적 노하우의 차이를 구분한 것이다.

앞서 설명한 바와 같이 로열티접근법은 수익방식과 원가방식이 결합된 접근법이다. 이 방식을 적용할 때 특허권과 기술적 노하우를 구분하지 않고 수익방식 그대로 적용할 경우 특허권의 가치를 과대평가할 가능성이 많다. 특허권은 기업이 보유하고 있는 기술 중 일부 또는 전부를 특허법에 의거 권리화한 것이다. 따라서 기업이 보유하고 있는 특허권 가치평가에 있어서는 기업이 보유하

6. 조경선 외, 지식재산금융과 가치평가실무, 2014, p.261.

표 10-2
특허와 노하우의 차이

근거법령	특허	노하우
등록여부	출원 · 등록되어야만 특허로 됨	출원하거나 신청하지 않아도 노하우로 가능
내용	특허권자에게 독점권을 부여하는 대신 공개할 의무를 부과하고 있고, 공개가 보호의 전제	• 비밀로 유지하는 것이 보호의 전제 • 타사가 독자적으로 그 노하우를 공개한 경우나 비밀로서 관리되지 않아 불특정 다수가 안 경우, 자신만의 독점권 주장 불가
보호기간	보호기간은 유한 (출원일로부터 20년)	비밀로서 보호되고 있는 한 존속
보호법령	특허법에서 보호	• 특허의 대상이 되지 않는 것도 있음 • 부정경쟁방지 및 영업비밀보호법에서 보호

고 있는 기술과 노하우를 활용하여 제조 · 판매한 제품의 매출액에서 특허기술이 기여한 부분을 추정하여 산정해야 한다. 즉 특허기술이 적용된 제품의 총매출액에서 특허기술의 이용비율을 추정하여 그 비율만큼을 특허권가치로 산정하여야 한다.

결론적으로 특허권의 담보가치는 특허로 보호받은 기술(권리)에 대한 평가액이므로 기업이 보유하고 있는 기술적 노하우와는 엄격히 구분되어야 한다. 특허권은 기업과 분리되어 거래의 대상이 될 수 있으나, 기술적 노하우는 기업과 함께 일체로서 거래의 대상이 되기 때문이다. 〈표 10-3〉은 일반적인 기술가치와 담보용 특허권 가치평가의 차이를 구분한 것이다.

표 10-3
기술가치평가와 담보가치평가

구분	일반 기술가치평가	특허담보용 가치평가
분석대상	개별 사업단위 또는 개별 제품	개별제품에 적용된 특허
분석범위	특허 + 노하우	특허기술(법적으로 보호되는 권리)
평가방법	이익접근법(예 : DCF) 등 다양	로열티접근법이 적합
평가 주요목적	기술거래, 투자 등 경제적 의사결정	특허의 담보가액 산정 특허 침해 시 손해배상액 산정
회수관점	지분처분 또는 회사매각	특허권 처분 또는 라이선스
정보내용 및 정보이용자	사업가치 및 기술가치 가액 투자자, 기업인수자	대출금액 또는 손해배상액 금융기관, 법원 수요

자료: 조경선 외, 전게서, p. 263

4 지식재산 담보가치 평가방법

4.1 IP로열티면제법 intellectual property relief from royalty method

로열티면제법은 제3자로부터 라이선스 되었다면 지급할 로열티를 지식재산 소유자가 부담하지 않음으로써 절감될 수 있는 로열티 지불액을 추정하여 현재가치로 환산하는 방법이다. 로열티면제법은 시장에서 로열티지급 거래사례를 비교하여 평가하므로 비교방식의 하나라고 할 수 있다. 그러나 수익접근법으로 분류되기도 한다. 즉 할증이익법premium profit method 중 유무법with-without method의 일종으로 간주하기도 한다. 지식재산이 있다면 지불하지 않았을 비용을 자본화하여 가치추계를 하기 때문이다.

추정된 로열티 수입흐름은 그 지식재산을 보유했기 때문에 지불하지 않아도 되는 것을 의미하고, 할인된 현재가치는 결과적으로 IP소유에 따른 가치라고 볼 수 있다. 이 방식의 일반적 평가모형은 다음과 같다.

$$V_p = PV(r)\sum_{t=0}^{n}[R_v \times R_t(1 - T)]$$

Vp : 특허기술가치 r : 할인율 t : 수명기간
Rv : 총매출(revenue) Rt : 로열티율 T : 법인세율

로열티면제법에서는 대상기술의 로열티 수입의 현금흐름에 근거하여 가치를 추정한다. 따라서 시장에서 수집된 라이선스 거래사례는 대상 자산과 비교할 만한 유사한 속성(투자위험이나 수익성 등)을 가져야 하며, 독립된 제3자간의 거래인 정상로열티율arm's-length royalty rate을 적용하여 계산한다. 그 다음 대상 자산의 경제적 수명기간 동안 발생될 예상 매출액에 이 정상로열티율을 곱하면 대상기술을 라이선스 한다는 가정을 전제로 발생될 로열티 수입의 추정치가 된다.

따라서 로열티면제법을 적용하기 위해서는 대상 지식재산이 경제적이익을 창출할 가능성을 분명히 제시할 수 있어야 한다. 즉 로열티 수입의 기준이 되는 라이선스 계약에서의 로열티 대가지급방식, 즉 매출액의 몇% 라든지 매출총이

그림 10-3
로열티면제법에 의한 지식재산권 가치평가 절차

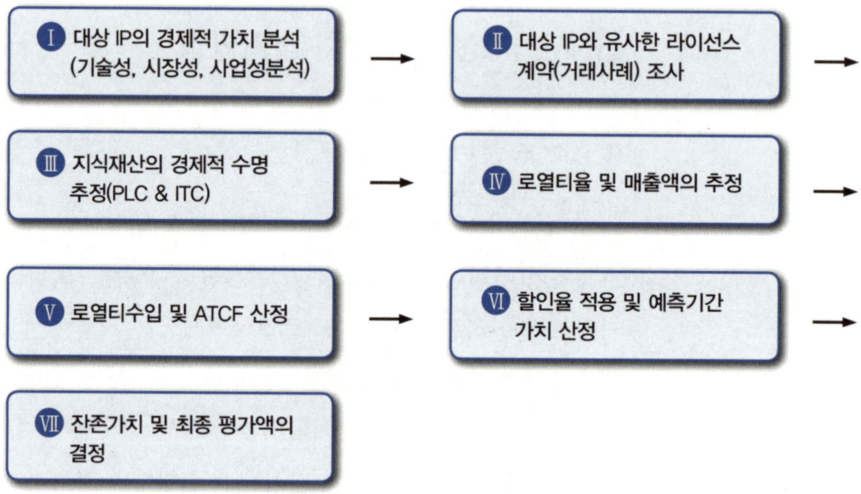

익의 몇 % 등으로 확정하여야 적용할 수 있다. 로열티면제법을 적용하기 위한 평가절차(흐름도)는 〈그림 10-3〉과 같다. 이에 대한 구체적인 내용은 앞 장에서 자세히 설명하였으므로 생략하기로 한다.

4.2 IP가치평가모델 방식

IP intellectual property 가치평가모델 방식은 우리나라 특허청이 개발한 평가방식이다. 이 방식은 지식재산권이 기업과 분리될 수 있는 독립재산권으로서의 가치라는 가정하에 시장성 있는 IP의 로열티율을 일정한 모델에 의하여 산정하는 방식이다. 이 모형의 산식에 의하면, 지식재산권의 가치는 다음 식에서 보는 것과 같이 합리적 실시료율reasonable royalty rate: RRR과 실시료 기준액royalty base의 곱으로 산정된다.[7]

$$R_t = RRR \times R_B$$

R_t : 로열티 총액 RRR : 합리적 실시료율 R_B : 실시료 기준액

합리적 실시료율과 실시료 기준액을 산정하기 위한 개별 평가요소는 다음

7. 특허청, IP 담보대출을 위한 IP 가치평가 모델연구, 한국발명진흥회 편, 2013. 10, pp.77~81.

〈표 10-4〉에 요약된 바와 같다. 여기서 합리적실시료율이란, 동일 또는 유사 기술분야의 실시료율을 기준으로 하되, 평가대상 지식재산의 기술성 및 시장성의 평가결과 도출된 조정계수adjustment factor: AF를 통하여 산정된 로열티요율을 말한다.

표 10-4
실시료 평가항목

구분	정의	비고
합리적 실시료율	동일 · 유사 기술분야의 실시료율을 기준으로 평가대상 IP의 기술 및 시장 평가를 통해 조정된 실시료율	RRR(reasonable royalty rate) = 기준실시료율 × 조정지표
실시료 기준액	추정 매출액에 IP로 보호되는 부분의 비중을 반영한 실시료 산정 기준액	추정 매출액 × IP보호 부분의 비중

한편 조정계수를 산정하기 위하여는 〈표 10-5〉와 같이 조정지표산출을 위한 평가지표에 대하여 일일이 조사분석을 실시한 다음, 평점을 매기게 된다.

표 10-5
IP가치평가 세부 평가항목 및 평가지표

평가요소	평가항목		평가지표
합리적 실시료율	기준실시료율		• 신뢰성 있는 실시료율 DB 중에서 선택
	조정 지표	기술성	• 차별성 • 혁신성 • 파급성 • 전망성 • 대체성
		시장성	• 수요성 • 수익성 • 생산용이성 • 성장성 • 경쟁성
실시료 기준액	추정 매출액		• 시장점유율에 의한 매출액/수요예측에 의한 매출액 추정/해당 기업의 사업계획에 의한 추정 등 다양한 매출추정 방법을 활용
	IP보호 부분의 비중		• 원가비중 또는 전문가 정성평가에 의해 매출 추정이 된 전체제품 중 IP보호 부분의 비중 산정

1) 합리적 실시료율

합리적 실시료율reasonable royalty rate: RRR은 동종 · 유사 기술분야의 실시료율 데이터를 기준으로 평가대상 IP의 기술 및 시장 평가를 통해 조정된 실시료율을 의미한다. 기존 로열티면제법에 미국 판례의 합리적실시료 산정과 관련한 요소인 조지아 퍼시픽요소Georgia-Pacific factors를 도입하는 것을 기본 방향으로 설정된 것이다. 결국 합리적실시료율은 다음 산식과 같이 유사 기술분야의 실시료율을 기준으로 평가대상 IP의 기술성 및 시장성 조정지표를 적용하여 산정한다.

$$RRR = R_B \times AF$$

RRR : 합리적실시료율 R_B : 기준실시료율 AF : 조정지표

이 방식의 구체적인 산정방법을 3단계 적용절차로 나누어 설명하면 다음과 같다.

- 1단계 (기준실시료율의 조사) 기준실시료율이란 동종 또는 유사 기술분야의 실시료율을 의미한다. 따라서 한국기술거래소의 산업업종별 로열티율이나 AUS Consultants의 'Industry Royalty Rates', 일본 경제산업성 로열티요율 데이터 핸드북 등 국내외의 신뢰성 있는 로열티 DB를 활용하여 기준로열티율을 설정하여야 한다.[8]
- 2단계 (조정지표의 산출) 조정지표^{AF}는 평가대상 기술의 기술성 및 시장성 평가를 통해 도출되는 평가대상 기술의 특성을 반영하여 기준실시료율을 조정하는 지표를 의미한다. 조정지표의 산출을 위한 평점표는 다음 〈표 10-6〉과 같다. 즉 기술성 평가부분에서 5개의 지표와 시장성 평가부문에서 5개의 지표로 구성되며, 각 평가지표에 5점 척도를 기준으로 평점을 기입한 후 산술평균값을 구한다.
- 3단계 (합리적 실시료율 산정) 기준실시료율과 조정지표의 획득값을 아래의

8. 산업업종별 로열티율 관련자료는 AUS Consultants.com의 RoyaltySource(www.royaltysource.com)나 Consor®(www.consor.com), 그리고 The Financial Valuation Group(www.fvginternational.com) 등에서 얻을 수 있다.

표 10-6
합리적 실시료율 조정지표 산출을 위한 평점표

평가항목	평가지표	점수
기술성	차별성	(　　)
	혁신성	(　　)
	파급성	(　　)
	전망성	(　　)
	대체성	(　　)
시장성	수요성	(　　)
	수익성	(　　)
	생산용이성	(　　)
	성장성	(　　)
	경쟁성	(　　)
획득값(점수)		(점수 합계)/10

공식(보간법)에 대입하여 최종 합리적실시료율RRR을 산정한다.

① 획득값≥기준값인 경우

$$RRR = R_m + (R_3 - R_m) \times \frac{\text{획득값} - \text{기준값}}{\text{최대값} - \text{기준값}}$$

② 획득값〈기준값인 경우

$$RRR = R_1 + (R_m - R_1) \times \frac{\text{획득값} - \text{최소값}}{\text{기준값} - \text{최소값}}$$

RRR : 합리적 실시료율　Rm : 기준 로열티율 중앙값

R_3 : 기준 로열티율 삼사분위값(또는 최대값)

R_1 : 기준 로열티율 일사분위값(또는 최소값) 기준값 : 3, 최대값 : 5, 최소값 : 1

예제 10-1 블랙박스 기술에 대한 합리적실시료율 산정 사례

다음은 블랙박스 특허기술에 대한 합리적 실시료율RRR을 실제로 어떻게 산정하는가에 관하여 예제를 통하여 설명한다. 우선 블랙박스가 속한 전자, 영상, 통신장비 제조업의 업종별 로열티율을 찾아낸 다음 위에서 제시한 합리적 실시

표 10-7
기준실시료율 조사결과

산업분야	평균	중앙값	최고	최저	건수
컴퓨터 및 사무용 기기 제조업	2.28	1.5	5	0.9	5
기타 전기기계 및 전기변환장치 제조업	3.03	3	8	1	32
전자부품, 영상, 음향 및 통신장비 제조업	3.41	3	12.5	0.1	57
의료, 정밀, 광학기기 및 시계 제조업	5.13	5	9	3	13

자료 : 한국기술거래소, '산업업종별 로열티율'

료율 산정모형에 적용하여 보기로 한다.

1단계 (기준실시료율의 조사) 로열티 DB에서 한국기술거래소의 산업업종별 로열티율을 선택한다. 위에서 대상제품이 속한 '전자부품, 영상, 음향 및 통신장비 제조업'의 로열티율을 선택하여 산출한 기준실시료율은 12.5%이다.

2단계 (조정지표의 산출) 각 평가지표에 대하여 5점척도의 평점을 매겨 산술평균값을 구한 결과 3.65로 나타났다. 블랙박스 특허기술의 전망성과 혁신성을 높게 평가하여 각각 5.0 및 3.5를 부여하였고, 시장수요 및 경쟁성, 성장성도 비교적 높아서 각각 4점이 부여되었다.

표 10-8
합리적실시료율 산정을 위한 조정지표 산출

평가항목	평가지표	점수
기술성	차별성	4
	혁신성	3.5
	파급성	2.5
	전망성	5
	대체성	2.5
시장성	수요성	4
	수익성	3
	생산용이성	4
	성장성	4
	경쟁성	4
획득값(점수)		36.5/10= 3.65

3단계 (합리적 실시료율의 산정) 여기서 획득값 3.65가 기준값 3보다 크므로 다음 공식을 대입한다. 그리고 전자, 영상, 음향 및 통신장비 제조업의 기준 로열티율은 $R_m = 3$, $R_3 = 12.5$, $R_1 = 0.1$이므로 다음과 같이 합리적 실시료율을 계산한다. 따라서 합리적 실시료율을 6.08%로 결정한다.

2) 실시료기준액

실시료기준액은 실시료 산정의 기초가 되는 추정매출액에 IP 보호부분의 비중을 곱하여 다음 산식에 의하여 산정된다.

$$R_B = R_V \times IP_{PW}$$

실시료기준액 = 추정 매출액 × IP보호부분의 비중

즉 실시료기준액은 추정 매출액에 IP로 보호되는 부분의 비중을 반영하여 산정한다. 매출 추정 방법은 앞의 장에서 자세히 설명하였다. IP보호부분 비중은 담보의 안정성이라는 평가목적상 과대 평가를 방지하기 위해 설정된 일종의 안전장치라고 볼 수 있다. 그러나 IP보호부분 비중의 적용으로 인한 과소평가의 문제도 간과하면 안 된다.

3) 적용방법 및 한계

이상에서 설명한 바와 같이 IP가치평가모델 방식은 가치평가에 가장 중요한 변수들이 실제자료에 기반해서 추출된 것이 아니라, 가상의 변수(실시료율, 조정지표 등)들에 의해 좌우됨으로써 투입변수의 실제성을 중시하는 IFRS나 IVS의 평가기준에서는 크게 벗어나는 평가방법이라는 한계를 갖는다.

따라서 대출비율[LTV]의 유연한 적용과 같이 평가자가 최종적으로 조정하는 것을 기본으로 하여야 이 방법의 경직적 적용을 피할 수 있다. 또한 매출 추정에 있어서는 라이선스의 가능성을 전제로 한 본 평가모형의 본질에 따라 평가대상기업의 생산가능 역량 등을 종합적으로 고려하여야 한다.

Ⅱ 지식재산권의 담보평가 사례

1 평가 목적 및 대상 개요

평가대상 기업 SA테크놀로지(주)는 1976년 12월 각종 철제 공드럼의 제조를 목적으로 설립된 후, 수 십년간 각종 금속제관 및 포장용기를 제조 판매하고 있으며, 2014년말 기준 총자산 10,986백만원, 납입자본금 252백만원, 종업원 30명 규모의 중소 제조업체이다.

표 10-9
평가 대상 및 기업 개요

상호	SA테크놀로지주식회사
사업장소재지	경기 안성시 공도읍 00리 00번지
기업형태	중소기업(종업원수: 30명)
설립일	1976.12.23
표준산업분류	(C25991) 금속캔 및 기타 포장용기 제조업 (Manufacture of Metal Cans and Shipping Containers)
사업내용	금속포장용기, 금속위생용품 제조, 도소매, 무역/정보통신공사, 전기공사
생산품목	중형 스틸드럼(35ℓ~170 ℓ 25가지 품목) 오픈형(Open Head Type)-일반형/콘형/확장형 밀폐형(Tight Head Type)

1.1 평가목적

본건은 SA테크놀로지㈜ 소유 특허권에 대한 NY증권의 담보 목적의 평가로서 대상 특허권의 적정담보가치를 산정하여 합리적인 금융의사결정을 지원하기 위한 감정평가이다. 대상물건의 가치산정 기준시점은 『감정평가에 관한 규칙』 제9조 제2항에 따라 본 평가서 작성일인 2015년 12월 31일로 하였다.

1.2 평가대상권리

[평가대상 특허의 개요]

본건은 SA테크놀로지㈜가 소유하고 사용 및 수익 중인 제관장치 및 제관방법에 관한 특허권으로서 평가 대상권리의 개요는 다음 표와 같다.

표 10-10
평가 대상 특허

발명의 명칭	제관 장치 및 제관방법		
특허권자	SA테크놀로지(주)		
국제특허분류(Int. Cl)	B29C 63/32, F16L 1/00, F16L 55/16		
출원번호	10-2013-0000000	국제출원번호	PCT/JP2012/000000
등록번호(등록일)	10-1234567	등록일자	2015년 00월
전체 청구항	총 10항		
존속기간(예정)	2044년		

(19) 대한민국특허청(KR)
(12) 등록특허공보(B1)

(45) 공고일자 2015년02월23일
(11) 등록번호 10-1494994
(24) 등록일자 2015년02월12일

(51) 국제특허분류(Int. Cl.)
B29C 63/32 (2006.01) *F16L 1/00* (2006.01)
F16L 55/16 (2006.01)
(21) 출원번호 10-2013-7022142
(22) 출원일자(국제) 2012년02월07일
심사청구일자 2013년08월22일
(85) 번역문제출일자 2013년08월22일
(65) 공개번호 10-2013-0117863
(43) 공개일자 2013년10월28일
(86) 국제출원번호 PCT/JP2012/052756
(87) 국제공개번호 WO 2012/108434
국제공개일자 2012년08월16일
(30) 우선권주장
JP-P-2011-024122 2011년02월07일 일본(JP)
(56) 선행기술조사문헌
JP03260486 X2*
JP2006181861 A*
*는 심사관에 의하여 인용된 문헌

(73) 특허권자

(72) 발명자

(74) 대리인

전체 청구항 수 : 총 10 항

심사관 :

(54) 발명의 명칭 **제관 장치 및 제관 방법**

[특허 기술의 개요]

본 발명은 노후화된 관을 갱생시키기 위한 갱생관의 제관 및 그 제관 방법에 관한 것이다. 종래의 제관 장치는 유압 모터에 의해 회전하는 구동 롤러부를 복수 개소에 구비하여 형성되어 있다. 갱생관은 형성됨에 따라 그 중량이 증가한다. 또한 갱생관은 기설관에 접촉하므로 형성됨에 따라 기설관과의 마찰 저항도 증대된다.

그로 인해 복수 개소의 구동 롤러부 중 후단의 구동 롤러부에서는 갱생관을 회전시키는데 필요로 하는 구동력이 서서히 증대된다. 이에 대해 전단의 구동 롤러부에서는 초기 상태와 동일한 구동력으로 띠 형상 부재를 송입한다. 그 결과 갱생관의 회전 속도와 띠 형상 부재의 공급 속도에 차가 발생한다.

본 발명은 띠 형상 부재를 나선 형상으로 권회하여 갱생관을 형성하는 제관 장치이다. 주위 방향으로 서로 연결하여 대략 환 형상으로 짜여진 복수의 플레이트와 대향 배치된 상기 플레이트 사이에 회전 가능하게 설치된 복수의 롤러를 구비하여 복수로 분리 가능하게 된 프레임과 상기 프레임에 설치된다. 상기 띠 형상 부재의 선행하는 부분과 후속되는 부분을 나선 형상으로 정렬시킨 상태에서 끼운다.

적어도 상기 띠 형상 부재의 후속되는 부분에 대해서는 동력을 전달하지 않는 롤러부를 포함하는 구성인 내면 롤러 및 외면 롤러를 갖는 도입 유닛과 상기 프레임에 설치된다. 상기 띠 형상 부재의 선행하는 부분과 후속되는 부분을 접합 상태로 사이에 끼워 넣어 당해 띠 형상 부재에 동력을 전달하는 내면 롤러 및 외면 롤러를 갖는 구동 유닛과 상기 프레임에 설치된다.

상기 띠 형상 부재를 가이드하는 적어도 1개의 가이드 부재를 구비하고 있다. 그리고 상기 도입 유닛 및 구동 유닛은 상기 프레임의 축심을 포함하는 수평면보다도 상방 위치에 배치되어 있는 것을 특징으로 하고 있다.(이하 생략)

1.3 평가방법 및 조건

평가방법의 적용은 감정평가에 관한 규칙 제23조 (무형자산 감정평가)의 규정에 따라 수익환원법에 의하되, ①로열티면제법relief from royalty method과 ②특허청의 IP가치평가모델 방식의 두 가지 기법을 적용하여 산출된 시산가액을 시산조정하여 최종평가가액을 결정하였다.

[평가범위 및 전제]

(1) 당 보고서는 대상기업의 제시자료인 재무상태표, 손익계산서, 사업계획 등에 근거하고 있으며, 이러한 자료의 진정성에 대한 확인은 하지 않았다. 평가작업은 이 제시자료나 당법인의 산업분석 및 기업분석의 결과 등을 참고하여 수행하였으므로 평가업무의 범위도 이에 한정되며, 본건 평가가 회사가 제시한 특허권에 관련된 과거 재무상태나 경영성과를 보증하는 것은 아니다.

(2) 미래의 사건이나 상황은 회사가 예측한대로 발생되지 않을 수 있기 때문에 당 평가사는 귀사가 예측한 성과에 대하여 어떠한 확신도 제공하지 않는다. 즉 예측 성과와 실제결과 사이에는 중요한 차이가 발생할 수 있으며, 예측 결과의 달성 여부는 경영진의 행동계획 그리고 경영진이 전제한 가정에 따라 가변적이다.

(3) 본 특허권 평가업무에 귀 사가 제시한 정보가 이용된 경우, 당 평가사는 이러한 추정 정보를 조사하거나 작성하는데 관여하지 않았고, 사건이나 상황은 예상과 다르게 발생할 수 있으며, 따라서 일반적으로 추정 정보와 실제 결과 사이에 차이가 존재할 수 있고, 또 그러한 차이가 중요할 수 있음에 유의하여야 한다.

(4) 본 감정평가서는 SA테크놀로지㈜가 현재의 사업구조나 사업계획을 동일하게 유지하면서 사업한다는 계속기업의 가정하에 매출 및 자본구조, 그리고 자본비용 등을 추정하였으며, 우발채무의 발생이나 향후 거시경제지표의 변동 등 계량화할 수 없는 위험요인 등에 따라 이러한 추정치들은 영향을 받을 수 있고, 평가결과도 또한 달라질 수 있다.

(5) 본 평가는 대상 특허권과 관련하여 법적으로 보호되는 기술이 창출하는 경제적이익에 대한 담보가치 목적의 평가이므로 대상 특허권의 최유효이용원칙을 적용하되, 대상기업이 보유하고 있는 기술적 노하우는 평가에서 제외하였다.

[경제적 수명의 추정]

본 특허기술의 지속적 사용은 정당화할 경제적이익을 창출할 수 있는 기술수명은 특허인용수명[CLT] 지수 통계를 이용하되, 경제적 수명[economic life]은 ① 제품수명주기, ② 동종산업 유사 특허의 수명, ③ 기술성 · 권리성 · 시장성 분석, ④ R&D 예산 투자수준과 부담능력 등을 종합적으로 참작하여 결정한다.

2 산업의 동향

2.1 기술적 특성

1) 금속관 제품 개요

금속관[金屬罐]은 'metal can'이라 하는데 그 용도는 식품 · 의약품 포장용부터 공업용까지, 규격은 금속판으로 제조한 18L이하의 작은 용기부터 중형 스틸드럼까지, 용도에 따라 다양한 규격으로 제작된다. 주로 냉연 · 열연강판, 아연 · 주석 등을 도금한 강판, 알미늄 · 스테인리스 등 특수강 이외에 금속을 판지와 결합한 것, 금속과 플라스틱을 결합한 것, 그리고 플라스틱 제품 등이 있다. 공업용으로 이용되는 것은 양철관이 많다. 식품 · 의약품 보존 등 변질되기 쉬운 물질이나 금속관 소재와 반응성이 높은 물질을 보존 · 운반하기 위한 용도의 금속관은 내부를 에폭시 레진으로 코팅하기도 한다.

2) 기술적 특성

포장용 금속관은 1809년 프랑스의 병조림(가열살균법)에서 유래하였고 영국의 함석기술자인 듀란드가 주석판을 이용 1810년에 오늘날의 포장용기로서의 금속관의 형태를 가진 최초의 통조림[tin canister]을 발명하였다. 금속관의 기술적 변천은 소재를 접합해 만든 원통에 상 · 하부분을 접합한 3 pieces캔에서 소재를 vessel 형태로 성형하고 개방된 부분을 밀폐하는 2 pieces 캔으로 발전하였고 소재는 강판에서 알미늄, 그리고 복합소재(금속, 비금속의 혼합소재)로 발달하였다.

그리고 개봉방법은 1962년 ALCOA Co.에서 발명한, 한쪽 부분 전체를 개봉

시키는 Removable pull-tab opener, 음료 캔에서 흔히 볼 수 있는 내용물을 배출시키는 부분을 도구 없이 개봉할 수 있는 Removable Partial-tab opener, 1975년 Continental Can Co.에서 발명한, 개봉 후 제거면이 분리되지 않는 SOT[stay open tab] opener, 그리고 최근에 국내에서 개발된 Push Plus SOT opener로 이어졌다.

범 세계적으로 식품가공 및 포장기계 제품의 대상특허 4,406건에 대한 각 국가의 연도별 출원동향을 살펴보면, 전반적으로 최근까지 꾸준한 출원이 이루어지면서 증가하는 양상을 보이고 있으며, 미국이 가장 많은 특허를 보유하고 있다. 국내의 경우 식품가공 및 포장기계 제품의 국내특허 출원동향을 살펴보면, 출원건수는 2011년까지 매년 100건 이상의 출원이 이루어지며 전체적으로 성장세를 보이고 있으며, 2011년 이후 감소추세를 보이고 있으나 추후 공개될 특허에 따라 동향 변화가 예상된다.

내국인 출원비율에 있어서는 매년 80%이상의 높은 점유율을 보이며 지속적인 증가세를 보이고 있는 것으로 나타난다. 국내 전체특허의 내 · 외국인 비율은 한국인이 88%로 외국인 12%에 비하여 매우 높은 수치를 나타내어 국내에서의 기술자립도는 매우 높은 것으로 분석된다. 출원인을 구분하면 대기업의 특허비율이 48%로 가장 높았고, 중소기업이 18%, 해외출원인이 16%, 개인이 13%, 대학 · 연구소 · 공공기관이 5% 순으로 분석되어, 식품가공 및 포장기계 분야는 기존의 가공 및 포장기계를 기반으로 대기업에 의한 특허 출원이 많은 분야로 판단된다.

2.2 시장현황 분석 및 전망

1) 세계 금속관 시장현황 및 규모

세계의 금속관 시장의 규모는 20x4년부터 20x9년까지 연평균 성장률 3%로 확대되어 결과적으로 2019년경에는 975억 달러에 이를 것으로 예측된다. 음료용 캔은 세계 금속관 시장의 65%를 차지했으며, 금액 기준으로 평균 3.2%로 성장하여 20x3년에는 673억 달러에 이르렀다. 식품용 캔은 제2위의 점유율을 차지하고 있다. 아시아 및 북미는 20x8-20x3년 최대 성장 지역이 되었고, 중동 및 아프리카에서도 금속관 매출은 높은 연평균 성장률을 기록하고 있다.

2) 국내 금속관 시장현황 및 규모

금속관을 포함한 국내 패키징 산업규모도 1인 가구의 증가 등으로 약 6%의 성장률을 보이는 등 지속적으로 증가하는 추세이다. 20x4년 기준 우리나라 국민의 연간 1인당 패키징 소비량은 약 $115이다. 국내 금속관 생산량의 상당부분이 해외에서 소비되는 점을 고려할 때 국내 금속관 수요 · 공급은 균형을 유지하며 안정적으로 지속적 성장이 가능할 것으로 판단된다.

표 10-11
국내외 시장현황 · 전망

구분	품목	단위	20x2	20x3	20x4	20x5	20x6
국내시장	식품 기구 용기 포장지	억원	61,110	67,593	74,764	82,696	91,470
	성장률(%)	%		10.6%	10.6%	10.6%	10.6%
해외시장	포장기계	억달러	32.6	34.2	35.9	37.6	39.4
	식품가공기계		40.1	43.1	46.2	49.6	53.2
	성장률	%		6.3%	6.2%	6.2%	6.2%

3) 동종업체 현황 분석

금속 포장업체 중 매출규모가 대상회사보다 큰 기업으로 A금속㈜, B제관㈜, C사, ㈜D사, ㈜FA테크 등이 있고 매출규모가 유사한 기업으로 ㈜AB금속, BC시스템㈜, CD㈜ 등이 있다. 대상기업의 경영 상황을 자산, 자본, 그리고 매출액 및 영업이익 규모에 대하여 동종업체 경영규모와 비교 분석하면 다음과 같다.

(단위: 백만원)

표 10-12
동종업체 경영규모와 대상기업의 비교

구분	총자산	자본	납입자본금	매출액	영업이익	당기순이익
SA테크놀로지	10,986	5,993	252	6,727	959	600
상위 25%	3,742	1,214	437	3,822	224	167
평균	1,358	378	200	1,324	93	66
하위 25%	467	110	55	606	37	26

3 기업분석

3.1 주요제품 분석

- 오픈형 드럼 : 몸체와 뚜껑이 분리되는 형태로서 고체 · 분말 · 젤타입의 내용물 포장에 주로 사용한다. 내용물의 종류에 따라 내부에 코팅처리를 할 수 있고 상판에 마개를 부착하는 경우도 있으며 상판 분리로 충관작업이 쉽고 적재 · 운반 · 취급이 용이하다.
- 밀폐형 드럼 : 몸체와 상하판이 결합된 형태로서 액체상의 내용물 포장에 주로 사용된다. 내용물 주입 · 배출은 상 · 하판의 주입구 · 환기구를 통해 이루어진다. 옵션으로 손잡이를 부착할 수 있고 소재의 부식 · 화학반응 방지를 위해 내부에 코팅을 할 수도 있다.

3.2 현금흐름 추이분석

대상기업의 과거 5개년 매출액은 20~28억원 수준으로 나타나 매우 안정적인 추세를 보이고 있으며, 20x1 ~ 20x5년도 현금흐름표는 다음과 같다.

표 10-13 대상기업의 현금흐름 추이분석

(단위: 백만원)

구 분	20x1	20x2	20x3	20x4	20x5
매출액	2,560	2,087	2,408	2,882	2,510
매출원가	1,608	1,376	1,566	1,731	1,524
매출총이익	952	711	842	1,151	987
판관비	514	484	479	467	523
R&D	27	25	25	25	28
세전영업이익	411	201	338	659	436
세금	100	49	82	160	106
감가상각	20	48	11	10	14
자본적지출	18	17	20	23	21
운전자금	15	15	17	19	17
Free Cash flow	299	169	230	468	307

3.3 기술성 · 권리성 · 시장성 분석

본 지식재산권 평가사례는 요약 보고서이므로 여기서는 기술성 분석과 권리성 분석, 그리고 시장성 분석 등에 관한 상세한 내용은 지면 관계상 생략하고, 기술성, 권리성, 시장성에 대한 구체적인 평가결과는 각 평가방식 적용과정에서 제시한다.

3.4 매출액의 추정

대상기업의 매출액은 SA테크놀로지의 과거실적과 영업현황, 그리고 ① 기술성 분석, ② 권리성 분석, ③ 시장성 분석 등의 결과를 종합적으로 판단하여 추정하였다. 본 평가에서 매출액의 추정은 주요 제품에 대한 향후 추세 변동과 시장 · 수요 · 규모 증감에 따라 영향을 받을 수도 있다. 그러나 앞서의 분석 내용을 기초로 향후 잠재시장 규모를 산정하고 대상기업의 매출 추정 시나리오를 ① 낙관적 시나리오, ② 중립적 시나리오, ③ 보수적 시나리오로 나누어 적용한 결과, 다음 〈표 10-14〉와 같이 도출 되었다.

표 10-14 대상기업 매출액의 추정

(단위: 백만원)

1기	2기	3기	4기	5기	그 이후
2,665	2,745	2,827	2,912	2,999	3,089

Ⅲ 특허권의 담보가치 평가

대상 특허권의 담보가치를 평가하기 위하여 본 평가에서는, ① 로열티면제법과, ② IP담보 가치평가모델 방식의 두 가지를 적용하여 산정한다. 그리고 적용된 자료의 신뢰도나 객관성, 그리고 평가방법 적용과정의 합리성을 종합적으로 고려하여 시산조정한 다음 최종평가가액을 결정한다.

1 로열티면제법

로열티면제법relief from royalty method은 제3자로부터 라이선스 되었다면 지급할 로열티를 기술소유자가 부담하지 않음으로써 절감될 수 있는 로열티 지불액을 추정하여 현재가치로 환산하는 방법이다. 여기서 적용되는 일반적 평가모형은 다음과 같다.

$$V_p = PV(r)\sum_{t=0}^{n}[R_v \times R_t(1 - T)]$$

V_P : 특허기술가치　r : 할인율　t : 수명기간

R_v : 총매출(revenue)　R_t : 로열티율　T : 법인세율

1.1 기본가정 및 평가절차

이 방법 적용 시에는 대상과 비교가능성이 있는 투자위험과 수익성을 가지는 적절한 라이선스 정상거래사례arm's length comparables를 선택하여 그 로열티율을 대상 자산과 비교 분석 후 조정 · 반영하여야 한다. 이 방식의 적용을 위한 기본가정은 다음과 같다.

〈기본가정〉

① 현금흐름산정 기준시점 : 20x5.12.31
- 1기 추정기간 : 20x6.01.01 ~ 20x0.12.31(현금흐름산정기준일 이후 5년간)은 개별추정
- 2기 추정기간 : 20x1.01.01 ~ 20x5.12.31(5년간)은 일괄추정

② 적용 로열티율 : 상관행법에 의한 로열티율과 유사 거래사례 비교법에 의하여 산정

③ 할인율 : 수정 CAPM(MCAPM)방식에 의하여 산정

④ 특허권의 수명 : 특허인용수명(CLT)지수 통계를 기초로 경제적 수명을 추정

⑤ 그 이후 잔존가치 : 평가목적 상 보수적 관점에서 없는 것으로 가정

이 방식의 구체적인 적용절차를 6단계로 나누어 보면 다음과 같이 요약되며 이하에서는 이러한 6단계 절차에 따라 로열티면제법에 의한 특허권의 담보가치를 산정하고자 한다.

〈평가절차〉

(1단계) 경제적 수명의 추정
(2단계) 특허권 관련 매출액의 추정
(3단계) 로열티율의 추정
(4단계) 법인세를 차감한 ATCF 산정
(5단계) 할인율 결정
(6단계) 대상특허권 평가가격결정

1.2 특허권 가치의 평가

• 1단계 (경제적 수명의 추정)

경제적 수명의 추정은 업종별, 기업별로 상이할 수 있으나, 본 평가에서는 대상기업의 특성상 특허권의 법적 존속기간을 참작하되 유사 특허권의 경제적 수명을 참작하여 결정한다. 잔존가치는 유사업종 특허권의 경제적 존속기간을 고려하여 없는 것으로 가정한다.

〈경제수명의 추정〉

① 추정경제수명 : 15년(경제적 수명 기간)
② 법적 존속기간 : 20년 (법정 존속기간)
③ 경제적 존속기간 : 약 20년 (도입기~쇠퇴기의 기술 수명주기)
④ 특허인용수명(CLT) : 9~11년, B29C~F16L의 TCT(중앙값)
⑤ 등록 후 경과기간 : 4년, 상표 최초출원일(2012.01)~기준시점(2015.12)

기술수명은 기술가치평가 표준모델에 제시된 특허인용수명CLT; cited patent life-time 지수 통계를 활용하는 방법이 주로 사용되고 있다. 평가대상인 SA테크놀로지㈜의 특허기술에 대한 특허인용수명의 국제특허분류IPC: international patent classification와 그에 해당하는 기술명과 중앙값TCT은 아래의 표와 같다.

표 10-15 특허인용수명(CLT) 지수

IPC	B29C	F16L
세부 IPC	B29C 63/32,	F16L 1/100, F16L 55/16
기술명	플라스틱의 성형 또는 접합: 가스 상태에 있는 물질의 성형 일반 : 성형품의 후처리	관: 관의 이음 또는 부속품 : 관, 케이블 또는 보호관류의 지지 : 일반적인 열절연
중앙값(TCT)	9년	11년

자료 : 한국과학기술정보연구원, www.starvalue.or.kr

위 〈표 10-15〉에서 CLT는 9~11년으로 나타났으나, 대상 특허권의 성격과 동종 산업의 특성과 대상 특허기술의 경쟁상황, 그리고 대상기업의 R&D예산 투자규모(매출액 대비 연평균 3.5% 수준) 등을 고려하여 경제적수명을 분석하였다. 아울러 본 특허기술에 대한 ① 기술성 분석, ② 시장성 분석, ③ 사업성 분석을 토대로 경제적 수명을 종합적으로 판단한 결과, 대상 특허기술의 경제적 수명은 10년으로 결정되었다.

• 2단계 (특허권 관련 매출액의 추정)

본건 평가를 위한 현금흐름의 추정기간은 기준시점 이후 10년으로 결정하되, 담보목적의 평가이므로 보수적 관점에서 잔존가치는 없는 것으로 하였다. 즉 변수 추정의 정확도를 높이기 위해 추정기간 10년을 2기로 나누어 현금흐름산정 기준일 이후 5년간은 개별추정하고, 그 후 5년간은 일괄추정한다.

매출액의 추정은 SA테크놀로지사의 과거 실적 영업 현황, 기술성, 권리성, 시장성 분석 결과를 종합적으로 판단하여 추정하였다. 매출실적은 SA테크놀로지사의 사업전략(판매전략, 마케팅 방법 등)에 달라질 수 있으나 본 평가에서 매출액의 추정은 앞서 분석한 내용과 관련 산업의 향후 잠재시장규모를 다음 표와 같이 추정하였다.

(단위 : 백만원)

표 10-16
매출액 추정

1기	2기	3기	4기	5기	그 이후
2,665	2,745	2,827	2,912	2,999	3,089

• 3단계 (로열티율의 추정)

(1) 상관행법에 의한 로열티율

업종별 거래사례 로열티 통계 혹은 상관행법 로열티 통계로부터 설정된 로열티 범위 하한을 *YL*, 상한을 *YU*로 표시하고 로열티 영향요인 10개 평가항목에서 구한 종합평점을 *X*라고 표시한다. 업종별 로열티 하한 값에 대응되는 영향요인 평점을 20점으로 설정한다. 만약 영향요인 평점이 15~20점 범위로 산출된 경우 기술거래 가능성이 매우 낮다고 판단되고, 15점미만은 라이선스 가능성이 거의 없다고 판단할 수 있다. 평가대상인 SA테크놀로지㈜의 기술이 속한 전기장비 제조업의 상관행법 로열티 적정범위 통계는 다음과 같다.

(단위 : %)

표 10-17
상관행법 로열티 적정범위 통계

구 분		상장기업			비상장기업		
		(하한)	(중앙)	(상한)	(하한)	(중앙)	(상한)
제조업	1차금속 제조업	1.53	2.01	4.06	1.86	2.13	3.32

평가대상인 SA테크놀로지㈜의 기술이 속한 기술은 표준산업분류상 C24(1차금속제조업)에 해당하고, 상관행법 비상장기업 로열티 범위에서 하한이 1.86%이고 상한이 3.32%로 설정되어 있다.

표 10-18
로열티 영향요인의 항목별 평가

구 분	영향요인	평점				
권리적 속성	권리의 강도	1	2	3	4	(5)
	권리의 안정성	1	2	3	4	(5)
	침해대응 용이성	1	2	3	(4)	5
	라이선스 우위성	1	2	3	4	(5)
	소 계			19/20		

구 분	영향요인	평점				
기술적 속성	기술의 완성도	1	2	3	4	(5)
	기술의 혁신성	1	2	3	(4)	5
	기술의 경쟁성	1	2	3	4	(5)
	소 계	14/15				
시장적 속성	수익성	1	2	3	4	(5)
	수요의 부합성	1	2	3	(4)	5
	시장경쟁성	1	2	3	4	(5)
	소 계	14/15				
합 계		47/50				

SA테크놀로지에 대한 로열티 영향요인에 대하여 항목별 평가결과 평점은 〈표 10-18〉과 같으며, 상관행법 로열티 산출식을 이용하여 구한 최종 로열티 추정 값 R_t 은 다음과 같다.

$$R_t = Y_L + (Y_U - Y_L) \times \frac{(X-20)}{(50-20)}$$

$$= 1.86 + (3.32 - 1.86) \times \frac{(47-20)}{(50-20)} = 3.17(\%)$$

R_t : 추정로열티 　 X : 종합평점

Y_U : 상관행법 로열티 적정범위 상한(비상장기업 상한)

Y_L : 상관행법 로열티 적정범위 하한(비상장기업 하한)

(2) 유사거래사례에 의한 로열티율

시장에서 수집한 라이선스 거래사례는 정상로열티율arm's-length royalty rates 대상 특허기술과 동종산업 내 유사한 속성(투자위험이나 수익성 등)을 지닌 최근의 사례로서 특별한 사정이 개입되어 있지 않아야 한다. 따라서 1차 금속 제조업 내 유사한 속성을 지닌 최근의 라이선스 거래사례 중 독립된 제3자간의 사례에 대한 조사 결과 대상 특허기술과 ① 기술성, ② 권리성, ③ 사업성 측면에서 비교 가능성이 있는 로열티 거래사례는 다음과 같이 요약된다.

표 10-19
유사 로열티 계약 사례

거래일자	업종	로열티율	특허권자	특허사용자
2013.04.	제관 제조	매출액의 2.0%	AC(주)	SR테크
2013.09	드럼 제조	매출액의 2.5%	MR㈜	CKC㈜
2014.02	제관판매제조	매출액의 2.0%	JC기계	㈜SC시스템
평균	–	2.17%	–	

자료: 전자공시시스템 등, 2015

(3) 로열티율의 결정

SA테크놀로지㈜의 로열티율은 앞에서 산정된 상관행법에 의한 로열티율과 거래사례비교법에 의한 로열티율의 평균값을 산술평균하여 SA테크놀로지㈜ 보유특허기술에 대한 로열티율로 결정한다.

로열티율 = (상관행법에 의한 로열티율 + 유사거래사례에 의한 로열티율) ÷ 2
= (3.17% + 2.17%) ÷ 2
= 2.67%

• 4단계 (ATCF의 산정)

대상 특허기술의 과거 매출성장률, 국내의 경제성장률 추이 및 전망, 제관시장의 성장률 및 동향 등을 종합 고려하여, 세후현금흐름[ATCF]을 다음과 같이 산정한다.

(단위: 백만원)

표 10-20
ATCF의 산정

구 분	1기	2기	3기	4기	5기	그 이후
매출액	2,665	2,745	2,827	2,912	2,999	3,089
로열티율	2.67%	2.67%	2.67%	2.67%	2.67%	2.67%
로열티 수입	71	73	75	78	80	82
법인세율(22%)	16	16	17	17	18	18
세후현금흐름(ATCF)	56	57	59	61	62	64

• 5단계 (할인율의 결정)

(1) 자기자본비용[Ke]의 산정

① 무위험 이자율 산정 : 무위험율의 추정은 3년 만기 국채수익률의 과거 10개년 평균과 정기예금금리 과거 10개년 평균을 각 50%씩 가중평균하여 2.75%로 결정한다.

② β계수의 산정 : 위험은 체계적위험과 비체계적위험으로 구분되며 베타계수는 체계적위험에 대한 계수로서, 시장상황의 변동성에 대한 당해 기업의 변동가능성을 나타내는 것을 말한다. 당해 기업은 비상장회사로서 β계수의 추정의 어려움이 있는 바, 본 평가에서는 당해 기업과 동종 산업인 1차금속제조 C24산업으로서 상장된 유사회사의 β계수를 고려하여 1.02로 결정한다.

③ 자기자본비용의 산정 : 자기자본비용의 산정은 수정CAPM modified capital asset pricing model : MCAPM방식을 이용하여 산정하였다. 시장위험할증은 최근 5년간 KOSPI(일간종가)차이를 산술 평균하여 채권자 기대수익률로 하고, 평가기준일 현재 3년 만기 국고채수익률과 무위험이자율의 차이를 고려하여 4.00%로 결정하였다. 그리고 규모위험할증율은 기술보증기금 기술평가정보사이트에 공시된 산업별 C24 할인율 공시자료를 참고하여 3.30%로 결정하였다.[9] 결과적으로 자기자본비용은 아래 표와 같이 13.59%로 산정된다.

표 10-21 자기자본비용(K_e)의 산정

MCAPM 자기자본비용 : $K_e = R_f + \beta(RP_{pm}) + RP_s + RP_u$		
(1) 무위험수익률(R_f)		2.75%
(2) 베타(β)	1.02	
(3) 시장위험할증(RP_m)	4.00%	4.08%
(4) 규모위험할증(RP_s)		3.30%
(5) 기업고유 비체계적위험할증(RP_u)		3.46%
		K_e = 13.59%

9. 기술보증기금 기술평가정보사이트(https://tb.kibo.or.kr/ktvs/discount_rate) : 주기적 갱신 할인율 참조

(2) 타인자본비용^{K_d}의 산정

타인자본비용은 20x5년말 현재 SA테크놀로지㈜가 보유하고 있는 차입금의 가중평균 금리는 6.34%이며, 법인세율을 감안한 타인자본비용은 아래와 같이 산정되었다.

표 10-22
타인자본비용의 산정

타인자본비용 : $K_d = R_b(1 - t)$	
(1) 차입금이자율(R_b)	6.34%
(2) 법인세율(t)	22.0%
	Kd = 4.95%

(3) 가중평균자본비용^{WACC}

현금흐름을 현가화시키는 할인율은 주주의 기대수익률(자기자본비용)과 채권자의 기대수익률(타인자본비용) 모두를 적절하게 반영하여야 한다. SA테크놀로지㈜의 수정 재무상태표를 분석한 결과 자기자본비율 60%, 타인자본비율 40%가 가장 적합한 대상기업의 자본구조로 판단되어 이를 적용하여 산정한 결과, 가중평균자본비용^{WACC}은 아래와 같이 10.10%로 결정되었다.

표 10-23
WACC의 산정

	자본구조	자본비용	가중평균
자기자본	60%	13.59%	8.15%
타인자본	40%	4.95%	1.98%
			WACC = 10.10%

(4) 할인율의 결정

특허권의 할인율은 MCAPM방식에 의하여 산정한다. 즉 가중평균자본비용^{WACC} 산식에 의해 산정한 10.10%, 그리고 특허권자산의 고유위험도를 감안한 리스크프리미엄 5.00%를 가산하여 15.00%를 적용하기로 한다.

표 10-24
할인율 결정요소

자본비용 등	%
① WACC	10.10
② 자기자본비용(Ke)	13.59
③ 특허권자산고유위험프리미엄	5.00
적용 할인율(R)	15.00

• 6단계 (대상특허권 평가가액의 결정)

ATCF에 대한 할인율은 앞서 결정된 15.0%로 적용하여 다음과 같이 로열티 면제법에 의한 대상 특허권에 대한 평가액을 산정하였다.

(단위: 백만원)

표 10-25
RFRM에 의한 특허권가치

구 분	1기	2기	3기	4기	5기	그 이후
세후현금흐름(ATCF)	56	57	59	61	62	64
할인율	15.0%	15.0%	15.0%	15.0%	15.0%	15.0%
현가계수	0.870	0.756	0.658	0.572	0.497	1.667
현재가치	48	43	39	35	31	107
특허권가치	303					

이상에서와 같이 로열티면제법에 의한 특허권의 가치는 303백만원으로 산정되었다.

2 IP가치평가모델 방식

IP 가치평가모델 방식의 적용은 로열티 수입에 기반한 현금흐름할인법을 기본으로 하되, 지식재산권의 담보가치 평가목적상 'IP담보요소'라는 추가적인 고려 요소를 도입하였다. IP담보요소는 권리성과 IP거래시장성으로 구성되며, 권리성을 강화하고, 담보로서의 매각 가능성을 새로이 도입한 평가방식을 적용하기로 한다.

2.1 기본가정 및 적용절차

특허청의 IP^intellectual property^가치평가모델방식은 지식재산권이 기업과 분리될 수 있은 독립된 재산권이라고 가정하고, IP에 대한 합리적 로열티율을 일정한 모델에 의하여 산정한 다음, 추정 매출액(실시료기준액)에 곱하여 지식재산권 가치$^{V_{ip}}$를 구하는 방식이다. 기본모형은 다음과 같다.

$$V_{ip} = \sum_{t=1}^{n} \frac{\text{합리적실시료율} \times \text{실시료기준액}}{(1+r)^t} \times IP\text{담보요소}$$

그리고 구체적인 적용절차를 7단계로 나누어 보면 다음과 같이 요약되며, 이하에서는 이러한 7단계 절차에 따라 특허권의 담보가치를 산정하고자 한다.

〈평가절차〉

(1단계) 기준실시료율의 조사
(2단계) 조정지표의 산출
(3단계) 합리적실시료율의 산정
(4단계) IP 보호부분 비중 및 실시료기준액 산정
(5단계) IP담보요소 결정
(6단계) IP의 수명 결정
(7단계) 할인율 결정 및 대상 특허권평가 가치산정

2.2 특허권가치의 평가

• 1단계 (기준실시료율의 조사)

기준실시료율이란 동종 또는 유사 기술분야의 실시료율을 의미하며, 상관행상 기준실시료율은 다음 표와 같다.

표 10-26 상관행법 로열티 적정범위 통계

(단위 : %)

구분		상장기업			비상장기업		
		(하한)	(중앙)	(상한)	(하한)	(중앙)	(상한)
제조업	1차금속 제조업	1.53	2.01	4.06	1.86	2.13	3.32

위에서 비상장기업을 기준으로 기준실시료율^{R_B}은 R_m=2.13%, R_3=3.32%, R_1=1.86%로 조사되었다.

• 2단계 (조정지표의 산출)

조정지표AF: adjustment factor는 평가대상 기술의 기술성 및 시장성 평가를 통해 도출되는 평가대상의 기술적 특성을 반영하여 기준실시료율을 조정하기 위한 지표를 의미한다. 여기서 평가대상 지식재산권에 대한 조정지표의 산출을 위한 평점표는 다음과 같다.

표 10-27 합리적실시료율 조정지표 산출을 위한 평점표

평가항목	평가지표	점수
기술성	차별성	4
	혁신성	4.5
	파급성	4
	전망성	4.5
	대체성	4.5
시장성	수요성	4
	수익성	4
	생산용이성	4
	성장성	4
	경쟁성	4.5
획득값(점수)		42/10=4.2

• 3단계 (합리적실시료율의 산정)

기준실시료율과 조정지표의 획득값을 아래의 공식(보간법)에 대입하여 최종 합리적실시료율RRR을 산정한다.

① 획득값≥기준값인 경우

$$RRR = R_m + (R_3 - R_m) \times \frac{\text{획득값} - \text{기준값}}{\text{최대값} - \text{기준값}}$$

RRR : 합리적 실시료율 R_m : 기준 로열티율 중앙값

R_3 : 기준 로열티율 삼사분위값(또는 최대값)

② 획득값〈기준값인 경우

$$RRR = R_1 + (R_m - R_1) \times \frac{\text{획득값} - \text{최소값}}{\text{기준값} - \text{최소값}}$$

R_1 : 기준 로열티율 일사분위값(또는 최소값)　최대값 : 5　기준값 : 3　최소값 : 1

이상과 같이 획득값 4.20가 기준값 3보다 크므로 다음 공식에 의해 합리적실시료율은 2.84%로 결정한다.

$$RRR = R_m + (R_3 - R_m) \times \frac{\text{획득값} - \text{기준값}}{\text{최대값} - \text{기준값}}$$

$$= 2.13 + (3.32 - 2.13) \times \frac{4.2-3}{5-3}$$
$$= 2.84\%$$

• 4단계 (IP보호부분 비중 및 실시료기준액 산정)

실시료기준액의 산정은 앞서 로열티면제법에서 특허권 관련 매출액의 추정과 같이 매출액을 산정하였으며, IP보호부분의 비중은 특허보호강도를 평가하였는 바 메인접합부와 서브접합부의 세부기술별로 아래와 같이 85.0%로 산정되었다.

표 10-28
IP보호부분 비중

대분류	비중(A)	소분류	비중(B)	특허보호여부	A × B
메인 접합부	50%	갱생관	35%	∨	17.50%
		도입 유닛	15%		
		구동 유닛	25%	∨	12.50%
		프레임	25%	∨	12.50%
서브접합부	50%	감속기 및 모터	15%		
		가이드	25%	∨	12.5%
		플레이트 연결부	35%	∨	17.5%
		조정기구	25%	∨	12.5%
		IP보호부분비중			85.0%

실시료기준액은 실시료 산정의 기초가 되는 추정매출액에 IP 보호부분의 비중을 곱하여 다음 산식에 의하여 아래 표와 같이 산정되었다.

실시료기준액 = (추정 매출액 × IP보호부분의 비중)

표 10-29
실시료기준액 산정

(단위: 백만원)

구 분	1기	2기	3기	4기	5기	그 이후
매출액	2,665	2,745	2,827	2,912	2,999	3,089
IP보호부분비중	85%	85%	85%	85%	85%	85%
IP보호부분매출	2,265	2,333	2,403	2,475	2,550	2,626

• 5단계 (IP담보요소 결정)

IP담보요소는 금융기관 고유의 담보가치 적용비율의 성격을 갖는다. 따라서 특허권의 권리성과 시장성 등을 권리안정성, 보호가능성 등 8개 평가지표에 대하여 각각 재평가하고 평점을 부여하였다. 그 결과 다음 표와 같이 IP담보요소의 평점은 총 40점 만점에 34.5점으로 나타났으므로 IP담보요소값은 0.86을 적용하기로 한다.

표 10-30
IP담보요소 결정

평가항목		평가지표	점수
권리성	권리의 안정성	신규성 또는 진보성 무효 가능성	4
		기타 요인에 의한 무효 가능성	4
	권리보호 가능성	해당 제품(서비스) 보호 가능성	5
		국내외 IP포트폴리오 구축의 적절성	4
	권리행사 용이성	침해 발견 및 입증 용이성	4.5
		권리행사 제한 가능성	4
IP거래시장성		분쟁 활성도	4.5
		특허출원 활성도	4.5
IP담보요소값			34.5/40 = 0.86

• 6단계 (IP의 수명 결정)

IP의 수명 결정은 기술가치평가 표준모델에서 제시된 특허인용수명(CLT: 9~11년) 지수 통계 및 대상 특허권의 성격과 동종 산업의 특성과 대상 특허기술의 경쟁상황, 그리고 R&D예산 투자규모(매출액 대비) 등을 종합 고려하여 로열티면제법에서 적용된 경제적 수명과 같이 10년으로 결정하였다.

• 7단계 (할인율 결정 및 평가가치 산정)

특허권의 할인율은 MCAPM방식에 의하여 산정한다. 즉 가중평균자본비용 WACC 산식에 의해 산정한 10.10%, 그리고 특허권자산의 고유위험도를 감안한 리스크프리미엄 5.00%를 가산하여 로열티면제법에서와 같은 할인율 15.00%를 적용한 결과 〈표 10-31〉에서와 같이 IP가치평가모델방식에 의한 대상특허권의 가격은 236백만원으로 결정하였다.

표 10-31 IP가치평가모델 방식에 의한 대상특허권 가치산정

(단위 : 백만원)

구 분	1기	2기	3기	4기	5기	그 이후
매출액	2,665	2,745	2,827	2,912	2,999	3,089
IP보호부분비중	85.0%	85.0%	85.0%	85.0%	85.0%	85.0%
IP보호부분매출	2,265	2,333	2,403	2,475	2,550	2,626
RRR	2.84%	2.84%	2.84%	2.84%	2.84%	2.84%
세전 로열티수입	64	66	68	70	72	75
세금 (22%)	14	14	15	15	16	16
세후 로열티수입(A)	50	52	53	55	56	58
할인율(B)	15.0%	15.0%	15.0%	15.0%	15.0%	15.0%
현가계수	0.870	0.756	0.658	0.572	0.497	1.667
현재가치(C)=(A)×(B)	44	39	35	31	28	97
현재가치 합	274					
IP담보요소	0.86					
IP가치	236					

3 시산가액 조정 및 최종 평가가치 결정

특허권의 평가 시 감정평가에 관한 규칙 제23조에 의하여 수익환원법을 적용하도록 규정하고 있으므로 본 평가에서는 ① 로열티면제법, ② IP가치평가모델방식 등 두 가지 방식을 적용하여 다음과 같이 시산가액을 산정하였다.

(단위: 원)

표 10-32 시산가액의 산정

구 분	시산가액	비고
로열티면제법	303,000,000	
IP가치평가모델방식	236,000,000	

로열티면제법을 이용하여 특허권의 가치를 구하기 위해서는 대상기술과 비교하여 동일하거나 유사한 기술거래 로열티를 비교 분석한 후 기본 로열티를 조정하여 산정하게 된다. 비교기술의 거래 로열티 자료가 미흡한 경우 '상관행법 로열티 통계'를 적용하여 대상기술에 적용할 로열티 범위를 산출할 수 있으나, 평가대상 특허권의 초과이익이 동종산업에 비하여 절대적으로 높을 경우 상관행법 로열티통계를 적용하기 곤란하다. 또한 로열티 영향요인인 권리적 속성, 기술적 속성, 시장적 속성을 비교 분석하는 과정에서 평가사의 주관이 개입될 여지가 클 뿐만 아니라, 로열티 영향 요인의 차이를 논리적으로 설명하기에도 부족하다는 단점이 있다.

IP가치평가모델방식은 기본적으로 로열티면제법^{RFRM}의 원리를 따르지만, IP 가치의 기술성 및 시장성 보다는 IP보호부분 비중이라는 권리성 부분에 중점을 두어 분석하는 방식이다. 여기서 IP보호부분비중 부분을 평가하는데 있어서 평가자의 주관이 개입될 여지가 많다. 또한 담보라는 평가목적상 IP담보요소를 적용한다. 여기서 특허권의 시장성을 IP거래시장성으로 평가하지만, 권리성 항목이 더 큰 비중을 차지하고 있으므로 이 역시 평가사의 주관이 개입될 여지가 많은 단점이 있다.

결국 이러한 권리성 부분의 보수적 평가로 인해서 로열티면제법과의 가격차이가 비교적 크게 나타나며, 따라서 해당 지식재산권으로 인해 절감 가능한 사용료를 기준으로 한 로열티면제법에 의한 시산가액이 보다 적정한 대상특허권의 평가가치를 나타내는 것으로 판단된다. 다만, 평가목적이 담보라는 점에서 채권확보의 안전성에 중점을 둔다면 로열티면제법에 의한 시산가액에 적정담보비율을 적용하여 대상 특허권의 담보가치를 사정할 수 있을 것이다.

11장

지식재산 로열티의 평가

Intellectual Property Royalty Valuation & Case Studies

Ⅰ 라이선스와 로열티 결정요소

Ⅱ 로열티의 평가기준과 방법

Ⅲ 로열티 평가사례

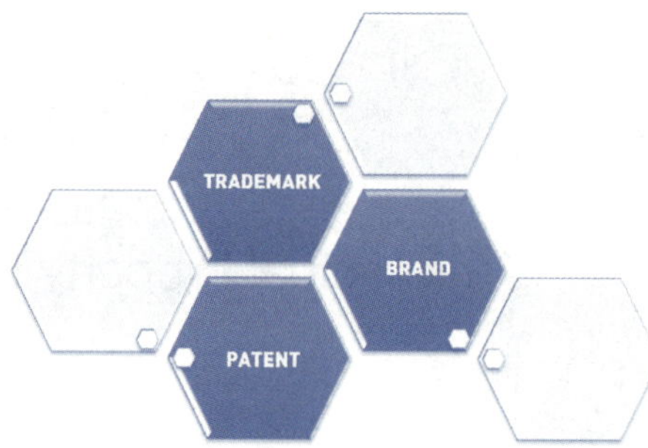

지식재산권자나 그 사용자가 지식재산의 직접 활용을 통해 발생하는 현금흐름과는 별도로 지식재산사용의 대가로 받는 로열티 수입이 발생된다. 로열티는 지식재산권자에게 라이선스 계약이 가져오는 가치라 할 수 있으며, 지식재산에 의해 발생한 소득으로 볼 수 있다.

로열티는 지식재산을 소유 또는 활용함으로써 추가적으로 발생할 수 있는 실질적인 소득에 대한 기대에 근거하여 형성되기 때문에 지식재산의 가치를 판단할 수 있는 가장 좋은 지표가 될 수 있다. 지식재산권의 사용을 위해 지불해야 하는 로열티의 결정은 당사자간의 구체적 상황과 협상에 따라 이루어지지만, 로열티 산정의 객관적인 평가기준과 방법을 정함에 있어서는 여러가지 다양한 산정기법들이 이용되고 있다.

이에 따라 본 장에서는 우선 국제평가기준 IVS '로열티면제법' 부분에서 규정하고 있는 로열티 결정기준과 방법을 설명하고, 매출액기준방식, 상관행법, 할증이익법, 투하자본이익률법, 순자산이익률법 등 다양한 실무 적용기법을 사례연구를 통하여 제시한다. 이 보고서의 내용은 실제 자료를 바탕으로 하였으나 순수 연구목적의 사례임을 밝혀둔다. 그러므로 필요한 경우 부분적으로 수정 보완된 사례임에 유의하여야 할 것이다.

Ⅰ 라이선스와 로열티 결정요소

1 지식재산 가치와 로열티

지식재산권의 소유 및 활용과정에서 나타나는 라이선스 계약과 그 대가인 로열티를 이해하는 것은 특정 기술이나 상표 등 지식재산의 가치를 평가하고 감사활동을 전개하는 데에 매우 유용하다. 로열티는 지식재산을 소유 또는 활용함으로써 추가적으로 발생할 수 있는 실질적인 소득에 대한 기대에 근거하여 형성되고 조정되기 때문에 지식재산의 가치를 판단할 수 있는 가장 좋은 지표가 될 수 있다.

그렇다면 지식재산과 관련하여 발생하는 소득은 어떻게 구성되며, 어떠한 관계를 갖고 있는가? 먼저 지식재산권자가 지식재산의 직접적인 활용을 통해 소득을 발생시킬 수 있다. 보통의 경우 지식재산권자에게 귀속되는 소득은 지식재산을 중심으로 발생하는 소득 중 가장 큰 비중을 차지한다고 할 수 있다. 다음으로 파악할 수 있는 것은 지식재산권자로부터 라이선스 계약을 통해 지식재산을 사용 · 수익할 수 있는 이용자에게 귀속되는 소득의 현금흐름이 있다.

이와 같이 지식재산권자나 지식재산사용자가 지식재산의 직접적인 활용을 통해 발생하는 자체 현금흐름과는 별도로 지식재산권자가 그 사용자로부터 지식재산사용의 대가로 받는 로열티 수입이 발생된다. 로열티는 지식재산권자에게 라이선스 계약이 가져오는 가치라 할 수 있으며, 지식재산에 의해 발생한 소득으로 볼 수 있다. 반면 지식재산사용자에게 로열티는 지식재산의 사용으로부터 발생하는 추가적인 소득에 대한 일정한 대가이며, 로열티 총액은 지식재산으로 인한 추가소득보다는 작아야 한다. 지식재산에 관한 권리와 현금흐름, 그리고 지식재산 가치와의 관계는 다음과 같은 평가모형으로 나타낼 수 있다.

$$V_t = V_o + V_l$$

V_t : 지식재산가치 V_o : 지식재산소유자의 가치 V_l : 지식재산사용자의 가치

$$V_o = (I_o + I_r) / R_o$$

$$V_l = (I_t - E_r) / R_o$$

I_o : 지식재산 소유자의 소득 I_r : 소유권 로열티 소득

I_l : 지식재산에 기인한 소득 E_r : 지식재산 로열티 비용 R_o : 환원율

2 로열티율의 결정요인

로열티율은 소유자 licensor와 사용자 licensee 상호간 협의에 따라 최종적으로 결정된다. 소유자와 사용자는 각각 계약이 갖는 비용과 편익을 충분히 고려하여 적정한 로열티율이 결정될 수 있도록 협의가 이루어진다. 일반적으로 로열티율을 결정함에 있어 각 주체들이 가장 중요하게 고려하는 요소들은 다음과 같다.[1]

① 계약으로 인한 권리 보호 정도 nature of protection

② 독점 사용권의 강도 및 범위 scope of exclusivity

③ 사용자의 예상이익 증가분 licensee's anticipated profits

④ 상업적 성공가능성 commercial success

⑤ 비교사례 로열티율 comparable license rates

⑥ 권리보호기간 duration of protection

⑦ 상업적 관계 commercial relationship

〈그림 11-1〉에는 이러한 기술 라이센싱 협상에서 로열티 요율이 결정될 때 라이선스소유자와 사용자 사이에 가장 중요시하는 주요결정요인 11가지를 설문조사(5점척도) 결과로 추출한 것이다.[2] 가장 중요한 요소는 권리의 보호성과 대상 신기술의 유용성 utility over old modes, 독점사용권 범위 scope of exclusivity 등이며, 상업적 성공여부나 영업구역 제한, 시장비교사례의 로열티율, 권리보장기간 등

1 Parr R. L.& Gordon Smith, *Intellectual Property: Valuation, Exploitation & Infringement Damages*, 2010 Cumulative supplement, 2010, p. 20~24.

2 *ibid,* 2015 Cumulative Supplement, 2015, p.20.

그림 11-1
로열티의 주요결정요인

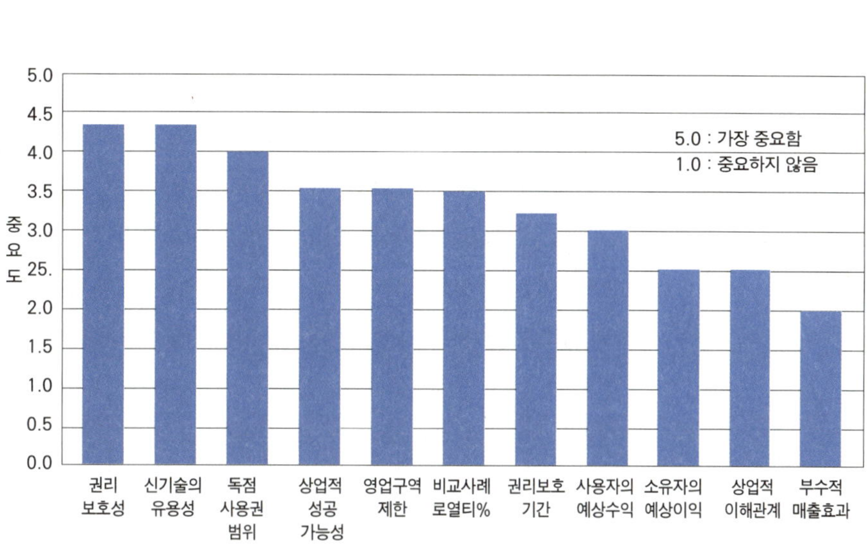

자료: Parr R. L. & Gordon Smith, *Intellectual Property: Valuation, Exploitation & Infringement Damages*, 2015 Cumulative supplement, 2015, p. 20

이 그 뒤를 잇고 있다.

로열티는 당해 기술의 실시, 사용을 통하여 가져올 수 있는 기대이익 또는 수익의 크기에 영향을 받기 때문에 높은 이익이 기대되는 기술은 높은 가격을 책정하여 제시하고 사용자도 이를 받아들일 가능성이 크게 된다. 특정 기술의 실시, 사용이 가져다 줄 수 있는 기대이익에 대한 추정 및 평가는 당해 기술이 갖는 학문적 또는 기술적 우수성이나 신규성을 기준으로 하는 것이 아니라, 실제로 당해 기술이 사용됨으로써 시장을 통하여 창출해 낼 수 있는 이익이 얼마나 될 수 있을 것인가 하는 경제적 기준에 의해 좌우된다.

따라서 이론적으로 또는 기술적으로 매우 좋은 기술일지라도 당해 기술의 실시, 사용 및 마케팅 과정에서 많은 비용이 소요되고 비효율적이거나 시장에서 환영 받지 못하여 이에 상응하는 이익을 가져올 수 없다면 그 기술의 경제적 평가는 낮아지고, 이러한 점은 기술대가의 설정 및 결정에도 반영될 수밖에 없다. 로열티는 기대이익의 추정 및 평가에 영향을 받으므로, 기대이익에 영향을 줄 수 있는 다음과 같은 요소들은 결국 로열티 요율 결정에 중요한 고려사항이 된다.[3]

---

3. 조경선, *ibid*, pp. 10~16.

(1) 상업적 완성도(기술단계) 기술이 이론적으로 완성되고 개발이 완료되었을지라도 상업적 완성도가 낮아 추가적인 개발투자가 필요할 경우는 기대이익의 가능성 및 평가는 낮아질 수밖에 없다.

상업적으로 완성되고 시장에서의 실증화 테스트를 마친 실용화 기술은 수익성에 대한 확신도 크게 되므로 기술대가는 높게 설정될 가능성이 크다. 실증화의 테스트를 마친 기술이라 함은 당해 기술이 체화된 제품이 시장에 성공적으로 진입할 수 있게 된 상태를 말한다. 상업적 완성도 및 실증화 테스트 성공여부가 당해 기술의 기대이익을 추정 및 평가하는데 큰 영향을 준다.

(2) 생산력 유지 가능성(기술수명) 기술의 변화속도가 빠르고 대체 기술의 출현이 빈번한 현대사회에서는 현 시점에서 상업적으로 완성되고 높은 수익성이 기대되는 기술일지라도 가까운 장래에 그 기술이 수명을 다하여 기대이익이 소멸되어 버릴 수도 있다. 반대로, 현재는 별로 큰 이익을 가져다 줄 수 없을 것으로 판단되지만, 관련 기술의 진전 및 시장상황의 변화에 따라서는 각광받는 기술이 될 수 있는 경우도 있을 것이다. 이와 같이 당해 기술의 수명주기와 향후 시장동향을 파악하고 거기에 합당한 사업성 및 수익성이 있는 기술인지를 파악하는 것이 기대이익 및 기술대가의 추정과 설정에 매우 중요하다.

사업성 및 생산활동 유지 가능성과 관련하여 대표적인 것으로서 특허권의 문제가 있다. 당해 기술을 실시, 사용하고자 하는 지역에서 특허로 등록되어 있어 경쟁자의 참여를 배제하고 독점적으로 사업을 할 수 있다면 그 기대이익은 상당히 클 수 있다.

(3) 특허 및 노하우의 독립성과 배타성 특허 및 노하우의 독립성이란 제3자의 특허권 등 법적 권리를 침해함이 없이 생산, 판매 등의 실시, 사용을 할 수 있는 정도를 말한다. 배타성이란 기술을 제3자가 실시허락 등 적절한 절차 없이 함부로 사용할 수 없는 상태 또는 실시 준비의 어려움을 말한다. 기술 라이선스의 대상이 되는 당해 기술이 독립성 및 배타성의 측면에서 우월하다면 당해 기술로 얻을 수 있는 이익의 가능성은 그 만큼 커진다. 반대로 당해 기술의 독립성이

없거나 배타성이 약하면 특허침해의 대책비용 증가, 경쟁자의 자유로운 참여와 경쟁격화로 인한 수익성의 저조 등으로 인해 당해 기술의 경제적 가치는 당연히 낮게 평가될 수밖에 없을 것이다.

(4) 당사자의 기술적 경제적 지위 및 능력 특정 기술을 바탕으로 생산, 판매 등의 사업화를 실시함으로써 얻을 수 있는 이익의 크기나 성공 가능성은 당해 기술 라이선스 당사자들의 기술적 경제적 지위나 능력에 의존하는 바가 크다. 우선 소유자의 기술적 명성과 기술지원 태세가 확고하고, 이를 뒷받침할 수 있는 경제적 기반이 우수하면, 당해 기술이 더 용이하게 이전될 수 있고, 따라서 계약제품의 시장성 및 경쟁력 우위를 갖출 가능성이 크다. 같은 원리로 사용자의 기술적 경제적 지위가 우수하면 당해 기술을 빨리 충분히 소화하여 계약제품의 경쟁력을 높이고 시장점유율을 넓혀 갈 가능성이 크므로 곧 이익창출 가능성도 높이게 될 것이다.

(5) 라이선스 허여 내용, 지리적 범위 및 특성 넓은 범위의 기술을 광범위한 지역에 걸쳐서 독점적으로 실시, 사용할 수 있는 권리가 주어진다면, 그렇지 못한 경우보다 확실히 당해 기술 실시로 인한 매출, 사업성, 이익확보 가능성 등은 높아질 것이다. 이러한 경우라면, 소유자는 높은 기술대가를 요구하며, 사용자도 이에 적극적으로 반대할 명분을 찾지 못하게 된다. 라이선스 계약지역이 넓고 기술제품의 수출이 인정되며, 독점적 실시권이 주어질 경우 일반적으로 기술대가가 높아지는 이유도 바로 이러한 원리에 의하여 설명할 수 있다.

이와 같이 계약기술의 실시, 사용권리는 그 내용 및 성격이 매우 다양할 수 있는 데, 구체적으로 어떠한 형태의 실시권을 선택할 것인지는 기술의 종류, 내용, 시장사정, 양 당사자 기업의 전략 및 방침 등에 의존하고, 기술대가의 설정 및 결정도 이에 따라 영향을 받는다. 기술대가에 영향을 줄 수 있는 라이선스의 주요 내용 및 조건에는 다음과 같은 것들이 있다.[4]

---

4 *ibid*, p. 16.

① 실시 및 사용의 권리가 주어지는 기술의 범위
② 기술지도 및 연수, 교육 등 기술지원의 범위와 정도
③ 개량기술의 추가 제공 여부
④ 실시 및 사용권리의 성격(전용 및 통상 실시권, 독점 및 비독점실시권)
⑤ 실시 및 사용의 지리적 및 시간적 범위
⑥ 당해 기술관련 보증 및 책임에 관한 사항 등

3 조지아 퍼시픽 요소 Geogia Pacific Factors

3.1 배경

로열티를 결정함에 있어서는 당사자들이 위에서 살펴본 여러 가지 결정요소들을 감안하고 사전협의를 통하여 점차 수렴하여 가는 것이 가장 현실적인 모습이라고 할 수 있다. 그러나 로열티율은 기술의 이전에 앞서 결정되는 경우도 있고, 기술이 무단으로 사용된 경우 사후적으로 특허침해에 따른 기술료 책정이 이루어지는 경우도 있다. 후자의 경우, 즉 소송사건의 판결로서 책정된 기술료는 그 지식재산을 정식 라이센싱에 의해 사용하기 위한 기술료 협상 시에 로열티율을 정하는데 중요한 기준으로 작용할 수 있다.

흔히 상관행법이라고 적용되는 25%룰은 기술과 자본이 제품의 사업화에 미치는 영향이 비슷하다는 것을 전제로, 직접 사업화하는 경우 사업 실시자가 그 만큼 위험부담을 더 가지게 되므로 수익이 발생했을 때 수익도 더 배분 받아야 한다는 논리에서 출발한다. 약 50년 전 미국의 경제학자 로버트 골드샤이더 Robert Goldscheider에 의해 개발된 이 이론은 간단히 설명하면, 기술제공자와 자본 및 사업화 실시자가 이익을 나누는 경우 25 대 75의 비율이 적정하다는 것이다.

이 방식은 지난 2011년 1월 미국 연방순회항소법원 Court of Appeals for the Federal Circuit, CAFC에서 내려진 Uniloc v. Microsoft 판결에서 부정되기 전까지 로열티를 결정함에 있어 가장 널리 사용되어 왔다. 이 판결에 의하면 25%룰을 사용하는 것은 부적절하며, 또한 전체시장의 가치를 적용하는 것도 부적절하다고 판

결하였다. 그 주된 판결이유는 다음과 같다.[5]

1. 25%룰이 지식재산과 침해 제품과의 특정한 관계를 설명하지 못하며,
2. 원고와 피고 양 당사자 간의 특정한 관계를 설명하지 못하고,
3. 사실(fact)로서의 신뢰성이 없고, 사실과 관련도 없다.

이 판결에 따라 지식재산 침해 손해액을 산정할 때 25%룰을 적용하는 데에도 많은 변화가 발생되고 있다. 로열티율의 결정은 기술의 이전에 앞서 당사자 간 합의로 이루어지는 경우도 있지만, 쌍방 합의 없이 무단으로 사용된 경우 사후적으로 이루어지는 경우도 있다. 후자의 경우 특허침해로 인한 로열티율 결정시 협상 근거를 찾기 어려우므로 25%룰은 로열티율을 결정하는데 중요한 척도로 작용할 수 있다.

3.2 로열티 결정요소

조지아 퍼시픽요소 Georgia Pacific Factor는 특허침해소송 등에서 로열티를 산정하는데 이용되는 중요한 기준 중 하나이다. 조지아 퍼시픽 요소는 1970년대 조지아 퍼시픽사 Georgia-Pacific Corp.와 유나이티드 스테이츠 플라이우드사 United States Plywood Corp.간에 벌어진 소송에서 미연방법원 뉴욕남부지방법원이 로열티율을 판결하며 제시한 다음과 같은 15가지 로열티 결정요소를 말한다.[6]

① 소송대상 특허권 라이선싱에 대하여 특허권자가 받는 로열티 액수 royalties received

② 침해소송 대상특허를 대체할 수 있는 특허를 사용할 경우 지급해야 하는 로열티 rates paid by the licensee

③ 특허를 사용하여 생산된 제품의 판매지역 territory이나 판매대상 제한조건 등 라이선스의 성격과 범위

④ 특허사용자가 특허기술을 독점하기 위해 타인에게 라이선싱 하지 않거

5. CAFC(Court of Appeals for the Federal Circuit), Uniloc v. Microsoft 판결, 2011.1. 4.
6. Cogen A. Teffrey, *Intangible Assets: Valuation & Economic Benefit*, 2004, pp. 119~120.

나 라이선싱 하더라도 독점적 지위를 유지하기 위해 취하는 정책의 유무 licensor's established policy and marketing programs

⑤ 특허 소유자와 사용자 사이의 상업적 관계 (동종 업종의, 동종 영업 지역의 경쟁관계 여부 등)

⑥ 특허사용자의 특허 대상 상품/제품 매출이 기타 상품/제품 매출에 미칠 영향, 해당 특허기술의 기타 부수효과 extent of such derivative or convoyed sales

⑦ 특허권 존속기간과 라이선스 계약조건 term of the license

⑧ 특허기술 사용 제품의 이익률 established profitability, 상업적 성공 여부와 현재의 인기도 current popularity

⑨ 종래의 기술에 비하여 특허기술이 가지는 효용도나 우월성 utility and advantages of the patent property

⑩ 특허기술의 내용, 특허기술이 라이센서의 제품에 적용되는 경우 발생할 상업적 가치와 소비자가 누릴 편익 benefits

⑪ 특허권 침해자가 특허를 이용한 정도

⑫ 동일업종 또는 유사업종에서 특허침해가 이루어지는 경우 관행적으로 인정되는 로열티율 customary portion of profit

⑬ 기타 다른 지식재산권과 비교해 볼 때 특허의 가치를 높일 수 있는 해당 특허만의 잠재적 수익성, 해당 특허로 인해 발생되는 생산공정의 효율화에 따른 잠재적 수익성 portion of realizable profit

⑭ 해당 분야 전문가의 의견 및 증언 opinion testimony of qualified experts

⑮ 특허권자와 침해자가 상호 합리적이고도 자발적인 합의 노력이 있었다면 맺을 수 있는 합의금

이상 15가지의 조지아 퍼시픽 요소를 살펴보면, 결국 특허기술이 제품의 시장경쟁력에 미치는 요소들이 로열티율을 결정함에 있어 고려되는 요소들임을 알 수 있다. 이상의 요인들 이외에도 제품의 양산을 위해 투입되어야 하는 자본의 정도, 생산설비에 투입되는 비용, 특허 포트폴리오나 권리범위, 그리고 회피설계 가능성 등의 추가적 요인들도 고려될 수가 있다.

한편 로열티율을 결정함에 있어 고려되지 않으면 안될 하나의 중요한 기준은

바로 업종 평균로열티율 industrial norms이다. 즉 라이선싱의 경우 당사자간의 내부적인 거래로 이루어지는 것이 일반적이기 때문에 모든 라이선싱에 대한 로열티 산정 데이터를 얻는 것은 어렵다. 따라서 일반적으로 소송에 의해 법원에서 결정한 로열티 데이터나 산업별 로열티 데이터를 고려하지 않을 수 없다.

4 지식재산 라이선스의 위험도와 할인율

수익방식에 의한 로열티율 산정의 가장 큰 장점은 기업 의사결정을 실질적으로 이끄는 '위험 수익 비례의 원리'에 근거하고 있으며, 시뮬레이션을 통한 여러 가지 다양한 현금흐름 시나리오를 평가하는데 쉽다는 점이다. 따라서 라이선스 사용자의 사업과 관련한 예측된 경제상황의 변동과 이에 따른 로열티율 결정요소들의 파악과 그 변화를 확인할 수 있다는 것이다.

반면 수익방식에 의한 로열티율 산정의 가장 큰 약점은 기대수익 실현에 관한 위험도의 예상이나 적정할인율 결정을 위한 위험의 크기, 투자수익률 산정 등에 있어 주관적 요소의 개입 여지가 크다는 것이다. 대상기술이 속한 제품생산의 위험 정도에 따른 적정 할인율을 제시한 미국의 사례를 들어보면 다음과 같다.[7]

표 11-1
라이선스 협상시 사용되는 위험조정 할인율

위험수준	위험의 특징	할인율
무위험	• 현재의 높은 수요에 대응한 생산시설 구축, 동일 제품 생산·판매	8~15% (기업의 차입이자율)
매우 낮은 위험 (very low risk)	• 현재 수요에 대응하기 위해 잘 인식된 기술에 향상된 개량기술로 제품을 생산하는 경우	15~20% (주주가 인식할 수 있는 기업의 ROI)
저위험(low risk)	• 현재고객과 새로운 특징을 원하는 고객층을 확인하고 현재기술로 새로운 특징 있는 제품을 생산하는 경우	20~30%
중위험(moderate risk)	• 현재 고객과 신제품을 원하는 고객층을 확인하고 현재기술로 신제품을 생산하는 경우	25~35%

7. 조경선, 전게서, 2009, p. 61.

위험수준	위험의 특징	할인율
고위험(high risk)	• 잘 알려지지 않은 기술로 현재고객층에 마케팅하는 경우, 또는 잘 알려진 기술로 새로운 시장을 창출하기 위해 신제품을 생산하는 경우	30~40%
상당한 고위험 (very high risk)	• 새로운 시장창출을 위해 새로운 기술로 신제품을 생산하는 경우	35~45%
매우 높은 위험 (extremely high risk)	• 현재 없는 제품을 생산하고자 하거나 미검증된 기술을 사용하여 사업기회를 창출하고자 하는 초기기업(예: 시굴)	50~70%

자료: 이인주, 미국의 기술가치 평가체제, 중소기업진흥공단 기술거래소, 2000, p. 4~16

〈표 11-1〉에서 제시된 바와 같이 만약 대상기업제품에 대한 시장수요가 이미 충분히 확인된 상황에서 라이선스 협상이 이루어 진다면, 지식재산권소유자의 협상력은 사용자의 위상보다 훨씬 높아지고 할인율도 8~15%로 낮은 수준으로 나타난다. 그러나 미검증된 기술이나 초창기 벤처기업이 시장수요를 새로 창출하고자 하는 경우의 투자요구수익률, 즉 할인율은 50~70%까지 높아진다.

다음 〈표 11-2〉에는 이러한 벤처투자자본에 대한 할인율을 예시하였다. AICPA가 발표한 실무지침에 따라 4가지 벤처투자의 발전 단계별로 ① Plummer와 ② Scherlis & Sahlman가 각각 공표한 바 있는 할인율 자료로서 〈표 11-1〉의 자료를 간단히 요약 · 정리한 것이다.[8]

표 11-2
벤처투자자본 할인률

개발단계	Plummer*	Scherlis & Sahliman **
창업기업(start-up): 1년 미만	50~70%	50~70%
개발초기 1단계(first stage /early development)	40~60%	40~60%
2단계 확장기업	35~50%	30~50%
브릿지론/기업공개(IPO)	25~35%	20~35%

*James L. Plummer, *QED Report on Venture Capital Financial Analysis* (Palo Alto, CAL QED Research, Inc., 1987).

**Daniel R. Scherlis and William A. Sahlman, *A Method for Valuing High-risk, Long Term Investments: The Venture Capital Method* (Boston: Harvard Business School Publishing, 1987).

8. Parr R. L. & Gordon Smith, *Intellectual Property: Valuation, Exploitation & Infringement Damages*, 2015 Cumulative Supplement, 2015. 이에 대한 상세한 설명은 제4장을 참조하라.

Ⅱ 로열티의 평가기준과 방법

지식재산권의 거래에는 크게 두 가지 유형이 있는데, 하나는 제3자에게 지식재산의 이용을 허가하는 것이며, 다른 하나는 기업 내부간 거래 inter-company transfer 로서 흔히 모회사가 자회사에게 지식재산의 사용권을 이양하는 것이다. 지식재산권의 사용을 위해 지불해야 하는 로열티의 산정은 당사자간의 구체적 상황과 협의에 의해 이루어지지만, 로열티 산정의 객관적인 기준과 방법을 정함에 있어서는 여러가지 다양한 산정방법과 기준들이 실무적으로 이용되고 있다.

1 IVS 평가기준과 방법

IVS에서는 무형자산 가치평가 시 사용되는 '로열티면제법' 부분에서 로열티의 결정방법을 규정하고 있다. 특히 로열티 추산방법으로서 비교방식과 상관행법을 규정하고 있다. 따라서 여기서는 '로열티면제법' 부분에서 규정하고 있는 로열티의 결정기준과 방법을 중심으로 설명한다.[9]

1.1 로열티율의 결정

로열티율은 흔히 외관상 유사성있는 자산일지라도 시장에서는 상당히 다를 수 있다. 평가사는 전형적 사업자가 그 자산을 사용하여 창출하는 매출로부터 획득할 것으로 기대되는 영업이익에 근거하여 가정한 로열티 투입변수를 신중하게 비교 검토하여야 한다. 로열티면제법에서는 가설적 라이선스 사용자 licensee 가 가설적 라이선스 소유자 licensor에 대해 자산의 수명기간 중 지불할 총로열티를 추계해야 한다.

9. IVS 210, paras 60.18~60.21

대상 무형자산의 경제적 수명기간 중 가설적 로열티 지불액은 세금절감액 만큼 수정되고, 현재가치로 할인되어 자본화된다. 로열티율은 전형적으로 대상자산을 사용할 때 창출될 것으로 기대되는 매출액의 일정비율로 적용된다. 어떤 경우 로열티 지불액은 매출액이나 그 외 재무변수에 근거한 기간별 금액에 더해 선불일시금을 포함할 수도 있다. 로열티면제법의 적용에는 다음과 같은 투입변수들이 요구된다.

1. 로열티율 및 이에 대응하는 재무변수, 예컨대 매출액의 일정률 등 대상 무형자산 사용권리에 대하여 자발적 라이선스 사용자 licensee가 자발적 라이선스 소유자 licensor에게 정상거래 arm's length transaction에서 가설적으로 지불할 금액
2. 매출액과 같은 재무변수에 대한 예측, 그리고 자산의 수명예측 및 자산의 수명기간에 걸쳐 적용될 로열티율 예측
3. 가설적 로열티지불액에 대해 획득가능한 세금절감율
4. 라이선스 사용자가 자산활용으로 절감할 수 있는 마케팅비용 및 기타 비용

시장가치 기준 하에서는 무형자산 소유자와 사용자는 자산의 매매인이 아니라 임대차하여 사용하는 시장참여자로 상정해야 한다. 로열티율에 관한 정보는 대상자산이 시장에서 라이선스된 기존 또는 과거 계약에 의해 수집될 수도 있고, 아니면 동일하거나 유사한 자산의 라이선스계약에 근거할 수도 있다. 그리고 수집된 로열티 정보는 비교가능한 로열티계약사례와 대상자산 사이의 격차를 반영하기 위해 보정되어야 한다. 대상자산과 로열티계약 사례간 격차율 비교요인에는 다음과 같은 것이 포함된다.

① 관련당사자 등 로열티율에 영향을 미치는 특정 라이선스 소유자 및 사용자요인
② 독점조건 등 로열티율에 영향을 미치는 특정 라이선스 소유자 및 사용자요인

③ 라이선스 소유자 및 사용자 간에 마케팅이나 광고 등 특정비용 부담책임

④ 라이선스 개시일과 유효기간

⑤ 라이선스 지속기간

⑥ 시장지위, 지리적 범위, 용도, 그 자산들이 기업간(B2B)이나 기업과 고객간(B2C) 제품관계에서 사용되는지 여부 등 차별화된 특성

1.2 로열티 평가방법

로열티 현금흐름 계산시 대상자산의 유지관리비는 일관성 있게 처리되어야 한다. 만약 라이선스 소유자가 대상자산에 대한 유지관리비 지출, 예컨대 광고비나 유지를 위한 연구와 개발비 등을 부담한다면, 로열티 현금흐름 산정 시에도 이를 반영해야 한다. 만약 유지관리비용이 로열티율에 포함되어 있지 않다면, 이를 로열티 현금흐름계산에서 제외하여야 한다. 마찬가지로 세금도 로열티 현금흐름 산정시 일관성 있게 처리하여야 한다. 그리고 선정된 로열티율에 대하여는 합리성 reasonableness 검토가 수행되어야 한다. 만약 선정된 사례 로열티율이 총이익 gross profit 인가, 아니면 영업이익 operating profit 인가의 특정기준에 따라 전체이익 total profit을 비교하여 라이선스 수수료 결정에 사용하여야 한다.

라이선스 사용자와 라이선스 소유자 각자가 어느 정도의 이익을 나눌 것인지 검토하여 이익배분 profit split의 합리성을 검토할 수 있다. 로열티면제법을 적용하는 주요 단계 중에서 로열티 평가의 절차는 다음과 같다.[10]

1단계 (매출액 등 경제적이익의 추정) 대상 무형자산의 수명기간 동안 예상되는 경제적이익을 추정한다. 대부분의 로열티는 매출액의 비율로 지급되기 때문에 예상되는 가장 일반적인 통계치는 매출액이다. 그러나 어쩐 평가과제에서는 단위당 로열티와 같은 다른 측정항목이 적절할 수도 있다.

2단계 (가설적 로열티율의 추정) 대상 무형자산에 대한 로열티율을 추산한다. 가설적 로열티율을 도출하기 위해 두 가지 방법을 사용할 수 있다. 첫째는 비

10. IVS 210, par 60.19

교할 만하거나 유사한 거래에 대한 시장 로열티를 기반으로 한다. 이 방법의 전제조건은 정상거래에 따라 정기적으로 라이선스 되는 비교 가능한 무형자산의 존재이다. 둘째 방법은 자발적 라이선스 사용자가 대상 무형자산을 사용할 권리를 자발적 라이선스 소유자에게 양도함에 의하여, 정상거래를 하면서 가설적으로 지급될 이익의 배분을 기반으로 한다.

3단계 (로열티의 산정) 무형자산을 소유함으로써 회피된 로열티 지불액을 계산하기 위해 2단계에서 구한 선택된 로열티율을 1단계에서 구한 매출액 등 경제적이익 추정치에 곱한다.

4단계 (추가비용 가감 및 최종로열티 결정) 대상 자산의 라이선스 소유자가 책임져야 할 추가비용을 추정한다. 여기에는 일부 라이선스 소유자가 요구하는 착수금이 포함될 수 있다. 비용(예: 유지보수, 마케팅 및 광고)이 라이선스 소유자의 책임인지 또는 라이선스 사용자의 책임인지 여부를 결정하기 위해 로열티율을 분석해야 한다. '총'로열티율은 라이선스 자산의 소유권과 관련된 모든 책임 및 비용을 라이선스 소유자가 부담하는 것으로 고려할 것이다. 반면 '순'로열티율은 라이선스 자산과 관련 된 일부 또는 모든 책임 및 비용을 라이선스 사용자가 부담하는 것으로 고려할 것이다. 로열티가 '총'인가, 아니면 '순'인가에 따라 가설적 라이선스 자산과 관련된 유지보수, 마케팅, 광고비 등 비용항목을 가감하여 최종 로열티를 결정한다.

2 원가방식

원가방식 cost-based approach 은 지식재산권 개발을 위해 지출된 비용을 회수하고 위험을 감안한 적절한 투자수익을 획득할 수 있을 정도의 금액을 로열티로 정하고 있다. 따라서 로열티는 지식재산권의 가치에 그것의 환원율을 곱한 것이 된다. 원가방식에 의한 료열티율 산정이 갖는 단점은 지식재산의 개발과정에 소요된 비용이 궁극적으로 지식재산의 가치를 결정한다는 가정에 있으며, 이와 같은 가정은 특별한 경우를 제외하고 비현실적이라 할 수 있다. 원가방식을 사용할 경우에는 다음과 같은 자료가 요구된다.

① 지식재산을 개발하는데 소요된 지출내역
② 지식재산의 경제적수명 economic life
③ 지식재산이 결합된 제품에서 발생하는 이익
④ 지식재산 개발과정에서의 위험성을 감안한 자본회수율

3 비교방식

비교방식 market comparison approach은 로열티율을 산정하기 위해 가장 널리 이용되는 방식으로서, 비교가능한 유사한 거래로부터 비교가능한 지식재산에 부과된 로열티율을 평가하는 방식으로 해당 지식재산의 로열티율을 산정한다. 비교 방식을 이용하기 위해서는 로열티가 부과되고 있는 지식재산의 비교가능성과 인허거래 licensing transaction의 비교가능성을 검토해야 한다. 인허거래 환경의 비교가능성을 판단하는 데에는 다음과 같은 사항들에 대한 비교작업이 이루어져야 한다.

① 수여된 권리의 활용, 권리의 배타적 · 비배타적 특성, 이용의 제한 또는 이용가능 지역에 대한 지리적 제한 등을 포함하는 이전조건
② 무형자산의 성장단계(정부승인, 허가, 또는 라이선스 등)
③ 지식재산의 최신화, 개정, 수정 등을 받을 수 있는 권한
④ 거래대상 자산의 유일성 및 유일성의 지속기간, 그리고 법에 의한 재산권 보호의 정도와 기간
⑤ 인허가, 계약 또는 협정의 유효기간과 권리의 종료 또는 재협상
⑥ 지식재산권 사용자가 인계하는 책임
⑦ 보유자와 사용자간의 담보거래나 지속적 업무관계의 존재여부
⑧ 부가서비스 등을 포함하여 보유자와 사용자 사이에 이루어지는 역할

이러한 방식은 라이센싱 과정을 충분히 인지하고 있는 자로부터의 정보가 중요하나, 라이선스 거래의 중요한 바탕이 고객과 컨설턴트 사이의 신뢰관계 등의 이유로 인해 라이선스 계약에 대한 충분한 정보가 외부에 알려지지 않는 경우가 허다하다. 그러므로 하나의 라이선스 계약에 관련한 로열티 정보가 다른 계약의 로열티를 결정하는데 충분한 근거자료로 사용되기에 부적합할 수도 있다.

한편 초과이익기준방식 excess earning comparison method은 비교방식의 일종으로서, 동종산업의 유사 업체 중 지식재산권을 가지고 있는 회사의 수익성과 지식재산권이 없는 회사의 수익성을 서로 비교하여 로열티율을 정하는 방법이다. 지식재산권을 가지고 있는 회사의 수익성이 그렇지 않은 유사회사의 평균수익률을 상회하고 있다면, 이때의 초과이익은 지식재산권에 기인하는 것으로 판단할 수 있다. 초과이익기준방식의 적용절차를 단계별로 설명하면 다음과 같다.

1단계: 평가대상 무형자산이 창출하는 정상이익을 추정한다.
2단계: 동종 산업의 유사기업 중 대상무형자산이 없는 경우에 기대되는 적정이익을 산정한다.
3단계: 1단계 정상이익 추정치에서 2단계 유사기업의 적정이익을 차감하여 평가대상 무형자산으로부터 창출되는 초과이익을 추산한다.
4단계: 3단계에서 추정한 초과이익이 매출액에서 차지하는 비율을 순매출액대비(%)로 변환한다.

아울러 합성수익방식 hybrid CPM, comparable profit margin method은 비교방식과 수익방식을 혼용한 방식이라 할 수 있다. 합성수익방식은 먼저 로열티율을 구하고자 하는 대상 지식재산과 비교가능한 지식재산의 거래사례를 분석하여 로열티율의 범위를 산정하고, 평가대상 지식재산의 이용으로 인해 발생하는 초과이익의 범위를 파악한 뒤 앞서 구한 로열티율의 범위와 초과이익율이 중첩되는 일정비율을 로열티율로 산정하는 방식이다. 이는 주로 법원이나 세무당국에서 특정회사 또는 제품에 부과된 로열티율이 적정한가를 판단하는 기준으로 활용된다.

4 매출액기준방식

4.1 개요

매출액기준방식 revenue based method 은 지식재산권을 통한 매출액에 상응하는 순이익을 기준으로 적정 로열티를 결정하는 방식이다. 이 방식은 지식재산권의 사업화를 통하여 달성할 수 있는 매출액을 추정하고, 그 매출액에 상응하는 순이익을 산출한 다음 대상 지식재산의 몫으로 배분될 금액을 로열티의 형태로 표시하게 된다. 이와 같은 매출액기준방식을 적용하여 경상로열티를 설정하는 절차는 다음과 같이 3단계로 나누어 설명하면 다음과 같다.[11]

1단계: (매출액의 추정) 계약기간 동안 사용자가 달성할 수 있는 제품의 매출액 추정
2단계: (순이익의 추정) 매출액에 상응하는 순이익 추정
3단계: (로열티의 산정) 순이익에 대한 지식재산의 기여도 및 로열티 산정

4.2 매출액 기준방식의 적용방법

위에서 설명한 매출액기준방식 적용의 3단계 절차를 각각 간단히 요약하여 설명하면 다음과 같다.

1단계 (매출액의 추정) 계약제품의 매출액을 사전에 조사하거나 추정한다는 것은 매우 어려운 일이다. 매출액을 추정하기 위해서는 통상 다음과 같은 절차를 거쳐야 하는데, 이러한 절차를 거치는 가운데 변수가 너무 많고 여러 가지 가정을 두어야 한다. 또 이러한 가정에 영향을 주는 미시적 · 거시적 요소들이 너무 많아 매출액의 추정 및 분석이 어려우므로 주의를 요한다.

① 당해 계약제품 관련 국내외 (산업) 시장동향 및 규모를 조사, 분석한다.
② 계약지역의 당해 계약제품의 시장 수요 규모를 추정한다.

---

11. 허재관, 이지 로얄티, EZPEX, 2012, p. 124.

③ 사용자의 설비, 기술, 조직, 재무, 마케팅 등에 관한 능력을 바탕으로 계약기간 동안 달성 가능한 시장점유율을 추정한다.
④ 추정된 시장규모에 추정된 시장점유율을 곱한다.
⑤ [시장규모 × 시장점유율]로서 계약기간 동안의 사용자 추정매출액을 구한다.

2단계 (순이익의 추정) 계약제품의 매출액이 추정되면 다음으로 순이익을 산정하여야 한다. 순이익은 간단히 말하자면 추정 매출액에서 당해 매출에 관련되는 모든 비용을 빼면 된다.

순이익 = 매출액 − 관련 비용 등

• 관련 비용: 자재비, 노무비, 제조경비, 판매비 및 관리비, 법인세 등

이러한 순이익을 추정하기 위해서는 추정 손익계산서를 작성하여 보면 되는데, ① 관련 모든 비용을 실제로 추정하여 매출액에서 공제(차감)하여 추정하는 방법, ② 자재비, 노무비 및 제조경비는 실제로 추정하고 나머지 비용은 매출액 대비 비율을 곱하여 구하는 간편 방법, ③ 업종별 표준 또는 사용자의 최근 매출액 순이익율을 매출액에 곱하여 구하는 방법 등이 있다.

3단계 (로열티의 산정) 순이익 추정방법에 의하여 산출된 순이익은 그 전액이 로열티가 될 수는 없다. 순이익을 얻기 위하여 사용자의 여러 경영자원(설비 등 자본, 경영자 등 인재, 기술, 조직 등)이 동원되어야 하기 때문에 그 순이익의 일부만이 로열티가 될 것이다. 즉 순이익은 각각의 경영자원 별로 이익에 대한 기여도에 따라 분배되어야 하고, 결과적으로 순이익의 일부만이 로열티로 분배된다는 것이다.

그 순이익의 일부를 어떻게 산정할 것인가는 당해 기술의 순이익 창출에 대한 기여도와 관련이 된다. 기술의 기여도란 말 그대로 당해 순이익을 창출하는 데에 기술이 기여한 몫을 말하는데, 기술의 종류, 특성, 품질 및 수명주기 상 위치 등에 따라 다르다. 또 기술이 사용되는 업종에 따라서도 기여도가 달라질 수 있다.

예컨대 순이익을 달성하는데 기여하는 기술이 여러 가지가 있다면 각 기술 별로 다시 로열티가 재할당되어야 할 것이다.

만약 3가지의 기술이 동일한 비중으로 기여한다면 '추정 로열티 × 1/3'이 되어야 한다는 의미이다. 예를 들어 사용자가 종전부터 소유하고 있는 기술이 2/3 정도 사용되고, 이번에 기술 라이선스 도입으로 1/3에 해당하는 기술이 사용된다면, 추정 로열티를 3으로 나누면 되는 이치이다.

만약 단일 기술이 아니고 총 사용기술의 50% 정도만 당해 라이선스 도입 프로젝트에 의하여 조달된다면, 다시 1/2을 곱해야만 당해 라이선스 로열티가 산출된다. 이와 같이 라이선스 로열티를 산정하는 공식은 다음과 같다.

$$R_t = EP \times \alpha \times \beta$$

로열티 = (순이익 × 기술기여도 × 라이선스 기술비중)

R_t : 로열티 EP : 예상순이익 α : 기술기여도 β : 라이선스 기술비중

4 산업표준방식

5.1 산업표준방식의 개념

산업표준방식 industry norms method이란, 동일 유사한 거래시장에서 획득 가능한 로열티율 자료를 산업별로 분류한 통계치를 이용하는 방법이다. 이는 지식재산 제품이 속하고 있는 산업의 특성에 따라 전반적인 로열티 비율이 달라질 수 있음을 인식하고 이를 반영하기 위한 것이다.

산업표준방식은 개별라이선스 거래사례가 아니라, 대상기술이 속한 업종에서 수집된 로열티 거래사례를 분류하여 평균, 중앙값, 최고, 최저 등 요약통계로 표현한다. 로열티 업종표준은 거래사례에 근거하므로 거래사례비교법의 일종이다. 이러한 통계는 로열티 협상에서 적절한 로열티율의 범위를 결정하는데 유용하게 활용된다.

다음 〈표 11-3〉은 미국의 산업업종별 로열티율에 대한 조사 · 분석자료이

다.[12] 지식재산이나 이미지에 대한 의존도가 큰 산업일수록 형성되고 있는 로열티의 수준이 높은 것으로 나타나고 있고, 예컨대 '소비재, 소매, 레저' 산업분야의 경우 로열티율 구간은 0.1% ~ 40.0%이며, 평균 로열티율은 5.4% 수준인 것으로 나타났다.

다음 〈표 11-4〉는 한국발명진흥회가 분석한 국내 산업업종별 로열티율에 대한 발표자료이다. 전체 산업업종별 로열티율 구간은 0.5%~12% 범위이고, 평균로열티율은 3.15%이다. 기타의 경우에는 1.0%~5.5% 수준인 것으로 나타나 있다.

표 11-3
미국의 산업업종별 로열티율

산업분야	로열티율(매출액 대비)				사례
	평균	중앙값	최고	최저	
화학	4.7%	4.0%	25.0%	0.1%	81
인터넷	12.3%	9.0%	50%	0.3%	83
통신(미디어 제외)	4.8%	4.5%	15.5%	0.4%	83
소비재, 소매, 레저	5.4%	5.0%	40.0%	0.1%	117
미디어, 연예	9.0%	5.3%	50.0%	1.0%	26
식품가공	3.5%	2.9%	10.0%	0.3%	40
의료, 건강제품	5.9%	5.0%	50.0%	0.1%	391
의약, 생명공학	7.3%	5.5%	50.0%	0.0%	534
에너지,환경	5.1%	5.0%	20.0%	0.5%	119
기계/도구	5.1%	4.5%	25.0%	0.5%	91
자동차	4.6%	4.0%	20.0%	0.5%	65
전기,전자	4.2%	4.1%	15.0%	0.5%	130
반도체	4.3%	2.8%	30.0%	0.0%	79
컴퓨터,사무용기기	5.5%	4.0%	25.0%	0.2%	75
소프트웨어	11.5%	6.8%	77.0%	0.0%	174
전체	6.2%	4.8%	77.0%	0.0%	2,088

자료: AUS Consultants의 RoyaltySource, 2003

12. 미국의 조사자료(AUS Consultants RoyaltySource)를 나타낸 것이다.

표 11-4
국내 산업업종별 평균로열티율

산업분야	로열티율(매출액 기준)				사례
	평균	중앙값	최고	최저	
화학	3.45%	3%	9%	1%	29
금속	3.76%	2.9%	12%	1.75%	11
기계	2.65%	3%	6.5%	1%	40
자동차	3.52%	3%	10%	1.5%	65
전기전자	3.05%	3.%	5.88%	0.5%	59
정보처리	2.48%	2%	5%	0.9%	6
기타	3.1%	3%	5.5%	1%	5
평균/합계	3.15%	2.84%	7.70%	1.09%	215

(자료): 한국발명진흥회, 2006.12. ~ 2007.1.

산업표준방식에서 제시된 업종별 로열티 사례가 로열티 결정에 유용하게 적용되려면 다음의 조건을 갖추어야 한다. 거래사례 로열티율은 전체 거래사례 통계로부터 도출된 가장 유사성이 높은 시장자료이기 때문이다.

① 업종별 사례 로열티 통계에 신뢰성이 있어야 한다. 장기간에 걸쳐 수집된 사례가 충분하여야 한다.

② 대상 라이선스에 대한 로열티 결정의 근거사례는 대상 라이선스의 경쟁력 속성이 차별적으로 반영되어야 한다.

5.2 산업표준방식의 적용

산업표준방식을 이용한 로열티 통계의 산출과 적용방법은 다음과 같다.[13] 시장접근법(시장거래사례비교법)을 이용하여 로열티를 결정할 때 거래 로열티와 관련된 세부 정보를 수집하는 것이 어려운 것이 현실이다. 이러한 한계를 극복하기 위해서 거래사례를 직접 비교하기보다는 업종에 따라 수집된 기술거래 로열티 자료에 근거하여 산출된 로열티 통계를 적용할 수 있다.

업종별 로열티 통계가 객관성을 확보하기 위하여 해당 업종에서 거래된 기술로열티 사례가 충분히 제시되어야 한다. 따라서 로열티 통계의 신뢰성을 확보

13. 산업통상자원부, 기술가치평가실무가이드, 2014.12. p.37~40

하기 위해서 기술거래 로열티 자료가 지속적으로 축적되고 분석되어 통계자료로 갱신되어야만 한다. 업종별 로열티 통계는 기술시장에서 거래된 로열티 자료로부터 산출된 로열티 요약통계를 의미한다. 업종별 로열티 통계는 로열티 자료 분포의 속성을 표현한 것이기 때문에, 기술거래가 발생할 가능성이 높은 범위를 선택한 다음 로열티 영향요인 분석 결과에 근거하여 조정할 필요가 있다.

1) 업종별 로열티 사례 통계 적용방식

업종별 거래사례 로열티 통계를 적용하는 경우 〈표 11-5〉에 제시된 한국산업기술진흥원에서 발표한 로열티통계를 이용할 수 있다. 이는 조사결과 수집된 매출액 대비 경상로열티 거래사례 463건을 12개 업종으로 분류한 것이다. 업종별 로열티 통계는 표본자료수, 최저, Q1(하위 25%), 중앙값(Q2), Q3(상위 25%), 최고, 평균 등으로 구성된다.

업종별 로열티가 포함될 수 있는 적정범위의 하한과 상한은 로열티 분포의 Q1(25%)과 Q3(상위 25%)로 설정되어 있다. 그 이유는 로열티 자료 분포에서 양

표 11-5 업종별 거래사례 로열티 통계

(단위: 건, %)

산업분야	최저	Q1	중앙값	Q3	최고	평균	사례
식료품 제조업	1.00	2.00	3.50	10.00	70.00	13.53	15
화학물질 및 화학제품 제조업; 의약품 제외	1.00	2.00	3.00	5.00	50.00	6.68	17
의료용 물질 및 의약품 제조업	1.00	1.50	3.00	5.00	40.00	5.40	15
비금속 광물제품 제조업	1.00	2.00	3.00	3.00	5.00	2.79	17
금속가공제품 제조업; 기계 및 가구 제외	1.00	3.00	3.25	10.00	25.00	6.46	14
전자부품, 컴퓨터, 영상, 음향 및 통신장비 제조업	0.10	2.00	3.00	3.00	65.00	3.66	77
의료, 정밀, 광학기기 및 시계 제조업	0.50	2.00	3.00	3.50	10.00	3.41	37
전기장비 제조업	1.00	2.00	3.00	3.00	10.00	3.21	38
기타 기계 및 장비 제조업	1.50	3.00	3.00	5.00	10.00	3.57	37
하수 • 폐기물처리, 원료재생 및 환경복원업	2.00	3.00	5.00	5.00	10.00	4.89	18
건설업	0.05	1.50	3.00	5.25	50.00	4.99	36
출판, 영상, 방송통신 및 정보서비스업	0.20	2.00	3.00	4.88	45.00	4.58	142
평균/합계	0.86		3.23		3.25	5.26	463

자료: 한국산업진흥원, 2014.

극단에 속한 로열티(이상값)를 제외하고 상대적으로 거래발생 가능성이 높은 범위로 산출하기 위한 것이다. 따라서 업종별 로열티 적정범위는 Q1~Q3로 설정하고, 그 범위 내에서 대상기술의 로열티 영향요인 분석결과에 따라 최종 로열티를 결정한다.

2) 상관행법 로열티 통계를 적용하는 방식

표 11-6 업종별 상관행법 로열티 적정 범위 통계

구분		상관행법					
		상장기업			비상장기업		
		하한	중앙	상한	하한	중앙	상한
농업, 임업 및 어업						3.20	
광업						2.89	
제조업	식료품 제조업	1.34	1.65	2.60	2.02	2.24	4.12
	음료 제조업	1.90	4.06	4.81		5.10	
	담배 제조업		8.58				
	섬유제품 제조업: 의복제외	0.45	0.98	3.23	1.84	2.07	3.18
	의복, 의복액세서리 및 모피제품 제조업	1.78	2.05	3.58	1.80	2.03	2.98
	가죽, 가방 및 신발 제조업		1.36		1.52	2.33	3.73
	목재 및 나무제품 제조업: 가구제외		1.01		1.35	1.93	2.61
	펄프, 종이 및 종이제품 제조업	1.49	1.66	3.11	1.81	2.02	3.38
	인쇄 및 기록매체 복제업		2.05		2.25	2.44	3.21
	코크스, 연탄 및 석유정제품 제조업		3.05		1.35	2.23	2.89
	화학물질 및 화학제품 제조업: 의약품 제외	1.97	2.53	4.97	2.24	2.55	5.38
	의료용 물질 및 의약품 제조업	2.96	3.57	5.12	2.54	4.28	5.35
	고무제품 및 플라스틱제품 제조업	1.73	2.13	3.56	1.99	2.24	4.21
	비금속 광물제품 제조업	1.95	2.29	5.63	2.30	2.51	5.11
	1차 금속 제조업	1.53	2.01	4.06	1.86	2.13	3.32
	금속가공제품 제조업: 기계 및 기구 제외	1.51	1.90	2.90	2.26	2.53	4.04
	전자부품, 컴퓨터, 영상, 음향 및 통신장비 제조업	1.88	2.38	5.04	2.06	2.37	4.92
	의료, 정밀, 광학기기 및 시계 제조업	2.55	3.84	5.01	2.50	2.93	5.39
	전기장비 제조업	1.79	1.12	3.01	2.01	2.27	4.13
	기타 기계 및 장비 제조업	2.06	2.61	4.36	2.29	2.54	4.24
	자동차 및 트레일러 제조업	1.33	1.58	3.19	1.84	2.09	3.37
	기타 운송장비 제조업	2.89	3.84	5.07	2.34	2.65	4.40
	가구 제조업		3.20		1.85	2.11	3.89
	기타 제품 제조업		3.80		1.92	2.17	3.16
전기, 가스, 증기 및 수도사업						3.37	
하수 · 폐기물처리, 원료재생 및 환경복원업					2.72	3.64	4.02

구분	상관행법					
	상장기업			비상장기업		
	하한	중앙	상한	하한	중앙	상한
건설업	1.22	1.55	2.86	1.73	1.94	3.16
도매 및 소매업				1.71	2.02	4.11
운수업					3.49	
숙박 및 음식점업					1.28	
출판, 영상, 방송통신 및 정보서비스업				2.12	2.66	5.71
금융 및 보험업					9.29	
부동산업 및 임대업					4.93	
전문, 과학 및 기술 서비스업				2.33	2.76	4.68
사업시설관리 및 사업지원서비스업				2.17	2.32	2.99
공공행정, 국방 및 사회보장 행장					1.63	
교육 서비스업				1.14	1.99	2.96
보건업 및 사회복지 서비스업					5.45	
예술, 스포츠 및 여가과련 서비스업					3.98	
협회 및 단체 수리 및 기타 개인 서비스업				1.18	1.53	2.02

자료 : 산업통상자원부, 기술가치평가실무가이드, 2014.12

대상기술과 비교 가능한 기술거래가 없거나 업종별 기술거래 로열티 사례수가 작을 경우 거래사례 로열티 통계를 적용할 때 적정성 문제가 제기될 수 있다. 이러한 경우 업종별 거래사례 로열티 통계를 대신해서 업종별 기업 영업이익률 분포에서 산출된 상관행법 로열티 통계 〈표 11-6〉을 적용할 수 있다.

3) 산업별로열티 통계자료를 활용한 평점방식

산업별로 시장료열티를 조사한 통계자료 활용이 가능한 경우 산정 대상 지식재산을 평가하고 점수화함으로써 로열티를 구하는 평점방식 scoring and rating techniques이 있다. 먼저 로열티를 산정하고자 하는 대상과 동일하거나 유사한 시장에 속하고 있으며, 제품의 여러 가지 특성의 비교검토가 가능한 사례를 중심으로 수집된 로열티 자료를 분석한다. 이를 통해 유사제품군에 대해 형성되고 있는 시장로열티의 상 · 하한선 및 평균치 등을 파악한다.

다음으로 산정대상 지식재산의 시잠점유율 및 지식재산 확장가능성, 안정성, 리더쉽, 성장추세 등 특성을 나타내는 항목들에 대하여 0~100사이의 평가점수를 부여한다. 그 후 모든 평가항목에 대한 점수를 평균화하고, 이 값을 비율로 하여 시장로열티의 상한 값과 하한 값의 차이를 곱한 뒤 로열티 하한 값을 더한다.

평점방식의 단점은 대부분 시장에서의 로열티율이 어떠한 방법이나 상황에서 결정되었는가를 알기 어렵다는 것이다. 가령 로열티가 4%로 조사된 지식재산을 내부적으로 평가하였을 때 높은 평점이 나왔다면, 지식재산의 소유권자가 자금사정 등으로 인해 바람직한 로열티 협상을 하지 못했을 수 있으며, 반대로 로열티가 8%로 조사된 지식재산이 낮은 평점을 받은 경우 이는 지식재산이용자가 높은 수익을 올리고 있다거나 지식재산 라이선스에 대한 경쟁이 심하여 협상과정에서 많은 로열티를 지불하도록 계약되었을 수 있다는 것이다.

따라서 중요한 것은 참고자료가 되는 시장에서의 로열티율이라고 하더라도 해당 로열티율이 산정되기까지의 구체적인 제반여건과 세부적 협상과정에 대한 충분한 정보를 파악하여야 하며, 대상 제품의 로열티 산정시에는 제반사항과 여건을 검토하여 적절한 적용이 이루어질 수 있도록 해야 한다.

6 상관행법

6.1 상관행법의 원리

상관행법 rule of thumb 이란 상관행에 의한 경험법칙을 따르는 로열티 산정방식이다. 미국의 경제학자 Robert Goldscheider에 의해 개발된 것으로 '25% 상관행법', 'classic 25%룰' 또는 '25% 경험법칙'이라 불리기도 한다. 이 방식은 거래사례를 이용하지 않고 해당 업종의 영업이익 평균수치를 적정 로열티율로 삼는 방법이다. 상관행법은 기술이전이나 특허권 양허시장에서 오랫동안 적용되고 있는 관행적 방법으로, 국제연합공업개발기구 UNIDO; United Nations Industrial Development Organization 에서는 기술기여도의 개념정립을 기술이전 현상의 측면에서 파악하고 있다. 즉 기술이전 가격결정의 중요한 개념 중 LSLP Licensor's Share of Licensee's Profit 가 있는데, 그 의미는 기술제공자와 기술도입자 모두가 기술로 창출된 증분이익을 공유 한다는 것으로서 이는 다음과 같은 식으로 설명된다.

$$LSLP = \frac{\text{기술공급자가 수취하는 기술료}}{\text{기술도입자의 이익}} \times 100 = 25\%$$

LSLP : 기술도입자 이익에 대한 기술공급자의 기술료

UNIDO의 연구에 따르면 기술료로 1달러를 지불하면 기술도입자의 이익(세전이익)은 3~5 달러는 되어야 하며, 이는 LSLP가 20%~33%가 되어야 한다는 의미이다. 미국 대법원에서는 대부분의 사건에서 LSLP를 10%~30%로 보고 있다. Granstrand는 상관행법 적용 실증분석 결과 25% 경험법칙이 33% 경험법칙보다 로열티 결정에 더 적합하다고 주장하였다.[14]

Goldscheider(2006)는 1990~2000년 동안 15개 산업에서 조사된 로열티 평균이 영업이익의 26.7%로 나타났기 때문에, 25% 경험법칙이 유용하다는 사실을 실증적으로 확인하였다. 또한 대부분의 전문가들이 25% 경험법칙에 동의하였으며, 많은 일본의 관련 연구에서 이 수치를 채택하고 있다. 〈그림 11-2〉에서는 이러한 미래 경제적이익에 대한 25% 경험법칙의 생성원리를 간단히 설명해주고 있다.

그림 11-2
25% 경험법칙의 생성원리

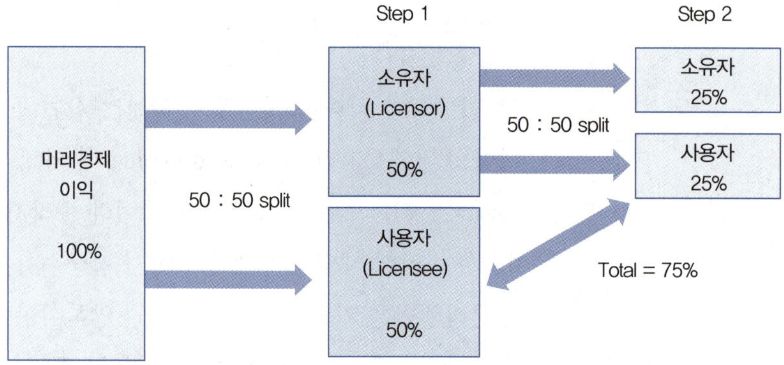

자료 : William J. Marpls, Johe L., Qrcutt & Paul C. Remus, *Patent Valuation*, 2012, p. 252.

14. Granstrand, Ove, "Fair and Reasonable Royalty Determination : When is the 25% rule Applicable?", les Nouvelles, 2006, pp. 179–181.

이는 기업의 경제적이익 창출에 기여하는 경영자원을 기술, 자본, 조직(경영), 노동의 4분법으로 보아 순이익의 25%가 기술에 대한 로열티로 배분되어야 한다는 논리로서, 로열티의 총액은 다음과 같은 평가모형으로 산정된다.[15]

$$R_t = EP \times CR$$

로열티 총액 = 순이익 × 기여도(25%)

다음 〈표 11-7〉에는 이런 방식에 의하여 라이선스 계약기간 중 예상영업이익에 25%를 곱하여 로열티를 결정하는 사례를 보여주고 있다. 특허기술 보유회사의 예상영업이익 40억원에 로열티율 25%를 단순 연동하여 로열티를 결정한다. 이 때 총매출액대비 로열티율은 다음과 같이 산정된다.

$$R_t = EP \times CR$$
$$= 40 \times 25\% = 10\text{억원}$$

$$Rt = (10/110)$$
$$= 9.1\%$$

예상영업이익 증가액에 대한 로열티율은 다음과 같이 계산된다.

$$Rt\ \% = \frac{EP \times CR}{GS} = \frac{\$10 \times 25\%}{100} = 2.5\%$$

표 11-7
25% 경험법칙의 적용 : 순이익연동방식

	특허 미보유시	특허 보유시	25% Rule
총매출	\$100	\$110	
매출원가	\$40	\$40	
매출총이익	\$60	\$70	
판관비	\$30	\$30	
영업이익	\$30	\$40	(\$40×25%)/ \$110=9.1%

한편 절감원가연동방식은 다음 〈표 11-8〉에서와 같이 특허 미보유시의 매출

15. Par, R., *ibid.* pp. 37~38.

원가 $40에 대하여 25%를 곱하여 $10로 로열티를 결정하게 된다. 이 때 로열티율은 10%($10/$100)가 된다.

표 11-8
25% 경험법칙의 적용 : 원가연동방식

	특허 미보유시	특허 보유시	25% Rule
총매출	$100	$100	
매출원가	$40	$30	
매출총이익	$60	$70	
판관비	$30	$30	
영업이익	$30	$40	($40×25%)/ $100=10%

합리적 로열티산정에 의한 이익배분 모델은 이와 같이 기술이 기여하는 이익을 당사자 간에 배분하기 위해 경험법칙 rule of thumb을 적용하는 방식이며, 이때 기술가치를 산출하는 기본적인 계산방식은 다음과 같다.

$$V_p = \sum_{t=0}^{n} \frac{(P_t \times 0.25) - C}{(1+r)^t}$$

V_p : 기술가치 n : 기술의 경제적 수명 P_t : t기의 세전영업이익
r : 할인율 C : 법인세

여기서 합리적인 로열티란 상관행법 로열티 결과와 로열티 영향요인 평가를 종합하여 객관적이고 합리적으로 결정된 추정값을 의미한다.

6.2 상관행법의 문제점

상관행법은 단순하고 사용하기가 용이하다는 장점은 있는 반면, 다음과 같이 로열티 산정기준이 불분명하다는 등 세 가지 문제점이 제기되고 있다.

첫째, 최초로 R. Goldscheider가 이 방법을 사용하였을 때는 매출총이익 gross profit의 25%를 사용하였으나, 이후에는 영업이익 operating profit의 25%를 사용하였다. 로열티 산정기준이 매출총이익의 25%인가, 아니면 순이익의 25%인가를 결정하는데 어려움이 있다. 기준이익을 매출총이익, 영업이익, 경상이익, 순이익

중에서 어떤 이익을 선택해야 하는지가 불분명하다.[16]

둘째, 상관행법과 같은 비율기준 calculation-based 산정방법은 이전되는 권리의 가치를 충분히 반영하지 못하는 문제점도 있다. 즉 로열티율을 결정하는데 있어서, 매우 중요한 요소인 위험요소나 투자에 대한 수익 부분을 고려하지 않을 뿐더러 지식재산권을 사용함으로써 얻을 수 있는 증분가치 incremental value도 충분히 반영하지 못하기 때문이다.

셋째, 양허되는 권리를 사용함으로써 얻을 수 있는 이익은 매출액을 증가시킴으로써 얻을 수 있는 이익과 매출원가를 감소시킴으로써 이익을 얻을 수 있는 원가절감 효과가 있는데, 매출증가에 따른 영업이익과 원가절감에 의한 영업이익이 동일하여, 분배이익이 동일하여도, 매출증가 이익이 원가절감 효과에 비해 그 분배이익의 매출액 대비 로열티율은 더 높으므로 25% 경험법칙을 일률적으로 적용하는 것은 문제가 있다.

6.3 상관행법과 산업표준방식 결합법

상관행법에 의한 로열티 결정방식은 로열티에 영향을 미치는 다양한 요인을 고려하지 못한다는 비판도 있다. 또한 기업의 수익은 여러 제품으로부터 발생되기 때문에, 단순히 영업이익의 25%를 해당 라이선스의 로열티 결정에 그대로 반영하는 것은 적절하지 않을 수도 있다. 따라서 이러한 문제점을 보완하기 위하여 상관행법과 산업표준법을 결합하여 합리적인 로열티율을 결정하는 방식도 응용할 수 있다. 상관행법과 산업표준방식을 결합하여 로열티를 산정할 때에는 다음과 같은 4단계 절차를 거치게 된다.

1단계 (업종별 영업이익률 분석) 대상 기술이 속한 업종별로 장기간에 걸친 영업이익률 관련 시계열자료를 수집하여 평균을 구한다.

2단계 (로열티 요약 통계 도출) 업종별 영업이익률 평균에 25% 경험법칙을 적용하여 로열티 요약 통계를 도출한다.

16. 실무적으로 대개 매출액 영업이익을 로열티 산정기준으로 삼고 있으며, 법인세공제 후 순이익을 적용하기도 한다.

3단계 (적정 로열티범위 설정) 거래사례 통계와 유사성을 검토한 후 상관행법 로열티 적정 범위를 설정한다.

4단계 (영향요인 평가 및 반영) 상관행법 로열티 범위에서 로열티 영향요인 평가결과에 근거하여 로열티를 추정한다.

그림 11-3
합리적 로열티 결정의 4 단계 절차

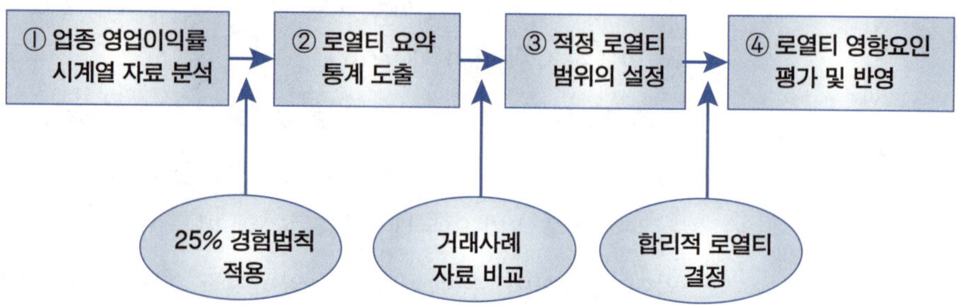

자료 : 성웅현, 로열티 상관행법과 영향요인에 근거한 합리적 경상로열티 추정방법, 기술혁신학회지, 2013.

여기서 로열티 영향요인의 평가 항목은 〈표 11-9〉와 같다. 업종별로 로열티 적정범위가 설정된 것은 로열티가 다양한 영향요인에 의하여 서로 다르게 결정되고 있다는 것을 반영한 것이다. 로열티 영향요인은 국내외 라이선스 연구와

표 11-9
로열티 영향요인의 평가항목

평가항목		평가지표(착안사항)
권리적 속성	권리강도	제품범위: 적용 제품 또는 업종 범위, 지역범위: 특허 패밀리 수, PCT(특허협력조약), 삼극특허
	권리안정성	선행기술 여부, 권리 무효 가능성
	침해대응용이성	침해 확인 용이성, 모방 용이성, 회피 가능성
	라이선스우위성	추가개발 비용, 로열티 형태, 잠재 수요자, 로열티 조건
기술적 속성	기술완성도	상업화 단계, 기술 성숙도(TRL), 경제적 수명, 잔존 권리기간
	기술혁신성	독창성, 차별적 기능, 효율성, 응용성, 특허의 유형(표준특허, 원천특허, 공정특허 등)
	기술경쟁성	경쟁기술 수, 대체기술 여부
시장적 속성	수익성	업종대비 영업이익률
	수요부합성	기술동향: 사업전략 부합성, 진흥/억제, 인프라 유무, 성장률
	시장경쟁성	경쟁기업의 수, 제품경쟁 우위성

자료 : 산업통상자원부, 기술가치평가실무가이드, 2014, p.42.

IP가치 평가 핵심요인을 종합하여 권리적 속성, 기술적 속성, 시장적 속성 등 10개 평가 항목으로 구성된다.

즉 로열티 영향요인은 업종별 로열티 적정범위(하한~상한)의 차이를 설명할 수 있는 핵심 요인을 의미하고, 영향요인 평가결과에 따라 차별적인 로열티를 산출할 수 있다. 개별 평가항목에 대한 평가지표를 통하여 5점 척도로 평가하고, 10개 평가항목에 대한 배점은 50점(10 X 5점)이다.

7 할증이익법 (유무법)

할증이익법 premium profits method은 유무법 with-and-without method이라고도 한다. 이 방식은 대상 지식재산을 사용하는 기업의 예상이익이나 현금흐름을 그렇지 않은 다른 기업과 비교하거나, 또는 대상기업 내에서 대상 지식재산을 사용하는 경우의 예상이익이나 현금흐름을 사용하지 않을 경우와 비교하여 그 차액을 지식재산의 기여이익으로 보고, 그 기여이익의 대상 지식재산 관련매출액에 대한 비율을 구하여 로열티율을 산정하는 방법이다.

이 방식은 사실 로열티면제법을 응용한 로열티 산정방식이라고 할 수 있다. 왜냐하면 앞 장에서 설명한 바와 같이, 로열티면제법은 지식재산의 가치를 구할 때 제3자로부터 라이선스를 획득할 경우 지급할 로열티를 부담하지 않음으로써 절감할 수 있는 로열티 지불액을 추정하여 현재가치로 환산하는 방법이므로 할증이익법, 또는 유무법의 일종으로 간주되기 때문이다.

이 경우 라이선스 획득을 통해 지식재산을 활용하고자 하는 기업의 현재가치를 먼저 구한 후, 라이선스 획득 후 예상되는 기업의 수익증가나, 규모의 경제 등으로 인한 원가절감을 감안한 기대 기업가치를 구한다. 그 다음 라이선스 획득 후 기대되는 기업가치를 본래의 라이선스 이전의 기업가치와 동일하게 하는 로열티율을 산정하는 방법이다.

그림 11-4
할증이익법을 이용한 로열티평가

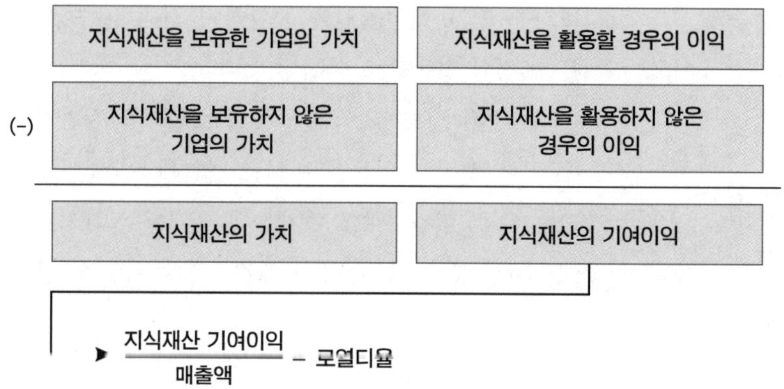

자료: Gordon Smith, *ibid*, p. 371

〈그림 11-4〉에서 보는 바와 같이, 지식재산을 보유한 기업의 가치에서 지식재산을 보유하지 않은 기업의 가치를 공제하면, 지식재산 소유권자가 갖는 지식재산의 가치가 된다. 마찬가지로 지식재산을 이용할 경우 예상되는 경제적이익에서 지식재산을 이용하지 않을 경우 예상되는 경제적이익을 공제하면 지식재산의 기여이익이 된다. 바로 이 기여이익이 매출액에서 차지하는 비율이 로열티율이 된다는 것이 할증이익법에 의한 로열티 평가방식이다.[17] 이 방법에 의한 로열티 평가모형을 산식으로 나타내면 다음과 같다.

$$R_t = \frac{CR_{IP}}{R_V}$$

R_t : 로열티 요율 CR_{IP} : 지식재산의 기여이익 R_V : 총매출액

할증이익법을 적용하여 로열티를 산정하는 주요 절차는 다음과 같다.[18]

1단계 (지식재산 매출액 및 with 시나리오 현금흐름 추정) 대상 무형자산을 포함한 사업의 모든 자산의 사용을 가정하여 지식재산 관련매출액을 추정하고, 또한 사업수익, 비용, 자본적지출 및 운전자본 증감액을 추정한다. 이는 'with 시

17. Gordon Smith, et. al., *ibid*, pp. 370~372
18. IVS 210, par 60.26.

나리오'의 현금흐름이다.

2단계 (without 시나리오 현금흐름 추정) 대상 무형자산을 제외한 사업의 모든 자산의 사용을 가정하여 사업수익, 비용, 자본적지출 및 운전자본 증감액을 추정한다. 이는 'without 시나리오'의 현금흐름이다.

3단계 (with 시나리오와 without 시나리오의 현금흐름 차감) with 시나리오 현금흐름에서 without 시나리오 현금흐름을 차감한다.

4단계 (지식재산 매출액 대비 로열티율 산정) 1단계에서 구한 대상 지식재산관련 매출액에 대한 3단계의 with 시나리오와 without 시나리오 현금흐름 차액의 비율을 구하여 대상 로열티율을 산정한다.

8 투하자본이익률법 ROIC method

지식재산에 대한 로열티의 평가를 위한 투하자본이익률법 return on invested capital method이란, 대상 지식재산이 창출하는 경제적이익은 그 지식재산의 사용기업이 평균적으로 창출하는 투하자본이익률과 동일한 비율로 발생된다는 가정하에 지식재산의 가치에 대상기업의 투하자본이익률을 곱하여 로열티를 산정하는 방식이다. 이 방식에 따라 적용되는 평가모형은 다음과 같다.

$$R_{IP} = V_{ip} \times ROIC$$

R_{IP} : 지식재산로열티 V_{ip} : 지식재산권가치 $ROIC$: 투하자본이익률

일반적으로 투하자본접근법은 기업가치평가에서 가장 많이 사용되는 가치평가기준이다. 여기서 투하자본 invested capital이란, 재무상태표의 유형자산과 운전자본은 물론 지식재산권 등 무형자산을 포함한다. 왜냐하면, 기업의 가치는 그 기업에 투자된 총투하자본의 가치라 할 수 있고, 총투하자본은 타인자본(부채)과 자기자본으로 나눌 수 있기 때문이다. 따라서 총투하자본가치, 즉 기업 전체 가치는 부채가치와 자기자본가치를 합한 것과 같다.

총기업가치 = 총투하자본가치 = 부채가치 + 자기자본가치

투하자본이익률법에 의한 지식재산 로열티의 기본적인 평가절차는 대개 다음과 같은 4단계로 나눌 수 있다.

〈평가절차〉

(1단계) 기업가치의 산정
(2단계) 지식재산권 가치의 산정
(3단계) 투하자본이익률의 산정
(4단계) 지식재산권 로열티의 결정

이상의 평가절차를 적용하여 투하자본이익률법에 의한 지식재산의 로열티를 산정하는 구체적인 방법은 뒤에서 예제를 통하여 설명하기로 한다.

9 순자산이익률법 RONA method

순자산이익률법 return on net asset method 이란, 평가대상 지식재산이 창출하는 경제적이익은 지식재산권 사용기업이 평균적으로 창출하는 순자산이익률과 동일한 비율로 발생된다는 가정하에 지식재산 가치에 대상기업의 순자산이익률을 곱하여 지식재산 로열티를 산정하는 방식이다. 예컨대 상표권의 로열티를 평가하는 데에 적용되는 이 방식의 일반적인 평가모형은 다음과 같다.

$$R_{TM} = V_t \times RONA$$

R_{TM} : 상표권 로열티 V_t : 상표권가치 $RONA$: 순자산이익률

순자산이익률법에 의한 지식재산 로열티의 기본적인 평가절차는 대개 다음과 같은 4단계로 나눌 수 있다.

〈평가절차〉

(1단계) 기업가치의 산정
(2단계) 지식재산권 가치의 산정
(3단계) 순자산이익률의 산정
(4단계) 지식재산권 로열티의 결정

이상의 평가절차를 적용하여 순자산이익률법에 의한 지식재산의 로열티를 산정하는 구체적인 방법은 뒤에서 예제를 통하여 설명하기로 한다.

10 IP가치평가 모델 방식

IP intellectual property 가치평가 모델 방식은 앞서 제 10장에서 자세히 설명한 바와 같이 우리나라 특허청이 제시하는 방법이다. 즉 지식재산권이 기업과 분리될 수 있는 독립재산권으로서의 가치라는 가정하에 시장성 있는 IP의 로열티율을 일정한 모델에 의하여 산정하는 방식이다. 이 모델 산식에 의하면 지식재산권의 가치는 합리적 실시료율 reasonable royalty rate: RRR과 실시료기준액 royalty base의 곱으로 산정된다.[19]

$$R_t = RRR \times R_B$$

로열티 = 합리적 실시료율 × 실시료 기준액

합리적 실시료율과 실시료 기준액을 산정하기 위한 개별 평가요소는 앞장에서 자세히 설명한 바와 같다. 여기서 합리적실시료율이란, 동일 또는 유사기술 분야의 실시료율을 기준으로 하되, 평가대상 지식재산의 기술성 및 시장성의 평가결과 도출된 조정계수 adjustment factor: AF를 통하여 산정된 로열티요율을 말한다. 이하 자세한 내용은 앞 장에서 다루었으므로 생략한다. 다만 이 방식은 '실시료율'이나 '조정계수' 등 평가가치에 가장 큰 영향변수들이 실제데이터에 기반하여 추출된 것이 아니라 가상데이터들에 의해 적용되기 때문에 IFRS나 IVS의 가치평가기준에서 인정되기 어려운 한계가 있다.

11 이익분할법 profit split method: PSM

기술 특허 등을 사용한 제품의 매출을 토대로 총이익에 기여한 요인을 자본 ·

19. 특허청, IP 담보대출을 위한 IP 가치평가 모델연구, 한국발명진흥회 편, 2013. 10, pp.77~81.

경영 · 기술 등으로 보고, 그 중 당해 기술이 기여한 정도를 1/3 내지 1/4 정도로 파악한다. 그러나 이익 확인 과정에서 기술 사용자의 영업 비밀이 공개될 수도 있기 때문에 실제로는 잘 사용되지 않고 있는 방법이다. 그러나 기술료 협상시 특히 기술도입자의 입장에서는 대체적인 추정 이익을 산출할 수 있으므로 기술 대가의 수준을 결정하는데 내부적으로 유용하게 이용될 수 있다. 통상 추정 이익의 20% 내지 40% 선에서 기술료의 수준이 결정된다.

앞서 설명한 바와 같은 대부분의 로열티 결정법은 그 기본 가정이 상표권 등 지식재산권을 소유자로부터 사용허가 받은 자가 지식재산권을 본래 그대로 사용하는 경우라 할 수 있다. 그러나 실제로 지식재산권의 라이선스 계약을 통한 활용과정에서는 이용자 및 허가자 간의 긴밀한 협의하에 지식재산을 변형 및 발전시켜 보다 큰 이익을 실현할 수 있다. 이 경우 지식재산의 활용가치 부분에 있어 사용자 역시 광고비나 연구개발비 투자를 통하여 상당한 기여를 하는 경우도 많이 볼 수 있다. 이익분할법은 이와 같은 상황에서 본래의 지식재산권에 의한 정상적 이익과 사용자의 기여분에 대한 초과이익을 고려하여 로열티를 산정하는 방법이다.[20]

표 11-10
로열티 산정을 위한 이익분할법의 적용 예

기업	마케팅비용	자산	영업이익	기여도 분석		
				비용	자산*	계
상표권소유자(A)	10	300	100	10	30	40
상표권사용자(B)	10	100	100	10	10	20
합 계	20	400	200	20	40	60

* 자산의 요구수익률(ROI) 10%를 적용한 수치임.

위 〈표 11-10〉에서 예시한 바와 같이 상표권 소유자 A와 그 이용자 B간에 라이선스 계약을 통하여 비록 상표 자산측면에서는 소유자 A가 300, 이용자 B가 100으로 3:1의 비율이지만, 비용 측면에서는 양자가 동일하게 마케팅비용을 투자하여 영업이익을 창출한 것이므로 다음과 같이 A와 B, 각각의 기여도를 고

20. 이재우 · 박성규 · 이성우, 브랜드가치 평가방법에 관한 연구, 2001, p. 235.

려하여 로열티를 산정하여야 한다는 것이다.

A의 정상영업이익 = (결합이익) × A의 기여율
= 200 X (40/60)
= 133
B의 정상영업이익 = (결합이익) × B의 기여율
= 200 X (20/60)
= 67

12 국유재산법에 의한 평가방식

국유재산법 제65조의9에 의하면 지식재산의 사용허가 등을 한 때에는 해당 지식재산으로부터의 매출액 등을 고려하여 대통령령으로 정하는 사용료 또는 대부료를 징수하게 되어있고, 시행령 별표 2의2에 특허권, 실용신안권, 디자인권 및 상표권에 대한 사용료등의 산정기준을 정하고 있다. 특허권, 실용신안권, 디자인권 및 상표권에 대한 사용료 등은 다음 산식에 따라 산출한 금액 이상으로 한다.

$$R = Q_{Tp} \times P_u \times U_R \times B_R$$

R: 사용료 Q_{TP} : 총판매예상량 P_u : 판매단가 U_R : 이용점유율 B_R : 기본율

위의 계산식에서 총판매예상량, 제품의 판매단가, 점유율 및 기본율의 적용은 다음과 같은 방식에 의하여 산정된다.

- 총판매예상량(Q_{TP}) :사용허가 등의 기간 중 각 연도별 판매예상수량
- 제품판매단가(P_U) : 사용허가 기간 중 매 연도별 공장도가격의 평균가격
- 이용점유율(U_R) : 단위 제품 생산에 배분될 해당 지식재산 이용 비율
- 기본율(B_R) : 3%. 다만, 중앙관서장 등은 해당 지식재산의 실용적 가치, 산업적 이용가능성 등을 고려하여 2% 이상 4% 이하로 할 수 있다.

따라서 이러한 방법을 만약 상표권의 실시과정에 적용하는 경우, 상표 이용자의 제품판매 예상량과 단가, 그리고 제품가격에 상표자산이 기여하는 비율 등을 참조하여 상표권의 로열티율을 정할 수 있을 것이다. 한편 일본특허청에서는 국유특허에 대한 경상로열티(실시율)의 산정방식을 다음과 같이 적용하고 있다.[21]

로열티율 = 기준률 × 이용률 × 증감률 × 개척률

- 기준률 : 2 ~ 4%(기본금액이 매출액인 경우)
- 이용률 : 해당 특허가 제품가격에서 차지하는 기여도(0~100%)
- 증감률 : 라이선스의 상황 등 특수요인을 고려한 것(기본은 100%)
- 개척률 : 제품화에 거액의 비용이 필요한 경우의 고려요인(0~100%)

표 11-11 로열티 산정을 위한 기준율 구분[27]

종별	판매가격 기초시	가격/가치 증가 or 이익금 기초시
실시가치 상	4%	30%
실시가치 중	3%	20%
실시가치 하	2%	10%

자료 : 일본 특허청

일본 경제산업성 경상로열티 산정방식은 국유특허권의 평가 방식으로서, 기준율을 2~4% 사이 값으로 정한다. 우리나라 실무에서는 기준율로서 대개 한국기술거래소의 산업업종별 로열티율을 사용한다. 이용률은 평가 대상 특허가 제품에서 차지하는 기여도를 의미한다. 해당 제품을 구성요소별로 분류하고, 특허에 의해 보호되는 부분을 체크하여 보호되는 부분의 비중을 이용률로 구한다. 증감률은 라이선스의 상황 등 로열티율에 영향을 미칠 수 있는 특수 요인을 의미하는데, 기준 로열티율을 높이거나 낮추는 조정지표로 사용된다. 개척률은 제품화에 거액의 비용이 필요한 경우의 고려 요인을 의미하는데, 거액의 비용이 필요한 경우가 아니라면 대체적으로 100%를 부여한다.

다음 〈그림 11-5〉는 특허청에서 발표한 공공연구기관의 특허거래 로열티

21. 조경선, 전게서, p. 28.

그림 11-5
공공연구기관 산업별 특허거래 로열티율

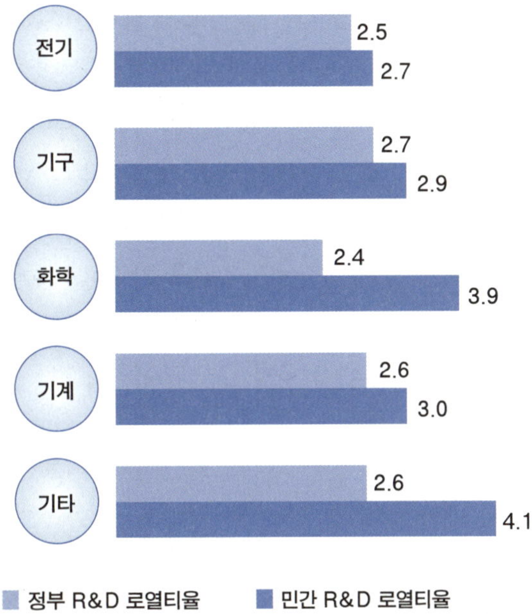

자료: 특허청, 공공연구기관의 특허거래 로열티율, 2001

율을 민간로열티율과 비교한 자료이다. 공공연구기관의 R&D 특허로열티율은 2.4% ~ 2.9%로 대부분의 업종에서 3%미만으로 낮게 나타났으나, 민간 R&D 특허로열티율은 최소 2.7% ~ 4.1%로 상대적으로 높은 것으로 나타났다.

13 게임이론에 의한 로열티율 산정법

기술이전계약 또는 특허권 침해손해액산정에 있어서 합리적인 로열티율 reasonable royalty rate을 이용하여 특허권의 가치를 평가하는 경우가 많다. 이때, 합리적인 로열티율을 정하는 것은 용이하지 않다. 상기 합리적인 로열티율의 산정은 Georgia-Pacific의 가상협상 hypothetical negotiation방식이 많이 사용되고 있다. 즉 전술한 25% 경험법칙을 기본으로 하여 기본 금액을 정한 후 협상에 의해 다른 요소들을 감안하여 조정하기도 하였으나, 최근에는 이 방식이 너무 이론적이고 실제 적용하기가 어려울 뿐 아니라, 경제적 관점을 반영 못하고 있다는 비판이

있어서 과학적이고 실질적인 손해액 산정 방식을 요구하고 있다.[22]

따라서 내쉬협상방정식 Nash Bargaining의 균형이론을 적용한 게임이론에 의한 로열티율 산정 방법이 제시되고 있다. 그 내용을 살펴보면, 가장 간단한 케이스로, 단순히 기술만 개발하고 발명을 구현할 어떠한 제품도 생산하지 않는 기술개발 회사인 경우, 상기 회사의 수익은 단지 기술이전에 의한 수익뿐이라고 가정하고, 상기 기술을 가지고 제품을 생산하는 회사도 오직 한 회사만 존재한다고 할 때, 특허권보유자와 특허권도입자 각각의 기술이전협상에 대한 로열티율은 다음 식과 같이 주어진다.[23]

$$\mathrm{r} = \frac{1}{2}(P_m - AC_2) = \frac{d_2}{2Q_m} \quad \cdots\cdots (1)$$

위에서 P_m은 가격을, Q_m은 수량을 나타내며, AC_2는 기술도입자의 평균 전체 비용, d_2는 협상이 결렬되었을 때 특허권도입자가 얻을 수 있는 이익을 나타낸다. 그리고 로열티율은 다음과 같이 산정된다.

$$\text{로열티율} = \text{로열티} \times Q_m / \text{매출액}$$

두 번째 예로서, 기술보유자가 특허 제품을 생산할 능력은 보유하고 있지만, 아직 제품 생산은 시작하지 않은 상태로서, 기술보유자가 접근하기 어려운 시장을 기술도입자는 용이하게 진입할 수 있든지 또는 기술도입자가 기술보유자보다 낮은 가격으로 제품을 생산할 수 있는 경우의 로열티 r은 다음 식으로 산정된다.

$$\mathrm{r} = \frac{1}{2}(P_m - AC_2) + \frac{1}{2Q_m}(d_1 - d_2)$$

22. 양동홍외, "특허가치평가를 위한 합리적 로열티율 산정 방안– 손해액산정모형을 중심으로," 기술혁신학회지 제15권 3호, 2012년 9월 pp.700~721
23. 양동홍외, 전게서, p. 707.

여기서 d_1는 협상이 결렬되었을 때 특허권소유자가 얻을 수 있는 이익을 나타낸다. 한편 미래의 예상 경제적이익을 평가하기 위한 현금흐름할인법을 적용하면 로열티 r은 다음 식으로 구해질 수 있다.

$$r = \frac{1}{2}\left[\sum_{r=0}^{T}\frac{(P_{mt} - AC_{2t})}{(1 + \delta_m)} + \sum_{r=1}^{T}\frac{d_{1t}}{Q_{mt}(1 + \delta_1)^t} - \sum_{r=1}^{T}\frac{d_{2t}}{Q_{mt}(1 + \delta_2)^t}\right]$$

여기서 δ_1과 δ_2는 양 당사자의 가중평균자본비용^WACC^을 나타내며, δ_m은 특허기술자체의 위험을 나타내고, t는 시간함수이다. 양 당사자의 시간에 따른 협상결렬 대가는 각각 d_{1t}과 d_{2t}로 나타낸다. 이러한 게임이론을 적용하여 합리적인 로열티율을 산정하는 예를 들어 보면 다음과 같다.

특허권을 소유한 회사가 단순히 기술만 개발하고, 발명을 구현할 어떠한 제품도 생산하지 않는 기술개발 회사라고 가정하자. 매출액이 $2,500 million, 단위제품가격은 $85이라 하면, 수량은 29.4 million이 된다. 기술도입자의 평균전체비용을 단위제품가격의 65%라고 하면, 특허권도입자 총비용 AC_2 =$55.2가 된다. 협상이 결렬되었을 때 특허권도입자가 얻을 수 있는 이익을 매출액의 15%로 가정하면 d_2 =$375 million이 된다. 따라서 제품 1개당 로열티는 식(1)에서 다음과 같이 $8.5로 산정된다.

$$r = \frac{1}{2}(\$85 - \$55.2) - \frac{1}{2}\left[\frac{\$375\text{million}}{\$29.4\text{million}}\right] = \$8.5$$

따라서 합리적인 로열티율은 다음과 같이 10.0%로 산정된다.

$$\$8.5 \times 29.4\text{million} / \$2,500\text{million} = 10.0\%$$

VALUATION ISSUES

세계시장에서 힘을 실어주는 표준특허

〈퀄컴이 참여하는 표준화기구들〉

표준을 제정하는 것은 기술 공개를 통해 시스템 간의 호환성을 확보하려는 목적으로 시행된다. 반면 '특허'는 특허권자에게 발명기술의 독점적 사용권을 인정하는 것으로, 기술 사용을 제한하여 기업의 시장 독점력을 강화하는 수단이 되어 왔다. 따라서 특정 특허가 국제표준에 포함된다면 특허권을 보유한 기업의 시장 지배력은 그만큼 커질 수밖에 없다. 이 때문에 기업들은 자사의 특허가 표준특허로 채택되도록 노력을 하게 되는 것이다.

표준특허(Standard Essential Patent)란, 표준화기구에서 제정한 표준규격에 포함된 특허로, 해당 특허를 침해하지 않고는 제품의 생산 · 판매 · 서비스를 제공하기 힘든 면이 있어 '필수특허(Essential Patents)'로 불리기도 한다. 표준특허를 보유한 기업은 단기적으로 실시료라는 형태로 수입이 보장되고, 장기적으로는 해당 시장에서 기술적 우위를 유지할 수 있게 된다.

퀄컴은 독보적인 CDMA 기술 하나로 무명 중소 벤처에서 일약 글로벌 기업으로 급부상한 특허로 성공한 대표적 사례이다. 현재도 모든 휴대전화 제조사들은 퀄컴의 표준특허에 대해 도매가격의 2.5~5%를 지불하고 있다. 퀄컴은 연간 순이익 중 70%가량을 이러한 특허 사용료로 거둬들이고 있으며, 지금도 100여 개의 표준화기구에 참여하면서 표준특허 확보에 주력하고 있다.

국내 스마트폰업계엔 '퀄컴세(稅)'란 말이 있다. 퀄컴에 내야 하는 특허 사용료(로열티)를 정부에 납부하는 세금에 빗대어 표현한 것이다.

공정거래위원회는 퀄컴이 전 세계에 통용되는 표준특허 준칙인 프랜드(FRAND)를 무시한 것이 가장 큰 문제라고 지적한다. 퀄컴은 1993년 표준특허로 지정된 무선통신 원천기술인 부호분할다중접속(CDMA)을 바탕으로 3세대(WCDMA) · 4세대(LTE) 이동통신 분야에서도 핵심 표준특허기술을 개발했다. 퀄컴은 자사 표준특허기술이 포함된 통신칩을 생산해 스마트폰업체들에 공급한다. 2014년 매출 기준으로 LTE 칩셋시장의 84%, CDMA 칩셋의 92%를 점유하고 있다. 그런데 로열티는 공급한 '통신칩 가격'이 아닌 '스마트폰 도매가격'의 2.5~5%를 받고 있는 것으로 알려졌다. 공정위 관계자는 "퀄컴은 공급한 제품을 기준으로 로열티를 받는 게 옳다"며 "스마트폰 가격 기준으로 로열티를 받는 것은 제조업체들의 기술 개발에 무임승차하는 것"이라고 설명했다. 삼성전자 등 국내 정보기술(IT) 업체들은 매년 2조원 내외의 로열티를 퀄컴에 지급하고 있는 것으로 추정된다.

표준특허를 다루는 표준화기구의 원칙

표준특허의 위력으로 인해 표준화 과정 중 특허 기술을 표준에 포함시킬지, 특허 사용조건은 어떻게 결정할지 등에 대한 논란이 있을 수 있다. 이러한 논란에 대해 표준화기구는 다음과 같은 원칙을 가지고 대응하고 있다.

1. 특허기술이 포함된 표준을 채택할 수 있으며, 관련 분쟁은 개입하지 않음: 표준화기구는 특허기술을 포함한 표준을 채택할 수 있도록 하고 있다. 하지만 특허권과 관련된 분쟁에는 개입하지 않으며, 특허 라이선스 협상은 특허권자와 실시자 당사자간에 맡긴다. 또한 특허정보가 공개되지 않았다고 하여 관련 특허가 없음을 의미하는 것도 아니다.
2. 가능한 빠른 시기에 공개 : ITU, ISO, IEC 등 3개 국제기구는 '가능한 조기에(From the outset)', ETSI는 '적시에(In a timely manner)', IEEE는 '프로젝트 승인즉시'와 같은 표현으로 가능한 표준화 초기에 관련 정보를 제시하도록 요구하고 있다.
3. 특허권자는 특허정보 제공 필요 : 대부분의 표준화기구는 각 특허권자에게 표준 관련 특허 정보 설명서 및 라이선스 선언서를 제출하도록 하고 있다. 그 명칭은 표준화기구 마다 다를 수 있다.
4. 특허 이용조건은 RF 또는 FRAND : 대부분의 표준화기구는 RFRoyalty Free 또는 FRAND(Fair, Reasonable and Non-Discriminatory) 조건에 따라 특허권자가 특허권을 실시할 것을 요구하고 있다.
5. 특허정보 미공개시 대응 : 대부분의 표준화기구는 표준에 포함된 특허정보를 검색할 의무를 갖지 않는다. 표준화기구는 특허정보 확인 및 라이선스에 있어서 제3자로서의 중립성을 지켜야 하기 때문이다. 다만, 알려진 특허권자가 표준특허정보를 공개하지 않거나, 사용요청을 거절하는 경우에는 해당 특허기술을 표준에서 제외하는 등 수정할 수 있고, 특허기술 사용이 불가피한 경우에는 표준화를 중단하거나 관련 표준을 취소하기도 한다.

- 프랜드(FRAND)란? 표준특허 준칙, 표준특허는 누구에게나 공정하고 합리적이고 비차별적 방식으로 제공돼야 한다는 준칙이다. 꼭 사용할 수밖에 없는 '표준특허'를 가진 업체들이 이를 무기로 횡포를 못부리록 하기 위한 조치다.

Ⅲ 로열티 평가사례

1 평가개요

1.1 대상권리 및 회사개요

본건은 김 현명이 소유하고 있는 외식프랜차이즈 브랜드 '아사달 (ASADAHL)' 상표권에 대한 로열티 평가목적의 감정이다. 특히 본건 상표권의 사용자인 ㈜리얼스페이스의 전용사용권에 대한 시장사용료(로열티)를 평가대상으로 한다. 대상 상표권의 권리등록 내역은 다음과 같다.

표 11-12
평가 대상 상표권

출원일	2006.10.10	
등록일	2007.06.18	
등록번호	0020474	AD ASADAHL
류	[30][43][29][43]	
상표서비스 권자	김현명	
통상사용권자	김영수 이광수	20x5년06월05일부터 20x7년07월05일까지 20x5년06월05일부터 20x7년07월05일까지
출원일	2007.11.28	
등록일	2008.07.01	
등록번호	0174919	AD ASADAHL
류	[35][36][43]	
상표서비스 권자	김현명 (통상사용권자: N/A)	

출원일	2010.02.11	
등록일	2011.01.31	
등록번호	0210303	AD ASADAHL
류	[43]	
상표서비스 권자	김현명	
통상사용권자	김영수	20x5년07월06일부터 2021년05월12일까지
출원일	2010.02.11	
등록일	2011.01.31	
등록번호	0210307	AD ASADAHL
류	[43]	
상표서비스 권자	김현명	
통상사용권자	김영수	20x5년06월05일부터 2021년05월12일까지

대상상표권의 소유자는 김현명이며, 실제 상표권의 사용 및 유지관리는 등록일 이후 지속적으로 ㈜리얼스페이스로 하여금 수행토록 하고 있는 바 대상기업의 개요는 다음과 같다. 본건의 평가대상은 김현명이 소유하고 있는 상표권과 관련하여 ㈜리얼스페이스에 부여할 전용사용권이다. 라이선스 허여 대상 상표권은 〈표 11-12〉의 4개 등록상표는 물론 브랜드, 지적재산권, 제품 등록 외관 trade dress, 광고 테마, 그리고 기타 상표권 관련 고유 특징을 갖는 각각의 브랜드 자산에 대한 포괄적 사용 · 수익 권리를 말한다. 라이센스 허여 기간에 대한 제한은 없으며, 지역적 범위나 수량 및 거래처의 범위에도 제한이 없다. 본건 상표권을 사용한 제품의 반포 및 판매와 관련해서 사용자 ㈜리얼스페이스는 해당 상표권인 지식재산을 실시 또는 사용 · 이용권한을 부여받은 전용사용권자이다.

표 11-13
상표권 사용 및 관리회사 개요

평가대상	상표권(아사달)		
상표권자	김현명	상표권 사용 및 관리	㈜리얼스페이스
매출액	250억원(20x5년도)	대표이사	박해수
결산일	12월 31일	법인설립	2008년
20x2. 05	체인사업 시작		
20x5. 11	웰빙카페 'Real SPACE(리얼스페이스)' 서울대점 오픈		
20x7. 08	'아사달' 100호점 오픈		
20x9. 08	'아사달' 500호점 오픈		
20x0. 11	'아사달' 800호점 오픈		
20x1. 07	'아사달' 중국 상해 1호점 오픈		
20x2. 11	'대한민국 대한국인 대상' 수상		
20x3. 01	매일경제 선정 '2013년 100대 프랜차이즈' 2년 연속 선정		
20x4. 05	'아사달' 1000호점 오픈		
20x5. 03	매일경제 선정 '20x5년 100대 프랜차이즈' 4년 연속 선정		

1.2 평가목적

본건은 외식프랜차이즈 브랜드 '아사달 (ASADAHL)' 상표권에 대하여 사용자 ㈜리얼스페이스에 부여된 전용사용권에 대한 연간 로열티(시장사용료)를 평가하는 것으로 일반거래(시가참조) 목적의 감정이다.

1.3 기준시점

"감정평가에 관한 규칙" 제9조 제2항에 따라 대상물건 시장사용료(로열티) 산정의 기준시점은 감정평가 의뢰인의 제시일인 20x5년 11월 1일이며, 사용료 산정기간은 20x5년11월1일 ~ 20x7년10월31일임.

1.4 평가근거 및 기준가치

본건의 평가는 "감정평가 및 감정평가사에 관한 법률", "감정평가에 관한 규칙" 및 제반 감정평가 이론 등에 의거하여 평가하였으며, 시장사용료(로열티)를 기준으로 감정평가액을 결정하였다. 여기서 시장사용료는 "시장성이 있는 무형자산의 권리가 통상적인 시장에서 충분한 기간 거래를 위하여 공개된 후 대상 무형자산의 내용에 정통한 거래당사자 간에 신중하고 자발적인 거래가 있을 경우 성립될 가능성이 가장 높다고 인정되는 대상무형자산 권리에 대한 사용대가, 즉 로열티"를 말한다.

2 평가방법

상표권 사용료(로열티)란 상표의 직접적인 사용 및 가치 증진을 위해 수행하는 용역에 대한 대가이며, 상표권 사용료의 결정은 업종, 상품, 브랜드 인지도, 시장형태 등 여러 요인에 따라 결정되기 때문에 획일적인 기준을 통해 결정하기 곤란한 바, 당사자 간 협의가 원칙이다. 또한 상표권에 대한 시장요율은 특수관계가 없는 거래를 가장 적정한 유사비교사례로 판정하고 있으나, 특수관계가 없는 거래란 사실상 찾기가 쉽지 않은 실정이다. 상표권 시장사용료(로열티) 거래사례는 일반적으로 상표권, know-how, 특허권, 영업권 등을 사용하고 본사에 이를 지급하는 구조의 거래가 대부분이다. 그러나 본건은 외식산업의 음식점 상표권으로서 프랜차이즈 가맹점의 브랜드 형태임을 감안하여 다음과 같은 4가지 방식에 따라 평가하였다.

1. ROIC법 return on invested capital method 상표권이 창출하는 경제적이익은 상표권 사용기업이 평균적으로 창출하는 투하자본이익률과 동일한 비율로 발생된다는 가정하에 상표권가치에 상표권 사용기업의 투하자본이익률을 곱하여 상표권의 적정한 시장사용료(로열티)를 결정하는 방식이다.
2. RONA법 return on net asset method 상표권이 창출하는 경제적이익은 상표권 사용기업이 평균적으로 창출하는 순자산이익률과 동일한 비율로 발생된다는 가정하에 상표권가치에 상표권 사용기업의 순자산이익률을 곱하여 상표권의 적정한 시장사용료(로열티)를 결정하는 방식이다
3. 상관행법 rule of thumb method 상관행에 의하여 5~25%의 범위 내에서 국가, 지

역별, 업종별, 지식재산종별마다 로열티 거래시장에서 형성되는 경험법칙을 따르는 로열티 산정방식이다. 이 방식은 거래사례를 이용하지 않고 해당 업종의 평균 영업이익 대비 % rule을 적용하여 적정 사용료(로열티)를 산정한다.

4. **로열티배분법** royalty allocation method 상표권에 대한 적정로열티율에 상표권 이외의 무형자산에 대한 기여분을 차감하여 상표권의 적정한 시장사용료(로열티)를 결정하는 방식이다.

그리고 이렇게 산정된 4가지 사용료(로열티)들에 대한 시산조정을 통해 평가대상 상표권의 최종 시장사용료(로열티)를 결정한다.

3 평가범위 및 전제

(1) 본 평가의 범위는 대상상표권 사용자 ㈜리얼스페이스가 창출하는 현금흐름만을 대상으로 한 상표권 사용료(로열티)의 평가이다.

(2) 본 평가보고서는 상표권의 실제 사용자 및 관리자인 ㈜리얼스페이스가 제시한 재무상태표, 손익계산서, 사업계획서 등에 근거하고 있으며, 이러한 자료의 진위에 대한 확인은 하지 않았다. 따라서 본건 평가가 대상 상표권에 관련된 과거 재무상태나 경영성과를 보증하는 것은 아니다. 평가작업은 이러한 제시자료나 당 법인의 산업분석 및 기업분석의 결과 등을 참고하여 수행하였으므로 평가업무의 범위도 이에 한정된다.

(3) 미래의 사건이나 상황은 회사가 예측한대로 발생되지 않을 수 있기 때문에 본 평가서는 대상회사가 예측한 성과에 대하여 어떠한 확신도 제공하지 않는다. 즉 예측 성과와 실제 결과 사이에는 중요한 차이가 발생할 수 있으며, 예측 결과의 달성 여부는 경영진의 행동계획 그리고 경영진이 전제한 가정에 따라 가변적이다.

(4) 본 상표권사용료(로열티) 평가업무에 ㈜리얼스페이스가 제시한 정보가 이

용된 경우, 당 감정인은 이러한 추정 정보를 조사하거나 작성하는데 관여하지 않았고, 사건이나 상황은 예상과 다르게 발생할 수 있다. 따라서 일반적으로 추정 정보와 실제 결과 사이에 차이가 존재할 수 있고, 또 그러한 차이가 중요할 수 있음에 유의하여야 한다.

(5) 본 감정평가서는 대상상표권의 실질적인 사용 및 관리자인 ㈜리얼스페이스가 기준시점 현재의 사업구조나 서비스 및 영업조직을 동일하게 유지하면서 사업한다는 계속기업 going concern의 전제 하에 매출액 및 자본구조, 그리고 자본비용 등을 추정하였으며, 우발채무의 발생이나 향후 거시경제 지표의 변동 등 계량화할 수 없는 위험요인 등에 따라 이러한 추정치들은 영향을 받을 수 있고, 평가결과도 또한 달라질 수 있다

(6) 본 감정평가서는 대상 상표권과 관련하여 법적으로 보호되는 권리가 창출할 수 있는 경제적이익에 대한 시장사용료(로열티)의 산정을 목적으로 하는 평가이므로 대상 상표권의 최유효이용을 전제로 평가하였다.

[산업분석]

1 외식산업의 동향

1.1 외식산업의 의의와 특성

외식산업 food service industry이란 식음료와 유무형적 서비스가 결합된 복합적인 상품을 특정인과 불특정다수를 대상으로 생산 · 판매하는 사업체들의 집단을 말한다. 가정이라는 공간을 벗어나 음식과 음료를 생산하고 제공하는 활동과 더불어 무엇보다 서비스를 중요하게 여기는 복합적 산업으로서 외식산업을 '외식서비스산업'이라고도 부른다.

외식산업은 식재료를 이용해 요리를 만든다는 측면에서 보면 제조업에 속하

지만 소비자에게 직접 판매한다는 측면에서 보면 소매업이며 판매된 메뉴를 맛있고 즐겁게 식사할 수 있도록 부가되는 서비스업의 기능도 가진다. 따라서 외식산업은 복합적인 성격을 가진 산업이다. 이러한 외식산업은 다른 산업과는 달리 다음과 같은 다양한 특징을 지닌다.

1. 노동집약적 산업
2. 생산 판매가 같이 이루어지는 서비스 산업
3. 높은 입지 의존도
4. 식재료의 부패가능성
5. 다품목 소량판매
6. 시간적 공간적 제약성
7. 프랜차이즈 창업의 대표적 업종

외식산업에서 프랜차이즈시스템은 검증된 아이템과 노하우를 지원받아 비교적 쉽고 안정적으로 창업이 가능하고 운영자금의 회전속도가 다른 업종에 비해 빠른 편이나, 외식시장이 매우 광범위하여 독점적인 시장지배가 불가능하고 자본력이 약한 임대사업자들이 많아 경영성과에 따른 안정성이 낮으며 실패율이 높은 단점이 있다. 그럼에도 불구하고 프랜차이즈산업 전체에서 외식산업분야가 가장 높은 비율을 차지하고 있다.

한편 위에서 말하는 외식산업의 시간적 공간적 제약성이란, 제조업이나 유통업과는 달리 주된 영업시간이 한정되어 있으며, 공간의 제약도 크게 받는다. 보통 하루 두세 번 제한된 식사시간에 고객이 집중되고 공간에 따른 좌석 수에도 한계가 있으며 바로 그 시간에 대부분의 매출이 발생한다. 따라서 한정된 영업시간과 영업장 규모에 따른 효율적 인력관리 영업장 공간의 효율적 활용, 좌석을 채우기 위한 서비스 식사시간 이외 idle time의 매출증대를 위한 마케팅활동이 특히 중요하게 된다는 의미이다.

한편 '다품목 소량판매'라는 특성은 외식의 횟수가 증가 하면서 상품의 수명주기가 짧아지고, 고객의 욕구와 기호가 복잡 다양해짐에 따라 여러 메뉴품목을 제공하는 것이 일반적이다. 전문화된 소수의 메뉴로도 영업이 활성화 되는 곳도 있으나 이는 오랜 전통이 있어 식음료상품 품질이 보증되는 곳이 대부분이다. 다품목 생산은 결과적으로 인건비 지출을 높이는 원인이 된다.

1.2 외식산업 동향

1) 한국표준산업분류에 따른 산업 동향

① 음식점업 사업체수, 종사자수 및 매출액 음식점업 사업체수는 20x6년 483.0천개로 20x4년대비 3.4% 증가(06년 대비 14.8% 증가)하였다. 또한 20x6년 종사자수는 1,534.2천명으로 20x4년대비 5.5% 증가(06년 대비 30.6% 증가)하였다. 20x6년 매출액은 99,015.3십억원으로 20x4년대비 44.8% 증가하였다.

음식점업 1개 사업체당 매출액은 20x6년 205.0백만원으로 20x4년 146.4백만원에 비해 40.0% 증가하였다. 또한 종사자 1인당 매출액은 20x6년 64.5백만원으로 20x4년 47백만원보다 37.2% 증가하였으며, 건물 연면적당 매출액은 20x6년 1,944천원으로 20x4년에 비해 40.0% 증가하였다.

표 11-14
음식점업 사업체수, 종사자수, 매출액 추이

연도	사업체수	종사자수	매출액	업체당 매출액	1인당 매출액	건물 연면적당 매출액
단위	(1000) (A)	(천명) (B)	(십억원) (C)	(백만원) (C/A)	(백만원) (B/A)	(천원)
20x7	423.6	1,214.3	47,917.2	113.1	39.5	1,047
20x8	420.7	1,213.3	51,941.8	123.5	42.8	1,187
20x9	421.8	1,233.0	56,120.6	133.0	45.5	1,224
20x1	439.7	1,301.2	59,637.0	135.6	45.8	1,277
20x2	451.3	1,347.2	63,119.4	139.8	46.9	1,333
20x3	459.2	1,403.6	65,032.9	141.6	46.3	1,370
20x4	467.2	1,454.4	68,401.8	146.4	47.0	1,390
20x6	483.0	1,534.2	99,015.3	205.0	64.5	1,944

자료: 통계청 '도소매업조사'

② **음식점업 업종별 사업체수 및 매출액** 20x6년 통계청의 '도소매업조사'에 의거 업종별 통계조사 내역을 보면 한식 음식점업 사업체수가 305천개, 매출액이 56,094백만원으로 전체 음식점업의 사업체 및 매출액 중 각각 63.3%, 56.7% 정도를 차지하며, 분식 및 김밥전문점업 음식점은 전체 음식점업의 사업체 및 매출액 중 각각 9.2%, 4.0% 정도를 차지한다.

③ **분식 및 김밥전문점업 사업체수** 20x6년 전체 음식업 중 종사자 5인 미만 소규모 사업체수는 92.7%이고, 지난 8년간 평균 94.1% 이며, 10인 이상 대규모 사업체는 0.6% 수준이다.

표 11-15
분식 및 김밥 전문점업 사업체 연도별 추이

종사자규모별	20x8	20x9	20x1	20x2	20x3	20x4	20x6
음식점수	45,701	45,454	44,912	45,070	45,928	46,221	44,466
1~4명	94.7%	94.7%	95.7%	93.9%	93.4%	92.9%	92.7%
5~9명	5.1%	5.0%	4.0%	5.8%	6.2%	6.7%	6.7%
10명이상	0.2%	0.3%	0.3%	0.4%	0.4%	0.4%	0.6%

자료: 통계청 도소매업조사

2) 주문방식에 따른 외식산업 동향

20x5년 총 외식빈도는 월 14.8회로 20x4년 대비 5.7% 상승하였다. 특히 포장외식 빈도(월 9.1회로 20x4년 대비 53.3%)와 배달외식 빈도(월 3.4회로 20x4년 대비 36%)는 급격히 증가하였다.

표 11-16
주문방식별 외식빈도 및 주요 메뉴 추이

	20x3	20x4	20x5
총 외식빈도	12.5회/월	14.0회/월	14.8회/월
포장외식	1.3회/월	1.5회/월	2.3회/월
방문외식	8.9회/월	9.0회/월	9.1회/월
배달외식	2.3회/월	2.5회/월	3.4회/월

자료: 20x5년 국내외식소비 트랜드 조사

표 11-17
주문방식별 외식메뉴 및 가격 순위

		주요메뉴	가격
포장외식	1위	햄버거	6,594
	2위	김밥	3,620
	3위	피자	19,103
	4위	치킨	14,360
	5위	떡볶이	3,826
방문외식	1위	치킨	16,772
	2위	자장면	5,476
	3위	짬뽕	5,945
배달외식	1위	김치찌개	6,875
	2위	백반	6,623
	3위	된장찌개	5,933

자료: 20x5년 국내외식소비 트랜드 조사

주문방식별 주요이용 음식점 순위는 포장외식(패스트푸드, 분식류, 제과제빵류), 배달외식(치킨, 중식, 패스트푸드), 방문외식(한식, 중식, 패스트푸드) 모두 20x3년부터 대부분 동일하다. 음식점 선택의 고려요인은 20x3년에는 맛, 조리신속성, 다양성, 청결도, 교통편리성 등이었으나, 20x5년에는 맛, 가격, 접근성(위치접근성, 신속제공) 등이 주요 고려요인으로 나타났다.

2 외식프랜차이즈의 동향

2.1 프랜차이즈 산업의 개념 및 특징

한국프랜차이즈산업협회에서는 '프랜차이징이란 프렌차이저가 프랜차이즈를 사는 사람에게 프랜차이즈 회사의 이름 · 상호 · 영업방법 등을 제공하여 상품과 서비스를 시장에 판매하거나 기타영업에 관하여 일정한 통제 · 지원을 하고, 이러한 포괄적 관계에 따라 일정한 대가를 수수하는 계속적 채권관계를 의미한다고 정의하고 있다. 프랜차이즈는 가맹본부와 가맹점이 협업과 분업의 이익을 공유하는 지식기반형 벤처 네트워크 시스템으로서 공동브랜드 · 마케팅 ·

구매 및 유통구조 단축을 통한 경쟁력 제고와 시스템 통합성 브랜드 · 상품 · 서비스 · 이미지 등의 동일성 유지를 특징으로 한다. 프랜차이즈의 가장 큰 특징은 가맹점 사업자의 창업 자금과 가맹본부의 혁신적 사업 아이디어가 결합하여 큰 경험이 없이도 창업이 가능한 시스템이라는 점이다. 한편 가맹본부로서도 전국적인 지점망에 대한 투자 없이도 가맹점 사업자의 자본으로 전국네트워크 나아가 전세계 네트워크를 구축할 수 있는 기회가 제공된다.

2.2 프랜차이즈 산업의 분류

프랜차이즈 산업은 크게 상품유통을 목적으로 하는 프랜차이즈와 사업형태 프랜차이즈로 대별된다. 첫째, 상품유통을 목적으로 하는 프랜차이즈 시스템은 상품제조업자 또는 도매업자가 자기 회사의 상품을 유통시키기 위한 가맹사업으로서 본사가 되는 기업은 어떤 지역에 존재하는 소매업자에게 그 지역에서의 상품 판매권을 부여하는 형식으로 가맹점을 운영하는 방식이다. 효과적인 상품 판매를 위해 개발된 시스템으로 가맹본부는 각종 지도 및 지원을 하게 되며, 통일된 상표와 상호 아래 가맹점이 영업을 하게 된다. 대표적인 예로는 주유소, 가전상품 대리점 등을 들 수 있다.

둘째, 사업형태 프랜차이즈는 상품이나 용역뿐만 아니라 특정 비즈니스비법을 전수해 주는 방식으로 외식프랜차이즈가 여기에 속한다. 가맹본부는 가맹점들에 대하여 상품이나 용역뿐만이 아니라 가맹본부가 개발한 특정 비즈니스 비법을 전수해 주는 방식이다. 즉 가맹본부는 가맹점을 경영하기 위하여 필요한 컨셉트를 설계하고 나서 이를 구체화한 매뉴얼을 제공하고 연수와 훈련을 실시하여 노하우를 익히게 한다. 또 본부의 숙달된 전문 슈퍼바이저를 파견하여 현장지도를 실시하고 상품구매에서 판매 운영 등의 업무전반에 걸친 지도 및 관리를 실시한다.

본부에서 개발된 기준 품질을 유지하기 위하여 본부는 상품 발주방법과 장소 · 상품을 준비하는 방법, 상품을 고객에게 제공하는 방법 등의 시스템을 일관성 있게 동일한 수준으로 기술을 유지하는 것이 필요하다. 이러한 표준화된 상품이나 서비스를 제공하며 특정 영업방식 즉, 프랜차이즈시스템 자체의 판매를 목적으로 한다. 가맹본부는 특정 상품을 유통시킴으로써 생기는 이익을 얻는 것이 아니라 프랜차이즈 패키지라 불리는 상표나 상호의 제공 각종 원조상품 및 자재 등을 포함하는 경영전반의 노하우know-how를 포괄적으로 엮은 프로그램을 개발하여 이를 근거로 가맹점을 모집하고 관리하며 가맹점이 지불하는 가맹금·로열티 등의 매출에 의해 이익을 얻는다. 패스트푸드 레스토랑 등의 외식업과 편의점 등이 이 유형에 속한다.

2.3 외식프랜차이즈 산업동향

외식프랜차이즈 가맹본부는 20x4년 기준 20x3년도 대비 매출액(5.4%), 가맹본부(8.8%), 점포수(7.2%) 및 가맹점수(9.3%) 증가되었고, 임직원수(-2.5%)와 직영점수(-23.8%)는 감소되었다.

표 11-18
외식프랜차이즈 가맹본부 최근 동향

	20x3년	20x4년	증감률(%)
총 가맹본부 수(개)	2,175	2,367	8.8
총 임직원 수 (명)	73,208	71,385	-2.5
총 매출액(억원)	119,573	126,075	5.4
총 점포 수 (개)	87,621	93,944	7.2
총 직영점 수(개)	5,405	4,117	-23.8
총 가맹점 수(개)	82,216	89,827	9.3
평균 광고비(억원)	1.1	1.3	18.2
평균 판촉비(억원)	2.6	4.0	53.8
평균 가맹비(만원)	966	900	-6.8
평균 교육비(만원)	293	308	5.1

자료: 산업통상자원부, 2014년 기준 프랜차이즈 산업 실태조사 결과

20x4년 외식업 가맹본부 총 매출액은 20x3년도 대비 5.4% 증가되었다. 세부 업종은 한식(23.4%), 치킨(3.4%), 주점(16.8%), 커피(27.1%), 기타외식업(42.5%)

이 증가되었고 분식/김밥(−1.2%), 피자/햄버거(−21.3%), 일식/서양식(−0.4%)의 매출은 감소되었다. 가맹본부 평균매출액은 20x3년도 대비 −3.7% 감소하였다. 세부업종은 한식(3.2%)과 기타외식업(218.9%)를 제외한 모든 업종(분식/김밥 −18.9%)에서 평균매출액이 감소되었다.

표 11-19
외식프랜차이즈 가맹본부 총매출 및 평균매출 추이

	가맹본부 총 매출액				가맹본부 평균 매출액		
	20x3	20x4	구성%	증감%	20x3	20x4	증감%
외식업	11,957	12,607	100	5.4	6,387	6,153	−3.7
한식	1,739	2,146	17	23.4	2,681	2,766	3.2
일식/서양식	2,461	2,452	19.4	−0.4	14,831	12,511	−15.6
분식/김밥	480	474	3.8	−1.2	3,753	3,042	−18.9
피자/햄버거	3,116	2,453	19.5	−21.3	32,808	22,101	−32.6
치킨	1,457	1,507	12	3.4	6,479	5,888	−9.1
주점	253	296	2.3	16.8	1,702	1,600	−6.0
커피	1,357	1,725	13.7	27.1	7,626	7,102	−6.9
기타외식업	1,089	1,552	12.3	42.5	3,863	12,318	218.9

자료: 산업통상자원부, 2014년 기준 프랜차이즈 산업 실태조사 결과

[기업분석]

1 대상회사 현황

상표권 사용 및 관리기업인 (주)리얼스페이스는 20x8년 03월 26일 법인이 설립되어, 20x5년 10월 31일을 기준으로 주요부서는 상권팀, 창업운영팀, 인사회계팀, 해외업무팀, 디자인팀, 홍보팀, 물류운영부, 직영매장, 교육생 등으로 구성되어 있다. 임직원은 29명이며, 주요 업무는 아사달 프랜차이즈를 운영하고 있는 것으로 조사되었다.

표 11-20
(주)리얼스페이스 임직원 현황

	이사	부장	차장	과장	대리	주임	사원	계
대표	1	–	–	–	–	–	–	1
상권팀	–	1	–	1	1	–	–	3
창업운영팀	–	–	1	2	1	2	1	7
인사회계팀	–	–	–	–	2	1	1	4
해외업무팀	–	–	–	–	–	1	–	1
디자인팀	–	–	–	–	–	1	–	1
홍보팀	–	–	–	–	1	–	–	1
물류운영부	–	–	1	–	2	–	2	5
직영매장	–	–	–	–	1	–	4	5
교육생	–	–	–	–	–	–	1	1
계	1	1	2	3	8	5	9	29

2 재무상태표

표 11-21
(주)리얼스페이스 요약재무상태표

(단위 : 백만원)

	20x3	20x4	20x5.10	20x5
유동자산	10,935	11,637	14,081	11,056
비유동자산	2,417	2,441	2,314,	2,072
자산총계	13,352	14,078	16,395	13,128
유동부채	4,380	3,019	7,640	4,708
비유동부채	30	30	30	30
부채총계	4,410	3,049	7,670	4,738
자본총계	8,942	11,029	8,725	8,390
부채및자본총계	13,352	14,078	16,395	13,128

3 손익계산서

20x3년과 20x4년의 매출과 매출원가를 비교하면 각각 184%, 354%씩 증가하였다. 이는 식자재유통업체 변경으로 (주)리얼스페이스의 결제방식이 변하여 식자재유통관련 매출과 매출원가에 반영된 결과이며, 또한 20x4년 이후 진출한 롯데마트 매장 내의 매출이 각각 매출과 매출원가에 반영이 되었기 때문으로 조사되었다.

표 11-22 (주)리얼스페이스 요약 손익계산서

(단위: 백만원)

	20x3	20x4	20x5.10	20x5
매출	13,958	25,679	20,294	24,736
매출원가	5,319	18,870	15,088	18,479
매출총이익	8,639	6,808	5,206	6,257
판매비와 관리비	5,416	4,113	4,104	4,746
세전영업이익	3,222	2,695	1,102	1,511

[상표권 사용료 평가]

본건 상표권 시장사용료(로열티)의 평가를 위하여 적용할 평가방법은, ① ROIC법 return on invested capital method, ② RONA법 return on net asset method, ③ 상관행법rule of thumb, ④ 로열티배분법 royalty allocation method 등에 의한다. 이와 같은 4가지 방식으로 산정된 시산사용료에 대한 시산조정을 통해 평가대상 상표권의 시장사용료 최종 평가액을 결정하기로 한다.

1 투하자본이익률법 ROIC method

투하자본이익률법 return on invested capital method이란, 상표권이 창출하는 경제적이익은 상표권 사용기업이 평균적으로 창출하는 투하자본이익률과 동일한 비율로 발생된다는 가정하에 상표권가치에다 상표권 사용기업의 투하자본이익률을 곱하여 상표권 사용료(로열티)를 산정하는 방식이다. 이 방식에 따라 적용되는 평가모형은 다음과 같다.

$$R_{TM} = V_t \times ROIC$$

R_{TM} : 상표권 사용료(로열티) V_t : 상표권가치 $ROIC$: 투하자본이익률

투하자본은 본 평가의 목적상 재무상태표의 유형자산과 운전자본은 물론 상표권 등의 무형자산을 포함한다. 왜냐하면, 기업의 가치는 그 기업에 투자된 총투하자본의 가치라 할 수 있고, 총투하자본은 타인자본(부채)과 자기자본으로 나눌 수 있기 때문이다.

따라서 총투하자본가치, 즉 기업 전체가치는 부채가치와 자기자본가치를 합한 것과 같다.

총기업가치 = 총투하자본가치 = 부채가치 + 자기자본가치

투하자본[IC]접근법은 기업가치평가에서 가장 많이 사용되는 가치평가기준이다. 여기에는 자본기준[WACC]과 자산기준[WARA]으로 대별된다.

그림 11-6
투하자본의 가치평가 기준

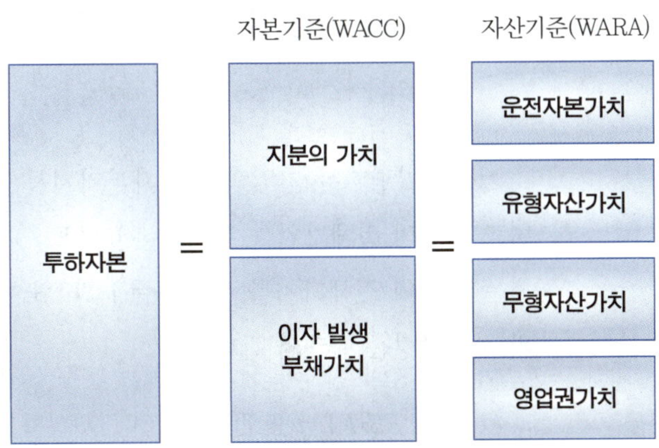

〈평가절차〉

(1단계) 기업가치의 산정
(2단계) 상표권 가치의 산정
(3단계) 투하자본이익률의 산정
(4단계) 상표권 사용료(로열티)의 결정

사용료의 산정기간은 20x5.11.01~ 20x7.10.31이며, 사용료 평가의 기본 가정은 다음과 같다.

〈기본가정〉

① 상표권 매출의 추정 : 기업가치평가에서 추정한 매출액과 동일
② 현금흐름의 개별추정기간 : 20x5.11.01 ~ 20x0.10.31(기준시점이후 5년)
③ 상표권 사용료산정 기준시점 : 20x5.11.01
④ 상표권 이외의 무형자산 : 계약기반(고용계약), 영업권

[기업가치의 산정]

수익방식에 의한 상표권의 평가방법을 적용함에 있어 그 전제가 되는 것이 당해 기업이 갖는 미래 경제적이익의 추정이다. 또한 상표권의 가치를 구하기 위해서는 기업가치 BV에서 운전자본 WC과 유형자산 TA, 식별 가능한 무형자산 IA, 그리고 기타지식재산 가치를 공제하여 산정한다.

$$BV = WC(\text{운전자본}) + TA(\text{유형자산}) + IA(\text{무형자산}) + IP(\text{지식재산})$$

기업가치평가는 기업의 자기자본가치를 평가하는 FCFE free cash flow to equity 모형과 기업의 전체가치를 평가하는 FCFF free cash flow to firm 모형이 있다. 본 평가에서는 기업의 전체가치를 평가하는 FCFF모형을 채택하여 평가하였으며, FCFF의 산정모형은 아래와 같다.

$$FCFF = EBIT(1-t) + \text{감가상각비} - \text{자본적지출 증가액} - \text{추가운전자본 증가액}$$

EBIT: 영업이익(이자 및 법인세 차감전이익)

잉여현금흐름법에 의한 전체 기업가치 산정은 잉여현금흐름 FCFF의 예측기간 가치 value of forecast period와 그 이후의 잔존가치 terminal value를 합산하여 다음과 같이 산정한다.

$$BV = \sum_{t=1}^{n} \frac{(FCFF_t)}{(1+WACC)^t} + \frac{FCFF_{n+1} / (WACC - g_n)}{(1+WACC)^n}$$

기업가치 = 예측기간가치 + 잔존가치

여기서 미래의 현금흐름을 일일이 정확히 예측하기는 매우 어려우므로 20x5년 11월~ 20x0년 10월까지 5년간은 개별추정하고, 그 이후는 잔존가치를 산정하여 현금흐름의 가정을 전개시키기로 한다. 이와 같은 기업가치 산정을 위한 기본가정은 다음과 같다.

〈기본가정〉

① 현금흐름산정 기준시점 : 20x5.11.01
② 개별추정기간 : 20x5.11.01 ~ 20x0.10.31(추정기준일 이후 5년간)
③ 잔존가치 : 20X0.11.01 그 이후
④ 할인율(WACC) : 수정 CAPM(Modified CAPM) 및 요소구성법에 의거 산정
⑤ 장기성장률 : 0%
⑥ 순운전자본은 장부상 운전자본의 적정 수준만 인정
⑦ 롯데마트 계정은 가맹점매출이므로 매출원가를 제외한 순매출액만 인정
⑧ 제품제조원가에 포함되어 있는 광고선전비는 판관비로 인정

1) 매출액의 추정

(1) 매출액 및 프랜차이즈 가맹점 현황

① **매출 현황** 평가대상 상표권을 사용하는 (주)리얼스페이스의 20x4년부터 20x6년까지의 매출현황은 다음 〈표 11-23〉과 같다.

표 11-23
리얼스페이스 매출액 추이(20x4~20x6년)

(단위 : 백만원)

	20x4	20x5	20x6
상품매출	15,693	13,307	11,066
롯데마트순매출	N/A	2	7
제품매출	4,526	3,668	2,756
수입수수료	3,564	2,942	2,499
광고분담금	956	860	742
임대료수입	72	65	51
총매출액	24,811	20,845	17,120
증감율	–	–16.0%	–17.9%

② **아사달 프랜차이즈 가맹점 현황** 경쟁업체인 죠스푸드, 국대F&B 등이 등장하는 등 마케팅 경쟁이 치열하게 전개되고, 전체적인 떡볶이 외식 프랜차이즈 시장이 감소추세에 있으며, 아사달 프랜차이즈 일반가맹점도 아울러 줄어드는 추세를 보이고 있다. 다만 20x5년도에는 롯데마트 내 매장이 36개점 신설되는 등 특수매장 중심으로 가맹점을 확대하고 있다.

표 11-24
아사달 프랜차이즈 가맹점 추이

	20x3	20x4	20x5	20x6
일반가맹점(개)	713	639	528	478
롯데마트	0	2	38	41
직영점	0	1	1	1
단순합계	713	642	567	520
가중합계*	713	647	605	561
증감율	–	–9.7%	–6.1%	–7.3%

*가중합계는 롯데마트매장을 일반가맹점의 2배로 보아 산정함.

(2) 매출성장률 추정

① **아사달 프랜차이즈 가맹점 증감 추정** 일반 가맹점은 가맹계약 기간만료

및 폐점 등으로 매장 수가 차츰 줄어들 것으로 추정이 되나, 대상 기업의 제시 사업계획에 따라 향후 광고 등 마케팅에 집중하되, 롯데마트 내 매장 및 고속도로휴게소 내 매장 개설을 확대추진 할 것을 반영하여, 가맹점 증감을 추정하였다.

표 11-25
아사달 프랜차이즈 가맹점 증감율의 추정

	1기	2기	3기	4기	5기	그 이후
일반가맹점	406	365	329	313	297	282
롯데/고속도로휴게소	47	52	57	63	69	76
직영점	1	1	1	1	1	1
단순합계	454	418	387	377	367	359
가중합계*	501	470	444	440	436	435
증감율	−7.3%	−6.2%	−5.5%	−0.9%	−0.9%	0%

*가중합계는 롯데마트매장 및 고속도로휴게소매장을 일반가맹점 매출의 2배로 보아 산출한 추정치임.

② **매출성장률의 추정** 최근 5개년간 매출추이 및 프랜차이즈 가맹점 증감을 분석하고, 당 기업의 사업계획서 및 향후 프랜차이즈 가맹점 증감추정 등을 참고하여 매출액성장률 및 매출액 추정을 하였다. 〈표 11-26〉에 나타난 바와 같이 가맹본부 평균매출액(20x3년도 대비 외식업 전체 −3.7%,'분식/김밥'업종 −18.9% 감소)은 지속적인 매출감소 추세가 이어질 것으로 예측되는 반면, 대상기업의 제시 사업계획에 따른 마케팅추진 전략 등을 종합적으로 고려하여 장기성장률은 0%로 추정하였다.

표 11-26
외식프랜차이즈 가맹본부 총 매출액 및 평균 매출액

(단위 : 백만원)

	가맹본부 총 매출액				가맹본부 평균 매출액		
	20x3년	20x4년	구성비	증감률	20x3년	20x4년	증감률
외식업	11,957	12,607	100	5.4	6,387	6,153	−3.7
분식/김밥	480	474	3.8	−1.2	3,753	3,042	−18.9

자료: 산업통상자원부, 전국 프랜차이즈 산업 실태조사 결과

표 11-27
(주) 리얼스페이스 매출성장률

	1기	2기	3기	4기	5기	6기이후
가맹점증감률	-7.3%	-6.2%	-5.5%	-0.9%	-0.9%	0%
추정성장률	-7%	-6%	-6%	-1%	-1%	0%

(단위 : 백만원)

표 11-28
매출액 추정

	1기	2기	3기	4기	5기	그이후
상품매출	11,366	10,684	10,043	9,942	9,843	9,843
롯데마트순매출*	6	7	7	8	9	10
제품매출	2,860	2,688	2,527	2,502	2,477	2,477
수입수수료**	2,841	2,671	2,511	2,486	2,461	2,461
광고분담매출***	752	593	549	535	521	509
합계	17,825	16,643	15,637	15,472	15,310	15,299

* 롯데마트 순매출은 롯데마트 및 고속도로휴게소 매장 증가에 비례하여 순매출이 증가함.
**수입수수료 등은 상품매출의 25%로 수준으로 추정
***광고분담금 매출: 예상가맹점수 * 월118,200원 * 12월

(3) 매출원가의 추정

최근 3개년간 매출원가율은 아래와 같이 20x4년 53.0%, 20x5년 55.5%, 20x6년 56.5%로서 매출원가율은 다소 증가하는 추세를 나타내고 있다. 20x3년 식자재유통 거래처가 아워홈으로 ㈜마루유통에서 아워홈으로 변경됨에 따라 가맹점 발주량에 대한 매출원가가 손익계산서에 반영되기 시작하였으며, 20x4년부터 롯데마트 내 가맹점에서 일어나는 매출도 상품매출원가에 포함됨으로써 매출원가율이 급격히 상승되었다. 따라서 최근(20x6년)의 매출원가를 기준으로 하여 다음과 같이 추정하였다.

(단위 : 백만원)

표 11-29
매출원가 추정

	20x4	20x5	20x6
상품매출	15,693	13,307	11,066
상품매출원가	14,979	12,281	10,397
상품매출원가율	95.5%	92.30%	94.0%
제품매출	4,526	3,668	2,756
제품매출원가	2,399	2,034	1,558
제품매출원가율	53.00%	55.5%	56.5%

(4) 판매비와 관리비의 추정

① **인건비 추정** 매출액의 증가에 따라 상승하며, 매출액 대비 인건비는 20x4년 8.7%, 20x5년 13.3%, 20x6년 13.3%로 평균은 11.8%이다. 다만 20x5년 직원급여 및 퇴직급여에는 대표이사의 급여상승 및 전 대표이사 퇴직급여가 포함되어 있으므로, 이를 종합고려하여 인건비율은 10%로 결정하였다.

② **고정비 추정** 최근 3년간의 소비자물가상승률을 고려하여 고정비 상승률은 1.1%로 추정하였다.

③ **변동비율 추정** 최근 2년간을 기준으로 산정하였으며, 매출액 대비 변동비율은 20x4년 4.70%, 20x5년 5.4%, 20x6년 4.7%로 나타났다. 이를 평균하여 매출액 대비 5%를 변동비율로 추정하였다.

표 11-30
판매비와 관리비 추정

(단위 : 백만원)

	1기	2기	3기	4기	5기	그 이후
인건비	1,783	1,664	1,564	1,547	1,531	1,530
고정비	387	391	395	400	404	408
변동비	891	832	782	774	765	765
감가상각비	204	202	201	201	200	200
광고분담금*	752	593	549	535	521	509
합 계	4,017	3,682	3,491	3,456	3,421	3,413

* 광고분담금 매출은 전액 판매비와 관리비로 추정하였음.

(5) 자본적지출 및 추가운전자본

① **자본적지출** 미래의 이윤 창출, 가치의 취득을 위해 지출된 고정자산 투자과정에서의 비용이며, 자본적지출의 추정은 감가상각된 부분이 현행수준으로 유지하는 것을 고려하여 매년 2억원 수준이 소요되는 것으로 추정하였다.

② **추가운전자본** 재고자산 및 현금 보유분 등과 해당기업의 매출채권회전율, 재고자산회전율, 매입채무회전율 등을 고려하여 순매출액 증가분에 대해 4.7%로 산정한다.

$$운전자본소요율 = \frac{1}{매출채권회전율} + \frac{1}{재고자산회전율} + \frac{1}{매입채무회전율}$$

(6) FCFF 산정

표 11-31
FCFF의 추정

(단위 : 백만원)

	1기	2기	3기	4기	5기	그 이후
매출액	17,825	16,643	15,637	15,472	15,310	15,299
매출원가	12,286	11,549	10,856	10,747	10,640	10,640
매출총이익	5,539	5,094	4,781	4,725	4,670	4,659
판관비	4,017	3,682	3,491	3,456	3,421	3,413
세전영업이익	1,523	1,412	1,290	1,269	1,249	1,247
감가상각비	211	209	208	207	207	207
상각전영업이익	1,734	1,621	1,498	1,477	1,456	1,454
법인세	313	289	262	257	253	252
자본적지출	200	200	200	200	200	200
운전자본	−277	−56	−47	−8	−8	
FCFF	1,497	1,188	1,084	1,027	1,011	1,002

(7) 할인율의 결정

① **자기자본비용의 산정** 자기자본비용의 산정은 수정CAPM modified capital asset pricing model : MCAPM 방식과 조성법 build-up method을 이용하여 다음과 같이 산정하였다.

표 11-32
'Duff & Phelps'의 Food Stores의 Betas(levered)

Betas(Levered)	Raw (OLS)	Blume Adjusted	Peer Group	Vasicek Adjusted
Median	0.7	0.8	0.9	0.8
SIC Composite	0.7	0.8	0.9	0.8

자료 : 2016 Valuation Handbook : Industry Cost of Capital by 'Duff & Phelps'

국내에 외식산업이나 동종유사기업의 β자료가 없으므로 유사업종(식료품 제조업)의 상장회사인 ㈜HJ사의 대용 β(1년)계수 1.05, 그리고 'Duff & Phelps'의 2016 Valuation Handbook 자료(음식료품 Peer Group β 0.9로 분석) 등을 참고하여 베타계수는 1.0으로 결정한다.

표 11-33
'Duff & Phelps'의 Food Stores의 cost of equity

		CRSP deciles		Risk premium RPT	
	CAPM	CAPM+size prem	Build up	CAPM+size prem	Build up
Median	8.4	10.2	10.3	11.6	14.1
SIC Composite	8.1	8.2	8.8	8.0	11.2

자료 : 2016 Valuation Handbook : Industry Cost of Capital by 'Duff & Phelps'

표 11-34
자기자본비용의 산정

MCAPM 자기자본비용 : $K_e = R_f + \beta(RP_m) + RP_s + RP_u$		
(1) 무위험수익률(R_f)		1.91%
(2) 베타(β)	1.00	
(3) 시장위험할증(RP_m)	7.00%	7.00%
(4) 규모위험할증(RP_s)		2.00%
(5) 기업고유비체계적위험할증(RP_u)		2.25%
		K_e = 13.16%
조성법(build-up) 자기자본비용 : $K_e = R_f + R_i + RP_m + RP_s + RP_u$		
(1) 무위험수익률(R_f)		1.91%
(2) 산업위험할증(R_i)		2.00%
(3) 시장위험할증(RP_m)		7.00%
(4) 규모위험할증(RP_s)		2.00%
(5) 기업고유비체계적위험할증(RP_u)		2.25%
		K_e = 15.16%
		자기자본비용 결정 Ke = 14.16%

무위험수익률은 국고채(3년)을 20x4년부터 20x5년까지 평균하여 1.91%를 적용한다.

위와 같이 자기자본비용 K_e은 대상기업의 규모위험할증률 RPs 2.0%를 가산하면, MCAPM방식에서는 13.16%가 산정되고, 조성법에 의하면 15.16%로 각각 산정되므로 이를 산술평균하여 14.16%로 결정한다.

② **타인자본비용의 산정** 타인자본비용 Kd은 20x5~20x6년 중소기업대출금리(신규취급액기준 3.64%) 및 기업일반자금대출(신규취급액 기준 3.36%)를 고려하여 3.70%이며, 법인세율을 감안한 타인자본비용은 2.89%로 아래와 같이 산정된다.

표 11-35
타인자본비용의 산정

타인자본비용 : $K_d = R_b(1 - t)$	
(1) 차입금이자율(R_b)	3.70%
(2) 법인세율(t)	22.0%
	Kd = 2.89%

③ **WACC의 산정** 평가대상기업이 창출하는 미래의 현금흐름을 현가화시키는 할인율은 주주의 기대수익률 (자기자본비용)과 채권자의 기대수익률(타인자본비용) 모두를 적절하게 반영하여야 한다. 대상기업 수정재무상태표를 분석한 결과 자기자본비율 72%, 타인자본비율 28%가 가장 적합한 대상기업의 자본구조로 판단되어 이를 그대로 적용하여 WACC를 구하면 아래와 같이 11.00%로 산정된다.

표 11-36
WACC의 산정

	자본구조	자본비용	가중평균
자기자본	72%	14.16%	10.195%
타인자본	28%	2.89%	0.808%
			Rounded : 11.00%

(8) 기업가치의 산정

20x5년 11월 1일을 기준시점으로 예측기간 및 그 이후의 추정 FCFF를 WACC 11.00%로 할인하여 산정한 잔존가치를 합산하면 대상기업의 기업가치는 최종 9,789백만원으로 산정된다.

표 11-37 기업가치의 산정

(단위 : 백만원)

	1기	2기	3기	4기	5기	그 이후
FCFF	1,497	1,188	1,084	1,027	1,011	1,002
할인율/환원율	11.00%	11.00%	11.00%	11.00%	11.00%	11.00%
현가계수	0.9009	0.8116	0.7312	0.6587	0.5935	5.3950
현재가치	1,349	964	792	677	600	5,407
기업가치	9,789					

2) 무형자산 가치의 산정

대상회사의 무형자산가치 V_{IA}는 대상기업이 제시한 재무상태표에 명시된 자산을 기준으로 산정한 20x5년 10월 31일 현재의 순운전자본과 고정자산의 수정후 평가액을 앞에서 산정된 기업가치(9,789백만원)에서 공제하여 다음과 같이 산정하기로 한다.

$$V_{IA} = BV - (WC + FA)$$

(1) 수정후 유형자산 평가액

표 11-38 순운전자본의 장부가치

(단위 : 백만원)

구 분		장부가액	비고
유동자산		14,080	–
	당좌자산	13,504	
	재고자산	576	
유동부채		6,756	단기차입금제외
	순운전자본	7,324	

표 11-39
유동비율
(유동자산/유동부채)

(단위: 백만원)

		20x3	20x4	20x5
본건		250%	386%	235%
음식점업[주1]		N/A	40%	N/A
제조업[주2]		132%	133%	N/A
전산업[주2]		127%	130%	N/A
동종 기업	국대에프앤비	73%	63%	N/A
	죠스푸드	95%	74%	41%

주1) 중소기업실태조사, 안정성 지표(2014년 기준)
주2) 기업경영분석, 기업경영분석지표

(주)리얼스페이스의 유동비율(193%)은 음식점업(40%), 동종경쟁기업(41%~77%) 및 제조업(133%), 전산업(130%)과 비교하여 볼 때 상당히 높은 수준으로 분석된다.

표 11-40
순운전자본비율
(순운전자본/총자산)

		20x3	20x4	20x5	20x5.10
본건		49%	61%	48%	44%
음식점업[주1]			−29%	N/A	N/A
동종 기업	국대에프앤비	−28%	−38%	N/A	N/A
	죠스푸드	−1%	−6%	−10%	N/A

* 주1: 중소기업실태조사 안정성 지표(2014년 기준)

〈표 11-41〉에서와 같이 ㈜리얼스페이스의 총자산대비 순운전자본비율(44%)은 관련업종인 음식점업(−29%) 및 동종경쟁기업(−10%~−25%) 등과 비교할 때 과도하게 높은 것으로 분석된다. 이는 외식산업의 특성상 식자재 구매 시 규모의 경제 실현이나 제철 적시 구매 등을 위한 것이지만, 현금과 단기금융상품의 비중이 상당히 과다한 것으로 분석된다. 따라서 대상기업의 유동비율과 순운전자본비율을 종합 고려하여 20x5년 10월말 순운전자본의 약 60% 수준인 4,442백만원을 정상 순운전자본으로 판단하였다.

표 11-41
수정 후 유형자산가치

(단위 : 백만원)

	장부가액 (A)	평가액 (B)	차이(B-A)
순운전자본(백만원)	7,324	4,442	-2,882
고정자산	2,314	1,343	-971
합 계	9,638	5,785	-3,853

(2) 무형자산가치

앞에서 산정된 기업가치 9,789백만원은 유형자산과 무형자산의 가치를 모두 포함한 가액으로서, 여기서 무형자산의 가치를 구하기 위해서는 기업가치에서 식별가능한 유형자산의 가치를 공제하여 산정한다. 이때 유형자산의 가치는 기준시점 현재의 시장가치를 기준으로 한다. 따라서 본건 평가에서 무형자산 가치는 상기의 기업가치에서 유형자산의 수정 후 평가가치 5,785백만원을 공제하고 남은 4,004백만원으로 산정된다.

표 11-42
무형자산 가치의 산정

(단위 : 백만원)

	금 액	비 율
기업가치평가액(A)	9,789	100%
유형자산가치평가액(B)	5,785	59.10%
무형자산가치평가액(C=A-B)	4,004	40.90%

3) 대상 상표권 가치평가

본건 상표권가치의 평가는 '감정평가에 관한 규칙' 제23조 제3항'에 의거 수익환원법을 적용하였으며, 구체적인 적용방법은 초과이익법 EEM, 초과이익환원법, 로열티면제법 등이 있으나, 여기서는 다기간초과이익법을 적용하여 평가대상 상표권의 최종 감정평가가액을 결정하기로 한다.

(1) 다기간초과이익법 MPEEM

다기간초과이익법 multi period excess earnings method은 대상 상표권이 창출하는 수명기간 중의 예상 현금흐름에서 다른 자산에 귀속되는 기여자산공헌율 CAC을 공제한 후 대상 상표권에 귀속되는 초과이익을 현재 가치화하여 대상 무형자산의 가치를 결정하는 방법이다. 이 방법에 의한 상표권가치의 평가모형은 다음과 같다.

$$V_{TR} = PV(r) \sum_{t=0}^{t} FCF_{TR}$$

V_{TR} : 상표권가치 r : 할인율 t : 존속연한 FCF_{TR} : 상표권의 잉여현금흐름

한편 MPEEM에 의한 상표권가치 평가의 기본가정은 다음과 같이 설정한다.

〈기본가정〉

① 잔존 경제적 수명의 추정 : 유사상표의 평균 경제적수명에서 경과연수를 공제하여 산정
② 식별가능한 무형자산 : 계약기반(고용계약), 상표권
③ 할인율 : MCAPM방식에 의거 산정

(2) 평가절차 및 상표권가치의 결정

초과이익법에 의한 대상상표권 가치평가절차를 6단계로 나누어 보면 다음과 같다.

(1단계) 경제적 수명의 추정
(2단계) 상표권으로 인한 매출 및 EBIT 추정
(3단계) CAC의 산정 : 운전자본, 고정자산, 계약기반(고용계약)
(4단계) CAC 차감 및 ATCF 산정
(5단계) 할인율의 적용 및 상표권의 가치산정
(6단계) 상표권가치와 WARA의 정합성 분석

1단계 (경제적 수명의 추정) 경제적 수명의 추정은 업종별, 기업별로 상이할 수 있으나, 세분화된 지수 또는 정량화 지표가 존재하지 아니 하는 바, 본 평가에서는 대상 상표권의 법적 존속기간을 참작하되 유사 상표권의 경제적 수명을 참작하여 결정한다. 그러므로 대상상표권의 잔존가치(계속가치)는 유사업종 상표

의 경제적 존속기간을 고려하여 없는 것으로 판단하였다.

대상 상표권과 같은 외식산업 프랜차이즈의 경우에는 역사적 브랜드행태 historic brand behavior를 고려하여 제품의 최종사용자인 시장 소비자를 분석해야 한다. 또한 ① 기능적 진부화, ② 경제적 진부화, ③ 기술적/제품 진부화, ④ M&A나 부도 등 사건 진부화event obsolescence도 고려해야 한다. 최종적으로는 동일업종의 유사 상표권에 대한 평균 경제적수명도 조사 · 분석해야 한다. 따라서 이상의 경제적 수명 증감요인에 대한 조사 · 분석 결과를 종합 고려하여 대상 상표권의 잔존 경제적 수명은 10년으로 결정하였다.

표 11-43
대상상표권의 등록일 및 경과연수

상표권	등록일	경과연수
AD ASADAHL	20x7.06.18	9년
AD ASADAHL	20x8.07.01	7년
AD ASADAHL	20x1.01.31	5년
AD ASADAHL	20x1.01.31	5년

표 11-44
대상상표권의 잔존 경제적 수명의 추정

법적 존속기간	무한	법정 존속기간 10년이나 갱신가능
경제적 존속기간	약 20년	유사상표의 도입기~쇠퇴기 수명주기
등록 후 경과기간	9년	상표 최초등록일(20x7.06)~기준시점(20x6.06)
잔존 경제적 수명	10년	'경제적 존속기간' – '등록 후 경과기간'

주) 상표 등록일은 4개의 상표권 중 최초로 등록된 것을 기준으로 함.

2단계 (상표권 매출 및 EBITDA 산정) 외식업 상표권의 비중은 전체 기업가치의 10%~15% 내외로 조사되었으며, 이에 따라 본건에서 상표권으로 인한 매출은 수입수수료 중 13%로 추정하여 산정한다.

표 11-45
상표권 관련 매출

(단위: 백만원)

	1기	2기	3기	4기	5기	6기~10기
수입수수료	2,841	2,671	2,511	2,486	2,461	2,461
상표권매출 %	13%	13%	13%	13%	13%	13%
상표권매출	369	347	326	323	320	320

표 11-46
세전영업이익 산정

(단위: 백만원)

	1기	2기	3기	4기	5기	6기~10기
상표권매출	369	347	326	323	320	320
판관비	68	64	61	61	61	61
EBITDA	302	283	265	262	259	259

3단계 (초과이익 산정을 위한 CAC 산정) (주)리얼스페이스의 식별가능한 무형자산을 조사 · 분석한 결과 ①고용계약, ② 상표권으로 확인되었으며, 각 무형자산별 평가방법 및 요구수익률 IRR 은 다음의 표와 같다.

표 11-47
무형자산 평가방법과 요구수익률

	평가방법	IRR
① 계약기반(고용계약)	원가법	16.0%
② 상표권	다기간초과이익법	17.0%

① 계약기반(고용계약) – 대치원가법

계약기반(고용계약)의 무형자산이란, (주)리얼스페이스의 조직화된 노동력 assembled workforce 중 유리한 고용계약이 체결된 것으로 분석된 인원 18명으로서, 이에 대한 가치평가는 채용비용과 교육비용을 고려한 대치원가법을 적용하였다. 대치원가법 적용을 위한 기본 가정은 다음과 같다.

〈기본가정〉

① 유리한 고용계약 인원 : 18명 (상권팀 3, 창업운영 5, 인사회계 3, 해외업무 1, 디자인 1, 홍보 1, 물류 4)

② 채용비용 : 평균임금의 10% ~ 20%

③ 교육기간 : 2 ~ 4개월

④ 대치비용단가 = 채용비용+교육비용

⑤ 법인세율 : 22%

(단위: 백만원)

표 11-48 고용계약 – 대치원가법

분야	정규직	평균임금 (A)	비용 (B)	채용비용 (C)=A×B	교육기간 (월)	교육비용 (D)	대치원가 단가(E)=C+D	대치원가 (F)=정규직×E
상권팀	3	38	15%	6	4.0	13	19	56
창업운영	5	39	10%	4	3.0	10	14	69
인사회계	3	30	10%	3	3.0	8	11	32
해외업무	1	44	20%	9	3.0	11	20	20
디자인팀	1	26	10%	3	3.0	6	9	9
홍보팀	1	34	10%	3	3.0	9	12	12
물류운영	4	39	10%	4	2.0	6	10	41
합 계	18							239
							법인세	53
							평가가액	186

② 기여자산공헌율[CAC]의 산정

기여자산공헌율을 산출하기 위하여 여기서는 자산수익률법[return on asset method]을 이용한다.

〈운전자본의 CAC〉 운전자본은 기초유동자산에서 기초유동부채를 차감한 가액에 순운전자본 증가액을 가산한 기말순운전자본이며, 자산요구수익률은 운전자본대출금리 및 중소기업대출금리 등을 고려하여 3.80%로 산정하였다. 그 결과 운전자본의 제 1기 기여자산공헌율은 아래와 같이 0.89%로 산정된다.

$$CAC_{WC} = \frac{WC}{Rv} \times ROR_{WC} = \frac{4{,}165}{17{,}825} \times 3.8\% = 0.89\%$$

그리고 1~10기의 평균 CAC_{WC}는 0.98%로 산정된다.

표 11-49
운전자본의 CAC

(단위: 백만원)

		1기	2기	3기	4기	5기	6~10기
기초운전자본		4,442	4,165	4,110	4,062	4,055	4,047
증가액		−277	−56	−47	−8	−8	
기말운전자본		4,165	4,110	4,062	4,055	4,047	4,046
Return On	3.80%	158	156	154	154	154	154
매출액		17,825	16,643	15,637	15,472	15,310	15,299
CAC 운전자본	0.98%	0.89%	0.94%	0.99%	1.00%	1.00%	1.01%

〈고정자산의 CAC〉 고정자산은 기초 고정자산 가액에 자본적지출을 가산하고, 감가상각은 차감한 기말고정자산 가액이며, 고정자산 요구수익률은 자산유동화 금리를 고려하여 7.75%로 산정하였다. 그 결과 고정자산의 제 1기 기여자산공헌율은 아래와 같이 0.58%로 산정된다.

$$CAC_{FA} = \frac{FA}{Rv} \times ROR_{FA} = \frac{1{,}322}{17{,}825} \times 7.75\% = 0.58\%$$

그리고 1~10기의 평균 CAC_{FA}는 0.64%로 산정된다.

표 11-50
고정자산의 CAC

(단위: 백만원)

		1기	2기	3기	4기	5기	6기~10기
기초고정자산		1,343	1,332	1,323	1,315	1,307	1,300
자본적지출		200	200	200	200	200	200
감가상각		211	209	208	208	207	207
기말 자산		1,332	1,323	1,315	1,307	1,300	1,293
Return On	7.75%	103	103	102	101	101	100
매출액		17,825	16,643	15,637	15,472	15,310	15,299
CAC 고정자산	0.64%	0.58%	0.62%	0.65%	0.65%	0.66%	0.65%

〈계약기반(고용계약)의 CAC〉 노동력의 기여자산공헌율은 앞에서 원가법으로 구한 채용비용과 교육비용 등의 대치원가 186백만원에 고용계약의 요구수익률 16.00%를 고려하여 최근 매출액으로 나눈 값으로 구한다. 따라서 노동력의 기여자산공헌율은 0.17%로 산정된다.

$$CAC_{AW} = \frac{AW}{Rv} \times ROR_{AW} = \frac{186}{17,825} \times 16.00\% = 0.17\%$$

표 11-51
각 기여자산별 CAC

구 분	순운전자본	고정자산	계약기반(고용계약)
CAC	0.98%	0.64%	0.17%

4단계 (CAC 차감 및 ATCF 산정) 세전영업이익 EBIT에서 세금을 차감하고, 자산수익률법 return on asset에 의하여 산정된 각 기여자산의 CAC를 차감한 잔여액이 다기간초과이익법에 의한 상표권의 세후현금흐름이 된다

표 11-52
상표권의 ATCF

(단위 : 백만원)

		1기	2기	3기	4기	5기	6기~10기
EBITDA		302	283	265	262	259	259
세금(-)	22.0%	44	40	36	36	35	35
고정자산(-)	0.64%	2.4	2.2	2.1	2.1	2.1	2.1
운전자본(-)	0.98%	3.6	3.4	3.2	3.2	3.1	3.1
노동력(-)	0.17%	0.6	0.6	0.5	0.5	0.5	0.5
상표권 ATCF		251	236	223	221	219	218

5단계 (할인율의 적용 및 상표권 가치산정)

〈기본가정〉

① 장기고정성장률: 동종유사산업의 현재경쟁상황 및 장기전망 고려 결정.

② 할인율: MCAPM에 의한 WACC 11.00%에 대하여 상표권 자산의 고유위험 할증을 고려 결정함.

세전영업이익 EBITDA에서 세금을 차감한 다음, 상표권은 자산수익률법 return on asset에 의한 각 자산의 기여자산공헌율로 배분되는 바 차감 후 잔여액이 초과이익법에 의한 상표권 관련 세후현금흐름이 된다. 현금흐름에 대한 할인율은 WACC 11.00%에 상표권 자산의 고유위험 할증을 고려하여 상표권 관련 ATCF에 대한 할인율은 17.0%로 적용한다. 대상기업이 속한 외식산업의 현재경쟁상황 및 장기전망에 대한 종합적 분석 결과에 따라 장기성장률은 0.0%로 추정하고, 할인율 17.0%를 적용하면 상표권 시장가치 평가액은 1,062백만원으로 산정된다.

표 11-53 다기간초과이익법(MPEEM)에 의한 상표권가치의 산정

(단위: 백만원)

		1기	2기	3기	4기	5기	6~10
ATCF		251	236	223	221	219	218
장기성장률	0.0%						
기간		1	2	3	4	5	6
할인율/현가계수	17.0%	0.855	0.731	0.624	0.534	0.456	1.459
현재가치		214	173	139	118	100	319
상표권가치		1,062					

상표권 평가액 : 십억육천이백만원 (₩1,062,000,000)

6단계 (상표권가치와 WARA의 정합성 분석) 이상에서 다기간초과이익법 MPEEM에 의한 상표권의 가치는 ₩1,049백만원으로 산정되었으며, 이러한 상표권의 가치산정 결과(TAB 제외)를 여타 기업가치 구성자산간 ROR적용의 적정성 관점에서 WARA의 정합성을 검토 · 분석하여 보면 다음 〈표 11-54〉와 같이 요약할 수 있다.

표에서와 같이 무형자산 중 영업권의 가치에 대응하는 요구수익률 ROR이 21.54%로 가장 높게 나타났으며, 상표권의 가치는 약10.62억원으로 전체 자산 중 약 10.85%의 비중으로 산정되었다. 한편, ROR 역시 위험성이 가장 높은 자산으로 인식되는 영업권이 21.54%로 가장 높게 적용되었는 바, 이는 신생기업에 대한 기업공개시 요구수익률(20~ 35%) 수준이다. 본건 평가 대상 상표권의

표 11-54
상표권 가치평가 결과 (TAB 제외) 분석

(단위: 백만원)

구성자산	WARA		WACC	
	평가액	ROR(세후)	WACC 기여도	구성비
운전자본	4,442	3.80%	1.72%	45.38%
고정자산	1,343	7.75%	1.06%	13.72%
상표권	1,062	17.00%	1.84%	10.85%
고용계약	186	16.00%	0.30%	1.90%
영업권	2,755	21.54%	6.06%	28.14%
기업가치	9,789		11.00%	100.0%

ROR은 상표권 자산의 고유 특성상 영업권의 ROR보다 낮은 17.00%가 적용되었다. 그 결과 각 자산별 위험도나 유동성 정도에 따른 요구수익률 적용의 합리성이 다음과 같은 순서에 따라 적정하게 유지된 것으로 분석된다.

순운전자본 < 고정자산 < 고용계약 < 상표권 < 영업권

4) 투하자본이익률의 산정

20x5년 10월말 현재의 투하자본은 앞서 '상표권의 가치평가'부분에서 산정된 바와 같이 순운전자본 등의 유형자산과 상표권 등의 무형자산으로서 아래와 같이 순운전자본 4,442백만원, 고정자산 1,343백만원, 상표권 1,062백만원, 노동력 186백만원, 영업권 2,755백만원 등 9,789백만원으로 산정된다.

표 11-55
투하자본의 산정

(단위: 백만원)

	장부가액(A)	평가액(B)	차이(B-A)
순운전자본	7,324	4,442	-2,882
고정자산	2,214	1,343	-871
상표권	N/A	1,062	1,049
노동력	N/A	186	186
영업권	N/A	2,755	2,769
합 계	9,538	9,789	251

㈜리얼스페이스의 20x5.10.31 현재의 연간영업이익은 아래와 같이 1,031백만원으로 산정된다.

표 11-56
20x5 연간 영업이익

(단위: 백만원)

매출액(A)	매출원가(B)	판관비(C)	법인세(D)	영업이익 (D)=A–B–C–D
24,353	18,106	4,925	291	1,031

따라서 위에서 산정된 투하자본 9,789백만원과 영업이익 1,031백만원을 기준으로 한 투하자본이익률은 다음과 같이 10.5%로 산정된다.

투하자본이익률 = 영업이익 / 투하자본
= 1,031 / 9,789
= 10.5%

5) 투하자본이익률법에 의한 시산사용료

투하자본이익률법에 의한 상표권 사용료의 산정은 앞서 산정된 상표권가치에 투하자본이익률 10.50%를 적용하면 상표권 사용료 산정기간의 시장사용료는 아래와 같이 224백만원으로 산정된다.

표 11-57
상표권 사용료(로열티)

(단위: 백만원)

상표권 가치 (A)	투하자본이익률 (B)	연사용료 (C)=A×B	시장사용료
1,062	10.5%	112	224

2 순자산이익률법 RONA method

순자산이익률법 return on net asset method 이란, 상표권이 창출하는 경제적이익은 상표권 사용기업이 평균적으로 창출하는 순자산이익률과 동일한 비율로 발생된다는 가정하에 상표권가치에 상표권 사용기업의 순자산이익률을 곱하여 상표권 사용료(로열티)를 산정하는 방식이다. 이 방식에 따라 적용되는 평가모형은 다음과 같다.

$$R_{TM} = V_t \times RONA$$

R_{TM} : 상표권 사용료(로열티) V_t : 상표권가치 $RONA$: 순자산이익률

〈평가절차〉

(1단계) 기업가치 및 상표권 가치의 산정
(2단계) 순자산이익률의 산정
(3단계) 상표권 사용료(로열티)의 결정

1) 기업가치 및 상표권가치

앞서 FCFF모형에 의한 기업가치와 다기간초과이익법[MPEEM]에서 산정된 상표권가치를 인용하여 아래와 같이 결정하였다.

표 11-58
기업가치 및 상표권가치

(단위: 백만원)

	기업가치	상표권가치
평가가액	9,789	1,062

2) 순자산이익률의 산정

(주)리얼스페이스의 20x5.10.31자의 재무제표를 기준으로 이를 재평가한 수정재무제표를 작성한 결과 순자산가액은 아래와 같이 8,818백만원으로 산정된다.

표 11-59
20x5.10.31
수정후 순자산가액

(단위: 백만원)

	장부가액(A)	재평가액(B)	차이(B-A)
자산	16,395	16,488	93
부채	7,670	7,670	-
순자산가액	8,725	8,818	93

순자산이익률은 (주)리얼스페이스의 20x5.10.31자 손익계산서를 기준으로 산정하기로 한다. 다만 영업비용 중 법인세추납액 29.75억원과 기부금 2.62억

원을 제외한 수정손익계산서를 작성한 결과 순이익은 아래와 같이 933백만원으로 산정된다.

표 11-60
20x5.10.31
수정 손익계산서

(단위: 백만원)

	장부가액(A)	수정가액(B)	차이(B-A)
영업이익(백만원)	1,102	1,102	-
영업외수익	164	164	-
영업외비용	(3,240)	(3)	3,238
법인세	331	331	-
순이익	-2,305	933	3,238

위에서 산정된 순자산가액 8,818백만원과 순이익(포괄) 933백만원을 기준으로 하면 순자산이익률은 다음과 같이 10.6%로 산정된다.

순자산이익률 = 순이익 / 순자산가액
= 933 / 8,818
= 10.6%

3) 순자산이익률법에 의한 시산사용료

순자산이익률법에 의한 상표권 사용료(로열티) 산정은 앞서 구한 상표권가치 1,049백만원을 순자산이익률 10.6%를 적용하게 되면 111백만원으로 나타나게 되고, 2년간의 상표권 사용료 산정기간(20x5.11.01~20x7. 10.31) 중 시장사용료는 아래와 같이 222백만원으로 산정된다.

표 11-61
상표권 사용료(로열티)

(단위: 백만원)

상표권 가치 (A)	순자산이익률 (B)	연사용료 (C)=(A)×(B)	시장사용료
1,062	10.6%	112	224

3 상관행법

상관행법 rule of thumb이란 5~25%의 범위 내에서 국가, 지역별, 업종별, 지식재산종별마다 로열티 거래시장에서 형성되는 상관행에 의한 경험법칙을 따르는 로열티 산정방식이다. 이 방식은 거래사례를 이용하지 않고 해당 업종의 평균 영업이익 대비 5~25%룰을 적용하여 적정 사용료(로열티)를 산정한다. 이 방법은 지식재산권의 라이선스 계약에 있어서, 지식재산권 등의 기술을 도입하려는 사용자 licensee가 지식재산권과 연계된 제품을 생산, 사용, 양도, 대여 등의 실시를 함으로써 얻게 되는 예상 이익의 5~25% 정도를 소유자 licenser에게 로열티율로 지불하는 것이 합리적이라 간주하고, 통상 제품을 판매할 때 이익 중 지식재산에 기인한 이익 기여도를 5~25%로 하여 산정하는 방식에서 비롯되었다.

이 산정 방식의 기본적인 개념은 특허기술 등 지식재산으로 구현된 제품을 판매함으로써 얻는 이익을 지식재산 소유자와 사용자가 적절히 배분한다는 개념으로, 사용자의 제품개발, 영업 및 상용화 리스크 등을 고려하고, 소유자의 지식재산권 제공을 고려하여 이익을 가져간다는 것이다. 다만, 이 방법은 지식재산의 이전 계약이나 침해 손해액 산정을 할 때 많이 사용되고 있다. 이 방식에 따라 적용되는 평가모형은 다음과 같다.

$$R_{TM} = R_v \times (E_m \times \% \, r)$$

R_{TM} : 상표권 사용료(로열티)　R_v : 상표권매출액(revenue)

E_m : 영업이익률, %　r : %룰

이 방법 적용 시에는 우선 상표권 관련 매출액과 영업이익률을 추정해야 하며, 구체적인 적용절차를 4단계로 나누어 보면 다음과 같다.

〈평가절차〉

(1단계)　상표권 매출액 추정
(2단계)　영업이익률의 추정
(3단계)　% Rule 적용한 사용요율의 추정
(4단계)　상표권 사용료(로열티)의 결정

1) 상표권 매출액 추정

기업가치평가 시 추정한 매출액을 기준으로 1기(20x5.11.01~20x6.10.31)는

17,825백만원, 2기(20x6.11.01~20x7.10.31)는 16,643백만원으로 산정하였으며, 3기이후는 다음과 같다.

표 11-62
매출액 추정

(단위: 백만원)

	1기	2기	3기	4기	5기	그이후
매출액	17,825	16,643	15,637	15,472	15,310	15,299

2) 영업이익률 추정

상표권 사용자인 ㈜리얼스페이스의 20x3년 영업이익률은 23.1%이나, 식자재유통업체 변경으로 결제방식이 변경된 20x4년에는 아래 표와 같이 10.5%에서 20x6년에는 영업이익률이 4.5%까지 하락한 것으로 조사되었다. 한편, 20x7년 중에 '아사달' 상표를 '감사달'로 변경하는 과정에서 각종 비용이 증가됨으로써 영업이익률은 −4.2%를 하락되었다.

표 11-63
과거 영업이익률

	20x3	20x4	20x5	20x6	20x7
EBIT margin	23.1%	10.5%	6.1%	4.5%	−4.2%

영업이익률의 추정은 상표권 사용료의 기준시점(20x5.11.01)과 산정기간(20x5. 11. 01~20x7. 10. 31)이 유사한 20x5년, 20x6년의 영업이익률을 산술평균하여 5.3%로 결정하였다.

3) 상관행법에 의한 사용요율

영업이익률 5.3%에 대하여 % Rule을 5~25%까지 단계적으로 민감도분석을 실시하면, 다음 표와 같은 범위의 상표권 사용요율이 도출된다.

표 11-64
% rule을 적용한 민감도분석

EBIT margin 5.3%	5% Rule	10% Rule	15% Rule	20% Rule	25% Rule
상표권 사용요율	0.26%	0.53%	0.79%	1.06%	1.32%

위와 같이 상관행법의 민감도 분석을 실시한 결과 25%를 적용 시 1.32%의 상표권 사용요율이 산정된다. 그러나 최근 미연방순회항소법원 Court of Appeals for the Federal Circuit, CAFC에 의하면 25%룰을 사용하는 것은 부적절하며, 또한 전체시장의 가치를 적용하는 것도 부적절하다고 판결하였다(2011년 1월 4일, 미국 연방항소법원, Uniloc v. Microsoft 판결). 그 주된 판결이유는 첫째, 25%룰이 지식재산과 침해 제품과의 특정한 관계를 설명하지 못하며, 둘째, 원고와 피고 양 당사자 간의 특정한 관계를 설명하지 못하고, 셋째, 사실 fact로서의 신뢰성이 없고 사실과 관련이 없다는 것이다.

이 판결에 따라 향후 지식재산 침해 손해액을 산정할 때 25%룰을 적용하는 데에도 많은 변화가 발생되었다. 따라서 적정 %룰의 추정은 앞서 〈표 11-66〉에서와 같이 전체기업가치에서 상표권의 가치가 차지하고 있는 비중 10.85%를 기준으로 할 때 〈표 11-66〉에서 나타난 바에 따라 10%룰에 의한 상표권 사용요율 0.53%로 결정하는 것이 적정한 것으로 판단된다.

4) 상관행법에 의한 시산사용료

상관행법에 의한 상표권 사용료(로열티)의 산정은 앞서 추정한 매출액에 대하여 10%룰에 의한 사용요율 0.53%를 적용한 현금흐름을 기초로 평가대상 상표권 사용료를 추정하면 아래와 같이 산정된다.

표 11-65
10% rule에 의한 상표권 사용료 현금흐름

(단위: 백만원)

	1기	2기	3기	4기	5기	그이후
매출액	17,825	16,643	15,637	15,472	15,310	15,299
상표권사용요율 (0.53%)	94	88	83	82	81	81

위의 표에서와 같이 1기(20x5.11.01 ~20x6.10.31)의 상표권 사용료(로열티)는 연간 94백만원이며, 2기(20x6.11.01 ~20x7.10.31)는 연88백만원으로 산출된다.

표 11-66
상표권 사용료(로열티)의 산정

(단위: 백만원)

Period	상표권 사용료
20x5. 11.01~20x6. 10.31	94
20x6. 11.01~20x7. 10.31	88
Total	182

4 로열티배분법 royalty allocation method

로열티배분법 royalty allocation method은 상표권자로부터 상표권의 라이선스가 허여 될 경우 상표권 사용자가 지급하여야 할 로열티는 상표권뿐 아니라 대상 기업의 경영노하우나, 판매조직, 레시피, 그리고 효과적인 마케팅 등 기타 무형자산의 기여와 함께 형성된 것으로 보고, 로열티율을 각종 무형자산의 기여도에 따라 배분하여 상표권 사용료(로열티)를 추정하는 방법이다. 이 방식에 따라 적용되는 상표권 사용료(로열티)의 평가모형은 다음과 같다.

$$R_{TM} = (R_v \times R_t) - CAC_{IA}$$

R_{TM} : 상표권 사용료(로열티) R_v : 상표권매출액(revenue),
R_t : 시장로열티율 CAC_{IA} : 기타무형자산공헌률

이 방법의 적용 시에는 시장로열티율에서 상표권 이외의 무형자산에 대한 CAC를 산정하여 공제하여야 하며, 구체적인 적용절차를 4단계로 나누어 보면 다음과 같다.

〈평가절차〉

(1단계) 상표권 매출액의 추정
(2단계) 로열티율의 추정
(3단계) 기타무형자산의 CAC 추정
(4단계) 상표권 사용료(로열티)의 결정

1) 상표권 매출액의 추정

기업가치평가시 추정한 매출액을 기준으로 1기(20x5.11.01~20x6.10.31) 17,825백만원, 2기(20x6.11.01~20x7.10.31) 16,643백만원으로 산정하였으며 3기이후의 추정매출액은 아래와 같이 추정된다.

표 11-67 매출액의 추정

(단위: 백만원)

	1기	2기	3기	4기	5기	그이후
매출액	17,825	16,643	15,637	15,472	15,310	15,299

2) 로열티율의 추정

외식산업내 로열티사례를 수집 분석한 결과 로열티율의 범위는 대개 매출액의 0.312% ~ 5.95%까지 진폭이 매우 큰 것으로 나타났다. 대상물건과 비교가능성이 있다고 판단되는 정상 로열티사례는 다음과 같이 요약되었다.

표 11-68
동종경쟁기업 브랜드의 시장로열티율

(단위: 백만원)

	국대푸드	죠스푸드	핫시즈너	올떡
기준연도	20x4	20x5	20x4	20x4
가맹점수	108	354	248	292
매출액	8,640	42,707	36,170	8,311
영업이익	53	1,790	6,452	-765
영업이익률(%)	0.61	4.19	17.84	-9.20
가맹비(일시금)	5	5	10	5
로열티(매장당)	N/A	20만원/월	N/A	N/A
추정로열티*	27	938	124	73
로열티율(%)	0.312	2.197	0.343	0.878

*로열티 추정액: [(가맹점당 가맹비/20년) + (매장당 월로열티 x 12개월)] × 가맹점수

동종경쟁기업 브랜드의 정상로열티율 arm's length royalty은 평가 대상 상표의 브랜드 인지도 등을 고려하여 볼 때, 위의 사례 중 가장 비교가능성이 높은 죠스푸드 브랜드로 판단되므로 이를 비교사례로 채택하였다. 격차율 산정을 위한 개별요인의 비교는 인터브랜드사의 브랜드 자산 측정방법을 활용하여 본건에 적용할 정상 로열티율을 결정하였다. 인터브랜드사의 브랜드 측정방법은 브랜드 강도 brand strength에 브랜드이익 brand earnings을 곱하여 측정된다. 개별요인비교 세부항목은 리더십 등 7개항목으로 다음과 같이 구성 되며 각각의 가중치를 달리 부여하고 있다. 이상의 7가지 항목에 대한 비교사례와 평가대상과의 격차율을 비교하면 다음과 같다.

표 11-69
개별요인 비교항목 및 가중치

평가항목	내용	세부항목
리더쉽(L) (25%)	기업이 속한 해당 시장 영역에서 브랜드 포지셔닝의 평가	매상고, 시장점유율 동향, 가격 결정력, 시장에 미치는 영향 정도 등
안정성(S) (15%)	시장에 있어서 브랜드의 안정성, 신뢰성의 평가	시장투입기간, 브랜드특성, 브랜드상기도, 브랜드호감도, 매출액 및 점유율 변동성
시장성(M) (10%)	브랜드가 특화하고 있는 시장환경, 경제 환경, 경쟁타사 상황의 시장성 평가	시장규모 추이(시장 동향), 주변/타업종에서의 참여현황/시장진입 용이성, PLC 등
국제성(I) (25%)	해외에서 마케팅 전략 전개 능력 또는 전략 적용의 가능성 평가	지역별 매출액/시장점유율 동향, 브랜드 이미지, 인지도, 상품특성의 적응성 등
트렌드(T) (10%)	브랜드 사업영역의 확대 가능성, 방향성의 평가	브랜드이미지 적용범위, 브랜드의 현대성, 브랜드 화제성, 브랜드 적용성 등
지원성(S) (10%)	브랜드를 어떻게 통제하고 경영자원분배를 행하고 있는지 질적, 양적 측면에서 평가	경영자원 투입정도, 투자효율성, 마케팅비 투입정도, 판촉활동능력, 유통채널력 등
법적보호성 (P) (5%)	브랜드의 법률적 보호 및 상표관리체계의 평가	국제적 상표등록 여부, 브랜드 관리능력, 브랜드관리 요원수, 투입예산 등

주) 평가항목별 가중치(%)는 평가항목 밑의 수치임.

표 11-70
비교사례(죠스푸드) 대비 본건의 개별요인 격차율

	리더쉽 (L)	안정성 (S)	시장성 (M)	국제성 (I)	트렌드 (T)	지원성 (S)	법적보호성 (P)
요인비교(A)	0.85	0.90	0.70	0.80	0.80	1.00	1.00
가중치(B)	25	15	10	25	10	10	5
가중평점 (C)=(A) ×(B)	21.25	13.50	7.00	20.00	8.00	10.00	5.00
평점합계	L(21.25) + S(13.50) + M(7.00) + I(20.00) + T(8.00) + S(10.00) + P(5.00) = 84.8						
종합격차율	본건평점(84.8)/사례평점(100) ≒ 0.848						

주) 사례(죠스푸드)=100

다음 〈표 11-71〉에서와 같이 대상 상표는 비교 로열티사례보다 약 15.2% 열세한 것으로 판단되는 바 아래와 같이 본건에 적용할 정상로열티율은 1.86%로 산정된다.

표 11-71
적용 로열티율의 결정

사례 로열티율	격차율	산정	적용
2.197%	0.848	1.862%	1.86%

3) 기타무형자산의 CAC 추정

상표권 이외의 기타무형자산은 앞서 다기간초과이익법에 의한 상표권의 가치평가에서 산정된 바와 같이 계약기반(인적자산)과 영업권이다. 이에 대한 CAC의 추정은 전체무형자산 가치에서 상표권가치를 제외한 기타무형자산가치의 비중에 따라 아래와 같이 산정된다.

표 11-72
기타무형자산의 CAC

(단위: 백만원)

구 분	평가액	CAC	비고
상표권	1,062	26.53%	
인적자산	186	4.66%	
영업권	2,755	68.81%	
합계	4,004	100.00%	

위에서와 같이 전체 무형자산 40.0억원 중 계약기반(인적자산)의 CAC는 4.66%로서 1.86억원, 그리고 영업권의 CAC는 68.81%로서 가장 높은 비중을 차지하는 27.55억원으로 나타났다. 따라서 로열티 1.86%에 대한 상표권의 CAC는 기타무형자산가치의 26.53%를 차지하는 것으로 산정된다.

4) 로열티배분법에 의한 시산사용료

로열티배분법에 의한 상표권에 대한 시산사용료는 대상기업의 매출추정액에 앞서 도출된 정상로열티율 1.86%를 적용한 로열티절감액에서 기타무형자산(노동력 및 영업권)의 CAC를 공제한 후의 현금흐름으로 산정되며, 아래와 같이 요약할 수 있다.

표 11-73
상표권 사용료 (로열티)의 현금흐름

(단위: 백만원)

	1기	2기	3기	4기	5기	그이후
매출액	17,825	16,643	15,637	15,472	15,310	15,299
Royalty Rate	1.86%	1.86%	1.86%	1.86%	1.86%	1.86%
로열티절감액	332	310	291	288	285	285
CAC						
Workforce (4.66%)	15	14	14	13	13	13
Goodwill (68.81%)	228	213	200	198	196	196
상표권 (26.53%)	88	82	77	76	76	75

위의 표에서 나타난 바와 같이 1기(20x5.11.01~20x6.10.31)의 상표권 사용료는 88백만원이며, 2기(20x6.11.01~20x7.10.31)는 82백만원으로 산정된다. 본건 상표권 사용 산정기간은 20x5.11.01~20x7.10.31인 바 총사용료는 아래와 같이 170백만원으로 산정된다.

표 11-74
상표권 사용료 (로열티) 산정

(단위: 백만원)

기 간	사용료
20x5.11.01~20x6.10.31	88
20x6.11.01~20x7.10.31	82
Total	170

5 시산조정 및 최종 사용료의 결정

이상에서 본건 평가대상 상표권의 시산사용료(로열티)를 산정하기 위하여 ROIC법(투하자본이익률법) 등 4가지 방식을 적용한 결과 아래와 같이 170백만원~224백만원의 범위로 산정되었으며, 시산사용료의 평균값은 200백만원으로 나타났다.

(단위: 백만원)

표 11-75 각 방식에 의한 시산사용료(로열티)

	시산사용료
ROIC법(투하자본이익률법)	224
RONA법(순자산이익률법)	224
상관행법	182
로열티배분법	170

대상 상표권의 시산사용료 산정을 위한 4가지 방식을 적용하였는 바 각 방식의 강약점을 평가하고자 한다.

첫째, 로열티배분법은 해당 지식재산권으로 인한 로열티율을 기준으로 사용료 가치를 산정하는 방법으로서, 프랜차이즈의 경우 가맹본부가 브랜드 사용권, 노하우 제공 및 영업지원 등의 다양한 명목으로 로열티를 받거나, 로열티 명목이 아닌 식자재 원가 가산방식 등으로 징수하는 현실을 고려할 때, 동종유사업종의 비교가능성이 높은 객관적 시장로열티율을 추출하기가 쉽지 않은 단점이 있다.

둘째, 상관행법은 산정방법이 단순하고, 사용하기가 용이하다는 장점은 있으나, 배분대상이익이 과연 무엇인지, 즉 매출총이익, 영업이익, 순이익 중 어떤 이익에 대하여 몇 %를 적용해야 하는가의 문제에 대한 논란이 있다. 따라서 이 방식은 주로 특허기술 등 기술사용료에 적용되는 방법으로 평가대상과 같은 상표권 등에는 적용하기 어려운 단점이 있다.

셋째, 투하자본이익률법과 순자산이익률법은 각종 지식재산을 사용하는 해당기업의 수익률을 기준으로 사용료(로열티)를 산정하는 방식인 바, 지식재산의 가치에 대한 사용 기업이 지불할 수 있는 사용료는 그 기업의 이익률과 밀접한 관계를 가지고 있으며, 또한 사용기업의 수익률이 지식재산 소유자의 내부 요구수익률을 반영할 수 있는 장점이 있다. 하지만 사용기업의 자산, 부채 및 순이익의 변동이 클 경우 사용료가 일정하지 않을 수 있다는 단점이 있다.

따라서 본 평가에서는 이상 적시한 각 방식의 장단점과 채택자료의 객관성 및 신뢰성을 감안하여 위 4가지 시산사용료에 대한 적정 가중치를 부여하여 평가대상 상표권에 대한 시장사용료를 최종 결정할 수 있을 것이다.

부록

부록 1. 감정평가 실무기준

국토교통부고시 제2016-895호, 2016.12.14

650 권리

3 영업권의 감정평가

3.1 **정의** 영업권이란 대상 기업이 경영상의 유리한 관계 등 배타적 영리기회를 보유하여 같은 업종의 다른 기업들에 비하여 초과수익을 확보할 수 있는 능력으로서 경제적 가치가 있다고 인정되는 권리를 말한다.

3.2 **자료의 수집 및 정리** 영업권의 가격자료에는 거래사례, 수익자료, 시장자료 등이 있으며, 기업이 보유한 자산의 경우에는 해당 물건의 자료의 수집 및 정리 규정을 준용하여, 대상 영업권의 감정평가에 있어서 적절한 자료를 수집하고 정리한다.

3.3 영업권의 감정평가방법

3.3.1 영업권의 감정평가 원칙

① 영업권을 감정평가할 때에는 수익환원법을 적용하여야 한다.

② 제1항에도 불구하고 수익환원법으로 감정평가하는 것이 곤란하거나 적절하지 아니한 경우에는 거래사례비교법이나 원가법으로 감정평가할 수 있다.

3.3.2 수익환원법의 적용 영업권을 수익환원법으로 감정평가할 때에는 다음 각 호의 어느 하나에 해당하는 방법으로 감정평가한다. 다만, 대상 영업권의 수익에 근거하여 합리적으로 감정평가할 수 있는 다른 방법이 있는 경우에는 그에 따라 감정평가할 수 있다.

1. 대상기업의 영업관련 기업가치에서 영업투하자본을 차감하는 방법
   가. 영업관련 기업가치: [660-3.3.2]를 준용하여 산정. 단, 비영업용자산은 제외
   나. 영업투하자본: 영업자산에서 영업부채를 차감하여 산정
2. 대상 기업이 달성할 것으로 예상되는 지속가능기간의 초과수익을 현재가치로 할인하거나 환원하는 방법

3.3.3 거래사례비교법의 적용 영업권을 거래사례비교법으로 감정평가할 때에는 다음 각 호의 어느 하나에 해당하는 방법으로 감정평가한다. 다만, 영업권의 거래사례에 근거하여 합리적으로 감정평가할 수 있는 다른 방법이 있는 경우에는 그에 따라 감정평가할 수 있다.

1. 영업권이 다른 자산과 독립하여 거래되는 관행이 있는 경우에는 같거나 비슷한 업종의 영업권만의

거래사례를 이용하여 대상 영업권과 비교하는 방법

2. 같거나 비슷한 업종의 기업 전체 거래가격에서 영업권을 제외한 순자산 가치를 차감한 가치를 영업권의 거래사례 가격으로 보아 대상 영업권과 비교하는 방법
3. 대상 기업이 유가증권시장이나 코스닥시장에 상장되어 있는 경우에는 발행주식수에 발행주식의 주당가격을 곱한 가치에서 영업권을 제외한 순자산가치를 차감하는 방법

3.3.4 원가법의 적용 영업권을 원가법으로 감정평가할 때에는 다음 각 호의 방법으로 감정평가할 수 있다. 다만, 대상 영업권의 원가에 근거하여 합리적으로 감정평가할 수 있는 다른 방법이 있는 경우에는 그에 따라 감정평가할 수 있다.

1. 기준시점에서 새로 취득하기 위해 필요한 예상비용에서 감가요인을 파악하고 그에 해당하는 금액을 공제하는 방법
2. 대상 무형자산의 취득에 든 비용을 물가변동률 등에 따라 기준시점으로 수정하는 방법

4 지식재산권의 감정평가

4.1 정의

① "지식재산권"이란 특허권 · 실용신안권 · 디자인권 · 상표권 등 산업재산권 또는 저작권 등 지적창작물에 부여된 재산권에 준하는 권리를 말한다.

② "특허권"이란 「특허법」에 따라 발명 등에 관하여 독점적으로 이용할 수 있는 권리를 말한다.

③ "실용신안권"이란 「실용신안법」에 따라 실용적인 고안 등에 관하여 독점적으로 이용할 수 있는 권리를 말한다.

④ "디자인권"이란 「디자인보호법」에 따라 디자인 등에 관하여 독점적으로 이용할 수 있는 권리를 말한다.

⑤ "상표권"이란 「상표법」에 따라 지정상품에 등록된 상표를 독점적으로 사용할 수 있는 권리를 말한다.

⑥ "저작권"이란 「저작권법」 제4조의 저작물에 대하여 저작자가 가지는 권리를 말한다.

4.2 자료의 수집 및 정리 지식재산권의 가격자료에는 거래사례, 비용자료, 수익자료, 시장자료 등이 있으며, 대상 권리의 특성에 맞는 적절한 자료를 수집하고 정리한다.

4.3 지식재산권의 감정평가방법

4.3.1 지식재산권의 감정평가 원칙

① 지식재산권을 감정평가할 때에는 수익환원법을 적용하여야 한다.

② 제1항에도 불구하고 수익환원법으로 감정평가하는 것이 곤란하거나 적절하지 아니한 경우에는 거래사례비교법이나 원가법으로 감정평가할 수 있다.

4.3.2 수익환원법의 적용

① 지식재산권을 수익환원법으로 감정평가할 때에는 다음 각 호에 따른 방법으로 감정평가할 수 있다. 다만, 대상 지식재산권이 창출할 것으로 기대되는 적정 수익에 근거하여 합리적으로 감정평가할 수

있는 다른 방법이 있는 경우에는 그에 따라 감정평가할 수 있다.

1. 해당 지식재산권으로 인한 현금흐름을 현재가치로 할인하거나 환원하여 산정하는 방법
2. 기업전체에 대한 영업가치에 해당 지식재산권의 기술기여도를 곱하여 산정하는 방법

② 제1항제1호의 해당 지식재산권으로 인한 현금흐름은 다음 각 호의 방법에 따라 산정할 수 있다.

1. 해당 지식재산권으로 인해 절감 가능한 사용료를 기준으로 산정하는 방법
2. 해당 지식재산권으로 인해 증가된 현금흐름을 기준으로 산정하는 방법
3. 기업의 총이익 중에서 해당 지식재산권에 일정비율을 배분하여 현금흐름을 산정하는 방법

③ 제1항제2호의 기술기여도는 기업의 경제적 이익 창출에 기여한 유·무형의 기업 자산 중에서 해당 지식재산권이 차지하는 상대적인 비율로서 다음 각 호의 방법 등으로 산정할 수 있다.

1. 비슷한 지식재산권의 기술기여도를 해당 지식재산권에 적용하는 방법
2. 산업기술요소·개별기술강도·기술비중 등을 고려한 기술요소법

4.3.3 거래사례비교법의 적용

① 지식재산권을 거래사례비교법으로 감정평가할 때에는 다음 각 호의 방법으로 감정평가한다. 다만, 지식재산권의 거래사례에 근거하여 합리적으로 감정평가할 수 있는 다른 방법이 있는 경우에는 그에 따라 감정평가할 수 있다.

1. 비슷한 지식재산권의 거래사례와 비교하는 방법
2. 매출액이나 영업이익 등에 시장에서 형성되고 있는 실시료율을 곱하여 산정된 현금흐름을 할인하거나 환원하여 산정하는 방법

② 제1항제2호의 실시료율은 지식재산권을 배타적으로 사용하기 위해 제공하는 기술사용료의 산정을 위한 것으로, 사용기업의 매출액이나 영업이익 등에 대한 비율을 말한다. 이 경우 실시료율을 산정할 때에는 다음 각 호의 사항을 고려하여야 한다.

1. 지식재산권의 개발비
2. 지식재산권의 특성
3. 지식재산권의 예상수익에 대한 기여도
4. 실시의 난이도
5. 지식재산권의 사용기간
6. 그 밖에 실시료율에 영향을 미치는 요인

4.3.4 원가법의 적용

지식재산권을 원가법으로 감정평가할 때에는 다음 각 호의 방법으로 감정평가할 수 있다. 다만, 대상 지식재산권의 원가에 근거하여 합리적으로 감정평가할 수 있는 다른 방법이 있는 경우에는 그에 따라 감정평가할 수 있다.

1. 기준시점에서 새로 취득하기 위해 필요한 예상비용에서 감가요인을 파악하고 그에 해당하는 금액을 공제하는 방법
2. 대상 지식재산권을 제작하거나 취득하는 데 들어간 비용을 물가변동률 등에 따라 기준시점으로 수정하는 방법

660 유가증권 등

1. 주식의 감정평가

1.1 상장주식

1.1.1 정의 상장주식이란 「자본시장과 금융투자업에 관한 법률」에서 정하는 증권상장 규정에 따라 증권시장에 상장된 증권 중 주권을 말한다.

1.1.2 자료의 수집 및 정리 상장주식의 가격자료에는 거래사례 등의 자료가 있으며, 대상 상장주식의 특성에 맞는 적절한 자료를 수집하고 정리한다.

1.1.3 상장주식의 감정평가방법

① 상장주식을 감정평가할 때에는 거래사례비교법을 적용하여야 한다.

② 제1항에 따라 거래사례비교법을 적용할 때에는 대상 상장주식의 기준시점 이전 30일간 실제거래가액의 합계액을 30일간 실제 총 거래량으로 나누어 감정평가한다.

③ 기준시점 이전 30일간의 기간 중 증자 · 합병 또는 이익이나 이자의 배당 및 잔여재산의 분배청구권 또는 신주인수권에 관하여 「상법」에 따른 기준일의 경과 등의 이유가 발생한 상장주식은 그 이유가 발생한 다음 날부터 기준시점까지의 실제거래가액의 합계액을 해당 기간의 실제 총 거래량으로 나누어 감정평가한다.

④ 상장주식으로서 「자본시장과 금융투자업에 관한 법률」 제373조의2에 따라 허가를 받은 거래소(이하 "거래소"라 한다) 등의 시세가 없는 경우에는 [660-1.2.3]을 준용한다.

1.2 비상장주식

1.2.1 정의 비상장주식이란 주권비상장법인의 주권을 말한다.

1.2.2 자료의 수집 및 정리

① 비상장주식의 가격자료는 해당 기업과 관련된 거래사례, 수익자료, 시장자료 등이 있으며, 해당 기업을 구성하는 자산은 해당 물건의 자료의 수집 및 정리 규정을 준용한다.

② 제1항 이외의 자료로써 관련 산업이나 대상 기업활동 등에 영향을 미치는 경제분석자료, 산업분석자료 및 내부현황분석자료를 수집 및 분석할 수 있다.

1.2.3 비상장주식의 감정평가방법

① 비상장주식은 기업가치에서 부채의 가치를 빼고 산정한 자기자본의 가치를 발행주식수로 나누어 감정평가한다. 다만, 비슷한 주식의 거래가격이나 시세 또는 시장배수 등을 기준으로 감정평가할 때에는 비상장주식의 주당가치를 직접 산정할 수 있다.

② 제1항의 기업가치를 감정평가할 때에는 [660-3]을 따른다.

2. 채권의 감정평가

2.1 정의

채권이란 국채증권, 지방채증권, 특수채증권, 사채권, 기업어음증권 그 밖에 이와 비슷한 것으로서 지급청구권이 표시된 것을 말한다.

2.2 자료의 수집 및 정리

채권의 가격자료에는 거래사례, 수익자료, 시장자료 등이 있으며, 대상 채권의 특성에 맞는 적절한 자료를 수집하고 정리한다.

2.3 채권의 감정평가방법

2.3.1 채권의 감정평가 원칙

2.3.1.1 상장채권

① 상장채권을 감정평가할 때에는 거래사례비교법을 적용하여야 한다.

② 제1항에도 불구하고 거래사례를 수집할 수 없거나 시세를 알 수 없는 경우에는 수익환원법으로 감정평가할 수 있다.

2.3.1.2 비상장채권

① 비상장채권을 감정평가할 때에는 수익환원법을 적용하여야 한다.

② 제1항에도 불구하고 수익환원법을 적용하는 것이 곤란하거나 부적절한 경우에는 거래사례비교법으로 감정평가할 수 있다.

2.3.2 거래사례비교법의 적용 채권을 거래사례비교법으로 감정평가할 때에는 동종 채권의 기준시점 이전 30일간 실제거래가액의 합계액을 30일간 실제 총 거래량으로 나누어 감정평가한다.

2.3.3 수익환원법의 적용

① 채권을 수익환원법으로 감정평가할 때에는 지급받을 원금과 이자를 기간에 따라 적정수익률로 할인하는 방법으로 감정평가한다.

② 적정수익률은 거래소에서 공표하는 동종채권(동종채권이 없을 경우에는 유사종류 채권)의 기준시점 이전 30일간 당일 결제거래 평균수익률의 산술평균치로 한다. 다만, 같은 기간에 당일 결제거래 평균수익률이 없는 경우에는 보통거래 평균수익률 등 다른 수익률을 적용할 수 있다.

3. 기업가치의 감정평가

3.1 정의

기업가치란 해당 기업체가 보유하고 있는 유·무형의 자산 가치를 말하며, 자기자본가치와 타인자본가치로 구성된다.

3.2 자료의 수집 및 정리

자료의 수집 및 정리는 [660-1.2.2]를 준용한다.

3.3 기업가치의 감정평가방법

3.3.1 기업가치의 감정평가방법

① 기업가치를 감정평가할 때에는 수익환원법을 적용하여야 한다.

② 제1항에도 불구하고 기업가치를 감정평가할 때에 수익환원법을 적용하는 것이 곤란하거나 적절하지 아니한 경우에는 원가법 · 거래사례비교법 등 다른 방법으로 감정평가할 수 있다.

3.3.2 수익환원법의 적용

기업가치를 수익환원법으로 감정평가할 경우에는 할인현금흐름분석법, 직접환원법, 옵션평가모형 등으로 감정평가한다.

3.3.3 거래사례비교법의 적용

기업가치를 거래사례비교법으로 감정평가할 경우에는 유사기업이용법, 유사거래이용법, 과거거래이용법 등으로 감정평가한다.

3.3.4 원가법의 적용

① 원가법을 적용할 때에는 대상 기업의 유 · 무형의 개별자산의 가치를 합산하여 감정평가한다.

② 계속기업을 전제로 하여 감정평가를 할 때에는 원가법만을 적용하여 감정평가해서는 아니 된다. 다만, 원가법 외의 방법을 적용하기 곤란한 경우에 한정하여 원가법만으로 감정평가할 수 있으며, 이 경우 정당한 근거를 감정평가서에 기재하여야 한다.

670 동산 등

4. 권리금의 감정평가

4.1 정의

① 권리금이란 임대차 목적물인 상가건물에서 영업을 하는 자 또는 영업을 하려는 자가 영업시설 · 비품, 거래처, 신용, 영업상의 노하우, 상가건물의 위치에 따른 영업상의 이점 등 유형 · 무형의 재산적 가치의 양도 또는 이용대가로서 임대인, 임차인에게 보증금과 차임 이외에 지급하는 금전 등의 대가를 말한다.

② 유형재산이란 영업을 하는 자 또는 영업을 하려고 하는 자가 영업활동에 사용하는 영업시설, 비품, 재고자산 등 물리적 · 구체적 형태를 갖춘 재산을 말한다.

③ 무형재산이란 영업을 하는 자 또는 영업을 하려고 하는 자가 영업활동에 사용하는 거래처, 신용, 영업상의 노하우, 건물의 위치에 따른 영업상의 이점 등 물리적 · 구체적 형태를 갖추지 않은 재산을 말한다.

4.2 자료의 수집 및 정리

권리금의 가격자료에는 거래사례, 수익자료, 시장자료 등이 있으며, 대상 권리금의 특성에 맞는 적절한 자료를 수집하고 정리한다. 유형재산의 경우에는 해당 물건의 자료의 수집 및 정리 규정을 준용한다.

4.3 권리금의 감정평가방법

4.3.1 권리금의 감정평가 원칙

① 권리금을 감정평가할 때에는 유형 · 무형의 재산마다 개별로 감정평가하는 것을 원칙으로 한다.

② 제1항에도 불구하고 권리금을 개별로 감정평가하는 것이 곤란하거나 적절하지 아니한 경우에는 일괄하여 감정평가할 수 있다. 이 경우 감정평가액은 합리적인 배분기준에 따라 유형재산가액과 무형재산가액으로 구분하여 표시할 수 있다.

4.3.2 유형재산의 감정평가

① 유형재산을 감정평가할 때에는 원가법을 적용하여야 한다.

② 제1항에도 불구하고 원가법을 적용하는 것이 곤란하거나 부적절한 경우에는 거래사례비교법 등으로 감정평가할 수 있다.

4.3.3 무형재산의 감정평가

4.3.3.1 무형재산의 감정평가방법

① 무형재산을 감정평가할 때에는 수익환원법을 적용하여야 한다.

② 제1항에도 불구하고 수익환원법을 적용하는 것이 곤란하거나 부적절한 경우에는 거래사례비교법이나 원가법 등으로 감정평가할 수 있다.

4.3.3.2 수익환원법의 적용

무형재산을 수익환원법으로 감정평가할 때에는 무형재산으로 인하여 발생할 것으로 예상되는 영업이익이나 현금흐름을 현재가치로 할인하거나 환원하는 방법으로 감정평가한다. 다만, 무형재산의 수익성에 근거하여 합리적으로 감정평가할 수 있는 다른 방법이 있는 경우에는 그에 따라 감정평가할 수 있다.

4.3.3.3 거래사례비교법의 적용

무형재산을 거래사례비교법으로 감정평가할 때에는 다음 각 호의 어느 하나에 해당하는 방법으로 감정평가한다. 다만, 무형재산의 거래사례에 근거하여 합리적으로 감정평가할 수 있는 다른 방법이 있는 경우에는 그에 따라 감정평가할 수 있다.

1. 동일 또는 유사 업종의 무형재산만의 거래사례와 대상의 무형재산을 비교하는 방법
2. 동일 또는 유사 업종의 권리금 일체 거래사례에서 유형의 재산적 가치를 차감한 가액을 대상의 무형재산과 비교하는 방법

4.3.3.4 원가법의 적용

무형재산을 원가법으로 감정평가할 때에는 대상 상가의 임대차 계약 당시 무형재산의 취득가액을 기준으로 취득 당시와 기준시점 당시의 수익 변화 등을 고려하여 감정평가한다. 다만, 무형재산의 원가에 근거하여 합리적으로 감정평가할 수 있는 다른 방법이 있는 경우에는 그에 따라 감정평가할 수 있다.

4.3.4 유형재산과 무형재산의 일괄감정평가

① 유형재산과 무형재산을 일괄하여 감정평가할 때에는 수익환원법을 적용하여야 한다.

② 제1항에도 불구하고 수익환원법을 적용하는 것이 곤란하거나 부적절한 경우에는 거래사례비교법 등으로 감정평가할 수 있다.

740 재무보고평가

1. 적용 및 정의

① 「주식회사의 외부감사에 관한 법률」(이하 "외감법"이라 한다) 제13조제3항의 회계처리기준에 따른 재무보고를 목적으로 하는 공정가치의 추정을 위한 감정평가(이하 "재무보고평가"라 한다)를 수행할 때에는 감정평가관계법규 및 한국채택국제회계기준(K-IFRS)에서 따로 정한 것을 제외하고는 이 절에서 정하는 바에 따르고, 이 절에서 정하지 않은 사항은 [100 총칙]부터 [600 물건별 감정평가]까지의 규정을 준용한다.

② 이 절은 국가 · 지방자치단체 · 공공기관의 자산과 시설에 대한 재평가 및 회계업무 등과 관련된 감정평가를 할 때에 준용한다.

2. 재무보고평가의 대상 및 확인사항

① 재무보고평가의 대상은 회사 · 국가 · 지방자치단체 · 공공기관의 재무제표에 계상되는 유형자산 · 무형자산 · 유가증권 등의 자산 및 관련 부채와 재평가를 위한 시설 등의 자산으로서 의뢰인이 감정평가를 요청한 물건으로 한다.

② 재무보고평가를 할 때에는 다음 각 호의 사항을 의뢰인과 협의하여 명확히 확인하여야 한다.

1. 의뢰인의 재무제표상의 자산분류 기준과 감정평가서에 표시될 감정평가 목록 분류의 기준의 일치 여부
2. 대상 자산에 대한 담보설정 등 소유권에 대한 제한사항의 내용

3. 기준가치

① 재무보고평가는 공정가치를 기준으로 감정평가한다.

② 제1항의 공정가치는 한국채택국제회계기준에 따라 자산 및 부채의 가치를 추정하기 위한 기본적 가치기준으로서 합리적인 판단력과 거래의사가 있는 독립된 당사자 사이의 거래에서 자산이 교환되거나 부채가 결제될 수 있는 금액을 말한다.

부록 2. 국제감정평가기준

International Valuation Standards, IVSC, 2017

IVS 200 Businesses and Business Interests

Contents	Paragraphs
Overview	10
Introduction	20
Bases of Value	30
Valuation Approaches and Methods	40
Market Approach	50
Income Approach	60
Cost Approach	70
Special Considerations for Businesses and Business Interests	80
Ownership Rights	90
Business Information	100
Economic and Industry Considerations	110
Operating and Non-Operating Assets	120
Capital Structure Considerations	130

10. Overview

10.1. The principles contained in the General Standards apply to valuations of businesses and business interests. This standard contains additional requirements that apply to valuations of businesses and business interests.

20. Introduction

20.1. The definition of what constitutes a business may differ depending on the purpose of a valuation. However, generally a business conducts a commercial, industrial, service or investment activity. Businesses can take many forms, such as corporations, partnerships, joint ventures and sole proprietorships. The value of a business may differ from the sum of the values of the individual assets or liabilities that make up that business. When a business value is greater than the sum of the recorded and unrecorded net tangible and identifiable intangible assets of the business, the excess value is often referred to as going concern value or goodwill.

20.2. When valuing individual assets or liabilities owned by a business, valuers should follow the applicable standard for that type of asset or liability (IVS 210 Intangible Assets, IVS 400 Real Property Interests, etc).

20.3. Valuers must establish whether the valuation is of the entire entity, shares or a shareholding in the entity (whether a controlling or non-controlling interest), or a specific business activity of the entity. The type of value being provided must be appropriate to the purpose of the valuation and communicated as part of the scope of the engagement (see IVS 101 Scope of Work). It is especially critical to clearly define the business or business interest being valued as, even when a valuation is performed on an entire entity, there may be different levels at which that value could be expressed. For example:

(a) Enterprise value: Often described as the total value of the equity in a business plus the value of its debt or debt-related liabilities, minus any cash or cash equivalents available to meet those liabilities.

(b) Total invested capital value: The total amount of money currently invested in a business, regardless of the source, often reflected as the value of total assets less current liabilities and cash.

(c) Operating Value: The total value of the operations of the business, excluding the value of any non-operating assets and liabilities.

(d) Equity value: The value of a business to all of its equity shareholders.

20.4. Valuations of businesses are required for different purposes including acquisitions, mergers and sales of businesses, taxation, litigation, insolvency proceedings and financial reporting. Business valuations may also be needed as an input or step in other valuations such as the valuation of stock options, particular class(es) of stock, or debt.

30. Bases of Value

30.1. In accordance with IVS 104 Bases of Value, a valuer must select the appropriate basis(es) of value when valuing a business or business interest.

30.2. Often, business valuations are performed using bases of value defined by entities/organisations other than the IVSC (some examples of which are mentioned in IVS 104 Bases of Value) and it is the valuer's responsibility to understand and follow the regulation, case law and/or other interpretive guidance related to those bases of value as of the valuation date.

40. Valuation Approaches and Methods

40.1. The three principal valuation approaches described in IVS 105 Valuation Approaches and Methods may be applied to the valuation of businesses and business interests.

40.2. When selecting an approach and method, in addition to the requirements of this standard, a valuer must follow the requirements of IVS 105 Valuation Approaches and Methods, including para 10.3.

50. Market Approach

50.1. The market approach is frequently applied in the valuation of businesses and business interests as these assets often meet the criteria in IVS 105 Valuation Approaches and Methods, para 20.2 or 20.3. When valuing businesses and business interests under the Market Approach, valuers should follow the requirements of IVS 105 Valuation Approaches and Methods, sections 20 and 30.

50.2. The three most common sources of data used to value businesses and business interests using the market approach are:

(a) public stock markets in which ownership interests of similar businesses are traded,

(b) the acquisition market in which entire businesses or controlling interests in businesses are bought and sold, and

(c) prior transactions in shares or offers for the ownership of the subject business.

50.3. There must be a reasonable basis for comparison with, and reliance upon, similar businesses in the market approach. These similar businesses should be in the same industry as the subject business or in an industry that responds to the same economic variables. Factors that should be considered in assessing whether a reasonable basis for comparison exists include:

(a) similarity to the subject business in terms of qualitative and quantitative business characteristics,

(b) amount and verifiability of data on the similar business, and

(c) whether the price of the similar business represents an arm's length and orderly transaction.

50.4. When applying a market multiple, adjustments such as those in para 60.8 may be appropriate to both the subject company and the comparable companies.

50.5. Valuers should follow the requirements of IVS 105 Valuation Approaches and Methods, paras 30.7 –30.8 when selecting and adjusting comparable transactions.

50.6. Valuers should follow the requirements of IVS 105 Valuation Approaches and Methods, paras 30.13 –30.14 when selecting and adjusting comparable public company information.

60. Income Approach

60.1. The income approach is frequently applied in the valuation of businesses and business interests as these assets often meet the criteria in IVS 105 Valuation Approaches and Methods, paras 40.2 or 40.3.

60.2. When the income approach is applied, valuers should follow the requirements of IVS 105 Valuation Approaches and Methods, sections 40 and 50.

60.3. Income and cash flow related to a business or business interest can be measured in a variety of ways and may be on a pre–tax or post–tax basis. The capitalisation or discount rate applied must be consistent with the type of income or cash flow used.

60.4. The type of income or cash flow used should be consistent with the type of interest being valued.

For example:

(a) enterprise value is typically derived using cash flows before debt servicing costs and an appropriate discount rate applicable to enterprise- level cash flows, such as a weighted-average cost of capital, and

(b) equity value may be derived using cash flows to equity, that is, after debt servicing costs and an appropriate discount rate applicable to equity- level cash flows, such as a cost of equity.

60.5. The income approach requires the estimation of a capitalisation rate when capitalising income or cash flow and a discount rate when discounting cash flow. In estimating the appropriate rate, factors such as the level of interest rates, rates of return expected by participants for similar investments and the risk inherent in the anticipated benefit stream are considered (see IVS 105 Valuation Approaches and Methods, paras 50.29-50.31).

60.6. In methods that employ discounting, expected growth may be explicitly considered in the forecasted income or cash flow. In capitalisation methods, expected growth is normally reflected in the capitalisation rate. If a forecasted cash flow is expressed in nominal terms, a discount rate that takes into account the expectation of future price changes due to inflation or deflation should be used. If a forecasted cash flow is expressed in real terms, a discount rate that takes no account of expected price changes due to inflation or deflation should be used.

60.7. Under the income approach, the historical financial statements of a business entity are often used as guide to estimate the future income or cash flow of the business. Determining the historical trends over time through ratio analysis may help provide the necessary information to assess the risks inherent in the business operations in the context of the industry and the prospects for future performance.

60.8. Adjustments may be appropriate to reflect differences between the actual historic cash flows and those that would be experienced by a buyer of the business interest on the valuation date. Examples include:

(a) adjusting revenues and expenses to levels that are reasonably representative of expected continuing operations,

(b) presenting financial data of the subject business and comparison businesses on a consistent basis,

(c) adjusting non-arm's length transactions (such as contracts with customers or suppliers) to market rates,

(d) adjusting the cost of labour or of items leased or otherwise contracted from related parties to reflect market prices or rates,

(e) reflecting the impact of non-recurring events from historic revenue and expense items. Examples of non-recurring events include losses caused by strikes, new plant start-up and weather phenomena. However, the forecast cash flows should reflect any non-recurring revenues or expenses that can be reasonably anticipated and past occurrences may be indicative of similar events in the future, and

(f) adjusting the inventory accounting to compare with similar businesses, whose accounts may be kept on a different basis from the subject business, or to more accurately reflect economic reality.

60.9. When using an income approach it may also be necessary to make adjustments to the valuation to reflect matters that are not captured in either the cash flow forecasts or the discount rate adopted. Examples may include adjustments for the marketability of the interest being valued or whether the interest being valued is a controlling or non–controlling interest in the business. However, valuers should ensure that adjustments to the valuation do not reflect factors that were already reflected in the cash flows or discount rate. For example, whether the interest being valued is a controlling or non–controlling interest is often already reflected in the forecasted cash flows.

60.10. While many businesses may be valued using a single cash flow scenario, valuers may also apply multi–scenario or simulation models, particularly when there is significant uncertainty as to the amount and/or timing of future cash flows.

70. Cost Approach

70.1. The cost approach cannot normally be applied in the valuation of businesses and business interests as these assets seldom meet the criteria in IVS 105 Valuation Approaches and Methods, paras 70.2 or 70.3. However, the cost approach is sometimes applied in the valuation of businesses, particularly when:

(a) the business is an early stage or start–up business where profits and/ or cash flow cannot be reliably determined and comparisons with other businesses under the market approach is impractical or unreliable,

(b) the business is an investment or holding business, in which case the summation method is as described in IVS 105 Valuation Approaches and Methods, paras 70.8–70.9, and/or

(c) the business does not represent a going concern and/or the value of its assets in a liquidation may exceed the business' value as a going concern.

70.2. In the circumstances where a business or business interest is valued using a cost approach, valuers should follow the requirements of IVS 105 Valuation Approaches and Methods, sections 70 and 80.

80. Special Considerations for Businesses and Business Interests

80.1. The following sections address a non–exhaustive list of topics relevant to the valuation of businesses and business interests:

(a) Ownership Rights (section 90).

(b) Business Information (section 100).

(c) Economic and Industry Considerations (section 110).

(d) Operating and Non–Operating Assets (section 120).

(e) Capital Structure Considerations (section 130).

90. Ownership Rights

90.1. The rights, privileges or conditions that attach to the ownership interest, whether held in proprietorship, corporate or partnership form, require consideration in the valuation process. Ownership rights are usually defined within a jurisdiction by legal documents such as articles of association, clauses in the memorandum of the business, articles of incorporation, bylaws, partnership agreements and shareholder agreements (collectively "corporate documents"). In some situations, it may also be necessary to distinguish between legal and beneficial ownership.

90.2. Corporate documents may contain restrictions on the transfer of the interest or other provisions relevant to value. For example, corporate documents may stipulate that the interest should be valued as a pro rata fraction of the entire issued share capital regardless of whether it is a controlling or non-controlling interest. In each case, the rights of the interest being valued and the rights attaching to any other class of interest need to be considered at the outset.

90.3. Care should be taken to distinguish between rights and obligations inherent to the interest and those that may be applicable only to a particular shareholder (ie, those contained in an agreement between current shareholders which may not apply to a potential buyer of the ownership interest). Depending on the basis(es) of value used, the valuer may be required to consider only the rights and obligations inherent to the subject interest or both those rights and considerations inherent to the subject interest and those that apply to a particular owner.

90.4. All the rights and preferences associated with a subject business or business interest should be considered in a valuation, including:

(a) if there are multiple classes of stock, the valuation should consider the rights of each different class, including, but not limited to:

1. liquidation preferences,
2. voting rights,
3. redemption, conversion and participation provisions, and
4. put and/or call rights.

(b) When a controlling interest in a business may have a higher value than a non-controlling interest. Control premiums or discounts for lack of control may be appropriate depending on the valuation method(s) applied (see IVS 105 Valuation Approaches and Methods, para 30.17.(b)). In respect of actual premiums paid in completed transactions, the valuer should consider whether the synergies and other factors that caused the acquirer to pay those premiums are applicable to the subject asset to a comparable degree.

100. Business Information

100.1. The valuation of a business entity or interest frequently requires reliance upon information received from management, representatives of the management or other experts. As required by IVS 105 Valuation Approaches and Methods, para 10.7, a valuer must assess the reasonableness of information received from management, representatives of management or other experts and evaluate whether it is appropriate to rely on that information for the valuation purpose. For example, prospective financial information provided by management may reflect owner-specific synergies that may not be appropriate when using a basis of value that requires a participant perspective.

100.2. Although the value on a given date reflects the anticipated benefits of future ownership, the history of a business is useful in that it may give guidance as to the expectations for the future. Valuers should therefore consider the business' historical financial statements as part of a valuation engagement. To the extent the future performance of the business is expected to deviate significantly from historical experience, a valuer must understand why historical performance is not representative of the future expectations of the business.

110. Economic and Industry Considerations

110.1. Awareness of relevant economic developments and specific industry trends is essential for all valuations. Matters such as political outlook, government policy, exchange rates, inflation, interest rates and market activity may affect assets in different locations and/or sectors of the economy quite differently. These factors can be particularly important in the valuation of businesses and business interests, as businesses may have complex structures involving multiple locations and types of operations. For example, a business may be impacted by economic and industry factors specific related to:

(a) the registered location of the business headquarters and legal form of the business,

(b) the nature of the business operations and where each aspect of the business is conducted (ie, manufacturing may be done in a different location to where research and development is conducted),

(c) where the business sells its goods and/or services,

(d) the currency(ies) the business uses,

(e) where the suppliers of the business are located, and

(f) what tax and legal jurisdictions the business is subject to.

120. Operating and Non-Operating Assets

120.1. The valuation of an ownership interest in a business is only relevant in the context of the financial position of the business at a point in time. It is important to understand the nature of assets and liabilities of the business and to determine which items are required for use in the income-producing operations of the business and which ones are redundant or "excess" to the business at the valuation date.

120.2. Most valuation methods do not capture the value of assets that are not required for the operation of the business. For example, a business valued using a multiple of EBITDA would only capture the value the assets utilised in generating that level of EBITDA. If the business had non-operating assets or liabilities such as an idle manufacturing plant, the value of that non-operating plant would not be captured in the value. Depending on the level of value appropriate for the valuation engagement (see para 20.3), the value of non-operating assets may need to be separately determined and added to the operating value of the business.

120.3. Businesses may have unrecorded assets and/or liabilities that are not reflected on the balance sheet. Such assets could include intangible assets, machinery and equipment that is fully depreciated and legal liabilities/lawsuits.

120.4. When separately considering non-operating assets and liabilities, a valuer should ensure that the income and expenses associated with non-operating assets are excluded from the cash flow measurements and projections used in the valuation. For example, if a business has a significant liability associated with an underfunded pension and that liability is valued separately, the cash flows used in the valuation of the business should exclude any "catch-up" payments related to that liability.

120.5. If the valuation considers information from publicly-traded businesses, the publicly-traded stock prices implicitly include the value of non-operating assets, if any. As such, valuers must consider adjusting information from publicly-traded businesses to exclude the value, income and expenses associated with non-operating assets.

130. Capital Structure Considerations

130.1. Businesses are often financed through a combination of debt and equity. However, in many cases, valuers may be asked to value only equity or a particular class of equity in a business. While equity or a particular class of equity can occasionally be valued directly, more often the enterprise value of the business is determined and then that value is allocated between debt and any types of equity.

130.2. When the value of debt is equal to its carrying value/book value, allocations of value may be straightforward. For example, in such cases it may be appropriate to deduct the book value of debt from enterprise value to calculate equity value (sometimes referred to as a "waterfall" method of value allocation). However, valuers should not necessarily assume that the value of debt and its book value are equal.

130.3. In circumstances where the value of debt may differ from its book value, valuers should either value the debt directly or use a method that appropriately allocates value to debt and any equity securities such as a probability-weighted expected return method or an option-pricing model.

IVS 210 Intangible Assets

Contents

10. Overview

10.1. The principles contained in the General Standards apply to valuations of intangible assets and valuations with an intangible assets component. This standard contains additional requirements that apply to valuations of intangible assets.

20. Introduction

20.1. An intangible asset is a non-monetary asset that manifests itself by its economic properties. It does not have physical substance but grants rights and/or economic benefits to its owner.

20.2. Specific intangible assets are defined and described by characteristics such as their ownership, function, market position and image. These characteristics differentiate intangible assets from one another.

20.3. There are many types of intangible assets, but they are often considered to fall into one or more of the following categories (or goodwill):

(a) Marketing-related: Marketing-related intangible assets are used primarily in the marketing or promotion of products or services. Examples include trademarks, trade names, unique trade design and internet domain names.

(b) Customer-related: Customer-related intangible assets include customer lists, backlog, customer contracts, and contractual and non-contractual customer relationships.

(c) Artistic-related: Artistic-related intangible assets arise from the right to benefits from artistic works such as plays, books, films and music, and from non-contractual copyright protection.

(d) Contract-related: Contract-related intangible assets represent the value of rights that arise from contractual agreements. Examples include licensing and royalty agreements, service or supply contracts, lease agreements, permits, broadcast rights, servicing contracts, employment contracts and non–competition agreements and natural resource rights.

(e) Technology–based: Technology–related intangible assets arise from contractual or non–contractual rights to use patented technology, unpatented technology, databases, formulae, designs, software, processes or recipes.

20.4. Although similar intangible assets within the same class will share some characteristics with one another, they will also have differentiating characteristics that will vary according to the type of intangible asset. In addition, certain intangible assets, such as brands, may represent a combination of categories in para 20.3,

20.5. Particularly in valuing an intangible asset, valuers must understand specifically what needs to be valued and the purpose of the valuation. For example, customer data (names, addresses, etc) typically has a very different value from customer contracts (those contracts in place on the valuation date) and customer relationships (the value of the ongoing customer relationship including existing and future contracts). What intangible assets need to be valued and how those intangible assets are defined may differ depending on the purpose of the valuation, and the differences in how intangible assets are defined can lead to significant differences in value.

20.6. Generally, goodwill is any future economic benefit arising from a business, an interest in a business or from the use of a group of assets which has not been separately recognised in another asset. The value of goodwill is typically measured as the residual amount remaining after the values of all identifiable tangible, intangible and monetary assets, adjusted for actual or potential liabilities, have been deducted from the value of a business. It is often represented as the excess of the price paid in a real or hypothetical acquisition of a company over the value of the company's other identified assets and liabilities. For some purposes, goodwill may need to be further divided into transferable goodwill (that which can be transferred to third parties) and non–transferable or "personal" goodwill.

20.7. As the amount of goodwill is dependent on which other tangible and intangible assets are recognised, its value can be different when calculated for different purposes. For example, in a business combination accounted for under IFRS or US GAAP, an intangible asset is only recognised to the extent that it:

(a) is separable, ie, capable of being separated or divided from the entity and sold, transferred, licensed, rented or exchanged, either individually or together with a related contract, identifiable asset or liability, regardless of whether the entity intends to do so, or

(b) arises from contractual or other legal rights, regardless of whether those rights are transferable or separable from the entity or from other rights and obligations.

20.8. While the aspects of goodwill can vary depending on the purpose of the valuation, goodwill frequently includes elements such as:

(a) company–specific synergies arising from a combination of two or more businesses (eg, reductions in operating costs, economies of scale or product mix dynamics),

(b) opportunities to expand the business into new and different markets,

(c) the benefit of an assembled workforce (but generally not any intellectual property developed by members of that workforce),

(d) the benefit to be derived from future assets, such as new customers and future technologies, and

(e) assemblage and going concern value.

20.9. Valuers may perform direct valuations of intangible assets where the value of the intangible assets is the purpose of the analysis or one part of the analysis. However, when valuing businesses, business interests, real property, and machinery and equipment, valuers should consider whether there are intangible assets associated with those assets and whether those directly or indirectly impact the asset being valued. For example, when valuing a hotel based on an income approach, the contribution to value of the hotel's brand may already be reflected in the profit generated by the hotel.

20.10. Intangible asset valuations are performed for a variety of purposes. It is the valuer's responsibility to understand the purpose of a valuation and whether intangible assets should be valued, whether separately or grouped with other assets. A non–exhaustive list of examples of circumstances that commonly include an intangible asset valuation component is provided below:

(a) For financial reporting purposes, valuations of intangible assets are often required in connection with accounting for business combinations, asset acquisitions and sales, and impairment analysis.

(b) For tax reporting purposes, intangible asset valuations are frequently needed for transfer pricing analyses, estate and gift tax planning and reporting, and ad valorem taxation analyses.

(c) Intangible assets may be the subject of litigation, requiring valuation analysis in circumstances such as shareholder disputes, damage calculations and marital dissolutions (divorce).

(d) Other statutory or legal events may require the valuation of intangible assets such as compulsory purchases/eminent domain proceedings.

(e) Valuers are often asked to value intangible assets as part of general consulting, collateral lending and transactional support engagements.

30. Bases of Value

30.1. In accordance with IVS 104 Bases of Value, a valuer must select the appropriate basis(es) of value when valuing intangible assets.

30.2. Often, intangible asset valuations are performed using bases of value defined by entities/ organisations other than the IVSC (some examples of which are mentioned in IVS 104 Bases of Value) and the valuer must understand and follow the regulation, case law, and other interpretive guidance related to those bases of value as of the valuation date.

40. Valuation Approaches and Methods

40.1. The three valuation approaches described in IVS 105 Valuation Approaches can all be applied to the valuation of intangible assets.

40.2. When selecting an approach and method, in addition to the requirements of this standard, a valuer must follow the requirements of IVS 105 Valuation Approaches, including para 10.3.

50. Market Approach

50.1. Under the market approach, the value of an intangible asset is determined by reference to market activity (for example, transactions involving identical or similar assets).

50.2. Transactions involving intangible assets frequently also include other assets, such as a business combination that includes intangible assets.

50.3. Valuers must comply with paras 20.2 and 20.3 of IVS 105 when determining whether to apply the market approach to the valuation of intangible assets. In addition, valuers should only apply the market approach to value intangible assets if both of the following criteria are met:

(a) information is available on arm's length transactions involving identical or similar intangible assets on or near the valuation date, and

(b) sufficient information is available to allow the valuer to adjust for all significant differences between the subject intangible asset and those involved in the transactions.

50.4. The heterogeneous nature of intangible assets and the fact that intangible assets seldom transact separately from other assets means that it is rarely possible to find market evidence of transactions involving identical assets. If there is market evidence at all, it is usually in respect of assets that are similar, but not identical.

50.5. Where evidence of either prices or valuation multiples is available, valuers should make adjustments to these to reflect differences between the subject asset and those involved in the transactions. These adjustments are necessary to reflect the differentiating characteristics of the subject intangible asset and the assets involved in the transactions. Such adjustments may only be determinable at a qualitative, rather than quantitative, level. However, the need for significant qualitative adjustments may indicate that another approach would be more appropriate for the valuation.

50.6. Consistent with the above, examples of intangible assets for which the market approach is sometimes used include:

(a) broadcast spectrum,

(b) internet domain names, and

(c) taxi medallions.

50.7. The guideline transactions method is generally the only market approach method that can be applied to intangible assets.

50.8. In rare circumstances, a security sufficiently similar to a subject intangible asset may be publicly traded, allowing the use of the guideline public company method. One example of such securities is contingent value rights (CVRs) that are tied to the performance of a particular product or technology.

60. Income Approach

60.1. Under the income approach, the value of an intangible asset is determined by reference to the present value of income, cash flows or cost savings attributable to the intangible asset over its economic life.

60.2. Valuers must comply with paras 40.2 and 40.3 of IVS 105 Valuation Approaches and Methods when determining whether to apply the income approach to the valuation of intangible assets.

60.3. Income related to intangible assets is frequently included in the price paid for goods or a service. It may be challenging to separate the income related to the intangible asset from income related to other tangible and intangible assets. Many of the income approach methods are designed to separate the economic benefits associated with a subject intangible asset.

60.4. The income approach is the most common method applied to the valuation of intangible assets and is frequently used to value intangible assets including the following:

(a) technology,

(b) customer–related intangibles (eg, backlog, contracts, relationships),

(c) tradenames/trademarks/brands,

(d) operating licenses (eg, franchise agreements, gaming licenses, broadcast spectrum), and

(e) non–competition agreements. Income Approach Methods

60.5. There are many income approach methods. The following methods are discussed in this standard in more detail:

(a) excess earnings method,

(b) relief–from–royalty method,

(c) premium profit method or with–and–without method,

(d) greenfield method, and

(e) distributor method.

Excess Earnings Method

60.6. The excess earnings method estimates the value of an intangible asset as the present value of the cash flows attributable to the subject intangible asset after excluding the proportion of the cash flows that are attributable to other assets required to generate the cash flows ("contributory assets"). It is often used for valuations where there is a requirement for the acquirer to allocate the overall price paid for a business between tangible assets, identifiable intangible assets and goodwill.

60.7. Contributory assets are assets that are used in conjunction with the subject intangible asset in the realisation of prospective cash flows associated with the subject intangible asset. Assets that do not contribute to the prospective cash flows associated with the subject intangible asset are not contributory assets.

60.8. The excess earnings method can be applied using several periods of forecasted cash flows ("multi–

period excess earnings method" or "MPEEM"), a single period of forecasted cash flows ("single−period excess earnings method") or by capitalising a single period of forecasted cash flows ("capitalised excess earnings method" or the "formula method").

60.9. The capitalised excess earnings method or formula method is generally only appropriate if the intangible asset is operating in a steady state with stable growth/decay rates, constant profit margins and consistent contributory asset levels/charges.

60.10. As most intangible assets have economic lives exceeding one period, frequently follow non−linear growth/decay patterns and may require different levels of contributory assets over time, the MPEEM is the most commonly used excess earnings method as it offers the most flexibility and allows valuers to explicitly forecast changes in such inputs.

60.11. Whether applied in a single−period, multi−period or capitalised manner, the key steps in applying an excess earnings method are to:

(a) forecast the amount and timing of future revenues driven by the subject intangible asset and related contributory assets,

(b) forecast the amount and timing of expenses that are required to generate the revenue from the subject intangible asset and related contributory assets,

(c) adjust the expenses to exclude those related to creation of new intangible assets that are not required to generate the forecasted revenue and expenses. Profit margins in the excess earnings method may be higher than profit margins for the overall business because the excess earnings method excludes investment in certain new intangible assets. For example:

1. research and development expenditures related to development of new technology would not be required when valuing only existing technology, and

2. marketing expenses related to obtaining new customers would not be required when valuing existing customer−related intangible assets.

(d) identify the contributory assets that are needed to achieve the forecasted revenue and expenses. Contributory assets often include working capital, fixed assets, assembled workforce and identified intangible assets other than the subject intangible asset,

(e) determine the appropriate rate of return on each contributory asset based on an assessment of the risk associated with that asset. For example, low−risk assets like working capital will typically have a relatively lower required return. Contributory intangible assets and highly specialised machinery and equipment often require relatively higher rates of return,

(f) in each forecast period, deduct the required returns on contributory assets from the forecast profit to arrive at the excess earnings attributable to only the subject intangible asset,

(g) determine the appropriate discount rate for the subject intangible asset and present value or capitalise the excess earnings, and

(h) if appropriate for the purpose of the valuation (see paras 110.1−110.4), calculate and add the tax amortisation benefit (TAB) for the subject intangible asset.

60.12. Contributory asset charges (CACs) should be made for all the current and future tangible, intangible and financial assets that contribute to the generation of the cash flow, and if an asset for which a CAC is required is involved in more than one line of business, its CAC should be allocated to the different lines of business involved.

60.13. The determination of whether a CAC for elements of goodwill is appropriate should be based on an assessment of the relevant facts and circumstances of the situation, and the valuer should not mechanically apply CACs or alternative adjustments for elements of goodwill if the circumstances do not warrant such a charge. Assembled workforce, as it is quantifiable, is typically the only element of goodwill for which a CAC should be taken. Accordingly, valuers must ensure they have a strong basis for applying CACs for any elements of goodwill other than assembled workforce.

60.14. CACs are generally computed on an after−tax basis as a fair return on the value of the contributory asset, and in some cases a return of the contributory asset is also deducted. The appropriate return on a contributory asset is the investment return a typical participant would require on the asset. The return of a contributory asset is a recovery of the initial investment in the asset. There should be no difference in value regardless of whether CACs are computed on a pre−tax or after−tax basis.

60.15. If the contributory asset is not wasting in nature, like working capital, only a fair return on the asset is required.

60.16. For contributory intangible assets that were valued under a relief−from−royalty method, the CAC should be equal to the royalty (generally adjusted to an after−tax royalty rate).

60.17. The excess earnings method should be applied only to a single intangible asset for any given stream of revenue and income (generally the primary or most important intangible asset). For example, in valuing the intangible assets of a company utilising both technology and a tradename in delivering a product or service (ie, the revenue associated with the technology and the tradename is the same), the excess earnings method should only be used to value one of the intangible assets and an alternative method should be used for the other asset. However, if the company had multiple product lines, each using a different technology and each generating distinct revenue and profit, the excess earnings method may be applied in the valuation of the multiple different technologies.

Relief−from−Royalty Method

60.18. Under the relief−from−royalty method, the value of an intangible asset is determined by reference to the value of the hypothetical royalty payments that would be saved through owning the asset, as compared with licensing the intangible asset from a third party. Conceptually, the method may also be viewed as a discounted cash flow method applied to the cash flow that the owner of the intangible asset could receive through licensing the intangible asset to third parties.

60.19. The key steps in applying a relief−from−royalty method are to:

(a) develop projections associated with the intangible asset being valued for the life of the subject intangible asset. The most common metric projected is revenue, as most royalties are paid as a percentage of revenue. However, other metrics such as a per-unit royalty may be appropriate in certain valuations,

(b) develop a royalty rate for the subject intangible asset. Two methods can be used to derive a hypothetical royalty rate. The first is based on market royalty rates for comparable or similar transactions. A prerequisite for this method is the existence of comparable intangible assets that are licensed at arm's length on a regular basis. The second method is based on a split of profits that would hypothetically be paid in an arm's length transaction by a willing licensee to a willing licensor for the rights to use the subject intangible asset,

(c) apply the selected royalty rate to the projections to calculate the royalty payments avoided by owning the intangible asset,

(d) estimate any additional expenses for which a licensee of the subject asset would be responsible. This can include upfront payments required by some licensors. A royalty rate should be analysed to determine whether it assumes expenses (such as maintenance, marketing and advertising) are the responsibility of the licensor or the licensee. A royalty rate that is "gross" would consider all responsibilities and expenses associated with ownership of a licensed asset to reside with the licensor, while a royalty that is "net" would consider some or all responsibilities and expenses associated with the licensed asset to reside with the licensee. Depending on whether the royalty is "gross" or "net", the valuation should exclude or include, respectively, a deduction for expenses such as maintenance, marketing or advertising expenses related to the hypothetically licensed asset.

(e) if the hypothetical costs and royalty payments would be tax deductible, it may be appropriate to apply the appropriate tax rate to determine the after-tax savings associated with ownership of the intangible asset. However, for certain purposes (such as transfer pricing), the effects of taxes are generally not considered in the valuation and this step should be skipped,

(f) determine the appropriate discount rate for the subject intangible asset and present value or capitalise the savings associated with ownership of the intangible asset, and

(g) if appropriate for the purpose of the valuation (see paras 110.1-110.4), calculate and add the TAB for the subject intangible asset.

60.20. Whether a royalty rate is based on market transactions or a profit split method (or both), its selection should consider the characteristics of the subject intangible asset and the environment in which it is utilised. The consideration of those characteristics form the basis for selection of a royalty rate within a range of observed transactions and/or the range of profit available to the subject intangible asset in a profit split. Factors that should be considered include the following:

(a) Competitive environment: The size of the market for the intangible asset, the availability of realistic alternatives, the number of competitors, barriers to entry and presence (or absence) of switching costs.

(b) Importance of the subject intangible to the owner: Whether the subject asset is a key factor of differentiation from competitors, the importance it plays in the owner's marketing strategy, its relative importance compared with other tangible and intangible assets, and the amount the owner spends on creation, upkeep and improvement of the subject asset.

(c) Life cycle of the subject intangible: The expected economic life of the subject asset and any risks of the subject intangible becoming obsolete.

60.21. When selecting a royalty rate, a valuer should also consider the following:

(a) When entering a licence arrangement, the royalty rate participants would be willing to pay depends on their profit levels and the relative contribution of the licensed intangible asset to that profit. For example, a manufacturer of consumer products would not license a tradename at a royalty rate that leads to the manufacturer realising a lower profit selling branded products compared with selling generic products.

(b) When considering observed royalty transactions, a valuer should understand the specific rights transferred to the licensee and any limitations. For example, royalty agreements may include significant restrictions on the use of a licensed intangible asset such as a restriction to a particular geographic area or for a product. In addition, the valuer should understand how the payments under the licensing agreement are structured, including whether there are upfront payments, milestone payments, puts/calls to acquire the licensed property outright, etc.

With–and–Without Method

60.22. The with–and–without method indicates the value of an intangible asset by comparing two scenarios: one in which the business uses the subject intangible asset and one in which the business does not use the subject intangible asset (but all other factors are kept constant). 60.23. The comparison of the two scenarios can be done in two ways:

(a) calculating the value of the business under each scenario with the difference in the business values being the value of the subject intangible

asset, and

(b) calculating, for each future period, the difference between the profits in the two scenarios. The present value of those amounts is then used to reach the value of the subject intangible asset.

60.24. In theory, either method should reach a similar value for the intangible asset provided the valuer considers not only the impact on the entity's profit, but additional factors such as differences between the two scenarios in working capital needs and capital expenditures.

60.25. The with–and–without method is frequently used in the valuation of non–competition agreements but may be appropriate in the valuation of other intangible assets in certain circumstances.

60.26. The key steps in applying the with–and–without method are to:

(a) prepare projections of revenue, expenses, capital expenditures and working capital needs for the business assuming the use of all of the assets of the business including the subject intangible asset. These are the cash flows in the "with" scenario,

(b) use an appropriate discount rate to present value the future cash flows in the "with" scenario, and/or calculate the value of the business in the "with" scenario,

(c) prepare projections of revenue, expenses, capital expenditures and working capital needs for the business assuming the use of all of the assets of the business except the subject intangible asset. These are the cash flows in the "without" scenario, (d) use an appropriate discount rate for the business, present value the future cash flows in the "with" scenario and/or calculate the value of the business in the "with" scenario, (e) deduct the present value of cash flows or the value of the business in the "without" scenario from the present value of cash flows or value of the business in the "with" scenario, and

(f) if appropriate for the purpose of the valuation (see paras 110.1–110.4), calculate and add the TAB for the subject intangible asset.

60.27. As an additional step, the difference between the two scenarios may need to be probability-weighted. For example, when valuing a non-competition agreement, the individual or business subject to the agreement may choose not to compete, even if the agreement were not in place.

60.28. The differences in value between the two scenarios should be reflected solely in the cash flow projections rather than by using different discount rates in the two scenarios.

Greenfield Method

60.29. Under the greenfield method, the value of the subject intangible is determined using cash flow projections that assume the only asset of the business at the valuation date is the subject intangible. All other tangible and intangible assets must be bought, built or rented.

60.30. The greenfield method is conceptually similar to the excess earnings method. However, instead of subtracting contributory asset charges from the cash flow to reflect the contribution of contributory assets, the greenfield method assumes that the owner of the subject asset would have to build, buy or rent the contributory assets. When building or buying the contributory assets, the cost of a replacement asset of equivalent utility is used rather than a reproduction cost.

60.31. The greenfield method is often used to estimate the value of "enabling" intangible assets such as franchise agreements and broadcast spectrum. 60.32. The key steps in applying the greenfield method are to:

(a) prepare projections of revenue, expenses, capital expenditures and working capital needs for the business assuming the subject intangible asset is the only asset owned by the subject business at the valuation date, including the time period needed to "ramp up" to stabilised levels,

(b) estimate the timing and amount of expenditures related to the acquisition, creation or rental of all other assets needed to operate the subject business,

(c) using an appropriate discount rate for the business, present value the future cash flows to determine the value of the subject business with only the subject intangible in place, and
(d) if appropriate for the purpose of the valuation (see paras 110.1–110.4), calculate and add the TAB for the subject intangible asset.

Distributor Method

60.33. The distributor method, sometimes referred to as the disaggregated method, is a variation of the multi–period excess earnings method sometimes used to value customer–related intangible assets. The underlying theory of the distributor method is that businesses that are comprised of various functions are expected to generate profits associated with each function. As distributors generally only perform functions related to distribution of products to customers rather than development of intellectual property or manufacturing, information on profit margins earned by distributors is used to estimate the excess earnings attributable to customer–related intangible assets.

60.34. The distributor method is appropriate to value customer–related intangible assets when another intangible asset (for example, technology or a brand) is deemed to be the primary or most significant intangible asset and is valued under a multi–period excess earnings method.

60.35. The key steps in applying the distributor method are to:
(a) prepare projections of revenue associated with existing customer relationships. This should reflect expected growth in revenue from existing customers as well as the effects of customer attrition,
(b) identify comparable distributors that have customer relationships similar to the subject business and calculate the profit margins achieved by those distributors,
(c) apply the distributor profit margin to the projected revenue,
(d) identify the contributory assets related to performing a distribution function that are needed to achieve the forecast revenue and expenses. Generally distributor contributory assets include working capital, fixed assets and workforce. However, distributors seldom require other assets such as trademarks or technology. The level of required contributory assets should also be consistent with participants performing only a distribution function,
(e) determine the appropriate rate of return on each contributory asset based on an assessment of the risk associated with that asset,
(f) in each forecast period, deduct the required returns on contributory assets from the forecast distributor profit to arrive at the excess earnings attributable to only the subject intangible asset,
(g) determine the appropriate discount rate for the subject intangible asset and present value the excess earnings, and
(h) if appropriate for the purpose of the valuation (see paras 110.1–110.4), calculate and add the TAB for the subject intangible asset.

70. Cost Approach

70.1. Under the cost approach, the value of an intangible asset is determined based on the replacement cost of a similar asset or an asset providing similar service potential or utility.

70.2. Valuers must comply with paras 60.2 and 60.3 of IVS 105 Valuation Approaches and Methods when determining whether to apply the cost approach to the valuation of intangible assets.

70.3. Consistent with these criteria, the cost approach is commonly used for intangible assets such as the following:

(a) acquired third-party software,

(b) internally-developed and internally-used, non-marketable software, and

(c) assembled workforce.

70.4. The cost approach may be used when no other approach is able to be applied; however, a valuer should attempt to identify an alternative method before applying the cost approach in situations where the subject asset does not meet the criteria in paras 60.2 and 60.3 of IVS 105 Valuation Approaches and Methods.

70.5. There are broadly two main methods that fall under the cost approach: replacement cost and reproduction cost. However, many intangible assets do not have physical form that can be reproduced and assets such as software, which can be reproduced, generally derive value from their function/utility rather than their exact lines of code. As such, the replacement cost is most commonly applied to the valuation of intangible assets.

70.6. The replacement cost method assumes that a participant would pay no more for the asset than the cost that would be incurred to replace the asset with a substitute of comparable utility or functionality.

70.7. Valuers should consider the following when applying the replacement cost method:

(a) the direct and indirect costs of replacing the utility of the asset, including labour, materials and overhead,

(b) whether the subject intangible asset is subject to obsolescence. While intangible assets do not become functionally or physically obsolete, they can be subject to economic obsolescence,

(c) whether it is appropriate to include a profit mark-up on the included costs. An asset acquired from a third party would presumably reflect their costs associated with creating the asset as well as some form of profit to provide a return on investment. As such, under bases of value (see IVS 104 Bases of Value) that assume a hypothetical transaction, it may be appropriate to include an assumed profit mark-up on costs. As noted in IVS 105 Valuation Approaches and Methods, costs developed based on estimates from third parties would be presumed to already reflect a profit mark-up, and

(d) opportunity costs may also be included, which reflect costs associated with not having the subject intangible asset in place for some period of time during its creation.

80. Special Considerations for Intangible Assets

80.1. The following sections address a non–exhaustive list of topics relevant to the valuation of intangible assets.

(a) Discount Rates/Rates of Return for Intangible Assets (section 90).

(b) Intangible Asset Economic Lives (section 100).

(c) Tax Amortisation Benefit (section 110).

90. Discount Rates/Rates of Return for Intangible Assets

90.1. Selecting discount rates for intangible assets can be challenging as observable market evidence of discount rates for intangible assets is rare. The selection of a discount rate for an intangible asset generally requires significant professional judgment.

90.2. In selecting a discount rate for an intangible asset, valuers should perform an assessment of the risks associated with the subject intangible asset and consider observable discount rate benchmarks.

90.3. When assessing the risks associated with an intangible asset, a valuer should consider factors including the following:

(a) intangible assets often have higher risk than tangible assets,

(b) if an intangible asset is highly specialised to its current use, it may have higher risk than assets with multiple potential uses,

(c) single intangible assets may have more risk than groups of assets (or businesses),

(d) intangible assets used in risky (sometimes referred to as non–routine) functions may have higher risk than intangible assets used in more low– risk or routine activities. For example, intangible assets used in research and development activities may be higher risk than those used in delivering existing products or services,

(e) the life of the asset. Similar to other investments, intangible assets with longer lives are often considered to have higher risk, all else being equal,

(f) intangible assets with more readily estimable cash flow streams, such as backlog, may have lower risk than similar intangible assets with less estimable cash flows, such as customer relationships.

90.4. Discount rate benchmarks are rates that are observable based on market evidence or observed transactions. The following are some of the benchmark rates that a valuer should consider:

(a) risk–free rates with similar maturities to the life of the subject intangible asset,

(b) cost of debt or borrowing rates with maturities similar to the life of the subject intangible asset,

(c) cost of equity or equity rates or return for participants for the subject intangible asset,

(d) weighted average cost of capital (WACC) of participants for the subject intangible asset or of the company owning/using the subject intangible asset,

(e) in contexts involving a recent business acquisition including the subject intangible asset, the Internal Rate of Return (IRR) for the transaction should be considered, and

(f) in contexts involving a valuation of all assets of a business, the valuer should perform a weighted average return on assets (WARA) analysis to confirm reasonableness of selected discount rates.

100. Intangible Asset Economic Lives

100.1. An important consideration in the valuation of an intangible asset, particularly under the income approach, is the economic life of the asset. This may be a finite period limited by legal, technological, functional or economic factors; other assets may have an indefinite life. The economic life of an intangible asset is a different concept than the remaining useful life for accounting or tax purposes.

100.2. Legal, technological, functional and economic factors must be considered individually and together in making an assessment of the economic life. For example, a pharmaceutical technology protected by a patent may have a remaining legal life of five years before expiry of the patent, but a competitor drug with improved efficacy may be expected to reach the market in three years. This might cause the economic life of the patent to be assessed as only three years. In contrast, the expected economic life of the technology could extend beyond the life of the patent if the knowhow associated with the technology would have value in production of a generic drug beyond the expiration of the patent.

100.3. In estimating the economic life of an intangible asset, a valuer should also consider the pattern of use or replacement. Certain intangible assets may be abruptly replaced when a new, better or cheaper alternative becomes available, while others may be replaced slowly over time, such as when a software developer releases a new version of software every year but only replaces a portion of the existing code with each new release.

100.4. For customer–related intangibles, attrition is a key factor in estimating an economic life as well as the cash flows used to value the customerrelated intangibles. Attrition applied in the valuation of intangible assets is a quantification of expectations regarding future losses of customers. While it is a forward–looking estimate, attrition is often based on historical observations of attrition.

100.5. There are a number of ways to measure and apply historical attrition:

(a) a constant rate of loss (as a percentage of prior year balance) over the life of the customer relationships may be assumed if customer loss does not appear to be dependent on age of the customer relationship,

(b) a variable rate of loss may be used over the life of the customer relationships if customer loss is dependent on age of the customer relationship. In such circumstances, generally younger/new customers are lost at a higher rate than older, more established customer relationships,

(c) attrition may be measured based on either revenue or number of customers/customer count as appropriate, based on the characteristics of the customer group,

(d) customers may need to be segregated into different groups. For example, a company that sells products to distributors and retailers may experience different attrition rates for each group. Customers may also be segregated based on other factors such as geography, size of customer and type of product or service purchased, and

(e) the period used to measure attrition may vary depending on circumstances. For example, for a business with monthly subscribers, one month without revenue from a particular customer would indicate a loss of that customer. In contrast, for larger industrial products, a customer might not be considered "lost" unless there have been no sales to that customer for a year or more.

100.6. The application of any attrition factor should be consistent with the way attrition was measured. Correct application of attrition factor in first projection year (and therefore all subsequent years) must be consistent with form of measurement.

(a) If attrition is measured based on the number of customers at the beginning-of-period versus end-of-period (typically a year), the attrition factor should be applied using a "mid-period" convention for the first projection year (as it is usually assumed that customers were lost throughout the year). For example, if attrition is measured by looking at the number of customers at the beginning of the year (100) versus the number remaining at the end of the year (90), on average the company had 95 customers during that year, assuming they were lost evenly throughout the year. Although the attrition rate could be described as 10%, only half of that should be applied in the first year.

(b) If attrition is measured by analysing year-over-year revenue or customer count, the resulting attrition factor should generally be applied without a mid-period adjustment. For example, if attrition is measured by looking at the number of customers that generated revenue in Year 1 (100) versus the number of those same customers that had revenue in Year 2 (90), application would be different even though the attrition rate could again be described as 10%.

100.7. Revenue-based attrition may include growth in revenue from existing customers unless adjustments are made. It is generally a best practice to make adjustments to separate growth and attrition in measurement and application.

100.8. It is a best practice for valuers to input historical revenue into the model being used and check how closely it predicts actual revenue from existing customers in subsequent years. If attrition has been measured and applied appropriately, the model should be reasonably accurate. For example, if estimates of future attrition were developed based on historical attrition observed from 20X0 through 20X5, a valuer should input the 20X0 customer revenue into the model and check whether it accurately predicts the revenue achieved from existing customers in 20X1, 20X2, etc.

110. Tax Amortisation Benefit (TAB)

110.1. In many tax jurisdictions, intangible assets can be amortised for tax purposes, reducing a taxpayer's tax burden and effectively increasing cash flows. Depending on the purpose of a valuation and the valuation method used, it may be appropriate to include the value of TAB in the value of the intangible.

110.2. If the market or cost approach is used to value an intangible asset, the price paid to create or purchase the asset would already reflect the ability to amortise the asset. However, in the income approach, a TAB needs to be explicitly calculated and included, if appropriate.

110.3. For some valuation purposes, such as financial reporting, the appropriate basis of value assumes a hypothetical sale of the subject intangible asset. Generally, for those purposes, a TAB should be included when the income approach is used because a typical participant would be able to amortise an intangible asset acquired in such a hypothetical transaction. For other valuation purposes, the assumed transaction might be of a business or group of assets. For those bases of value, it may be appropriate to include a TAB only if the transaction would result in a step-up in basis for the intangible assets.

110.4. There is some diversity in practice related to the appropriate discount rate to be used in calculating a TAB. Valuers may use either of the following:

(a) a discount rate appropriate for a business utilising the subject asset, such as a weighted average cost of capital. Proponents of this view believe that, since amortisation can be used to offset the taxes on any income produced by the business, a discount rate appropriate for the business as a whole should be used, or

(b) a discount rate appropriate for the subject asset (ie, the one used in the valuation of the asset). Proponents of this view believe that the valuation should not assume the owner of the subject asset has operations and income separate from the subject asset and that the discount rate used in the TAB calculation should be the same as that used in the valuation of the subject asset.

부록 3. 무형자산 평가 체크리스트

Business Name (   )   평가일자 (   )

무형자산이란 물리적 실체가 없는 유동 및 비유동 자산을 포함하는 것으로 정의된다. 기업 합병 시 취득된 무형자산으로서 계약이나 다른 법적권리로 인한 자산이라면, 반드시 영업권과는 구분하여 인식하여야 한다. 본 평가절차 체크리스트의 목적은 무형자산의 가치평가를 하는 분석가들에게 작업 방향을 제시하기 위함이다. 각 항목별로 완결 또는 미결을 표시해야 한다(자료: Michael J. Mard et al., Valuation for financial Report, 2007).

완결	미결		가치평가(Valuation)
□	□	1	기준가치의 결정(Determine Basis of Value) ① 시장가치 ② 공정가치 ③ 투자가치 ④ 내재가치 혹은 본질가치 ⑤ 기타
□	□	2	평가목적의 기술(State the purpose of valuation)
□	□	3	가치의 전제조건(premise of value) 결정 ① 사용가치, 계속기업의 일부분으로서 평가(이 전제조건은 유형과 무형자산의 거대한 결합의 부분으로 무형자산의 가치를 산출하는 수익에 기여자산을 고려한다) ② 존재가치, 자산결합의 일부분으로서 평가(이 전제조건은 무형자산이 완전히 기능적이고, 자산결합의 부분으로 사용 준비가 되어 있으나, 현재는 수익창출에 기여하지 못하는 것을 말한다) ③ 교환가치, 일반적인 처분과정에서 평가(이 전제조건은 무형자산이 관련된 유형 또는 무형자산의 기여가치를 고려하지 않고, 현재 시장가치로 판매될 것으로 고려한다) ④ 교환가치, 강제청산과정에서 평가(이 전제조건은 무형자산이 경매를 통하여 인위

적으로 짧은 기간 동안 부분적으로 판매되는 것을 고려한다)

완결	미결		무형자산의 기술(Intangible Asset Description)
☐	☐	4	무형자산이 특별한 식별 또는 인식 가능한 특징이 있는가?
☐	☐	5	무형자산의 구분 ① 시장관련 ② 고객관련 ③ 예술관련 ④ 계약관련 ⑤ 기술관련
☐	☐	6	무형자산으로 분류할 수 있는 것들을 결정하고 나열할 것
☐	☐	7	식별된 무형자산을 충분히 기술할 것. 무형자산으로 식별하기 위해 필요한 계약, 그림, 특허, 목록 등을 첨부할 것

완결	미결		자산의 연혁(History of the Asset)
☐	☐	8	무형자산과 관련된 법적조항 및 보호제도에 대하여 기술할 것
☐	☐	9	소유권의 이전이 제한되어 있는가? 설명할 것.
☐	☐	10	폐기된 자산의 민감성(susceptibility)을 기술할 것
☐	☐	11	무형자산의 시작시점을 기술할 것(모든 소비자 또는 고객의 시작날짜를 포함한 명단을 첨부할 것)
☐	☐	12	소유자의 일상적인 노력으로 인하여 무형자산이 수익과 관련되는 정도는 어느 정도인가? 설명할 것.
☐	☐	13	자산과 직접 관련된 독립된 자산상태에 대하여 설명할 것 ① 자산을 창출하기 위한 역사적 원가 ② 자산을 유지하기 위한 연간원가(annual cost) ③ 자산과 관련된 특정 현금흐름
☐	☐	14	자산의 역사에 대한 기록을 제시할 것
☐	☐	15	모든 계약과 합의사항을 제시할 것
☐	☐	16	자산과 관련된 모든 전략, 마케팅, 사업계획을 제시할 것

완결	미결		산업과 시장(Industry and Market)
☐	☐	17	자산과 관련된 모든 시장 또는 산업에 대한 조사 · 연구에 대하여 제시할 것
☐	☐	18	자산과 관련된 경쟁 환경에 대하여 기술할 것

		19	자산과 관련된 거시경제적 환경에 대하여 기술할 것

완결	미결		재무정보(Financial Information)
☐	☐	20	자산과 관련된 특정 산업환경에 대하여 기술할 것
☐	☐	21	자산과 관련된 모든 과거 평가보고서를 제시할 것
☐	☐	22	단위당 매출을 포함한 모든 재무프로젝트를 제시할 것
☐	☐	23	모든 예산과 예측을 제시할 것
☐	☐	24	자산과 직접적으로 관련된 자본비용을 결정할 것

완결	미결		수명주기(Life Cycle)
☐	☐	25	자산은 수명주기의 어느 단계에 있는가?
☐	☐	26	제품수명주기에 대하여 기술할 것

완결	미결		평가방법(Valuation Approach)
☐	☐	27	평가방법을 결정할 것 ① 원가접근 : 원가접근방법은 대치원가가 공정가치를 대변한다고 가정한다. 신중한 투자자라면 특정자산에 대해 동일한 기능을 하는 비교가능한 무형자산의 대체가격보다 더 지불하지 않을 것이다. 컴퓨터 소프트웨어, 자동화된 데이터베이스, 기술도안이나 서류, 청사진과 공학도안, 실험실노트, 기술서적, 화학적 공식들, 음식 및 기타 생산 레시피 등과 같은 무형자산의 가치를 평가할 때 사용할 수 있다. ② 시장접근 : 시장접근법은 특정무형자산의 최근 매매를 분석하거나 현재 매각대상으로 주요시장 또는 유통시장에서 나와 있는 유사 무형자산의 호가와 비교하는 방법이다. 자산간 상관관계가 반드시 추정되어야 한다. ③ 이익접근 : 이익접근은 현재가치로 할인한 미래 경제적이익을 추정하는 방법이다. 이익접근법에 사용할 수 있는 경제적이익의 다른 측정치들이 산정되었다면, 중요한 요소는 할인율 또는 사용된 자본화율의 측정이다.

완결	미결		원가방식(Cost Approach)
☐	☐	28	적절한 원가방법의 결정

① 재생산원가(대상무형자산을 재생산하기 위해 소요되는 현재가격의 원가. 복제품은 원래의 무형자산을 생산하기 위해 사용된 동일한 원재료, 표준, 디자인, 레이아웃, 그리고 노동력이 사용된다고 본다)

② 대치원가(대상무형자산과 동일한 효용을 가진 자산을 현행가격으로 대체하기 위한 원가. 대치원가는 현대적 방법과 표준, 디자인, 레이아웃, 고품질의 노동력을 활용한다)

완결	미결	번호	내용
☐	☐	29	진부화를 위한 적절한 조정의 결정 ① 물리적 퇴화(물리적진부화와 계속사용으로 인한 파손으로 인한 원가감소) ② 기능적 진부화(더 이상 기능을 수행하지 못하거나 자산의 원래 용도에 비추어 기간적 효용이 감소) ③ 기술적 진부화(기술진보로 인하여 자산이 진부화된 경우, 일반적으로 디자인 또는 공학기술의 향상과 제품의 표준화된 기준이 향상된 경우에 나타난다) ④ 경제적 진부화(특정자산의 상태나 현용도로는 통제할 수 없는 효과, 사건, 상태 등에 의한 감소)
☐	☐	30	무형자산을 창출하기 위해 참여하는 종업원수 결정
☐	☐	31	급여수준에 따른 종업원의 분류
☐	☐	32	급여수준별 한 시간당 관련종업원의 원가파악
☐	☐	33	자산개발을 위하여 사용된 급여수준별 종업원당 시간의 결정
☐	☐	34	재생산원가의 측정치를 위한 관련 종업원 원가와 급여에 따라 급여수준별 시간수의 파악
☐	☐	35	관련된 퇴화 및 진부화에 의한 재생산원가의 조정
☐	☐	36	재생산원가의 결과를 새로운 대치원가와 비교
☐	☐	37	원가접근분석을 완성한다

완결	미결	비교방식(Market Approach)	
☐	☐	38	가이드라인 또는 비교가능 자산에 의해 해당 시장을 결정한다.
☐	☐	39	로열티율 및 지적자산 거래와 관련된 가용 데이터의 분석을 통하여 유사 가이드라인의 자산을 위한 주요 시장 또는 제2차 시장에 대한 조사를 수행한다.
☐	☐	40	해당 무형자산에 의해 획득한 과거 투자수익률을 결정한다.
☐	☐	41	해당 무형자산의 수익창출능력을 결정한다.
☐	☐	42	가이드라인 자산에 의해 획득한 기대 미래투자수익률을 결정한다.

☐	☐	43	해당 무형자산의 기대 미래수익을 결정한다.
☐	☐	44	가이드라인 또는 비교가능 자산의 경과 내용연수와 잔존 내용연수를 결정한다.
☐	☐	45	해당 무형자산의 과거 사용기간과 잔존내용연수를 결정한다.
☐	☐	46	가이드라인 또는 비교가능 무형자산의 판매조건을 파악한다. ① 판매시기 ② 판매가격 ③ 상환조건 ④ 기타조건[매도자 금융제공(seller financing), 사후정산 조건(earn out agreement), 비경쟁 협약 등]
☐	☐	47	다음 사항과 관련하여 가이드라인 또는 비교가능 무형자산에 필요한 조정을 수행한다. ① 물리적 손상 ② 기능적 진부화 ③ 기술적 진부화 ④ 경제적 진부화
☐	☐	48	다음 사항과 관련하여 해당 무형자산에 필요한 조정을 수행한다. ① 물리적 손상 ② 기능적 진부화 ③ 기술적 진부화 ④ 경제적 진부화
☐	☐	49	비교방식의 상관관계(correlation)에 의해 추론(extrapolation)을 완성한다.

완결	미결		수익방식(Income Approach)
☐	☐	50	다음 사항과 같이 인식가능 무형자산과 관련된 경제적 이익을 결정한다. ① 세전 순이익 ② 세후 순이익 ③ 순영업이익 ⑤ 총임대이익(rental income) ⑥ 총로열티 또는 라이선스 이익(만약 로열티면제법이 적용된다면 실제 수치든 가정수치든, 로열티율 및 지적재산 거래와 관련된 가용데이터의 분석이 포함되어야 함) ⑦ 총현금흐름 또는 영업현금흐름 ⑧ 순현금흐름 또는 잉여현금흐름
☐	☐	51	인식가능 무형자산의 유지비용을 결정한다. 이러한 유지비용은 자산의 운용, 자산(시설)의 보관, 자산(사무비용)수익의 관리를 위한 비용을 포함한다. 기대 가능한 비정상 비용들(특허권 갱신 등)에 대해 세심한 주의를 기울인다.
☐	☐	52	초기 현금흐름의 일부분인 기여자산에 대한 경제적 수익을 산정함으로써 무형자산에 대한 특정 현금흐름을 결정한다. 이러한 기여자산은 다음 항목을 포함한다. ① 운전자본 ② 고정자산 ③ 기타 무형자산

☐ ☐ 53 다음 사항을 고려하여 투자수익률을 반영하기 위한 적절한 할인율을 결정한다.

① 자본에 대한 기회비용

② 투자기간(해당 무형자산의 기대잔여 내용연수를 고려함)

③ 투자에 대한 체계적 위험 ④ 투자에 대한 비체계적 위험

⑤ 화폐의 시간가치 ⑥ 성장성(잔존가치산정을 위해 사용함)

☐ ☐ 54 보험통계적 퇴직율방법(actuarial retirement rate methodology)을 수행하기 위해 다음 항목과 같은 필요데이터를 입수한다.

① 모든 활동성 파일(active files)의 시작일

② 해당 무형자산을 구성하고 있는 모든 비활동성 파일에 대한 시작일과 종료일(과거 5년 간이 적절함)

☐ ☐ 55 상기 54번에 대한 계량지표(hard data)가 없을 경우, 아래 사항과 관련하여 경영진의 의견(representations)을 입수한다.

① 모든 활동성 파일(active files)에 대한 평균 수명

② 모든 활동성 파일의 평균 잔여수명

③ 파일당 방문수 산정

☐ ☐ 56 보험통계적 퇴직율 방법(actuarial retirement rate methodology)을 다음과 같이 수행한다.

① 데이터를 관찰함.

② 적절한 통계적 도구를 이용하여 적정 커브를 결정함(S-커브, O-커브, L-커브, R-커브).

☐ ☐ 57 실제 데이터와 보험통계적 커브를 연결한다.

☐ ☐ 58 확률이 높은 수명 커브를 결정한다.

☐ ☐ 59 잔존 내용연수와 생존율을 결정한다.

☐ ☐ 60 할인율에 생존율을 적용한다.

☐ ☐ 61 이익접근법을 완성한다.

완결	미결		로열티 면제법(Relief from Royalties Method)
☐	☐	62	얼마나 라이선스 제품이 독특한가? 제품과 관련한 특허권의 범위와 잔존 내용연수를 포함하여 라이선스 제품의 경쟁력 있는 장점은 무엇인가?
☐	☐	63	라이선스 사용자(licensee)가 라이선스 제품을 판매할 수 있는 시장에 대해 다음 사항을 분석한다.

① 시장 크기 ② 성장률
③ 경쟁 정도 ④ 최근 개발사항

☐	☐	64	라이선스 제품의 판매에서 복잡성의 크기를 결정한다.
☐	☐	65	고객 맞춤형 제품에서 고객맞춤 정도를 결정한다(로열티율은 복잡성과 고객맞춤 정도의 수준에 따라 반비례함).
☐	☐	66	제한 또는 독점권을 포함한 라이선스 영역의 크기를 결정한다 (독점권은 로열티율과 직접적으로 정비례함).
☐	☐	67	초기 라이선스의 기간 및 갱신 조건을 결정한다(갱신 조건이 유리하면 로율티율은 증가함).
☐	☐	68	종료 조건은 무엇인가?(일방적인 라이선스 종료에 대한 조건들은 라이선스 사용자(licensee)의 중요한 계약위반으로부터 소유자(licensor)를 일반적으로 보호함. 이러한 조건은 별도로 파악되어야 함)
☐	☐	69	최소 로열티율은 존재하는가?
☐	☐	70	직접적으로 또는 간접적으로 제3자에게 라이선스를 양도할 수 있는 라이선스 사용자의 능력을 분석한다(예: 주식 소유권의 매입을 통하여).
☐	☐	71	시장에서 라이선스 소유자는 존재하는가?
☐	☐	72	라이선스 소유자의 재무적 실현가능성은 무엇인가?
☐	☐	73	라이선스 소유자의 크기와 시장점유율은 얼마인가?
☐	☐	74	라이선스 소유자의 고위 경영층의 크기 및 안정성은 어떠한가?
☐	☐	75	라이선스 소유자의 기술적 지식 정도는 어떠한가?
☐	☐	76	연구개발을 위한 자금조달 및 시장 분석을 포함하여 라이선스 제품과 관련된 라이선스 소유자의 사업계획은 무엇인가?
☐	☐	77	라이선스 소유자가 라이선스 사용자를 지원하기 위한 다음 사항과 관련된 크기 및 기간은 얼마나 되나? ① 기술 제품 지원 ② 판매 지원 ③ 일정 영역에서 마케팅 지원
☐	☐	78	다음 사항을 고려하여 로열티율에 따른 라이선스 사용자의 가용이익률(25% 또는 50%)을 결정한다: ① 산업평균과 비교한 가용 수익력(available profitability) ② 제품의 장기 경쟁력의 성격 ③ 라이선스 사용자에게 유리한 라이선스 조건 정도

④ 라이선스 소유자에 의해 제안받은 지원의 크기 및 시장 점유율

⑤ 라이선스 사용자가 라이선스 소유자에게 제안한 비현금 가치의 크기

⑥ 라이선스 사용자가 라이선스 제품의 제조에 사용되는 특정부품을 라이선스 소유자로부터 의무적으로 구매하는 정도의 크기(의무 공급 계약)

⑦ 라이선스 사용자나 소유자에 내재된 환율의 위험크기(미래 평가감 위험)

참고문헌

국내 문헌

강진홍 외, 「기업가치평가실무, 영화조세통람사」, 2012

강효석 외, 「기업가치평가론, 홍문사」, 2001

경응수, 「영업권가치평가론」, 나무미디어, 2018.

______ · 이정국, 「최신기업가치평가론」, 부연사, 2007

______ · 한명수, "국제회계기준(IFRS)의 도입과 유형자산의 감정평가," 감정평가학회, 2008

______, "미국의 감정평가업계의 최근 동향-조직형태의 변화와 정보기술의 영향," 「감정평가」 제36호, 한국감정평가협회, 1999

______, 「감정평가론」, 5판, 나무미디어, 2018

고영일, "한국채택 국제회계기준(K-IFRS)하의 무형자산과 영업권의 평가", 2011

권수영 외, "사업결합 시 무형자산의 평가절차 및 평가기법과 영업권 손상평가", 한국회계학회, 2011

금융위원회, TDB 서비스 제공 개시 보도자료, 2014

김석웅 외 공역, 「무형자산-관리·측정·보고」(Baruch Lev), 2002

김정동 · 김형준, "지적재산권 유동화", Issue Report, 한국기업평가, 2010-04014

김종서, "무형자산의 공정가치평가주체", 「감정평가학논집」 제13권2호, 감정평가학회, 2014

산업통상자원부, 「기술가치평가 실무가이드」, 2017

설성수 외, 「기술 · 기업가치평가기준」, 경문사, 2000

________, 「기술가치평가론」, 법문사, 2012

송영식 외, 「지적소유권법(상)」, 육법사, 1999

신종웅, "기업가치,기술가치 평가의 현황 및 발전 방향," 「감정평가학회창립기념세미나」, 2000.12

안정근, 「부동산평가이론」, 양현사 , 2013

양동우, "기술이전 활성화를 위한 가치평가세미나", ㈜테크밸류 · 한국산업기술평가원, 2000

양동홍 외, "특허가치평가를 위한 합리적 로열티율 산정 방안- 손해액산정모형을 중심으로," 기술혁신학회지 제15권 3호, 2012년 9월

윤선희, 「지식재산권법」, 세창출판사, 2015

이창석, 「부동산컨설팅: 이론과 실제」, 형설출판사, 2010

______ · 권기철, 「부동산이용론」, 형설출판사, 2006

이필상, 「재무관리」, 박영사, 1999

정부관계부처합동, "기술금융 활성화를 위한 기술평가시스템 구축방안", 2014

조경선, 임재용, 「지식재산금융과 가치평가실무」, 2014

지식재산연구소, 「중소기업을 위한 지식재산 관리매뉴얼」, 2006,

테크벨류 역, 「지적재산과 무형자산의 가치평가」, 2000

특허청, "IP담보대출을 위한 IP가치평가 모델연구", 2013

______, "국유특례권의 합리적 실시료 산정 및 위탁 관리방안 연구", 특허심사정책과 편, 2009

펜타노바, "지식재산 금융 국내외 실태조사 및 활성화 방안", 2012

한국감정평가연구원, 「브랜드 가치 평가방법의 연구」, 2001

한국지식재산연구원, "기술금융 활성화를 위한 기술신용평가시스템 발전방안", 2014

________________, "기술평가 전문자격증 제도 도입 방안 연구", 2010

________________, "지식재산 가치평가 및 금융 생태계 조성방안", 한국지식재산연구원 및 국가지식재산위원회 정책연구보고서, 2013

허재관, 「이지로열티」, EZPEX, 2012,

홍길성, 「부동산사전」, 경록, 2011

외국 문헌

Appraisal Foundation, *Uniform Standards of Professional Appraisal Practice* (USPAP), Appraisal Standards Board of the Appraisal Foundation, 2014~2015 ed.

____________________, *Uniform Standards of Professional Appraisal Practice and Advisory Opinions*, Appraisal Standards Board of the Appraisal Foundation, 2014

Appraisal Institute, *Appraising Residential Properties*, 3rd ed., Chicago, 1999

________________, *The Appraisal of Real Estate*, 13th ed., Chicago, Appraisal Institute, 2008

________________, *The Dictionary of Real Estate appraisal*, 4th ed., Chicago, Appraisal Institute, 2002

Benninga, Simon Z, "*Corporate Finance A Valuation Approach*," The McGraw-Hill Companies, Inc., 1997

Burge, David A., *Patent and Trademark Tactics and Practice*, New York: Wiley, 1984, p.27.

Boyle Thomas, "*International Valuation Standards Council and the New International Valuation Standards*," International Valuation Standards Council, 2011

Copeland, T., Tim Koller and Jack Murrin, *Valuation: Measuring and Managing the Value of*

Companies, 2nd ed., John Wiley & Sons, Inc., 2000

Cornel, Bradford, "*Corporate Valuation*," Richard D. Irwin, Inc, 1993

Desmond Glenn M. and Richard E. Kelly, "*Business Valuation Handbook*," Valuation Press, Inc., 1988

Elliott, Peter and Richard Reed, "*The Valuation of Fast-Food Oulets: Analysis, Methodology, and Reliability*", The Appraisal Journal, Oct. 1999, pp. 359–369

FASB, "*Business Combinations (Topic 805): Accounting for Identifiable Intangible Assets in a Business Combination a Consensus of the Private Company*," An Amendment of the FASB Accounting Standards Codification®, Financial Accounting Standards Board, Accounting Updates, 2014

_____, *Statement of Financial Accounting Standards No. 141, Business Combinations*, Financial Accounting Standards Board, 2001

_____, *Statement of Financial Accounting Standards No. 142, Goodwill and Other Intangible Assets*, Financial Accounting Standards Board, 2001

Flignor Paul, and David Orozco, "*Intangible Asset & Intellectual Property Valuation: A Multidisciplinary Perspective*," World Intellectual Property Organization, 2012

Granstrand, Ove, "*Fair and Reasonable Royalty Determination*: When is the 25% rule Applicable?" les Nouvelles, 2006.

Hendrickson, E. S., *Accounting Theory*, 4th ed., Irwin, 1982

IFRS Foundation, "*Fair value measurement for assets*,"Joint World Bank and IFRS Foundation 'train the trainers' workshop hosted by the ECCB, International Financial Reporting Standards Foundation, 2012

_______________, *IAS 38 Intangible Assets*, International Financial Reporting Standards Foundation, 2012

IVSC, *International Valuation standards*, International Valuation Standards Council, 2013

_____, *International Valuation Guidance Note No. 4, Intangible Assets*, International Valuation Standards Council, 2001

_____, *Revised Guidance Note 4(valuation of Intangible Assets)*, Exposure Draft, International Valuation Standards Council, 2016

_____, *Valuation under IFRS*, International Valuation Standards Committee, 2007

Damodaran A., "*Intellectual Property and Finance: Accounting and Valuation of Intellectual Property Assets and IP Based Financing*," World Intellectual Property Organization, 2015

Kane Shiegrun D., *Trademark Law: A Practitioner's Guide*, New York : Practising Law Institute, 1987

Keating, David Michael, *"Appraising Partial Interests,"* Appraisal Institute, 1998

Manning, Lloyd R., *"Valuing The Small Business"*, Todd Publishing, Inc. .1993

Mard Michael J., James R. Hitchner and Steven D. Hyden, *Valuation for Financial Reporting: Fair Value Measurements and Reporting, Intangible Assets*, Goodwill, and Impairment Analysis, Wiley, 2007

Moerman Lee C. and S. L. Van Der Laan, *"Accounting for Intellectual Property: inconsistencies and challenges,"* Journal of Intellectual Property, 2006

Munari Federico, and Raffaele Oriani, *The Economic Valuation of Patents: Methods and Applications* (New Horizons in Intellectual Property Series), Edward Elgar Pub, 2011

Murphy William J., Orcutt John L. and Remus Paul C., *Patent Valuation: Improving Decision Making through Analysis*, Wiley & Sons, Inc., 2012

Parr Russell L., *Royalty Rates for Licensing Intellectual Property*, Wiley, 2007

______________, and Gordon V. Smith, *Intellectual Property: Valuation, Exploitation, and Infringement Damages, 2016 Cumulative Supplement* (Intellectual Property Valuation, Exploitation and Infringement Damages Cumulative Supplement), 11th Edition, 2015

Pratt, Shannon P., and David Laro, *Business Valuation and Taxes (Procedure, Law, and Perspective)*, Wiley & Sons, Inc., 2005

________________, *Business Valuation, Body of Knowledge*, John Wiley & Sons, Inc., 1998

________________, R. Reilly and R.P. Schweihs, *Valuing a Business: The Analysis and Appraisal of Closely Held Companies*, 3rd ed., McGraw-Hill, 1996

Razgaitis Richard, *Valuation and Dealmaking of Technology-Based Intellectual Property: Principles, Methods and Tools*, 2nd ed., Wiley & Sons, Inc., 2009

Smith, Gordon V., and Russell L. Parr, *Valuation of Intellectual Property and Intangible Assets*, 3rd ed., John Wiley & Sons, Inc., 2000

Spies F. Ferdinand & Daniel B. Wilhelm, A Critical Analysis of US Real Estate Appraisal Methods When Used for Financial Reporting According to the International Financial Reporting Standards (IFRS), *11th Annual Conference of the Pacific Rim Real Estate Society*, 2010

Teffrey, Cogen A., *Intangible Assets: Valuation & Economic Benefit*, 2004.

WIPO, *World Intellectual Property Indicators*, World Intellectual Property Organization, 2018

_____, *Accounting and Valuation of Intellectual Property (IP) Assets: Importance, Methods and Challenges*," World Intellectual Property Organization SMEs Division, 2012

찾아보기

[국문]

ㄱ

ㄴ

ㄷ

ㅇ

ㅈ

ㅊ

[영문]

A

B

C

S

T

저자약력

경응수(慶應秀)

현재 일신감정평가법인㈜의 대표 감정평가사로서 미국 감정평가협회(Appraisal Institute)의 정회원인 MAI(Member of Appraisal Institute) 우리나라 제1호이다. 한국CCIM협회장을 역임하였고, 현재는 고문을 맡아 국제적인 투자분석 전문가 교육에 힘쓰고 있다. '영업권 가치평가론', '최신 기업가치평가론', '현대감정평가원론', '감정평가론' 등의 저서가 있으며, 중앙대 · 건국대 · 동국대 · 경희대 · 단국대 등에 출강하였고, 금융연수원, 한국토지주택공사, 한국감정원 등에서 강의하였다.

중앙대학교 (경영학박사)
New York University (MSci.)
연세대학교 (경영학석사)
현재 일신감정평가법인 대표, (주) 지렉스 I&D 대표이사
일신무형자산연구회 회장
한국CCIM협회 고문 (회장 역임)
한국경제학회, 경영정보학회 종신회원
감정평가사 (한국), 감정평가사 자격시험 출제위원 역임
MAI (Member of Appraisal Institute)
CCIM (Certified Commercial Investment Member)

저서 및 논문

영업권 가치평가론, 나무미디어, 2018
감정평가론 (5판 2쇄), 나무미디어, 2018
현대감정평가원론 (개정판), 교육과학사, 2016
최신 기업가치평가론 (공저), 부연사, 2007
부동산 영한사전, 부연사, 2006
국제회계기준 도입과 유형자산의 감정평가, 감정평가학 논집, 감정평가학회, 2008. 6
우리나라 자산관리서비스업에 대한 REITs 도입의 영향: 현황과 발전과제, 감정평가연구, 한국부동산연구원, 2001
미국 감정평가업계의 최근 동향: 조직형태의 변화와 정보기술의 영향, 감정평가학논집, 감정평가학회, 2001
감정평가용 GIS활용도 제고를 위한 속성정보 DB 구축 및 Network 발전방향, 감정평가연구, 한국부동산연구원, 1997

개정판

지식재산 무형자산 평가실무

초 판 1쇄 발행 2016년 8월 10일

개정판 1쇄 발행 2019년 7월 1일

지은이 경응수

발 행 박재린

펴낸곳 나무미디어

출판등록 제2016-000031호

주 소 경기도 성남시 분당구 정자일로 30길 107-1002

전 화 031-712-9489, 010-6246-4716

팩 스 031-602-9489

이 메 일 injae8005@hanmail.net

ISBN 979-11-86756-06-5 93300

정가 45,000원